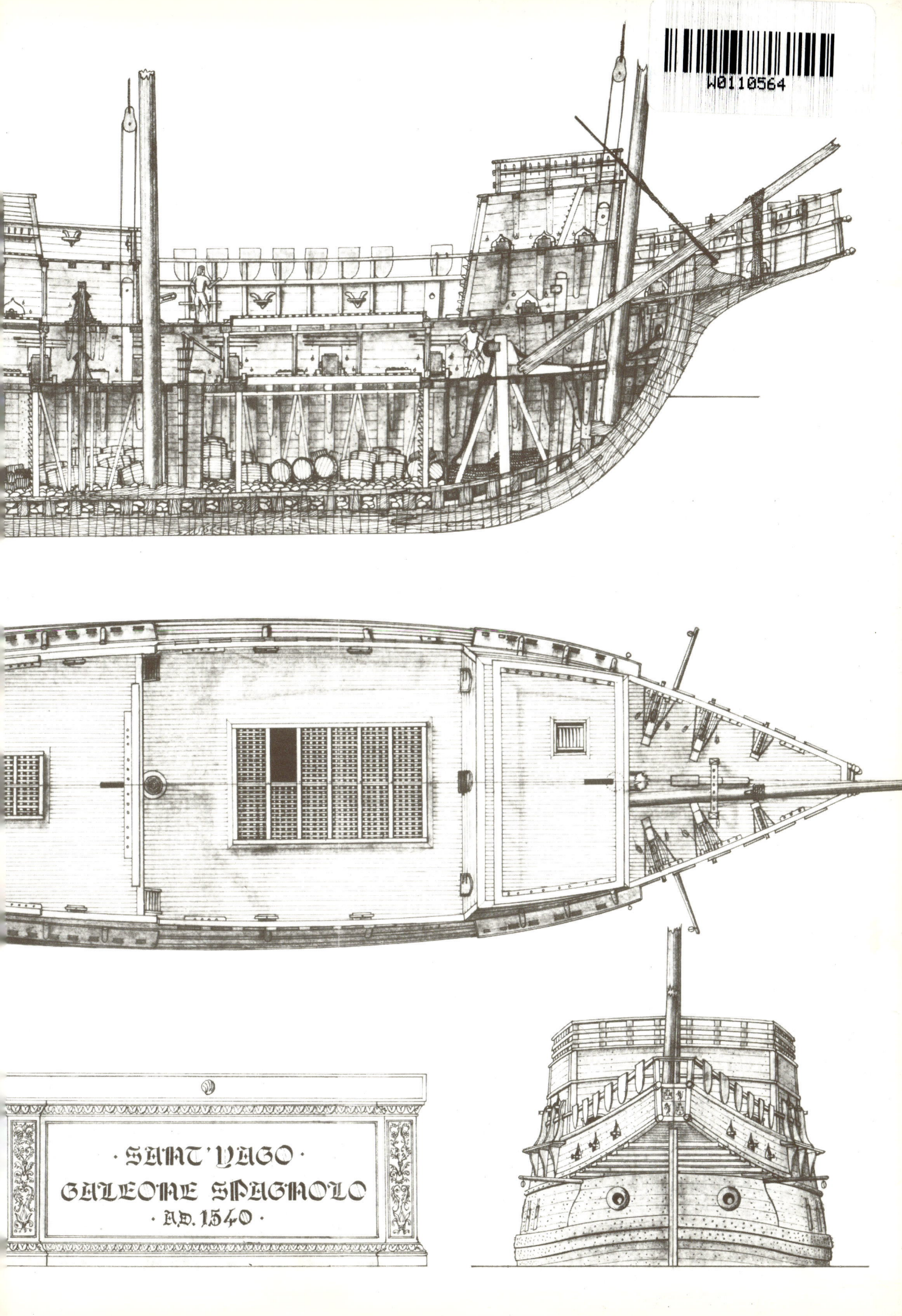

· SANT'YAGO ·
GALEONE SPAGNOLO
· A.D. 1540 ·

Das Bilderlexikon der

Schiffe

A. Cucari, G. Manti, H. P. Jürgens

Das Bilderlexikon der
Schiffe

Vom Einbaum zum Ozeanriesen
Mit 1000 Abbildungen

Südwest Verlag München

Vierfarbige Zeichnungen: Guido Canestrari
Einfarbige Zeichnungen: Piera Massidda

Titel der italienischen Originalausgabe:
Le Navi

Übersetzung und deutsche Bearbeitung:
Hans Peter Jürgens, Kiel

© 1975 Copyright by Arnoldo Mondadori Editore
1. Auflage 1979
Alle Rechte der deutschen Ausgabe bei
Südwest Verlag GmbH & Co. KG, München
Schutzumschlag: Manfred Metzger

ISBN 3 517 00675 0

Satz: Karl Wenschow GmbH, München
Druck und Bindung: Officine Grafiche Arnoldo Mondadori, Verona

Printed in Italy

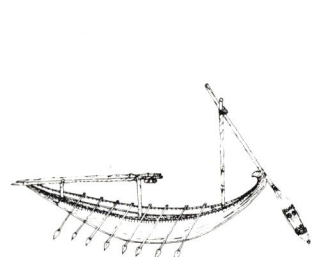

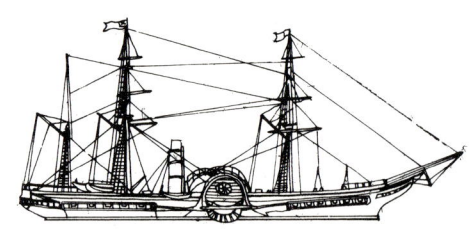

Inhalt

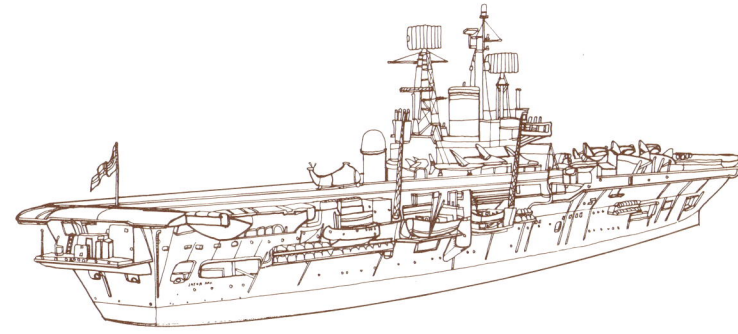

Einleitung

In der engen Kajüte seines Schiffes – auf der fast ununterbrochen von stürmischen Winden aufgepeitschten grauen Weite des Meeres – ist ein Mann rastlos in Bewegung, hin- und hergerissen von Ungeduld und Hoffnung. Draußen in der dunklen Nacht vor der äußersten Südspitze des amerikanischen Kontinents liegt eine wilde ungastliche Küste. Das kaum 110 Tonnen große Schiff, mit dem er – nach unzähligen Abenteuern – von allen Menschen bisher am weitesten nach Süden vorgestoßen ist, führt den Namen »Trinidad«, und der Mann, den es bis zum Eingang der Meeresstraße getragen hat, die später nach ihm benannt werden wird, heißt Fernando Magellan. Die Szene zeigt wie symbolisch die Entschlossenheit eines Mannes, Herr zu werden über Verzweiflung und Furcht, die zusammen mit den schrecklichen Winden dieser unwirtlichen Gegend über ihn hinwegfegen. Sie dokumentiert unbeirrbaren Glauben und den hartnäckigen Willen, neue Länder zu entdecken. Es ist das gleiche Verlangen, das den Karthager Hanno dazu brachte, die Küste Afrikas zu erforschen, das Phytheas, den Griechen aus Massilia, nach dem eisigen Thule, dem ungastlichen Land der Arktis trieb, und Erik den Roten nach Grönland. Es ist die gleiche Kraft, die später auch Drake, Bougainville, Cook, La Pérouse und viele andere herausforderte, es mit der See aufzunehmen.

Der bei Trafalgar von einem unbekannten französischen Scharfschützen tödlich verwundete Horatio Nelson versinnbildlicht ein anderes Kapitel in der Geschichte des Menschen und der See, und zwar den bedeutendsten Augenblick in der Entwicklung der großen segelnden Kriegsschiffe mit ihren Kanonendecks, in denen die rote Bemalung und das Blut der Seeleute ineinander überging.

Im Verlauf der Geschichte von den alten Griechen bis zum heutigen Tag gewährleistete die Herrschaft über die See politische und militärische Übermacht und sicheren Handel. Der Sieg über die persische Flotte des Großkönigs Xerxes bei Salamis leitete die Entwicklung unserer Kultur ein; die Niederlage der spanischen »unbesiegbaren Armada« im Englischen Kanal und in der Nordsee bescherte dem elisabethanischen England eine drei Jahrhunderte lange ununterbrochen andauernde Vormachtstellung auf den Meeren. Bei Tsuschima errang der Osten den ersten großen Sieg über den Westen; am Skagerrak offenbarte sich die Überlegenheit der Schlachtkreuzer, und Midway dokumentierte den Sieg der maritimen Luftkriegführung. Heute beherrschen große atomgetriebene Flugzeugträger und Unterseeboote die Meere. Handel, Krieg und Entdeckerdrang, das sind die wesentlichen Triebfedern des Menschen in der Geschichte der Seefahrt und damit auch in der Entwicklung der Schiffe.

Die Autoren haben den Versuch unternommen, in diesem Werk, das durchaus nicht nur als technisches Handbuch verstanden werden will, die Geschichte mit Leben zu erfüllen. Es soll sich mit Information und Illustration an alle wenden, deren Wißbegier durch den überwältigenden Eindruck der großen Schiffe unserer Tage oder durch die harmonischen Linien eines Seglers vergangener Zeiten geweckt wird, an jene Menschen, die bewundernd in der Gestalt eines Schiffes das Zeichen der Größe menschlichen Geistes erkennen.

Dieses Werk ist allen jenen gewidmet, die in dem Jahrhunderte währenden Kampf gegen die Kräfte der Natur die allmähliche Entwicklung des Menschen ermöglichten, den Horizont seines Wissens erweiterten und ihm die Voraussetzungen schufen, der Enge seines Lebensbereiches zu entfliehen und sich die Welt untertan zu machen. Es soll all jener Männer gedacht werden, die in der Vergangenheit wie noch heute ihr Leben der See verschrieben haben, den mutigen Entdeckern und Kriegern, furchlosen Kapitänen und namenlosen Seeleuten; jener menschlichen Hingabe und Tatkraft, die es ermöglichte, das vorgeschichtliche Floß zu dem perfektionierten Schiff von heute zu entwickeln. Schließlich soll das Buch jenen zugedacht sein, die es – strebend nach der Genugtuung eines Sieges über sich selbst – wagten und wagen, mit nur durch die Kraft des Windes vorwärtsgetriebenen kleinen Booten der Einsamkeit und der immer gegenwärtigen Gefahr der Ozeane zu trotzen.

Den Menschen daher, der See und den Schiffen sei es zugeeignet wie allen Dingen in diesem Epos der Seefahrt, das seinen Abschluß noch lange nicht gefunden hat.

Die Verfasser

Vom Einbaum zum Segel

Die Frage, wann der Mensch sein erstes Boot gebaut hat, wird man nie mit absoluter Sicherheit beantworten können. Was wir wirklich wissen, ist, daß das Boot in historischer Zeit bereits vorhanden war. Den Entwicklungsprozeß vorher können wir nur rekonstruieren. Einige ziemlich zuverlässige Hinweise gibt es allerdings, die uns bei der Nach-

Zusammengenähte und wasserdichte Tierhäute wurden zweifellos als Behälter wie auch als Schwimmhilfen benutzt. Noch heute wird diese Technik von einigen primitiven Stämmen angewandt.

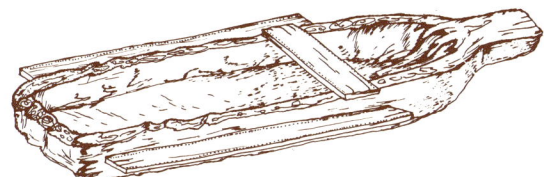

Größere Stabilität erhielt der Einbaum durch das Anbringen von zwei einfachen Balanceflossen an den Seiten.

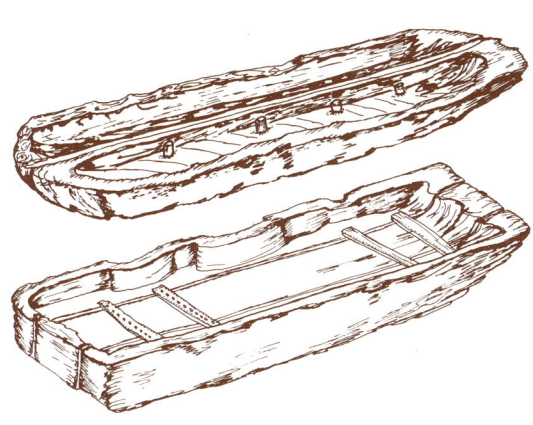

Primitive Boote. Das erste (oben) ist aus zwei zusammengefügten ausgehöhlten Baumstämmen hergestellt; das zweite durch das Zusammenfügen zweier oder mehrerer durch Querversteifungen gehaltener Planken. Die Nähte zwischen den Planken wurden mit Moos und Lehm abgedichtet.

Ein Kanu, wie es noch heute in Finnland gebaut wird. Ein Pappelstamm wird ausgehöhlt und über Dampf erhitzt, bis er biegsam wird. Darauf wird er auseinandergebogen und mit Spanten versehen.

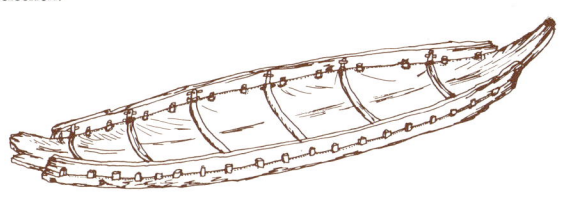

forschung bis in das 8. Jahrtausend v. Chr. Anhaltspunkte geben. Noch weiter zurück läßt sich die Entwicklung jedoch nur mit großer Vorstellungskraft verfolgen, wobei sich unsere Phantasie von der Wahrscheinlichkeit und vor allem vom gesunden Menschenverstand leiten lassen muß.

Man darf sich den primitiven Menschen als Jäger und Sammler vorstellen, der von seiner Jagdbeute, von wildwachsenden Früchten und Pflanzen lebte. Er kannte das Wasser und hatte gelernt, es voller Respekt zu betrachten. Die Welt, in der er lebte, war voller Gefahren, und bestimmt fand er mehr als einmal Gelegenheit, den Schmerz seiner Wunden am Ufer eines Flusses oder Sees mit der Kühle des Wassers zu lindern. Bei solch einer Gelegenheit mag er irgendwann einen ruhig auf dem Wasser schwimmenden Baumstamm bemerkt haben. Sicherlich wurde ihm dabei nicht bewußt, daß diese Wahrnehmung das ganze Leben seiner Art grundlegend verändern sollte. Auch als er bemerkte, daß der treibende Baumstamm ihn mit seiner ganzen Schwere tragen konnte, wird er sich über das ganze Ausmaß dieser Entdeckung kaum Gedanken gemacht haben.

Natürlich haben wir keine Möglichkeit, festzustellen, wie und wann er diese Entdeckung machte. Es werden rein zufällige Erfahrungen gewesen sein ohne anhaltende Konsequenzen, und es kann sehr lange gedauert haben, ehe erneut jemand versuchte, rittlings auf einem Baumstamm zu sitzen. Aber irgendwann muß es schließlich einem bewußt geworden sein, daß die Strömung ihn bei relativ geringer eigener Anstrengung über bedeutende Entfernungen tragen konnte. Hinzu kam, daß viele

Ein Baumstamm dürfte für den Menschen das erste Fortbewegungsmittel auf dem Wasser gewesen sein.

Das Kufa genannte Rundboot von Tigris und Euphrat besaß ein hölzernes Gerippe, das mit Häuten bespannt war.

DAS VORGESCHICHTLICHE BOOT

Das Abenteuer beginnt

Das Studium der heute noch von primitiven Stämmen benutzten Boote erlaubt uns den Versuch, die vorgeschichtliche Entwicklung zu rekonstruieren.

Tausende von Jahren hindurch scheinen sich die beim Bootsbau verwandten Techniken der Primitiven unverändert erhalten zu haben, und man ist oft überrascht über die bemerkenswerte Ähnlichkeit der Boote in weit auseinanderliegenden Weltgegenden. Wir können jedenfalls ziemlich sicher sein, daß Boote, die den auf diesen Seiten gezeigten glichen, im Anfangsstadium des großen Abenteuers auf dem Wasser entwickelt wurden.

Das Coracle der Waliser ähnelt mit seinem durch Häute bespannten Rahmen dem Kufa aus dem Irak.

Tiere, die dem Menschen an Land gefährlich waren, sich niemals ins Wasser wagten. Die Vorstellung scheint nicht zu weit hergeholt, daß diese beiden Vorteile – die Vereinfachung der Fortbewegungsmöglichkeit und der Schutz vor einem Angriff – den Menschen zum Wasser wie zu einem wertvollen Verbündeten hinzogen.

Es ist gar nicht einfach, rittlings auf einem Baumstamm sitzend das Gleichgewicht zu halten, und ausgesprochen schwierig ist es, die Bewegungsrichtung zu bestimmen. Aber mit der Zeit fielen dem Menschen auch für diese Probleme Lösungen ein. Als es ihm dann gelang, zwei Stämme zusammenzubinden, entstand sein erstes Floß, und er schwebte nicht mehr länger in Gefahr, von seinem Fahrzeug herunterzurollen; darüber hinaus war er jetzt in der Lage, sein Floß mit Hilfe einer langen Stange durch flache, stehende Gewässer fortzubewegen.

Bei der Stabilität des durch die Stange unter Kontrolle gehaltenen Floßes wagte der Mensch, sich immer weiter vom Ufer zu entfernen, bis er schließlich den Punkt erreichte, wo sein primitives Stechruder keinen Grund mehr fand. Es wird die-

sem ersten Bootsfahrer einen ziemlichen Aufwand an Energie gekostet haben, wieder das flache Wasser zu erreichen; aber bei solch einer Gelegenheit machte er die Erfahrung, daß er mit seiner langen Stange, selbst ohne den Grund zu berühren, das Floß dirigieren und von der Stelle bringen konnte. Vielleicht führte diese erste Erfahrung über tieferem Wasser unseren Menschen dazu, sein erstes Paddel oder Ruder zu entwickeln. Dafür nahm er dann kürzere und breitere Holzstücke und benutzte sie jetzt anstatt der Stange, wenn er sich auf tieferes Wasser wagte. Damit hatte er gelernt, längere Entfernungen – in oft kürzerer Zeit als über Land – zurückzulegen und gleichzeitig sein Hab und Gut bequem von einem Ort zum anderen zu transportieren.

Wir werden sicher niemals in Erfahrung bringen, ob der Mensch seine Habseligkeiten erstmalig auf einem Baumstamm, einem Floß, einer aufgeblasenen Tierhaut oder auf einem Schilfbündel transportierte. Eines aber wissen wir, daß der Mensch die Beförderungsmöglichkeiten auf dem Wasser lange vor einer annähernd so praktischen Möglichkeit des

Mit dem Zusammenbinden mehrerer Baumstämme wurde vermutlich der erste Schritt getan, um eine gewisse Stabilität zu erreichen.

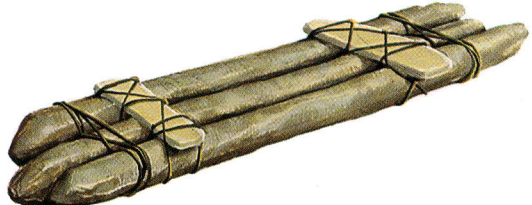

Eine größere Festigkeit seines Fahrzeuges erreichte der Mensch, indem er die zusammengebundenen Baumstämme mit Querverstärkungen versah.

Die Eingeborenen an der Magellanstraße benutzen Boote aus zusammengebundenen und aufgeblasenen Seelöwenhäuten.

Typischer Einbaum mit Paddel; Bug und Heck sind schon klar zu unterscheiden.

Fahrzeug aus sechs großen, mit Holzlatten verbundenen Gefäßen.

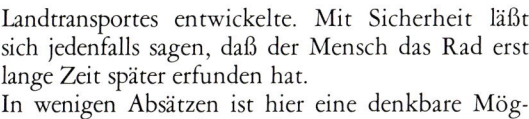

Zwei durch Querhölzer zusammengehaltene Einbäume, die Platz für 4 Ruderer bieten. Diese Doppelbäume sicherten gutes Gleichgewicht bei guter Geschwindigkeit.

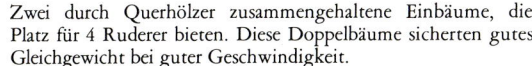

Landtransportes entwickelte. Mit Sicherheit läßt sich jedenfalls sagen, daß der Mensch das Rad erst lange Zeit später erfunden hat.

In wenigen Absätzen ist hier eine denkbare Möglichkeit der Entwicklung des ersten echten Bootes durchgespielt worden und damit die hypothetische Zusammenfassung einer Entwicklung, die sich über Jahrtausende erstreckt haben muß. Aber auch jetzt sind wir noch weitere Jahrtausende von Booten und Schiffen historischer Zeit entfernt. Die Entwicklung in diesen langen Zeiträumen läßt sich

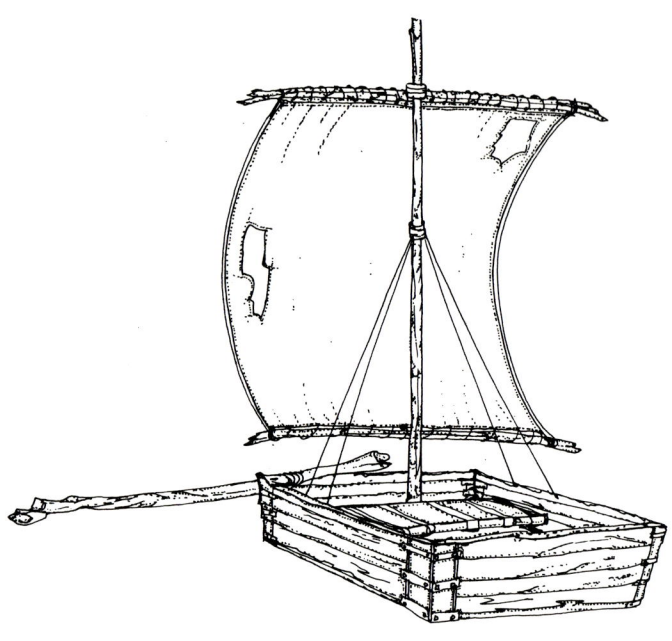

Diese kistenförmige Dschunke vom Gelben Fluß mit ihren drei wasserdichten Abteilungen kann bis zu 20 t Gewicht verkraften.

bedeutete wahrscheinlich den ersten echten Fortschritt bei den durch Paddel angetriebenen Booten. Der nächste Schritt war, dem Einbaum durch Zuspitzung des vorderen Endes eine schnittigere Form zu geben, die mit geringstem Widerstand das Wasser durchdrang. Vor- und Achtersteven, Bug und Heck bekamen allmählich ihre bestimmte Form. So sind die aus einem Stück hergestellten Pirogen, die noch heute bei einigen am Amazonas lebenden Stämmen gebräuchlich sind, echte Meisterstücke hydrodynamischer Stromlinie.

Einige Stämme verwendeten von den Bäumen nur die Rinde. Dabei wurde der Baumstamm geschält und die Rinde über hölzernen Rahmen gespannt. Diese Kanus waren natürlich leichter und schneller als Einbäume. In anderen Gegenden wieder, wo dickstämmige Bäume selten waren, baute man Kanus aus zusammengebundenen Holzstücken und dichtete sie mit Lehm ab. Ebenso wurden im Bootsbau auch Binsen- und Papyruspflanzen verwendet; noch heute benutzt man auf dem Tschadsee im mittleren Sudan solch leichtgewichtige Kanus aus diesem Material.

Diesen Beispielen könnten noch Dutzende hinzugefügt werden, aber von größerer Bedeutung für unsere Darlegung ist das Folgende: Bei den völkerkundlich bedeutsamen Stämmen in den verschiedensten Weltgegenden, wo immer vergleichbares Rohmaterial zur Verfügung stand, ähnelt sich die Beschaffenheit der benutzten Boote! So gleicht die »Kufa« auf dem Tigris in Form und Konstruktion ganz bemerkenswert dem Waliser »Coracle«, und die südamerikanischen Balsaflöße lassen eine ins Auge fallende Ähnlichkeit mit den Papyrusbooten des alten Ägypten erkennen.

Wie heute noch primitive Stämme, so ruderten

überzeugend an den Fahrzeugen verfolgen, die bei den sogenannten Primitiven unserer Zeit noch immer im Gebrauch sind. Wir dürfen annehmen, daß die Boote dieser Menschen jenen ähneln, die in den Zeiten entwickelt worden sind, für die es keine archäologischen Funde oder gar historischen Aufzeichnungen gibt. Aus einem einzigen Stamm hergestellte Schwimmkörper, die – aus Gründen von Leichtigkeit und beweglicher Schwimmfähigkeit – ausgehöhlt wurden, werden noch heute in waldreichen Gebieten der Erde benutzt. Der Einbaum

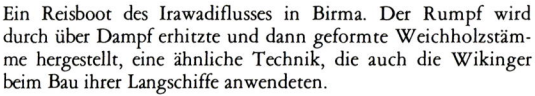

Der Kola Maran (Fliegender Katamaran) endet zum Bug hin in einer Art Steven, was dem Boot unter Segel eine ziemliche Geschwindigkeit verleiht.

Ein Reisboot des Irawadiflusses in Birma. Der Rumpf wird durch über Dampf erhitzte und dann geformte Weichholzstämme hergestellt, eine ähnliche Technik, die auch die Wikinger beim Bau ihrer Langschiffe anwendeten.

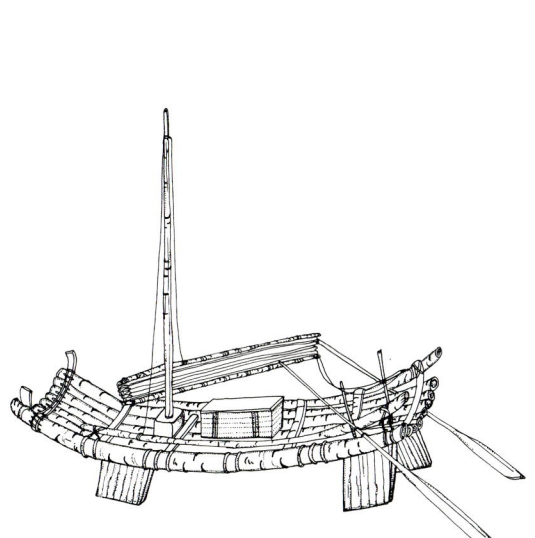

Das abgebildete Floß aus Formosa ist mit Bambusstangen konstruiert, die dem Rumpf eine ideale Form gegen Wellen und Brecher geben. Die Planken unter der Wasserlinie sind Mittelkiele, die beim Segeln herabgelassen werden.

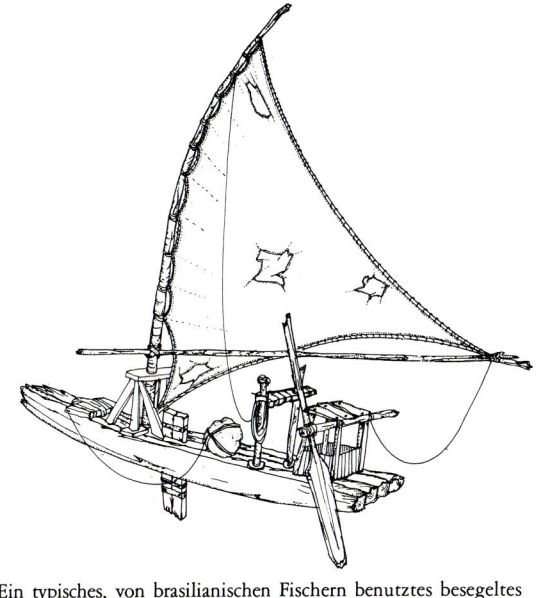

Ein typisches, von brasilianischen Fischern benutztes besegeltes Floß. Der Rumpf besteht aus großen, mit hölzernen Nägeln zusammengehaltenen Stämmen. Bemerkenswert der primitive Steinanker. Auch hier ein beweglicher Schwertkiel.

auch prähistorische Siedler an Ufern von Seen und Flüssen mit offenen Booten hinaus; es gab aber auch andere, die sich auf die offene See hinauswagten, vielleicht schon ein Jahrtausend früher, als sich Landwirtschaft und Viehzucht zu entwickeln begannen. Länger als 9000 Jahre ist es her, daß Seefahrer aus Griechenland die Ägäischen Inseln erforschten, denn die in einer Höhle auf dem Peloponnes entdeckten Gegenstände aus Obsidian können nur von der gut 100 Kilometer entfernten Insel Milos stammen und müssen also über See transportiert worden sein. Wer den Melteni kennt, diesen heftigen Nordwind, der über jenem Teil der Ägäis bläst, der kann sich vorstellen, welch tüchtige Seeleute diese vorgeschichtlichen Obsidianhändler gewesen sein müssen; und man darf unterstellen, daß sie schon recht widerstandsfähige Fahrzeuge besessen haben. Obwohl wir absolut sicher sind, daß zu jener Zeit ein reger Warenaustausch über See bestand, wissen wir jedoch überhaupt nichts von der Art der benutzten Wasserfahrzeuge. Aber wie Thor Heyerdahls Kon-Tiki-Expedition zeigte, konnten tüchtige Seeleute auch auf einem sorgfältig hergestellten Floß mit offenem Meer fertig werden.

Von der Schiffahrt auf den Flüssen, die so wichtig für die Entwicklung der ägyptischen und mesopotamischen Kulturen wurde, haben wir allerdings mehr Kenntnisse, und wir können vermuten, daß das Boot eine wichtige Rolle bei ihrer Verbreitung spielte.

Das älteste Segelfahrzeug, von dem wir Kenntnis besitzen, hatte seinen Ursprung im südlichen Mesopotamien, wo ein Lehmmodell aus der Mitte des 4. Jahrtausends v. Chr. gefunden wurde. Aufgrund

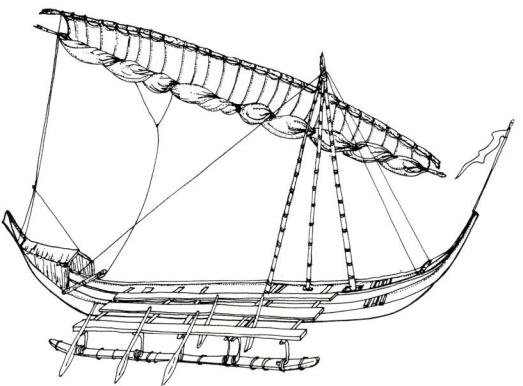

Die Caracor aus Neuguinea besaß eine Rumpfform, die der an der Nordsee beheimateten Booten glich. Die Ruderer saßen auf dem Ausleger, und ein Dreibeinmast gab dem großen Rahsegel den Halt.

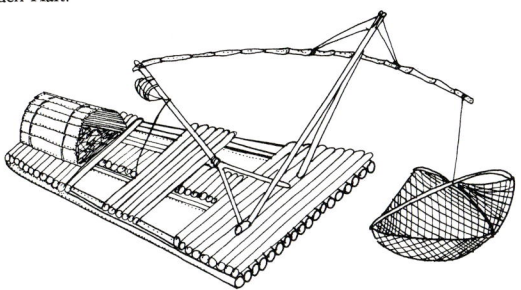

Die Fischer im Malayischen Archipel benutzen noch heute ein Salamba genanntes Bambusfloß.

Ein Kriegskanu aus Neuseeland. Diese Kanus erreichen eine Länge von über 20 m und bieten dann über 80 Männern Platz.

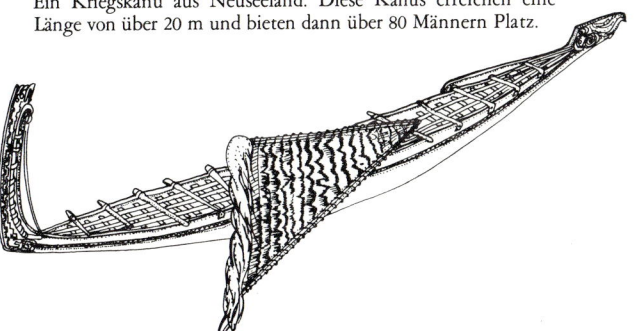

seiner eindeutig ovalen Form nimmt man an, daß diese frühen Boote mit Häuten bespannt waren. Das Modell unterscheidet sich auch von den mesopotamischen Booten aus der zweiten Hälfte des vierten vorchristlichen Jahrtausends, die hohe Vor- und Achtersteven hatten, die oftmals zurückgebogen und durch Taue festgehalten wurden. Abdrücke im Lehm lassen zudem vermuten, daß diese Boote aus zusammengebündeltem Schilf erbaut waren.

Ägyptische Boote der gleichen Zeit (Anfang des 4. Jahrtausends v. Chr.) besaßen halbmondförmige Rümpfe und waren bedeutend länger und niedriger. Als Baumaterial diente hauptsächlich Papyrus, das in dichten Bündeln verwendet wurde und somit leichte und ziemlich stabile Fahrzeuge möglich machte. Die Ruderer benutzten Paddel und saßen im vorderen Teil, während hinten ein Paar Paddel als Steuer diente. Die Nilboote, die wir aufgrund vorhandener Schnitzereien und Steinzeichnungen rekonstruieren können, besaßen zwei gedeckte Pavillons im mittleren Teil des Fahrzeuges. Obwohl der Gedanke naheliegt, daß die Boote für hochstehende Persönlichkeiten gedacht waren, ist dies nicht zwingend beweisbar. Überhaupt sind die uns zur Verfügung stehenden Funde nicht immer leicht zu erklären. So gibt es Archäologen, die glauben, man habe mit diesen Funden keine Boote, sondern Palisaden oder Befestigungen entdeckt. Es ist jedenfalls sicher, daß alle rekonstruierten Abbildungen vorgeschichtlicher Boote Ergebnisse archäologischer Forschungen sind, wenn sie auch manchmal bis zu einem gewissen Grad auf ziemlich kühnen Mutmaßungen beruhen.

Bisher war von Ägypten und Mesopotamien die Rede, aber was geschah in anderen Teilen der Welt? Archäologische Forschungen haben die Frage noch nicht erschöpfend beantworten können. So herrscht zum Beispiel noch immer ziemliche Unklarheit über das, was auf den Meeren im Fernen Osten geschah. Wir können nur vermuten, daß an den großen Flüssen Chinas ein ebenso aktives Leben herrschte wie an Euphrat und Nil und daß die hochentwickelten Segeldschunken schon zu einem sehr frühen Zeitpunkt vervollkommnet wurden. Aber das ist eine rein hypothetische Annahme, hervorgerufen durch den Anblick, den die Form der Boote bietet, die auch heute noch von Menschen benutzt werden, die einer tausendjährigen Tradition verhaftet sind. So ist uns auch sehr wohl bewußt, welchen Wert die alte Bilderschrift hat. Schließlich sind es ihre Zeichen, die uns eine Vorstellung auch von der Entwicklung der Boote vergangener Zeiten geben.

Der Rumpf des irischen Curragh besitzt ein Skelett aus Zweigen, über das Ochsenhäute genäht sind. Dies Fahrzeug ist leicht, einfach zu handhaben und dazu noch ziemlich seefähig.

Ägyptisches Papyrusboot. Dieses leichte Fahrzeug besaß manchmal einen einfachen Zweibeinmast, der einem Segel aus geflochtenem Schilf den nötigen Halt gab.

Das Eskimokajak ist außergewöhnlich leicht und gibt seinem Insassen genügend Isolierung vor dem eisigen Wasser.

Indonesisches Auslegerkanu mit zwei Auslegern und einem viereckigen Segel. Es ist um Celebes noch immer weit verbreitet und erreicht sowohl unter Segel wie mit Paddeln eine beachtliche Geschwindigkeit.

Einige südamerikanische Stämme fertigen Boote aus zusammengebundenen Reisigbündeln. Boote wie das abgebildete werden noch heute auf dem Titicacasee benutzt.

Typisches nordamerikanisches Indianerkanu. Sein hölzerner Rahmen ist mit zusammengenähten Häuten bezogen.

Die geographische Verbreitung primitiver Fahrzeuge

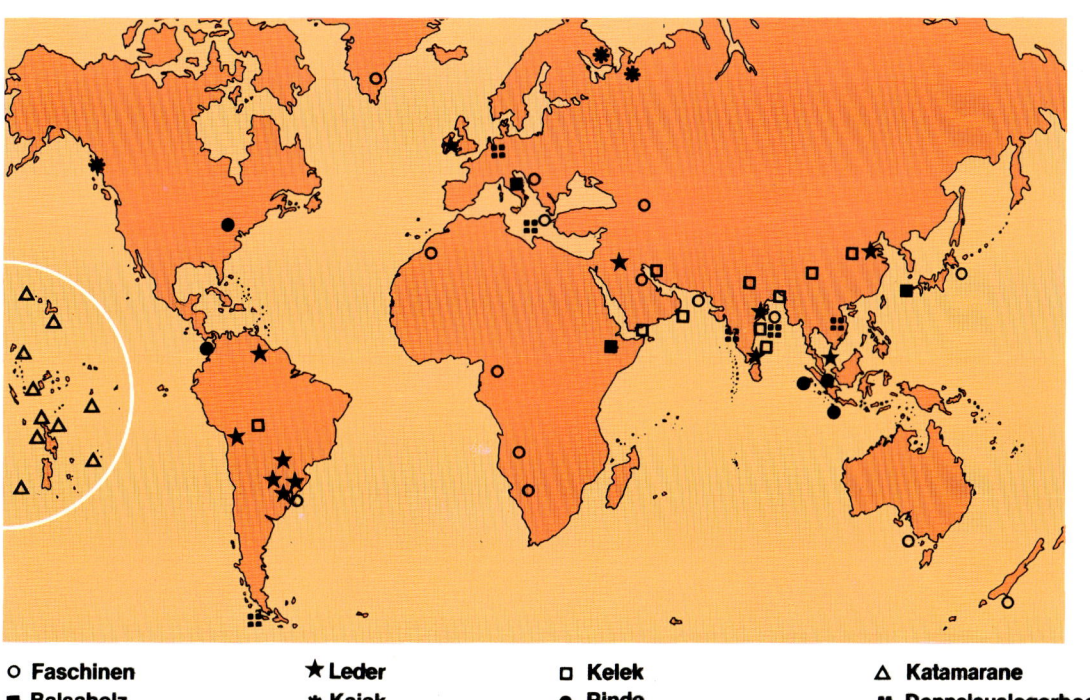

○ Faschinen	★ Leder	□ Kelek	△ Katamarane
■ Balsaholz	✳ Kajak	● Rinde	∷ Doppelauslegerboot

Das Auftreten ähnlicher Fahrzeugarten in allen Weltgegenden ist der beste Beweis, daß »von gleichen Bedürfnissen geforderte Primitive mit den gleichen verfügbaren Mitteln in einer vergleichbaren Weise reagieren«.

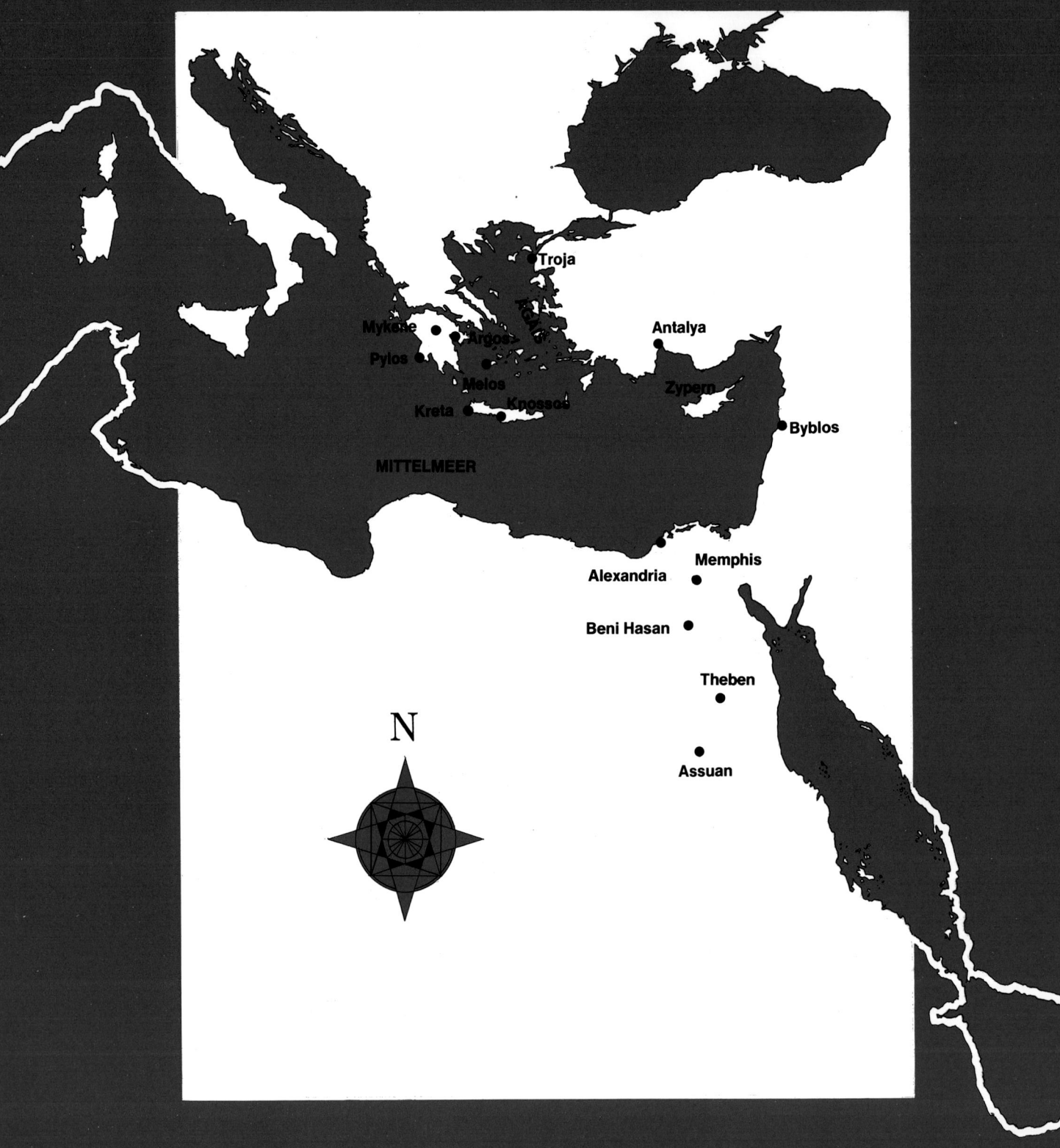

Schon im 3. Jahrtausend kreuzten abenteuerlustige Seefahrer zwischen Ägypten und Kreta.

Die Zeit des Ruders

Die vorgeschichtliche Entwicklung des Bootes läßt sich nur aufgrund einiger vorhandener archäologischer Funde und vergleichender Schlußfolgerungen mit Booten heute noch lebender ethnologisch interessanter Menschengruppen rekonstruieren. Ähnlich verhält sich die Situation bei der Beschäftigung mit urgeschichtlichen und frühen geschichtlichen Perioden. In den vergangenen 15 Jahren wurden in der Forschung auf diesem Gebiet allerdings bedeutende Fortschritte erzielt. Außer neugewonnenen Erkenntnissen aus vorhandenen schriftlichen und bildlichen Unterlagen, stieß man auch auf bedeutsame archäologische Funde. Moderne Techniken in der Unterwasserforschung haben Spuren griechi-

funden worden. Zu den relativ jungen Wissenschaften zählt die Meeresarchäologie, so daß alle ihre gegebenen Möglichkeiten sicherlich noch nicht voll erschlossen sind. So kamen erst 1960 im Mittelmeer die bisher einzigen Überreste eines bronzezeitlichen Schiffes ans Tageslicht. Seitdem sind große Fortschritte gemacht worden, und neue Unterlagen ermöglichen es, entwickelte Theorien, die sich manchmal im Lichte konkreter archäologischer Funde als wenig glaubwürdig erwiesen haben, durch die Auswertung schriftlicher Urkunden zu bestätigen oder einzuschränken.

Der besseren Übersicht wegen soll hier die Geschichte jener Menschen, die sich seit dem 4. vorchristlichen Jahrtausend in der Kunst der Seefahrt hervorgetan haben, einzeln behandelt werden. Die Bearbeitung des vielseitigen Stoffes offenbart, daß die weltweite Entwicklung der Boote ebenso von Umwelteinflüssen maßgeblich bestimmt worden ist wie auch von allgemeiner zivilisatorischer Entwicklung.

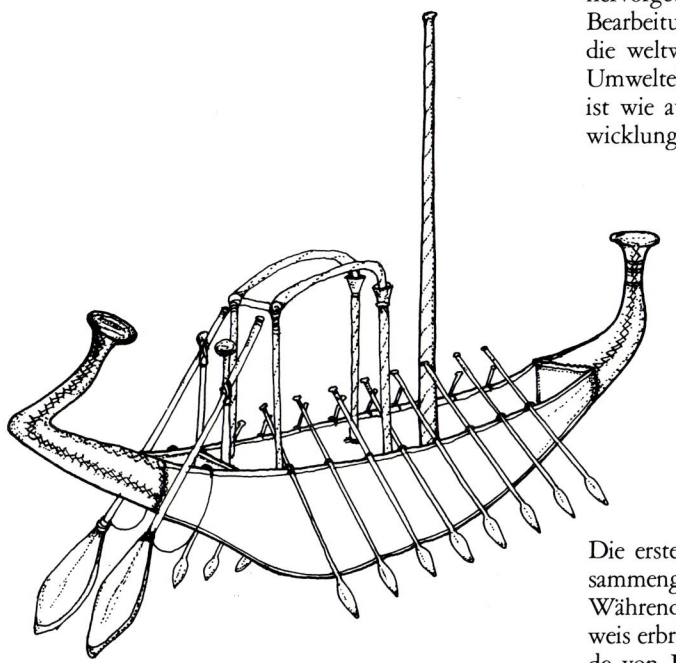

Dieses Boot kann durchaus das erste Vergnügungsfahrzeug in der Geschichte gewesen sein. Es gehörte einem ägyptischen Adeligen namens Mektire, in dessen Grabkammer viele sehr sorgfältig gearbeitete Miniaturschiffe gefunden wurden. In seiner Form erinnert uns das Holzmodell an frühere, aus Papyrus hergestellte Boote.

scher und römischer Schiffe entdecken lassen; ebenso haben die Nordmänner dank ihrer Sitte, ganze Schiffe in den Grabhügeln ihrer Häuptlinge zu bestatten, bedeutende Spuren hinterlassen. Diese Schiffe in Häuptlingsgräbern sind zum Teil in einem hervorragenden Erhaltungszustand aufge-

Die ersten ägyptischen Boote wurden aus fest zusammengeschnürten Papyrusbündeln hergestellt. Während viele noch erhaltene Basreliefs den Nachweis erbringen, daß diese Art des Bootbaus Tausende von Jahren hindurch angewandt wurde, lassen sich dagegen keine genauen Angaben machen, wann die Ägypter ihre ersten hölzernen Boote erbauten. Man darf jedoch annehmen, daß die Seeleute des 4. vorchristlichen Jahrtausends die Erfahrung gemacht hatten, daß Papyrusboote sich zwar gut für die Flußschiffahrt und zum Rudern eigneten, sich aber für über das Nildelta hinausgehende Reisen oder zum Transport größerer Warenmengen als unzureichend erwiesen. Das Problem bestand dabei nicht allein in der Festigkeit des Bootes, sondern auch in den zur Verfügung stehenden Antriebsmitteln. Die beim Paddel nutzbare Kraft ist im Gegensatz zum echten Ruderriemen be-

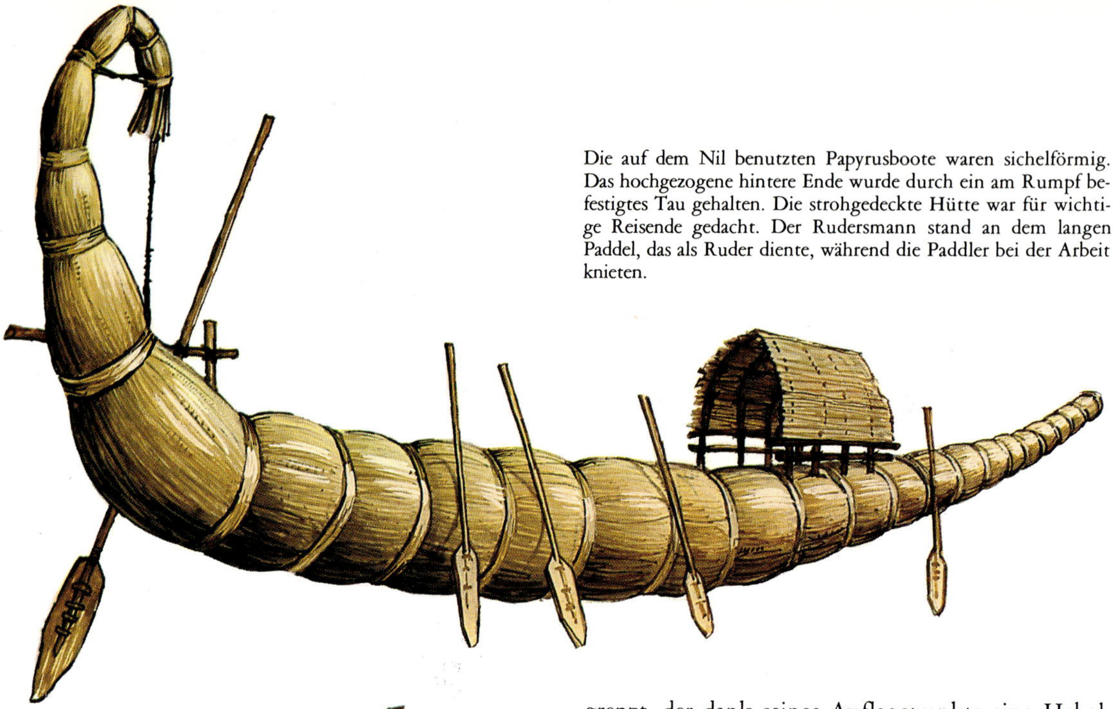

Die auf dem Nil benutzten Papyrusboote waren sichelförmig. Das hochgezogene hintere Ende wurde durch ein am Rumpf befestigtes Tau gehalten. Die strohgedeckte Hütte war für wichtige Reisende gedacht. Der Rudersmann stand an dem langen Paddel, das als Ruder diente, während die Paddler bei der Arbeit knieten.

grenzt, der dank seines Auflagepunkts eine Hebelwirkung und damit den größten Nutzen aus der anwendbaren Muskelkraft erzielt. Bei den Papyrusbooten war im Gegensatz zu Holzbooten ein Auflagepunkt schon durch ihre Bauweise nicht gegeben.

Die ersten ägyptischen Ritzzeichnungen lassen sich der Zeit um 2800 v. Chr. zuordnen, die als Frühzeit des Alten Reiches gilt. Erhaltene Hieroglyphen berichten von einer durch den Pharao Sahure zu Beginn des 2. Jahrtausends v. Chr. ausgesandten Expedition nach Syrien, um dort das in Ägypten seltene Holz zu beschaffen. Eine ziemlich genaue Vorstellung von den Merkmalen der ersten hölzernen Boote in Ägypten vermögen uns Basreliefs zu geben, die möglicherweise schon um 3400 v. Chr. entstanden sind. Da in Ägypten keine großen Bäume wuchsen, entwickelte man eine geniale Bautechnik, die es ermöglichte, große Boote aus kleinen Planken von Sykomoren- und Akazienholz zu

Die ersten großen hölzernen Boote in Ägypten erbaute man wahrscheinlich um 2800 v. Chr. Sie wurden aus sehr leichten Holzplanken hergestellt und besaßen weder Spanten noch Kiel.

Solche Schiffe sandte der Pharao Sahure nach Syrien, um dort Ladungen des wertvollen Holzes zu beschaffen. Der Zweibeinmast konnte niedergelegt werden, während ein dickes, straffes Tau Bug und Heck verband und den Rumpf verstärkte.

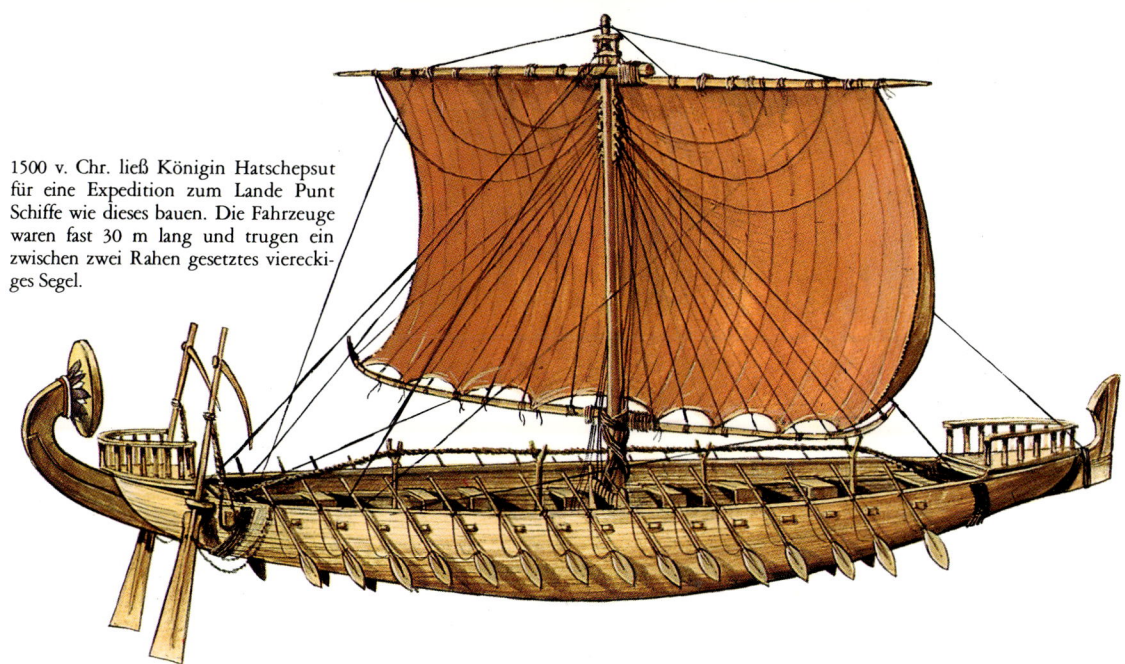

1500 v. Chr. ließ Königin Hatschepsut für eine Expedition zum Lande Punt Schiffe wie dieses bauen. Die Fahrzeuge waren fast 30 m lang und trugen ein zwischen zwei Rahen gesetztes viereckiges Segel.

bauen. Diese ersten Boote besaßen weder Spanten noch Kiel, waren jedoch dank sorgfältiger Zusammenfügung der kleinen Planken mit Holzpflöcken oder sauber gearbeiteten Nuten trotzdem ausgesprochen widerstandsfähig. Das aus dieser Bauweise resultierende flachbodige Gebilde wurde durch den Wasserdruck und die eigene Spannung – ähnliches Prinzip wie bei einem steinernen Torbogen – zusammengehalten. Das eigene Gewicht und der Druck der einzelnen Teile bewirkten gleichzeitig die Festigkeit. Es leuchtet ein, daß die Konstruktion solcher Boote schon beachtliche Schiffbaukunst erforderte.

Später wurden die Boote mit einfachem Kiel und hölzernen Decksbalken verstärkt, die oft über die Seiten des Rumpfes hinausragten. Eine dicke, auf Stützen ruhende Trosse, die mit einem Holzknebel unter ständiger Spannung gehalten wurde, verband das Vor- und Achterschiff. Dieses über die ganze Bootslänge reichende Tau ersetzte den erst später

entwickelten tragenden Kiel und bewirkte, daß der mittlere Teil des Bootes dem Druck gewachsen blieb. Der Mast bestand aus zwei Teilen, um Gewicht und Segeldruck gleichmäßig auf den insgesamt gesehen noch ziemlich zerbrechlichen Rumpf zu verteilen. Die Masten auf den Booten von Pharao Sahure konnten niedergelegt werden, um bei Windstille das Rudern zu erleichtern. Wahrscheinlich wurde auf diesen Booten des 3. Jahrtausends v. Chr. nur bei achterlichen Winden gesegelt, obwohl überlieferte Dokumente vermuten lassen, daß die Segel gebraßt werden konnten, um sich auch seitliche Winde nutzbar zu machen.

Genauere Kenntnisse besitzen wir für die Zeit nach 2000 v. Chr., und besonders aufschlußreiche Funde wurden in der Grabkammer eines Adeligen mit Namen Mektire entdeckt, der zu Beginn des 2. Jahrtausends v. Chr. begraben worden war. Unter den Grabbeigaben befanden sich eine Anzahl außergewöhnlich schöner Modellschiffe, darunter

In einer Seeschlacht 1200 v. Chr. besiegten ägyptische Schiffe die Seevölker. Die Schiffe von Ramses III. waren bereits mit »Krähennest« und Einzelruder ausgerüstet.

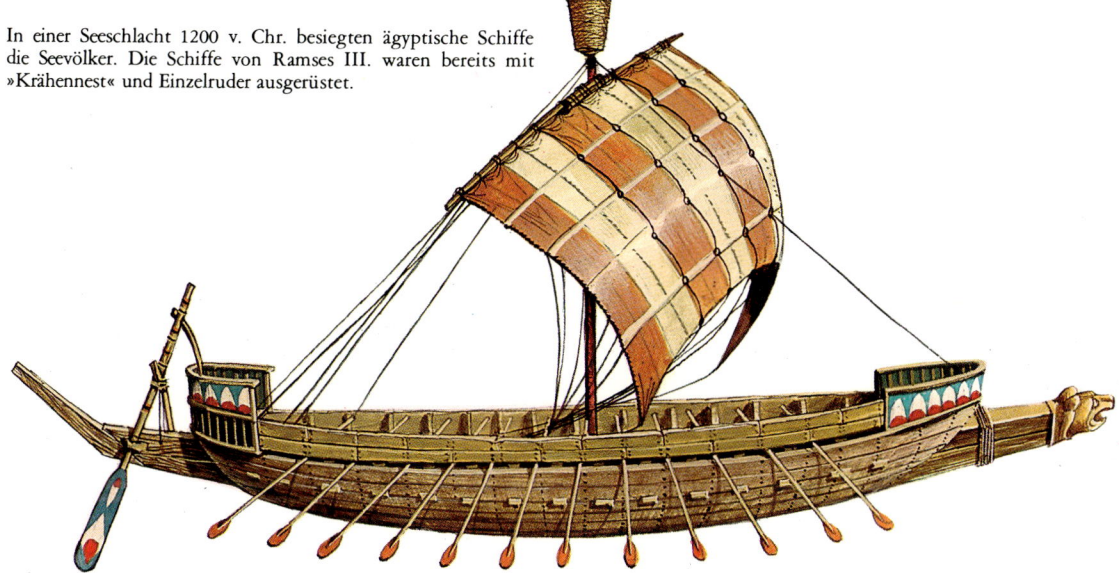

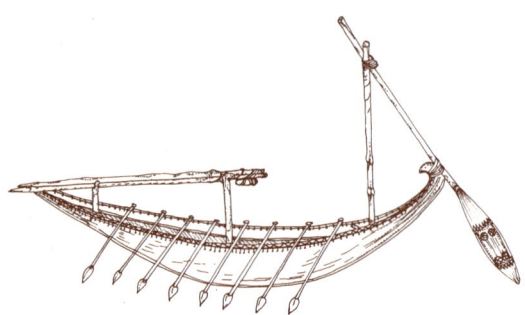

Zeichnung eines der in der Grabkammer des Mektire gefundenen Modellboote. Der mit einem Gegengewicht beschwerte Mast konnte niedergelegt werden.

Links: Auch diese Zeichnung gibt ein in der Grabkammer des Mektire gefundenes hölzerne Modell wieder. Es zeigt das erste bekannte Beispiel eines in der Mitte angebrachten Heckruders an einem ägyptischen Boot.

vier gelb bemalte hölzerne Segelboote. Die Originale zu diesen Modellen müssen etwa 13 Meter lang gewesen sein, und bei ihnen sind erstmalig die dicken Taue vom Bug zum Heck durch einen starken Balken ersetzt worden. Zehn Paar spantähnliche Rippen zweigen von dem Balken ab. Zwischen ihnen liegen bewegliche Planken und stellen damit das erste Beispiel eines Bodenbelages dar. Das Segel ist breiter und niedriger geworden, und auch der Mast ist nicht mehr aus zwei Teilen zusammengesetzt, sondern mit Stagen und Wanten getakelt und zum Niederlegen eingerichtet. Die zwei großen Paddel, die bisher als Ruder dienten, sind durch ein langes über dem Heck angebrachtes Paddel ersetzt worden. Ein Schiff dieser Art hatte eine Besatzung von etwa 20 Seeleuten.

Eines der in der Grabkammer des Mektire gefundenen Modelle darf als das erste in der Geschichte bekannte Vergnügungsfahrzeug angesehen werden: Vor- und Achterschiff tragen erhöhte Plattformen, und die allgemeine Form des Bootes erinnert an ältere Papyrusboote. Obwohl aus Holz hergestellt, wird es noch mit einem Paddel-Paar gesteuert.

Mektires Grabkammer enthält außerdem noch Modelle von Papyrusbooten, was als Beweis gewertet

werden darf, daß Papyrusboote auch noch gebaut wurden, als es schon Holzboote gab. Auch die Originale von Mektires Papyrusmodellen wurden von zwei Männern mit Paddeln gesteuert. Alle Modelle in der Grabkammer standen Seite an Seite aufgereiht mit einem dazwischen ausgebreiteten Fischernetz.

In der ersten Hälfte des 3. vorchristlichen Jahrtausends nahmen die Ägypter eine gewaltige Aufgabe in Angriff. Sie hoben einen Kanal vom Roten Meer zum östlichen Nilarm aus, um so eine direkte Verbindung vom Roten Meer zum Mittelmeer zu erhalten. Das Projekt wurde wahrscheinlich unter der Regierung von Sesostris III. (1887–1849 v. Chr.) vollendet und eröffnete ganz neue Möglichkeiten für die ägyptische Seefahrt.

Die bedeutendste Periode in der maritimen Geschichte des alten Ägypten begann ca. 1500 v. Chr. während der Regierungszeit der Königin Hatschepsut. Ihre große Handelsflotte unternahm zu dieser Zeit eine Expedition zum Lande Punt (möglicherweise Somaliland), um dort Gold, Myrrhe und Elfenbein sowie Affen und Windhunde einzutauschen. Eine in alle Einzelheiten gehende Reihe von Basreliefs im Tempel von Der-el-Bahari stellt die Boote dar, die an der Expedition teilnahmen. Die Rümpfe aller dieser Schiffe scheinen auf einem sehr starken Kiel gebaut worden zu sein. Allerdings läßt ein noch von vorn nach achtern gespanntes starkes Tau vermuten, daß in diesem Kielbalken keine Spanten verankert waren. Die Reliefs zeigen dagegen herausragende Decksbalken, die offensichtlich zur Querverstärkung dienten. Der aus einem Stück angefertigte Mast stand fast im genauen Mittelpunkt des Fahrzeuges und hielt ein sehr breites niedriges Segel, das groß genug war, selbst bei leichten Winden für den Antrieb zu sorgen.

Die Basreliefs des in der Nähe von Theben befindlichen Tempels von Der-el-Bahari zeugen außerdem noch von einem anderen gewaltigen Unternehmen während Hatschepsuts Regierung. So hatte sie aus den Steinbrüchen bei Assuan zwei riesige Obelisken schlagen lassen, von denen jeder über 30

Ägyptisches Schiff für zeremonielle Anlässe aus der Zeit 1800 v. Chr. Der Rumpf war aus Holz, aber die langgestreckte Form erinnert noch an die Papyrusbauweise.

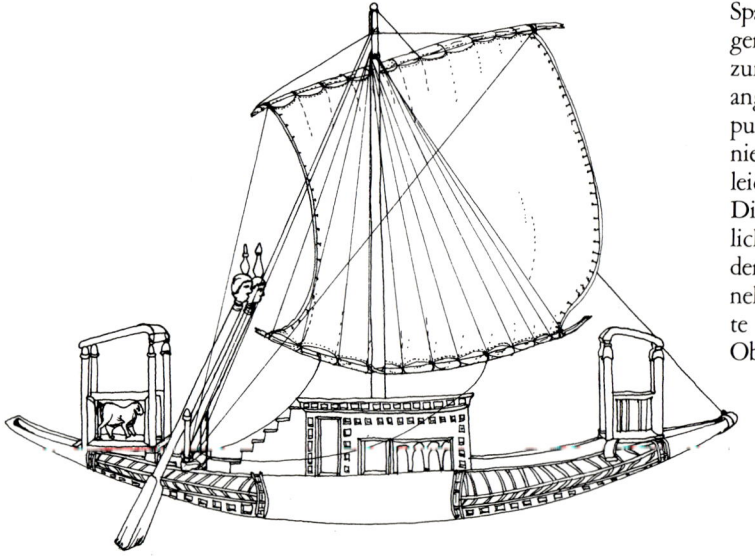

Ein aus Holz gebautes ägyptisches Schiff um 1700 v. Chr. Eine starke Trosse zwischen Bug und Heck verstärkt den Rumpf, der ohne Kiel und Spanten erbaut ist.

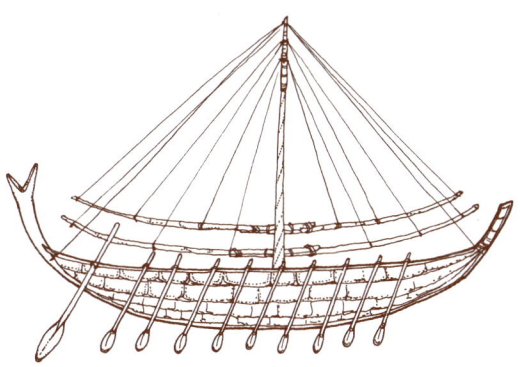

Ritzzeichnungen von Schiffen aus der Zeit 2000 v. Chr. wurden auf Inseln der Ägäis gefunden. Sowohl in der Rumpfform wie in der Ausrüstung zeigen sie deutlich ägyptischen Einfluß.

Meter emporragte und 350 Tonnen wog. Um die Obelisken den Nil stromabwärts nach Karnak zu transportieren, wurde ein gewaltiges Schiff gebaut. Das Fahrzeug war für die damalige Zeit ein echter Riese. (Um von der Größe eine Vorstellung zu bekommen, genügt es zu erwähnen, daß jede der vier Steuereinrichtungen am Heck allein schon über 5 Tonnen wog.) Es bedurfte 27 kleinerer, mit 30 Ruderern bemannter Boote, um dieses gewaltige Fahrzeug zu schleppen. Das bedeutete, daß mit Ruderern, Steuerleuten und Aufsehern mehr als 1000 Männer beschäftigt waren, um die Obelisken flußaufwärts zu schaffen, ohne daß dabei die beim Laden und Löschen der »Ladung« beteiligte ungeheure Anzahl von Sklaven berücksichtigt wäre.

Der letzte große ägyptische Pharao, Ramses III., schuf eine Kriegsflotte, um die gemeinsamen Angriffe organisierter mittelmeerischer Seeräuberflotten abzuwehren. Die hauptsächlichen Merkmale der unter Ramses III. gebauten Schiffe lassen sich aus dem Relief einer Seeschlacht des 12. Jahrhunderts v. Chr. ableiten. Dort erkennt man, daß die eindeutig aus fremden Modellen entwickelten ägyptischen Schiffe sehr niedrige Fahrzeuge waren, deren Rümpfe zum Schutz der Ruderer erhöhte Verschanzungen besaßen. Auf der Abbildung gibt ein Ausgucksposten im Krähennest an der Mastspitze den Männern an Deck Anweisungen, und zum erstenmal sieht man hier auf einer altägyptischen Darstellung, wie Segel weggenommen werden, ohne daß man die Rahen wegfiert. Dadurch waren diese Manöver natürlich viel schneller durchzuführen. Der Seesieg von Ramses III. dürfte die letzte große Marineunternehmung eines Volkes gewesen sein, dessen Geschichte sich durch natürliche Umwelteinflüsse mehr an Fluß- als an Hochseeschiffahrt orientierte. Unter den Nachfolgern Ramses' III. verfiel die ägyptische Macht, und damit fanden auch technische Neuentwicklungen im Schiffbau ihr Ende. Aber selbst auf der Höhe der Entwicklung war das typische ägyptische Wasserfahrzeug immer ein Flußboot geblieben.

Bei der Erörterung des prähistorischen Fortschritts

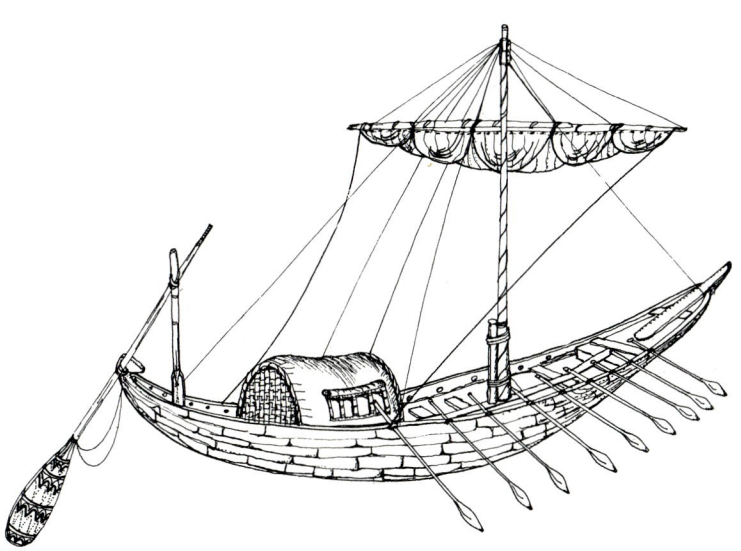

Ein von tüchtigen Fachleuten erbautes Nilboot aus der Zeit um 2000 v. Chr. Man verstand es, kleine Holzbretter mit großer Genauigkeit zusammenzufügen.

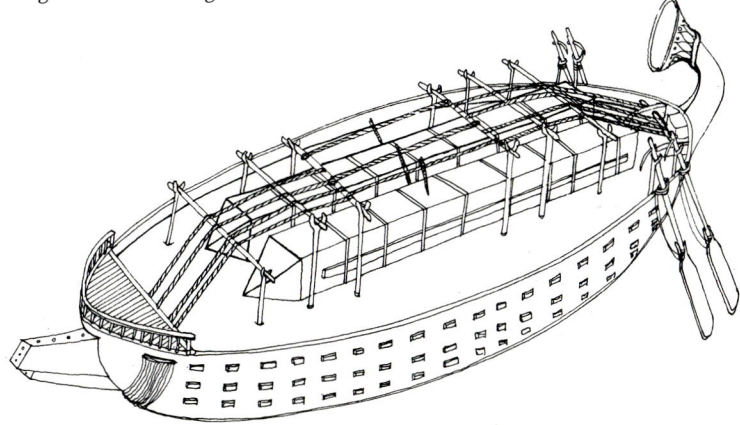

Die Abbildung zeigt das größte in der Pharaonenzeit entstandene Nilschiff. Es wurde zum Transport von zwei gewaltigen Obelisken erbaut und wog insgesamt 700 t.

Ein Lehmmodell von der Insel Kreta ist die Quelle dieser Zeichnung eines Kanus aus der Bronzezeit.

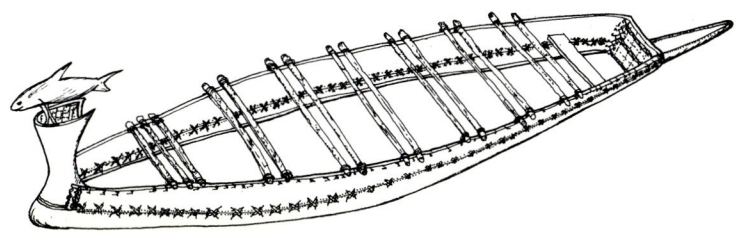

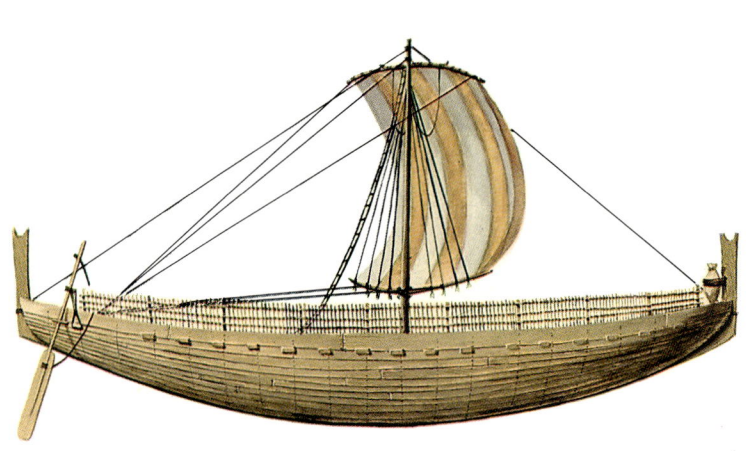

Eine etruskische Bireme aus dem 7. Jh. v. Chr. Besonders in seiner Rumpfform erinnert es sehr an griechische Schiffe gleicher Bauart.

Phönizisches Handelsschiff aus dem 2. Jh. v. Chr. Trotz fehlendem Kiel und ohne Spanten war der Rumpf sehr widerstandsfähig. Das viereckige Segel wurde mit der Rah vorgeheißt.

Judäisches Handelsschiff des 14. Jh. v. Chr. Die runde Rumpfform ist ein typisches Merkmal der Handelsschiffe dieser Zeit. Obwohl die einzige Antriebsmöglichkeit das viereckige Segel gewesen zu sein scheint, ist nicht auszuschließen, daß zumindest zum Manövrieren im Hafen auch Riemen benutzt wurden.

im Bootsbau erwähnten wir Beweise, daß schon im 8. Jahrtausend v. Chr. eine recht hochentwickelte Schiffahrt im Ägäischen Meer bestand. Dennoch wissen wir fast gar nichts über die seemännische Entwicklung in der Ägäis. Ausgrabungen von über See eingeführten Gegenständen veranschaulichen, daß die Schiffahrt schon eine ziemlich bedeutende Rolle gespielt haben muß. Ein in Kreta gefundenes, aus dem frühen ägäischen Bronzezeitalter (3. Jahrtausend v. Chr.) stammendes Modellboot aus Lehm legt Zeugnis ab von einer Schiffsart, mit der sich die ägäischen Seeleute einer oftmals recht bewegten See anvertrauten. Ihrer Form nach waren es lange kanuartige Fahrzeuge aus Eichenholz mit Querverstärkungen und einem fast geraden Steven. Bearbeitete kretische Kleinodien aus der Zeit von 2200–2000 v. Chr. zeigen Abbildungen von Segelschiffen mit einem hohen, fast vertikalen Pfosten als Vorsteven und einem erhöhten Heck, das den Booten vermutlich durch ein höheres Freibord auch ein besseres Seeverhalten gab. Das Vorschiff

Römische Handelsschiffe des 3. Jh. nach Chr. Der runde und tiefgehende Rumpf erleichterte das Stauen der Ladung.

Griechisches Handelsschiff aus dem 7. Jh. v. Chr. Aus den uns zugänglichen kärglichen Quellen entnehmen wir, daß diese Schiffe keine Decks hatten, sondern über dem Laderaum nur einen Laufsteg.

der Schiffe dieser Zeit läßt darauf schließen, daß die Kreter sehr wohl wußten, daß Fahrzeuge mit verlängertem Kiel kursstabiler waren.

Zum Ende der Bronzezeit nahm der Überseehandel im Mittelmeer zu, und lange Zeit hindurch gaben Wissenschaftler den Bewohnern der Ägäis das Hauptverdienst an dieser Entwicklung. Man begründete dies mit den vielen Funden minoischer und mykenischer Töpferei an allen Küsten des Mittelmeeres. Darüber hinaus glaubte man auch, daß der Überseetransport des Kupfers vom griechischen Stamm der Achäer kontrolliert würde, wie es auch einige alte schriftliche Dokumente zu bestätigen schienen. Soweit es sich um Töpferwaren handelte, war der Fall klar; der Stil gab einen eindeutigen Hinweis auf die Herkunft. Aber Kupfer wurde in Barren verschifft und erst am Bestimmungsort zu Endprodukten verarbeitet; daher konnte der Fundort keinen Hinweis auf Ursprung oder Transporteur des Metalls geben.

Neuere Forschungen haben nun nachgewiesen, daß in Handel und der Seefahrt jener Zeit die Phönizier eine herausragende Rolle spielten. Die ersten Spuren dieser Tatsache wurden in den Malereien ägyptischer Grabkammern aus der Zeit von 1500 bis 1200 v. Chr. gefunden. Sie beziehen sich eindeutig auf die Verschiffung von Kupferbarren durch syrische Schiffe.

Doch der überzeugendste Beweis für die seefahrerische Aktivität der Phönizier ist mit der Entdeckung eines kanaanitischen Schiffes in Licia, in der Nähe von Kap Chelidonia erbracht worden. 1960 rüsteten Peter Throckmorton und George Bass eine Expedition aus, um die Reste des Schiffes zu studieren. Obwohl der Rumpf fast vollkommen zerstört war, konnte sehr viel von der Ladung geborgen werden, die aus einer kompletten Ausrüstung für die Bearbeitung von Metall bestand, sowie aus Kupferbarren, aus Bronze und Zinn. Aufgrund dieser Entdeckungen und – noch nicht abgeschlossener – weiterer Forschungen wurde es klar, daß phönizische Handelsschiffsseeleute eine überragende Rolle im Seehandel des späten Bronzezeitalters gespielt haben. Leider ist nur sehr wenig über ihre Schiffe bekannt. Unsere Kenntnisse beziehen wir aus der Kunst anderer Völker wie Ägypter, Assyrer und Griechen. Aus der Zeit um 1500 v. Chr. stammende Wandmalereien in der ägyptischen Grabkammer von Drah Abou'l Neggah lassen erkennen, daß die phönizischen Handelsschiffe den ägyptischen Schiffen der gleichen Periode ähnelten, obwohl das Fehlen der starken Trosse zwischen Bug und Heck auf einen stabilen Rumpf schließen läßt. Diese Hypothese hat viel für sich, da Syrien ein waldreiches Land war. Der Mast stand beinahe in der Mitte des Schiffes, und eine Schutzreeling reichte vom Heck zum Bug.

Ein Basrelief auf einem Sarkophag in Sidon läßt erkennen, daß im 1. Jahrhundert v. Chr. die phönizischen Handelsschiffe eine runde Form angenommen hatten, die viele Jahrhunderte hindurch zum Kennzeichen aller Handelsschiffe wurde.

Die Phönizier waren aber nicht allein tüchtige Kaufleute, sondern sie entwickelten auch eine starke Kriegsflotte. So ist die erste nachgewiesene, für kriegerische Zwecke benutzte Bireme phönizischen Ursprungs gewesen. Solche Galeeren mit zwei Reihen von Ruderriemen lassen sich auch auf assyri-

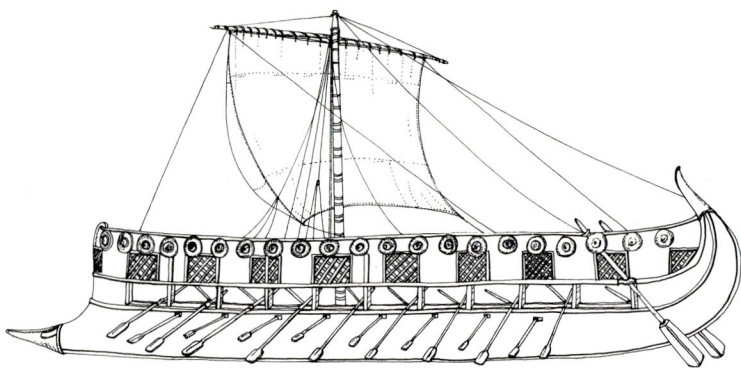

Phönizische Bireme des 8. Jh. v. Chr. Es handelte sich dabei um ein langes Kriegsschiff mit zwei Reihen von Ruderriemen und einem über den Plätzen der Ruderer angebrachten Gefechtsdeck.

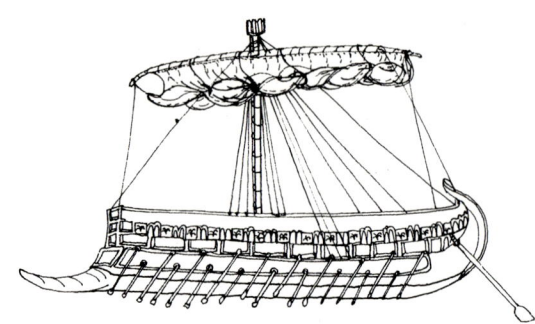

Eine andere Konstruktion eines phönizischen Kriegsschiffes. Die überall vorhandene Einrichtung war das über den Ruderern angebrachte Gefechtsdeck. Auf diesem Schiff war – noch eine Seltenheit – ein Krähennest vorhanden.

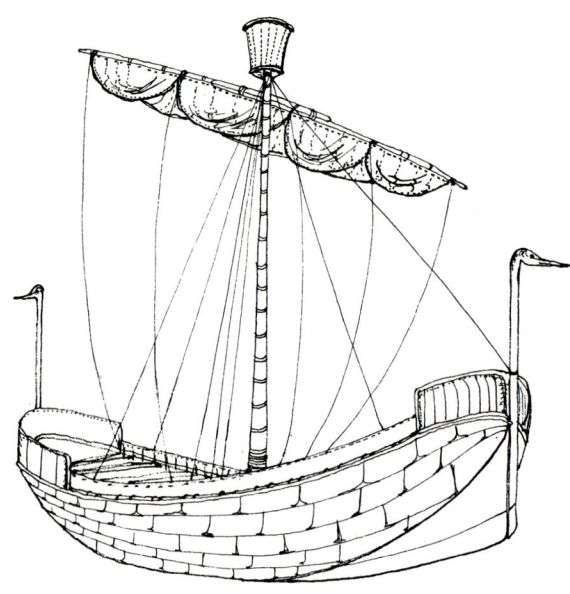

Ein in der Grabkammer von Medinet Habu abgebildetes Schiff wurde von den »Seevölkern« benutzt. Bug und Heck haben die gleiche Form. Das Segel ist viereckig, und die Mastspitze wird von einem Krähennest gekrönt.

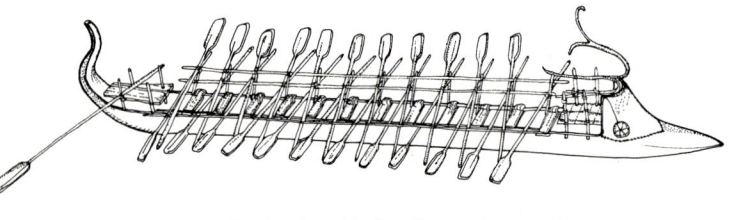

Aus bruchstückhaften Vasenmalereien rekonstruierte minoische Galeere des 6. Jh. v. Chr. Bei etwa 20 m Länge und einer Besatzung von 22 oder 24 Mann muß es ein leichtes aber starkes Schiff gewesen sein.

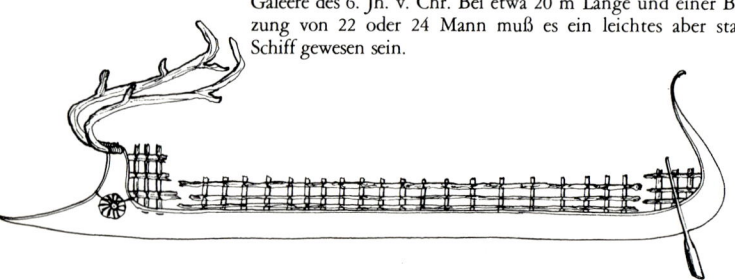

schen Basreliefs aus der Zeit um 70 v. Chr. erkennen. Am vorderen Ende hatten diese Schiffe einen hornähnlichen Rammsporn, und über den Ruderbänken war ein langes schmales Gefechtsdeck angebracht. Der Rumpf war sehr schmal und vermutlich aus einem einzigen Baumstamm gefertigt; er konnte daher ein anderes Schiff mit eindrucksvoller Wucht rammen.

Es gibt nur wenige zuverlässige Beweisstücke über die phönizischen Konstruktionsmerkmale, doch es ist bekannt, daß dieses Volk nicht nur ausgezeichnete Seeleute hervorgebracht, sondern auch hervorragende Fahrzeuge gebaut hat. Man darf annehmen, daß archäologische Forschungen noch mehr über die Schiffe in Erfahrung bringen werden, mit denen die Phönizier, wie von Herodot überliefert, zum Ende des 7. Jahrhunderts v. Chr. – ausgehend vom Roten Meer und heimkehrend durch die Straße von Gibraltar – den afrikanischen Kontinent umrundeten.

Um die Mitte des 2. Jahrtausends kam die kretisch-mykenische Kultur zu einem plötzlichen Ende. Die Ursache war aller Wahrscheinlichkeit nach die Explosion des Vulkans auf der Insel Santorin und die nachfolgende Sturmflut, die die ganze Ägäis heimsuchte. Auch die darauf in diesem Gebiet folgende achäisch-mykenische Kultur richtete sich, ihrer Lage gemäß, nach Meer und Seefahrt aus. Wir wissen allerdings gar nichts oder nur wenig über die Schiffe, mit denen die legendären Argonauten auf ihrer Suche nach dem Goldenen Vlies ausfuhren, und es gibt nur Spuren von Wissen über jene Schiffe, mit denen die Achäer in den Trojanischen Krieg zogen. Einigermaßen sicher ist nur, daß auf diesen Schiffen die Ruderriemen in Reihen angeordnet waren. Da wir unsere Kenntnisse allein von Vasenmalereien der Zeit um 600 v. Chr. ableiten können, bleibt unser Wissen recht bruchstückhaft. Man kann nur vermuten, daß die Frachtschiffe jener Zeit einen gedrungenen Bug hatten, der etwa denen einiger sizilischer und maltesischer Fischerboote glich. An dem jedoch höher emporragenden und sich verjüngenden Heck waren zwei lange Steuerriemen angebracht. Den Antrieb ge-

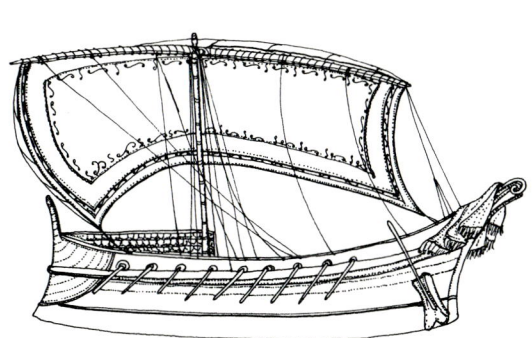

Es ist denkbar, daß die Helden der griechischen Mythologie auf der Suche nach dem »Goldenen Vlies« auf einem solchen Schiff gesegelt sind. Neun Paar Ruderriemen sorgten für die Beweglichkeit im Hafen und bei ruhiger See auch für den Antrieb.

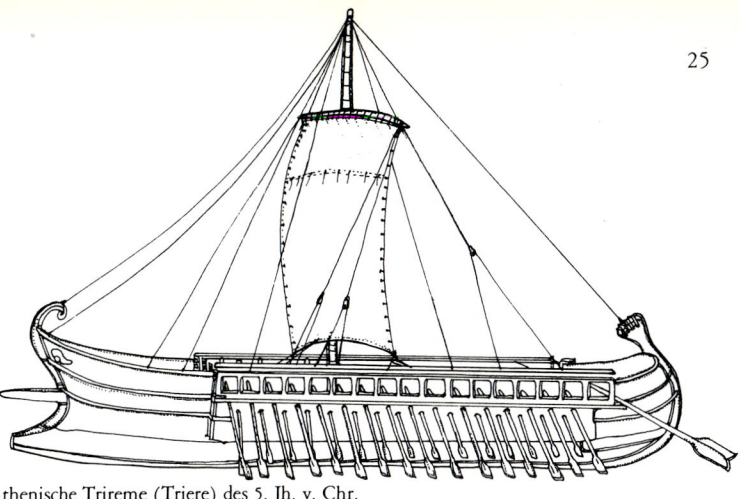

Athenische Trireme (Triere) des 5. Jh. v. Chr.

währleistete fast ausschließlich ein großes viereckiges Segel, während die Riemen nur zum Manövrieren und bei Windstille benutzt wurden.

Einen wichtigen Beitrag zu unserem Wissen über griechische Handelsschiffe des 4. Jahrhunderts v. Chr. lieferte in den Jahren 1967–1969 die Auffindung und Erforschung des sogenannten kyrenischen Schiffes. Die Entdeckung machte eine von Michael Katzev geleitete Gruppe von Archäologen. Das Schiff war völlig unter Sand verborgen gewesen, ein Teil des Rumpfes gut erhalten. Das nicht ganz 16 Meter lange Fahrzeug hatte ein viereckiges Heck, wogegen der Bug (von dem nur ein kleiner Teil erhalten blieb) sich mehr zu verjüngen schien und anscheinend ausladender war als bei den auf den Vasen des 6. und 5. Jahrhunderts abgebildeten Schiffen. Das Schiff war vollkommen aus Kiefernholz erbaut, wobei als erstes der Kiel gelegt worden war. Darauf hatte man die Außenhaut aufgerichtet, indem man die Planken mit versenkten Nägeln zusammenfügte und anschließend das Spantengerippe mit von außen eingetriebenen Kupfernägeln auf den Planken befestigte. Dadurch dienten die Spanten nur der Verstärkung und nicht dem Halt.

Die Außenhaut war völlig mit Bleiplatten bedeckt, die ebenfalls durch Kupfernägel gehalten wurden. Dieser »Panzer« diente zum Schutz des Holzes gegen den zerstörenden Befall von Meeresorganismen. An Bord des Schiffes wurden zusammen mit Werkzeug, das man brauchte, um Beschädigungen am »Panzer« auszubessern, auch Reserverollen von Bleiplatten gefunden. Der Mast war auf einem festen Unterbau zum Steven hin versetzt; sein Stand läßt die Vermutung aufkommen, daß anstatt eines viereckigen Segels eine Art Gaffelsegel gesetzt wurde.

Griechische Künstler scheinen an der Abbildung von Handelsschiffen nicht besonders interessiert gewesen zu sein, wogegen von Kriegsschiffen viele Darstellungen erhalten geblieben sind. Diese unterscheiden sich dann auch klar in der Form von den ersteren. Ein Kriegsfahrzeug hat besondere Anforderungen zu erfüllen wie Geschwindigkeit, Leichtigkeit und einen starken Kiel. Gewichtsersparnis wurde durch Verwendung von Fichtenholz für den Rumpf erzielt, das allerdings nicht allzu widerstandsfähig gegen Einflüsse der See war. Die Schiffe mußten daher ziemlich oft zur Reparatur an Land

Lange Zeit beherrschten griechische Schiffe das Mittelmeer. Sie hatten einen sehr langen Rumpf, der auch die gewaltige Beanspruchung beim Rammstoß aushalten konnte, und sie waren für lange Fahrten mit einem großen viereckigen Segel ausgerüstet.

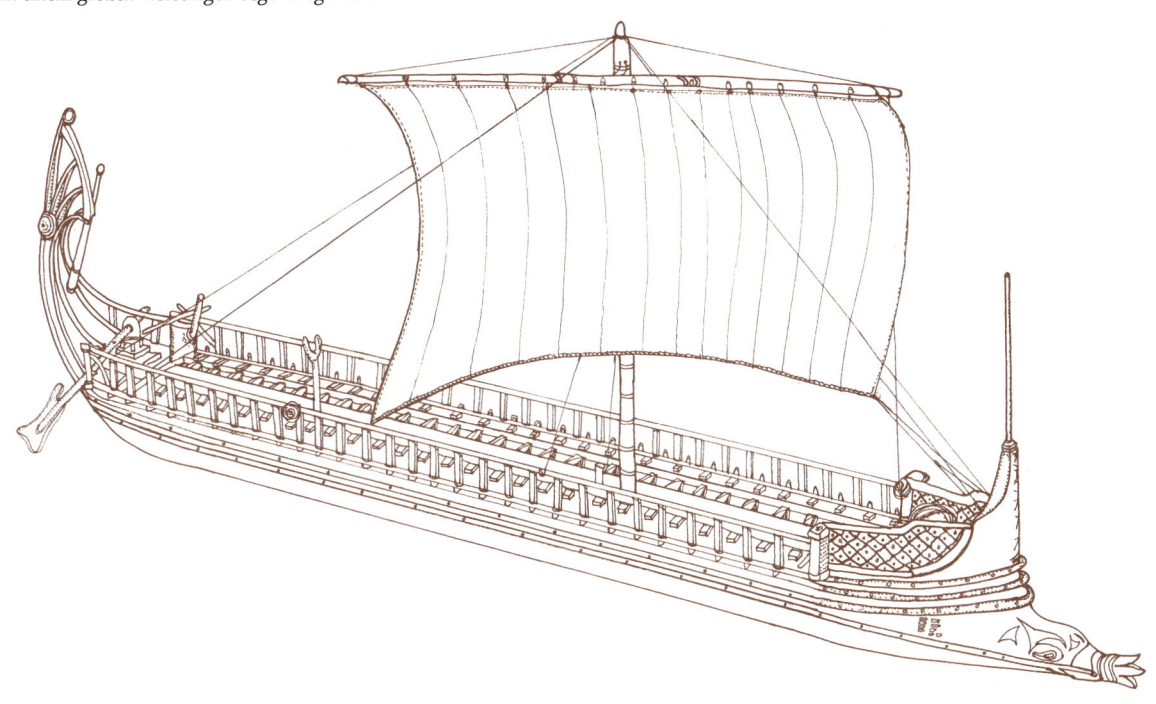

Aus dem 1. vorchristlichen Jh. hinterließen uns Künstler in Basreliefs Abbildungen phönizischer Biremen. Obwohl sehr schnelle und solide Fahrzeuge, waren sie aufgrund ihrer geringen Seitenhöhe für das offene Meer ungeeignet.

gezogen werden. Aus zweierlei Gründen hatte der Kiel kräftig zu sein; einmal mußte er den Rammstoß eines feindlichen Schiffes ertragen können und zum anderen einen Transport über Land heil und ohne Beschädigungen überstehen.

Das Segel wurde nur auf längeren Reisen gesetzt, während im Gefecht Ruderer für die nötige Fahrt sorgten, da das Rammen eines feindlichen Schiffes Schnelligkeit und gute Manövrierfähigkeit erforderte. Die ersten Kriegsschiffe dieser Art waren Biremen, von denen deutliche Abbildungen als Vasenmalereien des 7. und 6. Jahrhunderts v. Chr. vorhanden sind. Schon die griechischen Schiffbauer müssen unter ständigem Druck gestanden haben, immer stärkere und schnellere Fahrzeuge bauen zu müssen. So entwickelten sie im Laufe der Zeit mit der Trireme ein Kriegsschiff mit drei Reihen von

Rudern, das zwar weniger beweglich war als die Bireme, aber sicherlich einen wirksameren Rammstoß ausführen konnte. Der Rammstoß war das charakteristische Merkmal der Flottentaktik jener Zeit. So waren solche Schiffe auch die Hauptakteure in der Schlacht bei Salamis (480 v. Chr.) in der 310 Triremen unter dem Kommando von Themistokles die 1207 Schiffe von Xerxes' persischer Flotte ausmanövrierten und besiegten.

Mehrere Autoren des Altertums erwähnen auch in der griechischen Kolonie Syrakus erbaute Quadriremen und Quinqueremen. Lange Zeit hindurch bezweifelten – in ihrer Meinung von Marinefachleuten bestärkt – Wissenschaftler, daß solche Schiffe jemals gebaut werden konnten. Doch nach einer neueren und nach Ansicht heutiger Autoren überzeugenderen Theorie ist man der Meinung, daß die erwähnten Quadriremen und Quinqueremen nicht mit vier oder fünf übereinander liegenden Ruderreihen ausgerüstet waren, sondern breitere Schiffe, bei denen zusätzliche Ruderer an den Riemen Platz fanden. So saßen die zusätzlichen Ruderer nicht wie erst vermutet in vier- oder fünffachen Reihen

Eine aus Vasenmalereien der Zeit um 500 v. Chr. rekonstruierte griechische Bireme. Dieses Schiff war zwar leicht, aber dennoch stark genug, um einen Rammstoß auszuhalten.

Ein mittelmeerisches Schiff aus der zweiten Hälfte des 1. Jh.
v. Chr. war die Ceres. Das leichte und schnelle Schiff hatte nur
eine Ruderreihe und ein großes viereckiges Segel.

übereinander, sondern nebeneinander, denn sie hatten nicht nur mehr Platz, sondern auch längere
Riemen. Wahrscheinlich hat es nie mehr als drei
übereinander angeordnete Ruderreihen gegeben. Es
gibt neuerliche Erkenntnisse, die diese Auslegung
zu unterstützen scheinen, und es beweist, daß die
Historiker des Altertums durchaus wußten, über
was sie sich ausließen.

Die an der Küste des Tyrrhenischen Meeres Lebenden waren sicherlich mit der See sehr vertraut. Der
Nachweis von bedeutender seefahrerischer Tätigkeit ist bis ins 7. Jahrhundert v. Chr. zu führen,
und etruskische Spuren dieser Zeit sind praktisch

an allen Küsten des Mittelmeeres aufgefunden worden. Jedoch erschöpfte sich die seemännische Aktivität der Etrusker durchaus nicht nur im Handel.
Ebenso bekannt waren den Küstenvölkern ihre Pi-
ratenschiffe, wahrscheinlich schnelle Biremen, die
den ganzen Mittelmeerraum heimsuchten. Eine
Vase aus der Zeit um 670 v. Chr. zeigt ein etruski-
sches Schiff mit je einer erhöhten Plattform an Bug
und Heck und einen angesetzten Rammsteven, der
nicht nur eine Verlängerung des Bugs war, sondern zu ihm einen scharfen Winkel bildete. Es gibt
nach wie vor nur wenige Urkunden, die uns bei der
Rekonstruktion der etruskischen Seefahrt weiter-
helfen können. Was wir mit Sicherheit wissen ist,
daß die Etrusker von den anderen Mittelmeervöl-
kern gefürchtet waren. Der Gedanke liegt deshalb
nahe, daß die Männer, die die ersten römischen
Kriegsschiffe entwarfen und bemannten, etruski-
scher Herkunft waren.

Obwohl es im alten Rom einige berühmte Seefahrer gab, interessierte man sich zunächst recht wenig

Römische Bireme aus dem 1. Jh. v. Chr. Diese Art Schiffe wurde 70 v. Chr. von Pompejus auf seinem Feldzug gegen die See-
räuber benutzt. Der Turm am Bug wurde nur während der
Fahrt entfernt.

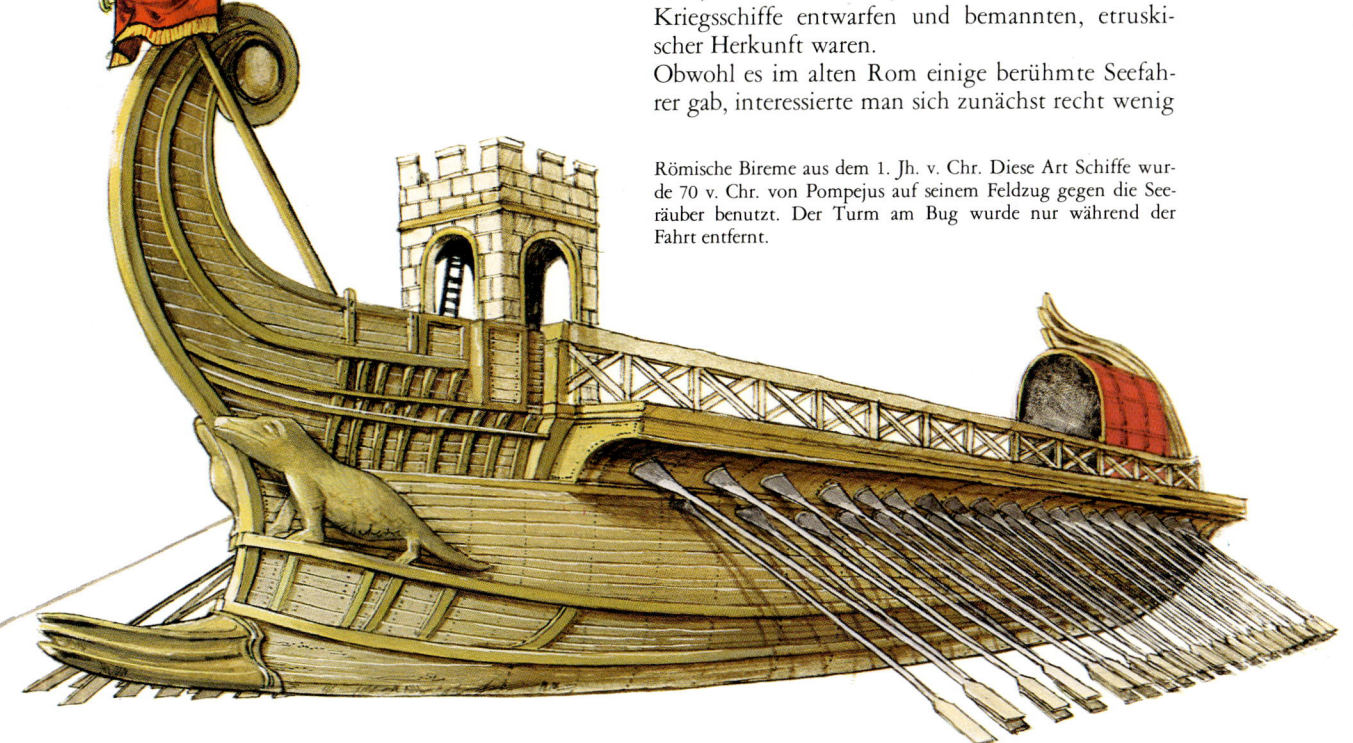

Rekonstruktion einer römischen Trireme mit 2 Masten und viereckigen Segeln.

für die See. Erst als die Römer die gesamte italienische Halbinsel beherrschten, begannen sie die Verteidigung ihrer Küsten in ihre Überlegungen einzubeziehen und fingen an, ihre Herrschaft auf andere Küsten des Mittelmeeres auszudehnen. Die erste römische Flotte wurde im 4. Jahrhundert v. Chr. erbaut. Sie bestand aus etwa 20 Schiffen, die wahrscheinlich den alten griechischen oder etruskischen Triremen nachempfunden waren. Mit anderen Worten handelte es sich um eine bescheidene Flotte, die von erfahreneren Seemächten wegen ihrer Entwicklung aus alten Typen als unmodern angesehen wurde.

Als ein Zusammenstoß mit Karthago unabwend-

bar wurde, stand Rom unter dem Zwang, seine Kriegsflotte zu vergrößern. Abgesehen davon war den Römern nur zu gut bewußt, daß sie keine echte seemännische Tradition besaßen und bestimmt in der ersten Seeschlacht gegen einen erfahrenen Gegner unterliegen würden. Als Ausweg strebten die römischen Befehlshaber daher an, den Kampf auf dem Wasser so weit wie möglich dem auf dem Lande anzugleichen. Als Folge dieser Überlegungen vergrößerten sie ihre Flotte auf etwa 120 Schiffe, alle fast ausschließlich vom Typ der langsamen und schweren Quinquereme, die zwar schwerfällig zu manövrieren war, aber einen bedeutenden Vorteil besaß: Sie konnte neben ihrer Besatzung bis zu 120 Legionäre an Bord nehmen und war hervorragend für den schweren »Corvus« geeignet, jene berühmte Enterbrücke, über die eine Doppelreihe von Infanteristen die feindlichen Schiffe wie eine Landfestung stürmen konnte. Dieser Vorgang hatte wenig mit dem zu tun, was wir heute als Entern bezeichnen würden. Wenn die Quinquereme bei einem feindlichen Fahrzeug längsseits ging, wurden die Enterbrücken niedergelassen und hakten sich mit ihren starken Krallen am hölzernen Rumpf des Feindes fest. So war es denn auch das im Kampf Mann gegen Mann unüberwindliche Fußvolk, das Roms erste Seeschlacht gewann. Bei Mylae in Nordsizilien versenkten die Römer 260 v. Chr. 14 und eroberten 31 karthagische Schiffe. Ungefähr 7000 Karthager verloren dabei ihr Leben. Einige Wissenschaftler behaupten, daß die an der Schlacht beteiligten Schiffe gar nicht römisch waren und daß selbst die Besatzungen durchaus Fremde gewesen sein könnten. Sollten sie recht haben, so ist es möglich, daß diese »Ausländer« Etrusker waren, die im oberen Mittelitalien lebten und von Rom unterworfen worden waren.

Nur wenige archäologische Funde bieten Hinweise über die Beschaffenheit römischer Kriegsschiffe. Man kann nur vermuten, daß sie sich die Erfahrungen der von ihnen unterworfenen Seefahrervölker zu eigen machten. Jedenfalls übernahmen sie mit der Liburna der Illyrer ein schnelles Fahrzeug, das für die ruhigen Gewässer zwischen den Inseln der dalmatinischen Küste konstruiert war. Allerdings bauten die Römer die Liburna in der abgeänderten Form einer Bireme.

Zwei einzigartige archäologische Funde lieferten uns außergewöhnlich aufschlußreiche Hinweise auf Methoden und Möglichkeiten römischer Schiffbaukunst. Ungefähr 30 Kilometer von Rom entfernt wurden in den Albaner Bergen auf dem Grunde des Nemi-Sees zwei Schiffe gefunden. Jahrhunderte hindurch wußte man von der Existenz dieser Schiffe, und viele erfolglose Versuche wurden zu ihrer Bergung unternommen. 1927 entschloß man sich dann, den See trockenzulegen und die Fahrzeuge zu bergen. Die Arbeit dauerte fünf Jahre, bis 1932 die recht gut erhaltenen Überreste zweier sehr

Zum Ausgang des 2. Jh. v. Chr. wurde die römische Flotte mit Liburnae genannten, schnellen leichten Biremen ausgerüstet.

Rumpfrekonstruktion einer römischen Quinquereme. Der Name bedeutet nicht, daß fünf Ruderreihen übereinander angeordnet waren, sondern weist möglicherweise auf die Anzahl Männer hin, die am selben Riemen ruderten oder auf die Anzahl der Ruderriemen, die zu einer Ruderbank gehörten.

Ein karthagisches Frachtschiff. Es besaß zwei Masten mit großen viereckigen Segeln und einer Reihe Ruderriemen, die im Notfall und zum Manövrieren eingesetzt wurden.

großer Rümpfe aufs trockene Land gebracht wurden. Die Abmessungen des einen waren 71,3 mal 24 Meter, die des andern 73 mal 24 Meter. Wir haben keine Ahnung, warum es große Schiffe in einem so kleinen Gewässer wie dem Nemi-See überhaupt gab. Viele Theorien sind darüber aufgestellt worden, doch läßt sich keine davon beweisen. Wir können nur die Kunstfertigkeit bewundern, mit der diese von einer offensichtlich großen Anzahl von Ruderern betriebenen Schiffe erbaut waren. Während des Zweiten Weltkrieges wurden die beiden Schiffe durch Feuer zerstört.

Auch die Handelsflotte machte sich die römische Schiffbaukunst zunutze. Handelsschiffe spielten bei der Ausbreitung römischer Kultur eine maßgebliche Rolle, und eine große Anzahl verläßlicher Abbilder ist erhalten geblieben. Eines der bedeutendsten ist ein in der Nähe Roms bei Ostia gefundenes Basrelief aus dem 2. Jahrhundert v. Chr. Das abgebildete Schiff hat eine runde Form und nimmt zum Heck an Breite zu. An der Seite des Hecks befinden sich zwei lange Steuerriemen, und es gibt zwei Segel, das Großsegel und ein anderes viel kleineres Spritsegel am Steven. Das Fahrzeug stellte ein mittelgroßes Handelsschiff dar, das den 200 Jahre früher gebauten fast glich.

Die größten römischen Frachtschiffe waren die Frumentariae genannten Getreideschiffe. Reliefs aus Pompeji und Beschreibungen von Autoren des 2. Jahrhunderts n. Chr. lassen vermuten, daß diese Schiffe bis zu etwa 50 Meter lang und bis zu 15 Meter breit waren. Die Besegelung war ziemlich vollständig und setzte sich aus einem Groß-, Topp-und dem Artemon genannten Spritsegel zusammen. Nach zuverlässigen Aussagen zeitgenössischer Dokumente scheint sicher zu sein, daß Rom mehrere Jahrhunderte hindurch im Mittelmeer die bedeutendste Handelsflotte besaß.

Moderne archäologische Unterwasserforschung wird zweifellos eines Tages mehr über diese Schiffe in Erfahrung bringen und in der Lage sein, uns ein genaueres Bild vom Seehandel im Mittelmeer zu vermitteln.

Die römischen Frumentariae oder Getreideschiffe waren sehr groß. Dieses von einem pompejianischen Relief rekonstruierte Schiff war wahrscheinlich über 50 m lang und ungefähr 15 m breit.

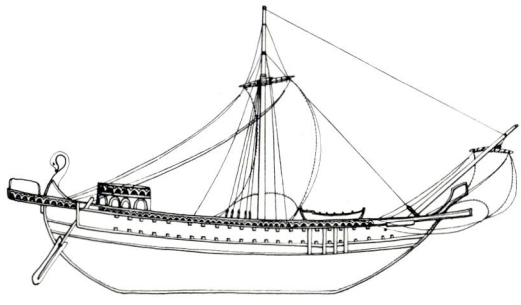

Judäisches Frachtschiff des 3. Jh. n. Chr. Es besaß einen langgezogenen Rumpf und wurde durch zwei seitlich angebrachte Steuerriemen gesteuert.

Ein Sarkophag in Sidon lieferte die Vorlage für diese Rekonstruktion eines römischen Frachtschiffes mit rundem und sehr plumpem Rumpf.

DIE TRIREME (TRIERE)

Die Geburt des Rammsporns

Die uns zur Verfügung stehenden Fakten über das von Fachleuten als am besten durchdacht und schlagkräftigst beurteilte Schiff der Antike sind recht lückenhaft und auch noch widersprüchlich. Man ist nicht einmal ganz sicher, ob die Trireme aus der schnellen und beweglicheren Bireme entwickelt wurde, um damit die Wirksamkeit des Rammsporns, der einzigen Waffe, mit der damals ein Schiff versenkt werden konnte, zu vergrößern. Dieses »Großschiff« tauchte erstmalig um 500 v. Chr. auf und spielte sowohl in der Seekriegsgeschichte der Athener, Phönizier, Korinther und Ägypter, wie auch in der der Römer eine bedeutende Rolle.

Die griechische Kriegstrireme war ein schmales, etwa 35 m langes und 6 m breites Fahrzeug und mit bis zu 170 Ruderern besetzt, die sich in drei Gruppen unterteilten. 62 gehörten zur obersten Reihe, 44 zur mittleren und 44 an die unteren Ruderriemen. Die Trireme hatte wie die Bireme oder das mykenische Schiff nur einen Mast und ein viereckiges oder rechteckiges Segel. Zusätzlich zu den Ruderern, die sich aus den ärmeren Volksschichten rekrutierten, hatte das Schiff für die Segelführung eine geübte Besatzung und Krieger für das Zusammentreffen mit Feinden. Über die Verteilung der Riemen und Ruderer ging lange Zeit die Meinung auseinander. Wir wissen, daß die Riemen im Verhältnis zur Länge des Schiffes kurz waren. Die in der oberen Reihe maßen etwa 4,5 m, die der mittleren Reihe waren mit 3 m und die untere Reihe mit 2,5 m entsprechend kürzer. Nach Meinung einiger Gelehrter besaßen selbst die Riemen in einundderselben Reihe verschiedene Längen und verkürzten sich wie die Finger einer Hand. Ein bißchen mehr wissen wir über die Kampftaktik der griechischen Trireme. Man bevorzugte dabei lange Zeit zwei immer wieder praktizierte Angriffsformen. Die erste, Diekploos genannt, bestand darin, einen Weg durch die feindliche Schiffsformation zu bahnen, dabei die Riemen des Gegners zu zerbrechen, schnell zu wenden und dann die bewegungsunfähige Flotte von hinten anzugreifen. Die zweite Angriffsmethode war der sogenannte Periploos, ein schnelles Umfassen der feindlichen Flanke, um so in eine günstige Angriffsposition zu kommen.

Um eine größere Geschwindigkeit zu erzielen, konnte der Mast dieser griechischen Trireme im Gefecht niedergelegt werden. Der Rammsporn war durch Verlängerung des Kiels in den Rumpf mit einbezogen.

Eine Vielzahl von Kampfschiffen, davon einige höchst eigenwillig in ihrer Form, wurde aus der Trireme entwickelt. Sie alle haben zwar die Aufmerksamkeit der Marinefachleute erregt, aber aufgrund fehlender Beweisstücke können die durchaus interessanten Schlußfolgerungen aus diesen Untersuchungen nicht als verbindlich betrachtet werden. Wir wissen zum Beispiel, daß der Tyrann von Syrakus, Dionysos, Quadriremen besaß und in den Kriegen, die dem Tod Alexanders des Großen folgten (323 v. Chr.), Quinqueremen und sogar Hexaremen und Heptaremen gebaut wurden. Die Namen beziehen sich dabei mit ziemlicher Sicherheit nicht auf die Reihen der Riemen, sondern eher auf die Anzahl der Ruderer an jedem einzelnen Riemen. Das würde bedeuten, daß diese Kampfschiffe höchstens drei Reihen von Riemen besaßen und daß nur durch eine vergrößerte Anzahl der Ruderer die Wucht eines Rammstoßes verstärkt wurde. Außerdem ist uns bekannt, daß die Karthager während des Ersten Punischen Krieges (264–241 v. Chr.) Quinqueremen benutzten. Die Römer begannen diesen Krieg ohne Flotte, die diesen Namen verdient hätte; aber dank ihres Organisationstalents bauten und requirierten sie in nur 60 Tagen 100 Quinqueremen und 60 Triremen. Die Triremen waren es dann auch, die die Schlacht von Mylae (Milazzo) 260 v. Chr. zum Teil dadurch entschieden, daß von ihnen aus der Corvus, jene verstellbaren und beidseitig einsetzbaren Enterbrücken, benutzt wurden. Sie hatten an ihren Enden gebogene Nasen, die über das feindliche Schiff geworfen wurden, so daß die Kampftruppe das gegnerische Schiff regelrecht erstürmen konnte.

Die römische Militärverwaltung entwickelte eine Kriegsflotte, die ihre Stützpunkte nicht nur überall am Mittelmeer, entlang

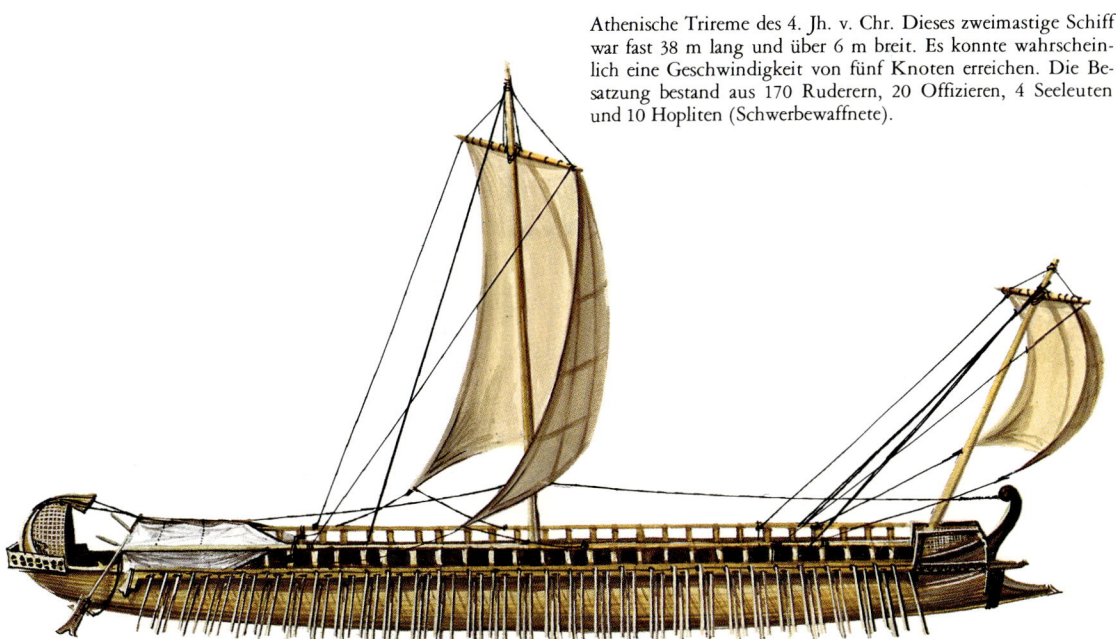

Athenische Trireme des 4. Jh. v. Chr. Dieses zweimastige Schiff war fast 38 m lang und über 6 m breit. Es konnte wahrscheinlich eine Geschwindigkeit von fünf Knoten erreichen. Die Besatzung bestand aus 170 Ruderern, 20 Offizieren, 4 Seeleuten und 10 Hopliten (Schwerbewaffnete).

dem Rhein und der Donau hatte, sondern ebenso am Roten Meer wie am Englischen Kanal; und die Trireme bildete das Rückgrat dieser Flotte.

Mit dem Niedergang des Römischen Reiches verfiel auch die Flotte, und die letzten Triremen bildeten schließlich in Byzanz – oder Konstantinopel, wie die Stadt seit 330 n. Chr. hieß – den Kern der oströmischen Seemacht.

Unten: Römische Trireme mit hakenbewehrter Enterbrücke zum Festhalten feindlicher Schiffe. Die Infanterie benutzte die Brücke zur Erstürmung des gegnerischen Schiffes. Dank dieser neuartigen taktischen Einrichtung gelang es den Römern, ohne besonders entwickelte Fähigkeiten zur Seekriegsführung, aber mit Hilfe ihrer kampfgewohnten Fußtruppen die Herrschaft über die Meere zu erlangen.

N

Kvalsund

Oseberg

Gokstad

Arby

NORDSEE

Nydam

Gredstedbro

OSTSEE

FINNISCHER MEERBUSEN

Das südliche Skandinavien weist die meisten archäologischen Schiffsfunde auf.

Die nördlichen Meere

In den vergangenen Jahren hat die Unterwasserarchäologie unser Wissen über den seegeschichtlichen Hintergrund im Mittelmeerraum erheblich erweitert. Man darf sogar behaupten, daß die einzigen greifbaren Tatsachen, über die wir verfügen, aus den Tiefen des Meeres kommen oder wie im Fall der beiden Nemi-Schiffe vom Grunde eines Sees.

Was die Meere des nördlichen Europa angeht, so hat die Unterwasserforschung eine weniger bedeutsame Rolle gespielt. Unsere Hauptquellen lieferte der alte nordische Brauch, die Häuptlinge mit ihrem wertvollsten Besitz (darunter oft ein Schiff) zu begraben. Ebenso opferten die Nordleute von Zeit zu Zeit Votivgaben in Form von Schiffen, die mit Waffen und Schmuck gefüllt waren. Daher sind die bedeutendsten Ausgrabungen auch an Land gemacht worden, wobei oft unversehrt erhalten gebliebene Stücke zutage traten. Tausende von Einbäumen sind gefunden worden und ebenso viele, die nicht aus einem einzigen Stamm herausgehauen waren, sondern aus zwei oder drei unter Dampf geformten Holzstücken bestanden, eine Methode, die größere Stabilität garantierte. Von Urzeiten her bewiesen die Bewohner des Nordens ihre große Begabung für den Bootsbau; und ihre Einbäume und Kanus waren der oftmals recht bewegten See gut angepaßt.

Einbäume müssen sehr lange, die ganze Bronzezeit hindurch, üblich gewesen sein. Aber gleichzeitig entwickelte man langsam aber stetig größere und leichtere Boote. Manche bronzezeitlichen Sandsteingravuren stellen Boote dar. Diese Steinritzungen sind nicht ganz einfach zu deuten, und einige Gelehrte waren sogar der Meinung, daß es sich um

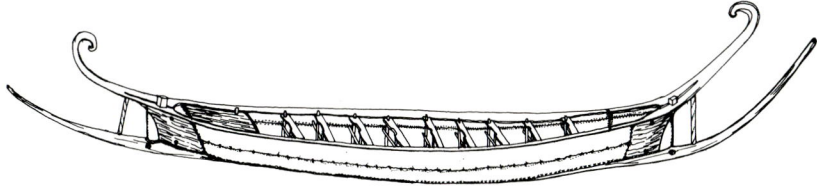

Das Hjortspringboot erinnert, obwohl aus Holz erbaut, im Stil an Fellboote. Es war über 12 m lang und ungefähr 6 m breit.

Schlitten handle. In der Hauptsache scheinen die Zeichnungen jedoch lange, schmale Boote darzustellen, deren Weichholzgerüst mit Tierhäuten bespannt war. Die große Fertigkeit, Tierhäute zusammenzunähen, wird durch das älteste nordische hölzerne Boot bestätigt. Gemeint ist das Hjortspringboot, das einen gewissen Höhepunkt in der vom Fellboot weiterentwickelten Bootsbautechnik zu

Das Kvalsundschiff wurde 1920 zusammen mit einem ähnlichen in Norwegen aufgefunden. Das größere der beiden war etwa 18 m lang und 3 m breit. Es trug ein viereckiges Segel und hatte Platz für 10 Paar Riemen. Obwohl es nicht besonders gut für das offene Meer geeignet war, benutzte man es wahrscheinlich für längere Reisen.

Das Sutton-Hoo-Schiff wurde nach Spuren rekonstruiert, die es in der Erde eines Grabhügels hinterließ. Das klinkerbeplankte, decklose Boot war etwa 25 m lang. Von einem Mast wurde keine Spur gefunden.

kennzeichnen scheint. Gleichzeitig ist es auch als Vorläufer der weit höher entwickelten Wikingerschiffe anzusehen.

Das Hjortspringboot wurde 1921 auf Alsen im südlichen Dänemark gefunden. Wahrscheinlich diente es als Votivgabe. Den Zeitpunkt der Erbauung kann man mit 200 v. Chr. ansetzen. Es ist etwa 12 Meter lang und erhält seine Stabilität durch ein langes, an beiden Enden gebogenes Bodenbrett. Auch an den Seiten besitzt das Brett eine Krümmung, um dem Rumpf seine Form zu geben. Die Beplankung besteht aus Lindenholz und ist zusammengebunden. Verschiedene Querleisten aus Haselbuschästen verstärken den Rumpf. Bug und Heck sind vollkommen gleichartig, ein Charakteristikum, das auch für die späteren Wikingerschiffe typisch werden sollte.

Das Hjortspringboot verbindet zwei lange Entwicklungszeiträume im skandinavischen Bootsbau;

Die Knorr oder Knorre war das bei den Wikingern meistverwendete Frachtschiff. Es ist lediglich bekannt, daß es ein Deck hatte und in Klinkermanier beplankt gewesen sein dürfte.

diese Erkenntnis beruht auf archäologischen Funden. Das erste zeitlich bestimmbare nordische Schiff nach dem Hjortspringboot ist das in Nordschleswig aufgefundene Nydamschiff, das mindestens 500 Jahre später erbaut wurde. Bei ihm besteht keine Verwandtschaft mehr zu den Fellbooten, und das Schiff läßt schon die Bautechnik erkennen, die es später den Wikingern ermöglichte, auf fast allen Meeren der Erde ihre erstaunlichen Taten zu vollbringen.

Das Nydamschiff mißt etwa 23 Meter in der Länge und 3 Meter in der Breite. Es ist vollständig aus Eiche erbaut worden. Jede der fünf Planken auf beiden Seiten besteht aus einem Brett und ist mit erstaunlicher Präzision und Kunstfertigkeit eingepaßt. Die Beplankung wurde in der sogenannten Klinkermethode ausgeführt, wobei die einzelnen Planken mit Eisennägeln zusammengeheftet wurden, und es gibt noch keine Spur von Beschlägen wie an den Kielen späterer Wikingerschiffe. Das Nydamboot war mit ziemlicher Sicherheit ein Kampfschiff, wobei zu vermuten ist, daß Konstruktionsmerkmale zeitgenössischer Handelsschiffe enthalten sind, die dabei möglicherweise weiterentwickelt wurden. Aller Wahrscheinlichkeit nach waren es solche Schiffe, mit denen die Nordleute ihre ersten Einfälle an den Küsten Englands machten. Das in England gefundene Schiff von Sutton Hoo zeigt den großen skandinavischen Einfluß auf die sich in Britannien entwickelnden Schiffbautechniken.

Das größte der nordischen Kriegsschiffe war der Drakar. Das hier abgebildete Drachenschiff muß über 75 m lang gewesen sein. Es besaß ein großes viereckiges Segel für die Fahrt auf hoher See und nur eine Reihe von Riemen auf jeder Seite.

Die Geschichte von der Entdeckung dieses Schiffes ist es wert, erzählt zu werden. 1938 begann man mit Ausgrabungen in einigen Grabhügeln bei Sutton Hoo in Suffolk. In einigen dieser Hügel waren ursprünglich Votivgaben in den dort vergrabenen Booten untergebracht. Unglücklicherweise hatten Grabräuber alle Spuren dieser Schiffe zerstört. Als man 1939 mit Ausgrabungen am größten der Hügel begann, wurden mehrere Reihen von Nietverbindungen gefunden. Sofort war den beteiligten Fachleuten klar, daß die hölzernen Teile des Schiffes verfault waren, aber ein genauer und gut erhaltener Abdruck des Schiffes im Sand des Grabhügels erhalten blieb. Die Ausgrabungen erforderten außer größter Vorsicht auch gutes Wetter, weil die Ausgrabungsstelle unter freiem Himmel lag und der kleinste Regenschauer den kostbaren Fund für immer zerstören würde. Man wies nach, daß das Schiff etwa 25 Meter lang war, kein Deck besaß und die Beplankung in der Art der überlappenden Klinkerbauweise ausgeführt worden war. Den Kiel hatte man durch 26 Spanten verstärkt, die nach

Das Gokstadschiff, ungefähr 21 m lang und über 4 m breit, war – mit 16 Planken auf jeder Seite – aus Eiche erbaut. 32 Riemen dienten der Fortbewegung, und es besaß ein wirksames viereckiges Segel, mit dem das Schiff sogar hoch am Winde segeln konnte.

Rekonstruktion eines skandinavischen Drachenbootes. Mit Ausnahme der Verzierungen hatten Bug und Heck die gleiche Form. Die Krieger hängten ihre Schilde an die Bordwand – allerdings nur bei festlichen Anlässen.

Fertigstellung des Rumpfes eingezogen worden waren. Obwohl weder Spuren eines Mastes noch eines Mastschuhes gefunden wurden, ist dennoch denkbar, daß das Schiff irgendeine Art von Besegelung besaß, da Segel in diesem Gebiet das ganze 7. Jahrhundert hindurch üblich waren. Die reichen Grabbeigaben wiesen darauf hin, daß wir es mit dem Grab eines frühen angelsächsischen Königs zu tun haben.

Wenn von den nördlichen Meeren die Rede ist, denkt man unwillkürlich an die Wikinger. Die große Zeit der Wikinger begann um 800 n. Chr., mehr als 100 Jahre nach der Zeit, der man das Schiff von Sutton Hoo zurechnet. Die noch weit verbreitete Vorstellung von dem Wikinger als einen in Tierfelle gekleideten Wilden, der ein Paar Hörner auf seinem Helm trug, ist eine grobe Verdrehung der Wahrheit. Es stimmt zwar, daß er einer ziemlich verwegenen Rasse angehörte, die zeitweilig von Überfällen lebte; aber mit Sicherheit waren die Wikinger keine Wilden. Die von ihren Dichtern aufgezeichneten Sagas besitzen einen hohen kulturellen Wert, und an Bord der meisten größeren Schiffe befand sich ein Barde, um von den Taten der Seefahrerkrieger zu singen. Viele Einzelheiten wikingischer Kultur können wir aus schriftlichen Überlieferungen rekonstruieren. Aber unsere Informationsquellen über die Geschichte der Wikinger beschränken sich keinesfalls auf ihre Sagas, die gewiß recht oft der Phantasie freien Lauf lassen. Die archäologischen Funde von Wikingerschiffen gehören zu den vollständigsten und am besten erhaltenen Fahrzeugen, die dank der Tatsache, daß sie nicht auf dem Meeresgrund, sondern in Grabhügeln gefunden wurden, die Zeiten überdauert haben. Wie schon erwähnt, pflegten die Wikinger ihre Toten zu bestatten mit allem, was ihnen lieb und teuer war – dem Schiff, den Waffen und der bevorzugten Frau, die dem Verstorbenen in den Tod folgte. In den Sagas sind diese zwar grausamen, aber von tiefer Bedeutung erfüllten Bestattungszeremonien mit außergewöhnlicher Behutsamkeit und großer emotionaler Tiefe beschrieben worden. Dem Opfer der Frau folgte fast immer die Verbrennung des Schiffes, so daß nur wenige Schiffe erhalten geblieben sind. Zwei davon besitzen jedoch eine außergewöhnliche Bedeutung: das Oseberg- und das Gokstadschiff.

Das um 800 n. Chr. erbaute Osebergschiff ist etwa 21 Meter lang und besitzt eine größte Breite von über 4,5 Meter. Alles in ihm verwandte Holz überdauerte in einem hervorragenden Erhaltungszustand, weil der Grabhügel mit einer Torfschicht bedeckt war, die den Inhalt vollkommen von der Luft abschirmte. Jede Seite des Schiffes bestand aus 12 in Klinkerbauweise angebrachten Planken. Dieses Schiff bietet das erste Beispiel einer ungewöhnlichen Bauweise: Die oberen, über der Wasserlinie befindlichen Plankengänge sind zusammengenagelt und dann fest an die Spanten genietet, während die Plankengänge unter der Wasserlinie mit elastischen Verbindungen an den Spanten befestigt waren. Die Spanten selbst sind dabei ganz einfach an den Kiel gelegt.

Rekonstruktion nach Funden nordischer Schiffe aus den Mooren bei Kvalsund in Norwegen. Die Klinkerbeplankung bestand aus Eiche, während die Spanten aus Kiefernholz gefertigt wurden.

Das 1864 ans Tageslicht gebrachte Nydamschiff war ein Vorläufer der Wikingerschiffe.

Das Umiak ist ein großes offenes Boot, das die Eskimos zum Transport ihrer Habseligkeiten benutzen. Es besteht aus einem hölzernen genähten Gerippe, über das zusammengenähte Seehundsfelle gespannt werden. Im Sommer benutzt man große Umiaks auch zum Walfang, wobei mitunter ein Segel aus Rentierhäuten gesetzt wird. Es gibt Umiaks, die bis zu 10 m lang sind.

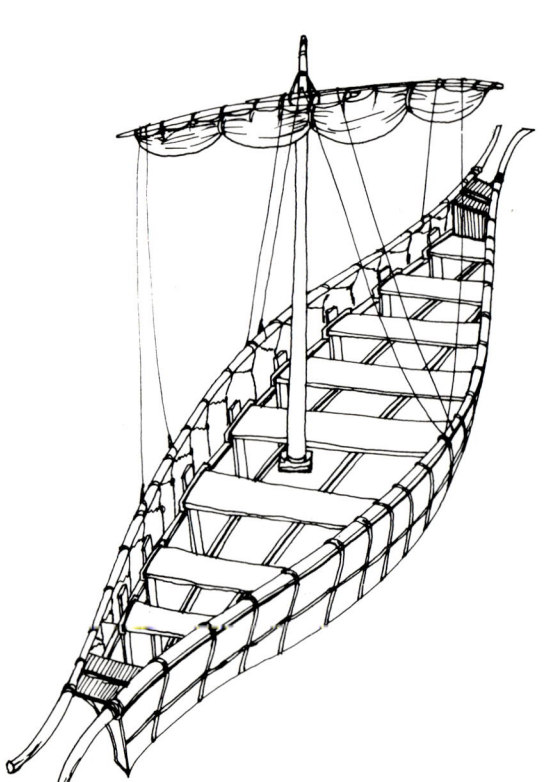

Verschiedene nordische Schiffe wurden bei Skuldelev gefunden; darunter dieses kleinere Handelsschiff vom ausgehenden 10. Jh.

Ein Drachenkopf verziert den Steven dieses nordischen Segelschiffes aus dem 15. Jh.

Praktisch bedeutet das, daß die Festigkeit des Rumpfes nicht sehr groß ist und weit davon entfernt, wasserdicht zu sein. Die Planken sind beweglich, und eine ganze Menge Wasser kann durch die Nähte dringen. Es hat viele Diskussionen über diese Befestigungsart gegeben, die die Festigkeit des Rumpfes schwächen mußte. Da die Wikinger sehr genau wußten wie man Planken zusammennagelte, um ein starkes und starres Bauwerk zu erhalten, gibt es nur eine mögliche Erklärung, die von der hervorragenden Kenntnis der Wikinger von der See und dem Verhalten ihrer Schiffe zeugt. Das bedeutet, daß ein nachgebender Kiel zweierlei bewirken kann; einmal ist er weniger mechanischen Beanspruchungen ausgesetzt, und zum anderen besitzt er bedeutend bessere hydrodynamische Eigenschaften. Ein in sich beweglicher Schiffsboden, der in der Lage ist, dem Ansturm der See nachzugeben, kann ein Schiff viel schneller machen. Ein Nachteil ist, daß das Boot dabei leckt. So schwerwiegend war dieser Nachteil allerdings auch wieder nicht, weil die geringe Seitenhöhe dafür sorgte, daß ein Teil der Besatzung in Bewegung gehalten wurde, um das über die Seiten einströmende Wasser aus-

zuösen. Es machte daher sehr wenig aus, wenn von unten noch einige Liter Wasser mehr oder weniger eindrangen. Zum Ausschöpfen des Wassers benutzte man die gleichen Öseimer, wie sie heute für diesen Zweck verwendet werden. Wie wir aus einer Saga wissen, gehörte das Ausösen so zu den ständigen und wichtigen Aufgaben, daß auf einem Schiff immer sechs Mann damit beschäftigt waren, während sieben ruderten.

Die größte Breite des Gokstadschiffes entspricht dem des Osebergschiffes; aber es ist etwa 2 Meter länger. Außerdem ist es bedeutend schwerer und viel stärker, was zur Annahme berechtigt, daß es auch auf offener See benutzt worden ist. Das aus Eiche erbaute Gokstadschiff besaß auf jeder Seite sechs Plankengänge, 32 Riemen und eine wirksame Besegelung, die sogar das Segeln hoch am Wind zuließ. Schiffe wie diese waren es, auf denen die nordischen Stämme ihre unglaublichen Reisen durchführten. Schon im 8. Jahrhundert nach Chr. landeten die Nordmänner in Irland und ein Jahrhundert später in Rußland. Dabei drangen sie auf dem Dnjepr bis tief ins Land vor und erreichten das Schwarze Meer.

Das Siegel Richards II. zeigt ein Schiff mit einem am Heck angebrachten Mittelruder. Dies ist eine der Neuerungen, die die Segelschiffe des späten 14. und frühen 15. Jh. aufwiesen.

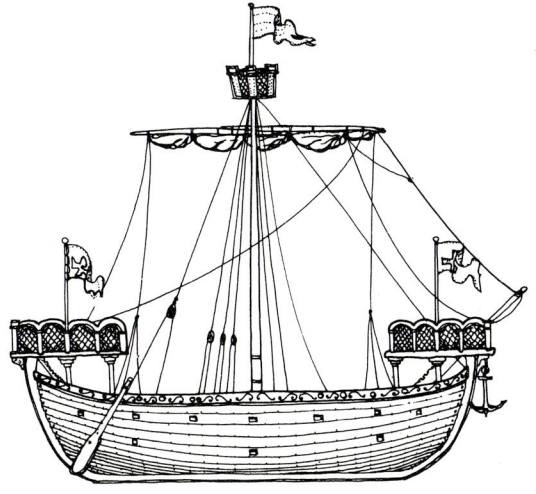

Um 1250 wurden auf den Segelschiffen burgähnliche Decks errichtet. Bei diesem Schiff finden sich Ansätze, sie mit in die Rumpfform einzubeziehen.

Dieses bei Kalmar in Schweden gefundene Schiff zeigt gewisse Ähnlichkeiten mit den Rundschiffen des Mittelmeeres. Der Eichenrumpf ist allerdings klinkergebaut und etwa 4,5 m breit und 12 m lang.

Eine typische um 1300 gebaute Hansekogge. Sie war etwa 30 m lang und 6 m breit. Der einzige Mast trug ein annähernd 200 qm großes Segel.

Einmastiges Frachtschiff des 15. Jh. Schiffe dieser Art waren auch noch nach Aufkommen der manövrierfähigeren Karracke weit verbreitet.

Die Hansekogge war das Handelsschiff, das auf allen Schiffahrtswegen der Nord- und Ostsee zwischen den Häfen des Hansebundes anzutreffen war.

Der Hansebund

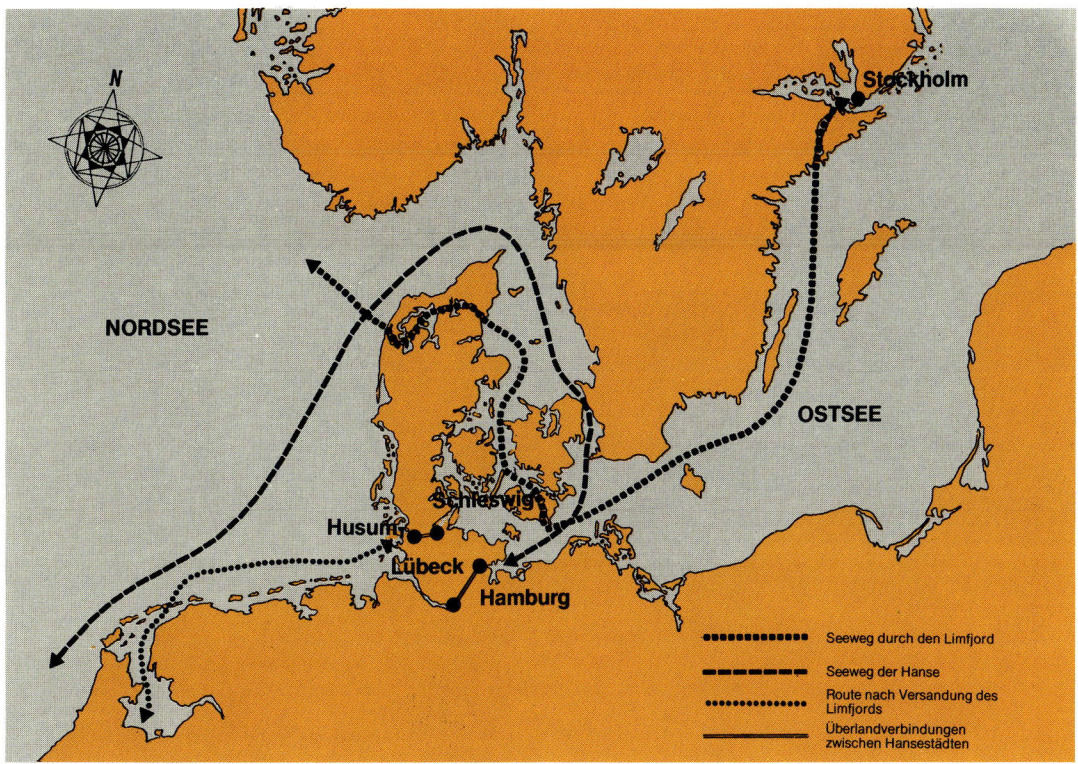

Als der Limfjord versandete, wurden zwischen der Ostsee und der Nordsee zwei Überlandverbindungen eingerichtet. Die eine führte von Hamburg nach Lübeck, die andere von Haithabu (Schleswig) nach Hollingstedt (Husum).

Ihre Erfahrung in der Hochseenavigation hatte zur Folge, daß nordische Seefahrer immer größere und stärkere Schiffe bauten. Dabei wurde die Größe des Schiffes in Längeneinheiten gemessen, von denen eine dem Abstand zwischen zwei Ruderern entsprach. Dieser Abstand betrug etwa einen Meter, und es ist von Schiffen die Rede, die 32 Einheiten lang waren, bis hin zu König Knuds berühmtem »Großen Drachen«, von dem gesagt wird, daß es über 76 Meter lang war. Diese Kriegsschiffe wurden Drachen genannt und erwiesen sich als erstklassige Instrumente für die höchst eindrucksvollen seemännischen Unternehmungen der Wikinger.

Im Jahre 982 wurde Erik der Rote wegen Totschlags für drei Jahre aus Island verbannt. Darauf begab er sich auf die Suche nach einem angeblich weit im Westen liegenden neuen Land, das er auch erreichte und Grönland nannte. Dort ließ er sich nieder, und von dieser Niederlassung aus erreichten seine Söhne Leif und Thorwald Amerika, wo sie, wie man annimmt, die Küsten von Labrador und Massachusetts erforschten. Nach legendären Erzählungen sollen sie sogar über den Mississippi bis ins Landesinnere vorgedrungen sein.

Während ein Teil der Nordmänner über den Nordatlantik vorstieß, fühlten sich andere mehr zu den südlichen Meeren hingezogen. Das erste Land, das dies zu spüren bekam, was das Frankreich unter den Nachfolgern Karls des Großen. Schon im 9. Jahrhundert fielen die Wikinger – oder Normannen, wie sie hier genannt wurden – dort ein (834). Dabei zogen sie ihre Boote zeitweilig an Land und bewegten sie auf Rollen über weite Entfernungen. Rouen und Paris fielen ihren Plünderungen zum Opfer (845), bis ihr Anführer Rollo schließlich an der unteren Seine von Karl dem Einfältigen ein Siedlungsgebiet zugewiesen bekam (911). Nach diesen Nordmännern erhielt die Normandie ihren Namen, und von hier aus setzten sie nach Britannien über. Zu diesem Zweck brachte 1066 Wilhelm der Eroberer eine Flotte von 3000 Schiffen zusammen, darunter allein 700 echte Kriegsschiffe.

Im gleichen Maß, wie neue Länder besetzt oder auch nur vorübergehend von den Wikingern aufgesucht wurden, entwickelten sie auch ihre Handelsschiffahrt. Eine der am meisten befahrenen Routen bestand zwischen Nord- und Ostsee. Zahllose ausgedehnte und tückische Untiefen, auf denen Hunderte von Schiffen in ihr Verderben gerie-

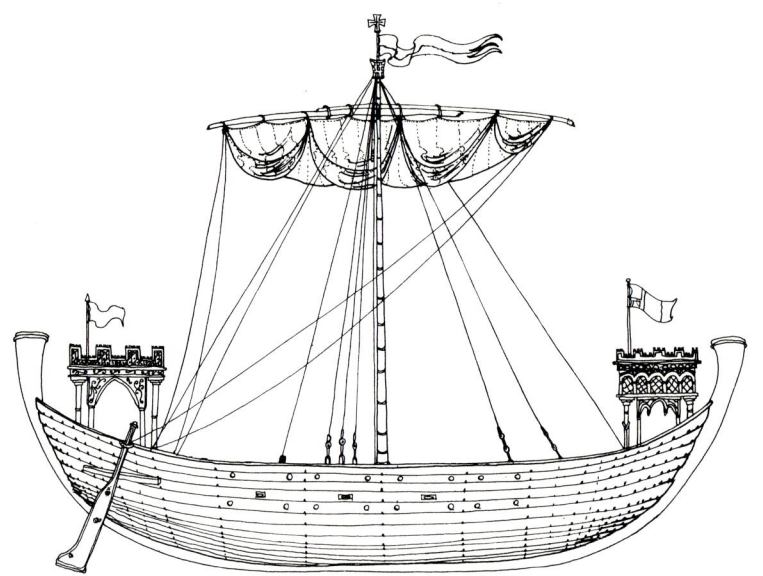

ten, machten die Seefahrt in diesen Meeresgebieten höchst gefährlich. Um diesem Risiko aus dem Wege zu gehen, benutzte man mit den Schiffen möglichst die als Limfjord bekannte natürliche Kanalverbindung an der Nordspitze von Dänemark. Als diese Durchfahrt schließlich nicht mehr den Erfordernissen entsprach, bevorzugte man zunehmend die Transportmöglichkeiten über Land.

Ganz bestimmte Küstenplätze entwickelten sich auf dieser Strecke fast zwangsläufig zu Umschlagplätzen und vergrößerten sich entsprechend oder wurden sogar, wie Lübeck, zu dieser Zeit gegrün-

Das Siegel der Stadt Wichelsea aus dem Jahr 1300 zeigt eine frühe Weiterentwicklung des Drachenschiffes. Ein großes Vierecksegel hat hier die Riemen als Fortbewegungsmittel völlig ersetzt, und auf dem Bug und Heck ist jeweils ein Aufbau dazugekommen. Das Ruder befindet sich noch immer an »Steuer«bord – daher der Name.

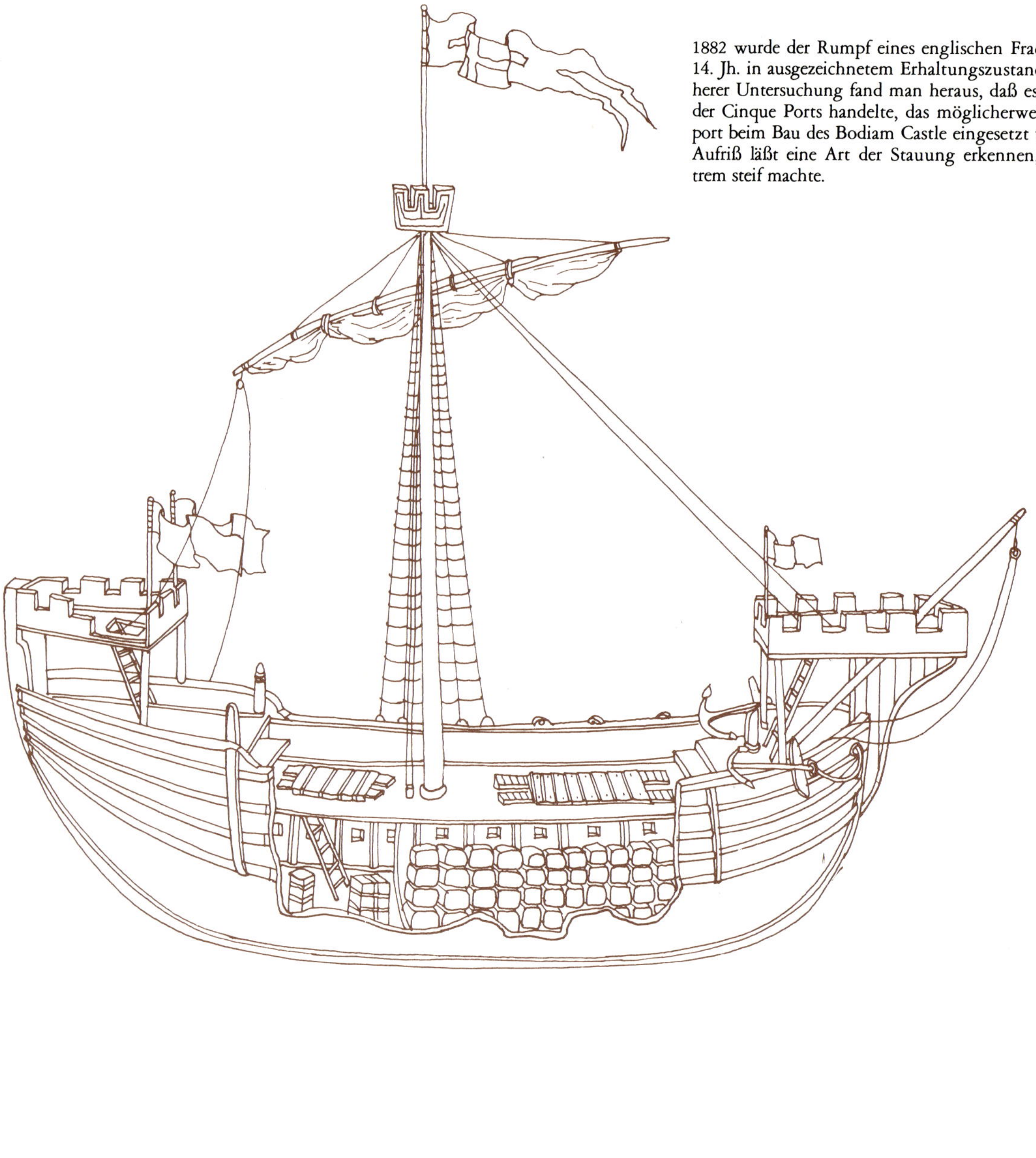

1882 wurde der Rumpf eines englischen Frachtschiffes aus dem 14. Jh. in ausgezeichnetem Erhaltungszustand gefunden. Bei näherer Untersuchung fand man heraus, daß es sich um ein Schiff der Cinque Ports handelte, das möglicherweise zum Steintransport beim Bau des Bodiam Castle eingesetzt worden war. Dieser Aufriß läßt eine Art der Stauung erkennen, die das Schiff extrem steif machte.

Ein kleines mittelmeerisches Handelsschiff aus dem 14. Jh. Es ist etwa 9 m lang, besitzt Lateinersegel und doppelte Seitenruder.

Quelle wirtschaftlichen Wachstums dieser Städte. Es war dies die Zeit, die die Kogge hervorbrachte, ein Handelsschiff, das den Seehandel im nördlichen Europa jahrhundertelang beherrschte. Die hohen Bordwände der Hansekogge bestanden aus einer überlappenden Klinkerbeplankung, und sie besaß feinere Linien als zeitgenössische Handelsschiffe des Mittelmeeres. Die Kogge hatte zwar einen erheblichen Tiefgang, doch erlangte sie aufgrund ihres Ladevermögens und der relativ hohen Geschwindigkeit wirtschaftlich eine so große Bedeutung, daß ihretwegen an der Küste neue Städte und Häfen erbaut wurden.

Während die Ostseestädte dem Hansebund beitraten, erreichte auch der Seeverkehr mit England einen immer größeren Umfang, und auch dort gewannen die wichtigeren Küstenstädte immer mehr an Einfluß. An der Südostküste schlossen sich Dover, Hythe, Romney, Hastings und Sandwich zu dem sogenannten Bund der Cinque Ports zusammen. Dafür, daß sie eine beachtliche Anzahl von Schiffen bauten und sie unter einer gemeinsamen Flagge segeln ließen, wurden diesen Städten besondere Vergünstigungen eingeräumt. Die in diesen Häfen entstandenen Schiffe hatten ein erhöhtes Achterschiff (Quarterdeck) sowie einen vorderen Aufbau, der über das Ende des Rumpfes hinausragte. Obwohl immer noch nicht vollständig mit in den Rumpf einbezogen, hatte man diese Aufbauten doch schon mehr zweckentsprechend weiterentwickelt als die ersten kastellähnlichen Gebilde auf den Koggen. Eines dieser Schiffe ist auf dem Siegel der Stadt Dover abgebildet, und man erkennt darauf, daß das Ruder immer noch dem eines Wikingerschiffes entspricht und auf der Steuerbordseite angebracht ist. Auch das läßt auf den großen Einfluß der Wikinger in der maritimen Geschichte des Nordens schließen.

det. Lübeck war es auch, das zusammen mit Hamburg wegen der Notwendigkeit, die Landwege zu verteidigen, eine Allianz einging, die dann 1241 zur Gründung des Hansebundes führte. Alle wichtigen deutschen Städte traten dem Bund bei, der zu immer größerer politischer und wirtschaftlicher Bedeutung heranwuchs. Die Sicherheit, die die Hanse bot, förderte mit dem Schiffbau eine zusätzliche

Das um 1305 auf dem Siegel von Dover abgebildete Schiff läßt ein Krähennest im Mast erkennen. Die erhöhten Plattformen an Bug und Heck sind die Anfänge eines Bug- und Heckaufbaues.

Skandinavisches Frachtschiff aus dem späten Mittelalter. Es besitzt 3 Masten und eine große Segelfläche, die für einen optimalen Einsatz allerdings nicht genügend unterteilt ist.

DIE WIKINGERSCHIFFE

Die Suche nach Thule,
dem Land am Rande der Welt

Von den Griechen und Römern wurden die nördlichen Gebiete Europas Thule genannt. Der griechische Entdecker und Geograph Pytheas von Massilia beschrieb es um 300 v. Chr. als eine sechs Tagereisen nördlich von Britannien liegende Insel. Gelehrte haben Thule abwechselnd mit Island, Norwegen oder auch mit Jütland identifiziert. Die Römer benutzten den Ausdruck »Ultima Thule«, um das Ende der Erde zu bezeichnen.

Die Wikingerschiffe, die die skandinavischen Völker auf die Nordmeere hinaustrugen, waren das Ergebnis einer langsamen Entwicklung; sie repräsentierten auf dem Höhepunkt ihrer Macht die besten Schiffe ihrer Zeit.

In seiner »Germania« beschrieb der römische Historiker Tacitus (um 50–120 n. Chr.) die von den zeitgenössischen Suionen, ei-nem alten Volksstamm Skandinaviens, benutzten Fahrzeuge folgendermaßen: »Die Form ihrer Schiffe ist insofern bemerkenswert, als beide Schiffsenden eine Form besitzen, die das Landen möglich macht. Diese Männer kennen weder Segel noch haben die Riemen an den Seiten einen festen Platz, sie setzen sie einfach ihren Bedürfnissen entsprechend ein.« Tausend Jahre später können wir aus den Beschreibungen isländischer Sagas, den Abbildungen auf Runensteinen und besonders durch den berühmten Bildteppich von Bayeux ein bis in Einzelheiten gehendes, ziemlich genaues Bild von den »Langschiffen« der Wikinger machen. Außerdem gibt es die gut erhaltenen archäologischen Funde, zu denen die in Nydam, Kvalsund, Tunö und Gokstad entdeckten Schiffe gehören.

Das gewöhnliche Langschiff der Wikinger hatte eine Länge bis zu 37 m und eine Breite von etwa 6 m; es war aus Eiche erbaut. Ruderriemen und ein einziges großes rechteckiges Segel sorgten für die Fortbewegung. Bug und Heck besaßen eine völlig gleiche Form. Der über 12 m hohe Mast war in der Mitte des Schiffes in einen soliden Mastschuh eingelassen. Das rechteckige Segel wurde durch ein Netz aus Tauwerk oder Leder verstärkt, das ein Nachgeben des Gewebes verhinderte und gleichzeitig das Bergen der Segel erleichterte. Das an Steuerbord angebrachte Ruder hatte die Form eines großen Riemens. Beim Abstoßen des Schiffes vom Strand brauchte das Ruder nur aus dem Wasser gehoben werden. Dadurch, daß es auch als Schwertkiel wirkte, vergrößerte es den seitlichen Widerstand und gab dem Boot eine bessere Manövrierfähigkeit. Mit eingezogenem Ruder verringerte sich der Tiefgang des Schiffes, so daß es dicht an die Küste heranlaufen oder sogar landen konnte. An seiner breitesten Stelle betrug die Seitenhöhe des Schiffes etwa 1,5 m. Der Kiel wurde aus Eiche hergestellt, während Masten und Deck aus Kiefernholz waren. Das ganze tragende Gerüst bestand im allgemeinen aus 17 Spanten, an die 16 oder auch mehr Planken mit Schnüren aus Kiefernwurzeln befestigt wurden. Die Nähte zwischen den einzelnen Planken kalfaterte man mit dreistrangigem Tauwerk aus Rinderhaar. Auf beiden Seiten des Schiffes befanden sich in der 14. Planke von unten kleine Öffnungen für die Riemen, die mit Verschlüssen abgedichtet werden konnten. Bei festlichen Anlässen hängte man im Hafen die etwa 90 cm großen Schilde an die Bordwand. Der Bug war oftmals mit einem (abnehmbaren) schlangen- oder drachenverzierten Steven geschmückt.

So sahen die Schiffe aus, mit denen sich die Nordmänner auf ihren Raubzügen auf den Nordatlantik hinauswagten. Ohne Seekarten und Kompaß entwickelten sie zu ihrer eigenen Sicherheit höchst geniale Navigationsmethoden; dabei galt ihre Aufmerksamkeit besonders den während der Fahrt angetroffenen Meereslebeewesen, der Färbung des Wassers, der Windrichtung und der Wassertiefe, die sie mit einem Lot feststellten. Die Sagas der Nordmänner wissen auch zu berichten, daß man vielfach Landvögel als Navigationshilfe benutzte, die man während der Reise freiließ und deren Flug in Richtung Land man folgte.

Das Wikingerschiff darf man als hervorragend geeignetes Fahrzeug für lange Atlantikreisen ansehen. 1893 überquerte Kapitän Magnus Andersen mit einer genauen Rekonstruktion des Gokstadschiffes den Atlantik nach Nordamerika in 28 Tagen und bewies damit nicht nur die außergewöhnlichen Segeleigenschaften der Wikingerfahrzeuge, sondern auch ihre bemerkenswerte Schnelligkeit, denn Andersens Schiff legte im Durchschnitt am Tage weit über 100 Seemeilen, also mehr als 200 km, zurück.

Nach zeitgenössischen Steinritzungen angefertigte Rekonstruktionen zeigen, daß es Handelsschiffe gab, die fast rechtwinklig zum Kiel angebrachte Stevenhölzer besaßen. Diese Einsätze verringerten den Wasserwiderstand und vergrößerten die Geschwindigkeit, vor allem aber verbesserten sie die Kursstabilität.

Einer der interessantesten archäologischen Funde ist das berühmte Osebergschiff. Der Rumpf ist wieder zusammengebaut
und restauriert worden und befindet sich jetzt im Schiffahrtsmuseum Oslo. Das aus Eiche erbaute Schiff ist etwa 21 m lang und
besitzt auf jeder Seite 12 Plankengänge.

FRANKEN

LANGOBARDEN

SLAVEN

WESTGOTEN

Ravenna

Ancona

Rom

Larissa

Konstantinopel
(Byzanz)

Karthago

Rhodos

Cypern

Alexandria

NIL

N

Das Oströmische Reich um 565 n. Chr. bei Ende der Regierungszeit von Kaiser Justinian.

Der Schiffbau im Mittelmeer

Eine venezianische Buzzo, nach einem Gemälde von Carpaccio. Der lange Mast trägt außer einem großen Viereckssegel auch eine Rah für ein Toppsegel. Der kleine Mast am Heck führte ein Lateinersegel.

Im 3. Jahrhundert n. Chr. wurden die Westprovinzen des Römischen Reiches von einer ganzen Anzahl schwerwiegender Ereignisse heimgesucht, als deren Folge sich die wirtschaftliche und politische Macht nach Osten verlagerte. 330 machte Kaiser Konstantin die alte griechische Stadt Byzanz am europäischen Ufer des Bosporus zur neuen Hauptstadt des Römischen Reiches und nannte sie Konstantinopel, das sich schnell zu einem Angelpunkt des östlichen und westlichen Handels entwickelte. Solange die Dardanellen gut geschützt waren, ließ sich der Platz leicht verteidigen. Obwohl offensichtlich diese Notwendigkeit bestand, unterließen es die Machthaber in der neuen Hauptstadt fast ein Jahrhundert lang, eine richtige Flotte zu bauen. In der Zwischenzeit gelang es Westgoten, Ostgoten und anderen Germanenstämmen, im westlichen Mittelmeer feste Stützpunkte einzurichten. 439 eroberten die Vandalen Karthago und machten sich nach Aufbau einer großen Flotte zu Herren des ganzen westlichen Mittelmeerraumes.

468 entschloß sich das nunmehrige Oströmische Reich, die Herausforderung anzunehmen und den neuen Herren Karthagos auf See entgegenzutreten. Aber die byzantinische Flotte war noch zu schwach und wurde zerstört. Im folgenden Jahrhundert baute man dann eine schlagkräftige Flotte auf, die die alten Machtverhältnisse im Mittelmeer wieder herstellen sollte. Kaiser Justinian (527–565) war sich jedoch durchaus bewußt, daß seine Seestreitkräfte immer noch keine ernstliche Bedrohung für die Flotte seiner Gegner darstellten. Daher schürte er auf Sardinien einen Aufstand und zwang so die Flotte der Vandalen, einzugreifen, um die Aufrührer niederzuzwingen. Aus diesem Grunde trafen die byzantinischen Schiffe auf keinen nennenswerten Widerstand, als sie mit dem Angriff auf Karthago begannen und es schließlich eroberten. Das wichtigste Fahrzeug bei diesem und auch anderen Unternehmungen war die Dromone. Das griechische Wort »dromeus« bedeut »der Läufer« und drückt damit die besonderen Fähigkeiten dieser Schiffe aus – eben Geschwindigkeit. Leider sind uns keine wesentlichen Informationen über Aussehen und Leistungen der Dromonen überliefert worden. Denkbar ist aber, daß es sich dabei um eine Bireme mit 100 bis 200 Mann Besatzung handelte. Den wenigen Abbildungen der Dromonen ist aber eines gemeinsam, nämlich zwei gebogene neben dem Heck herausragende Auswüchse. Möglich, daß es Verlängerungen einer außerhalb der Bordwand verlaufenden Reeling waren, die in einigen Fällen mit Quer-

hölzern verbunden gewesen zu sein scheinen und offensichtlich der gefierten Rah des Lateinersegels Halt geben sollten. Eine andere interessante Einrichtung war der Rammsporn, der sich nicht länger mehr in Höhe der Wasserlinie befand, sondern so weit hochgerückt war, daß er mehr wie eine Verlängerung des Decks als des Kiels aussah.

Die byzantinische Flotte, die 533 die Vandalen besiegte, bestand aus 500 Frachtschiffen und 92 Dromonen. Dabei beförderten die Frachtschiffe ungefähr 10 000 Fußsoldaten und 6000 Reiter. Die Vandalen hatten in ihrer Flotte etwa 120 Kriegsschiffe. Die entscheidende Schlacht gegen die Ostgoten wurde 551 in der Nähe von Ancona an der italienischen Küste ausgetragen, wo 47 Schiffe der Ostgoten gegen die 50 Schiffe der byzantinischen Flotte antraten.

Kaiser Justinian erkannte, daß zur Sicherheit seines Reiches die militärische und wirtschaftliche Kontrolle der Meere notwendig war. Daher verstärkte er die Flotte und richtete eine ganze Anzahl von Land- und Seestützpunkten ein. Damit wurde es möglich, auch entfernte Provinzen, die nur schwer über Land erreichbar waren, zu kontrollieren. Für die Überwachung begrenzter Seegebiete wurden kleinere Geschwader gebildet, die auch gleichzeitig die Aufgabe hatten, große Konvois zu begleiten und Polizeiaufgaben zu übernehmen. Wahrscheinlich wurden an strategischen Punkten auch kleine Kriegshäfen eingerichtet, während über See herangeschaffte Truppen die Landstützpunkte verteidigten. Im Stil ihrer Architektur folgten diese kleinen Gemeinden dem Beispiel der Hauptstadt, und es

Die Dromone nahm in den Seeschlachten den Platz der Trireme ein. Der Name kommt vom Griechischen »Der Läufer«. Möglicherweise war das schnelle Boot eine Art Bireme.

Typisches arabisches Boot des Mittelmeeres aus dem 9. Jh. Es wurde zum Warentransport benutzt und war eines der ersten Boote, bei denen auf Ruderantrieb zur Fortbewegung verzichtet wurde.

dauerte nicht lange, bis die Kirchen aus bereits von byzantinischen Steinmetzen bearbeiteten Steinen errichtet wurden, die man über See zu den neuen Niederlassungen verschifft hatte. Ein interessantes Wrack aus dem 6. Jahrhundert wurde entdeckt, das eine solche Ladung von bearbeitetem Marmor mit sich geführt hatte.

Im 7. Jahrhundert tauchte dann eine neue geschichtliche Kraft auf, die das byzantinische Reich lange Zeit in Atem hielt und die Existenz vieler Mittelmeerländer ernsthaft beunruhigte. 641 eroberten die Araber Alexandria. Vier Jahre später gewannen die Byzantiner die Stadt zurück. Die Araber, die ursprünglich keine seemännische Tradition besaßen, lernten bald ihre Lektion und bauten eine starke Flotte, mit der sie ebenso vorgingen, wie es die Römer Jahrhunderte zuvor in ihrem Kampf gegen die Karthager gemacht hatten, gegen die sie ohne seemännische Erfahrung antreten mußten; sie nutzten die Kampfkraft ihrer Landtruppen. 655 standen 200 Schiffe einer arabischen Flotte der byzantinischen Streitmacht von 1000 Fahrzeugen gegenüber. Dank eines glänzenden strategischen Einfalls gewannen die Araber den Tag. Sie hatten ihre Schiffe so zusammengebunden, daß die feindlichen Fahrzeuge nicht in diese Formation eindringen konnten. Mit dieser Plattform als Schlachtfeld glich daraufhin der Kampf einer Landschlacht.

Bald beherrschte die arabische Flotte das Meer und segelte 673 die Dardanellen hinauf, um Konstantinopel selbst zu belagern. Die Stadt konnte nur durch den Einsatz des »Griechischen Feuers« gerettet werden, einer brennbaren Mischung aus Schwefel, Erdöl, Kalk und Werg, die aus mit Bronze verkleideten Lederrohren gegen die feindlichen Schiffe geschleudert wurde.

Inzwischen hatten die Araber ihre Aufmerksamkeit auch dem westlichen Teil des Mittelmeeres zugewandt. Byzanz war nicht mehr länger in der Lage, seine mittelmeerische Machtposition mit Waffen-

gewalt zu verteidigen, obwohl seine Flotte immer noch stark genug war, begrenzte Handelsverbindungen zwischen dem östlichen Mittelmeer und den byzantinischen Besitzungen in Italien zu beschützen.

Bald unterbanden die Araber in den von ihnen kontrollierten Gebieten jeglichen byzantinischen Überseehandel. 826 besetzten sie mit nur 40 Schiffen Kreta und benutzten es als Basis zur Eroberung byzantinischer Besitzungen im Westen. Tatsächlich fiel das ganze südliche Italien in ihre Hände. Der Ausschluß Byzanz' vom westlichen Mittelmeer sollte fast ein Jahrhundert dauern. 960 endlich konnte eine neuerbaute byzantinische Flotte mit

Rekonstruktion eines Handelsschiffes aus dem 13. Jh. nach einem in Ravenna befindlichen Mosaik. Die Form des Heckkastells wird durch einen Bogen des Rumpfes bestimmt, während das Vorkastell einen Teil des Decks überdacht.

Vorbild zur Zeichnung dieser Karracke ist ein Modell, das jahrhundertelang in der nördlich von Barcelona befindlichen Kirche von Mataro zu sehen war. Der Mast auf dem Achterdeck wurde möglicherweise später hinzugefügt und gehörte nicht unbedingt zur ursprünglichen Ausrüstung des Schiffes.

Eine um 1450 erbaute Karracke. Sie war ziemlich groß und besaß ein geräumiges erhöhtes Vor- und Achterdeck. Auf verschiedenen Decks konnten viele Passagiere untergebracht werden. Zwei der drei Masten waren mit Rahsegeln getakelt, während der dritte ein Lateinersegel führte.

Die Chelandione war ein sehr schnelles Kriegsschiff mit doppelten Ruderreihen. Da über den Typ nur wenig bekannt ist, beruht diese Rekonstruktion weitgehend auf Vermutungen.

Karracken waren hauptsächlich Frachtschiffe. Einige von ihnen, wie dieses Beispiel aus dem späten 15. Jh., waren jedoch mit einer beschränkten Anzahl von Kanonen ausgestattet.

2000 Kriegsschiffen und beinahe 1500 Transportern Kreta zurückerobern und bald darauf seine Alleinherrschaft auf dem Meer neu begründen.

Bezeichnend für diese Jahrhunderte waren eine Reihe von Invasionen der italienischen Halbinsel, die sowohl über See wie auf dem Lande vorgetragen wurden. Es war dies auch die Zeit, in der mit dem Entstehen unabhängiger Gemeinwesen wirksame örtliche Verteidigungseinrichtungen entwickelt wurden. In der Gegend von Veneto suchten die Einwohner Schutz vor den Eindringlingen auf den Inseln der Lagune, auf denen sich später Venedig zu einer bedeutenden Seemacht entfalten sollte. Im Süden erleichterten die steilen Berge an der Küste von Amalfi die örtliche Verteidigung.

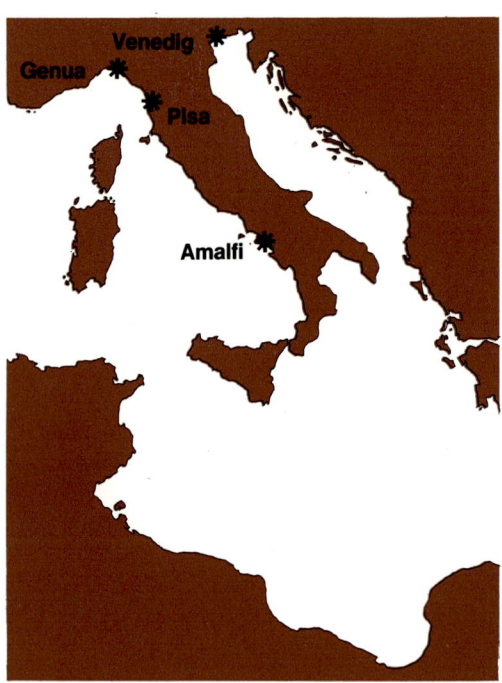

Venezianisches Handelsschiff, nach einem im Arsenal von Venedig erhalten gebliebenen Modell. Seine fülligen Linien sorgten für den Spitznamen Barca Pantofola – Der segelnde Holzschuh.

Die italienischen Seerepubliken

Küstenbewohner und Flüchtlinge vor einer Invasion fremder Eindringlinge, die das Ende der römischen Vorherrschaft im weströmischen Reich bedeuteten, entwickelten echte Stadtstaaten, die sich bald eines blühenden Handels mit anderen überseeischen Völkern rühmen konnten. Enge Verbindungen mit Konstantinopel und der islamischen Welt vergrößerten ebenso ihre Bedeutung als Seemächte wie die Bedürfnisse der Kreuzfahrer und ein gewinnbringender Ost-West-Handel. Dies führte folgerichtig zu bewaffneten Auseinandersetzungen und ihrem schließlichen Verfall.

Im Verlauf von nur wenigen Jahrzehnten wurden auf diese Weise verschiedene Stadtstaaten und dem Meer zugewandte Republiken gegründet.

Der erste dieser bedeutenden Stadtstaaten wurde Pisa, und zu Beginn des 7. Jahrhunderts hatte es bereits eine eigene starke Flotte. Gegen alle Rivalen im Tyrrhenischen Meer konnte die Stadt ihre Unabhängigkeit bewahren. Die neuen Republiken – Amalfi, Pisa, Venedig und Genua – verdankten ihren Erfolg der Beherrschung der Seewege, die von den landgebundenen fremden Eindringlingen gemieden wurden. Mit der Zeit entwickelten sich zwischen den Seerepubliken und den Haupthandelszentren ausgezeichnete Handelsbeziehungen. Bei der Aufnahme enger Kontakte, erst mit den byzantinischen Kaisern wie auch anschließend mit den islamischen Herrschern, unter deren Gewalt das Mittelmeer stand, bewiesen sie politischen Weitblick. Einige der Seerepubliken brachten es während der Kreuzzüge zu einem beachtlichen Wohlstand.

Die christlichen Herrscher, die die Kreuzzüge ausriefen, waren zwar erfüllt von heiligem Eifer, verstanden aber oftmals nur wenig oder gar nichts von der Kunst der Seefahrt. So wandten sie sich mit der Bitte an die Seerepubliken, ihnen den Transport der Kreuzfahrer zum Heiligen Land zu ermöglichen. So kaltschnäuzig es sich auch anhören mag, die Kreuzfahrer gehörten im Lichte der Geschichte betrachtet zu den größten Einnahmequellen, die es in der Schiffahrt gegeben hat. Anfangs sorgten die Seestädte gegen Bezahlung nur für die Überfahrt. Später entdeckten sie, daß eine direkte Beteiligung an den Kreuzzügen im Hinblick auf Prestige, Macht und nützliche Verbindungen bedeutend mehr Gewinn abwerfen würde. Um überhaupt eine Vorstellung von der Bedeutung des damit verbun-

Kriegsschiff nach einem in Imola befindlichen Fresco von Pace di Faenza, einem Schüler von Giotto. Pace arbeitete mit Giotto in Padua zusammen, und es dürfte klar sein, daß dieses Fahrzeug ein venezianisches Schiff darstellt.

Kogge aus dem Norden, nach einem im Dogenpalast in Venedig hängenden Gemälde von Bernadino Licino.

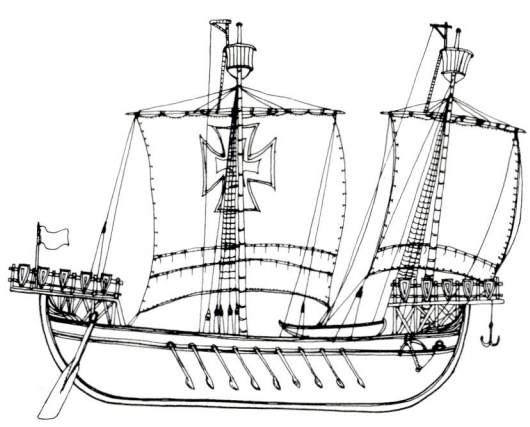

Truppentransporter der Kreuzzüge aus dem 12. Jh. Er besaß zwei Masten mit Mastkörben für den Ausguck auf hoher See und eine Reihe von Riemen zum Manövrieren und Einsatz bei Windstille.

denen Transports zu geben, genügt es zu erwähnen, daß sich Venedig während des vierten Kreuzzuges dazu bereit erklärte, für die Passage des größten Teils der Truppen zu sorgen – 4500 Ritter, 9000 Berittene, 20 000 Fußsoldaten, dazu die entsprechende Menge Pferde.

Für die Kreuzfahrer war eine Seereise alles andere als komfortabel. An Bord blieb ein besonderer Raum den Pferden vorbehalten, die durch dicht über der Wasserlinie befindliche Luken an Bord genommen wurden. Einmal an Bord, mußten sie so untergebracht werden, daß sie sich nicht verletzen konnten. Da sie aber die ganze Zeit weder stehen noch liegen konnten, half man sich mit Gurten, die sie selbst bei schwerem Rollen des Schiffes im Seegang auf den Füßen hielten. Manche erlitten durch die Gurte Verletzungen, und mitunter war

Diese Rekonstruktion beruht auf der ältesten Abbildung eines europäischen Schiffes mit Heckruder. Dargestellt ist es auf einem Basrelief in der Kathedrale von Winchester.

die Muskulatur der Tiere so angegriffen, daß man ihnen das Gehen erst wieder beibringen mußte. Aber wenn es den Pferden schon schlecht ging, so blieb den weniger wichtigen Passagieren überhaupt nichts, wofür sie sich den Schiffseignern gegenüber dankbar erweisen durften; viele wurden einfach direkt unter den Pferden untergebracht.

Wenn es die Seerepubliken verstanden hätten, unter ihresgleichen Bündnisse einzugehen und die gleichen Fähigkeiten einzusetzen, die sie im Umgang mit Fremden praktizierten, so wäre es durchaus denkbar, daß sie viele Jahrzehnte lang die Gewässer des Mittelmeeres beherrscht hätten. Unglücklicherweise waren ihre Beziehungen immer ziemlich gespannt, was in der Folge sogar zu vielen Kriegen führte. In dieser Zeit erschienen auch neue Schiffsarten, unter denen die noch später zu beschreibende Galeere zweifellos den wichtigsten Typ darstellte. Hier möchten wir einige der ebenso wichtigen kleineren Kriegsschiffe beschreiben. Für die verschiedenen Verwendungszwecke entstanden viele unterschiedliche Schiffe. Die kleineren Rudergaleeren dienten hauptsächlich dem Transport der Soldaten auf kürzeren Seereisen wie auch der Küstenverteidigung und Forschungszwecken. Im Mittelmeerraum verstand man ursprünglich unter

Dänische Kogge, deren Rumpfform den Wikingerschiffen nachempfunden ist. Das Heckkastell füllt die ganze Länge hinter dem Mast aus; ist aber noch nicht zum festen Bestandteil des Rumpfes geworden.

Karracke aus dem 15. Jh. Sie hat alle Segel gesetzt, und es ist zu erkennen, wie sich die Leinwand bläht, während das Schiff vor dem Winde segelt.

Diese Zeichnung gibt das ca. 1450 entstandene Modell des berühmten »Mataro-Schiffes« wieder.

einer Galiot eine kleine Galeere mit einem Lateinersegel oder zwei und nicht mehr als 20 Riemen, die jeder von einem Mann bedient wurden. Auch die Brigantine war anfangs ein kleines Schiff ohne Decks, entwickelte sich aber bald zu einem Hochseesegelschiff. Dann gab es noch die Saettia, die mit ihren langen Riemen eine beachtliche Geschwindigkeit erzielen konnte. Um das 13. Jahrhundert entstanden kleine Hilfsschiffe, die sich später durch Umbauten und Vergrößerungen zu beachtlichen Kriegsschiffen entwickelten. Dazu gehörte auch der Typ der Fregatte – ursprünglich ein Kutter –, die den größeren auch Galeassen genannten Galeeren zugeordnet war, mit einem einzigen Lateinersegel und 8 bis 10 Ruderern an den Riemen. Später fand der Kutter dann auf sich allein gestellt Verwendung als Forschungsschiff. Auch die Felukke war anfangs ein gedecktes Hilfsschiff mit einem Lateinersegel und 6 bis 8 Riemen, bevor es aber bald als schnelles Boot bei der Küstenverteidigung Verwendung fand.

Die Seerepubliken beschränkten sich aber nicht nur auf den Bau von Kriegsschiffen. Sie taten ebenfalls eine Menge zur Erweiterung der Navigationskenntnisse und entwickelten höchst komplizierte Berechnungsmethoden zur Ortsbestimmung auf See. Es

Eine mit Lateinersegeln an zwei Masten getakelte arabische Sambuke. Dieses schnelle Boot konnte bei allen Winden segeln und wird noch heute unverändert wie seit Jahrhunderten gebaut.

Die »Bucentaur« war das Staatsschiff der venezianischen Dogen. Es fand bei der symbolischen Heiratszeremonie Venedigs mit der See Verwendung. Dieses jährlich am Auferstehungstag stattfindende Ritual war im frühen 12. Jh. eingeführt worden. Die »Bucentaur« war ein solides Schiff mit sehr hohen Bordwänden, zwei Decks und 21 Riemen auf jeder Seite.

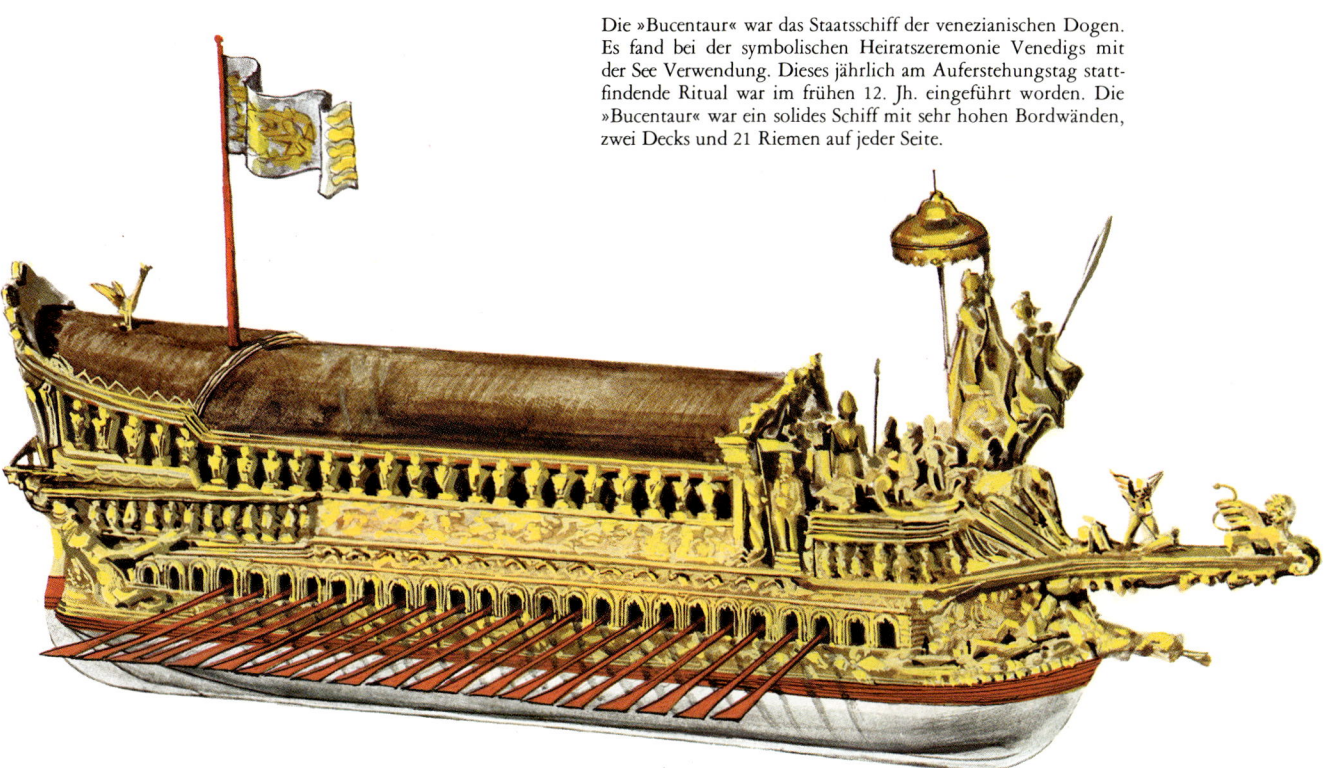

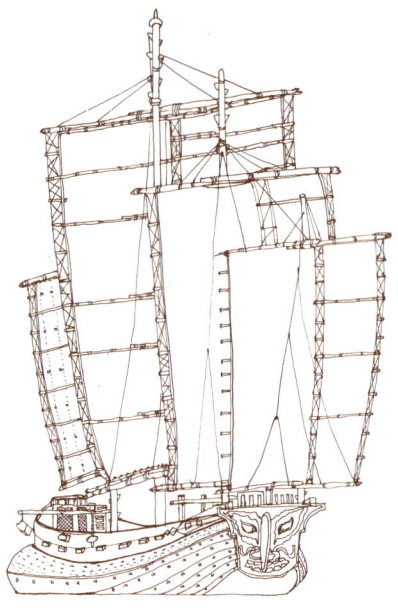

Während seiner Reisen dürfte Marco Polo viele ihm unbekannte, nicht den europäischen Typen entsprechende Fahrzeuge gesehen haben. Beeindruckt war er auch von den sehr großen chinesischen Dschunken, deren große Vierecksegel erst durch eine Vielzahl von Bambusstäben ihre Festigkeit erhielten.

ist kein Zufall, daß der legendäre Flavio Gioia, dem die Einführung des Kompasses im Jahr 1302 zugeschrieben wird, ein Einwohner von Amalfi gewesen sein soll. Es gibt Beweise, daß der Kompaß bereits vorher in China und Nordeuropa bekannt war, aber es ist gut möglich, daß die Amalfiter zu den ersten gehörten, die ihn im Mittelmeer benutzten.

Ein anderer hervorragender Bürger, der nachgewiesenermaßen aus einer Seerepublik dieser Zeit stammte, war Marco Polo aus Venedig, der über See und über weite Landstrecken nach China reiste und eine einzigartige Beschreibung vom Leben und von den Gebräuchen der Völker des Ostens mit nach Hause brachte.

Die Seerepubliken verwendeten viele Energien auf die Entwicklung der Handelsschiffahrt. So wurden auch Versuche unternommen, Rudergaleeren zu vergrößern und zu Frachtschiffen umzubauen, doch blieb die Handelsschiffahrt eine Domäne der fülligeren und fast ausschließlich vom Wind abhängigen Schiffe. Zur Vorbereitung des achten Kreuzzuges ließ Ludwig IX. 120 Transportschiffe bauen, die folgende Abmessungen besaßen: Länge über alles 25,6 Meter, Länge in der Wasserlinie 17,4 Meter, Breite 6,1 Meter, Seitenhöhe 6,25 Meter.

Kontakte zwischen den Seeleuten des Nordens und des Mittelmeeres waren ursächlich für die Entwicklung eines neuen Schifftyps, der in seinem allgemeinen Aussehen an eine Kogge erinnert, aber anstatt einer Klinkerbeplankung eine glatte Außenhaut besaß. Er hatte ein großes und bequemer zu handhabendes viereckiges Segel, wozu später noch ein an einem Besanmast zu führendes Lateinersegel kam. Das bedeutete den ersten Schritt auf dem Wege zu einer Besegelung, die im 15. Jahrhundert ihren Anfang nahm. Dabei glichen sich nördliche Erfahrungen mit dem Rahsegel und südländische Praxis mit dem Lateinersegel einander an. Beide Systeme hatten sowohl Vorteile als auch Nachteile. Sicherlich ist das Rahsegel günstiger auf hoher See und bei starken achterlichen Winden, während sich das Lateinersegel in Küstennähe und besonders bei sich ständig drehenden Windrichtungen, wie sie oft im Mittelmeer der Fall sind, überlegen zeigt. Als Synthese dieser Besegelungsarten entstand die Karracke, die ihren Namen nach dem arabischen Wort für »Handelsschiff« erhielt. Sie verbreitete sich schnell und entwickelte sich zu drei-, vier- und selbst fünfmastigen Schiffen. Dabei behielten der Großmast und der etwas kleinere Vormast Rahbesegelung, während der Besanmast ebenso wie der Bonaventura genannte vierte Mast mit Lateinersegeln getakelt wurden. Als nächstes ergänzte man das viereckige Großsegel zur Vereinfachung der Segelführung und besseren Manövrierfähigkeit des Schiffes durch Marssegel. Nur wenige Einzelheiten sind über die Karracke bekannt. Das wichtigste Zeugnis bietet ein viele Jahrhunderte hindurch in der Kirche von Mataro, Spanien, ausgestelltes Modell. Es zeigt die typischen Charakteristika einer Karracke des Mittelmeeres, wie die zwei Masten (heute hat das Modell nur noch einen!), das gerundete Heck und überlappende Beplankung am Steven. Die Decksbalken ragen, wie bereits aus zeitgenössischen Zeichnungen erkennbar, durch die Bordwand, was die Fachleute lange Zeit hindurch nicht wahrhaben wollten.

Es dauerte nicht lange, bis auch dreimastige Karracken gebaut wurden. Dabei führte man auch ein Vorsegel ein, um die Funktion des Lateinerbesans auszugleichen und dem Schiff eine bessere Manövrierfähigkeit zu geben. Man kann mit gutem Gewissen behaupten, daß dies der Höhpunkt der Entwicklung der Karracke war. Die Karracke bedeutete auch den ersten Schritt vorwärts zu einer Entwicklung von so bedeutenden Segelschiffen, die als Karavellen und Galeonen in den folgenden Jahrhunderten in Erscheinung traten, Schiffen, die entschlossene Männer zu neuen Welten über die Meere trugen.

Venezianische Kogge.

Die Araber segeln noch immer wie in alten Zeiten. Dennoch ist fast gar nichts über die mittelalterlichen arabischen Fahrzeuge bekannt, von denen man jedoch annimmt, daß sie vielen noch heute gebräuchlichen Typen ähnelten.

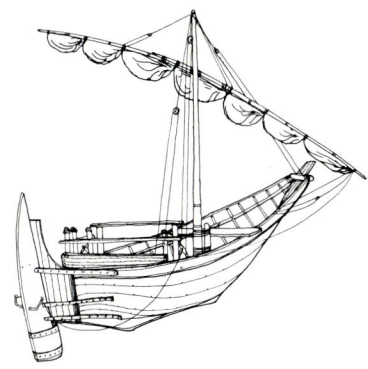

Die Zaruke ist ein kleines Handelsschiff mit einem Mast und Lateinersegel. Es wird hauptsächlich im Küstenhandel eingesetzt.

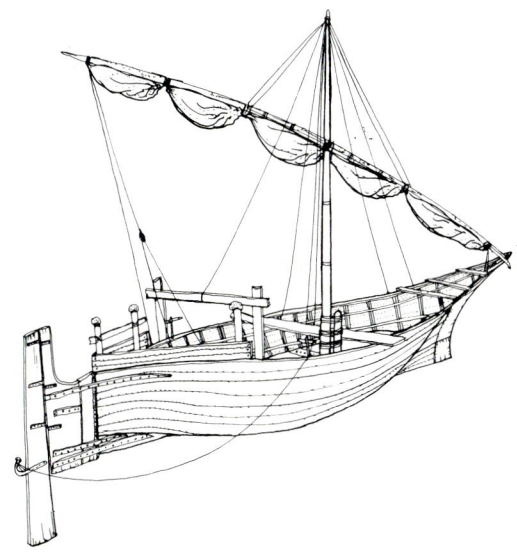

Die Badan hat große Ähnlichkeit mit der Zaruke, besitzt aber einen langen Rumpf und einen schärferen Steven.

Die Bagalla, ein eindeutig von europäischen Fahrzeugen beeinflußtes Frachtschiff, erinnert in ihrer Form an die Karavelle.

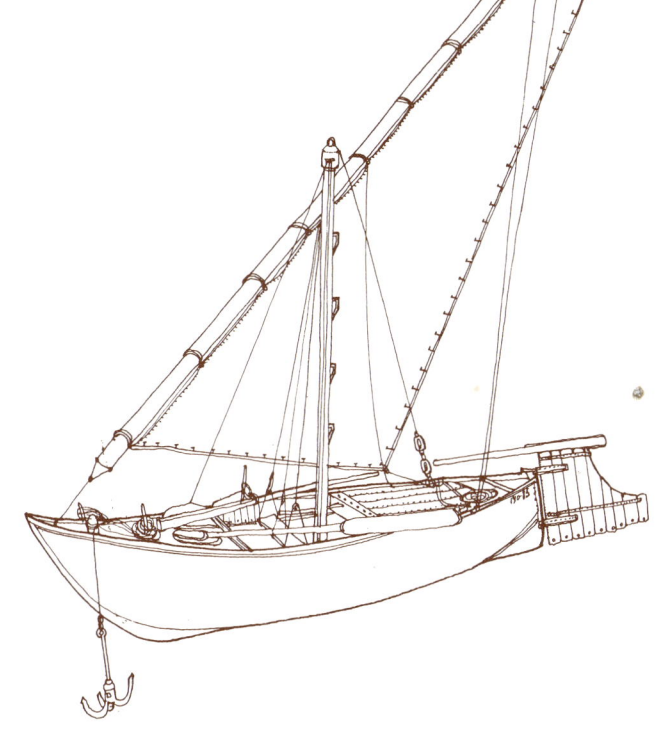

Ein im Suezkanal gebräuchliches Fischerboot. Es besitzt ein Lateinersegel und entspricht in seinem Bau den frühesten arabischen Booten mit dieser Segelführung.

Links: Die Sambuke ist das für das Rote Meer typische Boot. Sie ist schnell und leicht zu handhaben und damit ideal, um zwischen den gefährlichen Korallenriffen zu segeln.

DIE GALEERE

Das Leben hinter den Riemen

Vom Mittelalter bis zum Ende des 17. Jh. galt die Galeere als klassisches Kampfschiff. Sie war ein langes schmales Fahrzeug, das hauptsächlich von der Muskelkraft der Ruderer angetrieben wurde und meistens zwei lateingetakelte Masten und einen Rammsteven besaß. Die Grundform der Galeere reicht weit zurück; die »Langschiffe« aus mykenischer Zeit, griechische und römische Biremen und Triremen und die byzantinischen Dromonen – alle können als Galeeren bezeichnet werden. Als erster gab Kaiser Leo von Byzanz einem einer Kampfdromone ähnlichem Schiff mit nur einer Reihe Riemen, das sich ideal für Aufklärungszwecke eignete, im 9. Jh. den Namen Galeere. Zum Ende des ersten Jahrtausends n. Chr. wurde, sozusagen als Meilenstein in der Kulturgeschichte, das Lateinersegel eingeführt. Damit konnte ein Schiff endlich hoch am Wind segeln, und war damit von dem jahrhundertealten Zwang befreit, immer nur mit dem Wind segeln zu können. Vom Mittelmeer bis in die Nordsee waren von nun an die Lateinersegel der Galeeren zu sehen, jener Schiffe mit geringem Freibord und mäßigem Tiefgang, deren schmale Rümpfe durch rechtwinkelige Verstrebungen und starke, über die Reeling hinausragende Querbalken zusammengehalten wurden.

Die Riemen ragten in Paaren (später sogar zu dreien) aus eigens für sie vorgesehenen Öffnungen hervor und befanden sich alle auf der gleichen horizontalen Ebene. Die Ruderbänke waren in der Art eines Fischgrätenmusters mit der Spitze des Winkels in Richtung Heck – wo sich die Räume des Kapitäns befanden – und auf beiden Seiten eines mittschiffs befindlichen Laufstegs angeordnet. Der Rammsteven bestand aus einer Balkenkonstruktion, die hoch über der Wasserlinie aus dem Bug herausragte. Seine Aufgabe war es nicht mehr so sehr, ein feindliches Schiff zu versenken, als vielmehr seine Riemen zu zerbrechen und eine Art Enterbrücke zu bilden. Im Jahr 1400 wurde der bis dahin einzige Mast der Galeere um einen Vormast auf dem Bugaufbau erweitert. Einige Galeeren fuhren am Heck sogar noch einen dritten oder Besanmast. Alle drei Masten führten Lateinersegel.

Um das Jahr 1450 herum wurden zwei wesentliche Verbesserungen eingeführt. Einmal ersetzte ein am Achtersteven abgebrachtes Mittelruder mit Ruderpinne das Seitenruder, und zum anderen stellte man eine Bugkanone auf und montierte kleinere auf Drehkränzen schwenkbare Kanonen entlang der Verschanzungen.

Die Galeere war das Hauptkampfschiff der Seerepubliken. 1534 wurde in Venedig eine neue Rudertechnik eingeführt, wobei mehrere Männer den gleichen Riemen bedienten, auf größeren Galeeren waren es zeitweilig bis zu fünf oder sieben Männer. Zu diesem Typ gehörten die Galeeren, die bei Lepanto kämpften und die mit geringen Veränderungen bei den Venetianern und Malteserrittern bis 1797 im Einsatz blieben. Eine Galeasse genannte Variante kam bei Lepanto ebenfalls zum Einsatz. Der Typ war entworfen worden, um Schnelligkeit und Manövrierfä-

higkeit der Galeere mit der Kraft und Stärke der Galeasse zu kombinieren, konnte die in sie gesetzten Erwartungen aber nicht erfüllen. Der kompakte Kiel – viermal so schwer wie bei der Galeere – war für den Riemenantrieb unbrauchbar, weshalb auch die Galeasse bei Windstille geschleppt werden mußte.

Obwohl die Galeere das bevorzugte Schiff des Mittelmeeres war, wurde sie auch von Engländern und Franzosen übernommen. Die letzte Hochburg der Galeeren des Nordens war dann die Ostsee, wo sie Russen, Schweden und Dänen in den flachen und inselreichen Gewässern vor ihren Küsten einsetzten. Kleinere Varianten des Mittelmeertyps waren die russischen Galeeren zur Zeit Peters des Großen, die nur einen lateingetakelten Mast besaßen und von 36 in einer Reihe angeordneten Riemen angetrieben wurden. 1808 kamen dann Galeeren in einer Seeschlacht des Russisch-Schwedischen Krieges zum letztenmal zum Einsatz.

Wahrscheinlich ist die Galeere auf den griechischen Inseln oder vielleicht auch in Kreta entwickelt worden. Trotz vielfacher Veränderungen in Größe und Bewaffnung dürfte sie das einzige Kampfschiff gewesen sein, das in seinen Grundzügen und Erscheinungsformen praktisch die ganze Geschichte hindurch unverändert geblieben ist, über einen Zeitraum, der mehr als 3000 Jahre andauerte.

Den Takt ihrer Ruderschläge hielten die Seeleute und Ruderer des Mittelmeeres bei einem Celeuma genannten Shanty. Dabei sang ein Mann die erste Hälfte einer Zeile als Solo, wobei das »O« für die Ruderer gleichzeitig den Takt angab und Signal war, den Reim im Chor zu wiederholen.

> O Dio – ayunta noy
> O que somo – servi toy
> O voleamo – ben servir
> O la fede – mantenir
> O la fede – de cristiano
> O malmenta – lo pagano
> sconfondi – u sarrahin
> torchi y mori – gran mastin
> O filioli – debrahin
> O non credono – la fe santa
> en la santa – fe die Roma
> O die Roma – esta el perdon
> O San Pedro – gran varon
> O San Pablo – son Companon
> O que ruege – O Dios por nos
> O por nosostros – navegantes
> en este mundo – semo tantes
> O ponente – digo levante
> O levante – se leva es sol
> O ponente – resplendor
> fanteneta – viva lli amor
> O joven home – gauditor

Gott hilf uns/die wir Deine Diener sind – wir wollen Dir auch gut dienen/bewahre den Glauben/den christlichen Glauben/vernichte den Heiden/Verderben über die Sarazenen/erwürge und töte die Hunde/Söhne des Ibbrin (Israel)/Sie glauben nicht an das Gute obwohl es besteht/Sie glauben nicht den heiligen Glauben/den heiligen Glauben Roms/von Rom kommt die Rettung/St. Peter ist der große Steuermann/St. Paul sein Gehilfe/Wer auch herrscht Gott sei mit uns/mit uns Seefahrern/in dieser Welt wir sind so viele/westwärts sage ich und ostwärts/Im Osten geht die Sonne auf/Im Westen verglüht sie/Mädchen – lang lebe die Liebe/junger Mann – freue Dich/.

Der Rumpf der Galeere war konstruiert worden, um beim Rudern eine maximale Geschwindigkeit zu erzielen. Dieser Schiffstyp hatte sehr niedrige Bordwände und war leicht zu handhaben, für bewegte See jedoch nicht so gut geeignet.

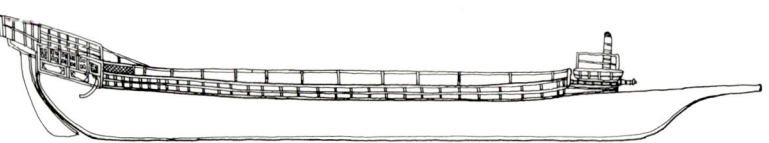

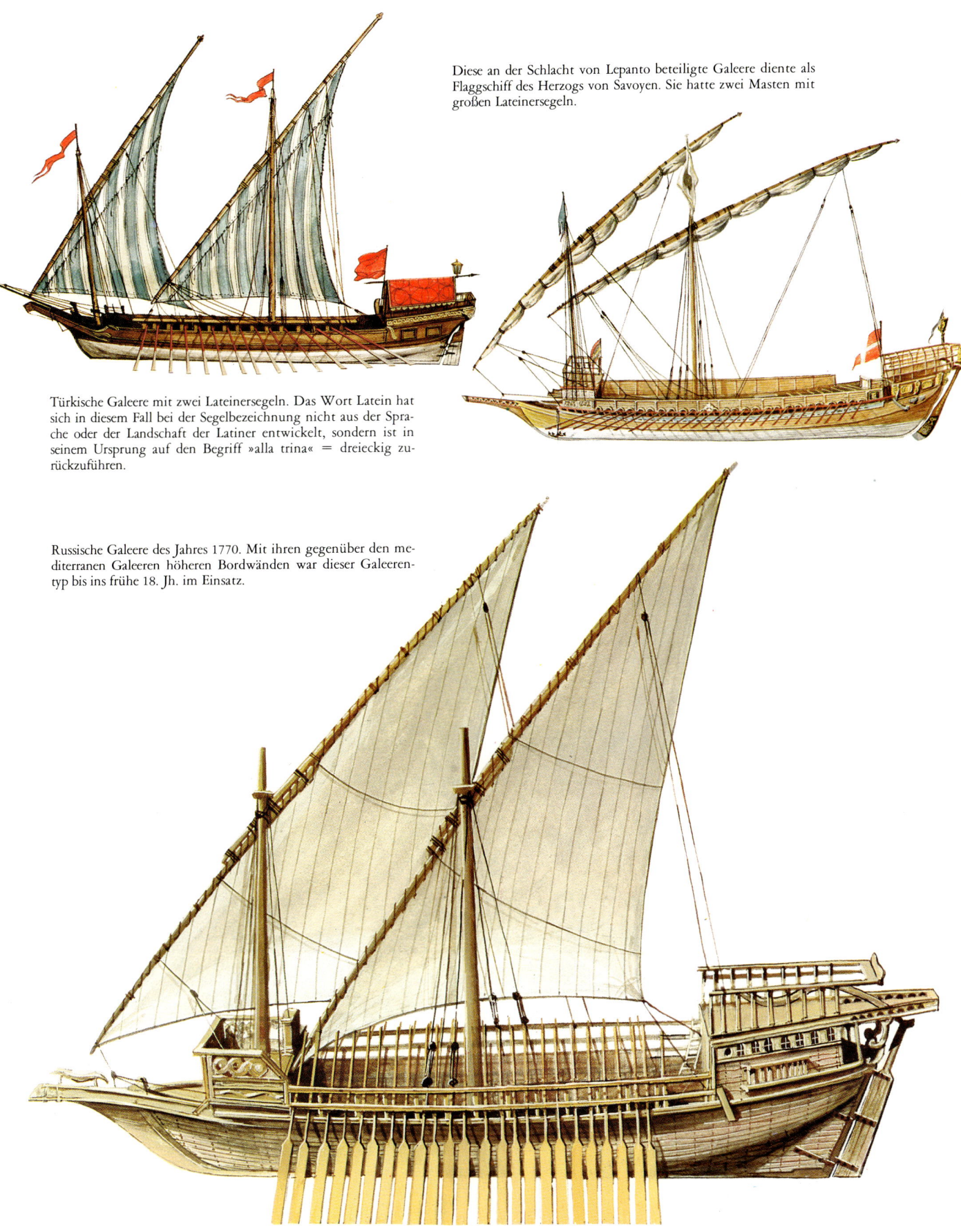

Diese an der Schlacht von Lepanto beteiligte Galeere diente als Flaggschiff des Herzogs von Savoyen. Sie hatte zwei Masten mit großen Lateinersegeln.

Türkische Galeere mit zwei Lateinersegeln. Das Wort Latein hat sich in diesem Fall bei der Segelbezeichnung nicht aus der Sprache oder der Landschaft der Latiner entwickelt, sondern ist in seinem Ursprung auf den Begriff »alla trina« = dreieckig zurückzuführen.

Russische Galeere des Jahres 1770. Mit ihren gegenüber den mediterranen Galeeren höheren Bordwänden war dieser Galeerentyp bis ins frühe 18. Jh. im Einsatz.

Die Erschließung der Ozeane

Schon im Altertum durchfuhren Schiffe des Mittelmeeres die Straße von Gibraltar, jene sagenhaften Säulen des Herkules, die das Ende der Welt und die Durchfahrt zum unermeßlichen Ozean kennzeichneten. Im Mittelalter benutzten die Normannen die Straße, um ins Mittelmeer einzudringen. Die Häfen Portugals standen in vollster Blüte, und es war nicht ungewöhnlich, wenn man dort Hunderte von italienischen Schiffen, hauptsächlich die zu ihrer Zeit am besten ausgerüsteten genuesischen und venezianischen, vor Anker liegen sah. Gleichzeitig wurden die nördlichen Meere von Flandern bis zur Ostsee vom intensiven Handel der Flotte des Hansebundes, dem wirtschaftlichen Zusammenschluß deutscher Städte, beherrscht, und auch italienische und französische Handelsgesellschaften entwickelten sich dabei prächtig.

Portugal hatte sich von maurischer Herrschaft befreit und begann nun, nach langen Kriegen mit Kastilien, seinen Blick dem Westen, dem unbegrenzten Horizont des Ozeans zuzuwenden. Beherrschten anfangs auch noch italienische Seeleute die portugiesische Schiffahrt, so begann Portugal sich doch bald auf seine eigenen Kräfte zu besinnen, obwohl italienische Seeleute nach wie vor willkommen waren. So dauerte es nicht lange, bis Portugal zum großen atlantischen Abenteuer bereit war.

»La Grande Hermine«. Die 118 t große Karracke war im Jahre 1535 das Flaggschiff von Jacques Cartier auf seiner Expedition entlang der Küsten Kanadas und des St.-Lorenz-Stromes.

Die Triebfeder der ganzen Entwicklung war Prinz Heinrich (1394–1460). Obwohl er als Heinrich der Seefahrer in die Geschichte eingegangen ist, hat er tatsächlich nie an den von ihm vorbereiteten Expeditionen teilgenommen. Jedoch war es allein seiner Hartnäckigkeit und seinem Wissensdurst zu verdanken, daß Portugal auf den Meeren eine führende Rolle spielen sollte. Heinrich war der zweite Sohn König Johanns I. von Portugal. Seine geistigen Fähigkeiten entsprachen denen eines Gelehrten bei gleichzeitiger seelischer Veranlagung eines My-

»São Gabriel«. Die Karracke, mit der Vasco da Gama das Kap der Guten Hoffnung umsegelte und 1497 die indische Küste erreichte.

hannes, des christlichen Königs von Abessinien, zu erreichen, um sich im Kampf gegen die Moslems seiner Hilfe zu versichern. Sein Ziel war mit anderen Worten, den Süden Afrikas zu umsegeln, und zwar auf einer Route, die nach Angaben Herodots bereits die vom ägyptischen Pharao Necho ausgesandten phönizischen Seeleute (in umgekehrter Richtung) eingeschlagen hatten.

In der Nähe von Sagres, auf dem Kap S. Vincent, gründete Heinrich mit der »Villa do Infante« ein Zentrum für nautische Informationen mit Sternwarte und Seefahrtschule. Jahre hindurch war es der Sammelplatz von Seeleuten, Geographen, Astronomen und Mathematikern. Dazu gehörte eine in ganz Europa zusammengetragene umfassende Sammlung von Karten und Büchern, darunter auch das eineinhalb Jahrhunderte zuvor von Marco Polo diktierte »Buch der Wunder«, das ein Geschenk des Dogen von Venedig an Heinrich war.

Zwölf Jahre hindurch versuchten portugiesische Expeditionen vergeblich, das Kap Bojador zu umrunden. Jenseits des Kaps neigen die Passatwinde dazu, die Schiffe vom Land fort ins offene Meer zu treiben. Erst 1434 gelang es Gil Eannes und Alfonso Goncalves Baldaia mit zwei Karavellen, das gefährliche Kap zu umschiffen und die Legende Lügen zu strafen, daß das Meer jenseits Bojadors so heiß sei, daß das Wasser zu Pech geronne. Im Triumph wurde Eannes zu Hause empfangen, denn schließlich war eines der schwierigsten Hindernisse vor Heinrichs hochgesteckten Zielen überwunden

stikers. Hinzu kam ein entschlossener Charakter und ein Eifer, der einem Missionar gut angestanden hätte. Gomes Eanes de Zuraras zeitgenössische Chronik beschreibt die verschiedenen Ziele des lusitanischen Prinzen: Kenntnisse zu erlangen über unbekannte Länder, das Christentum zu verbreiten und die Macht des Islams einzuschränken, die Erzeugnisse der unbekannten Länder einzuführen sowie über See das Reich des sagenhaften Priesters Jo-

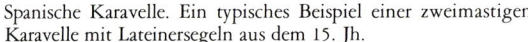

Portugiesische Karavelle mit ihren drei mit Lateinersegeln getakelten Masten: schneller und formschöner als eine Karracke.

Spanische Karavelle. Ein typisches Beispiel einer zweimastigen Karavelle mit Lateinersegeln aus dem 15. Jh.

worden. Zwei Jahre später gelangte Baldaia allein über den Rio de Oro hinaus und erreichte Pedra da Galè. Nuño Tristão erreichte 1441 Kap Blanco, zwei Jahre vor einer von Lancelot Pesanha geleiteten Expedition. Pesanha war möglicherweise ein Nachkomme des Genuesers Emmanuel Pessagna, der 1317 »Almirante« der Kriegsflotte des portugiesischen Königs Diniz (der Gerechte) war.

Tristão befestigte die Insel Arguin vor der gleichnamigen Bucht und entdeckte dann auf der Weiterreise die Mündung des Senegalflusses. Weitere portugiesische Entdeckungen folgten sehr schnell. 1445 stieß der Genueser Antonio de Noli auf die Kapverdischen Inseln, Dionisio Dias segelte bis zum gleichnamigen Kap, und 1446 erreichte Alvaro Fernandes die Küste von Sierra Leone.

1455 landete ein Venezianer, mit Namen Alvise Cadamosto im Dienst Heinrichs des Seefahrers auf Madeira und den Kanarischen Inseln, nachdem er das Mittelmeer und den Nordatlantik befahren und an den Küsten Handel getrieben hatte. Anschließend umrundete er Kap Blanco und Kap Verde und wurde, als er den Gambia hinaufzusegeln versuchte, durch Pfeile aufgebrachter Eingeborener zurückgetrieben. Ein weiterer italienischer Seefahrer in Heinrichs Diensten war der Genuese Antoniotto Usodimare (1416–1461). 1451 ging er nach Portugal – wahrscheinlich wegen finanzieller

Schwierigkeiten – und brachte die ihm noch gebliebene einzige Karavelle seiner Reedereiflotte mit sich. Ein Jahr später setzten Usodimare und Cadamosto Segel auf drei Karavellen. Auf dieser Reise sichteten sie die Kapverden-Insel Buena Vista und versuchten dann erneut den Gambia hinaufzufahren. Ein Fieber, das viele der Männer tötete, ließ diesen zweiten Versuch ebenfalls scheitern.

Das aktive und ruhmreiche Leben Heinrichs des Seefahrers ging 1460 zu Ende. Mit gleicher Energie verfolgte sein Neffe Ferdinand die Pläne Heinrichs, und seine Karavellen erreichten das weit jenseits des Äquators liegende Kap Saint Catherine an dem Punkt, wo die afrikanische Küste sich genau süd-

Instrumente, Ausrüstung, Waffen und mitgeführte Waren auf den Schiffen von Magellan.

24 auf Pergament gezeichnete nautische Karten, 6 Kompasse, 21 hölzerne Quadranten, 7 Astrolabien, 35 Kompaßnadeln, 18 Stundengläser. Die Lebensmittelvorräte bestanden aus Bisquits, Wein, Olivenöl, Anchovis, getrocknetem Schweinefleisch, Käse und Zucker. Dazu waren eintausend Lanzen, 360 Dutzend Pfeile, 125 Schwerter, 10 Dutzend Speere, 95 Dutzend Wurfspieße und 60 Armbrüste an Bord. Unter den zum Tausch bestimmten Gütern befanden sich: Stoffe, Mützen, Tücher, Kämme, Spiegel, Messingschalen, Messer, Scheren, Angelhaken, 500 Pfund Glasschmuck und 20 000 Schellen verschiedener Größen.

Die »Victoria« war die einzige von Magellans Karracken, die zurückkehren konnte. Drei Jahre nach ihrem Auslaufen erreichte sie unter dem Kommando von Juan Sebastian El Cano (Delcano) wieder den Heimathafen. Sie war damit das erste Schiff, das die Welt umsegelt hatte.

Mit verschiedenen Segeln getakelte viermastige Karavelle des Mittelmeeres.

wärts wendet. 1482 gelangte die Expedition des Diego Cam (oder Cao) mit zwei Karavellen zum Kongo und der angolanischen Küste auf ungefähr 22° Süd.

Von hier an verlief die afrikanische Küste sowohl nach Süden wie ostwärts, und die Überlegung lag nahe, bei einer möglichen Umrundung des ganzen afrikanischen Kontinents in Asien und Indien die Quelle jener unermeßlichen und vielfältigen Schätze dieser Länder zu erreichen. Mit diesem Ziel vor Augen hatte Heinrich 1456 von Papst Calixtus III. das Versprechen erhalten, daß alle entdeckten und noch zu entdeckenden Länder »usque ad Indos« – »bis hin nach Indien« unter Portugals geistliche (und weltliche) Hoheit fallen sollten. Auch nach Heinrichs Tod wurden die Anstrengungen fortgesetzt. König Johann II., der Alfons V. auf den portugiesischen Thron gefolgt war, sandte Bartholomeu Dias (1450–1500) mit drei Karavellen (oder zwei Karavellen und einer Galeere) auf eine Expedition im Kielwasser des Diego Cam. (Cam selbst war den Entbehrungen und der Erschöpfung in der Nähe der Walfischbai zum Opfer gefallen, aber die überlebende Besatzung gelangte nach Portugal zurück, wo ihre Berichte neues Interesse an der Erforschung Afrikas weckten.) Die kleine Expedition lief 1487 aus und erreichte bald die später Santa He-

lena genannte Bucht an der afrikanischen Küste. Von diesem Punkt aus erstreckte sich die Küste weit nach Süden. Beherzt ließ Dias die Küste hinter sich und steuerte 15 Tage ohne Landsicht über die offene See, als ein gewaltiger Sturm aufkam, der die Schiffe tagelang zum Spielball der Elemente machte. Endlich beruhigte sich das Meer, und Dias richtete in der Erwartung, bald Land in Sicht zu bekommen, seinen Kurs nach Osten, und als er nichts sichtete, steuerte er nordwärts.

Schließlich bekam er wieder Land in Sicht, aber es verlief in nördlicher Richtung, und Dias erkannte, daß er die Südspitze Afrikas umrundet hatte. Erschöpft und ohne Versorgungsschiff – das hatte er in der Walfischbai zurückgelassen – blieb ihm keine Wahl, als umzukehren und nach Hause zu segeln. Auf seiner Reise westwärts entlang der Küste bekam er jetzt auch die Südspitze Afrikas in Sicht und nannte das Kap, das den Atlantischen vom Indischen Ozean trennt, zur Erinnerung an den gewaltigen Sturm den er abwettern mußte, Kap der Stürme. König Johann änderte den Namen später in Kap der Guten Hoffnung.

Die Nachrichten von der Atlantiküberquerung eines genuesischen Kapitäns in spanischen Diensten, der angeblich 1492 das ersehnte Indien auf einer vollkommen neuen Route erreicht hatte, vermochte die portugiesischen Unternehmungen in keiner Weise zu beeinträchtigen, obwohl die Spanier jetzt die den Portugiesen vom Papst zuerkannte Herrschaft über die neuentdeckten Länder anfochten. Der Borgia-Papst Alexander VI., ein gebürtiger Spanier, unterstellte darauf in einer päpstlichen Bulle 1493 alle bereits entdeckten und noch zu entdeckenden Länder westlich einer von Pol zu Pol verlaufenden Linie, die 100 Meilen westlich der Azoren und der Kanarischen Inseln verlief, dem spanischen Einfluß. Die Portugiesen protestierten natürlich und erreichten, daß die Trennungslinie – laut Vertrag von Tordesillas vom 7. Juni 1494 – auf eine Entfernung von 370 Meilen westlich der Azoren verlegt wurde.

Venezianische Karracke. Der Begriff leitet sich aus dem arabischen Wort Qaraqir her und bedeutet »Handelsschiff«. Sie besaß einen ausladenden runden Rumpf sowie Rahsegel am Vor- und Großmast, Bugspriet und Sprietsegel.

Die »Santa Catalina« war die Karracke des Pedro de Mendoza (1487–1537), der Befehlshaber einer Expedition war, die von Karl V. mit 12 Schiffen und 800 Mann ausgesandt wurde, um das Gebiet am Rio de La Plata zu besetzen.

Die »Mary Fortuna«, ein englisches Schiff des 16. Jh., war als eines der ersten mit Artillerie ausgerüstet.

Noch bevor eine die Entscheidung bringende Expedition auslief, starb 1495 König Johann. Am 8. Juli 1497 verließ Vasco da Gama, ein fähiger junger Kapitän adeliger Herkunft, von nördlichen Winden begünstigt mit vier Schiffen Lissabon. Es waren die »São Gabriel« (118 Tonnen), die »São Raphael« (98 Tonnen) sowie die »Berrido« (50 Tonnen) und eine Versorgungskarracke, die alle von dem Florentiner Hause Servigi getakelt und ausgerüstet worden waren.

Noch einmal nahmen die vier Schiffe auf den Kapverdischen Inseln frisches Wasser und frischen Proviant, bevor sie die Inseln am 3. August verließen. Sie folgten nicht der Küste, sondern steuerten einen direkten Kurs. (Eine Route, die auch von allen Segelschiffen späterer Jahrhunderte eingeschlagen wurde.) Nach drei Monaten und drei Tagen ankerte die Flotte in der Sankt-Helena-Bucht, die bereits Dias angelaufen hatte und die nur 100 Meilen vom Kap der Guten Hoffnung entfernt liegt. Trotz herrschender Gegenwinde und entgegenstehender Strömung wurde das Kap der Guten Hoffnung am 22. November umrundet. Am 25. Dezember ankerte die Expedition bei einem von ihr Terra Natalis (das heutige Natal) genannten Platz und erreichte am 22. Januar 1498 die Sambesimündung.

Einen Monat konnte sich dort die Besatzung erholen, bevor Vasco da Gama in Richtung Indien weitersegelte. Als Lotse befand sich mit dem berühmten Ahmed Ben Madjid eine erstrangige seemännische Autorität des 15. Jahrhunderts an Bord. Vom gerade einsetzenden Südwestmonsun unterstützt, hatte die Flotte eine ruhige Überfahrt über den Indischen Ozean und sichtete am 18. Mai 1498 die Malabarküste. In der Bucht von Kalikut, dem Haupthandelszentrum jener Zeit, gingen die Schiffe vor Anker. Vasco da Gama wurde vom Herrscher der Stadt, Prinz Samuddrin, herzlich willkommen geheißen, aber von den Arabern, die den Handel der Stadt beherrschten, bald heftig befeindet. Darauf entschloß er sich zum Rückzug, nicht ohne vorher seine Schiffe mit den hochwertigen Gewürzen des Ostens beladen zu haben, einer Ladung, die die Kosten der Expedition mehr als wettmachte.

Am 5. Oktober verließen die Schiffe die indische Küste und bekamen nach erheblichen navigatorischen Schwierigkeiten drei Monate später Afrika wieder in Sicht.

Mitte September lief Vasco da Gama, als Held gefeiert, wieder in Lissabon ein, nach einer Reise, die außer dem Verlust von drei Schiffen und 100 Mann seinem Bruder Paolo das Leben gekostet hatte.

Johann II., Nachfolger König Manuels I., ernannte Vasco zum »Almirante do Mar das Indias«, machte ihn zum Grafen von Vidigueira und gewährte ihm eine jährliche Rente von 300 000 Crusados. Der Weg nach Indien und zur Gründung des portugiesischen Kolonialreiches stand offen. Portugal war bestrebt, die über fast ein Jahrhundert reifende Frucht zu pflücken und sich eine Monopolstellung im gewinnbringenden Handel mit dem reichen Asien zu schaffen, bevor Spanien irgendwelche Rechte begründen konnte. Denn immer noch glaubte man, daß Kolumbus die östlichen Küsten Asiens erreicht hätte. Die Erschließung der Meere hatte damit auch ihre ursprünglich ideelle Motivation verloren und zeigte immer mehr Züge kolonialer Ausbreitung.

Nicht allzulange nach Vascos Rückkehr verließ ein großes Geschwader mit 1500 Mann Besatzung an Bord von 13 Schiffen unter dem Kommando von Pedro Alvares Cabral (1460–1526) Lissabon. Kapitän eines dieser Schiffe war Dias. Auf der Fahrt durch den Atlantik hielt Cabral weit nach See hinaus und sichtete beim Kreuzen nach einem langen Schlag die Küste von Brasilien. Er glaubte eine Insel vor sich zu haben. (Der an der Reise teilnehmende Amerigo Vespucci hatte allerdings schon 1499 und 1499–1500 auf den Expeditionen von Hajeda bzw. Vincento Yaire Pinzon, den südamerikanischen Kontinent zu Gesicht bekommen). Cabral nahm das neue Land für die portugiesische Krone in Besitz und nannte es Terra Sanctae Crucis, sandte umgehend ein Schiff mit der Meldung der Entdeckung nach Portugal zurück und richtete dann seinen Kurs in Richtung Kap der Guten Hoff-

Genuesische Karracke. Obwohl die Galeere immer noch als das ideale Kriegsschiff galt, ging auch die Stadtrepublik Genua im 16. Jahrh. zum Bau von Karracken über.

nung. Auf dem Wege mußte Cabrals Flotte einen gewaltigen Sturm abwettern, der vier Schiffen zum Verhängnis wurde, darunter auch dem des berühmten Bartholomeu Dias. In den »Lusiaden«, einem von Camoes verfaßten nationalen Epos, fand Dias' Tod ein bleibendes Denkmal.

Im Indischen Ozean entdeckte Cabral die Insel Madagaskar, berührte Ceylon und gründete die erste portugiesische Handelsniederlassung in Kalikut und eine zweite in dem ebenfalls an der Malabarküste liegenden Kotschin. Zum Schutz dieser ersten Stützpunkte in Indien ließ Cabral einige Schiffe zurück und kehrte 1501 mit einer hauptsächlich aus Pfeffer bestehenden reichen Gewürzladung nach Portugal zurück.

Von jetzt an bekamen alle portugiesischen Asienreisen den Anstrich echter militärischer Unternehmungen. Die Schiffe liefen als Kriegsschiffgeschwader aus und blieben auch nicht länger in bereits besetzten Häfen ruhig vor Anker liegen. Sie setzten alles daran, die portugiesische Machtstellung auszudehnen und zu festigen, bevor sie mit wertvollen Gütern beladen auf die Heimreise gingen.

Damit endete das Goldene Zeitalter portugiesischer Entdeckungen und Forschungen. Von diesem Zeitpunkt an, als Portugal ein ausgedehntes koloniales Imperium gründete, dem die meisten Inseln des südlichen Asien angehörten, wurde die Geschichte des Landes zu einem Bestandteil der Geschichte des europäischen Kolonialismus.

Inzwischen waren auch andere Gegenden der Welt von europäischen Seefahrern entdeckt worden, und man hörte von neuen Ländern und Völkern. Damit begann die europäische Geschichte eine entscheidende Wende zu nehmen, deren Konsequenzen noch bis in unsere Zeit zu spüren sind.

Über ein Jahrhundert versuchte man Asien zu erreichen, von dem man als einem Land voller märchenhafter Reichtümer sprach, ehe der Traum zur Wirklichkeit wurde. Generationen von Prinzen und Königen, von Mathematikern und Schiffbauern, Astronomen und Seeleuten arbeiteten auf das große Ziel hin; aber alle Leistungen wurden von einem Mann in den Schatten gestellt – von Christoph Kolumbus. Auf seiner Fahrt über den Atlantik, einer navigatorisch unbekannten neuen Route, gelang es ihm, in wenigen Monaten ein vollkommen neues Land zu erreichen. Tatsächlich glaubte er, Indien erreicht zu haben. Aber als man begriff, daß er einen neuen Kontinent entdeckt hatte, an dessen Existenz man nicht einmal im Traum gedacht hatte, vergrößerte dies nur seinen Ruhm. Ein Zeitalter in der Menschheitsgeschichte war damit zu Ende gegangen, und ein neues hatte seinen Anfang genommen.

Trotz rivalisierender Ansprüche ist man heute überzeugt, daß Kolumbus irgendwann zwischen August und Oktober 1451 in Genua als Sohn eines Domenico Colombo und einer Susanna Fontanarossa geboren wurde und noch drei Brüder und Schwestern hatte. Auf der Reise nach England im Dienst der Schiffsreeder Spinola und Di Negro wurde die Karracke, auf der sich Kolumbus befand, 1476 von Korsaren unter dem Kommando des Gascon Guillaume de Casenove angegriffen, der im Sold des Königs von Frankreich stand. Das Schiff sank, und wie es scheint, mußte Kolumbus zur Küste von Portugal schwimmen. Falls sich die Geschehnisse wirklich so abgespielt haben, war dieses Abenteuer für ihn schicksalhaft, denn später heira-

Die »Königliche Galeere« war der letzte Galeerentyp, von den Franzosen entworfen und am Bug mit kleinen Kanonen bewaffnet. Diese Schiffe waren etwa 40 m lang und wurden bis 1720 gebaut. Der leichte Rumpf, der große Geschwindigkeit gewährleistete, machte sie andererseits aber auch gegen Kanonenkugeln außerordentlich verwundbar. Kapitän und Offiziere hatten luxuriöse Unterkünfte am Heck, während sich das Leben der Besatzung – so gut es ging – an Deck abspielte.

Königlich französische Galeasse aus der ersten Hälfte des 18. Jh. Sie bietet ein Beispiel von Langlebigkeit und vielseitiger Einsatzmöglichkeit solcher Kriegsfahrzeuge.

tete er die Portugiesin Dona Felipa Moniz und ließ seinen Bruder Bartolomeo nachkommen. Man darf als sicher annehmen, daß auch Kolumbus von der in ganz Portugal herrschenden Seebegeisterung angesteckt worden war.

1481 hatte Johann II. den portugiesischen Thron bestiegen, und er war der erste, dem Kolumbus seinen Plan erläuterte und den er um finanzielle Hilfe bat. Aber sein Projekt wurde kurzerhand abgewiesen. Kolumbus verließ Portugal und ging nach

Spanien, inzwischen Witwer mit einem kleinen Sohn. Das spanische Herrscherpaar Ferdinand und Isabella war damit beschäftigt, die verschiedenen spanischen Landschaften zu einigen, und man lud den Genueser Seemann 1486 erst einmal in Salamanca vor ein Gremium von Gelehrten.

Die Befragung verlief nicht sehr erfolgreich, und Kolumbus ging zurück nach Portugal. So hörte er persönlich am königlichen Hof in Lissabon durch Bartholomeu Dias von der portugiesischen Entdeckung des Kaps der Guten Hoffnung. Natürlich begriff Kolumbus sofort, daß der König von Portugal damit nicht mehr an seinen Diensten interessiert sein konnte, und wandte sich erneut nach Spanien.

»Matthew« hieß die englische 50 t große Karracke, mit der John Cabot die Küste Neufundlands erforschte und die Kap-Breton-Insel entdeckte. Die Besatzung bestand aus 18 Mann.

Venezianische Galeasse. Sie war das erste Kriegsschiff, dessen Kanonen anstatt vom offenen Deck durch Geschützpforten schossen. Sie kam bei Lepanto (1571) zum Einsatz.

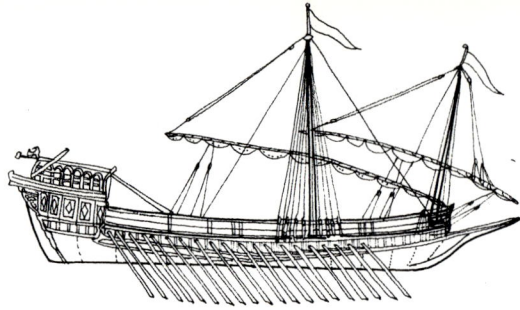

Genuesische Galeere aus dem Geschwader von Admiral Gian Andrea Doria.

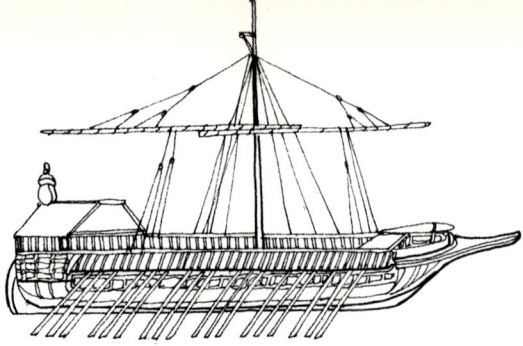

Türkische Galeere mit einem Mast und einer Riemenreihe zum Antrieb auf jeder Seite.

Galeere des Herzogtums Parma. Sie kämpfte bei Lepanto in der von Papst Pius V. organisierten Flotte der »Heiligen Liga«.

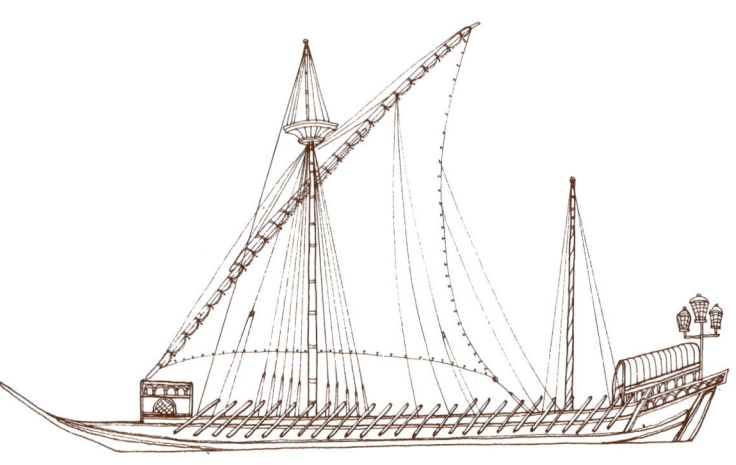

Inzwischen war das Jahr 1489 gekommen, und Spanien befand sich in der letzten Phase seines Kampfes gegen die Mauren. Ungeachtet adeliger Unterstützung bei Hof konnte Kolumbus keine königliche Audienz erlangen und verbrachte die nächsten zwei Jahre als armer Mann im Kloster von Rabida bei Palos. Aber die Zeit arbeitete zu seinen Gunsten. Granada, der letzte maurische Stützpunkt auf spanischer Erde, fiel am 2. Januar 1492. Damit hatte die Einigung Spaniens ihren Abschluß gefunden. Als die Herrscher sich jetzt wieder friedlicheren Aufgaben und fortschrittlichen Zielen zuwenden konnten, hörten sie auch voller Wohlwollen Kolumbus' Plänen zu, die sie dann schließlich auch unterstützten. Schnell und entschlossen wurden Vorbereitungen zur Abreise getroffen. Am 17. April 1492 unterzeichnete man die »Kapitulation«, die Bedingungen des Vertrages. Danach erhielt Kolumbus den Titel eines Großadmirals des Atlantischen Meeres, die Bestallung als Vizekönig aller neuentdeckten Länder sowie ein Zehntel aller daraus resultierenden Einkünfte und andere finanzielle Vorteile. Als Zahlung für alle Schulden stellte die Stadt Palos zwei voll ausgerüstete Karavellen. Diese Schiffe waren die »Pinta« des Gomez Rascon und Christobal Quintero, sowie die »Nina« des Juan Nino. Weiter konnten die Brüder Pinzon aus einer Familie, die seit Generationen in Palos Seeleute und Schiffbauer gestellt hatte, überredet werden, an der Expedition teilzunehmen. Das dritte Schiff, die »Gallega« des Juan de la Cosa wurde von Ko-

Türkische Galeere, wie sie bei Lepanto zu der von Amurat Dragut befehligten Reserve gehörten.

Die »Beatrice«, eine genuesische Semigaleere des 17. Jh.

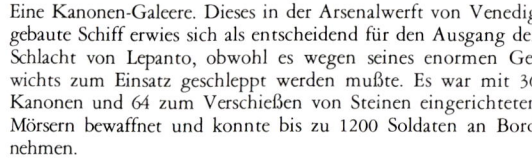

Eine Kanonen-Galeere. Dieses in der Arsenalwerft von Venedig gebaute Schiff erwies sich als entscheidend für den Ausgang der Schlacht von Lepanto, obwohl es wegen seines enormen Gewichts zum Einsatz geschleppt werden mußte. Es war mit 36 Kanonen und 64 zum Verschießen von Steinen eingerichteten Mörsern bewaffnet und konnte bis zu 1200 Soldaten an Bord nehmen.

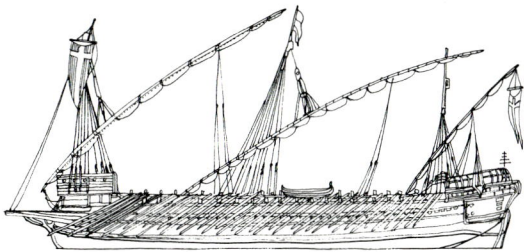

Galeere des Malteserordens, der zur Zeit der Schlacht von Lepanto mit zur christlichen Liga gehörte.

Galeere des Herzogtums Urbino. Die 12 Galeeren des Herzogs von Urbino kämpften bei Lepanto tapfer mit.

Venezianische Galeere des Typs, der an der Schlacht von Lepanto teilnahm.

Päpstliche Galeere. Bei Lepanto standen die Galeeren von Papst Pius V. unter dem Kommando des Marcantonio Colonna.

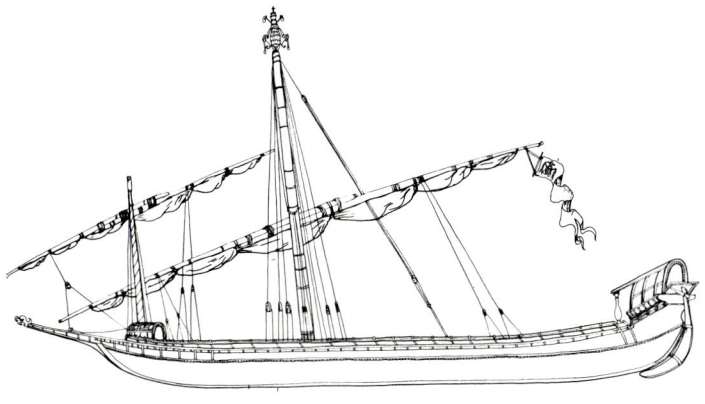

lumbus selbst gechartert und in »Santa Maria« umbenannt. Am 3. August 1492 setzten die Schiffe zur Reise westwärts die Segel.

Da die Reise des Kolumbus zum kulturgeschichtlichen Erbe der Menschheit gehört, ist hier nicht der richtige Platz, sie Schritt für Schritt bis ins letzte Detail zurückzuverfolgen. Es genügt, die Entdeckung von Kuba und Haiti zu erwähnen, von der Desertion und späteren Rückkehr der »Pinta« und dem Verlust der »Santa Maria« zu sprechen, die in der Nacht zum 24. Dezember auf einem Riff in ruhigem Wasser strandete, und von dem Bau eines Navidad genannten Forts, das damit zur ersten spanischen überseeischen Kolonie wurde. Die beiden übriggebliebenen Karavellen traten am 16. Januar 1493 mit Kurs Nordost auf einer optimalen Route die Heimreise an. In einem Sturm wurden die beiden Schiffe getrennt. Die »Niña« mit Kolumbus an Bord erreichte die Azoren und landete schließlich nach einem weiteren Sturm, der alle Segel fortriß, in Belem an der Mündung des Tejo. Johann II. von Portugal empfing Kolumbus mit allen Ehren, der darauf seine Reise nach Spanien fortsetzte. Am Freitag dem 13. März 1493 erreichte seine Karavelle den kleinen Hafen von Palos, von wo er sieben Monate zuvor seine Fahrt begonnen hatte. Inzwischen war es auch der »Pinta« gelungen, in Galicien die Küste zu erreichen.

Jahrhunderte hindurch sind Ströme von Tinte vergossen worden, um die Tat des Kolumbus zu feiern. Wieder und wieder wurde die Geschichte der kaum 30 Meter langen Schiffe erzählt, die Enttäuschung im Sargassomeer, die Unterdrückung der Meuterei der Besatzung und die bittere Enttäuschung, als sie anstatt der von Marco Polo beschriebenen reichen Untertanen des Großkhans nur primitive, halbnackte und verschreckte Eingeborene fanden und schließlich die Entschlossenheit des ge-

Die Galeere

Entsprechend ihrer Größe und Bedeutung unterschied man die Galeeren in königliche Galeeren, Flaggschiffe und entsprechend ihrer Größenordnung in einfache, große, schmale und Bastardtypen. Unter den kleineren Schiffen waren viele, die sich aus der Galeere herleiten, wie Halbgaleeren, Galioten, Brigantinen, Fustas und Saetties.

nuesischen Seemannes und die Furcht der Männer, die ihm in eine Welt unbekannter Gefahren gefolgt waren. Als der Astronaut Neil Armstrong zum erstenmal seinen Fuß auf den Mond setzte, wurde seine Leistung mit der des Kolumbus verglichen. Aber die Astronauten unternahmen ihre phantastische Reise mit Unterstützung einer hochentwickelten und technisch portschrittlichen Organisation unter den Augen der ganzen Welt. 1492 jedoch war niemand da, die Herzschläge des Mannes zu zählen, der allein zwischen feindlich gesinnten Seeleuten, nur von dem Glauben an sich selbst getragen, eines nur auf den Karten eines florentini-

schen Kartenzeichners vorhandenen vagen – und falschen – Zieles wegen, in unbekannte Meere aufbrach. Ein Mann allein, der die sicheren, befahrenen Kurse an der Küste entlang verließ, um die furchterweckenden Geheimnisse des offenen Meeres herauszufordern. Wenn die Reise zum Mond den Triumph der Wissenschaft bedeutet, so dokumentiert die Reise des Kolumbus die Überlegenheit menschlichen Willens.

Die langsame Erschließung der Meere bekam durch Kolumbus' Erfolg einen plötzlichen heftigen Auftrieb. Verschiedene Staaten verdoppelten ihre maritimen Anstrengungen; die Seefahrer faßten neuen Mut, und die ernsthafte Erforschung des Atlantiks begann. Der Atlantische Ozean barg nicht mehr länger abschreckende Geheimnisse, sondern wurde zur Aufgabe und Herausforderung. Amerigo Vespucci (1454–1512), ein Mann von Bildung, nahm diese Herausforderung an. Vespucci ging als Handelsbevollmächtigter nach Sevilla, wo er sich 1492 niederließ und für den Repräsentanten der großen Florentiner Medici-Familie, Gianotto Berardi, arbeitete. Hier in Spanien traf Vespucci auch Christoph Kolumbus am Vorabend seiner ersten Reise. Später, zu einem Zeitpunkt, als Vespucci bereits Berardis Partner geworden war, wurde die Organisation der zweiten Kolumbus-Expedition Berardi anver-

»La Grande Françoise« war eine der letzten großen Karracken und wurde 1535 in Frankreich gebaut. Sie sollte die französische Antwort auf die englische »Great Harry« (s. Seite 70) werden; sie war so gewaltig, daß es ihr nie gelang, den Hafen von Le Havre zu verlassen.

»Santa Catalina do Monte Sinai«, das Flaggschiff der portugiesischen Flotte. Sie lief 1515 vom Stapel und besaß 6 Decks, über die 140 Kanonen verteilt waren.

traut. Aufgrund eines Berichtes und einer von Kolumbus während seiner dritten Reise zurückgeschickten Karte organisierte der Bischof Fonseca eine inoffizielle Expedition. So kam es, daß Vespucci dabei war, als am 16. Mai 1499 drei oder vier unter Hojedas Kommando stehende Karavellen von Cadiz ausliefen. Vespucci unterstützte Juan de la Cosa als Kartenzeichner und Kosmograph, aber offensichtlich hatte er auch andere Aufgaben. Nachdem die Schiffe die Küste von Guyana erreicht hatten, trennten sie sich. Hojeda steuerte Haiti an, während sich Vespucci mit einem oder zwei Schiffen südwärts wandte und die Mündungen des Paraflusses und des Amazonas erreichte. Mit seinen Schiffsbooten gelangte er etwa 100 Kilometer den Amazonas flußaufwärts. Anschließend setzte Vespucci die Reise entlang der Küste fort bis zu dem heute São Roque genannten Kap und gehörte damit zu den ersten Europäern, die Brasilien erreicht hatten. In der Überzeugung, daß er an der Küste Asiens entlang gesegelt sei, kehrte er Mitte Juni 1500 nach Cadiz zurück. Wenn man der Küste weiter folgen würde, so glaubte er, würde man sicher eine Durchfahrt zu jenen indischen Gewässern finden, die Vasco da Gama auf einer anderen Route erreicht hatte.

Es lohnt sich noch einmal zu erwähnen, daß im selben Jahr, als Vespucci nach Spanien zurückkehrte, der Portugiese Alvares Cabral auf seinem Weg um das Kap der Guten Hoffnung nach Indien die Küste Brasiliens erreicht hatte, die er aber als eine große Insel ansah. Da dieses neue Land östlich der im Vertrag von Tordesillas vereinbarten Linie zu liegen schien, vertrat man die Ansicht, daß es zur portugiesischen Krone gehöre. Inoffiziell betraute der König von Portugal Vespucci mit der Aufgabe, den Wahrheitsbeweis dieser Hypothese anzutreten, die sich als richtig erwies und Brasilien zu einer portugiesischen Besitzung machte. Am 13. Mai 1501 lief er daher wieder von Cadiz aus und drang diesmal noch weiter nach Süden vor, erreichte dabei die Bucht von Rio de Janeiro und das gewaltige Mündungsgebiet des Rio de la Plata. Die Reise verlief friedlich, und als Vespucci Mitte Oktober 1502 nach Lissabon zurückkehrte, hatte er mehrere wichtige mathematische und nautisch-astronomische Beobachtungen gemacht. Im übrigen war er zu der Überzeugung gekommen, daß die lange und ununterbrochene Küste, der er gefolgt war, sich vollkommen von derjenigen Asiens unterscheide, die er bisher vor sich gehabt zu haben glaubte. Obwohl der Begriff der »Neuen Welt« bereits vom Bruder des großen Seefahrers Bartolomeo Colombo benutzt worden war, führte ihn Vespucci erstmalig

Die »Gabriel« war eine 25 t große englische Karracke des 16. Jahrhunderts, mit der Martin Frobisher 1576 die Küsten von Grönland und Labrador erforschte.

Das elisabethanische Galeone »Triumph« war das größte englische Schiff, das gegen die spanische Armada kämpfte.

Französische Galeone von 1592. Sie hatte 2 Decks und besaß mit ihrem vorspringenden Steven ein elegantes Vorschiff.

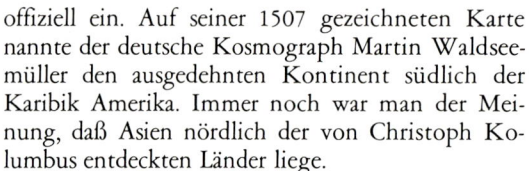

Die »Haabet« von 1589, eine der ersten holländischen Galeonen. Sie stellte einen aus der Karracke entwickelten verbesserten Typ dar, der letztere als Kriegs- wie als Handelsschiff ablöste.

offiziell ein. Auf seiner 1507 gezeichneten Karte nannte der deutsche Kosmograph Martin Waldseemüller den ausgedehnten Kontinent südlich der Karibik Amerika. Immer noch war man der Meinung, daß Asien nördlich der von Christoph Kolumbus entdeckten Länder liege.

Die Vorstellung von einer südlichen Durchfahrt nach Indien, die man finden würde, wenn man entlang der Küste segelte, die Vespucci und die Nachfolger in seinem Kielwasser so sorgfältig erforscht hatten, begann besonders nach einer von Vasco Nuñez de Balboa geführten Expedition allmählich Form anzunehmen. In einem kühnen und verlustreichen Marsch hatte dieser 1513 die den Golf von Darién vom Pazifischen Ozean trennenden Kordilleren überquert und sah vor sich den Pazifik liegen, der sich, so weit das Auge reichte, nach Süden ausdehnte und den er »Südsee« nannte. Vespuccis Beobachtung, daß die von ihm besegelte atlantische Küste sanft nach Südwesten zurückweiche, führte zur Vermutung, daß beide Küsten des Kontinents an irgendeinem Punkt zusammentreffen mußten; möglicherweise gar nicht weit von dem Punkt entfernt, den Vespucci selber erreicht hatte und der

damit die langgesuchte Durchfahrtsmöglichkeit nach Indien eröffnen würde. Auf einer Reise, die für alle Zeiten zu den Höhepunkten seemännischer Entdeckungsgeschichte gehören wird, fand 1520 Magellan die nach ihm benannte Passage.

Magellan – portugiesisch Fernão de Magalhães – war etwa 1480 in Oporto geboren worden. Sein Name erscheint zum erstenmal unter den Teilnehmern einer 1505 von Francisco de Almeida organisierten Expedition zur Verstärkung der neuen portugiesischen Kolonien in Indien. In der Schlacht von Cannanore – am 16. März 1506 – gegen die 200 Schiffe des Herrschers von Kalikut, Prinz Samorin, wurde Magellan verwundet. 1509 nahm er an der Expedition des Lopez de Sequira teil, die in dem kühnen Versuch gipfelte, die Kontrolle über die Halbinsel Malakka zu erringen. Bei dieser Gelegenheit rettete Magellan das Leben des Francisco Serrão, der sein lebenslanger Freund wurde und dessen von den Molukken oder Gewürzinseln geschriebene Briefe so viel zu Magellans Entschluß beitrugen, seine historische und abenteuerliche Reise zu unternehmen. Nach Portugal zurückgekehrt, sprach Magellan mit Seefahrern und Kosmographen und

Holländische Galeone von 1597. Sie war niedrig und leicht im flachen Wasser zu manövrieren.

Die »San Martin« von 1588 war eine spanische Galeone der Armada. Das 1000 t große Schiff war mit 48 Kanonen bewaffnet.

traf den Astronomen Rui Faleiro, mit dem zusammen er die in den Geheimarchiven des Staates gesammelten nautischen Karten und Reiseberichte studierte. Im Herbst 1517 ging Magellan nach Spanien. Er und Faleiro verzichteten auf ihre portugiesische Staatsangehörigkeit und unterbreiteten Karl I., dem späteren Kaiser Karl V., Magellans langgehegten Plan, über eine sehr wahrscheinlich existierende Passage um die »Neue Welt« zu den Gewürzinseln zu segeln. Unerwarteter Beistand kam durch Kolumbus' ehemaligen Feind Kardinal Fonseca. Nach vielen Verzögerungen und von König Manuel von Portugal durch diplomatische Quertreibereien hervorgerufene Unsicherheit wurde schließlich Übereinstimmung erreicht und am 22. März 1518 ein Vertrag unterzeichnet. Das nächste Jahr brachte Magellan damit zu, seine Flotte zusammenzustellen. In der Dämmerung des 20. September 1519 verließen dann fünf Schiffe den Hafen von Sanlúcar de Barrameda zu einer der erregendsten und dramatischsten Reisen in der Geschichte der Seefahrt.

Das Kommando über die »San Antonio« (118 Tonnen) hatte Juan de Cartagena, ein Vetter des Kardinals Fonseca; Kapitän der »Concepciòn« (90 Tonnen) war Gaspar de Quesada; Luis de Mendoza führte die »Victoria« (85 Tonnen), und João Serrão kommandierte die »Santiago« (75 Tonnen). Magellan setzte seine Flagge auf der 110 Tonnen großen »Trinidad«. Jedem dieser Schiffe war schließlich ein anderes Schicksal beschieden. Die Besatzungen bestanden aus 250 Männern, unter denen sich 20 vorwiegend aus Ligurien stammende Italiener befanden. Antonio Pigafetta von Vincenza (1491–1534), der den ausführlichen Bericht jener großen Reise hinterließ, war einer von ihnen.

Die lange Reise südwärts entlang der afrikanischen Küste auf der Suche nach günstigen Winden zur Atlantiküberquerung provozierte den ersten Zusammenstoß zwischen Magellan und Juan de Carta-

gena, der daraufhin als Kapitän der »San Antonio« abgelöst wurde. Der Südwinter zwang die Expedition zu einem Aufenthalt im sogenannten San-Ju-liàn-Hafen, dem südlichsten von Vespucci in Südamerika erreichten Punkt, und man entschloß sich, den Frühling abzuwarten. Hier meuterten die spanischen Kapitäne gegen Magellan. Mit Geschick gelang es ihm aber, die Situation wieder unter Kontrolle zu bekommen. Mit dem Herannahen des Frühlings waren die Schiffe wieder bereit, die Fahrt fortzusetzen. In der Zwischenzeit waren auch freundliche Kontakte mit den Eingeborenen aufgenommen worden, die sich den Fremdlingen furchtsam genähert hatten. Diese Eingeborenen waren ziemlich groß, und es scheint so, daß sich Magellan

Die 1569 gebaute englische Galeone »St. Michael«. Sie war mit ihren 98 Kanonen eines der stärksten Schiffe ihrer Zeit und eines der letzten großen Kriegsschiffe, die den Linienschiffen vorausgingen.

Die »Henry Grace à Dieu« von 1514. Das für Heinrich VIII. von England gebaute Schiff wurde auch als »Great Harry« bekannt und war eine der eindrucksvollsten Karracken ihres Jahrhunderts. Bewaffnet war sie mit 21 Bronzekanonen und 130 kleineren eisernen Geschützen. 1540 wurde das Schiff umgebaut und schließlich 1552 durch Feuer zerstört, ohne jemals im Ernstfall einen Schuß abgefeuert zu haben.

hauptsächlich von der Größe ihrer Füße beeindruckt zeigte, denn er nannte sie »Patagones«, das bedeutet die »Großfüßigen«. Diese Rasse ist heute vom Aussterben bedroht, aber diesen Landstrich nennt man noch immer Patagonien.

Das Wetter besserte sich, und die »Santiago« unter João Serrão wurde zur Aufklärung vorausgeschickt. Dabei strandete sie auf den Untiefen in der Bucht von Santa Cruz, und der Besatzung gelang es nur mit Mühe, sich lebend zum Winterlager zurückzu-

quälen. Am 18. Oktober 1520 setzten die Schiffe die Fahrt südwärts fort, umschifften die von ihnen Kap der tausend Jungfrauen genannte Landspitze – eine Anspielung auf die Begleiterinnen der heiligen Ursula – und liefen in eine ausgedehnte Bucht ein, die sich weit nach Westen erstreckte und von der »San Antonio« und »Conception« ausgekundschaftet wurde. Am 25. Oktober lief Magellan mit allen Schiffen in die von ihm »Todos los Santos« genannte spätere Magellanstraße ein.

Die »Great Michel« von 1511 stellt einen Zwischentyp zwischen einer großen Karracke und der neuen Galeone dar. Zwischen Groß- und Vormast wurde ein bemaltes Zeltdeck gespannt, um die Besatzung vor feindlichem Feuer zu schützen.

Die Zusammensetzung der spanischen Armada in der Schlacht von Gravelines.

25 Galeonen, 4 Galeassen, 4 portugiesische Galeeren, 40 bewaffnete Handelsschiffe (wobei die Grenze zwischen Handelsschiffen und Kriegsschiffen dieser Zeit weniger in der Bewaffnung als in den Eigentumsverhältnissen – Souverän-, Staats- oder Privatbesitz – lag), 23 Transporter und 34 kleinere Schiffe (Zabras, Fragatas und Patajes, die auch gerudert werden konnten). Insgesamt 130 Schiffe.

Die »Großkampfschiffe« waren: »San Martin« – 980 t, 48 Kanonen, 177 Mann Besatzung und 300 Soldaten; »San Juan de Portugal« – 1029 t, 50 Kanonen; »Grangrina« – 960 t, 38 Kanonen; »Santa Ana« – 931 t, 30 Kanonen.

Besatzungen und Kampftruppen: 7000 Seeleute, 18 000 Soldaten, Artillerie: 40pfünder- und 32pfünder-Kanonen und großkalibrige Steingeschoß-Mörser (insgesamt 2500 Stück). Gesamttonnage: 61 023 Tonnen.

Die 1587 von Richard Chapmann für Sir Walter Raleigh gebaute »Ark Royal« war das erste englische Schiff dieses Namens. Dieses 800 t große Schiff hatte 50 Kanonen und eine Besatzung von 425 Mann. Es diente Lord Howard als Flaggschiff während der Operationen gegen die Armada.

Das französische 90-Kanonen-Schiff »Grand«. Es führte in der Schlacht von Beachy Head (1690) die französische Nachhut an.

Die »Royal Charles« war in der Schlacht von Lowestoft 1665 Flaggschiff des Herzogs von York.

Ein Feuerschiff, »Brander« genannt. Zur Bekämpfung des Feindes in Brand gesetzte alte Schiffe aller Größen und Bauarten.

In der kleinen Flotte war man dafür, weiterzufahren. Nur der Lotse der »San Antonio« Estevão Gomez hatte dagegengestimmt, legte einige Tage nach Antritt der Weiterreise den Kapitän seines Schiffes in Ketten und kehrte nach Spanien zurück. Dort traf er am 6. Mai des folgenden Jahres ein und beschuldigte Magellan des Hochverrats und Mordes. Die anderen drei Schiffe setzten ihre Fahrt fort. Das Land, auf dem in jeder Nacht Feuer brannten, wurde »Tierra del Fuego« – Feuerland – genannt. Am 28. November 1520 umrundeten die Schiffe auch die letzte Landspitze, das »Kap Deseado« und liefen in das große Südmeer ein. Entsprechend den von Serrão gemachten Angaben über die Molukken setzte Magellan den Kurs in Richtung Nordwest ab und hoffte, diese Inseln in kurzer Zeit zu erreichen. Seine Erwartungen erfüllten sich jedoch nicht.

Drei Monate lang trieben die durch Skorbut dezimierten Besatzungen, die zuletzt gezwungen waren, sich mit gekochtem Leder und Sägemehl sowie einigen Tropfen stinkenden Wassers am Leben zu erhalten, über den Stillen Ozean, dem sie wegen der anhaltenden Windstillen den Namen Pazifik gaben. Schließlich erreichten sie am 17. März nach einem kurzen lebensrettenden Aufenthalt auf der Inselgruppe der Marianen (die Magellan nach unerfreulichen Erfahrungen mit den Eingeborenen Diebsinseln nannte) zwei kleine Inseln auf den Philippinen. Hier konnten sich die Besatzungen nach den großen Entbehrungen erholen.

Magellans Schicksal aber sollte sich bald erfüllen. Nach Aufnahme freundschaftlicher Beziehungen mit Humabon, dem Herrn der Insel Cebu und goldener Reichtümer – die die Europäer gegen Eisen eintauschten –, setzte Magellan mit 60 seiner Männer zur naheliegenden Insel Mactan über, um den unter ihrem König Silapulapu gegen Humabon rebellierenden Einwohnern die Macht der spanischen Krone zu demonstrieren. Während die Boote, welche die Schußwaffen mit sich führten, noch weit vor der Küste lagen, wurde die kleine Landungstruppe von Tausenden von Wilden umzingelt. Bei dem Versuch, den Rückzug seiner Leute zu decken, kämpfte Magellan allein gegen die Wut der Eingeborenen. Am Bein verwundet, erschlug ihn die aufgebrachte Menge. Nach dem Tode Magellans erlitt die Expedition noch weitere Verluste während eines vom König von Cebu gegebenen Banketts, der hoffte, bei dieser Gelegenheit die spanischen Schiffe in seine Hand zu bekommen.

Nun gab es keine Alternative mehr, als nach Hause zurückzukehren. Weil nicht mehr genügend Männer für alle Schiffe zur Verfügung standen, wurde die »Conception« verbrannt, während die »Trinidad« und »Victoria« ihre lange Heimreise antraten und auf der Molukkeninsel Tidore ihre erste Unterbrechung einlegten. Der örtliche Inselkönig empfing die erschöpften Männer freundlich und ließ

Die »Sant'Antonio« war ein genuesisches Schiff im päpstlichen
Geschwader, das die Insel Korfu von den Osmanen befreite.

Die »Prinzess Maria«, ein 90-Kanonen-Schiff der niederländi-
schen Flotte, die im 17. Jh. die größte Europas war.

die Schiffe mit Geschenken und Gewürzen beladen. Ein Leck am Boden der »Trinidad« verhinderte eine gemeinsame Abfahrt der beiden Schiffe, so
daß die jetzt von Sebastiàn Elcano geführte »Victoria« mit Pigafetta an Bord allein in Richtung Kap
der Guten Hoffnung absegelte und damit die Umsegelung der Erde vollendete. Am 6. September
1522 kehrten 18 Männer von jenen zurück, die drei
Jahre zuvor Sanlúcar de Barrameda verlassen hatten. Auch die »Trinidad« hatte nach der »Victoria«
die Molukken verlassen, wurde aber durch schwere
Stürme zur Umkehr gezwungen und von den Portugiesen gekapert, die die Besatzung gefangensetz-
ten.
Magellans Leistung kommt der von Kolumbus
gleich. Obwohl er die Umschiffung der Erde nicht
vollenden konnte, war es seine kühne Idee gewesen, die Umsegelung in Richtung Ost–West vorzunehmen; ebenso wie es seine Überzeugung war,
eine Passage zu dem großen »Südlichen Ozean« zu
finden.
Dank dem Mut und der Tüchtigkeit dieser großen
Seefahrer und auch derer, die in ihrem Kielwasser
folgten, erhielt das 15. und 16. Jahrhundert seine
besondere Bedeutung dadurch, daß es den Menschen erstmalig gelungen war, die ganze Weite der
Meere zu nutzen und damit auch den von uns be-
wohnten Planeten besser kennenzulernen. Während Spanien und Portugal sich abmühten, sowohl
einen östlichen wie auch westlichen Seeweg nach
Indien zu erschließen, bildeten die europäischen
Gewässer den Hintergrund für die aus der Politik
der Weltmächte bedingten Auseinandersetzungen
und Kämpfe. England, Frankreich, Spanien und
Portugal, zu denen später auch noch die junge holländische Nation kam, befanden sich ständig miteinander im Kriegszustand. Mit der gleichen Leichtigkeit, wie die Bündnisse geschlossen wurden, zer-

fielen sie auch wieder. Gleichzeitig bildeten sich Al-
lianzen, um die Macht des Ottomanischen Reiches
zu brechen, das in der zweiten Hälfte des 16. Jahrhunderts nicht nur den Nahen Osten und Nordafrika kontrollierte, sondern sich sogar bis Ungarn
ins Herz Eruopas ausdehnte.
Obwohl das Mittelmeer zu einem Seegebiet zweit-
rangiger Bedeutung herabsank – und sich daran bis
zur Eröffnung des Suezkanals nichts änderte –,
blieb doch ein aktiver Handel bestehen. Die schnellen Schiffe der vom Ottomanischen Reich unterstützten Seeräuberstaaten waren eine Plage für den
genuesischen und venezianischen Seehandel mit
dem Osten. Nachdem die Mauren zum Ende des
15. Jahrhunderts aus Spanien vertrieben worden

Die »Dauphin Royal« von 1658 war das Flaggschiff des französischen Admirals Cheteâu-Renault in der Schlacht vor Beachy
Head (1690) gegen die englisch-holländische Flotte.

DIE KARAVELLE

Eine »Neue Welt« in 33 Tagen

Die »Niña« war eine der Karavellen des Kolumbus. Während seiner ersten Reise veränderte er die Takelung und ersetzte am Vor- und Großmast die Lateinersegel durch (in den Passatwinden) wirkungsvollere Rahsegel. Das Schiff war 52 t groß und etwa 21 m lang sowie 6,1 m breit bei einem Tiefgang von 1,5 m. Unter der Führung von Kolumbus legte sie während drei der vier Reisen des großen Seemannes 25 000 Seemeilen zurück.

Auch die dem Gomez Rascon und Cristòbal Quintero gehörende »Pinta« war eine von den Karavellen des Kolumbus, und zwar eine »Carabela Redonda«, was bedeutet, daß sie am Groß- und Vormast Rahsegel führte. Unter dem Kommando von Marin Alonso Pinzon stand eine 25 Mann starke Besatzung.

Zum erstenmal erscheint das Wort »Karavelle« im Sprachgebrauch des 14. Jh. und bezeichnet ein kleines Segelschiff mit rundem Bug und viereckigem Spiegelheck, das im westlichen Mittelmeer sowie jenseits der Straße von Gibraltar an der protugiesischen Küste anzutreffen war.

Die Karavelle fand anfangs Verwendung als Fischerboot und Küstensegler und erlangte dann zur Zeit der ozeanischen Entdeckungen größere Bedeutung. Wenig wissen wir über die technischen Einzelheiten dieses sehr ausgeprägten Schiffstyps, der in der typischen karwelbeplankten mittelmeerischen Art gebaut wurde, bei der die Planken, anders als bei der überlappenden Bauweise des Nordens, mit den Nähten gegeneinander verarbeitet waren. Im Normalfall hatte die Karavelle ein einziges Deck – das bei einigen kleineren Schiffen fehlte – und verdrängte etwa 25 bis 60 t. Das Ruder war in der Mitte des Spiegelhecks angebracht, und das Schiff hatte 2 oder 3 Masten mit Lateinersegeln. Es besaß keinen ausgesprochenen Vormast. Diese Aufgabe erfüllte der Großmast, obwohl er beinahe in der Mitte des Schiffes stand. Spätere größere Karavellen hatten zeitweilig einen rahgetakelten Mast auf dem Vorschiff.

Die Konstruktionsformel zur Bezeichnung der Rumpfproportionen – tres, dos y as – ist verschieden interpretiert worden und wurde vom Erbauer nicht immer wörtlich befolgt. Das beeinträchtigt natürlich sowohl maßstäbliche als auch verkleinerte moderne Rekonstruktionsversuche der Karavellen und erklärt die augenfälligen Unterschiede.

Weit verbreitet ist die Hypothese, daß die Karavelle von Heinrich dem Seefahrer (1394–1460) und seinen Schiffsbauern an der berühmten Ausbildungsstelle für Hochseenavigation in Sagres am Kap S. Vincent eingeführt wurde. Eines ist sicher, auf allen Drucken und Gemälden wird die frühe Karavelle immer mit portugiesischen Flaggen dargestellt. Wie es sich auch immer mit der Wahrheit verhalten mag, jedenfalls vervollkommneten und veränderten die Portugiesen den Rumpf des am weitesten verbreiteten Bootstyps für Fischerei und Küstenhandel so weit, daß er den Anforderungen langer Ozeanreisen entsprach und damit zu einem mittelgroßen Kompromiß zwischen dem rahgetakelten Handelsschiff (den Rundschiff) und der langen, niedrigen, durch Muskelkraft angetriebenen Kriegsgaleere wurde.

Das dreieckige Lateinersegel machte die Karavelle hoch am Winde schneller und den nicht allzuschweren Rumpf sowohl unter Segel wie mit Riemen manövrierfähiger. Der geringe Tiefgang setzte das Schiff weniger den Strömungen und der Gefahr des Strandens aus, was sich als sehr vorteilhaft bei der Navigation in wenig bekannten (oder vollkommen unbekannten) Flußmündungen und Küstengegenden erwies. Die größten Karavellen besaßen ein Deck und konnten – bei ihren 150 t – Kanonen tragen. Außerdem besaßen sie ein Poop- und Backdeck, sowie kleinere an Deck gesetzte Beiboote. Im Falle eines Sturmes konnten die Seeleute wahrscheinlich reffen oder kleinere Segel an den Rahen und Spieren setzen.

Eifersüchtig wachten die Portugiesen über die schiffbaulichen Einzelheiten dieser Fahrzeuge, was eine Erklärung für unser geringes heutiges Wissen sein mag. Denn die meisten unserer Kenntnisse betreffen nicht so sehr die typischen portugiesischen Karavellen des 15. Jh., als vielmehr die von den Spaniern aus der Gegend von Cadiz benutzten. Die Schiffe von Gil Eannes, mit

denen er 1434 Kap Bojador umsegelte, waren Karavellen, und ebenso waren es 3 Karavellen, mit denen Antão Goncalves und Nuñoz Tristào 1441 auf 21° Nord das Kap Blanco erreichten; wie auch die 2 Fahrzeuge, die unter dem Kommando des Bartholomeu Dias das Kap der Guten Hoffnung umschifften und entlang der Ostküste Afrikas bis zum Kap Recife die sagenhafte Gewürzroute dem Handel erschlossen. Und zwei »carabelas redondas«, also rahgetakelte Karavellen, waren es – die »Santa Maria« war wahrscheinlich eine »Nao«, also eine Karracke –, mit denen Kolumbus die Küste des unbekannten amerikanischen Kontinents entdeckte. Auch unter den Schiffen, mit denen Vasco da Gama 1497 Kalikut in Indien erreichte, war das dritte Schiff des Geschwaders, die nur 50 Tonnen große »Berrio«, eine Karavelle.

Der Typ der Karavelle überdauerte bis in die zweite Hälfte des 17. Jh., als ihre Größe den Anforderungen und der Dauer der Ozeanreisen nicht mehr genügte. Bedeutung und nautische Merkmale übernahmen die Handelsschoner des 19. Jh. und bis in unsere Zeit die arabischen Dhaus im Roten Meer und im Persischen Golf.

Die Karracke (auf spanisch Nao) »Santa Maria« war das Flaggschiff von Kolumbus und zwischen 100 und 250 t groß. Das ursprünglich »La Gallega« genannte Schiff strandete am Weihnachtstag 1492 vor der Küste Hispaniolas.

Diese mittelmeerische Handelsgaleone des 16. Jh. war ein Hochseeschiff.

Die dänische Galiot des 18. Jh., ein typisches Handelsschiff der nordeuropäischen Gewässer.

waren, gingen die Seeleute des Maghreb, der Barbareskenküste Nordafrikas, zu rücksichtslosen Überfällen der spanischen und italienischen Küste über und vernichteten durch die Straße von Gibraltar passierende Konvois. Zwei als Griechen geborene Brüder namens Barbarossa gründeten die Seeräuberstaaten Tunis und Algier. Dragut, der letzte Dei von Algier, auch »Schwert des Islam« genannt, religiöser Fanatiker und raubgierig, fand den Tod während der Belagerung der Insel Malta durch die türkische Flotte.

Die holländische Pinasse des 17. Jh. war eine als Handels- und Kriegsschiff benutzte, aber größere Weiterentwicklung der Fleute. Sie fand als großes Handelsschiff in den nördlichen Meeren weite Verbreitung und muß als Vorläufer der großen Schiffe der »Ostindischen Kompanie« angesehen werden.

Die schnelle Galeere, die jahrhundertelang in der Seekriegführung eine beherrschende Rolle einnahm, spielte auch in der Schlacht von Lepanto, dem letzten und bedeutendsten Seegefecht der durch Riemen angetriebenen Schiffe im nachmittelalterlichen Zeitalter, eine führende Rolle. Die Türken besaßen im Mittelmeer das Übergewicht, während Venedig eine vorsichtig neutrale Haltung einnahm, damit beschäftigt, seine letzten Handelsrouten mit dem Osten zu beschützen und den Einfluß Spaniens unter Kontrolle zu halten. Das in Feindseligkeiten mit Frankreich und England verwickelte Spanien konnte sich selbst nicht mit den Türken beschäftigen, und die zwischen Franz I. und Suleiman II. (der Große) 1533 begründete »unheilige Allianz« machte die Situation nur noch schlimmer. Dem wegen des gefährlichen und zerbrechlichen Gleichgewichts der Macht besorgten Papst Pius V. gelang es schließlich, eine christliche Liga gegen die Türken zu organisieren. Am 24. Mai 1571 wurde in Rom zwischen dem Papst, dem König von Spanien, Venedig, Emanuel Filibert von Savoyen, dem toskanischen Großherzog, dem Herzog von Urbino, dem Herzog von Parma, der Republik Genua und dem Malteserorden ein Pakt unterzeichnet. Don Juan d'Austria (1547–1578), unehelicher Sohn Kaiser Karls V. und der Barbara Blomberg, wurde mit dem Kommando über die Flotte der Liga betraut. Der linke Flügel stand unter dem Kommando des Agostino Barbarigo, Generalaufseher der venezianischen Galeeren, während die 12 päpstlichen Galeeren der Flotte dem Befehl des römischen Prinzen Marcantonio Colonna unterstanden, der heldenhaft gegen das von Ali Pascha geführte türkische Flaggschiff kämpfte. Zur Flotte der Liga gehörten 208 Galeeren, 6 Galeassen sowie 24 Fender mit insgesamt 12 920 Seeleuten, 42 500 Ruderern, 28 000 Soldaten und 1815 Kanonen. Die türkische Flotte unter Ali Pascha bestand aus 210 großen Galeeren, 63 Galioten mit 13 000 Seeleuten, 41 000 Ruderern, 34 000 Soldaten und 750 Kanonen. Am Morgen des 7. Oktober 1571 standen sich die beiden Flotten in den Gewässern am Eingang des Golfs von Patras gegenüber.

Die christlichen Schiffe traten in folgender Formation an: Das Zentrum bildeten die 61 Galeeren von Don Juan d'Austria, den rechten Flügel die von Gian Andrea Doria geführten genuesischen Galeeren, und den linken Flügel die Schiffe des Agostino Barbarigo, während die Nachhut aus den 30 Galeeren der neapolitanischen Reserve unter dem spanischen Marquis von Santa Cruz bestand.

Auf türkischer Seite stand Uluc Ali, Bey von Algier, mit den algerischen Galeeren denen von Andrea Doria gegenüber, während der Bey von Alexandria, Mehmet Choraq, Scirocco genannt, Barbarigo zum Gegner hatte. Der Pirat Amurat Dragut kommandierte die Schiffe der Reserve.

Zum Vorteil der Galeeren der Liga kam mittags ein westlicher Wind auf, und die Schlacht – die später als die Schlacht von Lepanto berühmt wurde – begann. Als erste sahen sich die von Francesco Bressan entworfenen venezianischen Galeeren, die mit wirkungsvoller Artillerie ausgerüstet waren, im Kampf. Die Schlacht griff dann auf das Zentrum und den linken Flügel über, wo Barbarigo trotz seiner tödlichen Verwundung dafür sorgte, daß der Sieg gewiß war. Um fünf Uhr nachmittags endete die Schlacht. Die Türken verloren 40 000 Mann, darunter außer Uluc Ali und Ali Pascha auch alle anderen Kommandeure. 80 Galeeren und 27 Galioten wurden vernichtet, während 17 Galeeren und 13 Galioten zusammen mit 8000 Mann erobert wurden. Bei einem Verlust von 7656 Toten und 7784 Verwundeten gingen 15 Galeeren der Liga verloren. Unter den Verwundeten befand sich ein Spanier, der auf einem von Andrea Dorias Schiffen gekämpft hatte und später den berühmtesten Roman der spanischen Literatur schreiben sollte, Miguel de Cervantes.

Einige der bekanntesten Teilnehmer der Schlacht von Lepanto hatten sich zum Wohl ihrer Heimatländer zuvor als Piraten betätigt. Und auch im nördlichen Europa hatten Männer, die Piraterie betrieben hatten, oftmals einen entscheidenden Anteil an der Aufstellung nationaler Kriegsflotten.

Piraterie ist vermutlich so alt wie die Seefahrt selbst. Unter dem Wort »Privateer« verstand man in Privathand befindlichen Schiffe, die mit verbrieftem staatlichem Auftrag feindliche Schiffe angriffen. Das Vorgehen der verschiedenen Piraten, Korsaren, Bukaniers und Freibeuter war unterschiedlich, doch eines war ihnen gemeinsam: Gewaltanwendung beim Beutemachen. Sie lauerten auf den Haupthandelsrouten wie dem Englischen Kanal, der Straße von Gibraltar und in der Karibischen See. Die englische und französische Krone hatte zwar versucht, die Piraterie unter Kontrolle zu be-

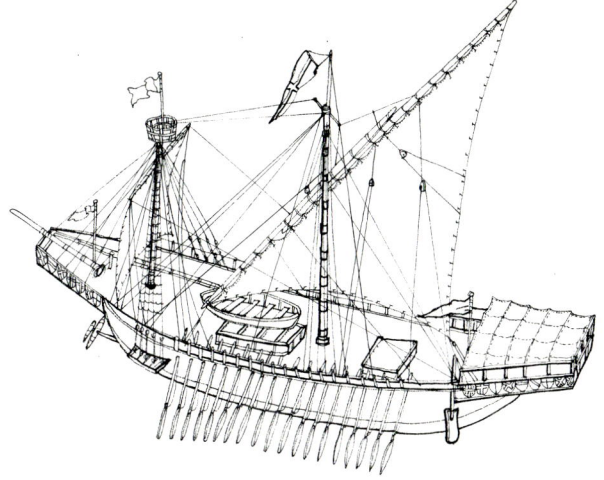

Die katalanische Uxer, ein starkes schlankes Handelsschiff mit Segel- und Riemenantrieb und sozusagen das mittelmeerische Erbe der Koggen aus den Cinque Ports.

kommen, aber erst im 16. Jahrhundert unter der großen Elisabeth I. von England konnte das Piratenunwesen dadurch etwas gesteuert werden, daß einige der Anführer eine Bestallung als Kaperkapitäne erhielten. Zur Zeit der bevorstehenden Invasion durch die spanische Armada bekamen ein paar von ihnen leitende Positionen als Offiziere. Eine neue, besondere Würze erhielt die Freibeuterei oder Piraterie, wenn man diesen Ausdruck vorzieht, durch einen Engländer namens Sir Francis Drake »als eine neue Art, alte Schulden zu begleichen«.

Diese brandenburgische Fleute war ein typisches Handelsschiff der Nordsee, zeitweilig zum Schutz gegen Angriffe der Korsaren des Englischen Kanals auch leicht bewaffnet.

Der 1540 geborene Francis Drake war ein Verwandter der berühmten Schiffbauerfamilie Hawkins aus Plymouth, und er überquerte auf der »Judith«, einem ihrer Schiffe, den Atlantik zum erstenmal als Kapitän, um afrikanische Sklaven in den spanischen Kolonien Amerikas zu verkaufen. Kaum älter als 25 Jahre, begann Drake seine Karriere als Korsar und brachte es zu einem der erfolgreichsten Kapitäne an den Küsten Spanisch-Amerikas. Wärend eines kühnen Überfalls auf Panama 1572 erblickte Drake zum erstenmal den Pazifischen Ozean und gab sich selbst das Versprechen, eines Tages »mit einem englischen Schiff auf diesem Meer zu segeln«. Er war es auch, der zwischen 1577 und 1580 die erste Weltumsegelung eines Engländers durchführte.

Im Dezember 1577 begann er mit fünf Schiffen und einer Besatzung von 164 Mann, mit versiegelter Order der Königin versehen, eine der berühmtesten Reisen in der englischen Marinegeschichte. Er durchfuhr dabei die Magellanstraße und lief in die Weite des Stillen Ozeans, wo ein Sturm sein Schiff bis auf 57° Südbreite vertrieb. So entdeckte

Venezianische Galeone zu Beginn des 17. Jh. Dieses Transport- und Kriegsschiff war kleiner und beweglicher als seine spanischen und englischen Vettern.

Galeone aus der Mitte des 16. Jh. Schiffe dieser Art dienten den Spaniern hauptsächlich dazu, um Gold und andere wertvolle Güter von den amerikanischen Kolonien zum Mutterland zu befördern, und sie wurden dadurch zum bevorzugten Opfer englischer Freibeuter. Oft segelten sie unter dem Schutz schwerbewaffneter Begleitschiffe in Konvois.

er, daß die »Neue Welt« sich dort nicht als konti-
nentales Festland fortsetzte, sondern sich vor der
heutigen chilenischen Küste in einem ausgedehnten Inselarchipel auflöst. Drake setzte seine Reise
über den Pazifik fort, um seinen vermutlichen Auftrag durchzuführen, nämlich an der Westküste
Südamerikas spanische Schiffe und Häfen zu über-
fallen. Der Gewinn seiner Expedition belief sich am
Ende auf 400 Prozent der Unkosten.

Brennend und plündernd segelte Drake, in der
Hoffnung einen westlichen Eingang zur Norwest-
passage mit direktem Zugang zum Atlantik zu finden, entlang den Küsten des von Balboa »Neuspa-
nien« genannten Landes. Dabei führte er zugleich
das Leben eines Piraten und Forschers und erreichte mit seiner »Golden Hind« die heute Kalifornien
genannte Küste, während zur gleichen Zeit sein
Landsmann Martin Frobisher an den Küsten des
Atlantiks damit beschäftigt war, nach einer Nordwestpassage zu suchen.

Es war wahrscheinlich die Bucht von San Francisco, von der aus Drake mit seiner Galeone »Golden
Hind« den Kurs über den Stillen Ozean zu den Gewürzinseln absetzte. Allen Krankheiten und Er-
schöpfungen zum Trotz erreichten Drakes Männer
die Molukkeninsel Ternate und kehrten von dort
mit sechs Tonnen Gewürznelken im Laderaum
nach England zurück. Am 26. September 1580 ließ
er vor Plymouth die Anker fallen. Reichtum und
Ehre erwarteten Drake, der zum Ritter geschlagen
wurde und anschließend als Befehlshaber englischer Flotteneinheiten auch offiziell hohe staatliche
Ämter bekleidete. Als die Flotte Philipps II. 1588
vor der englischen Küste erschien, nahm Drake an
der fast eine Woche dauernden großen Schlacht,
die mit der Vernichtung der »unbesiegbaren Armada« endete, als Vizeadmiral teil.

1595 wurde eine zweite Unternehmung gegen das
spanische Westindien vorbereitet, aber diesmal liefen die Dinge nicht so gut wie bei der ersten Expedition. Die ehemals leicht eingenommenen Städte
waren inzwischen stark befestigt, und ein spani-
sches Geschwader patrouillierte in der Karibik. Am
27. Januar 1596 starb der von Sorgen und Fieber ge-
schwächte Drake und wurde auf See bestattet.

Als hervorragender und mutiger Anführer auf See
war Drake der erste englische Weltumsegler und
einer der tüchtigsten Seeleute seiner Zeit. Darüber
hinaus leistete er einen großen Beitrag zur frühen
Entwicklung der englischen Marine und hat seinen
Platz unter den großen Seefahrern des 16. Jahrhunderts sicherlich verdient.

In der von Spanien als Teil seines Imperiums ange-
sehenen Karibik hatten die englischen Piraten ihre
große Zeit. Dabei unterstützten sie die von Sir
Walter Raleigh in Nordamerika gegründete Kolonie, die für die Plünderer der spanischen Besitzungen zum wichtigsten Stützpunkt wurde. Während
der Regierungszeit Elisabeths I. (1558–1603) wuchs

Die »Golden Hind« von 1577 hieß ursprünglich »Pelican«. Das
98 t große Schiff diente Francis Drake während seiner legendären Weltumsegelung – auf der er außer anderen Taten auch eine
berühmte von Panama kommende, mit Schätzen beladene Galeone kaperte – als Flaggschiff.

der Seehandel gewaltig, und die wichtigsten Handelsgesellschaften wurden von der Krone mit Privi-
legien und Konzessionen ausgestattet. Schon 1555
entstand zum Zweck des Pelzhandels mit Rußland
die Muscovy Company, und aus einer 1584 ursprünglich als Levant Company gegründeten Gesellschaft entwickelte sich die mächtige East India
Company.

Der Funke, der den Krieg zwischen der protestanti-
schen Königin Elisabeth von England und dem katholischen König Philipp II. von Spanien auslöste,
war die Hinrichtung der katholischen Königin von
Schottland, Maria Stuart, im Jahr 1587. Am 31. Juli

1588 erschien vor Plymouth eine Flotte von 130 Schiffen, von denen die Hälfte aus Kampfschiffen vom Galeonen-Typ bestand. Das Kommando über die Flotte hatte der unerfahrene Herzog von Medina Sidonia, der Nachfolger des zu Anfang des Jahres gestorbenen Marquis von Santa Cruz. Es war das Ziel der spanischen »Armada«, sich mit den in den Niederlanden stationierten Truppen des Herzogs von Parma zu treffen und dann bei Margate in England zu landen. Die englische Flotte unter dem Kommando des Lord Admirals Charles Howard of Effingham besaß, obwohl an erstrangigen Schiffen etwas unterlegen, mutige und erfahrene Kapitäne, unter denen sich Namen wie Drake, Hawkins und Frobisher befanden. In dieser ersten als neuzeitlich anzusehenden Seeschlacht gab es keinen Kampf Mann gegen Mann und auch kein Entern. Zum erstenmal war der Einsatz von Schiffsartillerie zum entscheidenden Faktor im Seekrieg geworden.

Medina Sidonias Flotte war in eine mehr oder weniger viereckige Formation zusammengezogen, wobei die Transporter in der Mitte fuhren. Die Engländer hatten die schnelleren Schiffe und waren beweglicher in ihren Manövern. Der Kampf dauerte fast eine Woche. Die Armada segelte durch den Kanal in Richtung Calais, das auch ohne größere Schwierigkeiten am 6. August erreicht wurde. Aber den durch englische und holländische Rebellen in Flandern gebundenen Truppen des Herzogs von Parma gelang es nicht, mit der spanischen Flotte zusammenzutreffen.

In der Nacht des 7. August setzten die Engländer mit dem Wind ein halbes Dutzend Brander – mit brennbarem Material angefüllte, in Brand gesetzte alte Schiffe – gegen die bei Calais vor Anker liegen-de spanische Flotte ein. Beim daraus entstehenden Durcheinander geriet die Schlachtordnung der Armada auseinander. Darauf griffen die Engländer an; die entscheidende Schlacht wurde dann am 8. August vor Gravelines ausgetragen. Dabei gingen mindestens drei – wahrscheinlich mehr – spanische Schiffe verloren, während die übrigen sich zurückzogen. Schlechte Witterungsbedingungen zwangen die Spanier, nach Norden abzulaufen, so daß ihre Flotte die Heimreise um Schottland herum antreten mußte. Mit beschädigten Masten, zerfetzten Segeln sowie durch Mangel an Proviant und Wasser wurde der Rückzug zur Katastrophe. Einige 20 Schiffe fanden auf den Felsen der irischen Küste ihr Ende, und etwa 30 verschwanden einfach in Nebel und Sturm. Mit dem, was von den Besatzungen noch übrig war, erreichte die restliche Hälfte der Armada den Hafen von Santander. Von den politischen Konsequenzen einmal abgesehen sollte dieses Gefecht erheblichen Einfluß auf die maritime Strategie der nachfolgenden Jahrzehnte haben. Kampfschiffe, die nach dieser Schlacht gebaut wurden, waren mit Kanonen ausgerüstet, die eine größere Reichweite als die spanischen und größere Kaliber als die englischen hatten; darüber hinaus erhielten sie größere Proviant- und Munitionsvorräte und damit eine größere Seeausdauer. Die damals entworfenen Schiffsrümpfe sollten auch eine erhöhte Stabilität gewährleisten und zusätzliche Segel die Geschwindigkeit vergrößern und das »am Winde segeln« erleichtern. Die spanische Marine lernte eine ganze Menge aus den Ereignissen, und in späteren Gefechten bekamen auch englische Admirale durch Spanier die Bitterkeit einer Niederlage zu spüren.

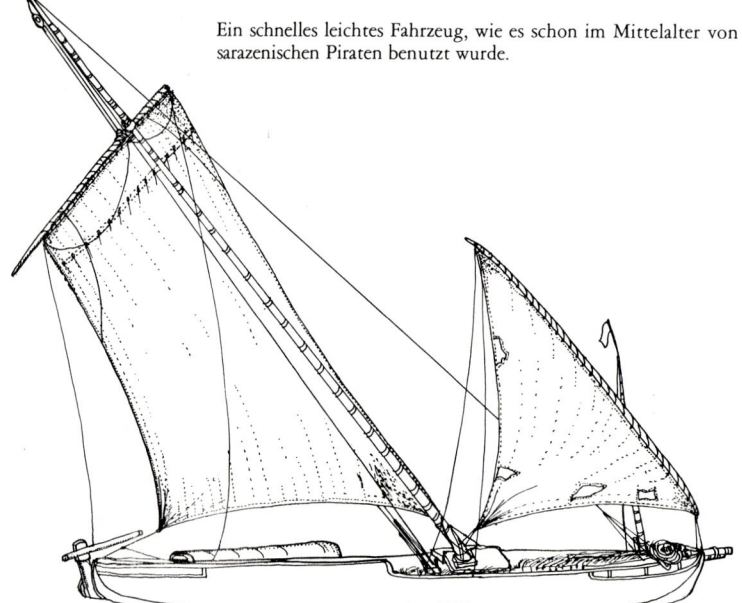

Ein schnelles leichtes Fahrzeug, wie es schon im Mittelalter von sarazenischen Piraten benutzt wurde.

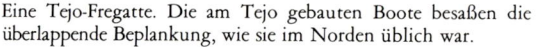

Eine Tejo-Fregatte. Die am Tejo gebauten Boote besaßen die überlappende Beplankung, wie sie im Norden üblich war.

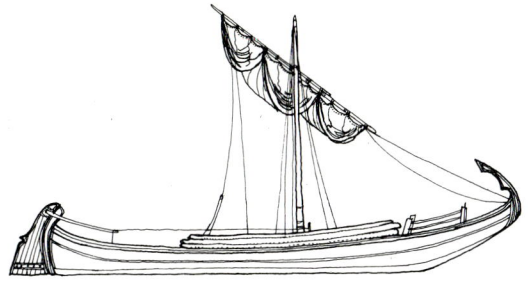

Die portugiesische Moliceiro war ein auf dem Tejo zum Holztransport eingesetztes Boot.

Rechts: Die Muleta, ein portugiesisches Fischerboot, das in sich die Bootsbautechniken von Normannen, Arabern und Holländern vereinigte.

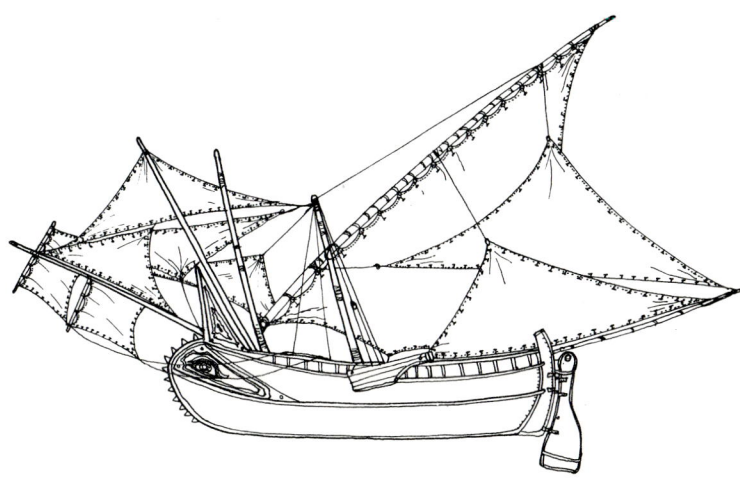

Im 16. Jahrhundert erhoben sich die durch die antiprotestantische Politik und hohe Besteuerung aufgebrachten Niederlande gegen das Spanien von Philipp II. Ohne Erfolg versuchte Wilhelm I. von Oranien – der Schweiger – sein Leben lang, die Niederlande zu einigen. Obwohl die Holländer nicht imstande waren, gegen die spanische Infanterie anzukommen, waren sie doch hervorragende Seeleute, denen es gelang, die größte bis dahin in Europa gesehene Kriegs- und Handelsflotte zu schaffen. Amsterdam wurde zu einem geschäftigten Handelszentrum, und 1602 gründeten die Holländer offiziell ihre eigene Ostindische Kompanie, und holländische Schiffe verteilten harte Schläge an die mit Gold und Gewürzen aus Amerika und Indien heimkehrenden spanischen Galeonen. Der berühmteste holländische Admiral dieser Zeit, Pieter van der Does (1562–1599), überfiel die Spanier im Kanal und wo immer er konnte, selbst den spanischen Marinestützpunkt La Coruña sowie die Kanarischen Inseln und Gomera (1599). Wenige Jahre später konnten Willem Cornelius Schouten (1567–1625) und Jacob Lemaire auf einer Reise nach Java am 24. Januar 1616 die südlichste Spitze Feuerlands umschiffen und gaben zu Ehren ihrer Heimatstadt »dem grimmigen Wächter der düsteren Zufahrt zu den südlichen Meeren« den Namen Kap Hoorn. Der mit einem Anfangskapital von 6,5 Millionen Gulden ausgestatteten Holländischen Ostindischen Kompanie gelang es, die Portugiesen und Spanier von den Molukken und der Malabarküste zu vertreiben. Darüber hinaus gründete die Kompanie an den Küsten von Sumatra und Ceylon Kolonien und Handelsstützpunkte, und dank der Tatkraft eines Frederick Houtmann (1571–1627) und seines Bruders Cornelius ebenfalls eine in Bantam an der Südküste Javas (1595). Zum Ende des 16. Jahrhunderts wurde dann sowohl der Nord- wie auch der Südatlantik von Spaniern und Portugiesen, Holländern, Franzosen und Engländern befahren, wohingegen auf den von Magellan erschlossenen Seegebieten des Pazifiks hauptsächlich spanische Galeonen von den Philippinen ihre wertvollen Ladungen nach Acapulco und der mittelamerikanischen Landenge von Panama brachten; von dort wurden sie über Land zur Atlantikküste transportiert und nach Spanien verschifft. Die Portugiesen brachten afrikanische Sklaven zu ihren Zuckerplantagen nach Brasilien, während Frankreich und England in Nordamerika Kolonien gründeten. So wurden verschiedenen Handelsrouten über den Atlantischen und Pazifischen Ozean üblich. Die Alte und die Neue Welt rückten immer enger zusammen, und viele alte Rivalitäten zwischen den Seemächten verstärkten sich noch.

Während des 16. Jahrhunderts entwickelten sich

Die portugiesische Rabelo, ein auf den Inlandwasserstraßen zum Weintransport benutztes kleines Boot mit Gaffelsegel.

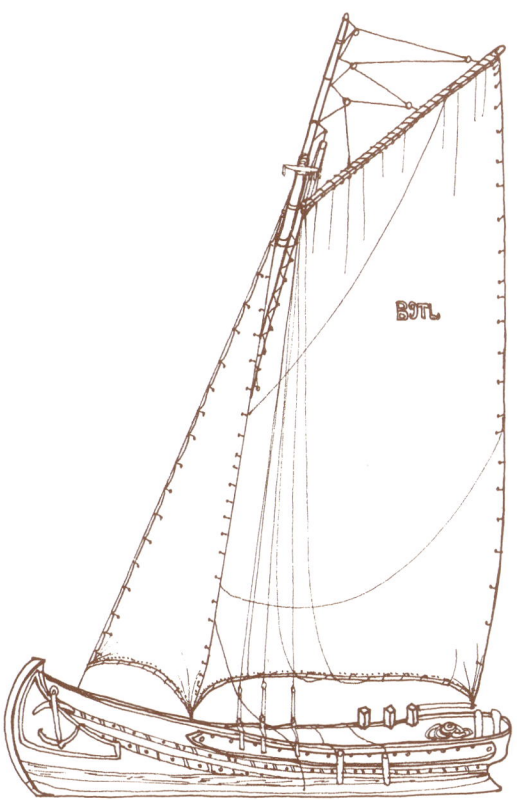

Die holländische Fleute war das wichtigste Handelsschiff des 17. Jh. und spielte eine führende Rolle in Handel und Gewerbe der Holländer.

die Kriegsschiffe zu den Linienschiffen, unter denen bis zum Dampfzeitalter der dreimastige Dreidecker die bedeutendste Errungenschaft darstellte. Unsere kurze Zusammenfassung des 15. und 16. Jahrhunderts läßt die großen Fortschritte erkennen, die im Wissen um das Meer und die Ozeane gemacht wurden. Dieser Fortschritt ging Hand in Hand einher mit der Entwicklung des Segelschiffes und der Entfaltung der nautischen Wissenschaften. Im 16. Jahrhundert bewies Kopernikus den Bewegungsablauf der Erde um die Sonne, und Galilei gelang es, dies ein Jahrhundert später experimentell zu bestätigen. Der Kreis um Heinrich den Seefahrer studierte nautische Probleme. Die »Anleitung zum Kartenzeichnen« des Ptolemäus war zu Beginn des 15. Jahrhunderts in die lateinische Sprache übersetzt und das Astrolabium, ein altes Instrument zur Höhenmessung von Himmelskörpern, war vervollkommnet worden. Astronomische Tafeln wurden zusammengestellt und verbessert, und im 16. Jahrhundert erfand der deutsche Kosmograph Gerhard Mercator (1512–1594) eine neuartige Kartenprojektion der Erdoberfläche. Hervorragende Seekarten wurden geschaffen – echte Kunstwerke – mit ins Kleinste gehenden Angaben, Warnungen und Hinweisen.

Magellan war in der Lage, die Tiefe des Ozeans auszuloten, ohne dabei Grund zu berühren. Der von Kardanringen gehaltene Kompaß, um das Instrument von den Schiffsbewegungen unabhängig zu machen, wurde in einem Gehäuse aus Zinn untergebracht. Um die Mitte des 14. Jahrhunderts wurde zum erstenmal Artillerie an Bord eines Schiffes benutzt und im Verlauf der nächsten zwei Jahrhunderte immer mehr verbessert und verstärkt. Mit wachsenden Abmessungen der Schiffskörper ging auch eine Vergrößerung der Segel und Takelung einher. Mit anderen Worten: Das Segelschiff war in das Stadium seiner großen Entwicklung getreten. Es war das Segelschiff, mit dem der Mensch ausfuhr, sein »Ultima Thule« zu erobern. Victor Hugo sagte einmal: »Wenn die See ein Symbol für die Macht des Herrn ist, so steht das Schiff als Symbol für die Erfindungsgabe des Menschen.«

Die Schebecke ist ein entfernter Abkömmling der byzantinischen Dromone, wogegen die »Shabbac« algerischer Korsaren des 17. Jh. mit ihren eleganten Linien und reichen Schnitzereien mehr einer Yacht glich. Die vielen Kanonen machten sie zusammen mit der fanatischen Besatzung zu einem gefährlichen Fahrzeug.

Die »Saint Louis« von 1626 wurde von Kardinal Richelieu, dem »Vater der französischen Marine«, bei holländischen Schiffbauern in Auftrag gegeben. Das Schiff war mit 60 Kanonen bestückt und eine dieser hölzernen Festungen, die die Galeone ersetzten. Das Hauptdeck war zum Schutz gegen feindliche Artilleriegeschosse mit einer hölzernen Gräting gedeckt, und mit der immer komplizierteren und ständig verbesserten Besegelung konnte das Schiff schnell und wirkungsvoll gehandhabt werden.

Das Goldene Zeitalter der Segelschiffe

Zum Ende des 16. Jahrhunderts hatten die Reisen von Vasco da Gama, Columbus und Magellan alle Voraussetzungen zur Erschließung des Handels und Warenaustausches zu solider Wirklichkeit werden lassen. Portugals koloniales Imperium erstreckte sich entlang der afrikanischen Küste von Guinea um das Kap der Guten Hoffnung herum bis Mozambique, und im Bereich des Indischen Ozeans gehörten ihm nicht nur die Häfen von Goa und Diu, sondern auch Kotschin und die große Insel Ceylon. Selbst Malakka und die indonesischen Inseln waren mit einbezogen, und der Einfluß reichte vom Handelszentrum Macao aus bis hin nach China und Japan. Es waren Maranen, von der Inquisition noch immer mit Argwohn betrachtete zwangsgetaufte Juden, die die Zuckerrohrkultur zusammen mit anderen tropischen Gewächsen wie Kakao und Kaffee nach Brasilien brachten, während gleichzeitig in dem Lande bedeutende Gold- und Diamantenlager entdeckt wurden.

Diese koloniale Ausdehnung wurde von der Tätigkeit katholischer Missionare begleitet, die viel zur Verbreitung des Wissens über die neuen Länder und ihre Sitten beitrugen. Wenn Portugal sich mehr um die kaufmännische Seite der Kolonialentwicklung gekümmert hätte als nur um religiöse Belange (Hoffnung auf verbreitete Christianisierung war der Hauptgrund, der hinter den großen Expansionsplänen Heinrichs des Seefahrers steckte), hätten die Portugiesen im Fernen Osten sicher einen erheblich größeren kommerziellen Erfolg verbuchen können als es so der Fall war. Auch das durch die Politik Philips II. eingeengte portugiesische Kolonialreich dieser Zeit spürte die Auswirkungen des durch die Holländer ausgeübten Drucks auf die spanische Krone.

Die Reisen von Kolumbus und Magellan hatten ebensosehr den Verkehr nach Mittel- und Südamerika erschlossen wie nach Florida und Kalifornien. Im Pazifik beherrschte Spanien die Philippinen mit ihrem großen Handelshafen Manila.

Dank Samuel de Champlain konnte Frankreich kleine Handelsniederlassungen in Kanada gründen (1608) und später in den kleinen Antillen mit den Inseln San Domingo, Martinique und Guadeloupe. In hartem Wettbewerb mit Spaniern, Portugiesen und Holländern dehnte England trotz der schweren politischen, sozialen und religiösen Krise, die

»D'Bataviase Eeuw« war ein großes holländisches Handelsschiff und gehörte der Ostindischen Kompanie.

Die »Geertruyd« wurde 1717 für die holländische Ostindien-
kompanie erbaut. Sie war etwa 40 m lang und hatte bei ca.
1000 t Tragfähigkeit 52 Kanonen und 180 Mann Besatzung.

»Mayflower« hieß die Galeone, mit der die Pilgerväter von England nach Nordamerika segelten und in Massachusetts die »Plymouth Colony« gründeten. Die Reise wurde von einer Gruppe
englischer Kaufleute unterstützt, die 7000 Pfund Sterling inve-
stiert hatten. Die »Mayflower« besaß zwei Decks, auf denen 102
Männer, Frauen und Kinder untergebracht waren. Im September 1620 lief sie von England aus und erreichte nach abenteuerli-
cher Reise am 20. November die amerikanische Küste.

Die »Santissima Madre« ein 1778 vom Stapel gelaufenes spani-
sches Schiff 3. Ordnung. Schiffe 3. Ordnung zählten wegen der
trotz starker Bewaffnung guten Manövrierfähigkeit zu den vielseitig verwendbaren Kriegsschiffen.

auf den Tod Elisabeths I. (1603) folgte, seinen maritimen und wirtschaftlichen Einfluß über andere Kontinente aus. Seine Kolonie Virginia, deren frühe Siedler vom Klima und von den Indianern fast ausgerottet worden waren, wurde mit den ersten dort eingerichteten Tabakplantagen zu einer reichen und einträglichen Besitzung, deren Erzeugnisse bald in alle Länder Europas exportiert wurden.

Das koloniale Wirtschaftssystem – und hier besonders das der Spanier und Portugiesen – basierte auf dem strengen Monopol, nach dem nur Angehörige der eigenen Nation Zugang zu den Kolonien gestattet wurde. Ein Grundsatz der Wirtschaft, und zwar die vorherrschende ökonomische Lehrmeinung jener Zeit, besagte, daß sich der Reichtum einer Nation hauptsächlich in ihrem Besitz an Gold- und Silbervorräten ausdrückte. Zur Finanzierung einer großen Anzahl erschöpfender Kriege machte die herrschende spanische Schicht einen recht freigiebigen Gebrauch von den aus ihrem Weltreich fließenden Reichtümern; so ergoß sich unablässig mit den großen Galeonen ein Strom von Gold ins Mutterland. Dieser scheinbar unerschöpfliche Reichtum blieb dennoch nicht in Spanien. Er landete in den Händen fremder Kaufleute und hier hauptsächlich bei den Genuesern, durch deren Agenten fast alle von Spanien benötigten Versorgungsgüter importiert werden mußten. Tatsächlich war es so, daß die Aristokratie Kastiliens es für unter ihrer Würde hielt, sich mit Handel und Industrie zu befassen. Statt dessen beschränkte sie sich darauf, die Führung der Armee zu stellen sowie eine korrupte und unehrliche Bürokratie am Leben zu erhalten – ein Krebsschaden, der am Bestand des Reiches nagte – und für einen immer mächtigeren und autokratischeren Klerus zu sorgen. Etwa um die Jahrhundertwende verstärkte sich der Wetteifer der europäischen Mächte um kolonialen Besitz, und im Rahmen dieses militärischen und wirtschaftlichen Wettlaufs spielten Schiffe eine entscheidende Rolle.

1598 starb Philipp II. von Spanien; die Nachfolge trat sein unfähiger Sohn Philipp III. an, der von 1598 bis 1621 regierte. Zum Erbteil Philipps III. gehörte auch der unglückliche Krieg gegen England und Holland, sowie ein hauptsächlich durch die militante und religiös-fanatische spanische Aristo-

Die »Prince«, ein 1670 von dem berühmten Schiffbauer Phineas Pett konstruiertes englisches Kriegsschiff. Es war etwa 40 m lang und 13,5 m breit. Im 17. Jh. wurde das Linienschiff entwickelt, das bis zu 3 mit Kanonen bestückte Batteriedecks besaß. In der englischen Marine bestanden für Bau und Ausrüstung großer Linienschiffe bis in die letzten Einzelheiten festgelegte Regeln und Vorschriften, die die Vermessung der Schiffe genau vorschrieben.

»Le Mirage«, ein französisches Schiff 1. Ordnung aus dem Jahr 1659. Auf der Abbildung ist zu erkennen, daß der Bugspriet um den Klüverbaum verlängert worden ist.

Schottisches Handelsschiff des 17. Jh. Bei diesen wie Fregatten getakelten und mit Artillerie bewaffneten Schiffen lag die Tonnage zwischen 700 und 1178 t.

kratie verursachtes finanzielles Defizit. Das gewaltige spanisch-portugiesische Kolonialreich, das Spanien zu Beginn des 16. Jahrhunderts zum mächtigsten Staat Europas gemacht hatte, blieb anderen Anliegerstaaten des Atlantiks verschlossen. Die Holländer wurden einst verächtlich »die Bettler der See« genannt. Nachdem sie aber ihre nationale Freiheit erreicht hatten, erwies sich Holland auf politischem, wirtschaftlichem und religiösem Gebiet dem spanischen Riesen gegenüber als beachtlicher Gegner. In wenig mehr als 50 Jahren gelang es holländischen Kaufleuten und Seeleuten, ein streng handelspolitisch orientiertes Kolonialreich zu schaffen, was besagen soll, daß es frei von kriegerischen und sendungsbewußten Idealen war, welche die spanischen und portugiesischen Eroberungen kennzeichneten. Die 1602 gegründete Ostindische Kompanie war im Indischen Ozean, in Malaysia und China tätig. Die Holländer verdrängten die Portugiesen im Handel mit Kotschin, Ceylon und Malakka, und auch auf Java und den benachbarten Inseln schufen sie Handelsniederlassungen und richteten ausgedehnte Plantagen ein. 1619 gründe-

ten die Holländer die Hauptstadt ihres neuen Imperiums – Batavia. Doch nicht genug damit. Ihre Schiffe brachten Kolonisten nach Afrika, um am Golf von Guinea und am Kap der Guten Hoffnung Niederlassungen, Forts und Handelszentren zu gründen. So wurde dort durch holländische kalvinistische Farmer, die Buren, die Republik von Transvaal geschaffen.

1612 war die Holländische Westindische Kompanie gegründet worden, die anfangs hauptsächlich im Bereich Amerikas zu Lasten der Spanier und Portugiesen auf dem Gebiet des Schmuggels und der Seeräuberei tätig wurde. Bald darauf richtete die Gesellschaft Handelshäfen auf den Antillen, auf Curaçao und in Surinam ein. An der Mündung des Hudson in Nordamerika gründeten die Holländer 1624 Neu-Amsterdam als Kern dessen, was später New York werden sollte. Den Höhepunkt seiner Wirtschaftsblüte erreichte Holland um die Mitte des 17. Jahrhunderts; es führte ganz neue Arten von wirtschaftlichen Gruppenunternehmen ein, darunter eine Seeversicherungsgesellschaft. Zu dieser Zeit wurde die Bank von Amsterdam als die

Holländische Yacht. Diese zuerst auf den holländischen Kanälen benutzten Segler fanden im 17 Jh. als Küstenfahrzeuge Verwendung.

Holländische Yacht. Beachtenswert sind die beiden Schwertkiele an den Seiten, die sowohl auf flachem Wasser wie auf hoher See als Widerstand gegen seitliches Vertreiben benutzt wurden.

mächtigste in Europa angesehen, während die Indien-Gesellschaften mit ihren eigenen Armeen und Kriegsflotten den Aktionären eine jährliche Dividende von 50 Prozent zahlten. Von den annähernd 20 000 europäischen Schiffen jener Zeit gehörten 15 000 bis 16 000 den Holländern. In wenigen Jahren war Holland zum reichsten, zivilisiertesten und beweglichsten Land Europas geworden.

Die über 100 Tonnen große Fleute, das typische Handelssegelschiff, wurde neben den weitverbreitetsten Transportern für alle möglichen Aufgaben des Handels eingesetzt und trug sogar Kanonen. Obwohl weniger schwer bewaffnet als ein Kriegsschiff, konnte sie sich jederzeit selbst verteidigen. Das gilt auch für den Ostindienfahrer (ein sehr schnelles, der Fregatte ähnliches von den indischen Handelsgesellschaften benutztes Segelschiff), wie an den im holländischen Marinemuseum befindlichen Modellen zu sehen ist. Es waren Schiffe, die durch Jahrhunderte die holländischen Seehandelsrouten beherrschten.

Die Entwicklung und der Erfolg der holländischen Wirtschaft waren unausweichlich mit dem Aufbau einer Kriegsflotte verbunden, für die ein ganz neuer Kriegsschiffstyp geschaffen wurde, der zwar weniger widerstandsfähig war als englische und französische Schiffe, dafür aber schneller, leichter zu handhaben und außergewöhnlich seefähig. Das von der Galeone des 15. Jahrhunderts abstammende holländische Linienschiff besaß niedrigere Aufbauten und sehr wenig Verzierungen, die ja bei einer Beschießung ohnehin leicht der Zerstörung zum Opfer fielen.

Durch Einführung einer neuartigen vertikalen Ruderübertragung wurde die Bedienung des Ruders so weit verbessert, daß der Rudersmann jetzt direkt vom oberen Deck mit voller, ungehinderter Sicht auf die Segel steuern konnte. Das untere Kanonendeck wurde bis auf etwa 1,20 Meter über die Wasseroberfläche angehoben, so daß das Wasser nicht länger durch die Geschützpforten hereinströmte, wenn das Schiff im Gefecht überholte. Zum Schutz und zu besserer Haltbarkeit belegte man den Rumpf unter der Wasserlinie mit Bleiplatten, später mit dem leichteren Kupfer. Der Kriegs- und

Seeräuberschiff. Zwei Jahrhunderte hindurch war die Karibik Schauplatz der Seeräuberei durch die »Brüder der Küste« oder »Freibeuter« genannten Piraten.

Handelsschiffbau führte zu Handelsbeziehungen zwischen Holland und den baltischen Staaten, die die wichtigsten Produzenten der für den Schiffbau notwendigen Rohstoffe wie Holz, Hanf für Besegelung und Takelung sowie Pech und Teer waren.

Den größten Teil des 17. Jahrhunderts hindurch kämpften holländische Schiffe voller Stolz und hartnäckig gegen andere europäische Mächte – vor allem gegen Spanien und England –, die ihre wirtschaftlichen Interessen und politischen Vorstellungen durch die jüngere Nation bedroht sahen. Mit dem Verfall der spanischen Macht entstand ein politisches und strategisches Vakuum, das die Holländer auszufüllen versuchten. Das von innenpolitischen Auseinandersetzungen zerrissene England hatte eine Zeitlang seine internationalen maritimen Interessen vernachlässigt. Diese politische Konstellation führte letzten Endes zu den drei Holländischen Kriegen (1651–1654; 1666–1668; 1672–1674), die vorwiegend auf See ausgetragen wurden. Die Holländer gehörten zu den besten Seeleuten ihrer Zeit, Söhne einer jungen Nation, die entschlossen für ihren Platz in der ökonomischen, so-

Die »Cacafuego«, eine spanische Bombenketsch des 17. Jh., ein stabiles Fahrzeug mit einem festen freien Verdeck, auf dem ein großkalibriger Mörser aufgestellt war.

Die »Le Tonnant« war ein französisches Korsarenschiff von 1793. Die »Privateering« genannte staatl. genehmigte Freibeuterei wurde in der Pariser Seerechtsdeklaration von 1856 verboten.

»Sovereign of the Seas«, von Phineas Pett entworfen, lief 1637 vom Stapel. Sie war ca. 52 m lang und besaß eine Breite von ca. 14,5 m. Auf seinen drei Decks trug das Schiff 102 Kanonen. Seine Baukosten beliefen sich auf 66 000 Pfund Sterling. Seine Tonnage betrug 1541 t. Um eine größere Stabilität zu erreichen, wurde das Schiff 1652 zu einem Zweidecker umgebaut und danach in »Royal Sovereign« umbenannt. Bei Beachy Head diente sie Lord Torrington als Flaggschiff.

zialen, industriellen und kulturellen Entwicklung kämpften, die den Lauf der Geschichte ein Jahrhundert später so nachhaltig verändern sollte.

Im 17. Jahrhundert erlebte England eine heftige soziale, ideologische und verfassungsmäßige Krise, und es nahm auch nicht aktiv an den Auseinandersetzungen des Dreißigjährigen Krieges teil (1618–1648). Die Linie der Tudor war mit dem Tode Elisabeths I. ausgestorben. Die Nachfolge trat Maria Stuarts Sohn Jakob I. an. Dessen Nachfolger Karl I. geriet als absolutistischer Herrscher mit dem Parlament aneinander, als er vergeblich versuchte, es aufzulösen. Der daraus entstehende heftige Bürgerkrieg wurde zwischen Royalisten und Anhängern einer parlamentarischen Staatsordnung sowie zwischen Katholiken und Protestanten ausgetragen.

Das Parlament vertraute seine Streitkräfte Oliver Cromwell an, der Landedelmann und Mitglied des Unterhauses gewesen war und keine besonderen Erfahrungen als Soldat besaß. Dennoch bewährte er sich in dem Bürgerkrieg als der herausragende Führer. 1649 verlor Karl I. seinen Kopf, und 1653 wurde Cromwell Lord-Protektor der Republik. Von besonderem Interesse dabei ist, daß seine Marinepolitik für die Entwicklung der Handelsschiffahrt einen großen Anreiz bot. Um die Ausweitung englischer Handelsinteressen besser schützen zu können, vergrößerte man die Flotte des werdenden Weltreiches und verabschiedete in Hinblick auf das anzustrebende Ziel als ersten Schritt die Navigationsakte von 1651, die durch das Einfuhrverbot der nicht auf englischen oder Schiffen der Ursprungsländer transportierten Güter die holländische Vorherrschaft an der Wurzel traf. Die Holländer, die große Gewinne aus dem Schiffahrtsgeschäft mit Drittländern erzielt hatten, sahen ihre wirtschaftlichen Interessen ernsthaft gefährdet. Eine Konfliktsituation, die dann auch bald zum Ersten Holländischen Krieg führte.

Die drei hauptverantwortlichen Männer für den Aufbau einer starken französischen Kriegsflotte im 17. Jahrhundert waren der Kanzler Ludwigs XIII., Kardinal Richelieu, Jean Baptiste Colbert, Minister Ludwigs XIV., und der Kriegssekretär und unermüdliche Organisator der militärischen und mariti-

Die 1630 erbaute »Aemilia« war ein holländisches Schiff 1. Ordnung und diente dem berühmten Maarten Tromp in der Seeschlacht bei den Downs zwischen der holländischen und spanischen Flotte (September–Oktober 1639) als Flaggschiff. Diese Unternehmung war der letzte Versuch des spanischen Ministers Olivares, die holländischen Marinestreitkräfte in der Nordsee zu vernichten. Aber wie alle vorhergegangenen scheiterte auch dieser: Am 21. Oktober 1639 besiegte Tromp die Spanier.

men Machtbestrebungen des Sonnenkönigs, Le Tellier de Louvois. Auch andere europäische Staaten wie Schweden, Rußland, Dänemark und Spanien beteiligten sich an den Flottenausrüstungen. Aus diesem Wettlauf heraus wurde das in der Linie fahrende Kampfschiff geboren, dessen Bestimmung es war, die Seekriegsführung zwei Jahrhunderte lang zu beherrschen. Die verschiedenen Typen klassifizierte man je nach Tonnage, Anzahl der Kanonen und Art der Besegelung. Diese inzwischen den modernen Schiffbautechniken angepaßten Unterscheidungen werden noch heute bei der Klassifizierung moderner Kriegsschiffe ihrem Verwendungszweck entsprechend benutzt. Das System der Rangordnung wurde überall in Europa übernommen, und im Verlauf von kaum 50 Jahren hatten alle großen Seemächte wirkungsvolle und gut durchorganisierte nationale Flotten gebildet. Schon ein Jahrhundert zuvor hatte in England Sir John Hawkins – 10 Jahre lang erster Schatzmeister und anschließend Marineinspekteur – fortschrittliche Ideen und Modernisierungen eingeführt, die die notwendigen Voraussetzungen zum Bau von Li-

nienschiffen schufen. In den »Fighting Instructions« von 1653, den Kampfanweisungen der britischen Admiralität, erschien erstmalig der Begriff »Line«! Die Linie wurde als optimale Kampfformation angesehen, vorausgesetzt, alle in der Linie fahrenden Schiffe konnten die gleiche Geschwindigkeit halten, besaßen die gleiche Manövrierfähigkeit und waren ausreichend bewaffnet, so daß nicht ein Schiff einem gegnerischen gegenüberstand, das größere Feuerkraft hatte. Dieses Prinzip führte zum Bau ganzer Serien von gleichartigen Schiffen, die man danach automatisch einer Klasse zuordnete. Linienschiffe gehörten zu den ersten drei Kategorien. Konvoibegleitschiffe und auch Forschungsschiffe waren in der Regel Schiffe 4. Ordnung. Unter den Schiffen der 5. Ordnung befanden sich ebenfalls Forschungsschiffe wie auch die der Nachrichtenübermittlung dienenden Fahrzeuge. Küstenwachschiffe gehörten meistens der 6. Kategorie an. Viele europäische wie auch außereuropäische Flotten übernahmen, mit gewissen Ausnahmen im Hinblick auf die Bewaffnung, die von der englischen Admiralität eingeführte militärische Rang-

»San Matteo«, eine der letzten Galeonen. Sie gehörte zur genuesischen Flotte und wurde im Ostasienhandel eingesetzt. Ihre 60 Kanonen waren auf 2 Kanonendecks sowie auf dem Quarterdeck und dem Backdeck aufgestellt.

Die 1690 erbaute »San Felipe« war eines der am kunstvoll verziertesten und eindrucksvollsten spanischen Kriegsschiffe und mit 110 Kanonen verschiedener Kaliber bewaffnet.

ordnung. Die Größe der Linienschiffe nahm dabei zu, bis sie im 18. Jahrhundert über 2000 Tonnen erreichte.

Am Ende des 17. Jahrhunderts waren die besten Kriegsschiffe jene, die auf französischen Werften erbaut worden waren. Dank der technischen Beweglichkeit der Konstrukteure, die jedes neue Schiff immer etwas größer als das vorhergehende konzipierten und alle neuen Entwicklungen verwerteten, waren sie schneller und auf See auch stabiler. Einer der Pioniere neuer Marinebautechniken in England war Sir Anthony Deane, der hauptsächlich für die Konstruktion von Kriegsschiffen mit großen Laderäumen verantwortlich war, die anstatt eines Zehnwochenvorrats eine Reserve an Ausrüstung und Munition für sechs Monate unterbringen konnten. Diese neuen Schiffe waren natürlich unabhängiger.

Auch die Schiffsartillerie unterlag einer radikalen Veränderung. Zwischen 1670 und 1700 wurden die veralteten, freigiebig mit Siegeln, Emblemen und lateinischen Inschriften verzierten Bronze-Kanonen durch eiserne ersetzt, die sowohl im Aussehen wie auch im Einsatz der Vorstellung von Kriegswaffen mehr entsprachen. Zum Ende des 17. Jahrhunderts waren die Kanonen so wirkungsvoll geworden, daß sie den Ausgang einer Seeschlacht bestimmten. Damit war das Kriegsschiff zur schwimmenden Kanonenplattform geworden, und jede Kampftaktik verfolgte nur noch das Ziel, die besten Voraussetzungen zum Einsatz der Kanonen zu schaffen. Im nächsten Jahrhundert wurde für die zur Überwachungs- und Nachrichtenübermittlung eingesetzten leichten Schiffe eine zwar großkalibrige aber doch recht leichte – Karronade genannte – Kanone eingeführt. Sie wurde von nur drei Männern bedient, und mit ihr konnten im Abstand von nur drei Minuten Schüsse mit Kugeln oder mit Schrapnelladungen abgegeben werden.

»Vanguard«, ein englisches 95-Kanonen-Linienschiff 1. Ordnung, diente dem englischen Admiral Nelson in der Schlacht bei Abukir (1. August 1798) als Flaggschiff.

Türkisches Kriegsschiff. Die Klassifizierung der Kriegsschiffe unterschied sich von Flotte zu Flotte. Hier sehen wir ein zweitrangiges Linienschiff mit 80 Kanonen.

Die Abbildung zeigt ein englisches Linienschiff 1. Ordnung aus der Zeit Nelsons. Das erste Schlachtschiff unter dessen Kommando war die drittrangige mit 64 Kanonen bestückte »Agamemnon« (1793–1796).

Das französische Kriegsschiff 1. Ordnung »Soleil Royal« trug über hundert Kanonen. Als Tourvilles Flaggschiff in der Schlacht von Beachy Head segelte es in der Mitte der Schlachtordnung.

Auch Handelsschiffe waren bis zum 19. Jahrhundert mit Karronaden bewaffnet. Die Karronade war übrigens die letzte Kanonenart mit glattem Rohr, also noch ohne gezogenen Lauf. Abgesehen von den Kanonen waren Kriegsschiffe vielfach mit Mörsern, Handbomben (große, mit Schrapnell und Pulver gefüllte Terrakottabehälter), schwenkbar montierten kleinen Geschützen oder Arkebusen sowie Musketen und Pistolen für die Besatzung ausgerüstet. Um die Mitte des 18. Jahrhunderts wurden dann für Nahkampf vorgesehene Seesoldaten eingeschifft.

Bei größeren Schiffen war die Artillerie auf verschiedenen Decks entlang der Bordwand aufgestellt, wobei die Mündungen der Kanonen aus Luken herausragten, sogenannten Stückpforten, die mit Klappen geschlossen werden konnten. Aus Stabilitätsgründen waren die schweren Stücke auf dem untersten Kanonendeck untergebracht. Die Kanonen waren auf mit Rädern versehenen hölzernen Lafetten montiert, die bei jedem Schuß zurückliefen. Um den Rückstoßeffekt abzuschwächen, war die Lafette mit starken Trossen an der Bordwand befestigt. Es konnte immer vorkommen, daß die

Dieses englische Kriegsschiff stellt die letzte Entwicklung eines großen Linienschiffes dar. Es wurde 1840 erbaut und war auf 3 Decks mit insgesamt 120 Kanonen bewaffnet.

Mit 74 Kanonen bewaffnet, war dieses russische Kriegsschiff Flaggschiff des Ostseegeschwaders. Nur langsam reorganisierte Rußland seine gesamte Flotte.

»La Couronne« war das erste in Planung, Bau, Ausrüstung und Besatzung rein französische Kriegsschiff. Außerdem war es eines der größten Schiffe, die zu jener Zeit das Meer befahren hatten. Es lief 1638 vom Stapel, hatte eine Tonnage von 984 t, 660 Mann Besatzung und auf zwei Decks verteilt 72 Kanonen. Die Kiellänge betrug etwa 40 m bei einer Breite von ca. 15 m.

Ein phantasievolles Modell eines großen schwedischen Kriegsschiffes. Bis zur ersten Hälfte des 19. Jh. stellten Segelkriegsschiffe bis hin zu den Fregatten den Kern aller Kriegsflotten.

Taue nachgaben oder gar rissen, was für die Besatzungen unheilvolle Folgen hatte. Die Kanoniere arbeiteten unter schwierigen Bedingungen, denn das durchschnittliche Kanonendeck war nicht einmal zwei Meter hoch, und Helligkeit drang nur durch die Stückpforten ein. Nach jedem Schuß füllte Pulverdampf das vollgestopfte Deck, und die Luft war kaum mehr zum Atmen. Auf den Boden der Decks war Salz gestreut, um ein Ausrutschen zu verhindern, und ein an den Seiten gespanntes Netz sollte die Männer vor Holzfetzen schützen, die überall herumflogen, wenn der Rumpf von feindlichen Kugeln getroffen wurde. Der ohnehin beschränkte Raum wurde noch weiter eingeengt durch Stapel von Kanonenkugeln, Schrapnellgeschossen und Behältern mit kaltem Wasser zum Abkühlen der Rohre. Die Kanoniere mußten die Batterien auf beiden Seiten des Schiffes gleichzeitig bedienen, wenn die gefährlichste Situation für ihr Schiff bestand, daß es nämlich gleichzeitig von beiden Seiten angegriffen wurde. Nach etwa 150 abgegebenen Schüssen war ein Kanonenrohr unbrauchbar und mußte zur Reparatur in die Gießerei gebracht werden. Die größte Reichweite für eine großkalibrige Kanone betrug etwa 800 bis 1000 Meter, aber nur bei halber Entfernung konnten befriedigende Ergebnisse erzielt werden. Die Zielentfernung wurde mit dem Auge geschätzt, und der Schiffskanonier blieb jahrhundertelang ein »Könner« ohne jegliche wissenschaftliche oder mathematische Kenntnisse. Englische Kanoniere wurden als die besten angesehen; sie hielten »voll auf das Schiff« mit der Absicht, die feindliche Feuerkraft auszuschalten. Die Franzosen schossen dagegen mit durch Ketten oder eine eiserne Stange verbundenen Kanonenkugeln, um das feindliche Fahrzeug zu entmasten. (Die Einführung dieser zusammengeketteten Kanonenkugeln, der sogenannten »Engel«, wird dem holländischen Admiral Cornelius de Witt zugeschrieben.) Die Schwimmfähigkeit all dieser Kriegsschiffe war bemerkenswert, so daß sie durch Artillerie direkt nur selten versenkt wurden, viel eher durch Brand.

Auch die Masten der Schiffe erfuhren eine Verbesserung. Um 1620 wurde der Besanmast anstatt mit dem herkömmlichen Lateinerbesan mit Rahsegeln ausgestattet, wenn nicht gar mit beiden getakelt. Der Bonaventuramast verschwand, und jeder Mast trug die gleiche Anzahl Segel. Um die Manövrierfähigkeit der Schiffe zu verbesern, setzte man am äußersten Ende des Bugspriets noch ein zusätzliches Rahsegel, welches zusammen mit dem Sprietsegel später durch die praktischeren dreieckigen Stagsegel ersetzt wurden. Die Stagsegel hatten ihren Namen nach den – Stagen genannten – starken Tauen, an denen sie gesetzt wurden und die den Masten in der Längsschiffrichtung zwischen Bug und Heck den nötigen Halt gaben. Von der zweiten Hälfte des 18. Jahrhunderts an erfuhren dann die verschiedenen Arten der Besegelung eine Vereinfachung. Die lange Rah des Lateinerbesans wurde durch eine Gaffel und bald darauf durch einen zusätzlichen Besanbaum ersetzt, der die Bedienung des dazwischengesetzten Besansegels erleichterte. Klüver genannte dreieckige Stagsegel erschienen am Bugspriet, der durch den Klüverbaum verlängert und verstärkt wurde, und die größeren Masten erhielten noch ein viertes Rahsegel, während ein wirkungsvolleres und leichter zu bedienendes Ruderrad anstelle der Ruderpinne eingeführt wurde.

1690 wurde die französische Marine für Colberts Bemühungen, eine große und starke Flotte aufzubauen, belohnt. An der Küste von Sussex, südwestlich von Eastbourne, stießen die Linienschiffe des Admirals Tourville vor Beachy Head auf eine von Lord Torrington geführte englisch-holländische Flotte. Die Auseinandersetzung ging um die Unterstützung der Ansprüche des abgesetzten Jakob II. gegen Wilhelm III. An dieser vor Beachy Head entbrennenden Schlacht waren, Fregatten und andere kleine Fahrzeuge nicht gerechnet, auf französischer Seite 75 Kriegsschiffe mit 27 000 Mann und 4200 Kanonen beteiligt. Die englisch-holländische Flotte bestand aus 62 Kriegsschiffen mit 19 000 Mann und 4100 Kanonen. Die französische Vorhut führte Admiral Château-Renault vom 104-Kanonen-Schiff »Dauphin Royal« aus; Tourville selbst hatte seine Flagge auf der »Soleil Royal« in der Mitte der Flotte gesetzt, und die Nachhut stand unter dem Kommando des an Bord der mit 90 Kanonen bestückten »Grand« befindlichen Grafen d'Estrées. Die Vorhut der alliierten Flotte wurde durch die unter dem Kommando des Admirals Evertzen auf dem 90-Kanonen-Schiff »Prinzess Maria« stehenden holländischen Schiffe gebildet; im Zentrum befanden sich ausschließlich englische Schiffe, darunter die »Royal Sovereign« mit 100 Kanonen und Lord Torrington an Bord, und die ebenfalls englische Nachhut stand unter dem Kommando des holländischen Admirals Vanderkulen. Die Menge der beteiligten Schiffe machte die Schlacht zu einer der größten aller Zeiten. Aufgrund besser aufeinander abgestimmter Manöver gewannen die Franzosen bald Vorteile, als sie mit ihrer Vorhut die holländische Vorhut abschneiden und von allen Seiten angreifen konnte. Dabei gelang es den Franzosen, 16 feindliche Schiffe zu versenken oder zu nehmen. Der Rest der alliierten Flotte konnte sich aus dem Gefecht lösen und in die Sicherheit der Stützpunkte zurücksegeln.

Zu jener Zeit besaß Frankreich die stärkste und am besten geschulte Flotte Europas, der nur die englische ebenbürtig war. Die französische Marine hatte viele außergewöhnliche Männer unter den Seeleuten und Soldaten aufzuweisen, bei denen sowohl strategische Fähigkeiten wie vollkommene Beherrschung ihrer Schiffe im Kampf und auf großer Fahrt zusammenkamen. Es genügt Abraham Du-

Die »Wasa« war eine während des 30jährigen Krieges (1618–1648) für König Gustav II. Adolf gebaute schwedische 64-Kanonen-Galeone. Mit ihren fast 52 m Länge und 12 m Breite besaß sie bei 1279 t Wasserverdrängung eine Tonnage von 1053 t. Das Schiff hatte drei Decks, davon 2 Batteriedecks für die 48 Kanonen (24-Pfünder) und eine Besatzung von 130 Seeleuten und 300 Soldaten. Die »Wasa« lief 1627 vom Stapel und begann ihre Jungfernfahrt am 10. August 1628. Vor dem SSW-Wind hatte sie kaum mehr als eine Meile zurückgelegt, als eine Bö einfiel. Dabei drang Wasser durch die geöffneten Stückpforten des unteren Batteriedecks, so daß das große Schiff in kurzer Zeit auf ebenen Kiel auf den Meeresgrund sank. Sofort wurden erfolglose Versuche zur Bergung des Schiffes unternommen. Erst 3 Jahrhunderte später wiederholte man 1957 diesen Versuch dank der Entschlossenheit eines schwedischen Wissenschaftlers namens Anders Franzen. Am 24. April 1961 kam die »Wasa« bemerkenswert gut erhalten an die Oberfläche. Nach Spezialbehandlung des Holzes – um es gegen den zerstörenden Einfluß der Luft zu schützen – wurde das durch eine Hülle aus Glas und Zement geschützte Schiff im Wasa-Museum in Stockholm aufgestellt.

quesne (oder Du Quesne, 1610–1688) zu erwähnen, der sich auf schwedischer Seite in der Schlacht im Sund gegen die vereinigten Flotten Hollands und Dänemarks auszeichnete. Duquesne war es auch, der in der Schlacht bei Augusta den großen De Ruyter besiegte.

Die englischen Kolonien in Amerika waren einer ständigen französischen Bedrohung ausgesetzt ebenso wie die französischen Siedlungen in Kanada und in Louisiana durch die Engländer. Die verschiedenen in Europa ausgetragenen Kriege, an denen Frankreich und England – gegeneinander – beteiligt waren (Pfälzischer Erbfolgekrieg 1688–1697; Spanischer Erbfolgekrieg 1701–1714; Österreichischer Erbfolgekrieg 1740–1748 und der Siebenjährige Krieg 1756–1763) zeigten natürlich ihre Auswir-

kungen in den amerikanischen Kolonien. Nach dem Frieden von Paris 1763 kamen die lange unterdrückten Ursachen für den Beginn eines neuen Konflikts zwischen England und seinen amerikanischen Kolonien wieder zum Vorschein. Der daraus entstehende Amerikanische Unabhängigkeitskrieg 1775–1783 wurde teilweise auch auf See ausgetragen. Erst nachdem George Washington im Oktober 1777 bei Saratoga den Sieg über General Burgoyne errang, entschlossen sich Frankreich, Holland und Spanien zu Gunsten der neugeborenen amerikanischen Nation zu intervenieren. Englands große Flotte sah sich einem langen und ermüdenden Kampf gegen die junge Nation auf der anderen Seite des Atlantiks gegenüber, die zudem noch von einigen der besten europäischen Seeleute unterstützt wurde. So war der erste Kommodore der US-Marine, John Barry (1745–1803), in Irland geboren, aber im Alter von 11 Jahren mit seinen Eltern nach Amerika ausgewandert. Ende 1776 befehligte er die Fregatte »Effingham« und bewährte sich während der Belagerung von Philadelphia, wo er kühne und gelungene nächtliche Überfälle gegen die feindliche Schiffahrt auf dem Deleware durchführte. Später wurde er Kommandant der 36-Kanonen-Fregatte »Alliance«, die als das beste amerikanische Kriegsschiff jener Zeit angesehen wurde. Frankreich schickte Théodat Estaing du Saillans (1729–1794) zur Unterstützung der Amerikaner. Er verließ Toulon am 13. April 1777 mit 12 Schiffen, nachdem er seine Vizeadmiralsflagge auf dem 60-Kanonen-Schiff »Languedoc« gesetzt hatte. Seine Männer waren an der Einnahme von Newport beteiligt. Am 2. Juli 1779 erschien Estaing, nachdem er seine kleine Flotte mit weiteren 13 Schiffen verstärkt hatte, vor der Insel Grenada und nahm dort die englische Garnison gefangen. Der englische Admiral Byron, der zur Verteidigung des Stützpunktes erschienen war, zog sich mit seinen

Die »Snow« ähnelt einer Brigg, nur wurde das Besansegel an einer vom Großmast getrennten Spiere gesetzt. Schiffe dieses Typs wurden 1669 als Begleitfahrzeuge in der schwedischen Flotte benutzt.

»La Flore« war eine französische 40-Kanonen-Fregatte; 30 der Kanonen standen auf dem Oberdeck. Im 18. Jh. wurde die Fregatte zum brauchbarsten und hochgeschätzten Mehrzweckschiff.

Die »Charles«, eine 1776 erbaute französische Fregatte, die außer mit Segeln auch mit Riemenantrieb gegen nordafrikanische Piraten eingesetzt wurde.

Die »Albemarle« erhielt diesen Namen, nachdem sie 1781 von
den Engländern genommen wurde, und war als 50-Kanonen-
Fregatte größer als die meisten englischen Bauten dieser Klasse.

Die »Muiron« war eine französische Fregatte aus dem 18. Jahrhundert, die 1799 Bonaparte von Ägypten zurück nach Frankreich brachte.

21 Schiffen zurück. Während des erfolglosen amerikanischen Angriffs auf Savannah wurde Estaing
verwundet und kehrte nach Frankreich zurück.
Später unterstützte er die französische Revolution
und wurde Admiral von Frankreich. Doch seine
aristokratische Herkunft und sein Eintreten für
Marie Antoinette brachten ihn schließlich am 28.
April 1794 auf die Guillotine.

Im April 1782 gerieten die Franzosen und Engländer vor der Insel Dominica aneinander. Die gegnerischen Flotten standen unter dem Kommando des
Admirals Paul de Grasse (1722–1788) und des Admirals George Rodney. (Ein Jahr zuvor hatte De
Grasse die Insel Tobago eingenommen, an der Belagerung Yorktowns teilgenommen und am 5. September in der Schlacht vor der Chesapeakebucht
seine 24 Linienschiffe gegen einen unter Admiral
Thomas Graves stehenden englischen Verband von
19 Schiffen geführt). In der Schlacht von Dominica, oder genauer vor der Saints-Passage, schlugen
Rodneys 37 Schiffe die 30 des französischen Admirals. De Grasse geriet an Bord seines 74-Kanonen-
Flaggschiffs »Ville De Paris« in Gefangenschaft. Einer der Männer an Bord von Rodneys Schiff war
Samuel Hood (1724–1816), der später an der Einnahme von Toulon teilnehmen sollte, das wiederum von revolutionären französischen Truppen be-

freit wurde, wobei ein junger Artillerieoffizier namens Napoléon Bonaparte sich besonders auszeichnete.

Hood hatte einen enthusiastischen Bewunderer in
Horatio Nelson, der während der Napoleonischen
Kriege anfangs unter ihm diente.

1776 gab der amerikanische Kongreß Kaperbriefe
an Seeleute Neuenglands aus, damit sie die wenigen Kampfschiffe unterstützten, welche die rebellierenden Kolonien besaßen. Am Ende der Feindseligkeiten befanden sich 323 Kaperschiffe auf See.
Ihre Besatzungen sollten einige der ersten Offiziere
der amerikanischen Marine stellen. Zum berühmtesten Seehelden der amerikanischen Revolution
wurde John Paul Jones. 1779 kämpfte er in einem
berühmt gewordenen Gefecht vor Flamborough
Head mit seiner »Bonhomme Richard«, einem
halbwegs zwischen Kriegs- und Handelsschiff ein-
zuordnenden alten Indienfahrer, gegen die englische Fregatte »Serapis«. Später schrieb Jones, daß
»kein Kampf jemals zuvor, in allem Respekt, so
blutig, so hartnäckig und so ausdauernd war«. Jones wird als der Vater der amerikanischen Marine
angesehen. Als der Krieg zu Ende ging, brachte er
es zum Konteradmiral in der russischen Flotte von
Katharina der Großen; später starb er in Paris. Ein
Jahrhundert danach wurden seine sterblichen Über-

Holländische Fregatte. In den Niederlanden fand vom 17. Jh. an
diese Art Schiff als Geleitfahrzeug Verwendung.

Die 1785 vom Stapel gelaufene und 1793 von den Engländern
eroberte »Lutine« war eine französische Fregatte. Sie sank in der
Nacht vom 9. Oktober 1799 auf der Reise von Yarmouth nach
Deutschland mit Gütern und Geld im Wert von 1 Million
Pfund Sterling an Bord.

Mit ihrem typischen gedrungenen Rumpf und hohen Quarterdeck und Vorkastell zeigt die Abbildung eine frei nachempfundene mehr künstlerische Auffassung einer englischen Galeone des 15. bis 16. Jh.

Die englische »Bounty« lief 1787 vom Stapel. Sie gab den Hintergrund für die berühmte Meuterei ab. Unter dem Kommando von William Bligh segelte mit ihr 1789 eine Besatzung von 46 Männern von England nach Tahiti, um eine Ladung Brotfruchtbaumschößlinge nach Westindien zu bringen. Auf der Heimreise meuterte die Besatzung unter ihrem Anführer, dem Steuermann Christian Fletcher, und setzte Kapitän Bligh zusammen mit 17 anderen Männern in einem kleinen Boot aus. Die Meuterer kehrten nach Tahiti zurück, wo sich 14 von ihnen niederließen. Die übrigen erreichten schließlich Pitcairn Island, wo Jahre später zufällig ein amerikanischer Walfänger ihre Nachkommen entdeckte. Bligh konnte in einer 40tägigen Bootsreise voller Gefahren und Hunger Timor erreichen, von wo er nach England zurückkehrte. Die auf der Insel Tahiti befindlichen Meuterer wurden von der Fregatte »Pandora« aufgegriffen und nach England zurückgebracht, wo sie vor ein Kriegsgericht gestellt wurden.

reste in die Vereinigten Staaten überführt, und sie haben nun in der Kapelle der Marineakademie von Annapolis ihre letzte Ruhestätte gefunden.

Ein anderer berühmter amerikanischer Seeheld war Stephen Decatur (1779–1820), der sich besonders vor Tripolis im Kampf gegen die nordafrikanischen Piraten auszeichnete. Mit dem Schoner »Enterprise« nahm er die tripolitanische Ketsch »Mastico« und setzte sie, nachdem er sie in Brand gesteckt hatte, gegen die zuvor vom Feind genommene und im Hafen von Tripolis verankerte amerikanische Fregatte »Philadelphia« ein. Während des Krieges von 1812 eroberte Decatur als Kommandant der »United States« die englische Fregatte »Macedonian«. Drei Jahre später hatte er das Kommando über die Fregatte »President«, mit der es ihm gelang, unter Ausnutzung eines schrecklichen Sturms in der Nacht des 14. Januar 1815 die englische Blockade New Yorks zu durchbrechen. Am nächsten Tag wurde er von einem englischen Geschwader von fünf Schiffen angegriffen, dabei verwundet, und nachdem er der englischen Fregatte »Endymion« schweren Schaden zugefügt hatte, schließlich gezwungen, sich zu ergeben. 1815 führte er ein Geschwader gegen die Piratenstaaten im Mittelmeer und eroberte die algerische Fregatte »Meshouda« sowie die Brigantine »Estodio«. Decatur, einer der ausgezeichnetsten Marineoffiziere Amerikas, fand am 22. März 1820 im Duell mit Fregattenkapitän James Barron den Tod.

Zwei herausragende Persönlichkeiten in der frühen Geschichte der amerikanischen Marine waren auch David Porter und Edward Preble, Kommodore des ersten – 1803 – im Mittelmeer erscheinenden amerikanischen Geschwaders.

Einige der bekannteren Schiffe, die die Amerikaner im Krieg von 1812 einsetzten, waren zum Teil nur als Brigg getakelte Kaperschiffe, wie die »General Armstrong«, die »Yankee« und die »Chasseur« mit ihren nur 16 Kanonen. Die amerikanischen Fregatten dagegen waren außergewöhnlich wirkungsvolle Fahrzeuge und erwiesen sich den europäischen Fregatten überlegen. Offiziell waren die Schiffe taktisch in der Lage, sich schnell abzusetzen, falls sie von einer größeren Anzahl Schiffe angegriffen würden, um so in keinen ungleichen Kampf verwickelt zu werden; gleichzeitig waren sie aber so stark, daß sie den Kampf mit einem Zweidecker aufnehmen konnten. Die von Joshua Humphreys (1751–1838) geplante und 1797 vom Stapel gelaufene Fregatte »Constitution« war daher auch so solide gebaut wie ein Linienschiff und gewöhnlich mit mehr als 50 Kanonen bestückt.

Der Sieg der amerikanischen Rebellen an Land und auf See zeigte nachhaltige moralische und politische Auswirkungen auf Europa. Eine revolutionäre Bewegung hatte in ihrem Widerstand gegen die Monarchie Erfolg gehabt. Und die hohen Ideale und liberalen Prinzipien, in deren Namen der Krieg geführt worden war, gingen aus ihm gestärkt hervor. Der Unternehmungsgeist und die Tüchtigkeit des amerikanischen Seemannes schufen die Grundlage für die Anfänge, aus denen sich in weniger als 200 Jahren die größte und stärkste Flotte der Welt entwickeln sollte.

In dem Zeitraum, den wir so schnell behandeln, wurde das Mittelmeer, schließt man die napoleonische Zeit mit ein, zum Schauplatz bedeutender marinehistorischer Entwicklungen. Diese Ereignisse sollten einen Einfluß gewinnen, der weit über die Bedeutung der Auseinandersetzungen hinausging, in deren Verlauf sie stattfanden.

Bedeutung besaß die venezianische Flotte zwar nicht mehr, aber ihren traditionellen Mut konnte sie dennoch beweisen, als sie wieder einmal mit ihrem ewigen Gegner, der großtürkischen Seemacht, zusammenstieß. Venedig verbündete sich mit Österreich gegen die Türken in den beiden zwischen 1688 und 1718 ausgetragenen Kriegen, und Francesco Morosini, der mutige Verteidiger Kretas, war einer der letzten großen venezianischen Seeleute. Im Februar 1695 verlor der Venezianer Antonio Zeno bei Chios gegen den türkischen Admiral Hussein Pascha 1600 Mann und acht Schiffe. Noch einmal geriet Hussein Pascha im September 1697 mit den Venezianern aneinander. In diesem Kampf, der in der Nähe von Tenedos und später vor dem Kap Martello stattfand, standen die Venezianer unter der Führung von Contarini. Im folgenden Jahr kämpfte Hussein (der als erster im Mittelmeer Brander benutzte) wieder mit unentschiedenem Ausgang gegen die venezianische Flotte vor Mytilene. Sowohl die einstmals mächtige Republik Venedig wie auch das jahrhundertealte Ot-

»Boudeuse« war eine Korvette, mit der Louis Antoine de Bougainville 1766 den Stillen Ozean überquerte und dabei die Insel Tahiti entdeckte.

»Endeavour« hieß die auf seiner ersten Reise in die Südsee von James Cook benutzte etwa 30 m lange Bark.

Unten: Besonderes Kennzeichen der Polacker des Mittelmeeres war, wie bei diesem kleinen Handelsschiff, der stark nach vorne gewinkelte Vormast.

Die »Languedoc«, ein französisches 80-Kanonen-Linienschiff 2. Ordnung, das am Amerikanischen Unabhängigkeitskrieg (1775–1783) teilnahm.

Die dänische Korvette »Orlgosktovet« aus dem 17. Jh. Die (kleineren) Korvetten übernahmen allmählich die Aufgaben der Fregatten.

Die »Diligente«, eine französische Korvette des Jahres 1803, war mit ihren auf einem Batteriedeck aufgestellten Kanonen kleiner als die Fregatten.

Die »Astrolabe«. Mit dieser französischen Korvette des 18. Jh. unternahm Dumont d'Urville seine 26 Monate dauernde Entdeckungsreise.

tomanische Reich waren zu dieser Zeit im Niedergang begriffen. Für Venedig bedeuteten diese langen Kriege nur allgemeine Unsicherheit auf den Meeren, und was einst als eine der mächtigsten Flotten der Welt galt, war um 1722 auf 49 Hochseetransporter, 26 Kampfschiffe mit mehr als 50 Kanonen und 80 kleinere Fahrzeuge zusammengeschrumpft. Die letzte Seeschlacht, an der Schiffe der »Serenissima« teilnahmen, fand 1786 im Verlauf einer Unternehmung gegen die Piraten von Tunis statt. Als Bonaparte zwischen dem 26. und 31. Dezember 1797 das Arsenal zerstörte und Venedig im Friedensvertrag von Campo Formio österreichischem Einfluß unterstellte, konnten auch die letzten noch vorhandenen Schiffe nichts mehr zur Verteidigung der Republik unternehmen.

Die von der verfallenden türkischen Flotte unternommene wichtigste Unternehmung wurde gegen die russische Marine unter Katharina der Großen durchgeführt. Deren Hauptberater Grigorij Alexandrowitsch Potemkin war ein hochbefähigter Stratege und Organisator. Er schuf in Nikolajew die erste Marinewerft und in Sewastopol den ersten Flottenstützpunkt der Marine. 1770 verließ ein russisches Geschwader unter Admiral Orlow die Ostsee,

wurde in Livorno ausgerüstet und verstärkt und besetzte dann Corno und Navarino. Am 15. Juli des gleichen Jahres traf es bei Chios mit einer türkischen Flotte zusammen. Die von Hassan Pascha geführten Türken konnten 15 Linienschiffe, vier Fregatten und acht Galeeren einsetzen. Der türkische Admiral wurde zum Rückzug gezwungen und suchte gegenüber der Insel Chios an der türkischen Küste im Hafen von Cesme Schutz. Aber die Russen griffen mit Brandern und glühenden Kanonenkugeln entschlossen an und zerstörten die gesamte ottomanische Flotte. Die einzigen Schiffe, die dem Feuer entrinnen konnten, ein Linienschiff und vier Galeeren, fielen ihnen dabei in die Hände. Nach einem Verlust von 7000 Mann gelang es Hassan nur mit Mühe, selbst zu entkommen.

1788 brach der Krieg von neuem aus. Ein türkisches Geschwader von 80 Schiffen, darunter Fregatten und Galeeren, erschien im Schwarzen Meer vor der Dnjeprmündung. Der Oberkommandierende der Land- und Seestreitkräfte setzte als Gegenmaßnahme zu Hassan Paschas Unternehmung vom Stützpunkt Sewastopol aus fünf Linienschiffe und fünf Fregatten in Marsch. Das Kommando über diese großen Schiffe wurde dem Amerikaner John

Spanische Schebecke. Diese nach Vorbildern der von den Piraten der Barbareskenstaaten gebauten Schiffe eigneten sich wegen geringen Tiefgangs besonders für den Einsatz in Küstennähe.

Die mittelmeerische Polacker war ein rahgetakeltes Handelsschiff, das ursprünglich, wie auf dieser Abbildung, nur 2 oder 3 einteilige Pfahlmasten besaß.

Paul Jones anvertraut, zu jener Zeit russischer Konteradmiral, während eine Flotte kleinerer Fahrzeuge, darunter Galeeren, Kanonenboote und schwimmende Batterien sowie 80 Kosakenboote mit je einer Kanone, unter dem Kommando des Prinzen von Nassau-Siegen stand. Diese Ruderflotte verfügte über insgesamt 400 Kanonen. Dreimal wurde die Flotte von Nassau-Siegen mit den Türken in Gefechte verwickelt – am 18., 28. und 29. Juni 1788 – und konnte dabei vier Linienschiffe mit je 64 Kanonen, fünf Fregatten mit je 40 Kanonen sowie eine Schebecke, eine Brigg und andere kleine Fahrzeuge versenken.

Dies war eine der letzten Seeschlachten der türkischen Flotte, die im Vergleich zu im 18. Jahrhundert modernisierten anderen Flotten veraltet war.

In der Zwischenzeit gedieh die »Geißel der Christenheit« – wie die Piraten der Barbareskenstaaten Tunis und Algier genannt wurden – ungehindert weiter. Im Kampf gegen sie nahm Antonio Barcelo (1717–1793) eine führende Rolle ein, einer der wenigen Seeleute, denen es in der spanischen Marine gelungen war, vom einfachen Seemann zum Generalleutnant aufzusteigen. Barcelo war gewitzt genug, die Piraten mit ihren eigenen Waffen zu be-

kämpfen, also mit schnellen und mit leichter Artillerie bestückten Schebecken. Nachdem er 1775 das Kommando über eine Unternehmung gegen Algier hatte, führte er 1779 die französisch-spanische Flotte bei der Belagerung von Gibraltar. Bei dieser Gelegenheit wurden zum erstenmal gepanzerte Kanonenboote eingesetzt.

Obwohl auch noch eine unter Leitung von Lord Exmouth stehende englisch-holländische Flotte Algier beschoß, konnte das Seeräuberunwesen der Barbareskenstaaten bis zur Besetzung Algeriens im Jahr 1830 durch französische Truppen nicht unterbunden werden.

Zu Ende des 18. Jahrhunderts waren die traditionellen Widersacher Frankreich und England erneut die Hauptakteure maritimer Auseinandersetzungen. 1792 kämpften die französischen Revolutionsstreitkräfte gegen Österreich, Preußen und das Königreich Sardinien. Dann kam die große Auseinandersetzung, die zur ersten europäischen Koalition Österreich, Preußen, Spanien, Portugal, Holland, England, Neapel und das Königreich Sardinien gegen Bonaparte führte. Zu dieser Zeit betrachtete man die französischen Linienschiffe (les vaisseaux du roi) als die fortschrittlichsten, und bei mehr als einer Gelegenheit hatten sie ihren Wert bewiesen.

Zuvor hatte von 1757 bis 1763 der Siebenjährige Krieg stattgefunden, in dem Frankreich, Österreich und Rußland als Verbündete gegen das nur von England unterstützte Preußen unter seinem König Friedrich II. – dem Großen – antraten. Ein aus zehn Lininschiffen und fünf 50-Kanonen-Fregatten bestehendes Geschwader verließ den Marinestütz-

Polacker-Schebecke, in bezug auf Besegelung mit dem rahgetakelten Großmast eine Variante der Schebecke. Sie war im 18. Jh. entwickelt worden.

Holländisches Bootschiff (so genannt wegen der mitgeführten 4–6 Walfangschaluppen). Dieser aus der Fleute entwickelte Schiffstyp wurde im 18. Jh. von Holländern und Deutschen als Walfänger eingesetzt.

Die brandenburgische Fregatte »Berlin« von 1674 läßt den Einfluß zeitgenössischer holländischer Kriegsschiffe erkennen.

punkt Toulon, und begann, nachdem es die Straße von Gibraltar passiert hatte, im Nordatlantik zu operieren. Das Flaggschiff des Admirals La Clue war die »Océan«. Am 18. und 19. August 1759 kam es zu einer Seeschlacht zwischen dem Franzosen und einem Geschwader – 13 Linienschiffe und zwei Fregatten – des englischen Vizeadmirals Boscawen, das Gibraltar am 17. des Monats verlassen hatte, um den Feind abzufangen. Während der Nacht verließen fünf von La Clues Schiffen ohne Befehl die Flotte und liefen nach Cadiz ein, während die Engländer mit den übrigen den Kampf aufnahmen. Das englische Flaggschiff »Namur« kämpfte mit der »Océan« und verlor dabei den Besanmast und die Marsrahen. Im Schutz der Dunkelheit zogen sich die Franzosen zurück, aber am Morgen des 19. konnten die Engländer den Anschluß wieder herstellen. Die französischen Schiffe »Océan«, »Redoutable«, »Téméraire« und »Modeste« befanden sich zu diesem Zeitpunkt vor der Bucht von Lagos vor der portugiesischen Küste. In dem folgenden Kampf kam die »Océan« auf einer Sandbank fest, wobei sie die Masten verlor und gezwungen war, sich der englischen 36-Kanonen-Fregatte »America« zu ergeben. Ohne große Schwierigkeiten eroberte die »Warspite« die »Téméraire«, während sich die »Modeste« erst nach erbittertem Widerstand ergab. Die schwerbeschädigte »Redoutable« wurde von ihrer Besatzung verlassen, nachdem sie in Brand gesetzt worden war. Bailli de Souffren, der es später zu einem der berühmtesten französischen Admirale bringen sollte, geriet an Bord der »Océan« zum zweitenmal in seinem Leben in Gefangenschaft.

An dem heißen Kampf einer 1794 in den Gewässern vor der Bretagne ausgetragenen Seeschlacht nahmen 51 Kampfschiffe teil. (25 englische Fahrzeuge unter Lord Howe und 26 französische Schiffe vom Stützpunkt Brest aus unter Führung des Admirals Villaret-Joyeuse). Die Absicht der Engländer war, einen für die französischen Provinzen bestimmten, aus 130 Schiffen bestehenden Getreidekonvoi abzufangen. Villaret manövrierte fünf Tage hindurch, und der Konvoi erreichte sicher die Küste Frankreichs.

Am 12. Oktober 1797 fand vor der holländischen Küste in der Nähe der Ortschaft Kamperduin die Schlacht von Camperdown statt, in der 18 Kriegsschiffe unter dem englischen Admiral Duncan auf 20 holländische unter Admiral de Winter stießen. Seit kurzem unterstützten die Holländer die französische Revolution. Sie besaßen eine große und beachtliche Flotte, die allerdings seit Monaten im Hafen gelegen hatte. So konnten die Holländer der besseren Seemannschaft der Engländer, die viele Monate lang fast ununterbrochen auf See gewesen waren – überdies auch artilleriemäßig überlegen –, nichts entgegensetzen. Duncan durchbrach die holländische Linie, bis jedes Schiff ein feindliches vor sich hatte. Nachdem elf holländische Schiffe genommen waren, ergab sich de Winter. Duncan lehnte es ab, seinen Degen entgegenzunehmen und sagte: »Ich möchte lieber die Hand eines tapferen

Mannes ergreifen als sein Schwert.« Da die Schlacht dicht vor der holländischen Küste stattfand, wurden Tausende von Menschen zu Augenzeugen.

Nach dem Erfolg von Howe in der Schlacht vom 1. Juni und dem Sieg von Jervis über die spanische Flotte am 14. Februar 1797 war Camperdown der dritte englische Seesieg im Feldzug gegen die Franzosen. Aber Bonapartes großer Gegenspieler auf dem Meer war Horatio Nelson (1758–1805), sicher der glänzendste Admiral in der neueren Geschichte. Unerschrocken und impulsiv, geistreich, eitel und konservativ, so wie ein für Schmeicheleien

»Willem Prinz Van Orange«, ein holländischer Walfänger des 17. Jh. Beachtenswert die Fläche zwischen Vor- und Großmast zum Abspecken von Walen.

Die »Protecteur«, ein drittrangiges französisches Kriegsschiff mit 64 Kanonen. Unter dem Kommando des Grafen d'Estaing nahm es am 6. Juli 1779 in der Seeschlacht vor Grenada gegen die englische Flotte unter Admiral Byron teil. 1784 wurde es abgewrackt.

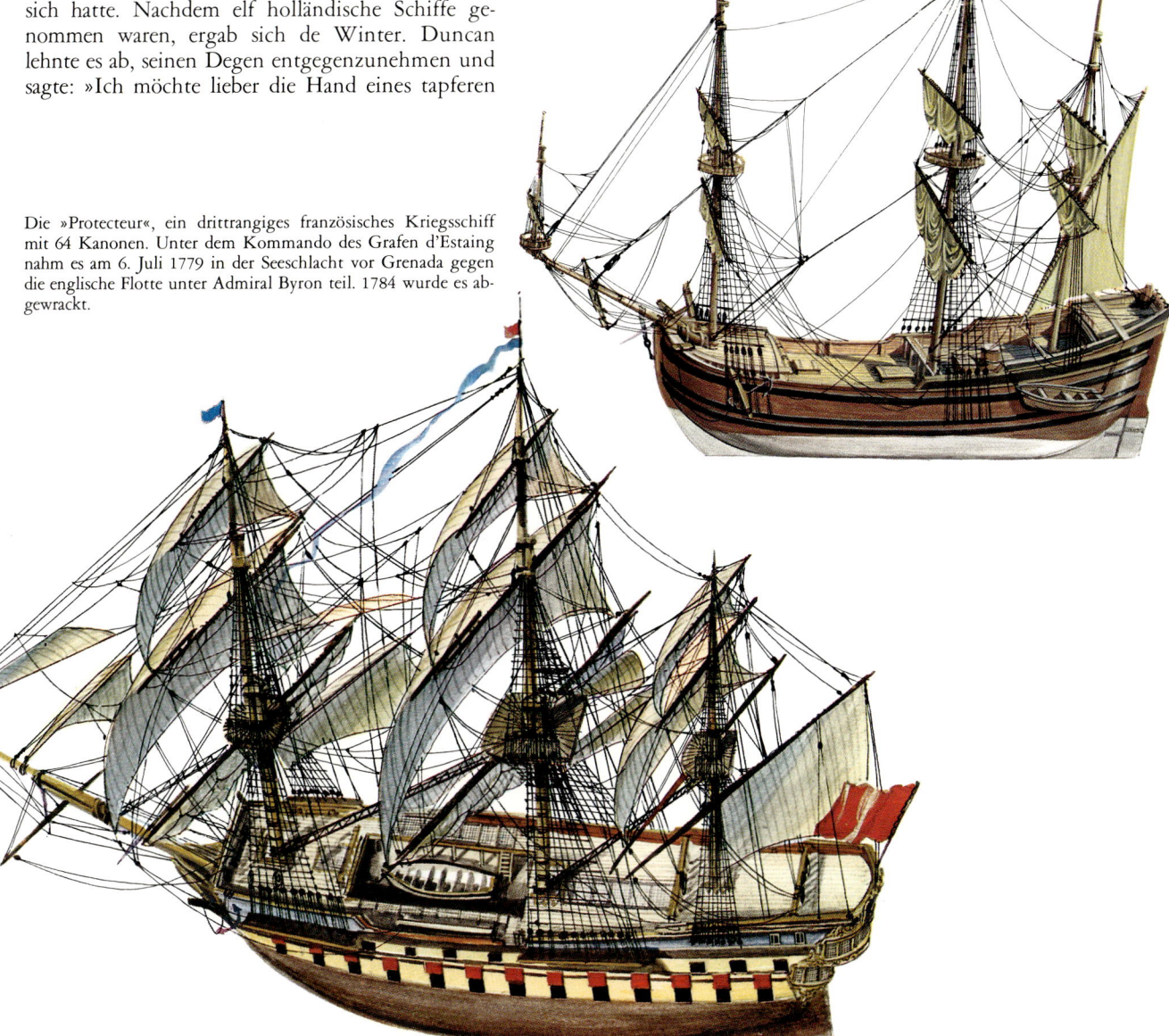

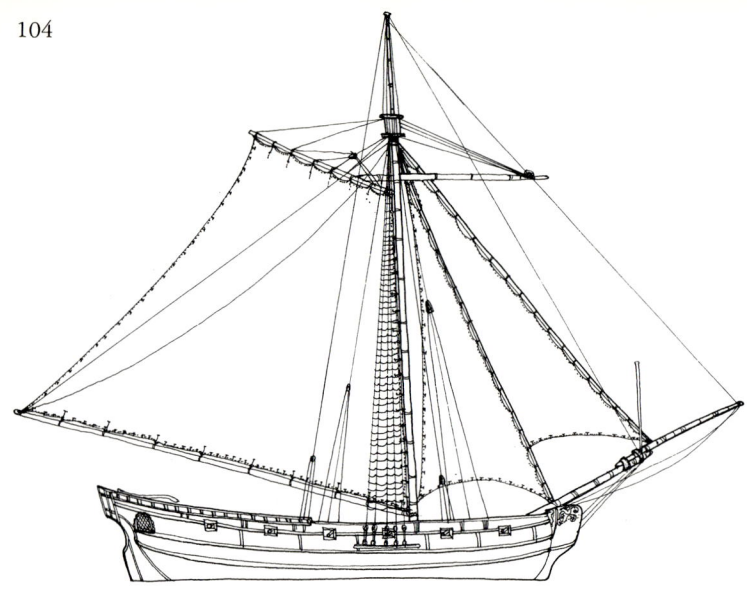

Die »Aldebaran«, ein kleiner, aber schneller und leicht zu hand-
habender englischer Kutter. Er hatte seinen Ursprung in den
holländischen Lustyachten und wurde bis zur Mitte des 18. Jh.
vom englischen Zoll und von Schmugglern bevorzugt.

64-Kanonen-Linienschiff 3. Ordnung »Agamemnon«, auf der der ruhmreichste und bekannteste
Zeitraum seiner Karriere begann.

Im Mittelmeer war Nelson an der Verteidigung des
letzten Stützpunktes der französischen Royalisten,
Toulon, beteiligt. Dann, noch immer unter dem
Kommando von Lord Hood, ging er nach Korsika,
wo er bei einem Erdrutsch ein Auge verlor. Am 14.
Februar 1797 nahm er als Kommandant der »Captain« an der Schlacht bei Kap S. Vincent teil, in deren Verlauf er ganz allein fünf französische Schiffe
angriff, die versuchten, ein von Admiral Jervis –
der Hoods Nachfolger auf der Mittelmeerstation
geworden war – mit 15 Schiffen durchgeführtes
Manöver zu durchkreuzen. Darauf wurde Nelson
zum Konteradmiral befördert. In der Schlacht vor
dem Nil war die »Vanguard« sein Flaggschiff. Mit
den 13 Schiffen seines Geschwaders (»Culloden«,
»Goliath«, »Minotaur«, »Defence«, »Bellerophon«,
»Majestic«, »Zealous«, »Swiftsure«, »Theseus«,
»Audacious«, »Orion« und »Alexander« – alles
Zweidecker mit 74 Kanonen, so wie »Leander« mit
50 Kanonen – besiegte Nelson am 1. August 1798
in der ein Dutzend Meilen nordwestlich von Alex-
andrien befindlichen Bucht von Abukir die Franzosen und vernichtete mit einem Schlag Frankreichs
Überlegenheit im Mittelmeer. Das Treffen wird
von den Marineakademien heute noch als höchst
aufschlußreiches Schulbeispiel einer Seeschlacht angesehen.

Die französische Flotte, die Bonaparte nach Ägypten brachte, verließ Toulon am 9. Mai 1798 unter
Ausnutzung eines kräftigen Mistrals, der die englischen Blockadeschiffe vertrieben hatte. Lange verfolgte Nelson die Franzosen, bis er sie schließlich
am 1. August vor der Abukir-Insel entdeckte. Der
französische Admiral Brueys d'Aigailliers hatte seine Schiffe dicht vor der Küste verankert, weil er
glaubte, daß der Feind nicht zwischen Küste und

empfänglicher Realist zeigte er sich als echter »Su-
permann mit allen menschlichen Schwächen«. Von
dem Augenblick an, als er, kaum 12 Jahre alt, auf
die von seinem Onkel mütterlicherseits, Maurice
Suckling, geführte »Raisonable« eingeschifft wurde, um an der arktischen Expedition der »Carcass«
teilzunehmen, bestand sein Leben aus einer Kette
von außergewöhnlichen Ereignissen. Mit 15 Jahren
wr Nelson Fähnrich, mit 18 Leutnant, und 1778
erhielt er das Kommando über die Brigg »Badger«.
1780 nahm er an der Unternehmung gegen Nicara-
gua als Kommandant der Fregatte »Hinchinbroo-
ke« teil und erhielt ein Jahr später das Kommando
über die Fregatte »Albemarle«. Nach einigen
Mißhelligkeiten und einem langen Zeitraum an
Land erhielt Nelson 1793 das Kommando über das

Der ursprünglich als Fischerboot und im Küstenhandel Verwendung findende dreimastige Logger wurde während der Napoleonischen Kriege mit 8 bis 10 Kanonen bewaffnet und als Kaperschiff eingesetzt.

Auch der holländische Kutter leitete seine Herkunft von der
Yacht ab und fand während des 18. Jh. als Aufklärungsfahrzeug
Verwendung.

französische Linie eindringen könne. Aber Nelson erfaßte die Situation schnell. Ihm gelang es, die Linie der Franzosen zu durchbrechen und so auf die dem Lande zugekehrte Seite der französischen Schiffe zu kommen. Dieses Manöver wurde ein voller Erfolg, und die durch eine ungünstige Windrichtung, die alle erfolgversprechenden Manöver vereitelte, behinderten Franzosen sahen sich dem Feuer der Engländer nun von beiden Seiten ausgesetzt.

Das französische Flaggschiff, der neue und mit 120 Kanonen eindrucksvolle Dreidecker »Orient«, wurde durch die englischen Kanonen völlig zerschmettert. Schließlich brach Feuer aus, und das Schiff flog in die Luft. Brueys gehörte nicht zu den wenigen Überlebenden, die im letzten Moment das Schiff verlassen konnten. Innerhalb weniger Stunden waren zwei Drittel der französischen Flotte vernichtet, darunter zwei Linienschiffe mit je 80 Kanonen, die »Franklin« und die »Tonnant«, acht 74-Kanonen-Schiffe und zwei Fregatten mit je 40 Kanonen. Nur den beiden Fregatten »Guillaume Tell« und »Généreux« gelang es, unter dem Kommando von Villeneuve nach Malta zu entkommen. Abukir bedeutete das Ende von Frankreichs ägyptischem Abenteuer und für Nelson einen überragenden Sieg, einen der überwältigensten Siege in den Annalen der Seekriegsgeschichte.

Auf dem Höhepunkt der Schlacht wurde Nelson verwundet. Es war nach dem Verlust seines Auges auf Korsika und seinem zerschmetterten rechten Ellbogen während des Angriffs auf Santa Cruz de Tenerife 1794 seine dritte Verwundung. Aber er lief weiter nach Neapel, um die schwindende Macht der Bourbonen zu unterstützen. Dort begann nun die unruhigste und umstrittenste Periode seines Lebens und seine Verbindung mit Emma Hamilton, der Frau des englischen Botschafters am Hof des Königs von Neapel. Als die Feindseligkeiten 1803 wieder ausbrachen, ging er mit der berühmten »Victory« als Flaggschiff, einem Dreidecker mit 120 Kanonen, wieder in See. Nach verschiedenen Unternehmungen vor Neapel, Sardinien, der Küste der Toskana und von Genua, stieß Nelson wieder und jetzt zum letztenmal bei Trafalgar auf französische Linienschiffe, seine traditionellen Gegner.

Eine dritte europäische Koalition (England, Österreich, Preußen, Schweden und das Königreich Neapel), versuchte wieder einmal, sich der unwiderstehlichen Gewalt der Armee Napoleons – er hatte sich 1804 zum Kaiser gekrönt – entgegenzustemmen. Die Franzosen hatten einen Plan zur Invasion Englands ausgearbeitet, der vorsah, die »Grande Armée« von Boulogne nach England überzusetzen. Aber zunächst mußte die starke englische Flotte vom Schauplatz des Geschehens weggelockt werden. Bei den Antillen hatte die französisch-spanische Flotte damit begonnen, ihre Anwesenheit durch Angriffe auf die englischen Kolonien

Nordische Galeere, noch im 17. Jh. im Einsatz. Sie war annähernd 50 m lang und über 9 m breit, wurde mit 27 Riemen an jeder Seite gerudert und beförderte bis zu 500 Mann.

zu dokumentieren, um damit die Verlegung englischer Seestreitkräfte in diese ferne Gegend notwendig zu machen. Wenn alles nach Plan verlaufen würde, wollte die französische Flotte so schnell wie möglich zurückkehren und zum Englischen Kanal segeln. 1805 lief Admiral Jean Baptiste Silvestre de Villeneuve (1763–1806) mit elf Linienschiffen, sieben Fregatten und zwei Briggs von Toulon aus und traf sich mit 14 weiteren, unter dem Kommando von Gravina stehenden spanischen Schiffen in Cadiz. Anschließend setzte die Flotte ihre Reise zu dem auf Martinique befindlichen Fort Royal fort, wo sie noch durch 4 weitere Linienschiffe und eine spanische Fregatte sowie drei weitere Schiffe aus Rochefort verstärkt wurde. Nelson folgte den französischen Schiffen und erreichte am 9. Juni Barbados. Nachdem er Fort Diamant vernichtet

Die 1739 erbaute »Centurion«. Unter Kommodore Anson erbeutete sie die berühmte Acapulco-Galeone, die mit einer wertvollen Silberladung von Manila unterwegs war.

Die »Victory«, ein erstrangiges Linienschiff, Stolz der englischen Marine und Nelsons Flaggschiff bei Trafalgar. Das Schiff lief am 7. Mai 1765 in Chatham vom Stapel, trug 120 Kanonen und besaß einen doppelt beschlagenen Eichenrumpf. Der Kiel war 45 m lang. Restauriert im Aussehen wie zur Zeit der Schlacht von Trafalgar (21. Oktober 1805), liegt sie heute im Hafen von Portsmouth im Trockendock und dient als Marinemuseum. Auf dem Quarterdeck dieses Schiffes wurde der kommandierende Admiral des englischen Geschwaders tödlich verwundet.

Rechts: Galionsfigur der »Victory« mit königlichem Wappen.

Die »Redoutable«, ein französisches Linienschiff mit 74 Kanonen auf 3 Decks. Einer der in den Marsen postierter Musketiere gab den Schuß ab, der Horatio Nelson bei Trafalgar tödlich verwundete. Das unter dem Kommando des tapferen Kapitän Lucas stehende Schiff sank im Verlauf der historischen Schlacht am selben Tag.

hatte, war Villeneuve vom Erfolg seines Planes, den großen englischen Admiral aus den europäischen Gewässern fortgelockt zu haben, überzeugt und beeilte sich, nach Europa zurückzukehren. Aber anstatt direkt zum Kanal zu laufen, um das von Napoleon in Boulogne zusammengestellte Expeditionskorps zu beschützen, verlor er Zeit mit dem Versuch, die in verschiedenen anderen Atlantikhäfen zerstreuten Geschwader zu sammeln. Anfangs schien Nelson in die Falle gelaufen zu sein, wurde aber bald mißtrauisch, als die beiden feindlichen Flotten keinerlei Anstalten unternahmen, ihn anzugreifen. So kehrte er schnell zur westlichen Ansteuerung des Kanals zurück, der einzig möglichen Richtung, aus der England eine unmittelbare Gefahr drohte.

Am 25. August befanden sich die englischen Schiffe wieder in europäischen Gewässern. Inzwischen hatte Villeneuve seinen Plan aufgegeben, sich mit den Streitkräften von Admiral Ganteaume zu vereinigen und nach Boulogne zu segeln; statt dessen suchte er in Cadiz Schutz. Darauf teilte Nelson seine 34 Schiffe in zwei Gruppen, von denen eine Ganteaume in Brest einschloß, während die andere unter Nelsons persönlichem Kommando vor Cadiz erschien. Als Villeneuve hörte, daß Napoleon ihn wegen seines zögernden Verhaltens des Kommandos entheben wollte, beschloß er, der Welt zu zeigen, daß er keine Angst vor dem Sterben hatte. In der Dämmerung des 21. Oktober 1805 griffen Nelsons 24 Schiffe die französisch-spanischen Schiffe in dem Augenblick an, als sie im Begriff waren, kurz vor dem Kap Trafalgar zu wenden und auf Gegenkurs in Richtung ihres Ausgangshafen Cadiz zu laufen, um die feindliche Blockade zu durchbrechen. Die englischen Schiffe griffen entsprechend Nelsons ursprünglichem Plan an. Dabei liefen sie in zwei parallelen Abteilungen auf die lange Reihe der feindlichen Schiffe zu, teilten diese in drei Gruppen und griffen auf kurze Entfernung an.

Die erste Abteilung wurde von Nelson selbst geführt, während die zweite unter dem Kommando von Cuthbert Collingwood (1750–1810) stand, dessen Vizeadmiralsflagge auf der »Royal Sovereign« wehte. Noch einmal erwies sich Nelsons Taktik als außergewöhnlich erfolgreich. Möglich, daß die Erinnerung an die sieben Jahre zurückliegenden Geschehnisse bei Abukir einen lähmenden Einfluß auf Villeneuve ausübten. Als die erbittert ausgetragene Schlacht endete, hatte die französisch-spanische Flotte jedenfalls als Streitmacht aufgehört zu existieren. Aber Englands größter Seeheld verlor in dieser Schlacht sein Leben. Er wurde durch eine von der »Redoutable« abgefeuerte Musketenkugel getroffen und starb in den Armen von Thomas

Die »Valmy« war das letzte und größte Linienschiff der französischen Marine und lief 1847 vom Stapel. Die Masten ragten fast 60 m hoch, und auf ihren 3 Batteriedecks standen 120 Kanonen. Die »Valmy« war lange Jahre als Schulschiff im Dienst.

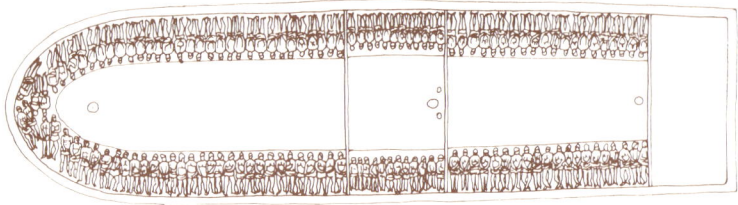

Das Sklavenschiff »Isabella«. – Der erste Steuermann der 1829 erbauten englischen Fregatte »North Star«, Robert Walsh, beschrieb, was er an Bord dieses im Südatlantik gekaperten Sklavenschiffes sah. Die Ladung des Schiffes bestand aus 505 Männern und Frauen. Während der 17tägigen Reise hatte die Besatzung 55 über Bord geworfen, und der Rest war unter den Grätings zwischen den Decks angekettet. So dicht waren sie zusammengepfercht, daß sie sich weder bei Tag noch bei Nacht ausstrecken konnten und einander zwischen den Beinen saßen. Dabei wurde die »Isabella« als eines der besseren Sklavenschiffe angesehen. Nach Walsh wurden die Sklaven gewöhnlich in nur einen Meter hohen Abteilungen untergebracht und zeitweilig in noch niedrigeren. Oft wurden sie auch an Füßen und am Hals angekettet.

Hardy, seinem Flaggkapitän auf der »Victory«. Die sterblichen Überreste des größten englischen Admirals wurden in einem aus dem Holz des Großmastes der bei Abukir in die Luft geflogenen »Oriént« gearbeiteten Sarg beigesetzt. Die Schlacht von Trafalgar vernichtete die französische und zerstörte annähernd die spanische Marine. England gewann dadurch für länger als ein Jahrhundert die unumschränkte Herrschaft über die Meere.

Das Ende der Napoleonischen Kriege fiel mit dem schließlichen Niedergang der Linienschiffe zusammen, jener Schiffe, in denen sich die Anmut und Kraft der segelnden Flotten ausdrückte und die zu den schönsten Schöpfungen menschlichen Könnens gehörten. Das letztemal feuerten diese großartigen Kampfschiffe ihre Kanonen im Krieg um Griechenlands Unabhängigkeit ab. 1821 erhoben sich die Ägäischen Inseln und das griechische Mutterland gegen die Herrschaft der Türken. Kennzeichnend für diese Auseinandersetzung war die unvergleichliche Grausamkeit, mit der sie ausgetragen wurde.

Im Juli 1827 beschloß man im Vertrag von London, daß Großbritannien, Frankreich und Rußland gemeinsam ihren Einfluß geltend machen sollten, um einen Waffenstillstand zu erreichen mit dem Ziel, in Friedensverhandlungen einzutreten. Bis dahin wurde die von Ibrahim Pascha geführte türkische Flotte in der Bucht von Navarino, einem Hafen im Peleponnes, von einem unter dem Kommando des Vizeadmirals Sir Edward Codrington stehenden alliierten Geschwader unter Kontrolle gehalten. Als die alliierten Schiffe sich am Morgen des 20. Oktober 1827 in zwei Gruppen vor leichter Brise in der Absicht näherten, in der Bucht den Winter über zu ankern, löste ein von einem türkischen Schiff abgefeuerter Gewehrschuß eine heftige Schlacht aus. Am Ende hatten die Türken ein Linienschiff, drei Fregatten mit je 64 Kanonen, neun kleinere Fregatten, 22 Korvetten, 10 Briggs, fünf Brander und beinahe 4000 Mann verloren.

Damit war der würdige Niedergang des großen Linienschiffes besiegelt, das 300 Jahre lang die Meere

Die venezianische Galiot war eine kleinere Ausgabe der Galeere und hatte nur 1 oder 2 Ruderer an jedem Riemen. Mit 2 oder 4 kleinen Kanonen war die Bewaffnung entsprechend geringer.

Die »Cotre« ist mit ihrem geringen Tiefgang für die Schiffahrt in Küstennähe die französische Version einer frühzeitlichen Brigg.

Die »Rodney«, ein englisches Kriegsschiff 3. Ordnung mit 74 Kanonen.

Die »Duc de Duras«, ein französischer Indienfahrer, im Besitz der französischen Ostindischen Kompanie.

beherrscht hatte und das in der englischen Marine als Anachronismus noch bis 1880 überlebte.

Ebenso wie das kriegerische Linienschiff läßt sich auch der Handelssegler dieser Zeit auf die Galeone zurückverfolgen und zeigt in seiner Linienführung eine enge Verwandtschaft mit den Kriegsschiffen. Die für lange Reisen nach Amerika und um das Kap der Guten Hoffnung herum zum Fernen Osten geplanten und gebauten Schiffe waren alle Eigentum großer Schiffahrtsgesellschaften und nie einzelner Eigner. So besaß die berühmteste Handelsgesellschaft jener Zeit, die »Honorable Johne Company« (Englisch-Ostindische Kompanie), eine Unternehmensgruppe mit Handelsinteressen in Ostindien, schwerbewaffnete Segelschiffe mit starken und gut ausgebildeten Besatzungen. Diese Schiffe besorgten den Waren- und Passagierverkehr mit dem ausgedehnten indischen Imperium, das England im 18. Jahrhundert schrittweise von den ersten Stützpunkten in Madras, Kalkutta und Bombay aus aufgebaut hatte. Dank der Fähigkeit eines Robert Clive, zu jener Zeit Interessenvertreter der »East India Company«, gelang es England in wenigen Jahren, Bengalen und seine Nachbarstaaten unter Kontrolle zu bringen. Wegen der fast immerwährenden Feindseligkeiten zwischen England und Frankreich waren die Indienfahrer immer

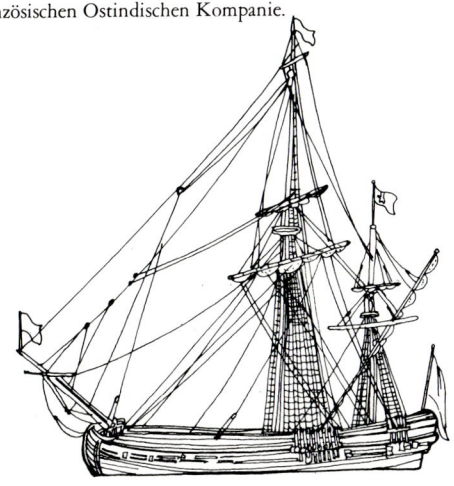

Englische Bombenketsch des 18. Jh. Auf einem Schiff dieser Klasse, H.M.S. »Carcass« nahm der gerade 15jährige Nelson 1773 an einer arktischen Expedition teil, während dieser Reise passierte der berühmt gewordene Zwischenfall mit einem Eisbären, den der junge Bootsmann (den Rang hatte er erhalten, da es verboten war auf eine solche Reise Jugendliche mitzunehmen) mit dem Kolben seiner Muskete zu töten versuchte.

Holländisches Handelsschiff. Im Verlauf des 17. Jh. bauten die Holländer ein enges Netz von Küstenhandelsrouten zu den nordeuropäischen Nationen aus, auf dem sie ihre eigenen, leicht zu handhabenden Transportschiffe einsetzten.

Die französische Fregatte »Pomone« aus dem 18. Jh. Sie gehörte mit ihren auf 2 Decks aufgestellten 50 Kanonen zu den größten Schiffen dieses Typs und war außergewöhnlich schnell.

Die »Swallow«, ein 1782 vom Stapel gelaufenes Handelsschiff, wurde im Handel mit dem Fernen Osten und Indien eingesetzt.

ein begehrtes Angriffsziel. Bei diesen Zusammenstößen ging es mitunter ziemlich scheußlich zu, wie etwa in dem Gefecht am 21. Juni 1805 zwischen dem Ostindienfahrer »Warren Hastings« (1181 Tonnen, 44 Kanonen) und der französischen Fregatte »La Piemontaise«. Das französische Schiff benötigte zur Überwindung des Handelsschiffes fünf Stunden.

Die Schiffahrtsgesellschaften anderer Staaten wie z. B. Holland, Dänemark und Schweden besaßen ebenso Handelsmonopole wie die verschiedenen französischen Gesellschaften bis zum Ende des Napoleonischen Zeitalters, als neue Vorstellungen eines ökonomischen Liberalismus Politik und Handel veränderten. Die Kapitäne der großen Hochseesegelschiffe waren geachtet und als die Elite der Seefahrt geehrt. Sie hatten Anspruch auf eine Ehrenwache und auf 13 Schuß Salut bei Ankunft im Hafen, und der Reichtum, den sie auf ihren Reisen ansammelten (sie waren berechtigt, ausgehend 50 Tonnen und heimkehrend 20 Tonnen Ladung auf eigene Rechnung zu verschiffen und zu verkaufen), war oft bemerkenswert. Das letzte große Segelschiff dieser alten Periode der Indienfahrt war wahrscheinlich die »Elizabeth«, die ihre letzte Rundreise 1834 machte, im selben Jahr, in dem auch die British East India Company ihre lange und einträgliche Geschäftsverbindung einstellte.

Viele verschiedene in privatem Besitz befindliche Segelschiffstypen trieben im Mittelmeer Handel. Darunter waren die in ihrer kriegerischen Version vorgestellten Schebecken, die genuesische Pinco, die Bombarda, die Polaker, die in Malta beheimatete Sperona, die griechische Scapho und die türkische Moana mit ihrem lateinerbesegelten einzigen Mast. Zum Ausgang des 17. Jahrhunderts kam noch ein anderes Schiff in Gebrauch. Dabei handelte es sich um die Felukke, die mit ihren niedrigen Bordwänden, den leicht nach vor geneigten und lateingetakelten Segeln arabischen Ursprungs war und im ganzen Mittelmeer Verbreitung fand. So konnten die Hafennachrichten der genuesischen Handelszeitung um 1796 von der Ankunft der 29 Tonnen großen Felukke »Concezione« im Hafen berichten, die mit einer Ladung von 430 Faß eingesalzenem Thunfisch von Sardinien kam, sowie von einer »Amabile Livetta« mit 550 Sack Mais.

Auch der Walfang hatte eine lange und erfolgreiche Vergangenheit. Schon im 12. Jahrhundert, wenn nicht früher, betrieben französische und spanische Fischer der Bucht von Biskaya das Geschäft. Später wurden für lange Jahre die Neufundlandbänke ergiebige Waljagdgründe, bis Ende des 16. Jahrhunderts im Verlauf von Reisen auf der Suche nach der Nordost- und Nordwestpassage vor der Bäreninsel und Spitzbergen Wale gesichtet wur-

»La Belle Poule« war eine französische Fregatte mit 34 Kanonen und 26 Karronaden. Das Schiff wurde 1828 auf Stapel gelegt und 1834 in Dienst gestellt. Die als eine der schönsten und schnellsten französischen Fregatten geltende »Belle Poule« hatte eine Wasserverdrängung von 1500 t und wurde erst 1888 abgewrackt.

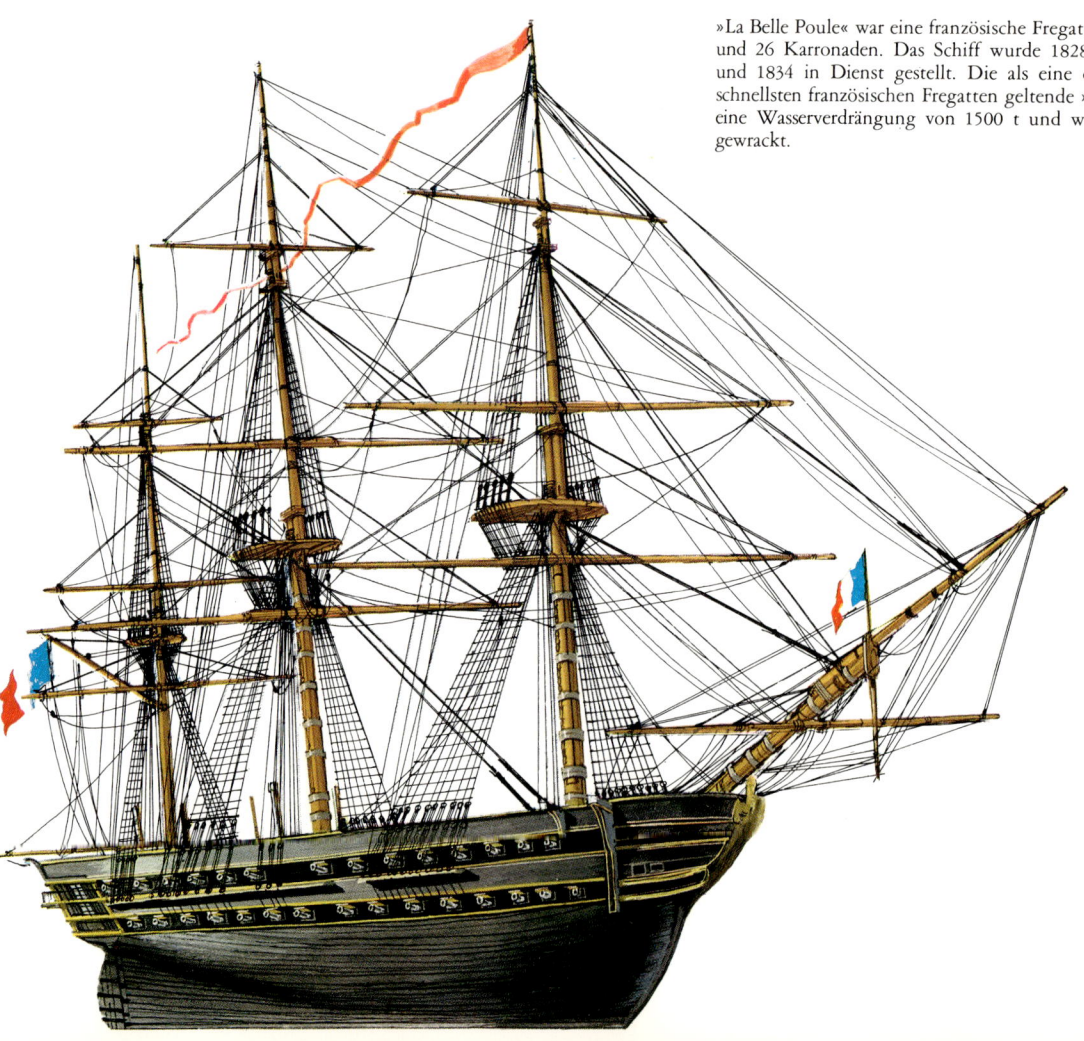

den. Die ersten englischen Walfangschiffe (»Amitie« und »Lioness«) der Muscovy Company liefen 1610 mit baskischen Harpunieren aus, die die Engländer die Kunst des Harpunierens und Tötens der großen Säugetiere lehren sollten. Bald folgten Holländer, die sich 1622 in der Nordischen Kompanie zusammenschlossen und auf Spitzbergen landfeste Trankochereien begründeten. In dieser außergewöhnlichen Siedlung »Smeerenberg« arbeiteten zeitweilig mehr als 15 000 Männer, und nicht nur

Die 1813 vom Stapel gelaufene und in nur 9 Wochen erbaute amerikanische Korvette »General Pike«. Das 53,5 m lange und 11,3 m breite Schiff war mit 26 Kanonen und 2 Karronaden bewaffnet. Der Großmast war 59,5 m lang.

Der englische Indienfahrer »Warren Hastings« der East India Company, 1181 t groß, hatte eine Besatzung von 196 Mann und 44 Kanonen. Am 21. Juni 1805 wurde das Schiff von der französischen Fregatte »Piémontaise« gekapert.

Das amerikanische Kaperschiff »Prince de Neufchâtel« war als Toppsegelschoner mit Rah- und Schonersegeln an beiden Masten getakelt und ein schnelles und schnittiges Schiff. Seit 1813 wurde sie als Kaperschiff eingesetzt und 1814 einen Tag nach Weihnachten von 3 englischen Fregatten genommen.

Ein Lougre war im 18. Jahrhundert wie der Logger mit 2 Kanonen bewaffnet.

Die ungefähr 12 m lange mittelmeerische Tartane wird zum Fischen und zur Frachtfahrt benutzt.

Die genuesische Pinco war ein 300 t großes, im 18. und 19. Jh. weit verbreitetes Segelschiff.

Die spanische Felukke war ein kleines Handelsschiff des 18. Jh., das zeitweilig auch im Kampf eingesetzt wurde.

Eine mit 10 Kanonen bewaffnete Chasse-Marée hatte eine Besatzung zwischen 40 und 75 Mann und wurde von französischen Korsaren im Englischen Kanal benutzt.

Die griechische Trakandini bildete in der Besegelung eine Synthese zwischen den nördlichen Meeren und dem Mittelmeer.

Die holländische Kuff, ein praktischer und starker Küstensegler, der in der Takelung als Vorläufer der Toppsegelschoner angesehen werden kann.

Das abgebildete türkische Boot dient im Bosporus als Allzweckfahrzeug.

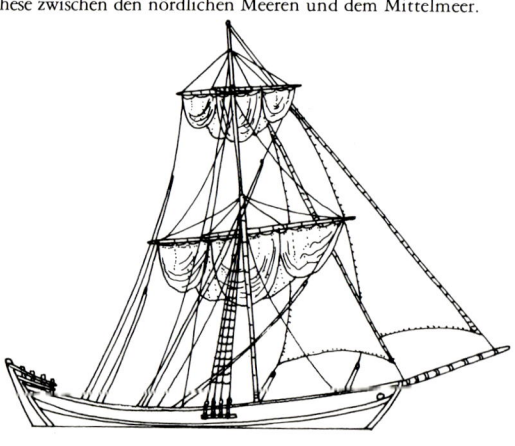

Seeleute oder Harpuniere, sondern auch Zimmer-
leute, Schmiede, Lagerarbeiter und Techniker. Zur
selben Zeit wurden 300 Walfangschiffe gebaut.
Zum Ende des 18. Jahrhunderts bereits hatte sich
die Anzahl der Wale durch die intensive Jagd so
weit verringert, daß das Geschäft mit dem Tran
und anderen Walprodukten zurückging.

1712 begannen Englands amerikanische Kolonien
mit weitgehend gedeckten Schiffen von etwa 30
Tonnen den Pottwalfang im großen Umfang auf-
zuziehen. Später jagten sie die Wale mit kleinen, an
Bord der größeren Walfänger mitgeführten Fang-
booten. Von der Mitte des 18. Jahrhunderts an verließen die amerikanischen Walfänger über ein Jahrhundert lang ihre Heimathäfen in Neuengland,
um im Atlantik bis hoch zur Baffinbai, entlang der
Westküste Amerikas, vor der Ostküste Japans wie
auch im Stillen und Indischen Ozean und dem Seegebiet vor Australien und Neuseeland Wale zu jagen.

Im 19. Jahrhundert entwickelten sich die Handels-
segelschiffe besonders in Europa und Amerika zu
ihrer höchsten Blüte und konnten noch im Wettbewerb mit Dampf und Propeller bestehen. Seine
technische Vollendung erreichte das Segelschiff im
20. Jahrhundert, wurde dann allerdings durch die
in wenig mehr als hundert Jahren gemachten technischen Fortschritte der industriellen Revolution,
die das Aussehen unseres Planeten veränderte,
überflügelt.

Die Brigg bzw. Brigantine tauchte zuerst im Zeitalter des Ruderantriebs als Variante der Galeere auf.
Anschließend entwickelte sie sich zu einem ca. 150
Tonnen großen Hochseeschiff mit zwei rahgetakelten Masten (Vor- und Großmast), Bugspriet und
Klüverbaum mit Klüvern und einem Besan mit
Gaffel und Baum. Im Laufe der Zeit unterlag sie
ständigen Veränderungen, besonders in der Takelung, und viele verschiedene Abarten entstanden,
darunter die Bark (mit drei oder mehr Masten), die
zweimastige Brigantine oder Schonerbrigg (mit ihrem rahgetakelten Vormast und dem Schonersegel
und Gaffeltoppsegel am Großmast), sowie eine
Hermaphrodit-Brigg (die am Großmast außer Besan noch Rahtoppsegel führte).

Die schnelle und leicht zu handhabende frühe
Brigg war ein oft mit 14 oder 16 Kanonen bewaffnetes Handelsschiff, das außer den rahgetakelten

Die Brigg tauchte zum Ende des 17. Jh. auf. Sie besaß 2 rahgetakelte Masten und war ziemlich klein.

Eine Hermaphrodit-Brigg führte außer dem Besan am Großmast noch Rahtoppsegel.

Die Brigantine oder Schonerbrigg repräsentierte eine im 18. Jh.
entstandene Variante der Brigg. Sie führte Rahsegel am Vormast
sowie Schonersegel am Großmast.

Finnische Yacht.

Themsebarge.

Englische Ketsch

Masten in Anlehnung an die Schiffe des 15. bis 18. Jahrhunderts am Bugspriet ein Sprietsegel führte. Die Bark war das typische italienische Segelschiff in der Zeit zwischen 1860 und 1900 mit einer durchschnittlichen Länge von 45 bis 50 Metern, drei Masten und einer Größe von 400 bis 1000 Tonnen. Bis 1870 wanderten auf diesem Segelschiffstyp ungeheure Menschenmassen nach Argentinien, Uruguay, Chile und Peru aus.

Am 20. Januar 1875 lagen in Rangun in Birma einige 20 italienische Barken, um ihre Laderäume mit Reis für Europa zu beladen. Im gleichen Jahr segelte eines der größten italienischen Segelschiffe mit Passagiereinrichtungen, die 1689 Tonnen große »Cosmos«, mit 650 Emigranten im Zwischendeck und 40 Passagieren 1. Klasse in den Achterkabinen in 83 Tagen von Genua nach Callao in Peru. Der Kapitän hieß Filippo Frasinetti. Die italienischen segelnden Handelsschiffe zeigten die Flaggen Sardiniens und Neapels auf allen Meeren der Welt. Zum Ausgang des Jahrhunderts konnte man die italienischen Barken, von denen die letzte eine Größe von 2165 Tonnen erreichte, von Kalifornien bis Ceylon und vom Atlantik bis Java in allen Häfen und auf allen Weltmeeren antreffen.

Der Kutter war ein typisches schnelles und bewegliches nordeuropäisches Schiff mit nur einem Mast. Bis 1860 wurde es sowohl von Schmugglern wie von Zöllnern benutzt. Auch als Lotsenboot diente es, um große Schiffe zu den Ankerplätzen der Flußhäfen und Reeden zu geleiten. Genauso wurde er, wahrscheinlich zum erstenmal in der Geschichte der Seefahrt, im regelmäßigen Postdienst zwischen Southampton und den Kanalinseln eingesetzt.

Die zwischen 1700 und 1900 in allen europäischen Gewässern verbreitete Ketsch war ursprünglich ein 45 bis 90 Tonnen großes Fischerboot. Sie war das

Die »Constitution«, eine 1797 vom Stapel gelaufene amerikanische Fregatte. Sie gehörte zu einer Gruppe von 6 Schiffen, die erbaut wurden, um amerikanische Handelsschiffe im Mittelmeer gegen Angriffe von Piraten der Barbareskenstaaten zu schützen. Sie stand unter dem Kommando von William Bainbridge, der sich bei einer früheren Gelegenheit mit seiner Fregatte »Philadelphia« Barbareskenpiraten ergeben mußte. Am 29. Dezember 1812 wurde die »Constitution« vor Bahia an der brasilianischen Küste in ein historisch gewordenes Gefecht mit der englischen 49-Kanonen-Fregatte »Java« verwickelt, die nach einem wilden Austausch von Breitseiten versenkt wurde. Bainbridge wurde durch eine Musketenkugel verwundet, leitete aber das Gefecht bis zum Ende, um dann alles zur Rettung der schiffbrüchigen Engländer und ihres Kapitäns Henry Lambert zu tun. Dieser Kampf – in dem die Amerikaner sowohl Gewehre wie altertümliche, glattläufige Musketen einsetzten – kostete die Engländer 60 Tote und 170 Verwundete. Bis 1881 blieb die »Constitution« im Dienst und wird nun in der Marinewerft Boston der Nachwelt erhalten.

Die »E. W. Morrison«, ein eleganter und starker 560 t großer Schoner der großen amerikanischen Seen.

Die »Armistad«, ein ca. 20 m langer amerikanischer Toppsegelschoner, im Sklavenhandel zwischen Kuba und den Vereinigten
Staaten eingesetzt. Berühmt wurde er in den Annalen des Ne-
gersklavenhandels wegen einer an Bord ausgebrochenen Revol-
te. Die Sklaven rebellierten, töteten den Kapitän und zwangen
die Besatzung, den Kurs zu ändern und nach Afrika zu segeln.

Die Brigg war ein leicht zu handhabendes, mit 14 oder 16 Kanonen bewaffnetes Segelschiff, das im 18. Jh. auch von der amerikanischen Marine übernommen wurde.

erste Schiff, dem zum Einholen der Fischernetze
eine Dampfmaschine an Deck gesetzt wurde. Die
Ketsch war ein sehr solides und starkes Fahrzeug
mit Schonersegeln an zwei Masten und Klüvern.
Darüber hinaus war der Typ der Ketsch recht lang-
lebig und überdauerte bis heute als Sportfahrzeug.
Die 1790 in Plymouth erbaute »Good Intent« war
noch 1928 in Fahrt.
Der Schoner besaß zwei mit sogenannten Schonersegeln getakelte Masten, wobei der Großmast länger war. Erfahrungen mit dem Lateinersegel, aus
dem das Schonersegel entwickelt wurde, hatten gezeigt, daß man mit ihm höher als mit Rahsegeln an
den Wind gehen konnte; und die Einführung von
Stagsegeln zusammen mit dem Besan auf den
großen Linienschiffen des 18. Jahrhunderts sollten
den Beweis liefern. In den Vereinigten Staaten jedoch war in den letzten drei Jahrzehnten des 18.
Jahrhunderts die Entwicklung des Schoners am
fortschrittlichsten, und sie brachte die beste Unter-
wasserform hervor.

Der Ausgang des 19. Jahrhunderts erwies sich für
drei-, vier- und selbst fünfmastige segelnde Handelsschiffe mit ihrer unterschiedlichen Besegelung
ebenfalls als sehr erfolgreich. Dabei bestanden die
Ladungen vorzugsweise aus Getreide, Holz, Kohlen und anderen Gütern, die im Rahmen der Entwicklung des Handels und der neuen industriellen
Technologie anfielen. Doch ihr Schicksal war
schon besiegelt, und die geschichtliche Ironie wollte es, daß sie gerade in dem Augenblick, als die Segelschiffe schneller und wirtschaftlicher als je zuvor
fuhren, vom Dampfantrieb herausgefordert und
schließlich auch verdrängt wurden. Das große Segelschiff, »eines der mächtigsten Dinge der Zivilisation, das der Menschheit zur Verfügung stand«,
mag oftmals ein Instrument des Todes gewesen
sein, es half dem Menschen aber auch, die wahren
Ausmaße seiner Welt zu entdecken. Die See verbindet mehr als sie trennt, und das große Segelschiff trug ebensoviel zur Verbreitung moderner
Ideen bei wie zur Ausbreitung des Handels.

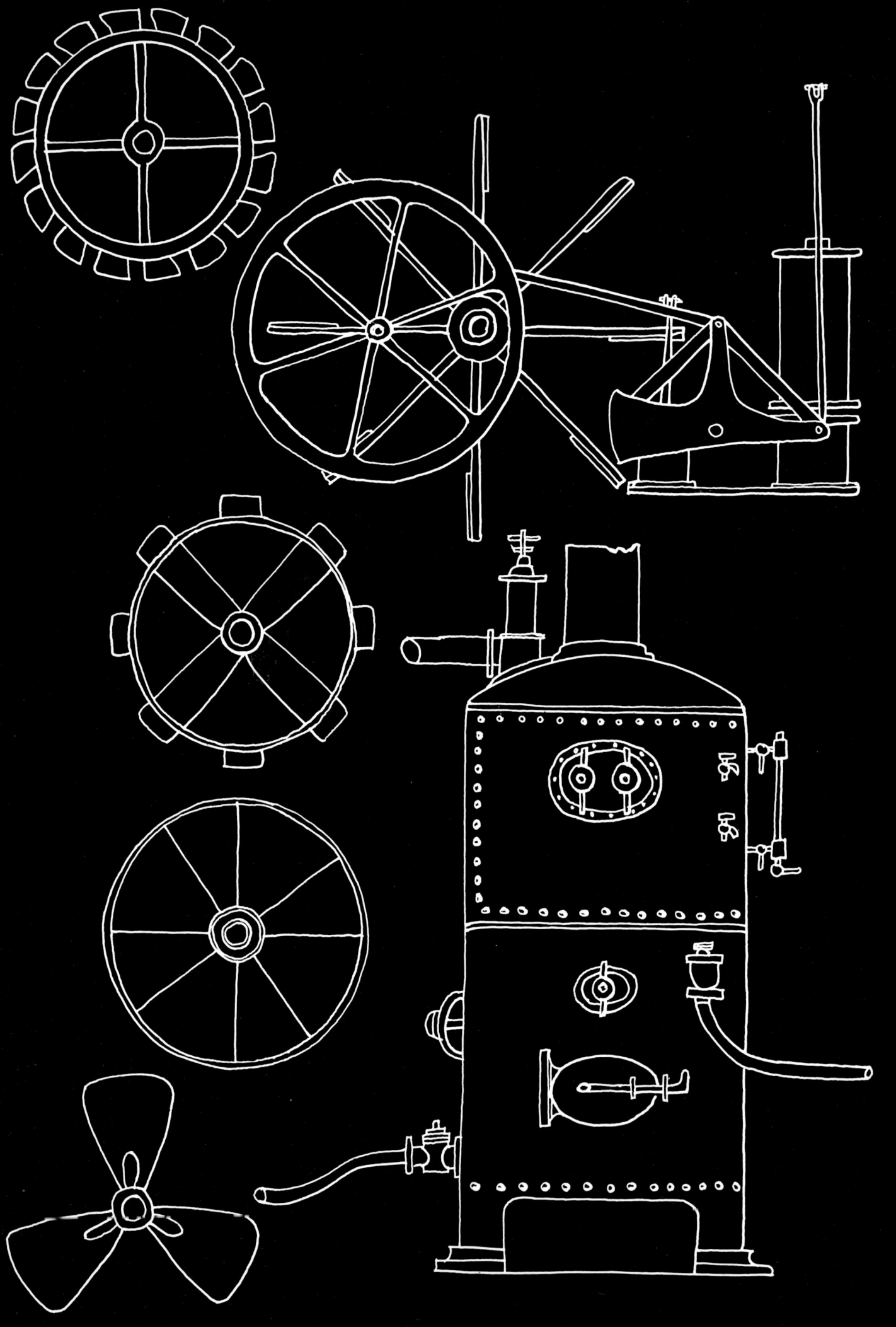

Revolution durch Dampfantrieb

Die nachhaltigsten Veränderungen in der langen Geschichte der Seefahrt brachte das 19. Jahrhundert. Die einzigen Mittel zur Fortbewegung auf See waren jahrtausendelang Riemen und Segel gewesen. Der Antrieb eines Fahrzeuges mit Riemen erfordert Muskelkraft. Eine schwierige Situation war mit der Verwendung des Windes als Antriebsmittel entstanden. Obwohl immer bessere Schiffe mit immer komplizierterer Takelung gebaut wurden, konnte der Mensch doch nicht die gewünschte Richtung einschlagen, ohne dafür einen hohen Preis an Zeit und Mühen zu zahlen. Es erschien daher sowohl logisch als auch notwendig, sich von der Sklaverei an den Riemen und von den Launen der Winde zu befreien, indem man einen mechanischen Antrieb entwickelte.

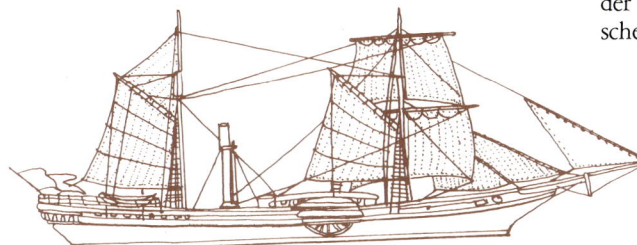

»Arciduca Ludovico« war das erste Dampfschiff der österreichischen Schiffahrtsgesellschaft Lloyd Triestino. Es wurde auf der Route zum Mittleren Osten eingesetzt (1837).

Es ist als gesichert überliefert worden, daß 263 v. Chr. der römische Konsul Appius Claudius Experimente mit Schiffen durchführen ließ, die mit von Hand getriebenen Paddelrädern bewegt wurden. Im 1. Jahrhundert v. Chr. schlug Vitruvius in seiner Abhandlung über Architektur vor, Schiffe mit Schaufelrädern anzutreiben, die von Menschen oder auch Tieren – Ochsen oder Pferde – gedreht wurden. Auch Leonardo da Vinci befaßte sich mit diesem Problem und entwarf Boote mit pedalbetriebenen Rädern. Wir wissen auch von Experimenten, die um das Jahr 1200 in China durchgeführt wurden, wo unter anderen durch Menschenkraft betriebene Räder in Kriegsschiffe eingebaut wurden. Als ziemlich sicher gilt auch, daß ein Blasco Garay 1543 in Barcelona Versuche mit einem radgetriebenen Schiff unternahm. Aber alle diese genialen Experimente verließen sich auf die Muskelkraft. Notwendig war eine stärkere Energiequelle. Zum Ausgang des 17. Jahrhunderts ersann ein französischer Physiker namens Denis Papin eine Vorrichtung, die zur Entwicklung des Dampfkessels führte. Er versuchte, die Dampfkraft nutzbar zu machen, und 1707 gelang es ihm, mit einem kleinen Boot, auf das er seinen Dampfkessel montiert hatte, auf der Fulda von Kassel bis zur Weser hinabzufahren. Aber noch immer wurden die Schaufelräder durch Menschenkraft bewegt. In den Anfangsjahren des

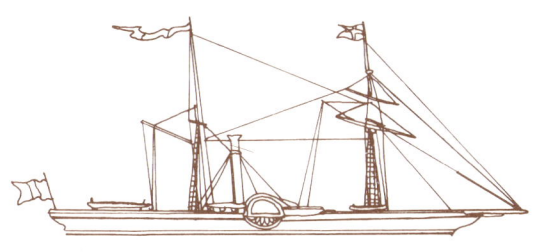

Die »Castor«, einer der ersten französischen Dampfer (1830).

Der Hull-Schlepper wurde 1736 von Jonathan Hull erbaut und mit der atmosphärischen Maschine von Newcomen ausgerüstet.

Fitchs Boot wurde 1787 gemeinsam von dem Uhrmacher John Fitch aus Connecticut und Johann Voigt erbaut und erreichte auf dem Delaware 8 kn. Eine Einzylindermaschine wie die von James Watt entwickelte bewegte auf jeder Seite 6 Paddel.

Auf seiner 1783 erbauten »Pyroscaphe« fuhr der Franzose Claude Jouffroy auf der Saône. Der Antrieb bestand aus einer doppeltwirkenden Dampfmaschine, die 2 Schaufelräder an den Seiten antrieb.

Die 1802 von William Symington erbaute »Charlotte Dundas« war in der Lage, mit einer 558-mm-Einzylinder-Dampfmaschine auf dem Forth-Clyde-Kanal in 6 Stunden zwei 70-Tonnen-Schuten 19,5 Meilen (31 km) weit zu schleppen.

18. Jahrhunderts entwickelte dann der englische Erfinder Thomas Newcomen eine »atmosphärische Maschine«.

Bei dieser Maschine strömte der Dampf mit einem etwas erhöhten Druck in einen senkrechten Zylinder. Dabei hob sich der Kolben, nicht durch den Dampfdruck, sondern mit Hilfe eines Kontergewichts. Wenn der Kolben im Zylinder seinen höchsten Punkt erreichte, wurde die Dampfzufuhr durch eine Ventilklappe unterbrochen, und niedersprühendes kaltes Wasser sorgte für Kondensation. Bei dem dadurch entstehendem Vakuum veranlasste der Außenluftdruck den Arbeitshub des Kolbens, nach dessen Beendigung sich das Ganze wiederholte.

James Watt war Feinmechaniker und baute mathematische Instrumente für die Universität von Glasgow. 1769 ließ er eine Dampfmaschine patentieren, bei der der Kolben durch Dampfdruck bewegt wurde und die Kondensation in einem vom Arbeitszylinder unabhängigen Behälter, einem Kondensator, stattfand. Watt nahm Matthew Boulton aus Birmingham zum Partner und baute zum Gelderwerb Pumpen, bis er schließlich seine Dampfkraftmaschine so weiterentwickelt hatte, daß sie zum Antrieb von Maschinen verschiedenster Art geeignet war.

Inzwischen hatte Watts Idee, die Expansion des Dampfes zum Antrieb des Kolbens zu nutzen, einen Ingenieur namens Richard Trevithick 1804 zum Bau der ersten Dampflokomotive inspiriert. Aber damit blieb die neue Energiequelle noch immer ans Land gebunden.

Die ersten handgreiflichen Erfolge auf dem Gebiet des Dampfantriebs für Wasserfahrzeuge erzielte der Franzose Marquis Claude Francois de Jouffroy d'Abbans. Nach einem teilweisen Mißerfolg mit einem 13 Meter langen Dampfboot im Jahr 1778 baute der Pariser Ingenieur ein 45 Meter langes Schaufelradboot mit einer Verdrängung von 182 Tonnen; dieses »Pyroscaphe« genannte Fahrzeug fuhr in der Nähe von Lyon 15 Minuten lang auf der Saône und kann aus diesem Grunde wohl als das erste erfolgreiche Dampfschiff angesehen werden. Die Schaufelräder der »Pyroscaphe« wurden durch eine von der liegenden doppelwirkenden Maschine bewegten Getriebestange angetrieben, deren Wirkungsweise er einer Zeichnung von Leonardo da Vinci entnommen hatte.

Bedeutende Weiterentwicklungen folgten dann in den Vereinigten Staaten. 1787 gelang es einem Kaufmann namens James Rumsey, mit einem durch eine Kraftpumpe angetriebenen Dampfboot 6,5 Kilometer den Potomac hinaufzufahren. Im gleichen Jahr dampften John Fitch und der Deutsche Johann Voigt mit einem von ihnen entwickelten Boot, dessen Maschine 12 Schaufeln (auf jeder Seite sechs) antrieben, den Delaware hinauf. Zwei Jahre später verbesserten Fitch und Voigt ihr Boot

Die »Clermont« wurde 1806 von Fulton in New York erbaut. Die Wasserverdrängung war 100 t. Das Schiff besaß einen Kupferkessel mit 0.35 at (bar), sowie eine 700-mm-Einzylinder-Dampfmaschine. 1807 erreichte die »Clermont« eine Geschwindigkeit von 4,5 kn.

und erreichten eine Geschwindigkeit von 8 Knoten (für jene Zeit ein Rekord). Sie richteten zwischen Philadelphia und Trenton, also über eine Entfernung von 50 Kilometer, einen regelmäßigen Passagierverkehr ein. Da aber die Flußreise länger als die Kutschenfahrt dauerte, brach das Unternehmen bald zusammen.

Mit finanzieller Unterstützung durch Patrick Miller gelang William Symington (1763–1831) ein weiterer Schritt vorwärts. Symington baute eine atmosphärische Maschine, die der von Newcomen glich; er setzte sie auf ein Zweirumpfboot mit zwei zwischen den Rümpfen angebrachten Schaufelrädern. Das Boot erreichte auf dem Forth-Clyde-Kanal eine Geschwindigkeit von 7 Knoten. Aber weil er einen getrennten Kondensator anschloß, hatte Symington Watts Patentrechte verletzt, worauf Miller wegen Androhung gerichtlicher Schritte dem Experiment seine Unterstützung entzog. Der hartnäckige Schotte fand einen neuen Geldgeber, und als Watts Patentrechte erloschen, baute er schnell ein anderes Dampfboot, das den Namen der Tochter seines neuen Förderers Lord Dundas erhielt. Im Verlauf der im März 1802 stattfindenden Versuche schleppte die »Charlotte Dundas« sechs Stunden lang gegen einen starken Wind zwei 70-Tonnen-Schuten über eine Strecke von 31 Kilometer. Aber da die von Symingtons Schlepper verursachten Wellen als gefährlich für die Ufer des Kanals, auf dem das Boot eingesetzt werden sollte, angesehen wurden, ließ man nach dem Tode von Lord Dundas das Projekt fallen.

Dem Amerikaner Robert Fulton schließlich sollte der Durchbruch gelingen. Der 1765 auf einer kleinen Farm in Pennsylvanien geborene Fulton studierte Kunst, obwohl seine Hauptneigung mehr mechanischen Dingen galt. Seine Gedanken waren voller Ideen und Projekte, von denen sich eines auch mit dem Bau eines Unterseebootes – der »Nautilus« – befaßte und ihn nach Paris führte, wo er den amerikanischen Botschafter Robert Livingston traf, einen begeisterten Anhänger des Dampfantriebs. Mit Livingstons Unterstützung und finanzieller Hilfe war Fulton in der Lage, ein kleines Dampfboot zu bauen, das dann auch auf der Seine fuhr, wenn auch nur mit der sehr geringen Geschwindigkeit von weniger als 3 Knoten. Aber das entmutigte Fulton nicht. Er studierte in England Symingtons »Charlotte Dundas« ebenso genau wie Watts und Boultons Werkstätten und kehrte 1806 nach New York zurück, um das Gesehene in die

Die 1812 nach Plänen von Henry Bell erbaute »Comet« war das erste dampfbetriebene Frachtschiff in Europa. Es versah den Passagierverkehr auf der Clyde zwischen Glasgow und Helensburgh und erreichte eine Geschwindigkeit von 6,5 kn.

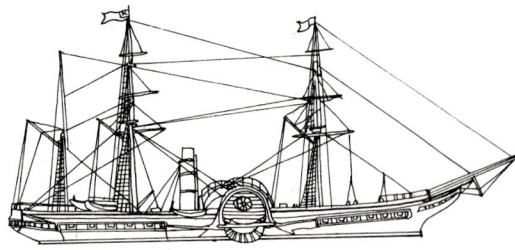

Die »Britannia« war das erste Dampfschiff der Cunard Line. Die Bruttotonnage betrug 2.050 t. Das 1840 vom Stapel gelaufene Schiff beförderte im Juli 1840 die erste auf einem Dampfer verschiffte Post von Liverpool nach Boston.

Die »Washington«, ein Dampfschiff der French Line auf der Route New York–Le Havre, hatte eine Länge von 105 m; Geschwindigkeit 12 kn, bis zu 400 Passagiere.

Die »Governolo« war ein guter hölzerner Raddampfer, der 1848/49 in England für das Königreich Sardinien-Piemont gebaut wurde.

Praxis umzusetzen. Dazu gab er den Auftrag, einen flachbodigen Rumpf mit ausgewogenen Linien zu bauen. Ein kupferner Kessel mit 0.35 at (bar) wurde eingebaut, wie auch eine von Watt und Boulton gelieferte 700-mm-Einzylindermaschine und zwei Schaufelräder mit je einem Durchmesser von 4,57 Meter auf jeder Seite. 1807 erreichte dieses Dampfboot im Verlauf der Versuche eine Geschwindigkeit von mehr als 4,5 Knoten und wurde daraufhin im regelmäßigen Passagierdienst zwischen New York und Albany eingesetzt. Nach einem Umbau im Winter begann es im Frühling seinen regelmäßigen Passagierdienst unter dem Namen »Clermont« aufzunehmen. Der Name wurde in den Annalen der Dampfschiffahrt bekannt als der des ersten Bootes, das unter Dampfantrieb kommerziell eingesetzt wurde. Doch Fulton beschränkte sich nicht auf die »Clermont«. Nach dem Erfolg war er sicher, daß der Dampfantrieb eine große Zukunft hatte, und er begann größere und bessere Boote zu bauen, unter denen das bedeutendste die »Chancellor Livingston« wurde, die schließlich auf der Strecke New York – Albany 9,25 Knoten erreichte. Das geschah 1817,

Die Dampffregatte 2. Ranges »Tuckery« hatte Schaufelradantrieb und wurde 1860 von der provisorischen Regierung Siziliens aus England angekauft.

»Principessa Clotilde«, eine von 1861–1864 in Genua erbaute Korvette 1. Klasse mit Schraubenantrieb und Unterdeckbatterie. 1866 nahm sie mit dem Geschwader der hölzernen Schiffe an der Schlacht von Lissa teil.

Die »Alabama«, ein 1862 vom Stapel gelaufenes Schiff der Konföderierten.

Die »Florida« lief 1860 vom Stapel und war ein Kaperschiff der Konföderierten. Vor Bahia wurde sie von einem Fahrzeug der Nordstaaten torpediert.

1862 von John Ericsson erbaut, war die „Monitor" ein mit Eisen gepanzertes Schiff der amerikanischen Nordstaaten-Marine.

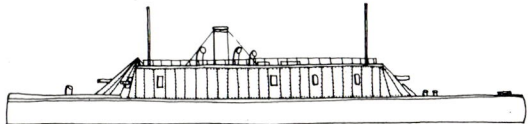

Die »Merrimack«. 1861 überholten die Konföderierten diese Dampffregatte der Nordstaaten und änderten ihren Namen in »Virginia« um.

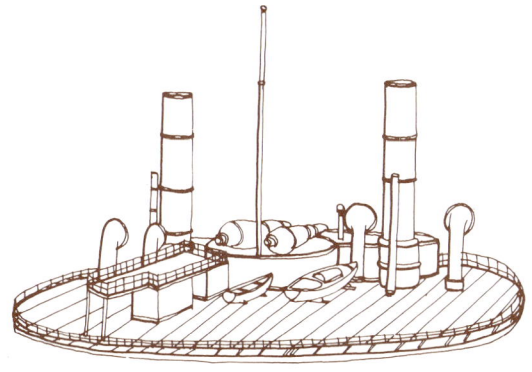

Die »Nowgorod« hatte eine runde Form mit 31 m Durchmesser, 2×30-cm-Kanonen, und wurde 1873 von der russischen Marine in Dienst gestellt.

zwei Jahre nach Fultons Tod; aber bis dahin hatte sich das Dampfboot bereits in der Flußschiffahrt der Vereinigten Staaten als lebensfähig erwiesen. Inzwischen machte sich in Europa ein anderer Mann die Prinzipien der Dampfschiffahrt zunutze. Es war der Schotte Henry Bell, der 1767 in Torphichen geboren wurde. Er begann Interesse an der Dampfmaschine zu finden, studierte die »Charlotte Dundas« und blieb sowohl mit Symington wie auch mit Fulton in enger Verbindung. Aber Bell hatte Schwierigkeiten, einen Geldgeber zu finden, und mußte erst genügend eigenes Geld zusammenbringen, bevor er in Glasgow eine Werft mit dem Bau eines Fahrzeugs beauftragen konnte, auf das er eine Maschine und einen Kessel des Watt-Typs setzte. Bells Fahrzeug hatte zwei Schaufelräder, und mit ihm begann man unter dem Namen »Comet« auf der Clyde zwischen Glasgow und Helensburgh im Sommer 1812 einen regelmäßigen Passagierdienst aufzunehmen. Die »Comet« erreichte eine Geschwindigkeit von 6,5 Knoten, und die Fahrscheine kosteten drei und vier Schillinge. Der Passagierdienst war kein geschäftlicher Erfolg, und Bell gab das Unternehmen bald auf.

Bevor wir uns späteren Entwicklungen in der Dampfschiffahrt zuwenden, mag es angebracht sein, die Prinzipien zusammenzufassen, nach denen die ersten Dampfmaschinen arbeiteten. Die Kolbenstange war an einem Ende mit einem in der Mitte gelagerten Schwinghebel verbunden und am anderen Ende mit der Kurbelwelle. Die Maschine

trieb Schaufelräder mit feststehenden Schaufeln an (später durch bewegliche Schaufeln ersetzt), die während des Eintauchvorganges mit Hilfe einer Nockenwelle und Gestängeübertragung senkrecht gehalten wurden. Solange die Maschine nur große Räder zu drehen hatte, erfüllte sie ihre Aufgabe zur vollsten Zufriedenheit. Die gesamte Dampfmaschinenanlage bestand aus Dampfkessel und Antriebsmaschine, die den Dampf in mechanische Arbeit umsetzte. Fast ein Jahrhundert lang stand der Kessel tatsächlich einer Weiterentwicklung der Dampfmaschine im Wege, denn während die Leistung der Maschinen schnell gesteigert werden konnte, erwies es sich als schwierig, Kessel zu bauen, die den für die Maschinen nötigen Dampfdruck entwickelten. Die ersten Kessel hatten die Form einer Halbkugel. Watts mobiler Kessel entwickelte nur einen Druck von 0.35 at (bar)*. Er besaß eine Rauchkammer mit einem außen angebrachten, in feuerfestem Mauerwerk ausgeführten Dampfabzug.

* Da die neue SI-Einheit »bar« der historischen at-Einheit nahezu entspricht (1 bar = 1,02 at), wird auf eine Umrechnung vor allem bei niedrigen Einheiten verzichtet.

Das erste italienische Schlachtschiff der Dreadnought-Klasse, die »Dante Alighieri«, lief 1913 vom Stapel.

Die »Duilio« wurde 1873 von B. Brin entworfen. Die Stärke des Panzers betrug in der Mitte 550 mm. Das Schiff war mit 2×100-t-Armstrong-Kanonen bewaffnet. Zwei Maschinen mit je 7710 PS (5667 kW) gestatteten eine 15-kn-Geschwindigkeit.

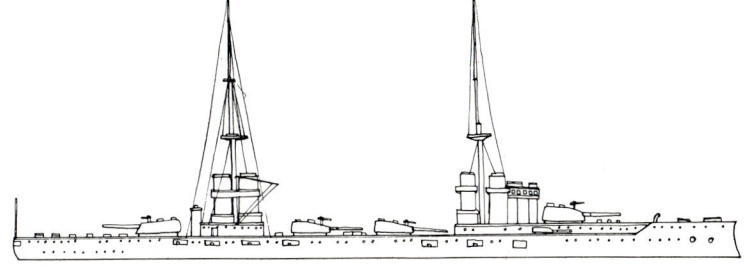

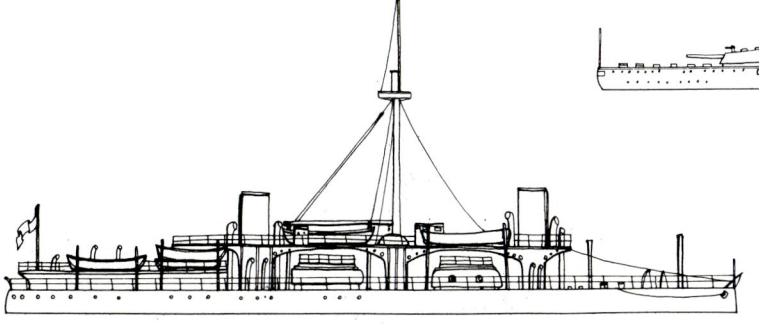

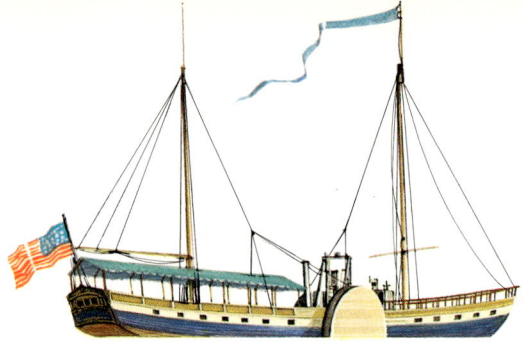

1808 von John Stevens erbaut, war die »Phoenix« das erste Dampfschiff auf der Strecke New York–Philadelphia.

Die »Savannah«, ein amerikanisches Dampf- und Segelschiff, war das erste Fahrzeug mit entfernbaren Schaufelrädern. 1819 überquerte sie den Atlantik von Savannah nach Liverpool in 27½ Tagen, von denen 85 Stunden unter Dampf und der Rest unter Segel zurückgelegt wurden.

1803 verlegte Trevithick das Feuerloch und den Dampfabzug in den Kessel einer Lokomotive. Einen Schritt vorwärts bedeutete die Einführung des Flammrohrkessels, von denen eine verbesserte Ausführung immer noch bei Dampflokomotiven verwendet wird. Eingeführt hat ihn der Franzose Marc Seguin in den Jahren 1827–1828. Den nächsten Fortschritt brachte der schottische Kessel, während die 1874 von A. C. Kirk erbaute Dreifach-Expansionsmaschine erst 1881 zum Einsatz kam, als ein Kessel entwickelt worden war, der genügend Dampf für ihren Betrieb erzeugen konnte. Rechteckige schottische Kessel für einen Kesseldruck, der 2,5 at (bar) niemals überschritt, wurden fast bis zum Ende des 19. Jahrhunderts benutzt. Der zylindrische schottische Dampfkessel erlaubte dann ei-

nen Druckanstieg bis zu 9 at (bar), und seine verbesserte Proudhon-Capus- und Howden-Johnson-Version war unbestritten bis 1930 vorherrschend, bis er schließlich durch den Wasserrohrkessel ersetzt wurde. Der erste von Stevens 1804 entwickelte Wasserrohrkessel basierte auf dem Prinzip der Wärmeübertragung durch Verdampfung des Wassers in Rohren, die vom Verbrennungsvorgang umgeben waren. Kessel dieser Art wurden in der zweiten Hälfte des 19. Jahrhunderts auf großen Kriegsschiffen eingebaut und arbeiteten mit einem Druck zwischen 13 und 20 at (bar). Auch dieser Typ wurde später verbessert und ein leichteres Modell mit kleineren Rohren entwickelt, das auch den Bedürfnissen kleinerer Schiffe entsprach. Die Kessel von Yarrow und Thornycroft, die französischen von Normads und die deutschen von Schultz und Wagner waren in der Lage, einen Druck bis zu 58 at (bar) zu liefern. Neben den gewöhnlichen Wasserkesseln wurden auch andere Arten mit erhöhten und forcierten Umlaufgeschwindigkeiten und sehr hohem Druck hergestellt, wie etwa der Schlangenrohrkessel, zu denen auch der von Sulzer und Benson gehörte; indirekt heizende wie der Loeffer-Kes-

Die »Sirius«, ein 703 t großes Dampfschiff mit Schaufelrädern, die von einer 320-PS-Maschine (237 kW) angetrieben wurden. Das Schiff verließ in Charter der British and American Company am 4. April 1838 den Hafen von Cork und erreichte am 22. April nach 18 Tagen, 10 Stunden und einer Durchschnittsgeschwindigkeit von 6,5 kn New York.

sel; solche mit Zwischenfeuerung wie bei Lamont; und die unter Druck stattfindende Verbrennung wie bei den Velox-Kesseln. Die Einführung von Überhitzern, des künstlichen Zuges und von Vorwärmern verbesserten den Wirkungsgrad dieser Kessel und machte ihren Betrieb wirtschaftlicher.

Einen wichtigen Fortschritt bedeutete in den neunziger Jahren des letzten Jahrhunderts auch die Einführung des Öls als Brennstoff. Erst dadurch wurde das genaue Regulieren des Feuers möglich; außerdem verschwand die heiße verräucherte Atmosphäre aus den Heizräumen, die bis dahin durch die Kohlenfeuerung kennzeichnend war, und die tragische Figur des Schiffsheizers gab es nicht mehr. Moderne Kesselanlagen können den Dampfdruck bei Temperaturen bis 510° C auf 60–70 at (bar) bringen und leisten bis zu 40 000 PS (ca. 30 000 kW)* Schließlich wurde die vertikal wirkende Dampfmaschine eingeführt, die direkt auf die Antriebswelle und die unter den Zylindern angebrachte Kurbelwelle wirkte. Mit der Konstruktion der nach dem Prinzip der Dreifach-Expansionsmaschine von Kirk arbeitenden Dreizylindermaschine für Hoch-, Mittel- und Niederdruck gewann man eine bessere Ausnutzung der Dampfausdehnung.

Doch nun wieder zurück in die Zeit, in der die »Comet« ihre Passagiere auf der Clyde beförderte. Obwohl Henry Bell dabei nicht reich wurde, eröffnete sich doch ein Weg für eine Anzahl anderer Handelsunternehmungen. Noch fuhren Dampfer nur auf Flüssen und gelegentlich an der Küste entlang, aber das war erst der Anfang. In den Jahren, die der Indienststellung der »Clermont« und der »Comet« folgten, entstanden viele Flußschiffahrtsgesellschaften. 1824 wurde die General Steam Navigation Company gegründet, die damit noch heute die älteste Dampfschiffahrtsgesellschaft ist. Bald befanden sich die Vereinigten Staaten und England im scharfen Wettbewerb. England hatte bereits

---

* 1 PS (historische Einheit) = 9,74 kW (SI-Einheit).

Die von J. Brunel entworfene »Great Britain«, der erste Überseedampfer mit Eisenrumpf und Schraubenantrieb. Bei 98,72 m Länge und 14,68 m Breite betrug die Tonnage 4545 t. Das Schiff hatte für die Hilfsbesegelung 6 Masten.

Um die Jahrhundertwende das größte in Dienst befindliche Dampfschiff zwischen London und Leith war die »James Watt«, 43,18 m lang und 7,77 m breit; Raddurchmesser 5,49 m.

Die »Aaron Manby« lief 1820 vom Stapel. Sie war das erste Dampfschiff mit eisernem Rumpf. Die Geschwindigkeit lag zwischen 8 und 9 kn.

Die »Great Western« war der erste Dampfer im Transatlantikdienst. Die Tonnage betrug 1319 t; Länge 71,9 m. Sie fuhr mit einer Durchschnittsgeschwindigkeit von 8,75 kn und 7 Passagieren in 15 Tagen und 5 Stunden von Bristol nach New York.

Die »Kaiser Barbarossa« war im Rahmen des von Admiral Tirpitz aufgestellten Programms zur deutschen Flottenrüstung 1901 vom Stapel gelaufen.

Das erste englische Schlachtschiff mit ausschließlichem Maschinenantrieb war die »Devastation«. Sie lief 1873 vom Stapel. Die Wasserverdrängung betrug 9536 t, Geschwindigkeit 13 kn.

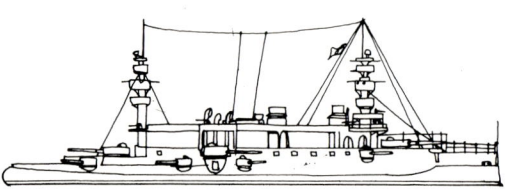

Die »Charles Martel« stellt ein typisches Beispiel der großen französischen Schlachtschiffe jener Zeit dar (1893). Die Stärke der Panzerung betrug in der Wasserlinie 450 mm und auf den Geschütztürmen 356 mm.

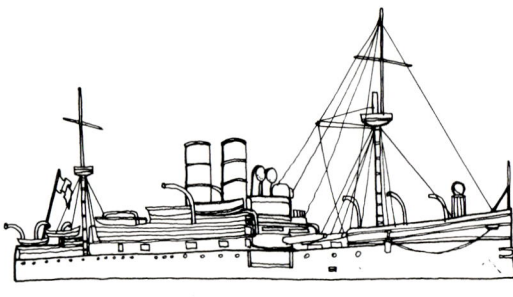

Die »Maine«, ein als Kreuzer klassifiziertes gepanzertes amerikanisches Kriegsschiff.

Das spanische Linienschiff »Pelayo«. Bei 110 m Länge betrug die Wasserverdrängung 9950 t und die Geschwindigkeit 16 kn. Das Schiff war mit 2×320-mm-, 2×280-mm- und 9×117-mm-(Einpfünder) Kanonen bewaffnet.

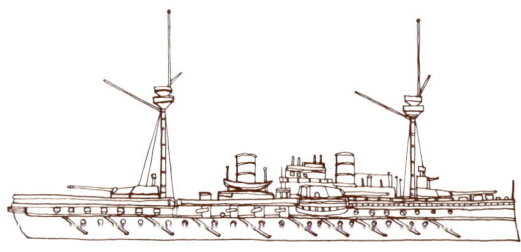

eine große Eisenindustrie und eine lange Schifffahrtstradition. Die Anlage der »Comet« diente als Prototyp für die Einführung von unten angebrachten Schwingarmen anstatt des einen oberen, wie bisher bei den Watt- und Newcomen-Maschinen.

1819 überquerte das amerikanische Schiff »Savannah« in 27 ½ Tagen den Atlantik von Savannah nach Liverpool, führte dabei allerdings nur so viel Kiefernholz mit sich, um damit die Maschine 85 Stunden in Betrieb halten zu können. Es war tatsächlich die erste Atlantiküberquerung, bei der Dampfantrieb eine Rolle spielte, obwohl es immer noch keine Überfahrt unter Dampf darstellte, denn die »Savannah« war ein Segelschiff mit Hilfsmaschine und abnehmbaren Schaufelrädern. Der größte Teil der Strecke wurde unter Segel zurückgelegt. Eine wichtigere Reise unternahm 1824 das Dampf- und Segelschiff »Enterprise« mit seiner Fahrt von London nach Kalkutta. Die 11 450 Seemeilen lange Strecke wurde in 103 Tagen zurückgelegt, davon 69 Tage unter Dampf. Aber selbst bei den fortschrittlichsten Dampfmaschinen war das Verhältnis zwischen Leistung und Gewicht zu ungünstig, vom Brennstoffverbrauch ganz zu schweigen. Die Hauptursache für die begrenzte Leistung war natürlich der geringe Dampfdruck, mit dem die Maschinen betrieben wurden. Selbst mit Materialien wie Schmiedeeisen anstatt Kupfer war es noch schwer, Kessel zu bauen, die mit ausreichender Sicherheit für einen höheren Druck als 0,35–0,50 at (bar) geeignet waren. So ließen sich während der ersten Hälfte des 19. Jahrhunderts Dampfboote wirtschaftlich vertretbar nur auf Flüssen, an den Küsten und auf kurzen Reisen über die offene See einsetzen. Auf den Ozeanen waren Segelschiffe immer noch schneller und wirtschaftlicher. Darüber hinaus besaß das Segelschiff einen erheblich größeren Freiraum für Ladung, da es nicht mit den klotzigen Kesseln, Maschinen und Bunkervorräten belastet war.

Es dauerte jedoch nicht lange, bis dank der Unternehmungslust und der Hartnäckigkeit eines englischen Ingenieurs namens Isambard K. Brunel (1806–1859) eine regelmäßige transatlantische Verbindung eingerichtet wurde. Als Ingenieur der Great Western Railway Company war er verantwortlich für den Bau einer Breitspur-Eisenbahnverbindung zwischen London–Bristol und Plymouth sowie für die Lösung aller mit der Planung von Stationen, Brücken und Überführungen verbundenen architektonischen und baulichen Probleme. Brunels Name ist verbunden mit der Konstruktion von drei berühmten Überseedampfern, der »Great Western« (1838), der »Great Britain« (1845) und der »Great Eastern« (1858).

Der erste dieser drei war für die Great Western Steamship Company in Bristol bestimmt, zu deren Gründern 1836 auch Brunel gehörte. Das 72 Meter lange hölzerne Dampfschiff mit Schaufelradantrieb

Handelsschiffe

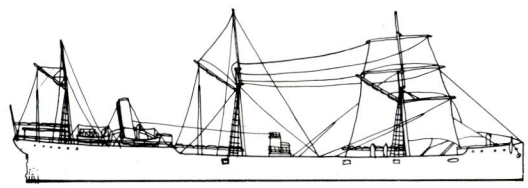

Der erste Tanker der Welt, die »Glückauf«, wurde 1885 in England erbaut. Die Tonnage betrug 2307 t. Das Schiff hatte Schraubenantrieb und eine Hilfsbesegelung.

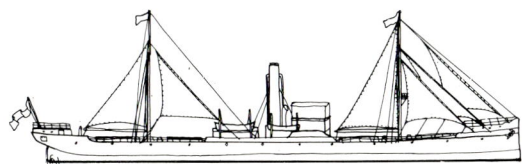

Die 1901 in Belgien erbaute »Cockerill« bietet ein gutes Beispiel für die vielen kleinen Frachtdampfer, die langsam die Segelschiffe ersetzten. Bei 88 m Länge und 13,7 m Breite verdrängte der Dampfer 2441 t.

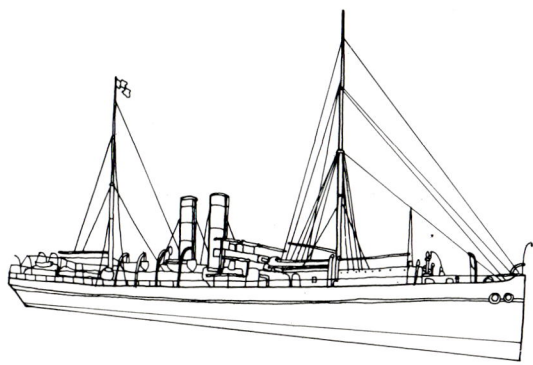

Die 1882 vom Stapel gelaufene »Ballaarat« bietet ein anderes Beispiel der Langlebigkeit von Schiffen. Sie blieb bis 1904 im Dienst, nachdem sie als Passagier- und Frachtschiff auf südlichen Routen eingesetzt worden war. Wasserverdrängung 4677 t, Geschwindigkeit 14 kn.

Die »Bowes« von 1852 war ein zwischen London und der Tyne eingesetzter Kohlendampfer, ein sogenannter Collier.

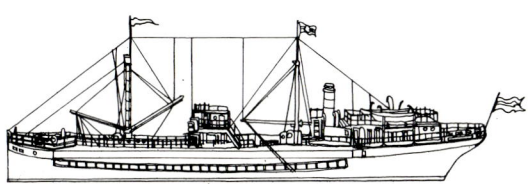

Die »Vulcanus«, ein holländisches Schiff und der erste Öltanker der Welt mit einer Dieselmaschine im Achterschiff. 1910 vom Stapel gelaufen, war sie auf der Fahrt nach Borneo eingesetzt.

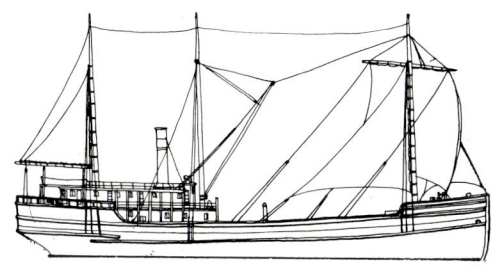

Die »Willapa«, ein im Holztransport eingesetzter sogenannter Sequoia-Schoner. Bei 54,3 m Länge und 12,2 m Breite betrug die Tonnage 752 t.

»Great Western« lief 1837 vom Stapel und wurde von zwei Maschinen angetrieben, die zusammen 750 PS (550 kW) leisteten. Die Jungfernreise nach New York, an der 111 Passagiere teilnahmen, dauerte weniger als 16 Tage.
Inzwischen hatte die 1835 in London gegründete British and American Steam Navigation Company bei einer Werft an der Clyde ein 1968 Tonnen großes Schiff in Auftrag gegeben. Wegen verzögerter Lieferung der Maschinen konnte es seine erste Reise nach New York nicht rechtzeitig antreten.

Da die Direktoren der British and American Company aber entschlossen waren, als erste einen transatlantischen Passagierdienst einzurichten, charterten sie den 703 Tonnen großen Raddampfer »Sirius«, der für den Liniendienst zwischen England und Irland vorgesehen war. Am 4. April 1838 verließ die »Sirius«, vollbeladen bis an die Reeling mit Passagieren, Ladung, Post und 400 Tonnen Kohlen, den Hafen von Cork zur Reise nach New York. Vier Tage später lief im Kielwasser der »Sirius« die »Great Western« von Bristol aus. Die »Si-

J. Brunels letzte Schöpfung war die 1858 aus Eisen erbaute »Great Eastern«. Bei 210,92 m Länge war sie 23 424 t groß. Der Antrieb des Schiffes bestand aus Schrauben und Schaufelrädern; außerdem war es mit einer Hilfsbesegelung ausgerüstet. Mit Einrichtungen für 5000 Passagiere wurde es zu einem kommerziellen Fehlschlag. Nur bei einem Einsatz als Kabelleger bei der Verlegung des Atlantikkabels (1866 bis 1874) konnte das Schiff den Eignern Geld verdienen.

Die »Alecto«, eine englische Radfregatte, mit der die englische Admiralität 1845 Versuche unternahm, um festzustellen, ob Schraubenantrieb dem Schaufelradantrieb überlegen sei.

Die 888 t große »Rattler«, das mit einem Schraubenantrieb ausgerüstete Schwesterschiff der »Alecto«. Am 3. April 1845 fand ein Schleppwettbewerb zwischen den Schiffen statt, bei dem die »Rattler« gewann und die »Alecto« mit einer Geschwindigkeit von 2,5 kn fortziehen konnte. Dieses Experiment demonstrierte die Überlegenheit des Schraubenantriebs gegenüber dem Antrieb durch Schaufelräder.

rius« war zwar maschinenmäßig schwächer (320 PS = 235 kW) als die »Great Western«, aber es gelang ihr, die Überfahrt in 18 Tagen und 10 Stunden mit einer Durchschnittsgeschwindigkeit von 6,5 Knoten zu bewältigen. Gerade als die erste Begeisterung der New Yorker nachließ, lief 12 Stunden später, nach einer nur 15 Tage und 5 Stunden dauernden Überfahrt mit einer Durchschnittsgeschwindigkeit von 8,75 Knoten, die »Great Western« in den Hafen. In der Geschichte der Schifffahrt betrachtet man die »Sirius« als das erste Schiff, das unter ständiger Benutzung seiner Maschinen den Atlantik überquerte; die »Great Western« dagegen als den ersten echten Überseedampfer.

Aber Brunel beschränkte sich nicht auf den Bau der »Great Western«. Das zweite Schiff, das der englische Ingenieur für die Great Western Company in Dienst stellte, bedeutete einen weiteren Schritt vorwärts im Bau großer Überseeschiffe. Dieses zweite, »Great Britain« genannte Schiff bestand ganz aus Eisen und besaß einen Schraubenantrieb. Diese Art des Antriebs war bereits erfolgreich angewendet worden. Nachdem Brunel Vorführungen von Versuchen der mit einer Schraube nach dem Patent von Francis Petitt Smith ausgerüsteten »Archimedes« beobachtet hatte, entschloß er sich, die bereits für die »Great Britain« entworfenen Schaufelräder durch eine große sechsflügelige Schraube zu ersetzen. Der Bau des neuen Überseedampfers bereitete eine Menge Schwierigkeiten. Unter anderem gab es keine Werft, die groß genug war, den 100 Meter langen Rumpf unterzubringen. Schließlich wurde eine Lösung gefunden, und sechs Jahre nach Baubeginn konnte die »Great Britain« 1845 vom Stapel gelassen werden. Im Juli 1846 führte sie die erste Atlantiküberquerung durch, die aber extrem langsam verlief. Erst entsprachen die Maschinen nicht der Erwartung, und dann brach einer der Schraubenflügel, so daß die

Der erste französische Überseedampfer mit dem Namen »Normandie« lief 1885 für die Compagnie Générale Transatlantique vom Stapel. Er besaß Schraubenantrieb und eine vollständige Hilfsbesegelung.

Reise unter Segel beendet werden mußte. Im September 1846 lief das Schiff vor der irischen Küste auf Grund und saß dort 18 Monate fest. Anschließend wurde es in die Australienfahrt überstellt und beendete schließlich seine Tage als Kohlenhulk auf den Falkland-Inseln. 1970 besann man sich wieder auf das alte Schiff, hob es und schleppte es auf einem Ponton nach Bristol, wo es restauriert werden

Die »City of New York«, ein 10 334 t großes Fahrzeug, war zusammen mit seinem Schwesterschiff, der »City of Chicago«, für die amerikanische Inman Line erbaut worden; der erste Zweischrauben-Überseedampfer.

Die »Oceanic« war ein revolutionäres Passagierschiff des Jahres 1871 und das erste, das moderne Kabinen für die Bequemlichkeit der Passagiere vorweisen konnte.

soll, um als schwimmendes Marinemuseum Verwendung zu finden. Die von Brunel entworfene Konstruktion hatte sich als außergewöhnlich widerstandsfähig erwiesen.

Brunels bemerkenswerteste Leistung war wahrscheinlich die »Great Eastern«, das Schiff, das seinen Erbauer das Leben kosten sollte. Bestellt wurde Brunels letztes Projekt von der Eastern Navigation Company. Doch der Schiffskörper war für den technischen Standard und die sozialen und wirtschaftlichen Bedingungen jener Zeit viel zu fortschrittlich. Mit 210,92 Meter Länge hatte es 18 914 BRT und lief nach Überwindung von Schwierigkeiten aller Art 1858 vom Stapel. Wenige Monate bevor es auf der Nordamerika-Route in Dienst gestellt wurde, starb am 15. September 1859 der vor Erschöpfung ausgebrannte Brunel. Zwischen 1860 und 1863 führte der gewaltige Liner neun Atlantiküberquerungen durch. Obwohl das Schiff für 5000 Passagiere eingerichtet war, nahmen an der elftägigen Jungfernfahrt von Southampton nach New York nur 36 Fahrgäste teil. Einer von ihnen war Jules Verne, der seine Eindrücke in einer Geschichte mit dem Titel »Die schwimmende Stadt« wiedergab. Der Betrieb der »Great Eastern« als Passagierschiff erwies sich als finanzielle Katastrophe. Später wurde das Schiff dann bei der Verlegung des Atlantikkabels eingesetzt und in den Jahren zwischen 1888 und 1891 abgewrackt. In dem Hohlraum wischen zwei Schotten fand man dabei das Skelett eines Arbeiters, was nach seemännischem Aberglauben all das Unglück, von dem das Schiff

von Anfang an verfolgt worden war, genügend erklärte. Wie es auch sei, in der »Great Eastern« konnte Brunel alle seine Talente voll unter Beweis stellen. Die Länge des Schiffes wurde erst 1899 durch die »Oceanic« übertroffen und die Bruttotonnage erst 1904 durch die der »Baltic«.

Bei der Beschreibung der Konstruktionsmerkmale der »Great Britain« wurde darauf hingewiesen, daß der Rumpf des ersten Überseedampfers mit Schraubenantrieb aus Eisen hergestellt worden war. Der erste eiserne Dampfer war die »Great Britain« dennoch nicht. Der große Fortschritt in der Eisenmetallurgie und der besonders in England bestehende Mangel an Bauholz machten die Verwendung von Eisen für den Schiffbau trotz der aus einigen Ecken geäußerten Skepsis höchst erstrebenswert. Das erste bekannt gewordene eiserne Fahrzeug war ein kleines, 1777 in Yorkshire, England, erbautes Schiff, das zum Passagierverkehr auf dem Foss-Fluß eingesetzt wurde. Von Anfang an war es klar, daß eiserne Rümpfe größere Festigkeit, mehr Raum und gegenüber dem Holz ein geringeres Gewicht besaßen.

Schon lange hatte man Eisen benutzt, um hölzerne Rümpfe zu verstärken. Alle Zweifel an der Widerstandsfähigkeit eiserner Platten wurden 1838 ausgeräumt, als der eiserne Dampfer »Gary Owen« als einziges Schiff die Strandung während eines Sturmes im Englischen Kanal überstand, der andere Schiffe an der Küste zu Wracks machte. Die Entwicklung von Farben für einen Unterwasserschutzanstrich löste auch das Problem der Korrosion. Die

An der Seeschlacht von Lissa (1866) beteiligte österreichische Schiffe

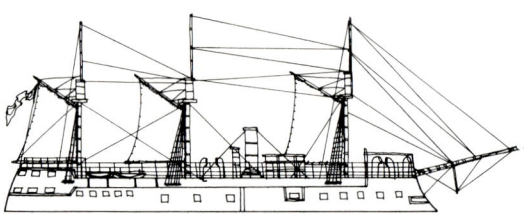

Auch »Don Juan d'Austria« war ein hölzernes Schiff mit gepanzerten Seiten. Die Tonnage betrug bei 73 m Länge 3588 t; Geschwindigkeit 11 kn; 14×21-cm-Kanonen; Besatzung 300 Mann; 1865 vom Stapel gelaufen.

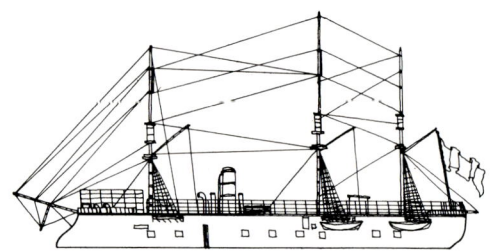

Die Panzerfregatte »Salamander«. Die Tonnage betrug bei 70,12 m Länge 3110 t; Geschwindigkeit 11,30 kn; 10×18-cm, 4×9-cm- und 2×7-cm-Kanonen; Besatzung 400 Mann; 1861 vom Stapel gelaufen.

Die »Kaiser« war ein hölzernes Schiff mit gepanzerten Seiten. Die Tonnage betrug bei 77,46 m Länge 5815 t; Geschwindigkeit 11,9 kn; 10×23-cm-, 6×9-cm und 2×7-cm-Kanonen. Besatzung 500 Mann. 1858 vom Stapel gelaufen und 1866–1868 umgebaut.

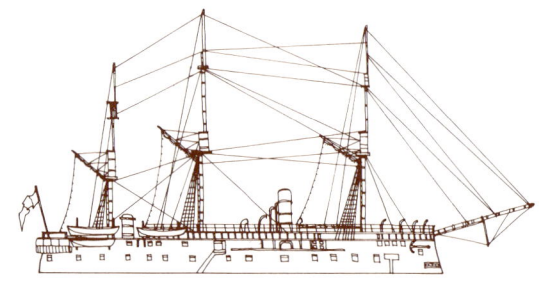

**Japanische und russische Kriegsschiffe
bei Port Arthur und Tsuschima (1905)**

»Tsuschima«, ein 1902 vom Stapel gelaufener Panzerkreuzer.

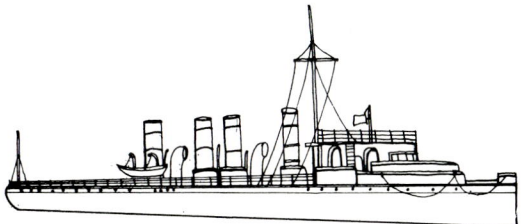

»Asagiri«, ein 1903 erbauter, 374 t großer Torpedobootzerstörer.

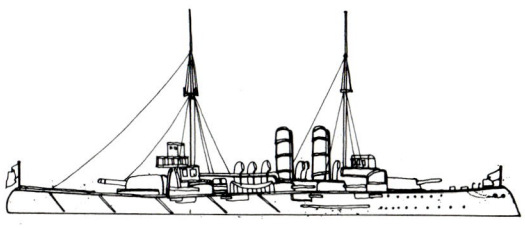

»Asahi«, ein 1900 vom Stapel gelaufenes Linienschiff der Mikasa-Klasse.

Das 1900 erbaute Linienschiff »Petropawlowsk« wurde bei Port Arthur versenkt. 11 175 t; Geschwindigkeit 16,6 kn; 4×30,5-cm- und 12×15,2-cm-Kanonen.

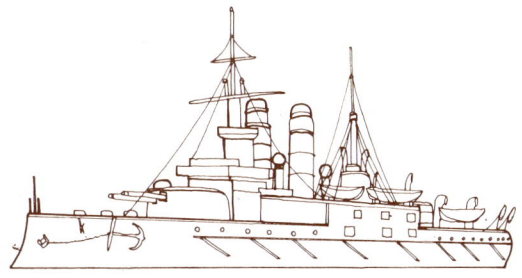

Das 1894 erbaute russische Linienschiff »Sissoi Velikji« wurde bei Tsuschima durch japanische Torpedos versenkt.

von Matthew Flinders – dem Erforscher der Gewässer um Australien – und von George B. Airy eingeführten praktischen Verbesserungen schalteten bestimmte, durch einen eisernen Rumpf verursachte magnetische Störungen des Kompasses aus.

Das erste Dampfschiff mit einem ausschließlich aus Eisen erbauten Rumpf war die seit 1820 zwischen England und der französischen Küste als Passagierschiff verkehrende »Aaron Manby«. Mit ihr wurde ein regelmäßiger, staatlich subventionierter Postdienst eingeführt, der der Handelsschiffahrt einen finanziellen Auftrieb gab und zu weiteren Entwicklungen in Sachen Dampfantrieb ermutigte.

Die im Oktober 1900 vom Stapel gelaufene »Kniaz Potemkin Tawricewski« war ein Linienschiff 1. Klasse in der kaiserlich russischen Marine. Länge 113,08 m, Breite 22,05 m; Tiefgang 8,53 m; Wasserverdrängung 12 548 t; Geschwindigkeit 18 kn; 4×30,5-cm-, 16×15,2-cm- und 12×7,5-cm-Kanonen; 4 Torpedorohre; Stärke der Panzerung von 227 mm bis 152 mm. Die »Potemkin« wurde durch die Meuterei berühmt, die am 25. Juni 1905 unter ihrer Besatzung wegen der ungenügenden Verpflegung ausbrach.

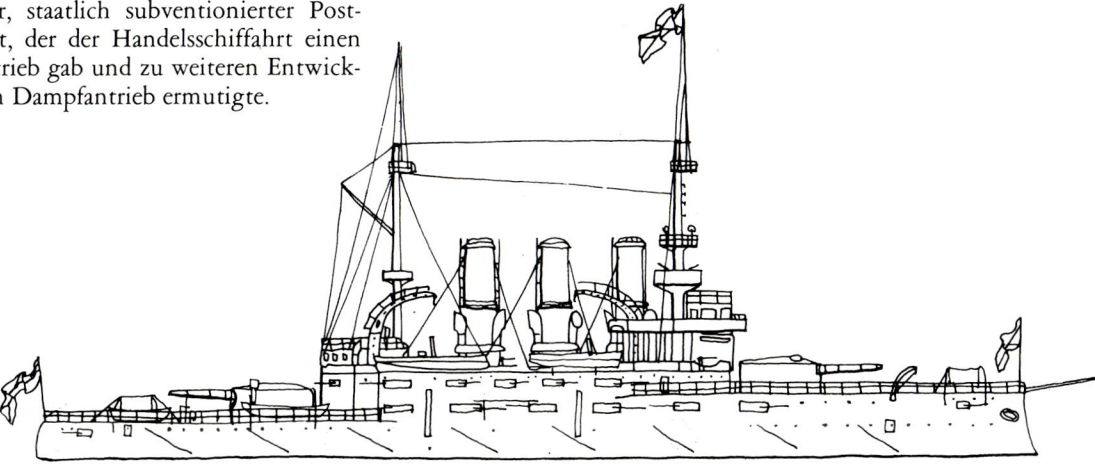

Die »Mississippi«, ein 1850 erbauter Flußdampfer mit Schaufel-rädern und typisch für alle Fahrzeuge, die auf dem über 3000 Kilometer langen Mississippi Verwendung fanden. Der Dienst zwischen New Orleans und Natchez wurde 1812 eingerichtet. Schon 1822 befuhren 35 zwischen 40 und 450 t große Boote den Mississippi.

Die »Massachusetts«, ein nordamerikanischer Passagier- und Frachtdampfer, 1887 vom Stapel gelaufen und auf der Strecke New York–Boston eingesetzt. Das Schiff besaß Schaufelradan-trieb und konnte 350 Passagiere befördern.

Die entscheidende Neuerung, die die Überlegen-heit der Dampfschiffahrt gegenüber den großen Se-gelschiffen begründen sollte, war die Einführung des Schraubenantriebs anstelle der großen zerbrech-lichen Schaufelräder. Die Verwundbarkeit der Schaufelräder sowie die begrenzte Antriebsleistung waren Ursache für das Widerstreben der Seemäch-te, Dampfmaschinen auf ihren Kriegsschiffen ein-zubauen. Es bestand auch eine gewisse Unsicher-heit darüber, inwieweit bei einer Beschießung sich ein eiserner Rumpf gegenüber einem solchen aus solidem Holz als verletzlicher erweisen würde. 1738 veröffentlichte der Schweizer Wissenschaftler Da-niel Bernouilli seine »Hydrodynamik« über das sta-tische und dynamische Verhalten von Flüssigkei-ten. Seine Arbeit hatte gewaltige praktische Aus-wirkungen für die Schiffahrt und dabei besonders für das Verhalten einer Schraube im Wasser. So-wohl Bushnell wie Fulton versuchten 1775 bzw.

Die »Karteria«, das erste in ein Seegefecht verwickelte Dampf-schiff. Es war 1826 in den Vereinigten Staaten vom Stapel gelau-fen und wurde den Griechen zur Unterstützung ihres Aufstan-des gegen das Ottomanische Reich angeboten. Das Schiff war mit 8 Kanonen sehr kleinen Kalibers bewaffnet.

1800, ihre Unterseeboote mit Schiffsschrauben zu versehen, aber wirklich praktische Resultate liefer-ten erst die Experimente des Österreichers Joseph Ressel, eines staatlichen Forstbeamten, der 1826 in Triest die Brigg »Civetta« mit einer einflügeligen Schraube ausrüstete. Zehn Jahre später ließ sich der Engländer F. Petitt Smith eine wie ein Korkenzie-her geformte hölzerne Schraube patentieren, aber das damit ausgerüstete Schiff hatte einen Unfall, wobei die halbe Länge des Propellers abbrach. Als sich darauf sofort die Geschwindigkeit des Schiffes vergrößerte, war die moderne Form der Schiffs-schraube gefunden worden.

Die letzten Zweifel wurden schließlich 1845 ausge-räumt, als die englische Admiralität einen bemer-kenswerten Schleppwettkampf zwischen zwei gleich großen und gleich starken Schiffen, der »Alecto« mit Schaufelrädern und der mit einer Schraube angetriebenen »Rattler« organisierte. Das Heck beider Schiffe wurde zu diesem Zweck mit ei-ner Trosse verbunden. Als dann die Maschinen voll voraus gingen, schleppte die »Rattler« die »Alecto« trotz deren wild arbeitenden Schaufelräder mit ei-ner Geschwindigkeit von 2,5 Knoten durch das Wasser. Dieser Versuch überzeugte, und in den kommenden Jahrzehnten vertrieb die Schiffsschrau-be das Schaufelrad vom Meer. In den größeren Ma-rinen der Erde wurde offiziell der Dampfantrieb eingeführt, obwohl die Dampfmaschine auf den klassischen Segel-Linienschiffen nur die Aufgabe ei-ner zeitweiligen Hilfsmaschine erfüllte. Die ersten Fahrzeuge dieses Typs wurden in England in Dienst gestellt. Es waren die »Ajax«, die »Horatio« und die »Nelson«, ältere, besonders für den Einbau der neuen Antriebsanlage umgebaute Schiffe. Das erste ausdrücklich für den Schraubenantrieb ge-plante Linienschiff war das englische 90-Kanonen-Schiff »Agamemnon«. Der zwischen Rußland und einer Koalition aus England, Frankreich, Türkei und Piemont ausgetragene Krimkrieg (1853–1855) bewirkte einen weiteren Schritt vorwärts. Am 30. November 1853 wurde ein türkisches Geschwader in der Bucht von Sinop von russischen Seestreit-kräften angegriffen. Die türkischen Schiffe waren alle aus Holz erbaut und wurden von der russi-schen Feuerkraft vollkommen zerstört. Dieser Vor-fall bedeutete das endgültige Ende hölzerner Kriegsschiffsrümpfe. Der Konstrukteur Dupuy de Lôme ermöglichte es Frankreich mit dem Stapellauf der »Gloire« (1859) – einer hölzernen Fregatte mit einem Batteriedeck, deren Seiten durch halbzöllige Panzerplatten (ca. 12 mm) geschützt wurden – als erstem Land, eine neue Ära des Schiffbaus zu be-ginnen. Im gleichen Jahr zog die englische Admira-lität mit der »Warrior« nach, dem ersten völlig aus Eisen erbauten Kriegsschiff der Welt, das zum Mo-dell für alle Marinen wurde. Es war immer noch mit Segeln ausgerüstet, aber zwischen Groß- und Vormast konnte man zwei zu den Kesseln gehörige

Schornsteine wahrnehmen. Die von einer 5470-PS-Maschine (4020 kW) angetriebenen Schrauben gaben dem Schiff eine Geschwindigkeit von 14,35 Knoten. Man mag es auch als das erste Schlachtschiff der Erde ansehen, obwohl der Ausdruck offiziell erst 1868 für das englische Schiff »Ocean« verwendet wurde. Die »Ocean« war auch das erste Schiff, auf dem die Kanonen in einer Mittelbatterie zusammengelegt und nicht in der klassischen Art an den Seiten des Schiffes aufgestellt wurden.

Bei der Bewaffnung vollzogen sich überhaupt revolutionäre Veränderungen. Im verstärkten Maß wurden Geschütze mit gezogenen Rohren eingeführt, die genaueres Schießen erlaubten. Hinterlader verdrängten Kanonen, die durch das Geschützrohr geladen wurden; das benötigte eine geringere Pulvermenge, und das Geschoß wurde hermetisch ins Geschützrohr eingepaßt. Die Kanonen wurden auch nicht mehr länger auf hölzernen Lafetten montiert, sondern auf soliden eisernen Rahmen, die man später durch Geschütztürme ersetzte. Als mehr und mehr Schiffe Panzerungen erhielten, mußten wiederum schwerere Geschütze entwickelt werden, für die im Laufe der Zeit Konstrukteure und Erbauer zum Bewegen, Zielen und Laden besondere Motoren einführten.

Zu Ende des 19. Jahrhunderts kamen kleine Schnellfeuerkanonen auf und Messinggeschoßhülsen, Patronen, die sowohl das Projektil wie auch die zum Abfeuern notwendige Pulverladung enthielten. Abgerundet wurde das ganze Arsenal von Waffen auf den Schiffen durch Maschinengewehre – Nordenfeldts, Gardners und Maxims –, die oftmals mehrere Läufe besaßen. Ebenso radikal war die Veränderung der Projektile; die alte Kanonenkugel mußte den langen zylindrischen Granaten weichen, deren Kopf in einer Spitze endete. Eine größere Erleichterung bedeutete auch die Einführung des rauchlosen Pulvers, weil dadurch die Luft in der Kampfzone nicht mehr völlig durch Rauchschwaden vernebelt wurde.

Der bis zum 18. Jahrhundert übliche Einsatz von Brandern wurde durch tödlichere Waffen ersetzt. Der amerikanische Bürgerkrieg sah zum erstenmal den Einsatz von Torpedos und Minen, die seitdem immer wieder verbessert wurden. Man setzte sie von Land aus, und sie detonierten entweder bei direktem Kontakt oder später auch, wenn ein Schiff im bestimmten Abstand den Zünder auslöste.

In Großbritannien trugen Willcox und Anderson erheblich zum Erfolg der Dampfschiffe bei. Ihre Postschiffe deklassierten die von der englischen Admiralität betriebenen Post-Segler. 1839 erhielt Samuel Cunard eine Regierungskonzession, um einen regelmäßigen Passagierdampferdienst zwischen Liverpool–Boston und Halifax einzurichten. Die Cunard Line nach Amerika wurde sofort zu einem Erfolg, worauf andere, darunter die amerikanische Collins Line, schnell die Idee nachahmten.

Die »Napoleon«, ein Schraubenkriegsschiff mit 92 Kanonen, das 1850 für die französische Marine vom Stapel gelaufen war. Von Stanislas Dupuy de Lôme entworfen, übertraf es in seiner Geschwindigkeit (14 kn) und Stärke alle vergleichbaren Schiffe seiner Zeit.

Die 1859 für die französische Marine erbaute Fregatte »Gloire« wird als das erste gepanzerte Schiff überhaupt angesehen. Wasserverdrängung 5528 t; Länge 78 m; Geschwindigkeit 13,5 kn; 36 gezogene Hinterladerkanonen, 6 von 24 cm und 24 von 16 cm. Gepanzert vom Deck bis 2 m unter die Wasserlinie.

Die »Warrior«, die ganz aus Eisen erbaute, 1861 vom Stapel gelaufene Antwort auf das erste französische Schlachtschiff. Wasserverdrängung 9210 t; Geschwindigkeit 14,35 kn; eine Batterie von 34×17,8-cm-Kanonen. Gepanzert mit 114 mm starken Eisenplatten, jedoch nur im Mittelteil des Rumpfes.

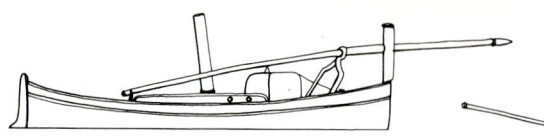

Das mit einem Torpedo ausgerüstete Rettungsboot fand 1861 in der Flotte der Konföderierten Verwendung. Die am Ende der Spiere angebrachte Bombe explodierte bei Kontakt mit einem feindlichen Schiff.

Amerikanisches Torpedoboot von 1867, dessen Explosivladung ungefähr in einer Entfernung von 8 m explodierte.

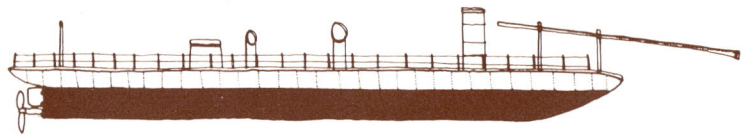

Amerikanisches Torpedoboot des Jahres 1865, das theoretisch in der Lage war, zwei Angriffe durchzuführen.

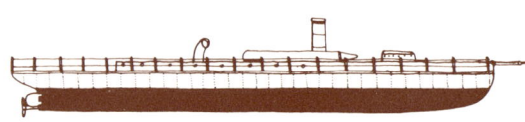

Torpedobarkasse aus dem Amerikanischen Bürgerkrieg mit Dampfantrieb und an einer Spiere angebrachter Sprengladung.

Es ist erwähnenswert, daß das 19. Jahrhundert und das frühe 20. Jahrhundert eine Zeit der Massenauswanderung von Europa nach Amerika war. Bei der überwältigenden Mehrheit der amerikanischen Einwanderer handelte es sich um unbemittelte Menschen, und die Unterbringung im Zwischendeck hatte wenig Bequemlichkeit zu bieten. In seinem »Martin Chuzzlewit« beschreibt Charles Dickens solch eine Überfahrt, und die Hoffnungen der Passagiere und die Erleichterung, nach einer langen und unbequemen Reise an Land gehen zu können. Einer der Helden der Geschichte bemerkt: »Und, dieses . . . ist das Land der Freiheit, nicht wahr? Sehr gut. Ich bin geneigt zuzustimmen. Für mich ist es jedes Land, nach so viel Wasser!«

Wenige Jahrzehnte später gab es große Überseeschiffe mit luxuriösen Kabinen für Erste-Klasse-Passagiere und selbst schon ein Minimum an Bequemlichkeit für die Einwanderer in den Zwischendecks. Zwischen 1856 und 1864 schalteten sich auch Frankreich und Deutschland in das Geschäft mit dem Überseeverkehr ein, und für das Schiff, dem die schnellste Überfahrt zwischen Europa und Nordamerika gelang, wurde eine Auszeichnung geschaffen. Die offiziellen Regeln für den Wettbe-

werb um das Blaue Band auf dem Nordatlantik wurden allerdings erst 1935 festgelegt, aber zu der Zeit konnte diese Trophäe bereits auf eine mehr als hundertjährige Geschichte zurückblicken, bei der in England gebaute Schiffe die größte Rolle gespielt hatten. Zum Ende des Jahrhunderts erschienen die Deutschen mit so hervorragenden Schnelldampfern wie »Kaiser Wilhelm der Große« des Norddeutschen Lloyd, der die Entfernung von der Isle of Wight bis Sandy Hook mit einer Durchschnittsgeschwindigkeit von 22,29 Knoten in fünf Tagen und 20 Stunden zurücklegte. Im Sommer 1900 wurde dieser Rekord von der »Deutschland« der Hamburg-Amerika Linie gebrochen. Der Direktor der Linie, Albert Ballin, war auch der erste, der seine Schiffe im Winter, wenn der Verkehr über den Atlantik nachließ, auf Kreuzfahrten einsetzte.

Diese eindrucksvollen Passagierschiffe trugen unter sich auf den Nordatlantikrouten eine Art Wettrennen aus, das nur durch eine Antriebsanlage ermöglicht wurde, die die erzeugte Dampfenergie unmittelbar in eine Drehbewegung umsetzte: die Turbine. Eine Art Vorläufer dieses Antriebs war der vor 4000 Jahren entworfene sogenannte Heronsball.

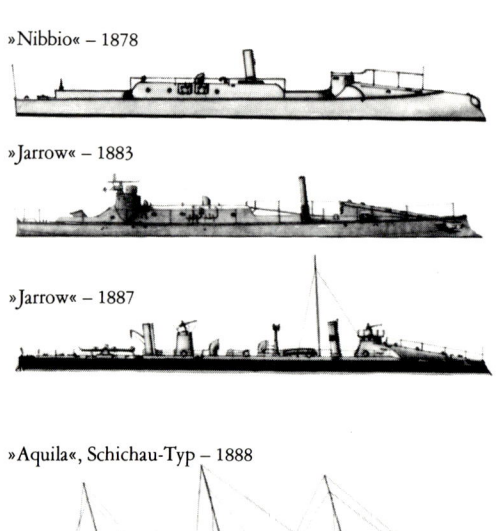

»Nibbio« – 1878

»Jarrow« – 1883

»Jarrow« – 1887

»Aquila«, Schichau-Typ – 1888

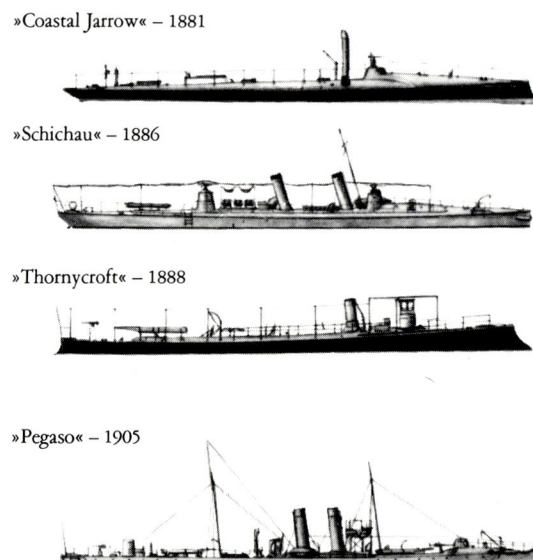

»Coastal Jarrow« – 1881

»Schichau« – 1886

»Thornycroft« – 1888

»Pegaso« – 1905

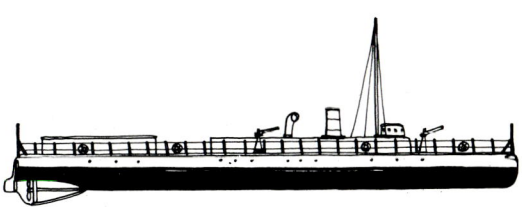

Französisches Torpedoboot vom Ende des 19. Jh. mit Torpedorohren. Geschwindigkeit 23 kn.

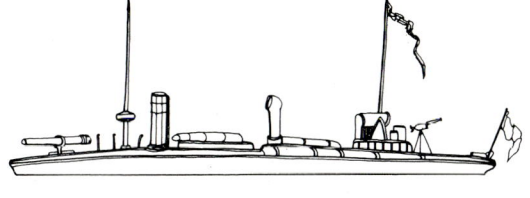

Russisches Torpedoboot von 1890. Der Torpedo hatte einen Eigenantrieb und wurde aus einem eigens dafür vorgesehenen Rohr am Bug abgefeuert.

Das 1876 erbaute englische Torpedoboot »Lightning«; 25,6 m lang, Geschwindigkeit 18 kn; es konnte aus einem Torpedorohr am Bug Torpedos abschießen.

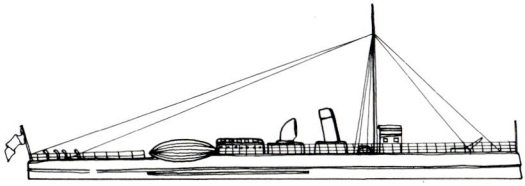

Französisches Torpedoboot von 1898 mit 2 Torpedorohren, eines davon feststehend am Bug, das andere drehbar am Heck.

Die Maschine des Giovanni Branca aus dem Jahr 1629, die aus einem von einem Dampfstrahl bewegten Schaufelrad bestand, wurde als Spaß betrachtet; und bei der Turbine des schwedischen Erfinders Laval bewegten sich die Rotoren so schnell (30 000 U/min), daß die erzeugte Energie nicht auf erheblich langsamer drehende Antriebswellen übertragen werden konnte. Der von Sir Charles Parsons 1894 entwickelten ersten, auf seiner Dampfyacht »Turbina« eingebauten Turbinenanlage, gingen die Experimente von Zoelly und Curtiss voraus. Die von drei Gruppen zu je drei Schrauben angetriebene Yacht erreichte die für jene Zeit unglaublich hohe Geschwindigkeit von 34 Knoten. 1897 wurde die Maschine anläßlich der englischen Flottenparade vor Spithead vorgeführt. Sofort übernahm danach die englische Marine die neue Antriebsanlage und setzte sie 1898 in ihren ersten Torpedobootzerstörer »Viper«.

Die Dampfturbine beseitigte alle Schwierigkeiten, die einer Verstärkung der Antriebskräfte im Wege standen, und schuf erst die Voraussetzungen zum Bau der gigantischen Passagierdampfer, die die transatlantische Handelsschiffahrt zwischen dem Ausgang des letzten Jahrhunderts und den ersten Dekaden des 20. Jahrhunderts beherrschten. Die ersten dieser neuen Schnelldampfer waren »Lusitania« und »Mauretania« der Cunard Line, auf denen für die erste Klasse Luxuskabinen vorgesehen waren und auch die Kabinen der zweiten und dritten Klasse noch recht bequem waren. Unter den Decks schwitzten die Heizer. »König Kohle«, die wichtigste Kraftquelle, regierte in dem erstickenden und rauchgefüllten Kesselraum.

22 Jahre hielt die »Mauretania« das Blaue Band trotz aller Anstrengungen ihrer zwei unmittelbaren Rivalen, der beiden Schnelldampfer der White Star Line »Olympic« (etwa 275 Meter lang, 46 439 BRT) und der unglücklichen »Titanic«. In der

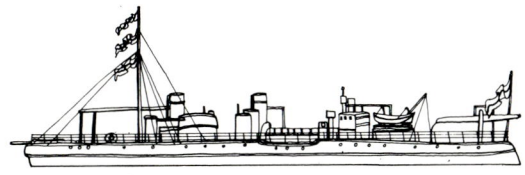

Das 1901 erbaute Hochseetorpedoboot »Audacieux«. 185 t; 30 kn; 3 Torpedorohre; 2×3-Pfünder-Kanonen.

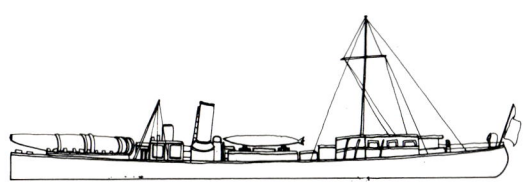

Das Hochseetorpedoboot »Lancier« erreichte eine Höchstgeschwindigkeit von 26 kn und hatte 3 Torpedorohre.

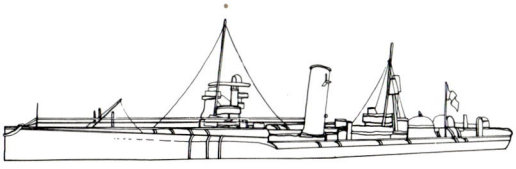

Durch die langen ungeschützten Küsten Italiens war eine Flottenrüstung lebenswichtig: Das 1905 erbaute Torpedoboot »Spica«.

»Havock« hieß der erste – zum Ende des 19. Jh. erbaute englische Torpedobootzerstörer. Länge 55 m; Breite 5,60 m; 260 t; Geschwindigkeit 26 kn; 3 Torpedorohre und kleinkalibrige Kanonen.

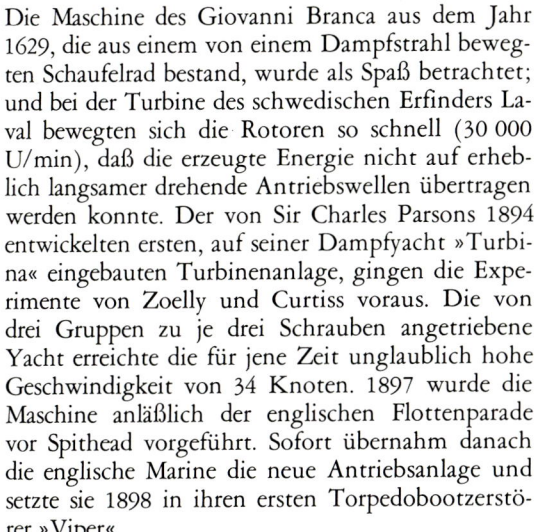

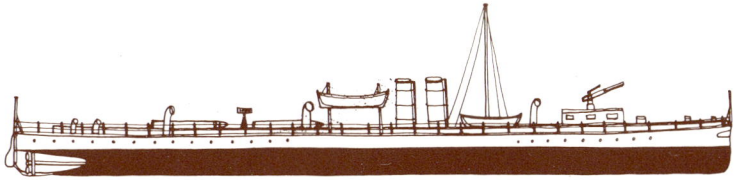

»Ferdinand Max« hieß Tegetthoffs Flaggschiff in der Seeschlacht von Lissa, wo es die Fregatte »Re d'Italia« rammte und versenkte. Der hölzerne Rumpf war an den Seiten gepanzert. Verdrängung 5059 t; Länge 79,97 m; Geschwindigkeit 10,3 kn; 14×18-cm-, 4×9-cm und 2×7-cm-Kanonen. Besatzung 482 Mann. 1865 vom Stapel gelaufen.

»Affondatore«, ein gepanzertes italienisches, zum Rammen vorgesehenes Fahrzeug. Der Rumpf war durch 127 mm dicke Panzerplatten geschützt. Das Schiff war bei Lissa dabei und wurde 1883 modernisiert. Verdrängung 4307 t; Länge 89,6 m; Geschwindigkeit 12 kn; 2×25,4-cm-Kanonen und einen eisernen Rammsteven; Besatzung 309 Mann. 1865 vom Stapel gelaufen.

Nacht des 14. April 1912 streifte die »Titanic« auf ihrer Jungfernfahrt einen Eisberg und sank. 1912 war in Deutschland die über 275 Meter lange »Imperator« vom Stapel gelaufen. Das Schiff hatte eine Bruttotonnage von 51 148 Tonnen und führte als Stevenverzierung den kaiserlichen Adler sowie das Motto: »Mein Feld ist die Welt«. Nach dem Ersten Weltkrieg fuhr das Schiff unter dem Namen »Berengaria« unter englischer Flagge für die Cunard Line. Ein Jahr nach der »Imperator« begann die »Vaterland« (290 Meter lang, 53 424 BRT) ihren Liniendienst auf dem Nordatlantik. Der letzte der

großen deutschen Transatlantikschnelldampfer dieser Zeit war die »Bismarck«, die allerdings nie unter deutscher Flagge zum Einsatz kam. Sie wurde nach dem Kriege der White Star Line zugesprochen, in »Majestic« umbenannt und war viele Jahre lang das größte Schiff der Welt.

Der letzte vor dem Ersten Weltkrieg in Dienst gestellte große Liner war Cunards »Aquitania«, vielleicht das schönste Schiff der Reederei und bestimmt eines der haltbarsten. Erst 1950, nach 36 Jahren ununterbrochenen Einsatzes, wurde das Schiff abgewrackt. Zwischen 1880 und 1890 hatten die Dampfschiffe die letzten »western ocean packets« verdrängt, jene großen schnellen Segelschiffe, die den Atlantik in 15 bis 18 Tagen überquerten.

Mit dem Stapellauf der »Warrior« waren wir bei den Kriegsflotten unserer Erde stehengeblieben. Der Entwicklungsprozeß der Kampfschiffe ist die Geschichte eines anhaltenden Wettstreits zwischen Kanone und Panzerung sowie der Männer, die hinter dem Duell standen – Männer der See, Soldaten, Schiffbauer und technische Experten. Man kann den Beginn dieser Auseinandersetzung sogar mit einem Datum belegen. Das erste Zusammentreffen gepanzerter Fahrzeuge geschah im Verlauf des Amerikanischen Bürgerkrieges am 8. bis 9. März bei Hampton Roads vor Norfolk, Virginia.

Das Treffen dieser Mastodons dauerte den ganzen Vormittag, blieb aber ohne Entscheidung. Weder der Panzer der »Monitor« noch die Panzerschienen der »Merrimack« hatten ernsthaften Schaden genommen. Es gab auch keine Toten unter den Besatzungen, nur ein paar Verwundete, darunter die Kommandanten Buchanan von der »Merrimack« und Worden von der »Monitor«. Eine andere Seeschlacht, die Auswirkungen auf die Konstruktion von Schlachtschiffen haben sollte, war das Treffen zwischen der österreichischen und der italienischen

Die »Palestro«, ein von der La-Seyne-Werft erbautes, mit Eisen gepanzertes Kanonenboot. Es stand unter dem Kommando des Fregattenkapitäns Cappellini, fing bei Lissa mitten im Kampfgetümmel Feuer und flog in die Luft, wobei die Besatzung fast vollständig getötet wurde. 4×20,3-cm- und 1×16,5-cm-Kanone. Geschwindigkeit 8 kn.

»Re d'Italia«, gepanzerte italienische Fregatte, die im Verlauf der Seeschlacht vor Lissa von »Ferdinand Max« versenkt wurde. Verdrängung 5610 t; Länge 84 m; Geschwindigkeit 12 kn; 2×20-cm-, 30×16-cm- und 4×72-cm-Kanonen; Besatzung 650 Mann. 1863 vom Stapel gelaufen.

Flotte vor Lissa am 20. Juli 1866. Als der Krieg mit Österreich unabwendbar schien, wurde die unterbewaffnete italienische Flotte in aller Eile neu ausgerüstet. Gegliedert waren die italienischen Einsatzstreitkräfte in drei Geschwader, von denen das erste unter dem Oberkommandierenden Admiral Carlo Pellion di Persano unter anderen aus sechs großen mit Eisen gepanzerten Schiffen bestand. Diesem Geschwader standen unter dem Kommando des 39jährigen Admirals Wilhelm von Tegetthoff 27 österreichische Schiffe gegenüber, davor sieben größere eisengepanzerte. Admiral Persano hätte die im Rahmen der Marineunternehmungen in der Adria strategisch bedeutsame Insel Lissa besetzen können. Er lief aber aus, ohne auf das aus ungepanzerten Holzschiffen bestehende Geschwader unter Admiral Albini zu warten, und fand sich einer allerdings nur in Ausbildung und Moral überlegenen österreichischen Flotte gegenüber. Im Verlauf des Gefechts wurde Persanos Flaggschiff, die »Re d'Italia«, von Tegetthoffs Flaggschiff »Ferdinand Max« gerammt und sank in wenigen Minuten mit 612 Mann. Es war dies die letzte Seeschlacht, in welcher der Rammsporn als Angriffswaffe eingesetzt wurde, und die erste, in der sich mit Eisen gepanzerte Kampfschiffe gegenüberstanden.

Im Russisch-Japanischen Krieg stellten gepanzerte Linienschiffe bereits den Kern der Kriegsflotten. In der Anfangsphase des Krieges bildete der russische Marinestützpunkt Port Arthur an der Spitze der kleinen chinesischen Kuantung-Halbinsel die Kulisse für die Auseinandersetzung. Hier war es auch das erste Mal, daß Japan als Nation, deren Macht nicht länger zu ignorieren war, auf der Bühne der Weltpolitik auftrat. Die Taktik des japanischen Oberkommandierenden Admiral Togo war, in schnellen und entschlossenen Unternehmungen die größere, durch die Nähe seiner Stützpunkte gegebene Einsatzmöglichkeit seiner Flotte auszuspielen. Unmittelbar nach Kriegsbeginn griffen japanische Zerstörer in der Dämmerung des 8. Februar 1904 die auf der Außenreede von Port Arthur vor Anker liegenden russischen Schiffe an und setzten drei der größten außer Gefecht. Nach zwei Versuchen, die Zufahrt durch Versenkung einiger alter Frachtschiffe zu sperren, verminten die Japaner in der Nacht des 12. zum 13. April 1904 die Gewässer vor der Festung. Die Belagerung dauerte bis zum 2. Januar 1905, dann ergab sich Port Ar-

Die »Dreadnought«, der Prototyp aller vor dem Zweiten Weltkrieg gebauten Schlachtschiffe. Sie war das erste mit Turbinen ausgerüstete Kampfschiff der Welt, als sie 1906 vom Stapel lief. Verdrängung 17 900 t; Länge 160 m; Geschwindigkeit 21 kn; 10×30,5-cm-Kanonen und 24 kleineren Kalibers; Besatzung 800 Mann.

Die »Mikasa«, in der Seeschlacht von Tsuschima (27.–28. Mai 1905) Flaggschiff von Admiral Togo. Verdrängung 15 200 t; Länge 125 m; Geschwindigkeit 18,5 kn; 4×30,5-cm-, 14×15,2-cm-Geschütze und 32 kleinkalibrige Kanonen; Besatzung 770 Mann. 1899 vom Stapel gelaufen.

Die 1892 erbaute »Royal Sovereign«, ein englisches Schlachtschiff mit Stahlrumpf. Verdrängung 14 150 t; Länge ca. 116 m; 4×34-cm-Geschütze und 38 leichtere Kanonen.

Die 1863 vom Stapel gelaufene »Castelfidardo«, eine in den Jahren 1870 bis 1880 modernisierte Dampffregatte mit gemischtem Antrieb. Verdrängung 4183 t; Geschwindigkeit 13 kn; 32×16-cm- und 4×7,2-cm-Kanonen. Sie nahm 1866 an der Seeschlacht vor Lissa teil.

Die »Terrible«, eine mit Eisen gepanzerte schwimmende Batterie, die 1860 auf der La-Seyne-Werft für die sardinisch-piemontesische Marine vom Stapel lief.

136

Die »Turbina«, ein kleines, 44 ½ t großes Vergnügungsfahrzeug, in das Charles Parsons seine 980 PS (721 kW) starke, mit 2200 U/min. laufende Turbine 1894 einbaute. Zum erstenmal wurde damit Lavals Versuch in der Praxis erprobt. 1897 erreichte das Boot mit der von Parsons erbauten Reaktionsturbine eine Geschwindigkeit von 34,5 kn.

Die »Viper«, der erste 1900 bei der Hawthorn-Leslie-Werft in England erbaute Torpedobootzerstörer mit Dampfturbinenantrieb. 363 t; Geschwindigkeit 37 kn.

thur zusammen mit den noch verbliebenen russischen Schiffen. Der russischen Regierung war es inzwischen gelungen, eine zweite Flotte zusammenzustellen, die am 15. Oktober 1904 von Reval am Finnischen Meerbusen auslief. Alle diese Schiffe von der Ostsee zum Gelben Meer in Marsch zu setzen, bedeutete zweifellos eine große Leistung. Die unter dem Kommando des Admirals Rojestwenski durchgeführte lange und schwierige Reise ließ alle bei der Vorbereitung und Ausbildung gemachten Fehler um so stärker erkennen. Schließlich lief noch ein aus älteren Schiffen zusammengestelltes drittes Geschwader unter Admiral Njebogatow aus und traf sich Mitte Mai 1905 mit dem Rest der Flotte vor Indonesien. Port Arthur war inzwischen gefallen und Rojestwenskis Aufgabe dadurch ziemlich aussichtslos geworden. Vom 27. Mai um 13.30 Uhr bis 9.30 Uhr am 28. Mai 1905 wurde in der Straße von Tsuschima eine der vernichtendsten

Seeschlachten der Geschichte ausgetragen. Mit Unterstützung der bewegten See und des heftigen Windes unternahm Togo einen entschlossenen Angriff, aus dem er als Sieger hervorging. Vier russische Linienschiffe, darunter das Flaggschiff des Oberkommandierenden, die »Suwarow«, wurden ebenso auf den Grund des Meeres geschickt wie sechs Fahrzeuge aus Njebogatows Geschwader, dessen Flaggschiff, die »Imperator Nicolai I.« sich mit dem Befehlshaber des 3. Geschwaders an Bord ergab. Die »Admiral Ushako« wurde von der eigenen Besatzung versenkt, um sie nicht in Feindeshand fallen zu lassen, und fünf andere Schiffe, darunter zwei alte Küstenpanzerschiffe, hißten die weiße Flagge. Nicht eines der größeren japanischen Schiffe ging verloren, und das einzige Fahrzeug mit ernsthaften Beschädigungen war ein kleiner Kreuzer. Der kampfentscheidende Faktor war sowohl die bessere Manövrierfähigkeit der japanischen Linienschiffe »Mikasa«, »Shikishima«, »Fuji« und »Asahi«, wie auch die höhere Feuergeschwindigkeit ihrer Kanonen.

Die schwere Artillerie sollte von nun an in allen zwischen Schlachtschiffen ausgetragenen Treffen die entscheidende Bedeutung erhalten. Der »cult of the big bang« – die schwere Artillerie mit ihren 30,5-cm-Geschützen und einer Reichweite von mehr als 6000 Metern – wurde ebenso zum Hauptanliegen bei der Konstruktion neuer Schlachtschiffe, wie hohe Geschwindigkeit und starke Panzerplatten. Am besten erfüllt wurden diese Forderungen bei dem 1906 unter der Verantwortung von Lord Fisher in England erbauten gepanzerten schnellen Schlachtschiff »Dreadnought«. Dieses Schiff ließ umgehend alle zuvor gebauten gepanzerten Schiffe, darunter die eindrucksvollen, 1876 von Benedetto Brin erbauten italienischen Linienschiffe »Duilio« und »Dandolo«, sowie die französische »Martel« und die auf Betreiben von Admiral Tirpitz zwischen 1890 und 1900 erbauten Linienschiffe der Kaiser-Klasse zu altem Eisen werden. Mit ihren fast lautlosen, von ölgeheizten Kesseln betriebenen Turbinen, den an lebenswichtigen Stellen fast 30 cm

1897 wurden auf dem russischen Zerstörer »Wiborg« erstmalig ölbefeuerte Kessel in Betrieb genommen, die die Betriebskosten des Schiffes verringerten.

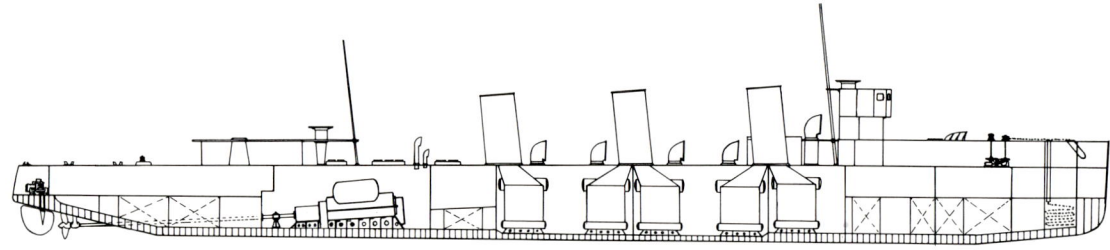

starken Panzerplatten, ihren zehn 30,5-cm-Geschützen und einer Wasserverdrängung von 17 912 Tonnen, leitete sie ein vollkommen neues Zeitalter im Kriegsschiffbau ein. Dem englischen Beispiel folgten schnell unter anderen die Deutschen, Italiener, Russen und Franzosen. Mit der Kiellegung der »Texas« und der »New York« (1912 bzw. 1914 vom Stapel gelaufen) mit ihren mehr als 27 000 Tonnen und den auffallenden Gittermasten hatten auch die Amerikaner mit dem Bau gewaltiger Schlachtschiffe begonnen. Auch weniger schwer gepanzerte Einheiten mit großkalibrigen Kanonen, die man dann Schlachtkreuzer nannte, wurden gebaut. Das erste Schiff dieser neuen Klasse war die 1908 vom Stapel gelaufene »Invincible«. England und Deutschland setzten diesen Schiffstyp während beider Weltkriege gegeneinander ein.

Dampf- und Schraubenantrieb machten einen Teil der industriellen Revolution aus, die zusammen mit der kolonialen Expansion dem 19. Jahrhundert ihren Stempel aufdrückte und den unausweichlichen Niedergang der großartigen Segelschiffe in den Kriegs- und Handelsmarinen verursachte. Auf diesem Gebiet fand dann in Amerika mit dem berühmten Klipper, dem für das 19. Jahrhundert typischen Segelschiff, eine der letzten eindrucksvollen Entwicklungen ihren Ausdruck. Er besaß einen langen niedrigen Rumpf, der an Bug und Heck spitz zulief. Mit ihrer hochentwickelten Takelung wurden die Klipper wegen ihrer Schnelligkeit auf der ganzen Erde berühmt. Die Schiffe waren der letzte Versuche einer wirtschaftlichen Alternative gegenüber den neuen Dampfschiffen, und es gab Augenblicke, in denen es schien, als ob die neuentwickelten Segelschiffe die Mitbewerber unter Dampf deklassieren könnten. Denn trotz verbesserter und wirtschaftlicherer Maschinen hatte der Frachtdampfer auf manchen Handelsrouten keine Chance gegen das ohne Bunkerkosten fahrende Segelschiff. Von 1890 an begannen die großen Segelschiffe auf den Handelsrouten nach Kalifornien, Peru, Chile und Australien ihren letzten Kampf gegen die Schiffsschraube. Die hauptsächlich bei der schnellen Verschiffung von Tee zwischen China und Europa eingesetzten englischen oder amerikanischen Klipper fanden Nachfolger in den »western ocean packets« (hauptsächlich Passagierschiffen), schließlich als Schwanengesang in den großen Ladungsschleppern mit ihren vier, fünf, sechs und sogar sieben Masten. Alle diese großartigen Anstrengungen erwiesen sich als vergeblich, selbst als die Verwendung von Eisen und Stahl das Gewicht der Segelschiffe verringerte, mehr Raum für die Ladung schuf und den Bau wirtschaftlicher gestaltete. Die jahrhundertealte Geschichte der Segelschiffe fand im wesentlichen mit dem 19. Jahrhundert ihr Ende, in der Erinnerung nur noch wachgehalten durch wenige als Museum konservierte oder als Schulschiffe eingesetzte Segelschiffe.

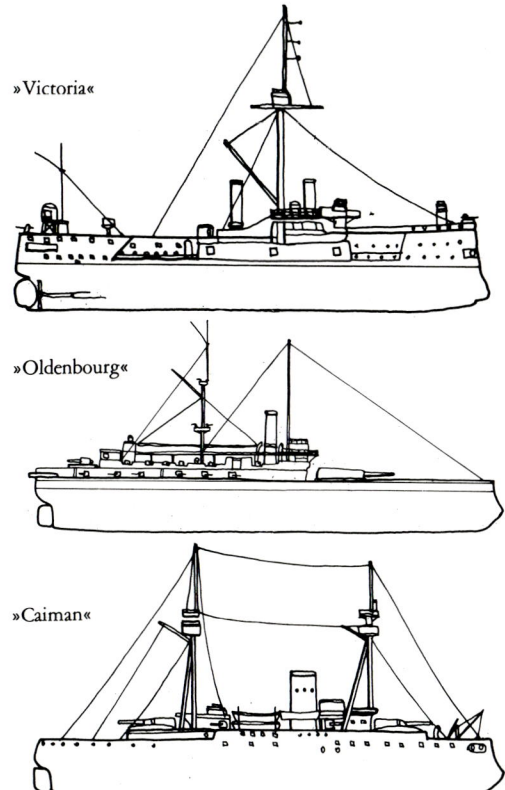

»Victoria«

»Oldenbourg«

»Caiman«

Der moderne Kreuzer wurde zwischen 1880 und 1890 entwickelt. Er wurde mit Hinterladergeschützen bewaffnet und mit verbesserten Maschinen ausgerüstet. Durch seine Stahlkonstruktion erzielte man große Gewichtsersparnis und erhöhte Geschwindigkeit. 1887 wurden alle unmodern gewordenen Schiffe – Fregatten, Korvetten – in der Royal Navy als Kreuzer klassifiziert, eine Maßnahme, die bald von anderen Marinen übernommen wurde.

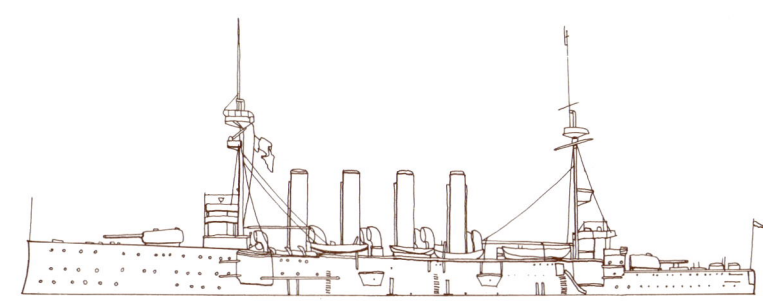

Die »Cressy«, der erste einer Serie von 6 Panzerkreuzern, lief am 4. Dezember 1899 in England vom Stapel. Das Schiff erreichte eine Geschwindigkeit von 20 kn und besaß eine Wasserverdrängung von 11 810 t.

Die 1883 bei Cantiere Orlando in Livorno vom Stapel gelaufene »Lepanto« war ein Vorläufer der Schlachtkreuzer. Das Schiff war von B. Brin entworfen worden und besaß fast keine Panzerung. 13 678 t; Geschwindigkeit 18 kn; 8×15,2-cm-Kanonen und Torpedoabwehrwaffen. Das Schiff konnte eine ganze Division an Bord nehmen. 1914 außer Dienst gestellt.

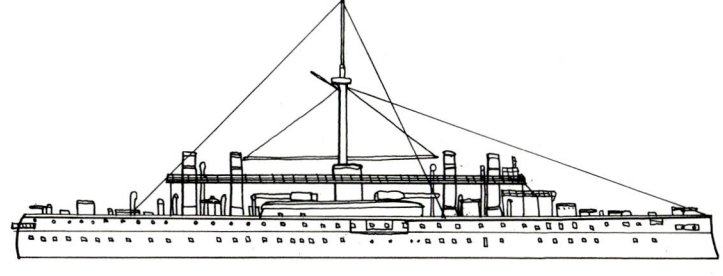

In der zweiten Hälfte des 19. Jahrhunderts schien für die letzten großen segelnden Handelsschiffe noch einmal die Sonne, als am 23. Oktober 1848 ein Mann namens Marshall das erste Goldnugget in einem Fluß in Kalifornien aufblitzen sah. Damit begann eine der größten Menschenwanderungen neuerer Zeit. Massen von Abenteurern, Träumern, Spekulanten, von Männern, die nichts zu verlieren hatten, drängten von der Ostküste und Europa zum neuen Eldorado. Diese Goldsucher umrundeten mit Segelschiffen auf der langen und gefährlichen Route Kap Hoorn und landeten in der zu jener Zeit noch kleinen Ortschaft San Francisco. 1853 brachten Segelschiffe englische Kohlen nach Indien und China. 1870 half kaledonisches Nickelerz den majestätischen Segelschiffen, ihren oft sogar erfolgreichen Wettbewerb gegen das Dampfschiff weiterzuführen. Das Jahr 1875 war durch den großen Auswandererstrom nach Australien gekennzeichnet, und 1876 füllten die Segelschiffe ihre Laderäume mit Fässern voll von amerikanischem Öl. Nach 1890 waren diese Schiffe mit ihrer Geschwindigkeit, billigen Baukosten und den – dank moderner Besegelung und der Brasswinden – geringen Besatzung wirtschaftlich vorteilhaft in Fahrt zu halten.

Zur gleichen Zeit nahm die Tonnage der Langreise-Segelschiffe vor allem im nördlichen Europa noch ständig zu. 1895 war die frachtfahrende Segelschifflotte der westlichen Staaten auf ungefähr 10

Die »Thomas W. Lawson«, ein für den Transport von Bulkladungen vorgesehener 5218 t großer Siebenmastschoner. Die Segelfläche betrug 4000 qm; Länge 123 m; Breite 15 m.

Die »James Baines«, ein berühmter, von Donald Mackay gebauter Wollklipper, der den Namen seines Auftraggebers trug. Er war in der Australienfahrt eingesetzt; auf seiner Jungfernfahrt 1852 segelte er in 68 Tagen von London nach Melbourne. 2275 t; Länge 88 m; Breite 13,6 m.

Die »France II«, das größte je gebaute, allerdings mit zwei Hilfsmaschinen ausgerüstete Segelschiff. (Das größte echte Segelschiff war das etwa gleichgroße deutsche Fünfmastvollschiff »Preußen«.) Sie war über 130 m lang und hatte eine Ladefähigkeit von 8000 t. Das mit ausgezeichneten Passagierkabinen ausgestattete, 1911 in Nantes vom Stapel gelaufene Schiff sank vor Neukaledonien, nachdem es auf ein Riff gelaufen war.

Millionen Tonnen angewachsen. Bei den Viermastern stieg die Wasserverdrängung von anfänglich
2460 Tonnen bis auf 4430 Tonnen. Nach einem abschließenden Neubau-Boom in den letzten 20 Jahren des Jahrhunderts gab es etwa noch 5000 Segelschiffe unter englischer Flagge, etwa 1200 unter
französischer, fast ebenso viel unter schwedischer,
1000 unter deutscher und ungefähr 2000 unter norwegischer Flagge. Aber Dampf sorgte dafür, daß
auch bald die letzten der »weiß beschwingten Vögel gleichenden Schiffe« ausstarben.

Die »Star of India«, ein schneller Kolonialklipper. Das in Kompositbauweise erbaute Schiff war in der Stückgut- und Passagierfahrt nach den englischen Kolonien in Asien, Indonesien, Neuseeland und Australien eingesetzt.

Die 1468 t große »Lightning« war einer der berühmtesten Klipper. Länge 85 m; Breite 13,4 m. Das 1854 auf der Werft von
Donald Mackay in Boston erbaute Schiff setzte eine Segelfläche
von 1200 qm, mit der es unter optimalen Bedingungen eine Geschwindigkeit von 18 kn erreichte.

Die »Elsie«, ein 1910 vom Stapel gelaufener eleganter Schoner. Diese sogenannten »Gloucesterschoner« hatten eine runde Bugform und wurden zum Fischfang auf den Neufundlandbänken eingesetzt.

Ein zwischen 100 und 300 t großer Schoner mit 2 Masten, wie er heute noch als Vergnügungsfahrzeug anzutreffen ist.

DAS SEGEL

Der Wind ist eingefangen

Die älteste bekannte Wiedergabe eines Bootes mit Segel zeigt die Malerei auf einer ägyptischen Vase aus der prädynastischen Periode und stammt wahrscheinlich aus der Zeit um 4000 v. Chr. Tausende von Jahren hindurch stellte das viereckige Rahsegel die verbreitetste Methode der Fortbewegung auf dem Meere dar. Man konnte damit nur vor dem Winde segeln und bei ablandigen Winden leicht von der Küste abhalten, wenn schlechtes Wetter eine Landung verhinderte. Alle seefahrenden Völker des Mittelmeeres, darunter auch Griechen und Römer, benutzten das Rahsegel. Im nördlichen Europa wurde es ursprünglich aus handgewebter Wolle hergestellt und auf der Oberfläche mit kreuzweise diagonallaufendem Tauwerk verstärkt, um es auf diese Weise vor dem Zerreißen durch die Einwirkung des Windes zu bewahren. Auf ihren größeren Schiffen benutzten die Wikinger Stoffsegel, die ganz steif gehalten werden konnten und so die Antriebskraft des Windes besser ausnutzten. Mit solchen Segeln und rudernd unternahmen die unerschrockenen skandinavischen Seefahrer ihre langen Reisen auf den europäischen Gewässern und auf dem Atlantik. Im späteren Mittelalter hatten die Schiffe bereits zwei oder sogar drei Masten, und zum Ende des 15. Jh. wurde am Großmast ein zusätzliches Segel gebräuchlich. Es war kleiner als das Großsegel und wurde über dem ursprünglich an der Spitze des Mastes befindlichen Mastkorb gesetzt. Für das am Großmast gesetzte zweite Segel bürgerte sich die Bezeichnung Toppsegel ein.

Um die Mitte des 15. Jh. waren Schiffe und Segel größer geworden. Ein großes 3mastiges Schiff jener Zeit war – technisch gesehen – mit 6 Segeln getakelt; jeweils 2 am Vor- und Großmast und eines am Besanmast. Das sechste, das Sprietsegel, wurde am Bugspriet, jenem fast horizontal über den Steven hinausragenden Mast, zur Unterstützung beim »über Stag gehen« und Kursänderungen gesetzt. Zu dieser Zeit hatte das Besansegel immer noch die gleiche dreieckige Form, die es seit dem vermutlichen Auftauchen des Lateinersegels im Mittelmeer um das 9. Jh. besaß. Es dürfte von den Arabern eingeführt worden sein und blieb bis zum 13. Jh., als die Schiffe sowohl mit Rah- und Lateinersegeln getakelt wurden, im Mittelmeer das vorherrschende Segel.

Als die Takelung auf immer größeren Schiffen immer komplizierter wurde, kam es mit der Zeit in der Besegelung zu einer

1. Unterbesansegel – 2. Oberbesansegel – 3. Gaffeltoppsegel – 4. Besanstagsegel – 5. Besanstengestagsegel – 6. Flieger – 7. Baginsegel – 8. Kreuzuntermarssegel – 9. Kreuzobermarssegel 10. Kreuzunterbramsegel – 11. Kreuzoberbramsegel – 12. Kreuzroyalsegel – 13. Kreuzstengestagsegel – 14. Kreuzbramstagsegel – 15. Kreuzroyalstagsegel – 16. Großsegel – 17. Großuntermarssegel – 18. Großobermarssegel – 19. Großunterbramsegel – 20. Großoberbramsegel – 21. Großroyalsegel – 22. Großstengestagsegel – 23. Großbramstagsegel – 24. Großroyalstagsegel – 25. Fock – 26. Voruntermarssegel – 27. Vorobermarssegel – 28. Vorunterbramsegel – 29. Voroberbramsegel 30. Vorroyalsegel – 31. Vorstengestagsegel – 32. Binnenklüver 33. Außenklüver – 34. Jager.

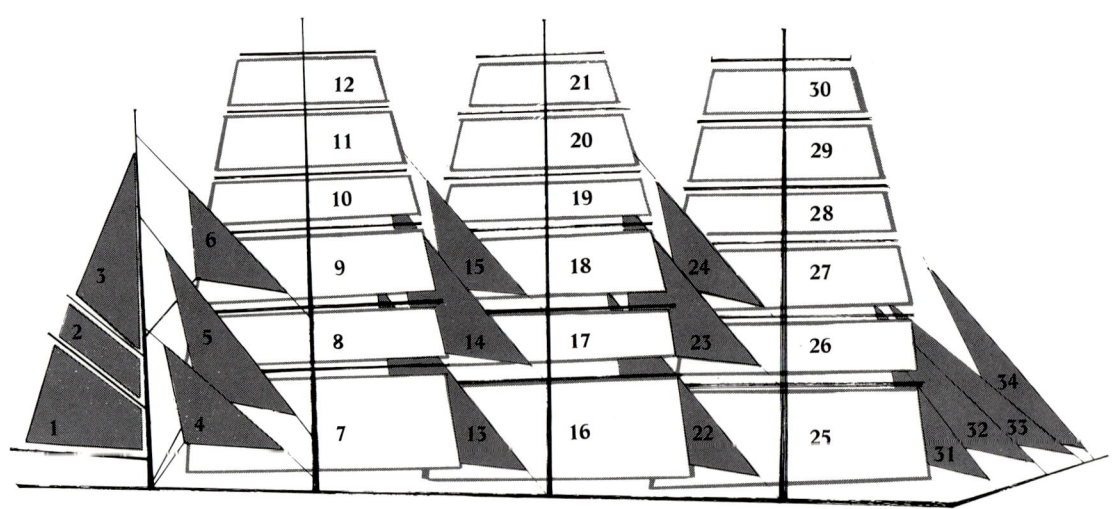

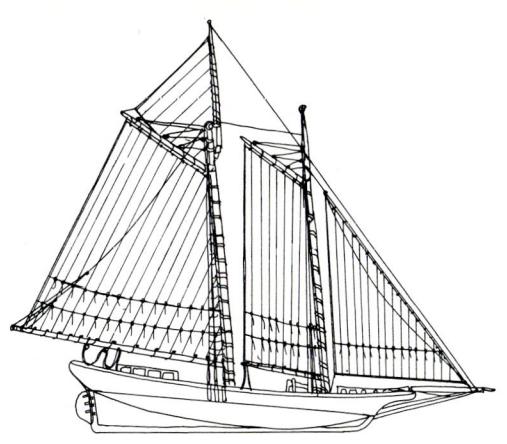

Die »E. W. Morrison«, ein klassischer Gaffelschoner, sehr leistungsfähig und leicht zu handhaben.

Die 1847 erbaute »Romp«, ein wie ein Klipper gebauter Fischschoner der Neufundlandbänke.

Angleichung zwischen der im Mittelmeer und in Nordeuropa üblichen Art. Während Rahsegel bei achterlichen Winden von Vorteil waren, konnte man mit dem »dichtgeholten« Lateinersegel »hoch an den Wind gehen«, was bedeutet, daß man das Segel in einem spitzeren Winkel zur Windrichtung setzen konnte. Das Lateinersegel war damit Vorläufer des Schonersegels und wurde bis zur Mitte des 18. Jh. international als Besansegel beibehalten.

Der Klüver war eine Neuerung holländischen Ursprungs. Dieses dreieckige Segel wurde an einer über den Bugspriet hinausragenden, Klüverbaum genannten, Spiere gesetzt. Dieses Segel bewies bald seinen Wert und ersetzte Anfang des 18. Jh. die viereckigen Segel am Bugspriet (das Spritsegel und ein zusätzliches, im frühen 17. Jh. eingeführtes kleineres Segel). Stagsegel genannte dreieckige Segel fuhr man zwischen den Masten; auch diese waren größer geworden und konnten daher 3 oder selbst 4 Rahsegel tragen. In der nachnapoleonischen Zeit wurde noch ein fünftes Segel eingeführt, bis die Rahtakelung schließlich in den amerikanischen und englischen Klipperschiffen ihre höchste Vollendung fand und bei den letzten großen aus Eisen oder Stahl erbauten Segelschiffen im wesentlichen beibehalten wurde. In der Mitte des 17. Jh. wurde aus dem Lateinerbesansegel das moderne Besansegel, das zwar immer noch längsschiffs gesetzt wurde, aber in seiner Trapezform zwischen Gaffel und Besanbaum oben und unten horizontal gehalten, mit seiner Vorkante am Mast befestigt war.

Außer Klüvern und Besan wurden besonders auf kleinen Fahrzeugen auch andere längsschiffs gesetzte Segel eingeführt, wie

etwa die rechteckigen Segel, die von einer vom Fuß das Mastes bis zur oberen äußeren Spitze des Segels führenden Spiere gehalten wurden; oder die von einer schrägen Rah getragenen Luggersegel.

Während des 19. Jh. wurde dann die Gaffelbesegelung auf großen Handelssegelschiffen wie Schonern mit 3, 4 ja bis zu 7 Masten üblich. Mit der Perfektionierung der Besegelung ging der Fortschritt in der Takelage einher – alles laufende Gut, Haken und Blöcke und jedes einzelne Teil wurden unter eigener technischer Bezeichnung besonders für Segelschiffe hergestellt, und die schon immer sehr harte Arbeit der Seeleute fand durch Einführung von Brasswinden und anderen Einrichtungen eine gewisse Erleichterung. So waren tatsächlich viele der letzten großen Segelschiffe in der Lage, ihre langen Reisen mit relativ kleinen Besatzungen durchzuführen. In der Takelung ersetzte Stahl die Pflanzenfasern wie Sisal- und Manilahanf, während gleichzeitig auch in der Segelherstellung Verbesserungen eingeführt wurden.

Mit steigender Beliebtheit der Vergnügungsfahrzeuge wurden auch dort Klüver- und Gaffelsegel übernommen und durch weitere an Masten und Stagen gesetzte Segel vervollständigt. Heute ist auf Touren- und Regattayachten der Spinnaker das größte Segel, das an dem wegen seiner Stagen und Wanten an eine große Radioantenne erinnernden Mast gesetzt wird. Groß und dreieckig und ohne Gaffel – jener Spiere, die als obere Begrenzung des Gaffelsegels mit dem Mast verbunden ist –, stammt der Spinnaker von einem schon vor 200 Jahren bei den Bermudafischern gebräuchlichem Segel ab.

Der Fünfmastschoner »John B. Prescott« wurde mit Mischtakelung erbaut, um mit dem Dampfer konkurrieren zu können.

Die »Helen Barnet Gring«, ein für die Küstenfahrt vorgesehener Viermastschoner; er hatte eine Besatzung von nur 16 Mann.

DER KLIPPER

Schneller als je zuvor

Das englische Verb »to clip« lieferte den Namen für die letzte und vollendetste Phase in der Entwicklung des Segelschiffes – den Klipper. Er hatte in den ersten Dekaden des 19. Jh. in den Vereinigten Staaten seinen Ursprung und erreichte, später verbessert, in England seine technische Vollendung. Der Klipper war ein Segelschiff mit schlankem Rumpf und sehr hohen Masten, was ihn außergewöhnlich schnell machte. Er hatte fast immer drei mit Rahsegeln getakelte Masten, an denen zusammen mit Besan, 6 Stagsegeln und 3 Klüvern bis zu 24 Segel gefahren wurden,

Die Teeklipper – und hier besonders die englischen – waren wegen ihrer Schnelligkeit berühmt, was eine Anzahl von bestimmten Eigenschaften voraussetzte wie Rumpfform, Qualität und Stauung der Ladung, die Glätte der Außenhaut unter der Wasserlinie, Charakter und Fähigkeiten des Kapitäns, Tüchtigkeit der Offiziere sowie Übung und Anzahl der Besatzung. Selbst bei leichter Brise und noch fast bei Windstille in den äquatorialen Kalmengürteln des Atlantiks kam der Klipper immer noch unmerklich mit 5 oder 6 kn Fahrt von der Stelle, während er bei steifen oder mäßigen Winden 12 bis 14 kn lief und damit eine sehr große tägliche Durchschnittsgeschwindigkeit erreichte.

Die amerikanischen Klipper waren oft aus nicht genügend abgelagertem Holz erbaut, während bei den meisten der auf Werften in Aberdeen oder an der Clyde gebauten englischen Klippern gut abgelagertes Holz verwendet wurde, oftmals sogar Teak. Das Deck hatte einen leichten Sprung, was dem Schiff in seinen Linien eine gewisse Anmut verlieh. Weitere Kennzeichen waren ein kurzes Backdeck und ein Kartenhaus auf dem Poopdeck. Die nordamerikanischen Klipper waren relativ große Schiffe (fast immer über 1000 t), und wurden meist auf den Werften Neuenglands oder mitunter auch in New Orleans erbaut.

Die Eigner der Klipper gehörten gewöhnlich der konservativen Sorte an und lehnten es ab, sich in anonymen Reedereien gesell-

schaftlich zusammenzuschließen, zu sehr fühlten sie sich mit ihren Schiffen verbunden. Tatsächlich war es allerdings der Kapitän, der über das Dasein des Schiffes bestimmte und der an die Grenzen der Legalität ging, um das jährliche »Teerennen« von China nach England zu gewinnen. Klipper-Seeleute mußten wissen, auf was sie sich einließen, und sie mußten ständig einsatzbereit sein. Vor allen anderen Dingen brauchten sie eine kräftige widerstandsfähige Natur, da die Heimreise von China außergewöhnliche physische Anforderungen stellte.

Auch die unter der Bezeichnung »packets« bekannt gewordenen Passagierklipper waren im Grunde den amerikanischen Teeklippern gleich und besaßen die gleichen Schwächen. Aufgrund der Verwendung von nicht abgelagertem Holz, das nicht allzulange die Beanspruchung harten Segelns aushielt, besaßen sie nur eine kurze Lebensdauer. Die Ära der »ocean packets« – die »Liner« ihrer Zeit – war kurz und dauerte nur ein halbes Jahrhundert. Ausgestattet waren sie mit Kabinen 1. Klasse unter dem Poopdeck, einer 2. Klasse mittschiffs und einer 3. Klasse im Vorschiff sowie einem für Auswanderer vorgesehenen Zwischendeck.

Auch die Kolonialklipper waren aus Holz oder in Kompositbauweise aus Holz und Eisen erbaute schnelle Segelschiffe. Sie und auch die noch bis 1890 in England konstruierten größeren Ladungsschlepper hielten einen schnellen Liniendienst nach Australien, Neuseeland und Tasmanien aufrecht.

Das einzige als eine Art Denkmal überlebende Klipperschiff ist die »Cutty Sark«, eines der letzten wirklich schnellen in England gebauten Segelschiffe. Es lief 1869 vom Stapel und fand anfangs als Tee-und Wollklipper und später in weltweiter Fahrt Verwendung. 1922 wurde das Schiff von dem englischen Kapitän Wilfred Dowman angekauft, der es als Schiffsjungenschule einsetzte, bis es schließlich 1952 von der »Cutty Sark Preservation Society« übernommen wurde. Heute liegt es als Marinemuseum im Trockendock in Greenwich bei London.

Die »William Laurence«, ein berühmter in Maitland erbauter amerikanischer Teeklipper. Die große Segelfläche und die scharfen Linien machten das Schiff ungewöhnlich schnell.

Die »Cutty Sark« ist ein Überbleibsel aus der Vergangenheit und der einzige überlebende Klipper. Das als Teeklipper von H. Linton konstruierte Schiff lief 1869 auf der Werft von Scott and Linton in Dumbarton vom Stapel. Mit Richard Woodget als Kapitän fand sie länger als zehn Jahre in der Australienfahrt Beschäftigung. Aber Dampfer vertrieben die Klipper von diesen Routen, und 1895 verkaufte der Eigner der »Cutty Sark« das Schiff an den Lissaboner Reeder Ferreira, der es in der Trampfahrt einsetzte. 1922 wurde es nach England verkauft und schließlich Marinedenkmal und Museum.

Die »Flying Cloud«, ein in Neuengland erbauter 1795 Tonnen großer Klipper. Am 6. Juni 1851 verließ sie New York und segelte in 89 Tagen und 21 Stunden um Kap Hoorn nach San Francisco.

Die »Essex«, eine 1799 erbaute amerikanische Fregatte mit sehr hohen Masten.

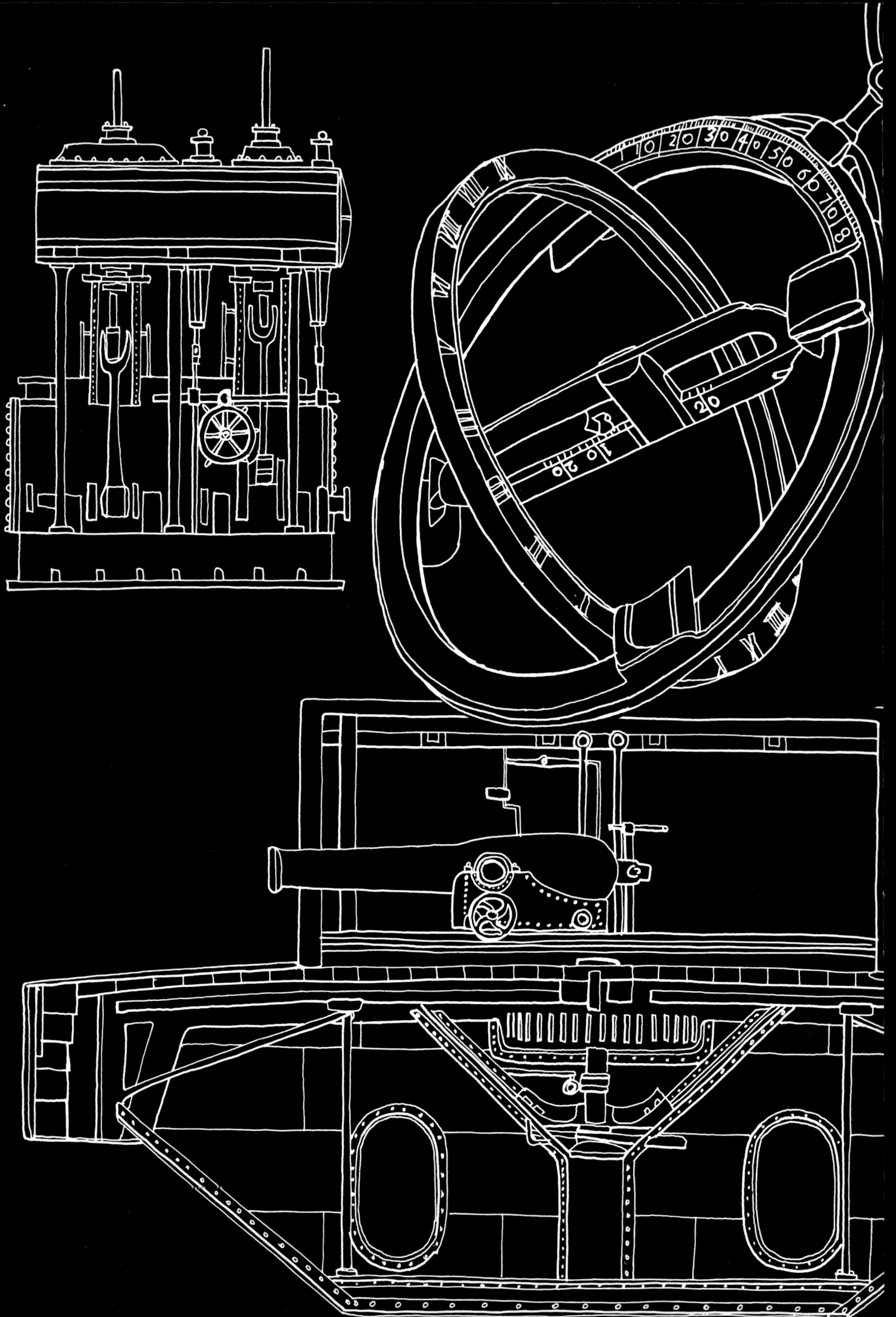

Der Erste Weltkrieg

Die industrielle Revolution hatte auch auf den Schiffbau, auf Konstruktion und technische Entwicklung einen grundlegenden Einfluß.

1861 zeigte der französische Ingenieur Alphonse Beau de Rochas die Voraussetzungen zum Bau einer Maschine auf, die weder mit Dampf und Kohlen, sondern statt dessen mit neuen Brennstoffen wie Öl und seinen Derivaten Benzin, Petroleum und Gasöl betrieben werden konnte, die in zunehmenden Maße in den Industrien der Welt Verwendung fanden. Beau de Rochas' Verbrennungsmaschine beruhte auf vier Prinzipien: 1. bei größtmöglichem Zylindervolumen einen geringstmöglichen Brennstoffverbrauch, 2. eine größtmögliche Expansionsgeschwindigkeit, 3. ein größtmögliches Ausdehnungsverhältnis und 4. einen größtmöglichen Zündungsdruck.

Damit war der Viertaktverbrennungsmotor in seinen Grundzügen aufgezeigt worden. Schon 1854 hatten sich die Italiener Barsanti und Matteucci um Maschinen dieses Typs bemüht, und 1860 versuchte der Franzose Lenoir, für industrielle Zwecke eine mit Leuchtgas betriebene Maschine zu entwickeln. Gleiche Versuche hatten 1678 der Abbé de Hautefeuille und 1688 Denis Papin unter Verwendung von Schießpulver unternommen.

1867 schufen die deutschen Ingenieure Otto und Langen eine »atmosphärische« Maschine (Saugdruckmaschine) des von Barsanti und Matteucci aufgezeigten Typs und schließlich 1876 unter Verwendung der von Beau de Rochas aufgestellten Prinzipien eine Maschine, die als Prototyp des modernen Verbrennungsmotors angesehen werden

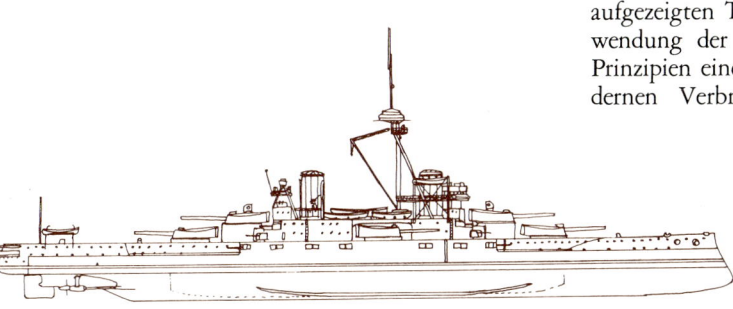

Die »Sao Paulo«, ein 1907 vom Stapel gelaufenes, auf einer englischen Werft erbautes brasilianisches Schlachtschiff. Es bot ein typisches Beispiel für ein großes und eindrucksvolles Großkampfschiff zur Zeit des 1. Weltkrieges.

kann und im großen Maßstab weltweit übernommen wurde. Als erster Brennstoff fand Leuchtgas Verwendung; dann kam das bei der unvollständigen Oxydation der Kohle anfallende Kohlengas, und schließlich Petroleum.

Um die Jahrhundertwende wurde der Petroleum-Motor in Unterseeboote eingebaut. Er war viel kleiner als eine Dampfmaschine, und die Platzersparnis daher erheblich. Das erste mit der neuen Antriebs-

Die »Good Hope«, 1901 vom Stapel gelaufen, war ein Panzerkreuzer der »Drake«-Klasse. Wasserverdrängung 14 100 t; Geschwindigkeit 24 kn; 2×23,3-cm-Geschütze; 16×15,2-cm- und
15 kleinere Geschütze; Besatzung 900 Mann. Das Schiff wurde
in der Seeschlacht vor Coronel versenkt.

Die »Invincible« lief 1907 für die englische Flotte vom Stapel
und bedeutete in ihrer Konzeption etwas völlig Neues. Wasserverdrängung 17 400 t; Länge 171,3 m; Geschwindigkeit 26,4
kn; 4 Schrauben; 8×30,5-cm- und 16×10-cm-Geschütze.

Die »Iron Duke« wurde 1914 in Dienst gestellt und war eines
der stärksten englischen Schlachtschiffe. Wasserverdrängung
25 000 t; Länge 186 m; Geschwindigkeit 21 kn; 10×34,2-cm-
und 12×15,2-cm-Geschütze; 4 Torpedorohre; Besatzung 950
Mann. Am Skagerrak war sie Admiral Jellicoes Flaggschiff.

quelle ausgerüstete europäische Schiff war das nach
den Plänen des Generals und Marineingenieurs
Giacinto Pullino 1895 erbaute italienische Unterseeboot »Delfino«. Danach fand der Verbrennungsmotor auf schnellen Kriegsschiffen und auch
auf Vergnügungsbooten Verbreitung. Einen wesentlichen Fortschritt brachte die Arbeit des deutschen Ingenieurs Rudolf Diesel (1858–1913). Bei
der von ihm entwickelten Maschine ging die Zündung des hochkomprimierten Brennstoffs innerhalb des Zylinders selbst vor sich. (Beim Otto-Mo-
tor werden Brennstoff und Luft im Vergaser
gemischt, bevor die Einspritzung des Kraftstoffge-
mischs in den Zylinder erfolgt.) Die Dieselmaschine war ein Zweitaktmotor mit langsamer Verbrennung und gleichmäßigem Druck. Der Arbeitstakt
(und die Zündung) unterscheidet die nach dem
Prinzip von Rochas-Otto und die nach dem von
Diesel arbeitenden beiden Arten von Verbren-
nungsmaschinen. Seitdem sind eine Vielzahl von
Verbesserungen eingeführt worden, die von dem
Viertaktmotor mit eingespritztem Gemisch aus
Abgasen und komprimierter Luft bis zum doppelwirkenden Zweitaktmotor mit Brennstoffpumpe
und hochaufgeladenen Abgasmotoren reichen. Die
»Selandia« war das erste Frachtschiff der Welt mit
einem Dieselmotor, und sie leitete mit ihrer Jungfernfahrt am 12. Februar 1912 einen neuen Abschnitt in der Geschichte der Seefahrt ein.
Als der Erste Weltkrieg ausbrach, waren sowohl
Kriegs- wie auch Handelsschiffe so weit vervollkommnet, daß sie mit ihren unterschiedlichen Formen und der Anpassung an die verschiedenen Aufgaben eine entscheidende Rolle spielten. Mit der
Verbesserung der Panzerungen sowie der Artillerie,
neuen optischen Geräten und Entfernungsmeßein-
richtungen wurden Methoden und Taktik der Seekriegsführung immer komplizierter. Die Geschütze
der schweren Artillerie konnten durch ein zentrales
Feuerleitsystem gleichzeitig Breitseiten abfeuern.
Die Reichweite dieser Geschütze betrug bald 16
Kilometer und mehr, und die herkömmlichen
Maßstäbe in der Seekriegsführung verloren ihre

Die »Lion«, ein 1910 in Dienst gestellter Schlachtkreuzer, war
in der Skagerrakschlacht das Flaggschiff von Admiral Beatty.
Wasserverdrängung 26 350 t; Länge 204 m; Geschwindigkeit
26 kn; 8×34,4-cm- und 16×10,2-cm-Geschütze; 2 Torpedorohre; Besatzung 1000 Mann.

Gültigkeit mit dem Einsatz von neuen Kampfschiffen wie Torpedobooten und Torpedobootzerstörern, die die Linie der angreifenden Schlachtschiffe durchbrachen. Die leichten Kriegsschiffe waren aufgrund ihrer Beweglichkeit geeignet, bei Aufklärungsaufgaben und beim Aufspüren des Feindes zur Sicherung der Schlachtflotte beizutragen. Neue Taktiken bezogen selbst nachts Torpedoboote, Aufklärungskreuzer und leichte Kreuzer in das Geschehen ein.

Das Herz der Flotte blieben jedoch immer noch die Schlachtschiffe, selbst wenn sie nur in großen Seeschlachten zum Einsatz kamen. Zwischen 1915 und 1916 stellte die britische Admiralität mit der »Queen Elizabeth«, »Barham«, »Malaya«, der »Valiant« und der »Warspite« die besten Kampfschiffe ihrer Zeit in Dienst. Bewaffnet waren sie mit acht in vier Doppeltürmen angeordneten 38,1-cm-Geschützen, eine Anordnung, die mit Abwandlungen auch in anderen Flotten üblich war. Diese 25 Knoten schnellen und 33 000 Tonnen großen englischen Schlachtschiffe blieben fast ein Vierteljahrhundert im Einsatz, und erst im Zweiten Weltkrieg wurden 1941 drei von ihnen – nämlich »Barham« »Queen Elizabeth« und »Valiant« – versenkt. Auch der Kreuzer spielte in der Flotte eine wichtige Rolle. Entsprechend dem von der Royal Navy

gegebenen Beispiel wurden anfangs alle veralteten Fahrzeuge wie Fregatten und Korvetten dieser Gruppe zugeordnet. Die Konstruktion der revolutionären »Dreadnought« hatte auch auf die Entwicklung des Kreuzers eine entscheidende Wirkung. Auch in anderen Ländern wurde bald klar, daß die Kreuzer, wenn sie die ihnen zugedachten Aufgaben erfüllen sollten, mindestens 20 Prozent schneller sein müßten als die langsamen Schlachtschiffe. Als naheliegende Lösung bot sich der Turbinenantrieb an, der das Gewicht des Schiffes verringerte und gleichzeitig seine mögliche Geschwindigkeit vergrößerte. Obwohl die Deutschen und die Engländer ihre veralteten Panzerkreuzer weiterhin im Dienst hielten, begannen sie damit, eine Art leichten Kreuzer – oder Aufklärungskreuzer – zu bauen. Dabei konzentrierte man sich in Deutschland auf den Bau sehr schneller Schiffe mit 10,5-cm-Schnellfeuerkanonen als Hauptbewaffnung. England wandte sein Hauptaugenmerk dagegen mehr dem Geschoßgewicht zu und vertraute dabei auf das bereits erprobte 15,2-cm-Geschütz. 1916 bis 1917 entwickelte man auch in Deutschland wirksamere Waffen, die dann selbst noch auf älteren Schiffen eingebaut wurden. 1912 führten die Engländer auf ihren Schiffen den ölbetriebenen Verbrennungsmotor ein. Der Wegfall von Kessel-

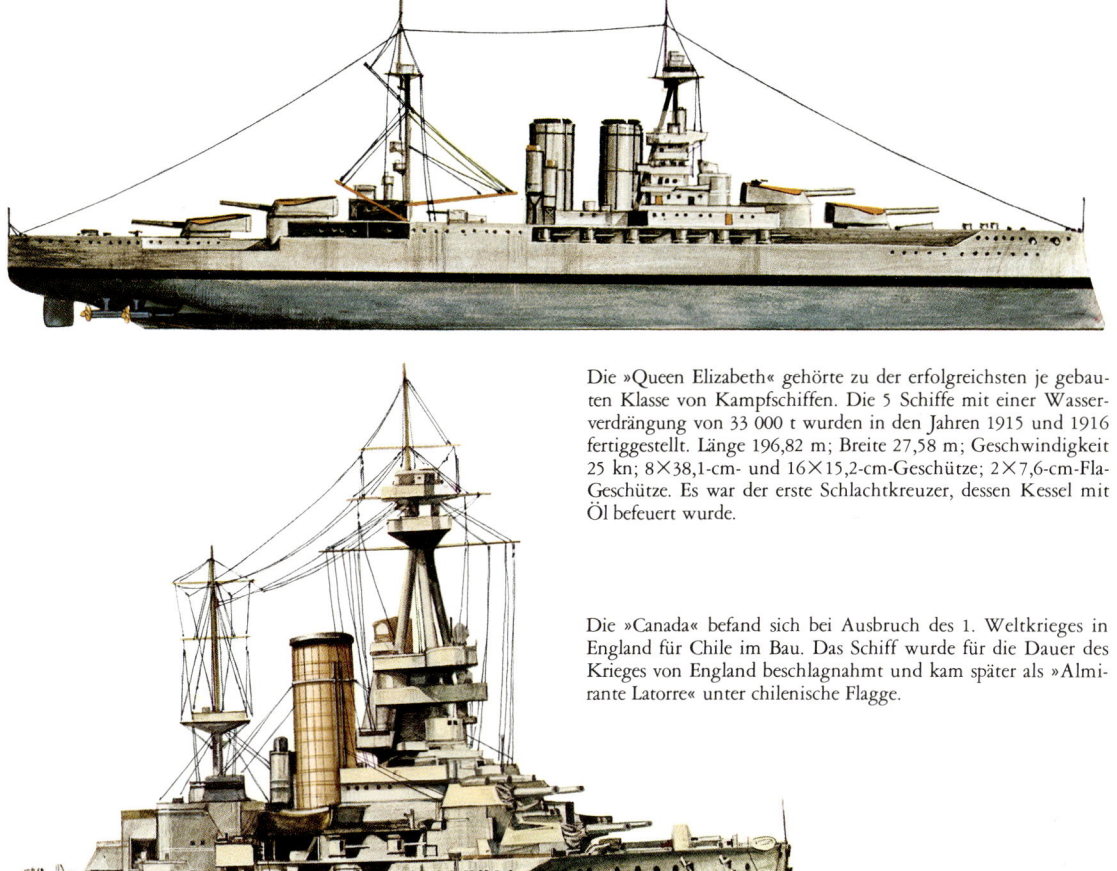

Die »Queen Elizabeth« gehörte zu der erfolgreichsten je gebauten Klasse von Kampfschiffen. Die 5 Schiffe mit einer Wasserverdrängung von 33 000 t wurden in den Jahren 1915 und 1916 fertiggestellt. Länge 196,82 m; Breite 27,58 m; Geschwindigkeit 25 kn; 8×38,1-cm- und 16×15,2-cm-Geschütze; 2×7,6-cm-Fla-Geschütze. Es war der erste Schlachtkreuzer, dessen Kessel mit Öl befeuert wurde.

Die »Canada« befand sich bei Ausbruch des 1. Weltkrieges in England für Chile im Bau. Das Schiff wurde für die Dauer des Krieges von England beschlagnahmt und kam später als »Almirante Latorre« unter chilenische Flagge.

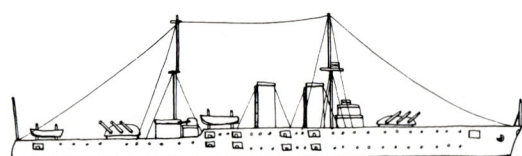

Der 1905 in Dienst gestellte japanische Panzerkreuzer »Tsukuba«. 15 600 t; Geschwindigkeit 21 kn.

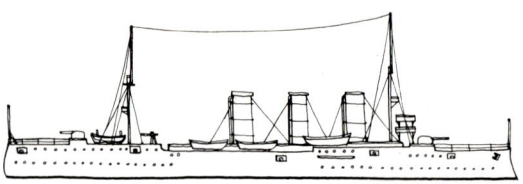

Der deutsche Kreuzer »Königsberg«, 1905. Wasserverdrängung 3390 t; Geschwindigkeit 24 kn.

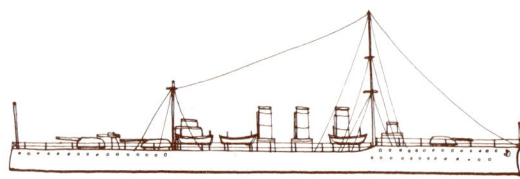

Der englische Kreuzer »Galatea« von 1914. Wasserverdrängung 3520 t; Länge 125 m; Geschwindigkeit 29 kn; 2×15,2-cm- und 6×10,2-cm-Geschütze.

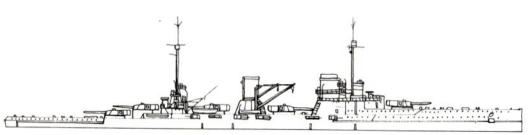

Der deutsche Schlachtkreuzer »Seydlitz« (vergrößerte Moltke-Klasse, 1911 vom Stapel gelaufen), gehörte in der Skagerrakschlacht zum Schlachtkreuzergeschwader von Admiral Hipper.

und Dampfanlagen und die daraus folgende Gewichtsersparnis machte es möglich, auch Kreuzer von weniger als 4000 Tonnen Größe mit einem Panzerschutz zu versehen. Zu diesen Schiffen gehörten die Kreuzer der Arethusa-Klasse (1914; 3512 Tonnen; drei 15,2-cm-Geschütze; vier 10,2-cm-Geschütze; acht 53,3-cm-Torpedorohre; Geschwindigkeit 29 Knoten), deren 76-mm-Panzerung stark genug gegen 10,2-cm-Granaten war. Die Kreuzer »Quarto« und »Nino Bixio« der gleichen Zeit bieten mit ihrer gemischtgefeuerten Turbinenanlage (Kohle-Öl) ein hervorragendes Beispiel von Bautechniken der Italiener, die für ihre schnellen Schiffe berühmt waren.

Nach dem japanischen Seesieg bei Tsuschima (1905) war dem Kreuzer in der Taktik moderner Seekriegsführung eine wichtige Aufgabe zugewiesen worden. Schließlich oft genauso stark bewaffnet wie ein Schlachtschiff, aber schneller und manövrierfähiger, wurde er zuletzt als unabhängige Angriffswaffe eingesetzt.

Damit war der Schlachtkreuzer entstanden. Diese Klasse von Großkampfschiffen, die im Seekrieg eine gewichtige Bedeutung bekommen sollten, waren auf Betreiben des Ersten Lords der Admiralität, Sir John Fisher, in der englischen Marine eingeführt worden. Auch die 17 250 Tonnen große »Inflexible« gehörte dazu (bewaffnet mit acht 30,5-cm-Geschützen, geschützt durch einen 178 mm starken Gürtelpanzer, mit einer Geschwindigkeit von 26,5 Knoten), die bald Nachfolger in den noch stärkeren Schiffen der Lion- und Renown-Klasse finden sollte. Vergleichbare Schiffe der Deutschen waren die »Von der Tann« (1908–1910; 19 400 Tonnen; acht 28-cm-Geschütze; Geschwindigkeit

27,4 Knoten) und die 27 000 Tonnen große »Derfflinger«.

Bei Ausbruch des Ersten Weltkrieges im August 1914 fügte das deutsche ostasiatische Kreuzergeschwader der englischen Handelsschiffahrt in diesem Gebiet erheblichen Schaden zu. Die Erfolge des kleinen Kreuzers »Emden« (1909; 3664 Tonnen; kohlegefeuerte Kolbenmaschine; Geschwindigkeit 24 Knoten) gegen die englische, französische und russische Schiffahrt und ihre Stützpunkte sind unvergessen. Die »Emden« wurde schließlich gestellt und von dem seinerzeit am schwersten bewaffneten australischen Kreuzer »Sydney« (5511 Tonnen) versenkt, als eben ein Landungskommando damit beschäftigt war, die Radiostation auf der im Pazifik gelegenen, zu den Kokosinseln gehörenden Keeling-Insel zu zerstören.

Zur Durchführung von Überraschungsangriffen entwickelte man mit dem Torpedobootzerstörer ein sehr schnelles Kriegsschiff. Die ersten diesem Typ zugehörigen englischen Schiffe waren die 1886 erbauten »Rattlesnake« und »Gossamer«. Fast gleichzeitig entstanden die italienischen Schiffe »Folgore« und »Saetta«. Aber das erste Schiff, das mit der Klassenbezeichnung Torpedobootzerstörer als Abwehrwaffe gegen die schnellen Torpedoboote im Dienst gestellt wurde, war die 1893 vom Stapel gelaufene »Havock«, deren Höchstgeschwindigkeit bei 27 Knoten lag. Die Parsonturbine konnte dann die Geschwindigkeit der Torpedobootzerstörer noch erheblich steigern. So erreichte der erste englische mit Turbinen ausgerüstete Zerstörer »Viper« im Jahre 1900 bei Erprobungen 36,6 Knoten.

Im Ersten Weltkrieg wurden die Zerstörer dann zur Abwehr feindlicher Torpedoboot- und Zerstö-

Der deutsche kleine Kreuzer »Nürnberg«, 1906.

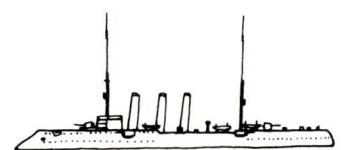

Der deutsche kleine Kreuzer »Leipzig«, 1905.

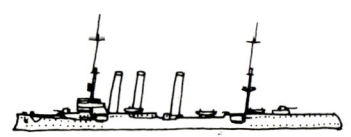

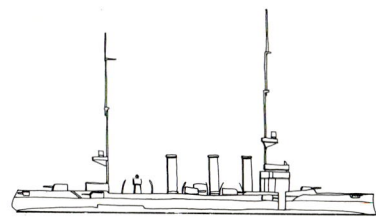

Der deutsche kleine Kreuzer »Emden«, berühmt durch seine Kaperfahrt im Indischen Ozean.

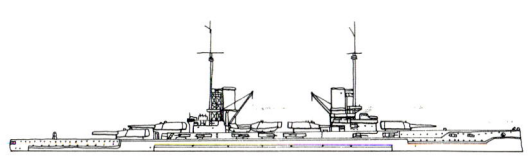

Die »Prinzregent Luitpold«, ein deutsches Schlachtschiff der Kaiser-Klasse, ist 1913 vom Stapel gelaufen.

Der japanische leichte Kreuzer »Tatsuta«, 1918. Wasserverdrängung 3504 t; Länge 120,8 m; Geschwindigkeit 33 kn; Besatzung 332 Mann.

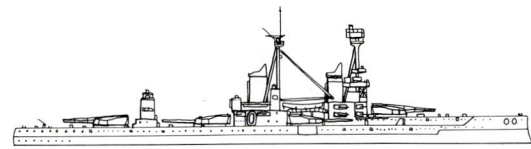

Die »Collingwood«, ein englisches Schlachtschiff der Saint Vincent-Klasse, wurde 1908 in Dienst gestellt und war an der Skagerrakschlacht beteiligt.

rerangriffen gegen Schlachtschiffe eingesetzt und griffen selbst feindliche Schlachtschiffe an. Ebenso wie die Zerstörer und Kreuzer als Angriffs- und Aufklärungsstreitkräfte zum Einsatz kamen, fanden sie auch als Minenleger und Minensucher Verwendung. 1917 erwuchsen für die Zerstörer, durch die zunehmende strategische Bedeutung des Unterseebootkrieges mit der U-Boot-Bekämpfung andere taktische Aufgaben. Sie mußten sowohl die Kriegsflotte wie auch die Handelsschiffskonvois schützen. Der natürliche Feind der Zerstörer war das für Überraschungsangriffe und Küstenverteidigung entworfene Torpedoboot. Seine Hauptwaffen waren U-Boot-Ortungsgeräte und Wasserbomben und in zweiter Linie Torpedos. Mit gewissen Vorbehalten läßt sich sagen, daß die Torpedoboote Nachfolger der Brander waren, jener kleinen, mit brennbarem Material gefüllten Fahrzeuge, die brennend gegen die hölzernen Rümpfe feindlicher Schiffe eingesetzt worden waren. Zum Ende des 19. Jahrhunderts war der Torpedo – besonders in Frankreich – zu einer besonders beliebten Waffe geworden. Mit Auftauchen der schnelleren und stärkeren Zerstörer schien dann das Torpedoboot überholt zu sein, aber nachdem Bewaffnung und Verwendungsmöglichkeiten modernen Erfordernissen angepaßt worden waren, blieb das Torpedoboot als kleines Angriffsfahrzeug bei der U-Boot-Bekämpfung sowie als Geleitfahrzeug und Kanonenboot im Einsatz.
Bei Ausbruch des Ersten Weltkrieges entwickelten die kriegführenden Marinen aus den Torpedobooten einen neuen Fahrzeugtyp mit starkem Verbrennungsmotor, der zur Unterseebootbekämpfung und Küstenüberwachung eingesetzt wurde. Die

italienische Adriaküste bot keine natürlichen Verteidigungsmöglichkeiten, und so stellten die österreichischen Unterseeboote und leichten Überwasserstreitkräfte eine ernsthafte Bedrohung dar. Nachdem verschiedene Versuche unternommen worden waren, wurden im März 1916 sechzehn neuartige italienische Fahrzeuge in Dienst gestellt, die Motoscafi Antisommergibile (MAS) oder Anti-Unterseeboot-Motorboote genannt wurden. Diese Schiffe waren etwa 15 Meter lang und wurden in zwei Versionen hergestellt, einmal als 11,4 Tonnen

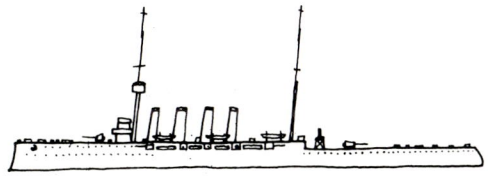

Englischer kleiner Kreuzer »Glasgow«, 1909.

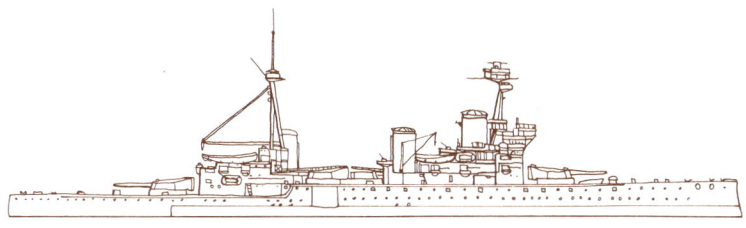

Die »Inflexible«, englischer Schlachtkreuzer und Schwesterschiff der »Invincible«, die in der Skagerrakschlacht versenkt wurde. (Beide Schlachtkreuzer versenkten in der Schlacht bei den Falklandinseln die deutschen Panzerkreuzer »Scharnhorst« und »Gneisenau«.) Wasserverdrängung 18 454 t; Länge 174 m; Geschwindigkeit 26 kn; 8×30,5-cm- und 16×10-cm-Geschütze; 5 Torpedorohre; Besatzung 800 Mann.

Der deutsche kleine Kreuzer »Dresden«, 1907.

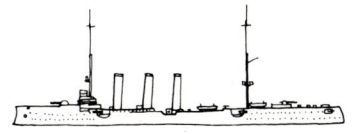

»Carlo Alberto«, ein von E. Masdea entworfener, 1896 vom Stapel gelaufener italienischer Panzerkreuzer. Wasserverdrängung 6715 t; Geschwindigkeit 19 kn; 12×15,2-cm-, 6×12-cm-, 2×7,5-cm- und andere leichte Geschütze; 4 Torpedorohre. Auf diesem Schiff führte Marconi seine Versuche mit der drahtlosen Telegraphie durch. 1918 wurde es in einen Truppentransporter umgebaut und auf den Namen »Zenson« umgetauft.

Die »Napoli«, ein von Oberst Cuniberti entworfenes und 1905 in Castellamare di Stabia vom Stapel gelaufenes Linienschiff. Wasserverdrängung 12 625 t; Geschwindigkeit 22 kn; 2×30,5-cm- und 12×20,5-cm-Geschütze; 20 Anti-Torpedo-Geschütze; 2 Torpedorohre.

»San Giorgio«, 1908 in Castellammare di Stabia vom Stapel gelaufener Panzerkreuzer. Wasserverdrängung 9830 t; 4×25,4-cm-, 8×19-cm- und 18×7,6-cm-Geschütze. Während des 1. Weltkrieges nahm das Schiff an Marineunternehmungen in der Adria teil.

große Kanonenboote mit einem 4,7/4,0-cm-Geschütz, zwei 6,5-mm-Colt-Maschinengewehren und vier oder sechs Torpedos; zum anderen als 12,3-Tonnen-Torpedoboot, das bewaffnet war mit zwei 35,6-cm-Torpedos, die später durch solche des 45-cm-Typs ersetzt wurden, sowie zwei oder drei Maschinengewehren. Diese frühe Version eines Fahrzeugtyps, der im Verlauf des Krieges berühmt werden sollte, verdankte in seinen Konstruktionsmerkmalen viel den 1905 auf der Werft von Yarrow and Thorneycroft erbauten ähnlichen Schiffen. Bald erregte das bewegliche und starke zur U-Boot-Bekämpfung eingesetzte Motor-Torpedoboot auf der ganzen Erde die Aufmerksamkeit aller Marinefachleute. Am 10. Dezember 1917 drangen zwei MAS-Boote in den Hafen von Triest ein und versenkten das Linienschiff »Wien«. Am 10. Februar 1918 liefen drei MAS-Boote mit Ciano, Rizzo, Ferrarini und dem Schriftsteller Gabriele d'Annunzio an Bord in die Bucht von Bakar bei Fiume und versenkten ein anderes österreichisches Schiff. Im selben Jahr versenkten Luigi Rizzo und Aonzo am 10. Juni vor der dalmatinischen Küste das österreichische Linienschiff »Santo Stefano«; am 1. November 1918 brachen Paolucci und Rossetti durch die Sperren des Hafens von Pola und versenkten den Dreadnought »Viribus Unitis«.

Die deutschen Unterseeboote führten ab Februar 1915 die erste Phase des verschärften Handelskriegs durch und beendeten damit den Streit zwischen Anhängern des Großkriegsschiffes und denen, die die von den Franzosen so liebgewonnene Theorie unterstützten, wonach die pouissière navale – das bedeutet Angriffsstärke – aus der Anzahl der eingesetzten Torpedoboote und Zerstörer besteht. Das Unterseeboot stellte mit seiner auf das Notwendigste beschränkten Bewaffnung dagegen mehr langsamen Handelsschiffen als mächtigen Kriegsschiffen gegenüber eine ernsthafte Bedrohung dar. Noch war das Unterseeboot zu langsam und zu unbeweglich, um Angriffe auf die großen und schwerbewaffneten Kampfschiffe wagen zu können. Darüber hinaus verletzte die Kampfesweise der U-Boote die unter anderen Voraussetzungen entstandenen Schiffahrtskonventionen. Die über die internationalen politischen Reaktionen auf den U-Boot-Krieg betroffene deutsche Regierung schränkte darauf den Einsatz der Unterseeboote ein und verbot, nachdem die Versenkung des Atlantik-

Die »Giuseppe Garibaldi« war ein 1901 auf der Ansaldo-Werft in Genua erbauter Panzerkreuzer. Wasserverdrängung 7400 t; Geschwindigkeit 20 kn; 1×25,4-cm-, 2×20,3-cm-, 14×15,2-cm-, 10×7,6-cm- und 6×4,7-cm-Geschütze; 4 Torpedorohre. Das Schiff wurde im 1. Weltkrieg vor der dalmatinischen Küste von dem deutschen Unterseeboot U 4 versenkt.

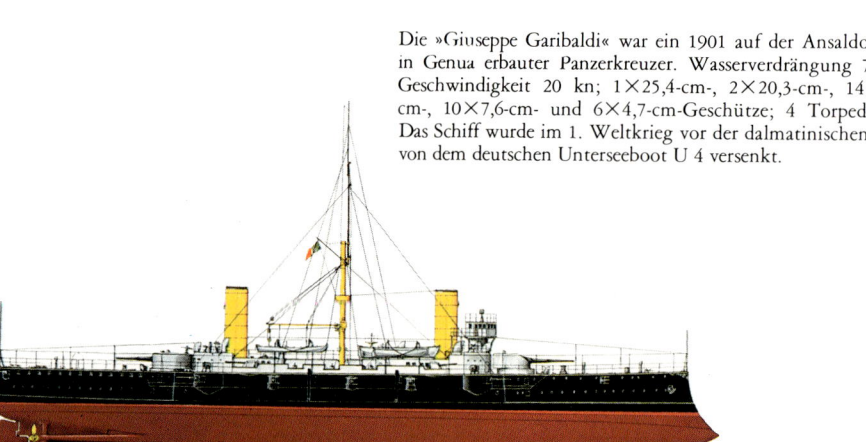

schnelldampfers »Lusitania« (5. Juni 1915) und des Dampfers »Arabic« (30. August 1915) sowie der »Sussex« am 24. April 1916 den Unwillen der ganzen Welt hervorgerufen hatte, zukünftig alle Angriffe auf Passagierschiffe und die Schiffahrt neutraler Staaten. Angriffe auf alliierte Frachtschiffe (England, Frankreich, Rußland und Italien) wurden dagegen in strenger Übereinstimmung mit den Bestimmungen des internationalen Seerechts durchgeführt. Diese Gesetze betrafen keine Kriegsschiffe, und tief war die Betroffenheit, als deutsche Unterseeboote den englischen Aufklärungskreuzer »Pathfinder« und dann noch die drei – veralteten – englischen Panzerkreuzer »Hogue«, »Aboukir« und »Cressy« versenkten. Die drei letzteren gingen alle am gleichen Tag auf das Konto des U 9, das von Kapitänleutnant Weddingen befehligt wurde. Im Verlauf des Krieges wurden auf deutschen Werften 811 Unterseeboote gebaut, von denen tatsächlich nur 338 zum Einsatz kamen. Deutsche U-Boote griffen selbst Nachschublinien in der Arktis an, die von der alliierten Flotte benutzt wurden, um die russische Armee mit Waffen und Munition zu versorgen.

Auf der anderen Seite stoppte die alliierte Blockade die Versorgung der deutschen Kriegsindustrie mit Rohmaterial. Daraufhin entwickelte man in Deutschland Handelsunterseeboote wie die 2500 Tonnen große »Deutschland« und »Bremen«, die beide mehrere Reisen nach Nordamerika durchführten. Aber da der Krieg an Land für Deutschland nicht wunschgemäß verlief, hob der Kanzler Bethmann Hollweg am 9. Januar 1917 alle Einschränkungen des U-Boot-Krieges auf.

Das Jahr 1917 kennzeichnet den Beginn einer umfassenden U-Boot-Offensive, die bis zum Ende des Krieges fortgeführt wurde. Alles was an Schiffen für die Alliierten fuhr, ob neutrale, Kriegs- oder Handesschiffe, wurde von deutschen Unterseebooten torpediert.

Die Alliierten bauten nur sehr wenig Unterseeboote und noch weniger Minenunterseeboote. Deutschland dagegen stellte 116 Minenunterseeboote in Dienst, die einen Aktionsradius von 4600 Seemeilen besaßen und 36 Minen in vertikalen Minenschächten mit sich führten. Die englischen Unterseeboote der K-Klasse waren große und noch dampfbetriebene Fahrzeuge, die nur schwer manövrierten, langsam tauchten und auch im Einsatz nicht sehr erfolgreich waren. Ebensowenig beeindruckend waren die Kanonenunterseeboote der M-Klasse mit ihrem gepanzerten Turm und ihrem 30,5-cm-Geschütz.

Die für die U-Boot-Jagd gebauten englischen Schiffe erwiesen sich allerdings als höchst erfolgreich. Die Alliierten unternahmen alles, um mit der Bedrohung durch deutsche U-Boote, die im Jahr 1917

Die »Giovanni Bausan«, ein 1885 bei Armstrong in England erbauter Torpedo-Rammkreuzer. Wasserverdrängung 3330 t; Geschwindigkeit 17 kn; 2×25,4-cm, 4×15,2-cm- und 4×5,7-cm-Geschütze; 3 Torpedorohre.

Die »Montebello«, ein 1888 in La Spezia vom Stapel gelaufenes Kanonenboot. Wasserverdrängung 860 t; 4×5,7-cm-Geschütze; 3 Torpedorohre.

Die »Benedetto Brin«, 1901 vom Stapel gelaufenes Linienschiff. Wasserverdrängung 32 427 t; Geschwindigkeit 20 kn; 4×30,5-cm-, 4×20,3-cm- und 12×15,2-cm-Geschütze sowie kleinere Kaliber;

Die »Ammiraglio di Saint Bon« war ein 1897 vom Stapel gelaufenes Linienschiff. Wasserverdrängung 9800 t; Geschwindigkeit 18 kn; 4×20,3-cm-, 8×15,2-cm- und 8×12-cm-Geschütze sowie kleinere Kaliber; 4 Torpedorohre.

Die »Andrea Doria«, ein 1913 erbautes Linienschiff. Wasserverdrängung 22 700 t; Geschwindigkeit 22 kn; 13×30,5-cm- und 16×15,2-cm-Geschütze, sowie kleinere Anti-Torpedo-Geschütze; 3 Torpedorohre.

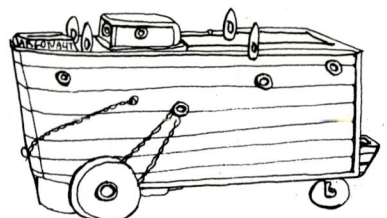

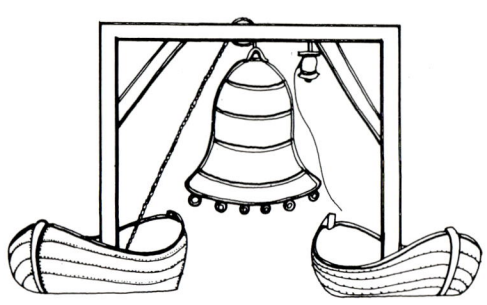

Die »Katalonische Glocke«, ein mit Eisenstäben verstärkter hölzerner Behälter, den man im 17. Jh. zur Bergung von Unterwasserwracks einsetzte.

DAS UNTERSEEBOOT

Von der Taucherglocke zum Seerohr

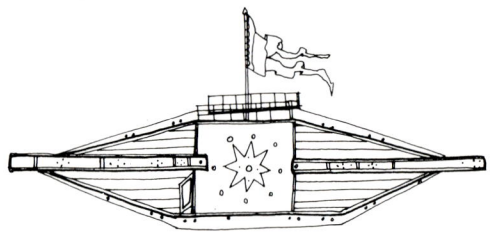

Das 1653 in Rotterdam erbaute »De Son Boot« wurde niemals ausprobiert.

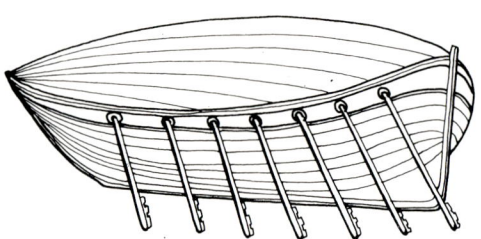

Die 1680 von Borelli geplante Maschine sollte mit Ruderkraft bewegt werden, wurde aber niemals gebaut.

Die amerikanische »Turtle«, 1775 erbaut, wurde benutzt, um die englische Fregatte »Eagle« in die Luft zu jagen.

Kennzeichnend für das 19. Jh. war, daß es neben der Verfeinerung der Schiffbautechniken, dem Sieg des Maschinenantriebs und ganz neuen und revolutionierenden Auffassungen von Handels- und Kampfschiffen, auch die Unterwasserschiffahrt einleitete. Als erster befaßte sich Leonardo da Vinci mit den Möglichkeiten einer Schiffahrt unter der Wasseroberfläche. 1620 baute der Holländer Cornelius van Drebbel als Vorläufer des modernen Unterseebootes ein hölzernes Unterwasserboot mit Riemenantrieb. Aber schon das im Amerikanischen Unabhängigkeitskrieg 1775 von Sergeant Ezra Lee benutzte Unterseeboot war ein echtes Unterwasserschiff. Die »American Turtle« des David Bushnell besaß einen Tank, dessen Wasserinhalt verändert werden konnte und dadurch auch das Gewicht des Fahrzeuges. Mit Hilfe eines auf der »Turtle« angebrachten Bohrers versuchte Bushnell in den Rumpf der Fregatte »Eagle« ein Loch zu bohren. Zu Beginn des 18. Jh. gelang es Robert Fulton mit seiner »Nautilus« erst 1 Stunde, und später sogar 6 Stunden bis zu einer Tiefe von 7,5 m zu tauchen; aber da die Marinesachverständigen das neuartige Fahrzeug als unfaire Kampfwaffe betrachteten, wurde auf seine Übernahme verzichtet.
60 Jahre später griffen die Amerikaner die Idee eines Unterseebootes als Mittel zur Unterwasserkriegführung wieder auf. Während des amerikanischen Bürgerkrieges bauten die Konföderierten die über 18 m lange »David«, die einen zylindrischen

Rumpf besaß und von einer durch 8 Mann gedrehten Schiffsschraube angetrieben wurde. Fünfmal wurde die »David« bei ihrem Einsatz versenkt und jedesmal wieder gehoben. 1864 gelang es ihr schließlich, die 1240 t große Nordstaatenkorvette »Housatonic« mit einem Bugtorpedo zu versenken.
Nach 1860 begann man in Europa U-Boote zu bauen, die für die Überwasserfahrt mit Dampfmaschinen und unter Wasser mit Elektromotoren betrieben wurden. Später wurden dann die Unterseeboote mit dem 1887 von Rudolf Diesel erfundenen neuen Motor ausgerüstet.
In den neunziger Jahren des letzten Jahrhunderts bauten dann in Frankreich Gustav Zedé mit der »Gymnote«, Giacinto Pullino in Italien mit der »Delfino« und John Holland in Amerika mit der »Plunger« die ersten wirklich leistungsfähigen Beispiele von U-Booten. Im 1. Weltkrieg spielte das U-Boot bereits eine wichtige Rolle. Die Schiffe erhielten einen doppelten Rumpf; der innere besaß zylindrische Form und war entsprechend widerstandsfähig, der äußere ausgebuchtet und leicht. Dabei besaßen sie eine Wasserverdrängung zwischen 300 und 900 t, eine Geschwindigkeit von ungefähr 16 kn und einen zwischen 2000 und 5000 sm liegenden Aktionsradius. Ausgerüstet waren sie mit verbesserten Geräten wie einem Angriffsperiskop mit schmalem Durchmesser und einem Kreiselkompaß.
Das Unterseeboot gehört zu den wichtigsten Kriegsfahrzeugen.

Das 1896 von Alvary Templo entwickelte und erbaute »Aquapede« wurde mittels Pedalen angetrieben.

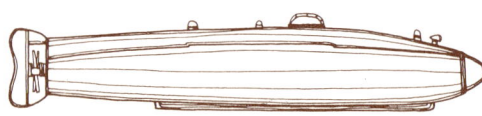

Die 1862 von dem Spanier Monturiol erbaute »El Ictineo« wurde von einer Dampfmaschine betrieben.

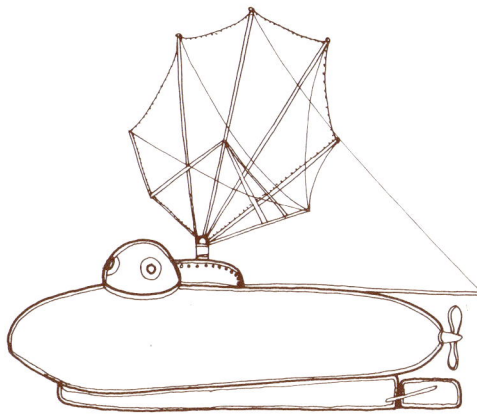

Die 1801 von Robert Fulton erbaute »Nautilus« besaß für die Überwasserfahrt ein Hilfssegel.

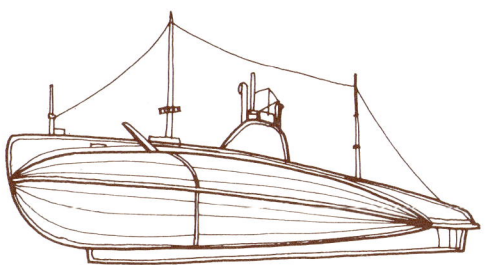

Die 1907 erbaute »B-1« war von dem Vater der modernen Unterseeboote J. Holland entworfen worden. 147 t, Geschwindigkeit 8,5 kn.

Die »Leonardo da Vinci«, ein modernes Unterseeboot mit konventionellem Antrieb. Wasserverdrängung getaucht 2387 t; 10×53,3-cm-Torpedorohre.

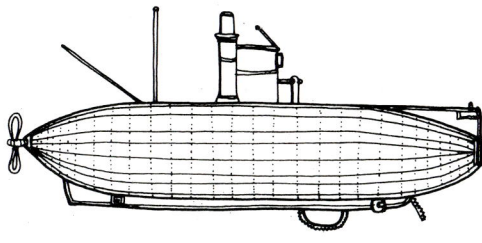

Die »Argonaut« nach einem amerikanischen Entwurf von 1898. Das Fahrzeug war in der Lage, sich auf seinen eigenen Rädern über den Grund fortzubewegen.

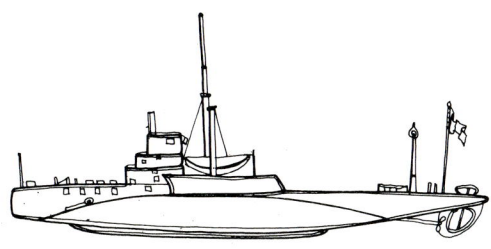

Die 1903 erbaute »Delfino« war das erste italienische Unterseeboot mit einem Fiat-Petroleummotor.

Ein durchschnittliches Boot mit konventionellem Antrieb besitzt 2 Dieselmotoren in der Größenordnung zwischen 2000 und 2500 PS (ca. 1500–1800 kW) für jeden Motor, womit es eine Überwassergeschwindigkeit von etwa 18 kn erreicht. Elektromotoren, deren Leistung auf die gleiche Schwanzwelle wie bei den Dieselmotoren übertragen werden, sind für die Unterwasserfahrt gedacht und sorgen für eine Höchstgeschwindigkeit von 8 bis 10 kn. Auf dem Turm befinden sich 2 Sehrohre, von denen das eine als Beobachtungs- und das andere als Angriffssehrohr gedacht ist. Mitunter befindet sich vor oder hinter dem Turm ein Geschütz mit einem Kaliber zwischen 7,6 cm und 10,2 cm, sowie Fla-Waffen. An Bug und Heck sind 4 bis 6 Torpedorohre untergebracht, für die die Boote mit bis zu 16 Torpedos ausgerüstet sind.

Ventile, Ruderanlage, Auspuffklappen sowie Ballast- und Trimmtanks werden durch ein einziges Öldrucksystem gesteuert. Die zentralisierten Kontrollen für die gesamte Anlage können von einem Mann bedient werden. In der Mitte des Druckkörpers befindet sich ein geteilter großer vertikaler Ausstiegsschacht mit zwei wasserdichten Verschlüssen und einer Öffnung zum Deck. Im Falle, daß das Unterseeboot nicht mehr in der Lage ist aufzutauchen, kann die mit Tauchrettern (Oxygenmasken) ausgerüstete Besatzung sich jeweils zu zweien durch die Ausstiegsschleusen im Turm in Sicherheit bringen.

U 46, ein deutsches Unterseeboot des 1. Weltkrieges.

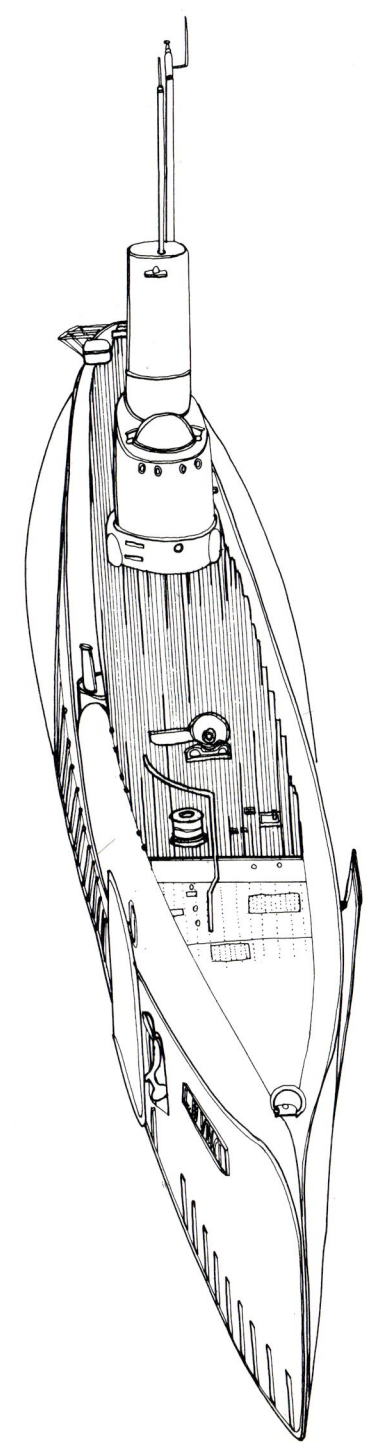

Die »Giulio Cesare«, ein 1911 in Genua vom Stapel gelaufenes Linienschiff. Wasserverdrängung 22 500 t; Länge 175,5 m; Geschwindigkeit 23 kn; 13×30,5-cm-, 18×12-cm- und 20×7,6-cm-Geschütze.

außerordentlich kritisch zu werden begann, fertig zu werden. Nachschubkonvois wurden zunehmend von U-Boot-Jägern begleitet; die Alliierten bauten verstärkt Wasserbomben und Schiffe zum Werfen dieser Bomben und entwickelten Hydrophone zum Auffangen von Geräuschwellen getauchter Unterseeboote. Die Hafeneinfahrten und selbst einzelne Schiffe wurden mit Antitorpedo- und U-Boot-Netzen gesichert. Tarnung wurde zum Gebot der Stunde und Zickzackkurse zur Gewohnheit, denn für ein angreifendes U-Boot war es schwierig, ein im Zickzack laufendes Schiff zu torpedieren. Darüber hinaus konstruierte man Schiffe speziell für

Die »Goeben«, ein 1911 erbauter Schlachtkreuzer, der zu Beginn des Krieges zur Türkei durchbrach und wesentlich zu deren Kriegseintritt beitrug. Er kämpfte unter türkischer Flagge und mit deutscher Besatzung im Schwarzen Meer gegen die russische Flotte. Wasserverdrängung 22 640 t; Länge 183 m; Geschwindigkeit 27 kn; 10×28-cm-, 12×15,2-cm-Geschütze; 3 Torpedorohre; Besatzung 1107 Mann.

Die »Varese«, ein 1899 erbauter Panzerkreuzer. Wasserverdrängung 7350 t; Länge 104,9 m; Breite 18,2 m; Bewaffnung 1×25,4-cm-, 2×20,3-cm-, 14×15-cm- und weitere kleinere Geschütze. Geschwindigkeit 20 kn. Besatzung: 524 Mann.

Die »Moltke«, Schlachtkreuzer, 1910 erbaut. In der Skagerrakschlacht setzte Hipper, nachdem sein Flaggschiff »Lützow« schwer beschädigt worden war, auf die »Moltke« seine Flagge, die ein Schwesterschiff der »Goeben« war und in der Skagerrakschlacht beschädigt wurde.

»Szent Istran«. Im Kriege 1914–1918 hatte die österreichisch-ungarische Marine zwei schwerwiegende Verluste durch italienische MAS-Boote, zur U-Boot-Bekämpfung eingesetzte Motorboote, hinnehmen müssen. Während eines zusammen mit ihrem Schwesterschiff »Tegetthoff« durchgeführten Einsatzes gegen die Sperren des Golfes von Otranto wurde die »Szent Istran« (Wasserverdrängung 20 000 t; Länge 159 m; Geschwindigkeit 21 kn; 12×30,5-cm-, 12×14,9-cm- und 20 kleinere Geschütze; 4 Torpedorohre; Besatzung 1000 Mann) in der Dämmerung des 10. Juni 1918 von Torpedos getroffen, die von der unter Führung von Luigi Rizzo stehenden MAS 15 abgefeuert worden waren. Das Schiff kenterte und sank.

die U-Boot-Jagd und baute andere für diesen Zweck um, darunter Vorpostenboote, schnelle Motorboote, getarnte Frachtschiffe (berühmt die sogenannten Q-Schiffe, die zum erstenmal im Sommer 1915 eingesetzt wurden) und Segelschiffe mit getarnter schwerer Bewaffnung, unter der sich sogar Torpedorohre befanden. Viele dieser Schiffe benutzten neutrale Flaggen. Wenn sich nun ein deutsches U-Boot näherte, um eine nach internationalem Recht erlaubte Untersuchung vorzunehmen, setzte die U-Boot-Falle ihre wahre Flagge und begann auf das U-Boot zu schießen. Mit Eintritt der Vereinigten Staaten in den Krieg wurde es offenkundig, daß die deutsche U-Boot-Offensive zum Scheitern verurteilt war. Von 1914 bis zum Waffenstillstand 1918 verlor die deutsche Marine 198

Unterseeboote. Davon wurden 178 auf See versenkt, 14 gingen in aufgegebenen Stützpunkten verloren, und sechs wurden in ausländischen Häfen interniert.

Am 1. November 1914 kam vor Coronel an der chilenischen Küste das deutsche Ostasiengeschwader unter Vizeadmiral von Spee mit einem englischen Verband unter Konteradmiral Sir Christopher Cradock ins Gefecht. Als Japan Deutschland den Krieg erklärte, mußte von Spee die fernöstlichen Gewässer verlassen und setzte sich in Richtung Südamerika ab. Die stärksten Schiffe in Spees Kreuzergeschwader waren die zwei älteren Panzerkreuzer »Scharnhorst« und »Gneisenau« (1906 erbaut, 11 417 Tonnen; acht 20,8-cm- und sechs 15,2-cm-Geschütze). Auch Cradock hatte nur ältere Schiffe

Der deutsche Panzerkreuzer »Scharnhorst« war das Flaggschiff des Admirals von Spee in den Seeschlachten vor Coronel und bei den Falkland-Inseln. Wasserverdrängung 11 417 t; Geschwindigkeit 22,5 kn; Länge 130 m; 8×20,8-cm-, 6×15,2-cm- und 20 kleinere Geschütze; Besatzung 765 Mann.

Die »Derfflinger«, ein 1913 erbauter deutscher Schlachtkreuzer. Wasserverdrängung 27 000 t; Geschwindigkeit 26,5 kn; Länge 194 m; 8×30,5-cm-, 12×15,2-cm- und 12×10,5-cm-Geschütze; 4 Torpedorohre; Besatzung 1214 Mann. Nach der Skagerrakschlacht war das Schiff ein gerade noch schwimmfähiger Rumpf.

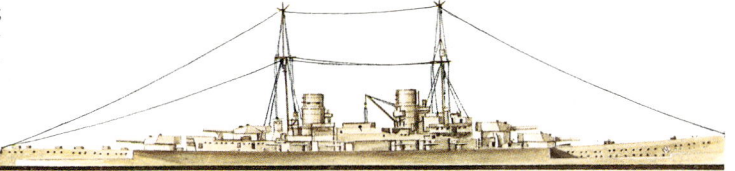

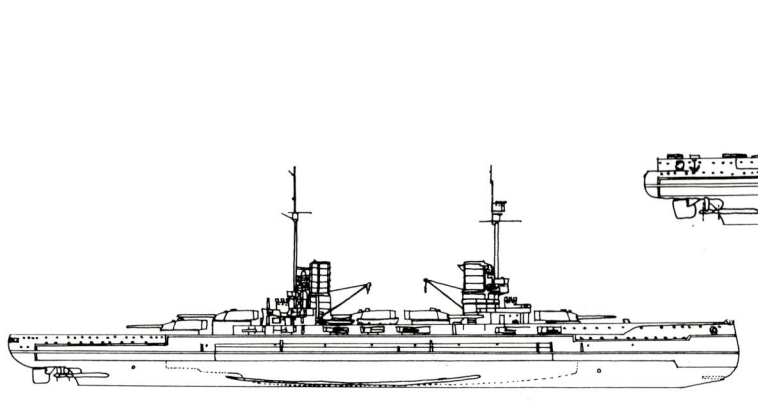

Die »Westfalen«, ein 1907 in Dienst gestelltes Linienschiff der Nassau-Klasse, nahm an der Skagerrakschlacht teil. Am 19. August 1916 wurde sie durch das englische Unterseeboot E 23 torpediert, ohne ernsthafte Schäden davonzutragen.

Die 1910 vom Stapel gelaufene »Friedrich der Große« war ein deutsches Schlachtschiff der Kaiser-Klasse. Geschwindigkeit 22 kn. In der Skagerrakschlacht wurde es als Admiral Scheers Flaggschiff von zwei englischen Breitseiten getroffen, ohne ernsthaften Schaden zu nehmen. 1919 wurde das Schiff bei Scapa Flow von der eigenen Besatzung versenkt.

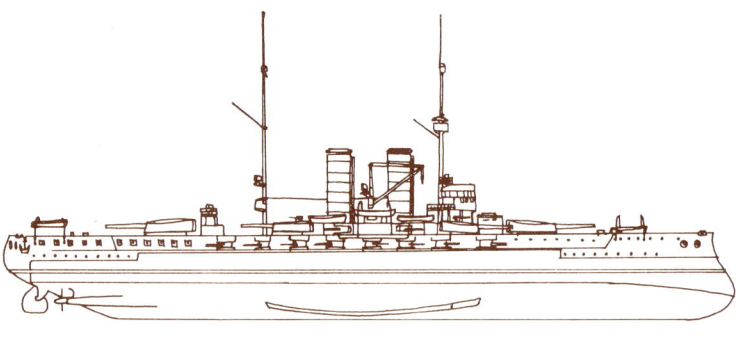

Die 1912 vom Stapel gelaufene »Erzherzog Franz Ferdinand« war ein österreichisch-ungarisches Schlachtschiff der Radetzky-Klasse. Im Mai 1915 nahm das Schiff an der Beschießung von Ancona teil.

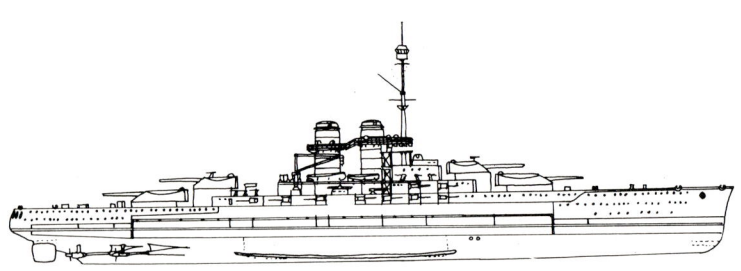

Die »Ersatz Monarch«, 1914 vom Stapel gelaufen, war ein österreichisch-ungarischer Schlachtkreuzer. Bedingt durch den Kriegsausbruch wurde das Schiff nicht fertiggestellt. Seine schweren Geschütze (35,5 cm) wurden im Erdkampf an der italienischen Front eingesetzt.

Die »Utah«, ein 1911 vom Stapel gelaufenes nordamerikanisches Schlachtschiff der Florida-Klasse und Teil der Atlantik-Flotte. Sie beendete ihre Laufbahn als Zielschiff.

unter seinem Kommando. Das Linienschiff »Canopus« (13 150 Tonnen; 4×30,5-cm-Geschütze), auf die die Engländer wegen ihrer Feuerstärke bauten, war ein langsames und veraltetes Schiff. Am 1. November um 19.50 Uhr eröffneten die Deutschen das Feuer und demonstrierten sofort ihre überlegene Schießkunst.

Der englische Panzerkreuzer »Good Hope« (1901; 14 300 Tonnen; zwei 23,4-cm- und sechzehn 15-cm-Geschütze) wurden mehrfach getroffen und ging schließlich unter. Ein zweiter Panzerkreuzer, die »Monmouth« (1901, 8950 Tonnen; vierzehn 15-cm-Geschütze), wurde in dem Treffen schwer beschädigt und später beim zweiten deutschen Angriff versenkt. Der Kreuzer »Glasgow« (1909; 4900 Tonnen) konnte wegen seiner höheren Geschwindigkeit entkommen, und der Hilfskreuzer »Otranto« hatte sich vorher abgesetzt. Das deutsche Geschwader hatte in diesem Gefecht nur leichte Beschädigungen davongetragen. Die Zufahrt zum Atlantik lag nun offen vor den Schiffen.

In England riefen die Neuigkeiten von der im Pazifik durch ein deutsches Geschwader zugefügten Niederlage ein niederschmetterndes Echo hervor, und sofort wurde ein stärkeres Geschwader zum Südatlantik in Marsch gesetzt. Den Kern dieser Kampfgruppe bildeten die modernen Schlachtkreuzer »Invincible« und »Inflexible« (20 300 Tonnen; acht 30,5-cm-Geschütze; 26,6 Knoten). Sir Doveton Sturdee führte das Kommando über das Geschwader. Bei den Falklandinseln, 400 Seemeilen

Die »Connecticut« wurde als Schiff der gleichnamigen Klasse 1906 als Standard-Linienschiff in Dienst gestellt.

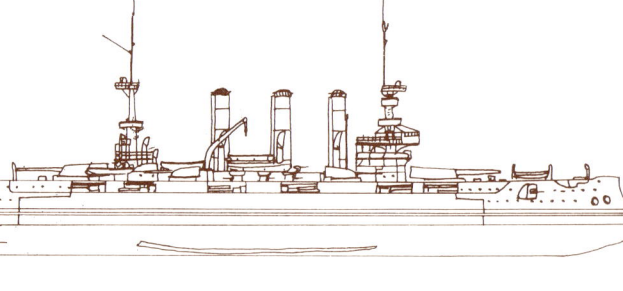

östlich der Magellanstraße im Atlantik, trafen die englischen Streitkräfte auf von Spees Schiffe. Dieses Mal blieben die Engländer Sieger. Die beiden deutschen Panzerkreuzer »Scharnhorst« und »Gneisenau« sanken um 16.17 Uhr bzw. 18.02 Uhr. Als einzigem deutschen Schiff gelang es der »Dresden« zu entkommen. Die bedeutendste Seeschlacht fand am 31. Mai 1916 am Skagerrak statt, nordwestlich von der dänischen Küste. Zum erstenmal in der Seekriegsgeschichte trafen dabei große Schlachtschiffe aufeinander. Wir wollen versuchen, den Ablauf dieser Schlacht, die in ihren Auswirkungen zu den entscheidensten des Krieges gehörte, zu rekonstruieren. Teilweise war es auch eine Folge der Skagerrakschlacht, daß Deutschland sich mehr auf den U-Boot-Krieg konzentrierte und unterschiedslos auf feindliche und in feindlichen Diensten stehende neutrale Schiffe schoß. Diese Angriffe nahmen die Vereinigten Staaten schließlich zum Vorwand, 1917 in den Krieg einzutreten.

30. Mai 1916 – Die deutsche Flotte verließ ihre norddeutschen Stützpunkte in der Hoffnung, ei-

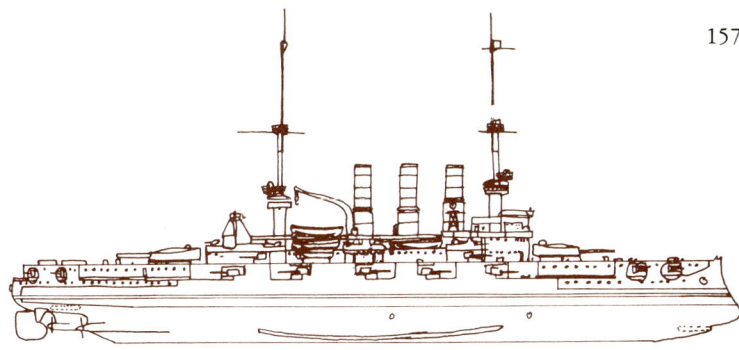

Die »Schlesien« lief 1906 vom Stapel und gehörte zur Deutschland-Klasse, das Schiff nahm an der Skagerrakschlacht teil.

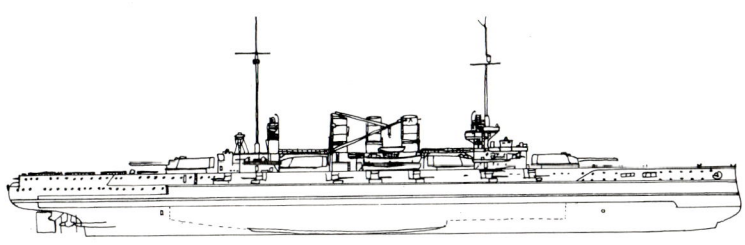

Die 1909 vom Stapel gelaufene »Helgoland«, ein deutsches Schlachtschiff der gleichnamigen Klasse.

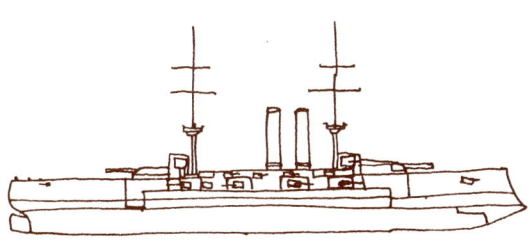

Die »Canopus«, ein englisches Linienschiff aus der Vor-Dreadnought-Zeit. 1914 war es Wachschiff in Port Stanley. (Es nahm nicht an der Schlacht bei den Falklandinseln teil). 1915 wurde das Schiff bei den Dardanellen eingesetzt.

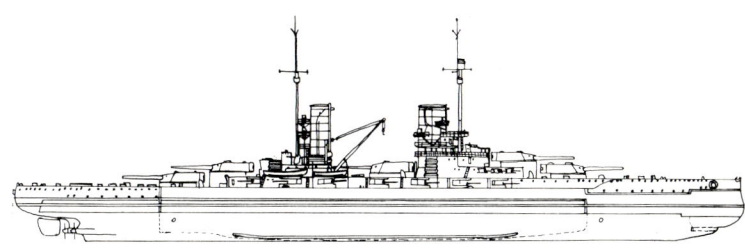

Die »König«, ein deutsches Schlachtschiff der gleichnamigen aus 4 Schiffen bestehenden Klasse. In der Skagerrakschlacht wurde das Schiff von 4 englischen Granaten getroffen. Im Oktober 1917 versenkte es im Verlauf des Seegefechts vor den baltischen Inseln das russische Schlachtschiff »Slava«.

Rechts: Das 1911 vom Stapel gelaufene Schlachtschiff »Neptune«. Das britische Schiff nahm 1916 an der Skagerrakschlacht teil.

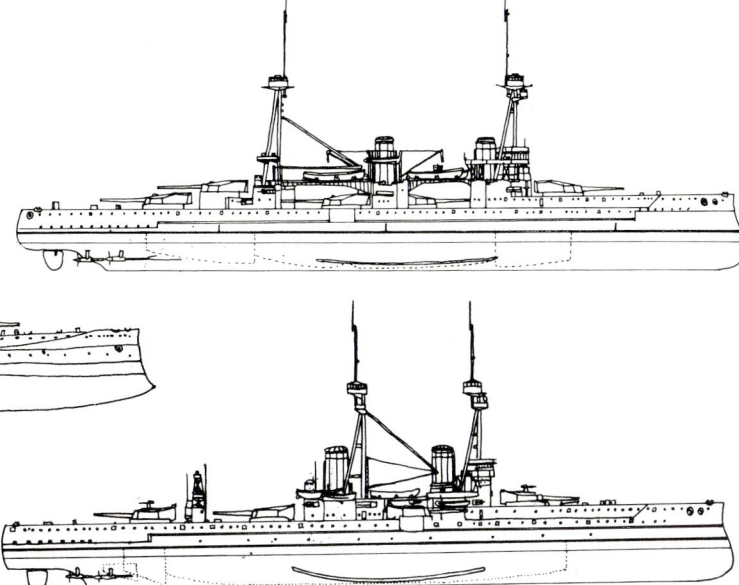

Die »Regina Elena« war ein Linienschiff der italienischen Marine aus der Vor-Dreadnought-Zeit.

Die »Bellerophon«, ein 1909 vom Stapel gelaufenes Schlachtschiff der Téméraire-Klasse. Am 26. Mai 1911 hatte sie eine Kollision mit der »Inflexible«.

158

Die »Bouvet« war ein französisches Linienschiff, 1896 vom Stapel gelaufen. Sie war an dem Versuch englischer Schiffe beteiligt, die Durchfahrt durch die von den mit den Deutschen verbündeten Türken gehaltenen Dardanellen zu erzwingen. Das Schiff lief auf eine Mine und sank, wobei 670 Mann ihr Leben einbüßten. Wasserverdrängung 12 012 t; Länge 120 m; Geschwindigkeit 17 kn; 2×30,5-cm-, 2×27,4-cm- und 46 kleinere Geschütze; 4 Torpedorohre.

Die »Delaware«, 1909 eines der ersten amerikanischen Schlachtschiffe des Dreadnought-Typs.

Ein italienisches MAS: Schnelles Motorboot zur U-Boot-Bekämpfung, das mit seinen Elektromotoren beinahe geräuschlos fuhr. Wasserverdrängung 20 t; Geschwindigkeit 28 kn; 2 Torpedorohre; Wasserbomben. Während des Krieges kamen im ganzen 244 italienische MAS-Boote zum Einsatz; 178 waren noch im Bau, als der Waffenstillstand unterzeichnet wurde.

Ein italienisches MAS des von der Società Veneziana Automobili Navali gebauten Antitorpedoboot-Typs. (12,3 t.) 2×35,6-cm-Torpedos, die später durch 45-cm-Torpedos ersetzt wurden; 2 bis 3 Colt-Maschinengewehre; 4 Torpedorohre.

nen Teil der englischen Flotte in die Falle zu locken. Gleichzeitig verließ auch die englische »Grand Fleet« ihren Stützpunkt in Scapa Flow, während das Schlachtkreuzergeschwader aus dem am Firth of Forth gelegenen Rosyth auslief. Das Schlachtkreuzergeschwader stand unter dem Kommando des Vizeadmirals Sir David Beatty. Das Kommando der Grand Fleet lag bei Admiral Sir John Jellicoe.

31. Mai 1916 – 14.28 Uhr. Beatty lief mit seinem Geschwader in Richtung Skagerrak, um sich dort mit Jellicoes Grand Fleet zu vereinen. Der kleine Kreuzer »Galatea«, der an der Ostflanke der Formation aufklärte, sichtete den Feind. Als auch Vizeadmiral Hipper die Engländer in Sicht bekam, drehte er in der Hoffnung nach Süden ab, sie auf diese Weise Admiral Scheers Hochseeflotte in die Arme zu locken. Die beiden Schlachtkreuzergeschwader eröffneten das Feuer zu einem laufenden Gefecht. Beattys Streitmacht war mit sechs zu fünf Schiffen überlegen, aber im Feuer des deutschen Schlachtkreuzers »Von der Tann« flog die englische »Indefatigable« in die Luft.

Nach Vereinigung der englischen Hauptflotte mit Beattys Schlachtkreuzergeschwader eröffneten auch die englischen Schlachtschiffe das Feuer auf Hippers Schiffe. Etwa zur gleichen Zeit wurde der mit der »Derfflinger« und der »Seydlitz« in Kampf verwickelte Schlachtkreuzer »Queen Mary« versenkt.

Inzwischen hatten auch die deutschen Schiffe schwere Beschädigungen durch die 38-cm-Geschütze der schnellen Schlachtschiffe erlitten, worauf Hipper sich auf die Hochseeflotte zurückzog.

Als nächstes sichtete der Aufklärungskreuzer »Southampton« die zu Hippers Unterstützung nordwärts steuernde deutsche Schlachtflotte, worauf auch Beatty abdrehte, um aus der Schußweite der deutschen Flotte zu kommen, die aus 16 Dreadnoughts und 6 älteren Linienschiffen bestand. Scheer erkannte nicht, daß er nun drauf und dran war, in eine Falle zu laufen, und verfolgte Beattys Schiffe, der direkt auf die Grand Fleet zulief.

Die Sicht im Kampfgebiet hatte sich inzwischen durch Dunst und Pulverdampf erheblich verschlechtert, als Beatty sich mit der »Lion« und den ihm verbliebenen Schlachtkreuzern zusammen mit 3 Schiffen von Jellicoes Schlachtflotte an die Spitze setzte. Kurz darauf wurde der Kontakt mit Hippers Schiffen wiederhergestellt und das Artillerieduell erneut aufgenommen. Schwer getroffen vom Feuer der deutschen Schlachtkreuzer flog der Panzerkreuzer »Defence« als nächster in die Luft. Eine Breitseite der »Derfflinger« genügte dann, den Schlachtkreuzer »Invincible« auseinanderbrechen zu lassen.

Als die deutschen Schlachtkreuzer, gefolgt von den Schlachtschiffen, aus dem Nebel auftauchten, fanden sie sich im Angesicht von Jellicoes ganzer Flotte. Die führenden deutschen Schiffe wurden von einem gewaltigen Geschoßhagel eingedeckt, und Scheer, dem bewußt wurde, in welche Falle er hineingelaufen war, ließ seine ganze Flotte eine Gefechtskehrtwendung ausführen, ein Manöver, das Jellicoe aufgrund der schlechten Sichtverhältnisse entging. Der Torpedoangriff zweier deutscher Zerstörer beschädigte etwa zur gleichen Zeit das Schlachtschiff »Marlborough«, das darauf gezwungen war, seine Geschwindigkeit auf gerade 17 Knoten herabzusetzen.

Noch einmal versuchte es Scheer mit einem neuen Anlauf, und wieder stand er der ganzen englischen Flotte von Angesicht zu Angesicht gegenüber. Dabei wurden die führenden Schlachtkreuzer, die zusammen mit den Zerstörern Scheers erneute Gefechtskehrtwendung deckten, schwer beschädigt. Die bereits vorher aus der Kiellinie ausgescherte »Lützow« mußte später von der eigenen Besatzung versenkt werden, als Scheer sich zurückzog und Kurs auf seinen Stützpunkt nahm. Inzwischen bereitete Jellicoe, dessen Flotte noch zwischen den Deutschen und deren Stützpunkt stand, alles für ein Nachtgefecht vor. Scheer entschloß sich darauf zu dem Versuch, die englischen Linien zu durchbrechen, wobei das deutsche Linienschiff »Pommern« und ein kleiner Kreuzer versenkt wurden, während die Engländer den Panzerkreuzer »Black Prince« verloren.

Italienisches Unterseeboot. Die im 1. Weltkrieg eingesetzten italienischen Unterseeboote gehörten dem von Cesare Laurenti entworfenen Typ der Zweihüllenboote an. Einen anderen Typ mit einer Wasserverdrängung von 32 bis 40 t hatte General Ferrati entworfen. Größte Reichweite 128 Seemeilen; 2 Torpedorohre.

Englisches Unterseeboot. Die ersten englischen Unterseeboote gehörten dem Holland-Versuchstyp an. Die Abbildung zeigt ein Beispiel der M-Klasse aus den Jahren zwischen den Kriegen, die die größten Unterseeboote der Welt waren und mit einem 30,5-cm-Geschütz oder einem kleinen Hangar für ein Wasserflugzeug ausgerüstet waren.

Deutsches Unterseeboot, das wirkungsvollste Kampfschiff, welches im 1. Weltkrieg eingesetzt worden war. Wasserverdrängung aufgetaucht 1143 t; Länge 83,5 m; Breite 7,5 m; Geschwindigkeit aufgetaucht 17,5 kn; Geschwindigkeit getaucht 7 kn; 6 Torpedorohre.

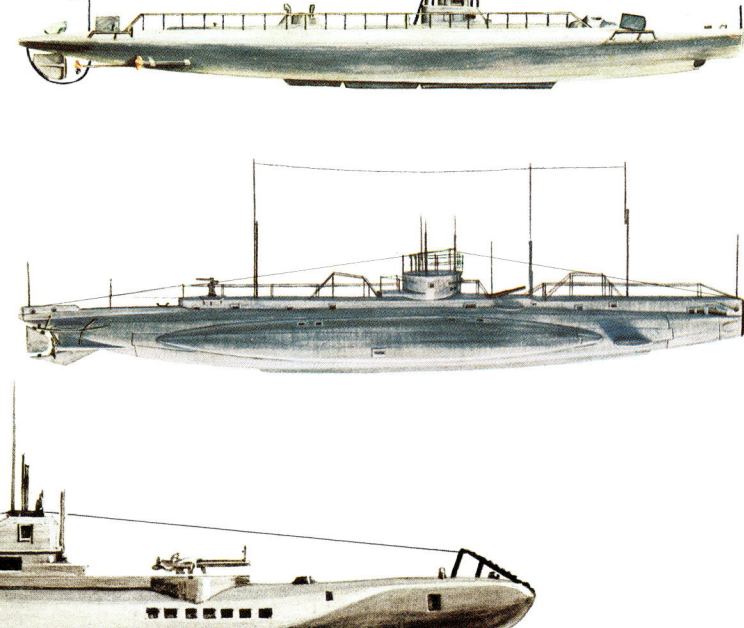

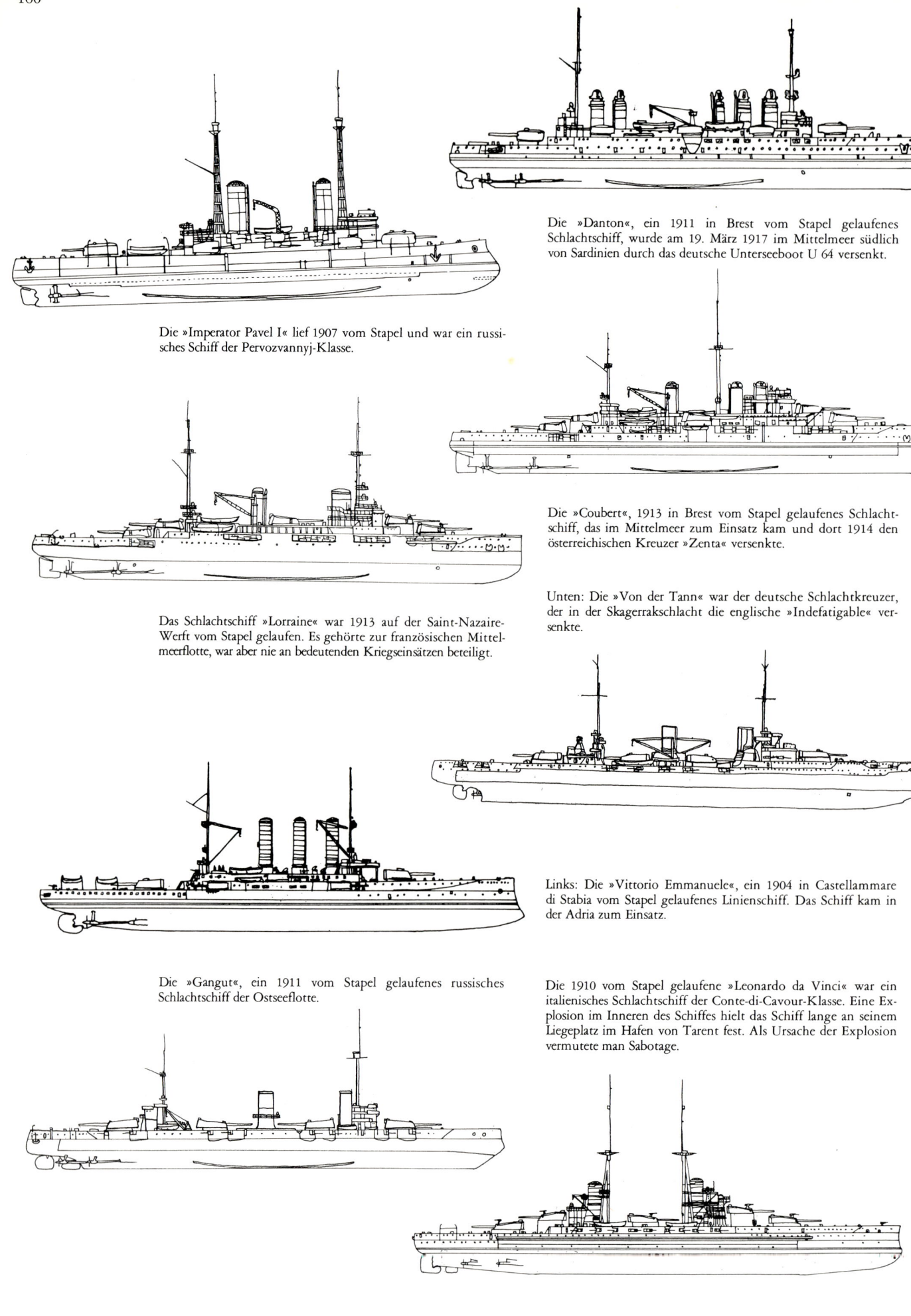

Die »Imperator Pavel I« lief 1907 vom Stapel und war ein russisches Schiff der Pervozvannyj-Klasse.

Das Schlachtschiff »Lorraine« war 1913 auf der Saint-Nazaire-Werft vom Stapel gelaufen. Es gehörte zur französischen Mittelmeerflotte, war aber nie an bedeutenden Kriegseinsätzen beteiligt.

Die »Gangut«, ein 1911 vom Stapel gelaufenes russisches Schlachtschiff der Ostseeflotte.

Die »Danton«, ein 1911 in Brest vom Stapel gelaufenes Schlachtschiff, wurde am 19. März 1917 im Mittelmeer südlich von Sardinien durch das deutsche Unterseeboot U 64 versenkt.

Die »Coubert«, 1913 in Brest vom Stapel gelaufenes Schlachtschiff, das im Mittelmeer zum Einsatz kam und dort 1914 den österreichischen Kreuzer »Zenta« versenkte.

Unten: Die »Von der Tann« war der deutsche Schlachtkreuzer, der in der Skagerrakschlacht die englische »Indefatigable« versenkte.

Links: Die »Vittorio Emmanuele«, ein 1904 in Castellammare di Stabia vom Stapel gelaufenes Linienschiff. Das Schiff kam in der Adria zum Einsatz.

Die 1910 vom Stapel gelaufene »Leonardo da Vinci« war ein italienisches Schlachtschiff der Conte-di-Cavour-Klasse. Eine Explosion im Inneren des Schiffes hielt das Schiff lange an seinem Liegeplatz im Hafen von Tarent fest. Als Ursache der Explosion vermutete man Sabotage.

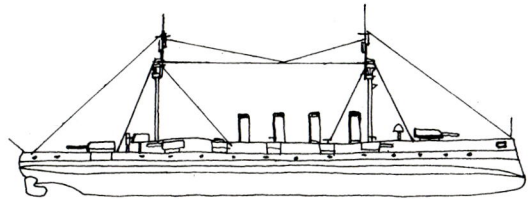

Die »Black Prince«, ein englischer leichter Kreuzer, sank in der Skagerrakschlacht.

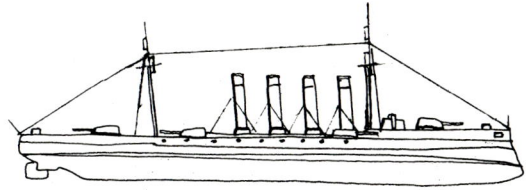

Die »Defence« war ein englischer Panzerkreuzer, der in der Skagerrakschlacht im Kampf mit den Schlachtkreuzern des Admirals von Hipper sank.

Der endgültige Ausgang der Skagerrakschlacht sah folgendermaßen aus:
England – Versenkt: 3 Schlachtkreuzer, 3 Panzerkreuzer, 8 Zerstörer. Gesamt: 113 208 Tonnen; 6097 Offiziere und Mannschaften gefallen.
Deutschland – Versenkt: 1 Schlachtkreuzer, 1 Linienschiff, 4 leichte Kreuzer, 5 Zerstörer. Gesamt 60 213 Tonnen; 2551 Offiziere und Mannschaften gefallen.
Die englischen Verluste an Menschen und Schiffen

waren größer als die der Deutschen, doch wurden von der deutschen Flotte keine größeren Unternehmungen mehr durchgeführt.
Aufgrund des besseren Materials entgingen die von Scheer und Hipper hervorragend geführten deutschen Schiffe einer völligen Vernichtung durch die stärkeren englischen Streitkräfte. Aber nach der Skagerrakschlacht beschränkte sich die deutsche Strategie auf Nord- und Ostsee, während die Hochseeflotte untätig blieb.

Die Skagerrakschlacht

31. Mai 1916

England: Kommandierender Admiral der Grand Fleet, Admiral Sir John Jellicoe; Admiral des Schlachtkreuzergeschwaders, Vizeadmiral Sir David Beatty. Schlacht- und Linienschiffe 28, Schlachtkreuzer 9, Panzerkreuzer 8, Leichte Kreuzer 22, Zerstörer 78, Wasserflugzeugträger 1. Insgesamt 146 Schiffe.

Deutschland: Flottenchef der Hochseeflotte Admiral Reinhard Scheer; Führer des Schlachtkreuzergeschwaders Vizeadmiral Franz von Hipper. Schlachtschiffe, Linienschiffe und Panzerkreuzer 22, Schlachtkreuzer 5, kleine Kreuzer 11, Zerstörer 61. Insgesamt 99 Schiffe.

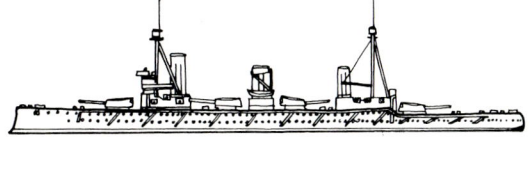

Die »Indefatigable«, ein englischer Schlachtkreuzer aus dem Jahr 1911.

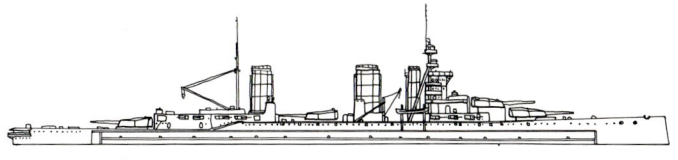

Die 1912 vom Stapel gelaufene »Queen Mary« war ein Schlachtkreuzer der Home Fleet.

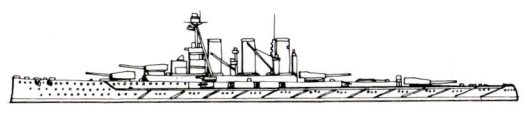

Die »Tiger« war ein 1914 in Dienst gestellter Schlachtkreuzer. Wasserverdrängung 30 000 t; Länge 213 m; Geschwindigkeit 28 kn; 8×34,3-cm-, 12×15,2-cm-Geschütze; 4 Torpedorohre. Besatzung 1185 Mann.

»King George V«, ein 1911 vom Stapel gelaufenes Schlachtschiff, überlebte die Skagerrakschlacht.

Das Schlachtschiff »Agincourt« wurde als »Rio de Janeiro« für Brasilien gebaut, im April 1914 von der Türkei angekauft – Name »Osman I«, bei Kriegsausbruch 1914 unter neuem Namen von England in Besitz genommen.

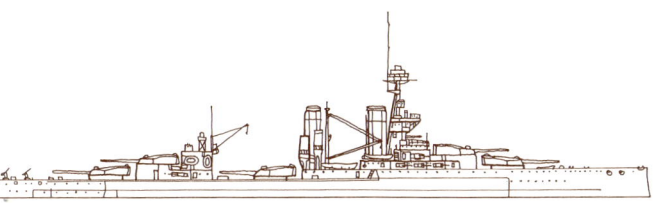

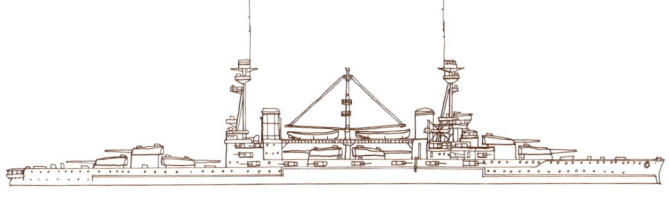

Der internationale Signal-Code

Zur Übermittlung von Flaggensignalen wurde das »Internationale Signalbuch« eingeführt. Im Signalbuch sind alle Regeln zur Signalgebung sowie die Code-Zeichen der einzelnen Signale enthalten. Flaggensignale sind noch im Signalverkehr zwischen Kriegsschiffen allgemein üblich, in der Handelsmarine werden sie dagegen seltener angewendet. Ein kompletter Satz von Signalflaggen enthält: 2 Doppelstander (A und B) und 24 viereckige Flaggen für jeden Buchstaben des internationalen Alphabets; 1 Wimpel mit abgestumpftem Ende heißt »Antwortwimpel« und ist das internationale Code-Signal für »Verstanden«; 3 Wimpel in Form von gleichschenkligen oder gleichseitigen Dreiecken als Hilfsstander für doppelte Buchstaben; 10 Zahlenwimpel für die Zahlen 0–9.

Antworte umgehend

Verständigung durch Farbe

Andere Signalflaggen, die nicht im »Internationalen Signalbuch« aufgeführt sind, werden ebenfalls in der ganzen Welt von Seefahrern als optisches Verständigungsmittel angewendet. Sie bestehen im Gegensatz zu den Nummernwimpeln des Internationalen Signalbuches aus Flaggen für die Zahlen 0–9 sowie 27 anderen Flaggen mit einer bestimmten Bedeutung. Auf diese Weise ist es möglich, zwischen den Schiffen lange Nachrichten im herkömmlichen Code auszutauschen. Darüber hinaus dienen bestimmte Flaggen bei Kriegsschiffen als Erkennungssignale. Beim Yachtsegelsport benutzt man Flaggen des Internationalen Signalbuches, um bei einer Regatta die verschiedenen Bootsklassen zu unterscheiden, während andere gesetzt werden, um die Anzahl der verbliebenen Minuten bis zum Start eines bestimmten Rennens aufzuzeigen.

1

2

3

4

5

6

7

8

9

0

Nr. 2 Wimpel

Abteilung

Geschwader

Frage

Unterabteilung

4. Hilfsstander

Schwarzer Wimpel

Nr. 3 Peunaut

2. Hilfsstander

Ausführungssignal für im Verband fahrende Kriegsschiffe, einen bestimmten Kurs zu steuern.

Vorbereitung

Notfall

Datum

Antwortwimpel

Formieren

Flottille

Nr. 1 Wimpel

Verneinung

Internationaler Code

Steuerbord

Backbord

Drehen

Geschwindigkeit

3. Hilfsstander

1. Hilfsstander

Position

Ende

Die Handelsschiffahrt

Der Einsatz deutscher Unterseeboote im Ersten Weltkrieg wirkte verheerend auf die Handelsschiffahrt, aber als die Feindseligkeiten endeten, erholten sich Handel und Wandel. Die anfangs mit Dampf und dann mit Dieselmotoren betriebenen Frachter, wie die Handelsschiffe auch kurz genannt werden, hatten schließlich, abgesehen von einigen wenigen, die großen frachtfahrenden Segelschiffe ersetzt. Noch 1921 holte die in Nantes beheimatete Segelschiffsflotte Getreide von Australien, während in England die Stewart & Co. und Sir William Garthwaite's Marine Corporation ihren Betrieb bis 1928–1929 aufrechterhielten. Das letzte der ehemals 10 Segelschiffe von Garthwaite, der Viermaster »Gartpool«, ging im November 1929 auf See vor den Kap Verden verloren. 1921 lief der letzte Fünfmaster mit einer Hilfsmaschine für Dänemark bei der Ramage & Ferguson-Werft in Leith vom Stapel. Er hieß »København« und blieb 1928 auf der Reise vom Rio de la Plata nach Australien spurlos verschollen. Die Reste der deutschen Segelschiffsflotte wurden nach Beendigung des Krieges als Reparationen an die ehemaligen Feindmächte abgegeben, aber die Reederei F. Laeisz baute ihre berühmte Segelschiffsflotte zum Teil wieder auf und beschäftigte die Schiffe in der Salpeterfahrt von Chile und in der Weizenfahrt von Australien bis 1939; und der finnische Kapitän Gustav Erikson fand noch bis 1940 für 17 große Segelschiffe Beschäftigung in der Getreidefahrt von Australien. Die Besatzungen seiner Schiffe setzten sich hauptsächlich aus jungen Leuten zusammen, die dort die zur Erlangung nautischer Patente notwendige Segelfahrzeit absolvierten.

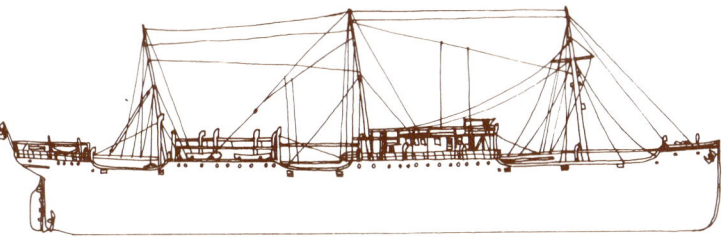

Die »Selandia«, das erste mit einem Dieselmotor ausgerüstete Seeschiff, war 1911 in Kopenhagen erbaut worden und hatte zwei Viertakt-Dieselmotoren von je 1250 PS (920 kW). In der Linienfahrt nach Indien und Asien nahm das Schiff neben der Ladung auch 24 Passagiere mit. Es sank 1942 unter finnischer Flagge und dem Namen »Tornador«. Die zunehmende Verwendung von Dieselmotoren hatte damals rasch den Bau der ersten Tanker nach sich gezogen.

Die Eröffnung des Suezkanals verkürzte den Weg nach Indien um Tausende von Meilen, während die Einweihung des Panamakanals 1914 die Reisedauer zum Stillen Ozean verringerte.
Wie schon vor dem Ersten Weltkrieg, entwickelten sich auch zwischen den Kriegen wieder zwei

Die »Lusitania« war ein großartiger, wenn auch nicht sehr widerstandsfähiger Transatlantikschnelldampfer von 37 340 BRT. Sie war 230,8 m lang, 26,82 m breit und erreichte eine Geschwindigkeit von 27,4 kn. Am 7. Mai 1915 um 14.10 Uhr wurde das Schiff nach fast beendeter Überfahrt von New York mit 1951 Passagieren an Bord, darunter 128 Amerikaner, von einem deutschen Unterseeboot (U 20) vor der irischen Küste torpediert. 22 Minuten später kenterte die »Lusitania« und sank. Insgesamt 1498 Menschen, darunter 94 Kinder und der Kommandant des Schiffes, Capt. Turner, fanden den Tod. Es war der schwerwiegendste der Vorfälle, die Amerika zum Vorwand nahm, um in den Krieg gegen Deutschland einzugreifen.

Die »Titanic«, ein 1911 vom Stapel gelaufener großer Transatlantikliner, gehörte der White Star Line und trat am 10. April 1912 mit 1316 Passagieren und 820 Besatzungsmitgliedern an Bord auf der Southampton–New York-Route seine Jungfernreise an. Am 14. April stieß sie um 23.40 Uhr mit einem Eisberg zusammen, wobei sie ein 90 m langes Loch in der Außenhaut erhielt. Das Schiff sank in 2 Stunden, wobei 1500 Menschen ums Leben kamen. 46 329 BRT; Länge 270 m; 25 kn.

Die »Mauretania«, eines der ersten Riesenschiffe von über 30 000 Tonnen, wurde mit Regierungshilfe für die Cunard Line erbaut und 1907 in Dienst gestellt. Die 25 Kessel speisten 4 Turbinen, die mit ihren 75 000 PS (55400 kW) den 4 Schrauben ungefähr 180 U/Min. geben konnten. Die Geschwindigkeit betrug 26 kn. 22 Jahre lang hielt das Schiff seit 1907 mit einer Durchschnittsfahrt von 23,69 kn das Blaue Band für die schnellste Überquerung des Nordatlantiks ostwärts. Länge 232,2 m; Breite 26,8 m; 31 983 BRT.

Formen des Seehandels nebeneinander, einmal die Linienfahrt großer Reedereien und die Trampfahrt. In der Linienfahrt nahmen die Frachtschiffe gewöhnlich auch einige Passagiere mit. Wenn die Anzahl der Passagiere zwölf überstieg, galt das Schiff im Sinne der Vorschriften allerdings als Passagierdampfer. Wertvolle und verderbliche Güter vertraute man im allgemeinen den Linienreedereien an, deren Schiffe gewöhnlich fünf bis sechs Ladeluken besaßen. Normalerweise hielten diese Schiffe auch feste Fahrpläne und Routen ein und brachten wegen der zeitraubenden Ladungsarbeiten und vielfachen Stauprobleme (die Güter mußten je nach Bestimmungshafen getrennt gestaut werden) mehr Zeit im Hafen als auf See zu.

Der Trampdampfer war gewöhnlich kleiner und langsamer als ein Linienfrachter und entsprechend billiger. Der Tramp kannte keinen festen Fahrplan. Er dampfte von Hafen zu Hafen, bereit, alle verfügbaren Ladungen zu übernehmen. Die Ladung der Tramps bestanden oftmals aus Massengütern, und er transportierte Dinge wie Getreide, Kohle, Zucker, Holz, Phosphate, Stahl und Schrott von einem Hafen zum anderen. Je nach Marktlage wurden sie für einzelne Reisen oder einen bestimmten Zeitraum verchartert. Die Laderäume und Ladeeinrichtungen entsprachen denen der Linienfrachter, und einige Reederein setzten ihre Schiffe nach Bedarf als Linienfrachter oder Tramps ein, die manchmal auf der Ausreise sogar Passagiere und auf der Heimreise Getreide transportierten.

Zwischen den Kriegen erlangten die Massengutfrachter und besonders die Tanker für die Verschiffung von Mineralöl aus den entferntesten Ursprungsländern eine immer größere Bedeutung. Die erste überhaupt von Massengutfrachtern beförderte Ladung war Öl, und der erste Öltanker war die 1885 in Newcastle-upon-Tyne vom Stapel gelaufene »Glückauf«. Bis man 1908 auch Längsschotten einführte, hatte man den Rumpf dieser neuen Schiffsgattungen ausschließlich durch Querschotten unterteilt. Mit zunehmendem Bedarf an Öl und Ölerzeugnissen entstanden immer mehr Tanker. Einen großen Teil seines Erfolges verdankte der Tanker dem Dieselmotor, und bereits 1910 wurden die ersten Dieselmotoren auf dem holländischen Shelltanker »Vulcanus« aufgestellt. Schon 1939 machte die gesamte Nettotonnage der Tanker 11 403 520 t aus, was etwa 16,9 Prozent der Welthandelsschiffstonnage gleichkam.

Das ständige Anwachsen der Fracht- und Passagierschiffahrt ging einher mit verbesserten Leistungen und Kapazitäten der Häfen; und in den Häfen von New York, London, Amsterdam, Marseille, Genua und Hamburg herrschte teilweise auch dank fortschrittlicher Transportmethoden über Eisenbahn und Straße eine nie erlahmende Geschäftigkeit. Gänzlich neue Lösch- und Ladesysteme wie Getreideheber, Kräne und Verladebrücken wurden entwickelt, um die gewaltigen Gütermengen, die zu den wichtigsten Handelshäfen der Welt transportiert wurden, auch umschlagen zu können.

Die Periode zwischen den Kriegen entwickelte sich ebenfalls zur »goldenen Zeit« der Überseedampfer. Der Krieg 1914–1918 hatte eine Unterbrechung im Bau großer Schnelldampfer gebracht, aber nach 1920 waren auf der ganzen Welt die Werften wieder damit beschäftigt, große Passagierschiffe auf Stapel zu legen, die in Stil und Komfort unerreicht bleiben sollten.

Der erste nach dem Krieg in Dienst gestellte Überseedampfer war das der Compagnie Générale Transatlantique gehörende französische Schiff »Paris« (30 029 BRT). Der Norddeutsche Lloyd stellte mit der »Columbus« den letzten großen Passagierdampfer in Dienst, der anstatt mit Turbinen mit einer Dreifach-Expansionsmaschine betrieben wurde. Die Vereinigten Staaten setzten die ehemalige deutsche »Vaterland«, die für sie im Krieg als Truppentransporter gefahren war, wieder für den Passagierdienst instand. Das Schiff wurde auf den Namen »Leviathan« umgetauft und 1923 in Dienst

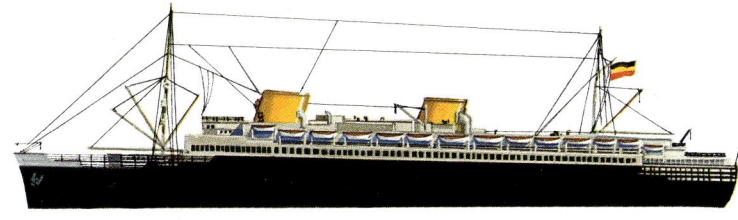

Die »Bremen« lief 1928 für den Norddeutschen Lloyd Bremen vom Stapel und gewann auf der Jungfernfahrt das Blaue Band von dem englischen Schnelldampfer »Mauretania«, der die berühmte Trophäe seit 1907 gehalten hatte. 1934 legte das Schiff die Strecke zwischen Cherbourg und New York in 4 Tagen, 15 Stunden und 27 Minuten zurück. 51 656 BRT; Länge 281 m; 4 Turbinen; Besatzung 950 Mann; 2500 Passagiere.

Die »Giulio Cesare« wurde für die Südamerikafahrt der Compagnia Italia erbaut und in den Nordatlantikdienst übernommen. Sie war einer der größten nach dem Kriege vom Stapel gelaufenen Passagierdampfer und besaß sehr kultivierte und selbst in der Touristenklasse ausgesprochen zweckmäßige Passagiereinrichtungen. 21 657 BRT; Länge 190 m; Geschwindigkeit 21 kn; 2 Dampfturbinen; lief 1921 vom Stapel.

Die »Île de France« war das 1926 auf der Werft von Saint Nazaire vom Stapel gelaufene Flaggschiff der Compagnie Générale Transatlantique. Sie war einer der luxuriösesten Schnelldampfer ihrer Zeit. Ihre schnellste Atlantiküberquerung auf der Strecke Le Havre–Southampton–New York legte sie mit einer Durchschnittsgeschwindigkeit von 23,5 kn zurück. 42 763 BRT; Länge 229 m; 4 Dampfturbinen; Besatzung 700 Mann; 1500 Passagiere.

Die »Aquitania« war einer der langlebigsten der großen europäischen Transatlantikschnelldampfer. Sie lief 1914 in Schottland vom Stapel und wurde nach einigen Reisen auf der Route Southampton–New York zum Truppentransporter umgebaut. Gleich nach dem Kriege nahm sie den Passagierdienst unter der Flagge der Cunard Line wieder auf und vollendete in 35 Dienstjahren 422 Atlantiküberquerungen. 1950 fand ihre Laufbahn ein Ende, nachdem sie schätzungsweise 3 Millionen Seemeilen zurückgelegt und 1 200 000 Passagiere befördert hatte. 45 647 BRT; Länge 263 m; Breite 30 m.

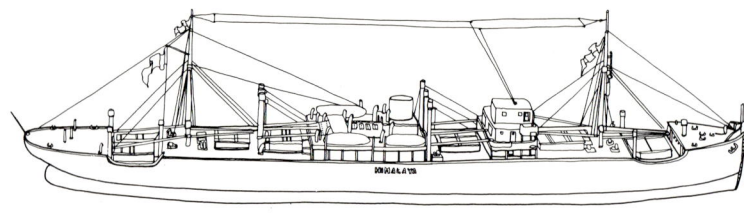

Die »Himalaya«, ein 1928 für den Lloyd Triestino vom Stapel gelaufenes Motorschiff der Fujiyama-Klasse. Geschwindigkeit 13 kn; 8110 BRT.

Die »Vaterland«, Transatlantikschnelldampfer, 1913 vom Stapel gelaufen; das Schiff wurde in der Hamburg-New-York-Fahrt eingesetzt. 55 115 BRT.

Die »Cracovia«, der 1918 vom Stapel gelaufene erste Fracht- und Passagierdampfer mit Turbinenantrieb.

gestellt. Der Brennstoff Öl verringerte die Anzahl des Maschinenpersonals und verbesserte die Arbeitsbedingungen, außerdem vergrößerte es in einigen Fällen sogar die Geschwindigkeit. So überquerte zum Beispiel die »Mauretania« 1924 den Atlantik mit einer Durchschnittsgeschwindigkeit von 26,25 Knoten und war damit schneller als zur Zeit ihrer mit Kohlen gefeuerten Kessel.

Bis zur gesetzlichen Einschränkung der Einwanderungsquoten durch die Amerikaner im Jahre 1924 lief für die großen Überseelinien in der Tat alles sehr gut. Danach konnten die großen Schnelldampfer aber nicht länger auf ausgebuchte Decks mit Einwanderern rechnen, sondern fanden nur noch Geschäfts- und Vergnügungsreisende als Passagierschiffe. In dieser Zeit entstanden in Italien einige schöne Passagierschiffe wie die »Roma«, die 1926 vom Stapel lief und 1927 die »Augustus«, das zu jener Zeit größte Motorschiff. Gleichzeitig wurde bei der französischen Penhoet-Werft die »Île de France« in Dienst gestellt, die mit ihrer Feinschmeckerküche und ihren eleganten Einrichtungen, zu der auch berühmte Bilder gehörten, als das »Höchste« an Luxus angesehen wurde.

Das Wettrennen nach dem »Immer größer« fand kein Ende. Der Norddeutsche Lloyd stellte die 50 840 BRT große »Bremen« in Dienst und kurz darauf die 48 960 große »Europa«. Beide Schiffe errangen 1929–1930 das Blaue Band.

Auch der größte italienische Atlantikschnelldampfer »Rex« bewarb sich um den Preis. Die bei der Ansaldo-Werft in Genua-Sestri 1932 erbaute »Rex« hatte eine Bruttotonnage von 50 255 Tonnen und voll beladen einen Tiefgang von 13 Metern. Auf drei Klassen verteilt, bot sie Unterbringungsmöglichkeiten für 2000 Passagiere. Die Maschinenanlage für die vier Schrauben erzeugte (mit 12 Wasserrohrkesseln und 4 Getriebeturbinen) insgesamt 123 890 PS (91 183 kW). Für jeden Passagier standen 2472 Kubikfuß – 75 m³ – zur Verfügung, das waren 27 Prozent mehr als auf allen früheren Atlantikschnelldampfern. Im August 1933 verließ das Schiff Gibraltar und legte die 3181 Seemeilen nach

Die »Saint Dunstan«, ein 5661 BRT großer, 122 m langer Trampdampfer; 11 kn. Ein typischer Frachtdampfer, wie er zwischen 1920 und 1938 in England gebaut wurde.

Die »Scotia«, eine der ältesten Fähren, wurde 1915 in Kanada erbaut. Wasserverdrängung 3607 t; Geschwindigkeit 12 kn; 239 Passagiere.

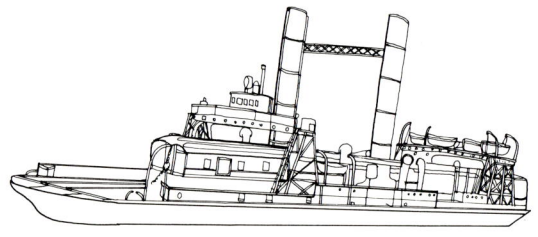

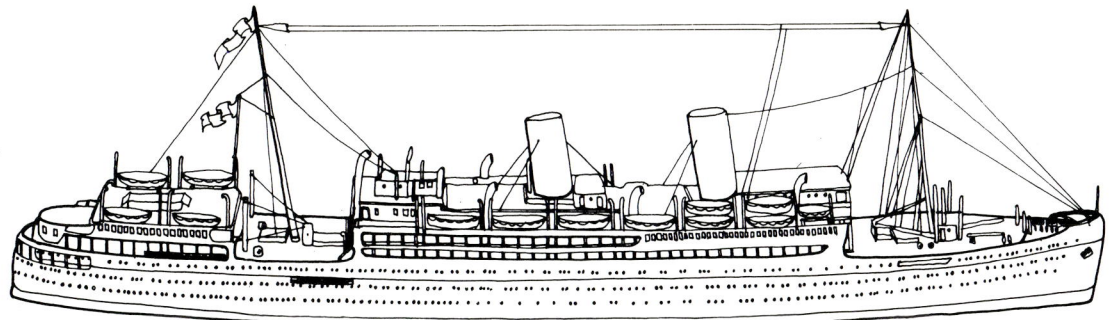

Die »Conte Biancamano« wurde 1928 für die Nordatlantikroute in Dienst gestellt. 23 842 BRT; Länge 195 m; Geschwindigkeit 20 kn; Besatzung 532 Mann; 1708 Passagiere.

New York in 4 Tagen 13 Stunden und 58 Minuten mit einer Durchschnittsgeschindigkeit von 28,92 Knoten zurück und gewann damit das berühmte Blaue Band.

Die Wirtschaftskrise, die dem Börsenkrach von 1929 folgte, wirkte sich auch auf den Schiffbau in der Welt aus und besonders in Frankreich und England, wo man vorhatte, die größten bisher geplanten Schiffe in Angriff zu nehmen. Hunderte von Schiffen waren aufgelegt worden, und so berühmte Überseedampfer wie die »Mauretania«, die »Olympic«, die »Berengaria« und die »Majestic« wurden verschrottet. Frankreich stellte die Arbeit ein an der »Normandie« mit ihrem turboelektrischen Antrieb, dem größten je im Lande gebauten Schiff (81 491 BRT), während in England nur der Zusammenschluß der großen rivalisierenden Reedereien Cunard Line und White Star Line sowie eine Regierungsgarantie die Fertigstellung des Neubaus Nr. 534 auf der Werft von John Brown an der Clyde erlaubte, einer Werft, die bereits so berühmte Riesen wie die »Lusitania« und die »Aquitania« abgeliefert hatte. 1938 lief der neue 79 695 BRT große englische Atlantikschnelldampfer vom Stapel, wurde auf den Namen »Queen Mary« getauft und als Symbol, der nationalen wirtschaftlichen Erholung begrüßt. Etwa zur gleichen Zeit stellten die Holländer mit der 35 714 BRT

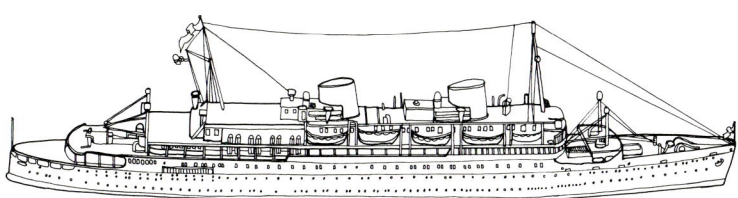

Die »Victoria«, ein 1931 für den Fernostdienst vom Stapel gelaufenes Schiff. Es sank 1942 in der Großen Syrte. 12 861 BRT; Länge 165 m; 900 Passagiere.

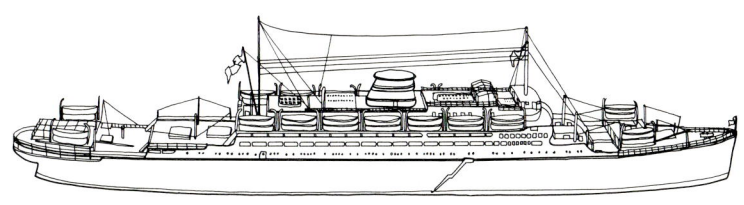

Die »Vulcania« lief 1928 vom Stapel und war ein für die Route Triest–New York bestimmter 24 496 BRT großer italienischer Überseedampfer. Sie war ein Schwesterschiff der »Saturnia« und erhielt 1935 neue Fiat-Motoren, mit denen sie eine Geschwindigkeit von 23 kn erreichte. Länge 195 m; 1500 Passagiere.

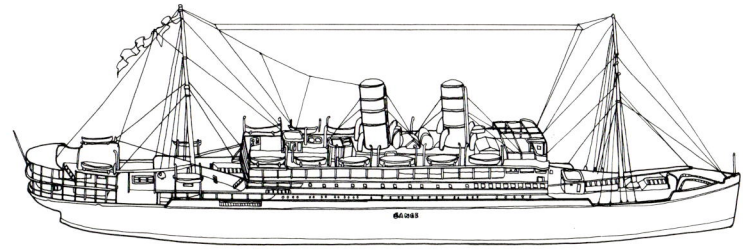

Die »Ganges«, ein 1911 in Dienst gestellter englischer Passagierdampfer. 12 368 BRT; Geschwindigkeit 18 kn; 1526 Passagiere.

Die »Jan Pieterszoon Coen« war ein 1915 für die Ostindienfahrt in Dienst gestelltes holländisches Fracht- und Passagierschiff. 11 140 BRT; Länge 153,4 m; 400 Passagiere.

Die »Statendam«, ein 1919 in Dienst gestellter Überseedampfer der Holland-Amerika Linie, erreichte auf seiner Jungfernreise New York am 300. Jahrestag der ersten Ankunft eines holländischen Schiffes in Amerika. 29 511 BRT; Länge 200 m; 1670 Passagiere. Das Schiff war bei Harland & Wolff, Belfast, auf Stapel gelegt und auf der Werft Wilton-Fijenoord zu Ende gebaut worden.

Die »Empress of Britain« wurde 1931 auf der Werft von John Brown für die Canadian Pacific Railway erbaut. 1932 überquerte sie den Atlantik 12mal in 12 Wochen und stellte damit einen neuen Rekord für diesen Dienst auf. 1939 wurde sie als Truppentransporter eingesetzt. 1940 geriet sie bei einem Luftangriff in Brand und wurde anschließend von U 32 versenkt. 42 348 BRT; Länge 228 m; Geschwindigkeit 24 kn; Besatzung 700 Mann; 1155 Passagiere.

großen »New Amsterdam« den letzten großen Liner in Dienst, der auf der klassischen Atlantikroute eingesetzt wurde.

Das Leben an Bord dieser großen schwimmenden Hotels war nicht frei von einer gewissen Komik. Den Passagieren wurden unglaublich luxuriöse, mit jedem Komfort ausgestattete Unterkünfte angeboten; die Reise selbst zwischen Europa und Amerika war jedoch nur sehr kurz und wurde zudem noch oft von schlechtem Wetter heimgesucht. Der Passagier ließ sich von der Aussicht auf hervorragende Verpflegung und angenehmen Zeitvertreib anlocken, war dann aber oft genötigt, den größten Teil der Überfahrt seekrank in seiner Kabine zuzubringen.

In der Beschreibung der Überseedampfer war oft vom Komfort und von technischen Neuerungen die Rede, die selbst ein kurzer Aufenthalt an Bord bieten konnte. Dazu gehörte auch die von Guglielmo Marconi eingeführte drahtlose Telegraphie.

Die »Rex« war 1932, dem Jahr ihrer Indienststellung, der viertgrößte Überseedampfer der Welt. Am 27. September 1932 begann sie ihre Jungfernfahrt auf der Strecke Genua–New York für die Italia-Flotte-Riunite-Gruppe. Am 16. August 1933 konnte sie mit einer 4 Tage, 13 Stunden und 58 Minuten dauernden Reise von Gibraltar nach New York mit 28,92 kn Durchschnittsgeschwindigkeit der »Bremen« das Blaue Band abnehmen. 51 062 BRT; Länge 263 m; Geschwindigkeit 28 kn; 2032 Passagiere.

Die 48 502 BRT große »Conte di Savoia« wurde wenige Monate nach der 1932 erfolgten Indienststellung der »Rex« von der Italia-Flotte-Riunite für ihren Nordamerikadienst übernommen. Sie legte die Überfahrt in sechseinhalb Tagen zurück. Länge 258 m; Geschwindigkeit 28 kn; 2012 Passagiere.

1894 hatte Marconi mit seinen Versuchen zur drahtlosen Telegraphie begonnen. Da die italienische Regierung es aber ablehnte, die von ihm erbetene finanzielle Hilfe zu gewähren, ging er nach England. Dort führte er 1896 seine Einrichtungen vor und übermittelte eine Nachricht 9 Seemeilen weit über den Bristolkanal. Nach Italien zurückgekehrt, richtete er in La Spezia die erste Küstenstation ein und führte auf italienischen Kriegsschiffen Erprobungen durch, wobei er Nachrichten 12 Seemeilen weit übermitteln konnte. Das erste mit drahtloser Telegraphie ausgerüstete Schiff war der amerikanische Frachtdampfer »Saint Paul«. Aber seine eindrucksvollsten Experimente führte Marconi auf der »Electra« durch, als er 1930 durch ein Radiosignal die Lichter der Weltausstellung auf der anderen Seite der Erdkugel in Sydney/Australien aufleuchten ließ.

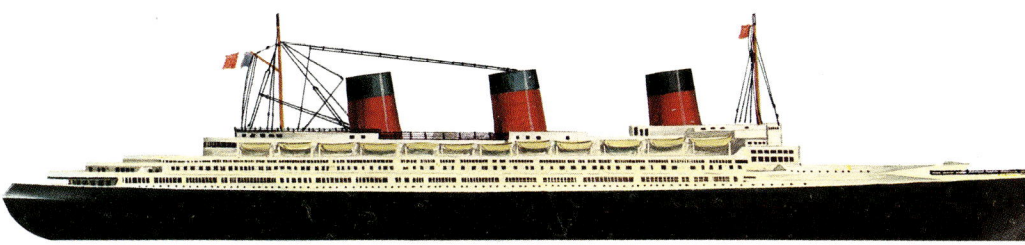

Die »Normandie« war der größte vor dem 2. Weltkrieg gebaute Schnelldampfer. Auf ihrer Jungfernreise im Mai 1935 zwischen Le Havre und New York entriß sie mit einer Überfahrtsdauer von 4 Tagen, 3 Stunden und 28 Minuten und einer Durchschnittsgeschwindigkeit von 29,68 kn der »Rex« das Blaue Band. Ostwärts fahrend, verbesserte sie die Durchschnittsgeschwindigkeit noch weiter auf 30,31 kn. 82 792 BRT; Länge 309 m; Geschwindigkeit 30 kn; Besatzung 1300 Mann; 2000 Passagiere.

Die »Queen Mary«, einer der größten und luxuriösesten Schnelldampfer und Flaggschiff der Cunard Line, bis die »Queen Elizabeth« in Dienst gestellt wurde. Das Schiff wurde 1930 auf der Werft von John Brown auf Kiel gelegt. Die Jungfernfahrt fand 1936 statt. Im August 1938 entriß sie mit einer Durchschnittsfahrt von 30,99 kn westwärts und 31,69 ostwärts der »Normandie« das Blaue Band. 81 237 t; Länge 305 m; Geschwindigkeit 30 kn; Besatzung 1100 Mann; 2139 Passagiere.

Das Morsealphabet

Bei allen Übertragungen mit dem Morsealphabet schließt die Morsetaste den Stromkreis (Telegraphie, Licht usw.) für einen längeren (Strich) oder kürzeren (Punkt) Zeitraum, wodurch Buchstabe für Buchstabe, Wort für Wort, die zu übertragende Nachricht übermittelt wird. Der Punkt wird in seiner Zeit dann dabei als Maß für die anderen Zeichen angesehen. So dauert ein Strich 3mal so lange wie ein Punkt, und der Zwischenraum zwischen zwei Signalen beträgt mindestens die Zeitdauer eines Punktes; der zwischen einzelnen Buchstaben 3 Punkte, und zwischen den einzelnen Worten hat der Zwischenraum die Zeitdauer von 5 Punkten.

a	=	.—	q	= ——.—
ä	=	.—.—	r	= .—.
à	=	.—.—.	s	= ...
ъ	=	—...	t	= —
c	=	—.—.	u	= ..—
ç	=	—.—..	ù	= ..——
d	=	—..	v	= ...—
e	=	.	w	= .——
è	=	..—..	x	= —..—
f	=	..—.	y	= —.——
g	=	——.	z	= ——..
h	=	....	1	= .————
i	=	..	2	= ..———
j	=	.———	3	= ...——
k	=	—.—	4	= ....—
l	=	.—..	5	= .....
m	=	——	6	= —....
n	=	—.	7	= ——...
ñ	=	——.——	8	= ———..
o	=	———	9	= ————.
ò	=	———.	0	= —————
p	=	.——.		

Die »Iberia«, ein 1881 von einer spanischen Werft vom Stapel gelassener Frachtdampfer. 1310 BRT; Länge 77,58 m; Breite 10,98 m; Tiefgang 5,92 m. Das Glattdeck ist typisch für die Zeit und diese Art von Frachtdampfern.

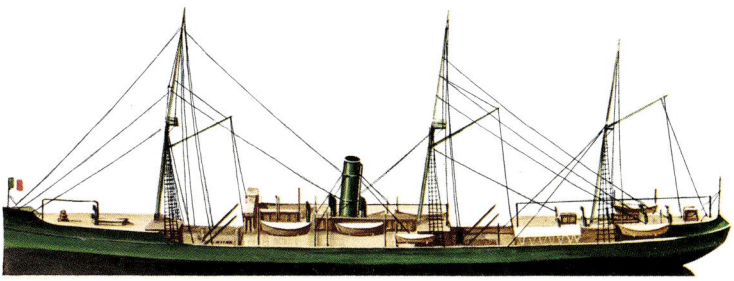

Die 1890 in Dienst gestellte »Berenice« zeigt das klassische Aussehen eines 3mastigen Dampfers mit geradem Steven. 3529 BRT; Geschwindigkeit 12,32 kn; Besatzung 48 Mann; 62 Passagiere.

Die »Tzar Ferdinando« war ein 1914 auf der Orlando-Werft in Livorno vom Stapel gelaufener Fracht- und Passagierdampfer. 3149 BRT.

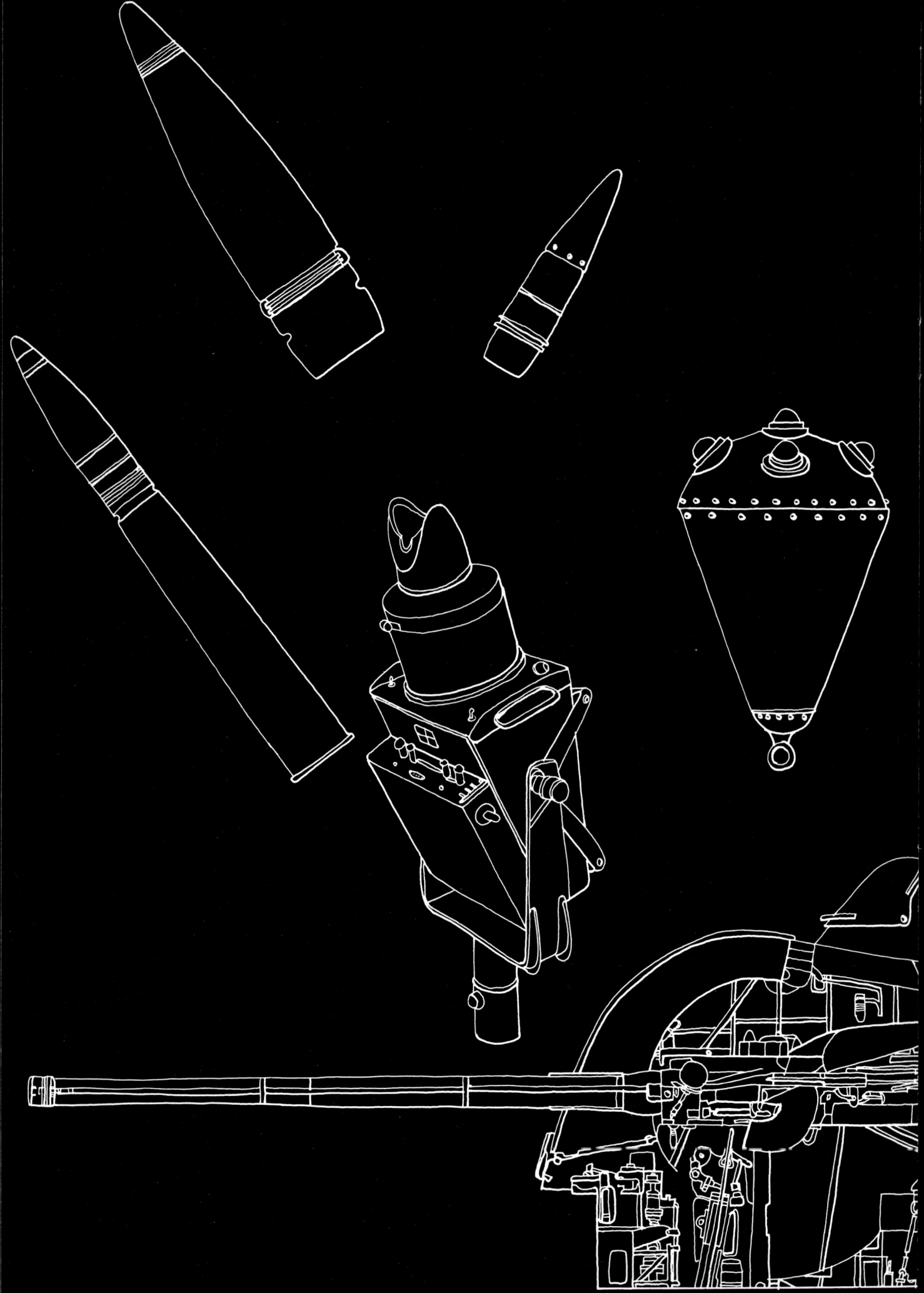

Wieder Krieg auf den Weltmeeren

Als der Erste Weltkrieg zu Ende ging, hoffte die gesamte Menschheit vertrauensvoll auf einen langen Frieden. Diese Hoffnung fand noch Unterstützung durch die zwischen den fünf Großmächten getroffenen Vereinbarungen, eine Wiederbewaffnung zu begrenzen. Am 12. November 1921 begann in Washington zwischen England, Frankreich, den Vereinigten Staaten, Japan und Italien die erste Konferenz über ein Flottenabkommen. Nach mehr als dreimonatiger Verhandlungsdauer kamen England, die Vereinigten Staaten und Japan überein, in den kommenden zehn Jahren keine neuen Schlachtschiffe zu bauen und danach nur Schlachtschiffe, die die Größe von 34 447 Tonnen Wasserverdrängung nicht überstiegen, und zwar mit folgender Gesamttonnage: England und die Vereinigten Staaten je 516 705 Tonnen, was der Anzahl von 15 Schiffen entsprach; Japan 310 023 Tonnen oder neun Schiffe. Italien und Frankreich versprachen für den Zeitraum von fünf Jahren keine neuen Kriegsschiffe zu bauen, und danach nur insgesamt 172 235 Tonnen Schiffsraum oder 5 Schiffe für jede Nation. Kreuzer konnten dagegen unbegrenzt gebaut werden, solange ihre Tonnage 9842 Tonnen und in der Bewaffnung das Kaliber ihrer schwersten Geschütze 20,3 cm – mit anderen Worten die Größe der Kreuzer der Washington-Klasse – nicht überstieg.

Die zweite 1930 in London abgehaltene Flottenkonferenz gestattete den Vereinigten Staaten und England eine Gesamtkreuzertonnage von 324 786 Tonnen, während die Grenze für Japan bei 233 255 Tonnen festgesetzt wurde. Grenzen für den Aufbau von Unterseebootflotten wurden ebenfalls festgesetzt, aber da Frankreich und Italien wieder das Gefühl hatten, diskriminiert zu werden, forderten sie Handlungsfreiheit. Gleichzeitig plädierten sie dafür, das Jahr 1933 als Datum für das Auslaufen der Flottenbeschränkungen festzulegen. Für die Großmächte war die Begrenzung des Aussetzens mit dem Schlachtschiffbau bis zum Jahr 1936 festgelegt.

Auf der dritten Flottenkonferenz (London 1935–1936) herrschte eine ganz andere Atmosphäre. 1934 hatte Japan das Washingtoner Abkommen gekündigt, und ein Jahr später hielt sich Deutschland nicht mehr an die Beschränkungen, die seiner Flotte mit den Bestimmungen des Versailler Vertrages auferlegt worden waren. Gegen Italien wurden von

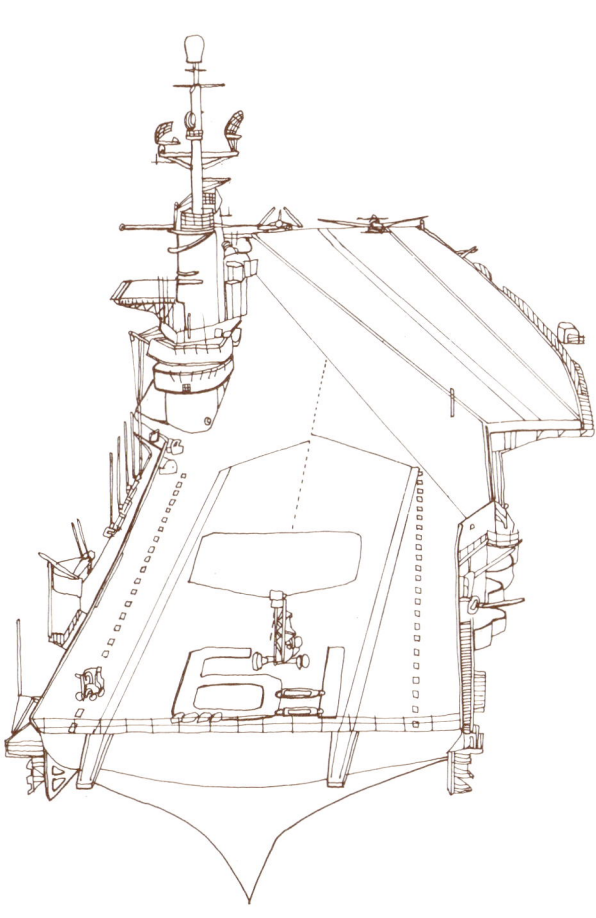

Der Flugzeugträger war der wichtigste und entscheidendste Kriegsschifftyp des 2. Weltkrieges.

Die »Repulse« kam hauptsächlich im Atlantik zum Einsatz. Nachdem das Schiff zur Kampfgruppe »G« in den Indischen Ozean kommandiert worden war, wurde es am 10. Dezember 1941 zusammen mit der »Prince of Wales« bei einem Angriff japanischer Torpedobomber versenkt.

seiten Frankreichs und Englands wegen seines Kolonialkrieges gegen Äthopien Sanktionen verhängt. Kurz, die dritte Konferenz war ein Fehlschlag und führte nur zur Steigerung der bestehenden Spannungen. Hitler hatte seine politische und militärische Offensive begonnen, und die dunklen Wolken eines neuen Krieges zogen sich über der Welt zusammen.

Trotz seiner Verwundbarkeit durch Luft- und U-Boot-Angriffe war das Schlachtschiff immer noch das Rückgrat der Marinen. Sowohl im Zweiten Weltkrieg wie auch schon im Ersten Weltkrieg blieben die Einsatzmöglichkeiten allerdings begrenzt. Obwohl der Flugzeugträger weitgehend die Aufgaben der Schlachtschiffe übernommen hatte, setzten die Amerikaner und Japaner bis zum Ende des Krieges noch ihre gewaltigen Schlachtschiffe ein. Zu den besten jemals gebauten Schiffen dieses Typs gehörten die fast 70 000 Tonnen großen, mit neun 45,7-cm-Geschützen und dicker Panzerung ausgerüsteten Schiffe »Yamato« und »Musashi«, die als unsinkbar galten. Aber es ist unwahrscheinlich, daß jemals ein unsinkbares Schiff gebaut werden wird. So wurden selbst die standhaften japanischen Schlachtschiffe ein Opfer von Luftangriffen. Als der Krieg bereits zur Hälfte vorüber war, liefen

in Amerika 1943 die kleineren »Iowa« und »New Jersey« vom Stapel, die zu den wenigen Schlachtschiffen gehörten, die den Krieg überlebten.

Eine grundlegende taktische und strategische Rolle spielte im Zweiten Weltkrieg der Kreuzer; auf den Kriegsschauplätzen des Stillen Ozeans standen sich japanische und amerikanische Kreuzer als unerbittliche Gegner gegenüber. Dabei sorgten sie mit ihrer zum Teil sogar dem Schlachtschiff überlegenen Flakbewaffnung für den notwendigen Schutz gegen Luftangriffe und bei Landungsunternehmen für Artillerieunterstützung.

Die Zerstörer fielen nicht unter die in den Flottenverträgen von Washington und London vereinbarten Begrenzungen zum Bau größerer Schiffe, und sie wurden daher größer und größer. Als der Krieg ausbrach, gehörten sie zum festen Bestandteil der größeren Marinen. So hatte England 179, Deutschland 22, Frankreich 30 und die Vereinigten Staaten sogar 215 Zerstörer.

Nach einem halben Jahrhundert der Vergessenheit wurde auch die Bezeichnung »Korvette« für Schiffe wieder eingeführt, die während des Krieges zum Schutz der Handelsschiffahrt eingesetzt wurden. Es waren im allgemeinen sehr einfach gebaute Fahrzeuge, klein, mit geringer Tonnage und niedriger Geschwindigkeit. Hauptsächlich wegen des selbstlosen Einsatzes der Besatzungen leisteten die Korvetten aber einen wichtigen Beitrag zu den Kriegsanstrengungen. Und noch eine andere Bezeichnung aus den ruhmreichen Tagen der Segelschiffszeit wurde wiederbelebt – die der Fregatte. Die ersten modernen Fregatten entstanden 1943 auf englischen Werften und gaben den leichtbewaffneten Korvetten den nötigen Rückhalt.

Im Ersten Weltkrieg gemachte Erfahrungen hatten gezeigt, daß das Unterseeboot die wirkungsvollste Waffe im Krieg gegen die feindliche Handelsschiffahrt darstellte. Marinehäfen und Stützpunkte wurden gegen Überwasser- und Luftangriffe getarnt, während die Bedrohung durch U-Boote dazu führte, die Einfahrten mit Netzen und Balkensperren zu sichern. Selbst um einzelne Schiffe herum wurden schützende Sperren errichtet, und die Konvoibegleitfahrzeuge wurden mit Unterwasserhorchanlagen ausgerüstet, den sogenannten Sonar-Geräten, die mit Ultraschallwellen arbeiteten und die die Impulse von den mit ihrer Hilfe unter Wasser georteten Schiffsrümpfen wieder auffingen. Aufgetauchte Boote ließen sich mit dem Radar (radio detecting and ranging) entdecken, einem in England entwickelten Gerät, das unter Verwendung hochfrequenter elektrischer Wellen arbeitet. Am 28. März 1941 konnte Radar an Bord des englischen Schlachtschiffes »Valiant« seinen Wert unter Beweis stellen. Dabei orteten Radarimpulse nachts italienische Kreuzer 20 Seemeilen vor Kap Matapan. Auch die Unterseeboote entwickelten schnell neue Taktiken und Instrumente, um die Ortungstechniken des Feindes soweit wie möglich zu neutralisieren. Geräte zur Entdeckung elektromagnetischer Wellen und besonders Anti-Radar-Schutzfarben wurden eingeführt. Deutsche U-Boote ließen sogar kleine Drachen (Tragschrauber) bis zu 10 Meter hoch steigen, um auf diese Art in der Nähe befindliche feindliche Schiffahrt zu orten. In den Jahren 1941–1943 bewiesen die Einrichtungen zur U-Boot-Bekämpfung ihren Wert. Oftmals wurde Radar auch auf den Konvoiflugzeugträgern eingebaut, und Wasserbombenwerfer auf den alliierten Schiffen waren in der Lage, vom Bug aus Salven mit 24 Wasserbomben abzufeuern. In Verbindung mit den traditionellen Wasserbomben konnte diese Waffe an getauchten Booten schreckliche Schäden verursachen. Von Beginn des Krieges an maßen die Deutschen dem U-Boot-Krieg eine erstrangige Rolle zu. 1944 stellten sie die Boote des Typs XXI in Dienst, deren mächtige Akkumulatoren-Batterien für Elektromotoren stärker waren als Dieselmotoren. Diese Boote waren nicht nur in der Lage, ihre Angriffe bedeutend schneller durchführen und sich entsprechend leichter absetzen zu können, sondern sie konnten auch schneller tauchen. Der Schnorchel (ein 7–10 m langes Rohr) verlängerte mit seinem Ende über der Wasseroberfläche die Luft- und Auspuffrohre, so daß die Unterseeboote mit hoher Fahrt 10 bis 14 Meter unter der Wasseroberfläche fahren und gleichzeitig ihre elektrischen Batterien aufladen konnten. Trotz allem befand sich bei Kriegsende das Unterseeboot auf dem Rückzug, nachdem die Verteidigungsmaßnahmen gegen die Unterwasserbedrohung mit ihren aus Kriegsschiffen und Flugzeugen bestehenden Sicherungen der Konvois, der Verwendung von U-Boot-Fallen, Zickzackfahren, Nebelanlagen, Radar, Sonar, Wasserbomben und Torpedos besser gegen die U-Boote schürzen konnten.

Das andere herausragende Schiff des Zweiten Weltkrieges war der Flugzeugträger, der zum Kern der Kampfflotte wurde. Seine Entwicklung und ständige Verbesserung führte schließlich zu einer ganz neuen und bestimmten Form einer Marine-Einsatzgruppe, der berühmten amerikanischen »task force«. Zum erstenmal kam die aus Gruppen von Flugzeugträgern und Überwasserschiffen wie Schlachtschiffen, Kreuzern und Zerstörern bestehende »task force« auf dem pazifischen Kriegsschauplatz schon zur Zeit Pearl Harbors zum Ein-

Die »Prince of Wales«. Auf der Jagd nach der »Bismarck« konnte sie, obwohl sie von vier 38-cm- und drei 20,3-cm-Granaten getroffen worden war, das deutsche Schlachtschiff mit zwei 35,6-cm-Granaten treffen. Das Schiff wurde dann im Mittelmeer und nach November 1941 bei Singapore eingesetzt. Auf dem Wege nach Kuantan in Malaysia, um dort die japanische Invasion Südostasiens aufzuhalten, wurde sie von japanischen Torpedobombern versenkt.

Die »Hood«, 1918 vom Stapel gelaufen, wurde vor dem letzten Krieg modernisiert. Sie war der Stolz der englischen Marine. Am 24. Mai 1941 traf sie im Nordatlantik mit dem deutschen Schlachtschiff »Bismarck« zusammen, nach deren fünfter Salve sie in die Luft flog.

Die »Warspite« war das berühmteste Schlachtschiff der englischen Flotte und Flaggschiff des Mittelmeerkommandos unter Admiral Cunningham. Sie nahm an dem Gefecht bei Punta Stilo teil, wo eine ihrer Granaten auf dem italienischen Schlachtschiff »Giulio Cesare« schwere Beschädigungen verursachte. Nach einem Einsatz vor Ceylon kehrte das Schiff ins Mittelmeer und in den Nordatlantik zurück. 1947 strandete es bei einer Überführung und wurde an Ort und Stelle abgewrackt.

Tarnanstriche

Die »Vittorio Veneto«, ein italienisches Schlachtschiff der Littorio-Klasse von steuerbord.

»Vittorio Veneto« von backbord.

Das französische Schlachtschiff »Richelieu« – Backbordseite.

Die »Duilio«, ein 23 622 t großes italienisches Schlachtschiff. Ansicht der Tarnung auf der Steuerbordseite.

Der englische Schlachtkreuzer »Renown« (32 000 t). Der Tarnanstrich auf der Steuerbordseite.

Die Tarnbemalung der Schiffe wurde während des 1. Weltkrieges eingeführt, um sie bei Feindberührung schwerer identifizierbar zu machen. Die farbigen Streifen und Farbflächen wurden derart angebracht, daß sie die Konturen von Rumpf und Aufbauten auflösten, um so Beobachter über Kurs und Geschwindigkeit zu täuschen. Die am meisten verbreiteten Farben waren grau, schwarz, gelb, blau, grün und weiß.

satz. Die Marinefliegerei übernahm die Aufgabe der traditionellen schweren Artillerie, wie die Unternehmungen bei Tarent (11. Nov. 41), Pearl Harbor (7. Dez. 41) und bei Kap Matapan (März 41) zeigten, wie auch bei der Versenkung des deutschen Schlachtschiffes »Bismarck« (Mai 1941), in der Schlacht im Korallenmeer (Mai 1942) und vor allen anderen in der Schlacht von Midway (Juni 1942), wo der Flugzeugträger am überzeugendsten seine Führungsrolle unter Beweis stellte. Mit zunehmender Geschwindigkeit und Stärke der Flugzeuge wurden auch besondere Landungs- und Starthilfen auf den gepanzerten Decks der Flugzeugträger notwendig. Darüber hinaus führte man für Versorgungs- und Rettungsaufgaben und zur U-Boot-Bekämpfung auf den Schiffen auch Hubschrauber mit.

Von der italienischen Marine wurden mit Angriffsfahrzeugen wie den sogenannten »Barchini« gezielte Angriffe gegen die englischen Stützpunkte im Mittelmeer unternommen. Es waren dies schnelle, von Aimone di Savoia-Aosta entworfene Einmann-Motorboote mit einer Explosivladung im Bug, und langsame, »pigs« genannte Torpedos (SCL), die von einem Mann – sowie einem zweiten als Besatzung – gesteuert wurden, die diese Bombe in feindlichen Häfen direkt bis unter die Kiele der Schiffe brachten.

Die »Queen Elizabeth« gehörte zur ältesten, aus 5 Schiffen bestehenden Klasse englischer Schlachtschiffe; sie besaß eine Wasserverdrängung von 30 600 t. Das Schiff war 1913 in Portsmouth vom Stapel gelaufen und wurde 1940 modernisiert.

Die »Nelson« bildete zusammen mit der »Rodney« eine schwerbewaffnete Klasse von Schlachtschiffen, die 1922 bzw. 1927 bei Cammell, Laird and Armstrong erbaut worden waren.

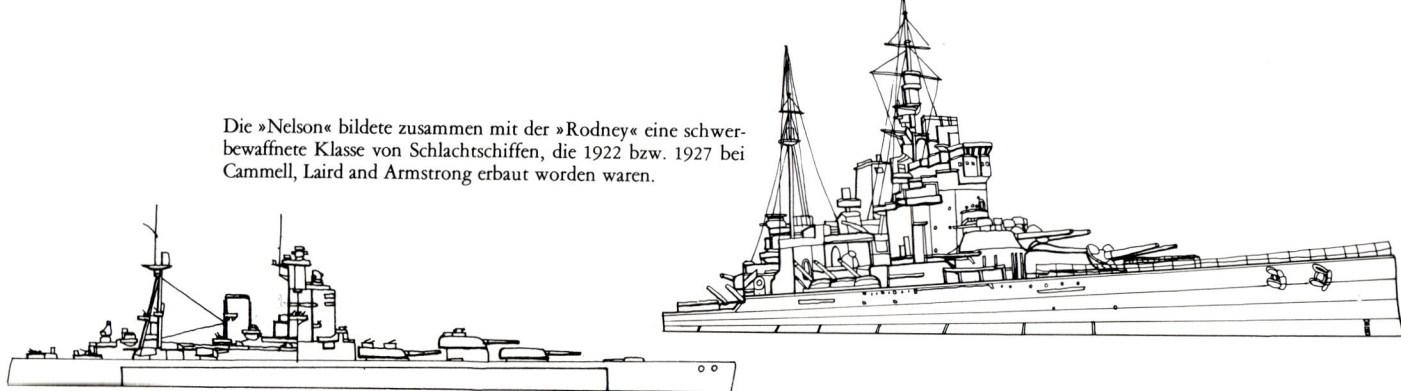

England

Hoffnung auf Frieden und die augenscheinlich von den Großmächten erreichte Übereinkunft über Abrüstungsfragen führte in England dazu, die Ausgaben für die Marine nach 1922 zu verringern. Nur der Bau der großen Schlachtschiffe »Rodney« (32 971 t) und ihres Schwesterschiffes »Nelson« wurde in Angriff genommen. 13 weitere Schlachtschiffe der englischen Marine, die bereits vor 1918 erbaut worden waren, wurden modernisiert.

Noch 1936 wurde mit dem Bau von fünf 34 447 Tonnen großen Schiffen für die englische Schlachtflotte begonnen. Als der Krieg ausbrach, waren sie immer noch im Bau und wurden erst 1941–1942 in Dienst gestellt.

Ebenso wie Japan und die USA gehörte auch England zu den Nationen, die sich der strategischen Bedeutung des Flugzeugträgers bei großangelegten Operationen sehr wohl bewußt waren. Schon in den Anfangsmonaten des Ersten Weltkrieges war die Marineluftwaffe mit dem Ziel aufgestellt worden, Land- und Seeziele – wie bei den Dardanellen – anzugreifen. England war es auch, das die erste Konstruktionszeichnung eines ausschließlich für die Marineluftwaffe gedachten Schiffes, der 10 678 Tonnen großen »Hermes«, anfertigte (obwohl es Japaner waren, die als erste ein solches Schiff in Dienst stellten). Die »Hermes« wurde in Angriff genommen, unmittelbar nachdem der 14 222 Tonnen große Überseedampfer »Argus« zu einem Flugzeugträger umgebaut und mit einem 190 Meter langen und 21 Meter breiten Flugdeck versehen worden war. Der auf der Flottenkonferenz in Washington gefaßte Entschluß, den Bau großer Kriegsschiffe einstweilen aufzuschieben, war teilweise eine Folge des neuen strategischen »Bomben gegen Panzerung«-Denkens, durch das man die Zukunft der Schlachtschiffe durch Flugzeuge, ihren stärksten Gegner, gefährdet sah.

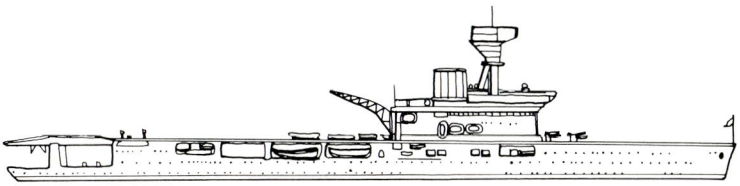

Die »Hermes« war der Prototyp des englischen Flugzeugträgers. Ihr Bau wurde 1918 in Newcastle begonnen und 1920 in Devonport beendet. Sie hatte von Bug bis Heck ein freies Deck. Am 9. April 1942 wurde das Schiff im Indischen Ozean von japanischen Flugzeugen versenkt.

Die »Courageous«, einer der ersten englischen Flugzeugträger, der von einem deutschen Unterseeboot versenkt wurde. (17. Sept. 1939) Ihr Schwesterschiff »Glorious« wurde vor Narvik (1940) von deutschen Überwasserstreitkräften versenkt.

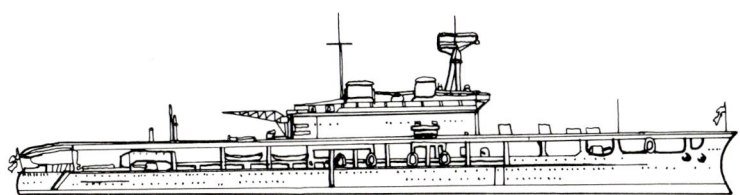

Die »Eagle«, einer der ältesten englischen Flugzeugträger, war 1920 vom Stapel gelaufen. Der Bau des Schiffes wurde ursprünglich als chilenisches Schlachtschiff »Almirante Cochrane« begonnen. Am 11. August 1942 wurde das Schiff im Mittelmeer von deutschen U-Booten versenkt.

Als der Zweite Weltkrieg ausbrach, besaß England 7 Flugzeugträger, die zum großen Teil Umbauten aus anderen Schiffstypen waren, wie die 22 450 Tonnen große, als Schlachtkreuzer entworfene »Furious« und die »Eagle«, deren Bau als Schlachtschiff unter dem Namen »Almirante Cochrane« begonnen worden war und die bereits nach dem Stapellauf umgebaut wurde. Die »Argus« dagegen war ursprünglich als Überseedampfer vorgesehen und den Plänen nach ein Schwesterschiff der italienischen »Conte Rosso«. Der schlagkräftigste bei Kriegsbeginn 1939 in Dienst befindliche Flugzeugträger war die 21 652 Tonnen große »Ark Royal« mit 60 Flugzeugen. Am 31. November 1941 wurde sie von einem deutschen U-Boot (U 81) im Mittelmeer versenkt. 6 weitere Träger mit je 22 637 Tonnen und gepanzertem Flugdeck wurden gebaut,

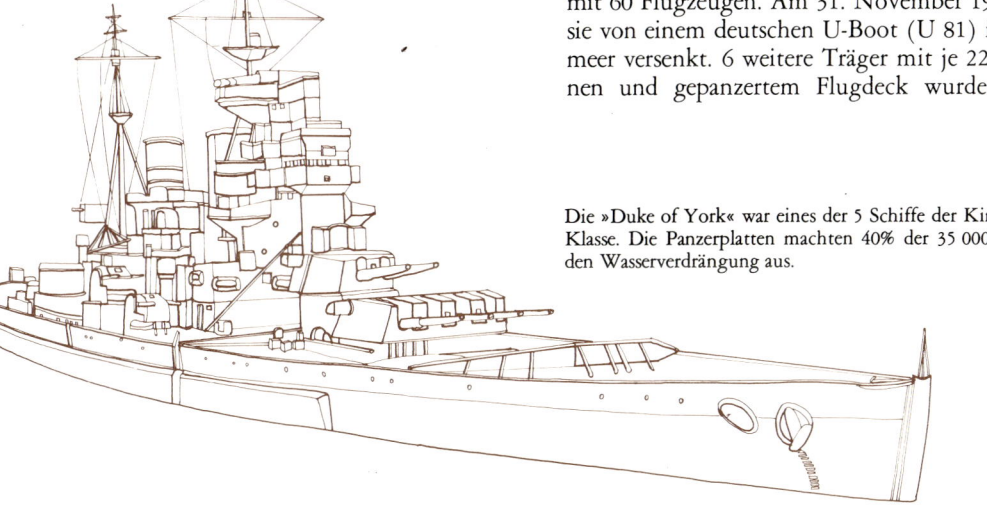

Die »Duke of York« war eines der 5 Schiffe der King-Georg-V-Klasse. Die Panzerplatten machten 40% der 35 000 t betragenden Wasserverdrängung aus.

Die »King George V« wurde im Oktober 1940 Bestandteil der Heimatflotte und diente während der Jagd nach der »Bismarck« als Flaggschiff. Sie unterstützte die Landung auf Sizilien und nahm im Pazifik an den Unternehmungen bei Okinawa teil. Schließlich war sie eines der Schiffe, die bei Beendigung des Krieges in der Bucht von Tokio ankerten. 1957 außer Dienst gestellt.

Die »Revenge« wurde 1916 als Bestandteil der Heimatflotte in Dienst gestellt. Während der Suche nach der »Bismarck« blieb sie in Reserve. 1942 ging das Schiff in den Indischen Ozean und wurde 1943 wieder zurückgezogen.

Die »Rodney« gehörte zur Nelson-Klasse und wurde 1927 in Dienst gestellt. Während des Krieges war sie eines der am meisten zum Einsatz gekommenen englischen Schlachtschiffe und war am Kampf mit der »Bismarck« beteiligt. Lange Zeit war das Schiff im Mittelmeer im Einsatz, wo es an fast allen größeren Unternehmungen beteiligt war wie auch bei der Invasion. 1948 wurde die »Rodney« abgewrackt.

darunter die »Illustrious«, die 1940 zum Einsatz kam und dank ihres Panzers sowohl deutschen Stuka-Angriffen in der Straße von Sizilien wie auch japanischen Kamikazes widerstand.

Bei Kriegsbeginn hatten die englischen Flugzeugträger nicht sehr viel Glück. Schon in den ersten Monaten der Auseinandersetzung wurde die »Courageous« von einem deutschen U-Boot versenkt, während die »Glorious« im Verlauf des Rückzugs englischer Truppen aus Norwegen im April 1940 von den Schlachtschiffen »Scharnhorst« und »Gneisenau« versenkt wurde. Trotzdem spielten die englischen Flugzeugträger bei den Unternehmungen in Europa eine entscheidende Rolle, und die von ihren Decks gestarteten Torpedoflugzeuge konnten oftmals erfolgreich in den Kampf mit großen Überwasserschiffen eingreifen. So blieb der italienische Kreuzer »Pola« in der Schlacht vor Kap Matapan (März 1941) nach einem Torpedotreffer eines vom Flugzeugträger »Formidable« gestarteten Flugzeugs vom Typ »Fairy Albacore« bewegungslos liegen; und eine von der »Ark Royal« gestartete »Fairy Swordfish« zerstörte die Ruderanlage des deutschen Schlachtschiffes »Bismarck«, das darauf im Verlauf des Kampfes mit den herangeführten Schiffen der Home Fleet verlorenging.

Während der Londoner Flottenkonferenz von 1930, die ohne endgültige Entschlüsse zu Ende ging, wurde auch die Tonnage der schweren und leichten Kreuzer festgelegt. Der englischen Flotte war eine Gesamttonnage von 193 200 Tonnen zugestanden worden, und entsprechend durfte sie die größtmögliche Anzahl an Schiffen bauen. Darauf entwickelten englische Werften die nur 5200 Tonnen großen, mit sechs 15,2-cm-Geschützen ausgerüsteten und leicht gepanzerten Kreuzer der Arethusa-Klasse. Die später gebauten Schiffe der Southampton-Klasse waren 9400 Tonnen groß und besaßen damit eine größere Verdrängung als die auf der Flottenkonferenz von 1936 festgelegte Höchsttonnage für leichte Kreuzer von 7874 Tonnen. Die aufwendigen schweren Kreuzer der Washington-Klasse fanden ihr Gegenstück in der »York« (8250 t) und (»Exeter« 8390 t), die beide mit sechs 20,3-cm-Geschützen bewaffnet waren. Bei Kriegsbeginn besaßen die Engländer insgesamt 49 schwe-

Die »Indomitable« lief 1940 vom Stapel und war der vierte Flugzeugträger der Illustrious-Klasse. Das dem Mittelmeerkommando zugeteilte und bei der Verteidigung Maltas eingesetzte Schiff besaß gepanzerte Hangars für die Flugzeuge und eine starke Flak-Bewaffnung.

re und leichte Kreuzer, während 10 leichte Kreuzer der Dido-Klasse (5450 t, 10×13,3-cm-Geschütze), 5 der Fiji-Klasse (8000 t, 12×15,2-cm-Geschütze) und 6 verbesserte Schiffe der Dido-Klasse (5770 t, 10×13,3-cm-Geschütze) auf ihre Fertigstellung bzw. Indienststellung warteten.

Zur gleichen Zeit kamen auch zu den bereits in Dienst befindlichen Zerstörern neue Schiffe dazu. Die 16 Schiffe der Lightning-Klasse mit ihren 1920 Tonnen, sechs 12-cm-Geschützen, acht 53,3-cm-Torpedos und einer Geschwindigkeit von 36 Knoten vergrößerten die englische Zerstörerflotte auf 179 Schiffe. In der Schlußphase des Krieges 1945 wurden die Battle-Klasse-Zerstörer auf 2400 Tonnen vergrößert. England hatte ebenfalls 69 Unterseeboote im Kampf gegen deutsche U-Boote und zur Verteidigung der Atlantikkonvois im Einsatz. Darüber hinaus gab es die sogenannten »Taschen-U-Boote«, die sich bei den Versuchen, das deutsche Schlachtschiff »Tirpitz« zu versenken, wie auch bei anderen Unternehmungen auszeichneten.

Die englische Marine hatte die Last eines langsam immer härter werdenden Seekrieges zu tragen. Die Tatsache, daß der Rückzug von Dünkirchen im Juni 1940 sich nicht in eine totale Niederlage verwandelte, war hauptsächlich englischen Seeleuten zu verdanken, die 300 000 Mann des geschlagenen Expeditionskorps über den Kanal hinweg in Sicherheit brachten.

Als Frankreich fiel, standen die englischen Schiffe der deutschen und italienischen Flotte allein gegenüber. Sie verhinderten das Zusammenwirken der großen deutschen Schlachtschiffe im Atlantik, wo bereits Gruppen von U-Booten operierten. Eine herausragende Unternehmung gipfelte schließlich

Englischer Minensucher der Bangor-Klasse. Das Schiff gehörte zu einer Flotte aus 287 Minensuchern, die an der »Operation Neptune« teilnahmen, einem Einsatz, der den Landungen in der Normandie vorausging (Operation Overlord), um die deutschen Minenfelder zu räumen.

M.T.B/4, ein englisches Torpedoboot, das im Februar 1942 an der »Operation Cerberus« teilnahm, als »Scharnhorst«, »Gneisenau« und »Prinz Eugen« ihren Kanaldurchbruch unternahmen.

Ein »X«-Boot war ein für den Einsatz in schwierigen Gewässern entworfenes Taschenunterseeboot.

Die »Chariot« war ein aus den italienischen »pigs« (die im Mittelmeer die englischen Schlachtschiffe »Valiant« und »Queen Elizabeth« versenkt hatten) entwickelter Zweimanntorpedo. Ebenso wie der erstere mußte auch dieser Torpedo ziemlich nahe ans Ziel herangeschleppt werden.

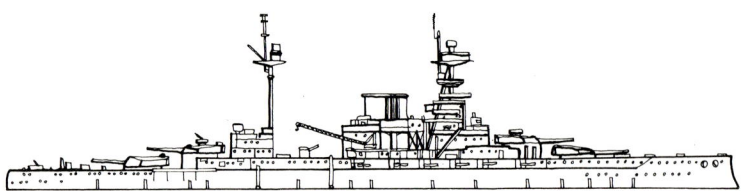

Die »Malaya«, ein 1928–1929 modernisiertes englisches Schlachtschiff der Queen-Elizabeth-Klasse.

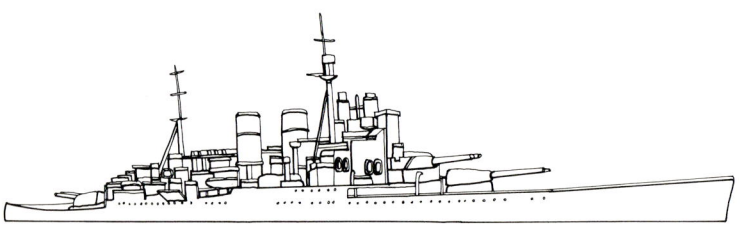

Die »Repulse« wurde 1915 fertiggestellt und 1922 modernisiert. Am 10. Dezember 1941 wurde sie von japanischen Flugzeugen vor Malaysia versenkt.

Die »Ramillies«, ein 1916 vom Stapel gelaufenes und 1932 modernisiertes Schlachtschiff der Royal-Sovereign-Klasse.

Die »Resolution«, ein Schlachtschiff derselben Klasse. Sie wurde in der Heimatflotte bei Atlantikkonvois und im Fernen Osten eingesetzt.

in der Versenkung des Schlachtschiffes »Bismarck«. Am 23. Mai 1941 sichteten die englischen Kreuzer »Norfolk« und »Suffolk« die »Bismarck« (unter dem Kommando des Admirals Lütjens) und den schweren Kreuzer »Prinz Eugen«, als sie in die Dänemarkstraße einliefen. Sie gaben diese Meldung an Vizeadmiral Holland weiter, der sich an Bord des Schlachtkreuzers »Hood« befand, der am Vortage zusammen mit der »Prince of Wales« von Scapa Flow ausgelaufen war. Am nächsten Tag bekamen die deutschen und englischen Schiffe Gefechtsberührung, in deren Verlauf die »Hood« nach nur acht Minuten Kampf mehrfach getroffen in die Luft flog. »Bismarck« und »Prinz Eugen« trennten sich anschließend, und letztere lief nach Frankreich zurück. Am 26. Mai wurde bei dem Angriff von Swordfish-Torpedoflugzeugen des Flugzeugträgers »Ark Royal« die Ruderanlage der »Bismarck« beschädigt. Am folgenden Tag griffen die »Rodney« und »King George« mit ihrer Artillerie sowie »Dorsetshire« mit Torpedoangriffen in den Kampf ein, bis die »Bismarck« um 10.40 Uhr sank.

Im Mittelmeer vereitelten englische Schiffe italienische Pläne zur Invasion Maltas und griffen die Nachschublinien zwischen Italien und Nordafrika an. Zwei ihrer besten Schlachtschiffe verloren die Engländer im Kampf gegen Japan. Der Kriegseintritt der USA bedeutete schließlich eine große Erleichterung der hart geforderten englischen Flotte, die im November 1942 an den Landungen in Marokko, im Juli 1943 bei der Invasion Siziliens und am 6. Juni 1944 an den Landungen in der Normandie beteiligt war.

Die Verluste der Royal Navy im Verlauf des Krieges waren sowohl an Menschen wie an Schiffen hoch. Als der Kampf zu Ende ging, befanden sich auf englischen Werften 4 neue Schlachtschiffe, 29 Flugzeugträger und eine große Anzahl kleinerer Fahrzeuge im Bau.

Die »Valiant«, ein 1937 modernisiertes Schiff der Queen-Elizabeth-Klasse. Das Schiff gehörte lange Zeit zum Mittelmeergeschwader.

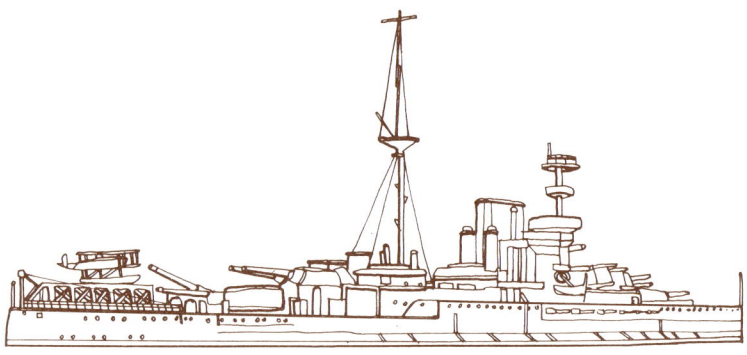

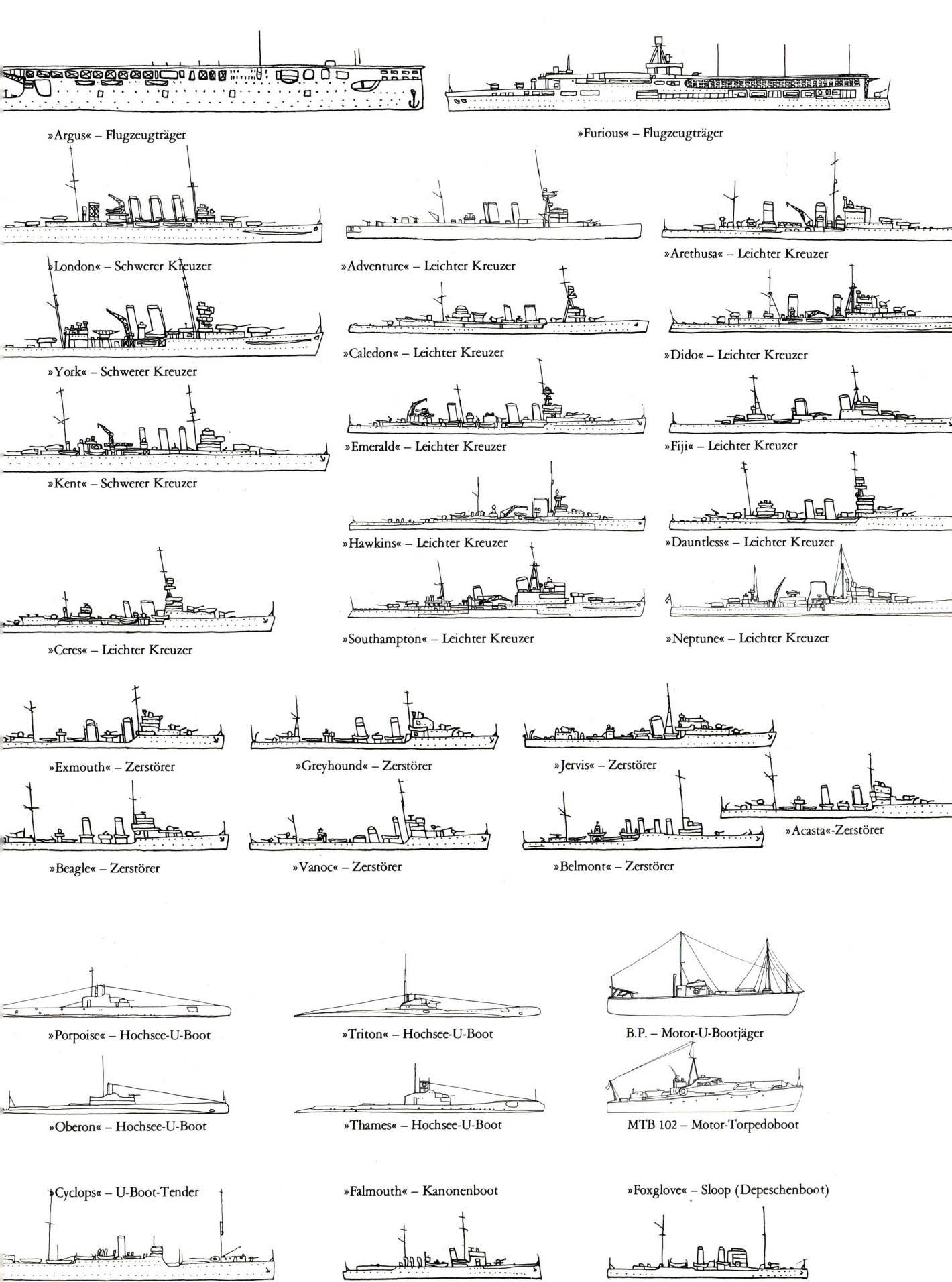

»Argus« – Flugzeugträger

»Furious« – Flugzeugträger

»London« – Schwerer Kreuzer

»Adventure« – Leichter Kreuzer

»Arethusa« – Leichter Kreuzer

»York« – Schwerer Kreuzer

»Caledon« – Leichter Kreuzer

»Dido« – Leichter Kreuzer

»Kent« – Schwerer Kreuzer

»Emerald« – Leichter Kreuzer

»Fiji« – Leichter Kreuzer

»Hawkins« – Leichter Kreuzer

»Dauntless« – Leichter Kreuzer

»Ceres« – Leichter Kreuzer

»Southampton« – Leichter Kreuzer

»Neptune« – Leichter Kreuzer

»Exmouth« – Zerstörer

»Greyhound« – Zerstörer

»Jervis« – Zerstörer

»Acasta«-Zerstörer

»Beagle« – Zerstörer

»Vanoc« – Zerstörer

»Belmont« – Zerstörer

»Porpoise« – Hochsee-U-Boot

»Triton« – Hochsee-U-Boot

B.P. – Motor-U-Bootjäger

»Oberon« – Hochsee-U-Boot

»Thames« – Hochsee-U-Boot

MTB 102 – Motor-Torpedoboot

»Cyclops« – U-Boot-Tender

»Falmouth« – Kanonenboot

»Foxglove« – Sloop (Depeschenboot)

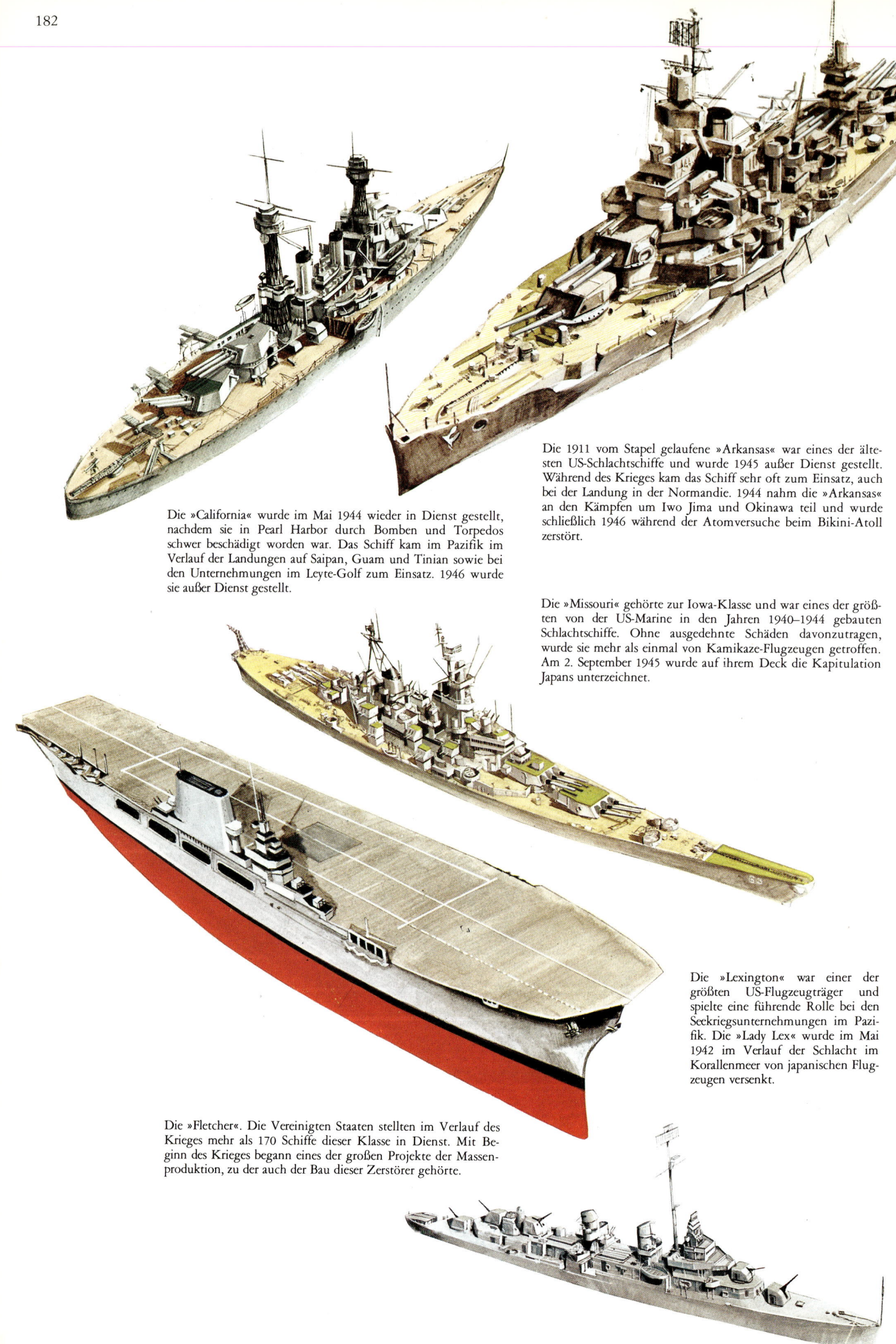

Die 1911 vom Stapel gelaufene »Arkansas« war eines der ältesten US-Schlachtschiffe und wurde 1945 außer Dienst gestellt. Während des Krieges kam das Schiff sehr oft zum Einsatz, auch bei der Landung in der Normandie. 1944 nahm die »Arkansas« an den Kämpfen um Iwo Jima und Okinawa teil und wurde schließlich 1946 während der Atomversuche beim Bikini-Atoll zerstört.

Die »California« wurde im Mai 1944 wieder in Dienst gestellt, nachdem sie in Pearl Harbor durch Bomben und Torpedos schwer beschädigt worden war. Das Schiff kam im Pazifik im Verlauf der Landungen auf Saipan, Guam und Tinian sowie bei den Unternehmungen im Leyte-Golf zum Einsatz. 1946 wurde sie außer Dienst gestellt.

Die »Missouri« gehörte zur Iowa-Klasse und war eines der größten von der US-Marine in den Jahren 1940–1944 gebauten Schlachtschiffe. Ohne ausgedehnte Schäden davonzutragen, wurde sie mehr als einmal von Kamikaze-Flugzeugen getroffen. Am 2. September 1945 wurde auf ihrem Deck die Kapitulation Japans unterzeichnet.

Die »Lexington« war einer der größten US-Flugzeugträger und spielte eine führende Rolle bei den Seekriegsunternehmungen im Pazifik. Die »Lady Lex« wurde im Mai 1942 im Verlauf der Schlacht im Korallenmeer von japanischen Flugzeugen versenkt.

Die »Fletcher«. Die Vereinigten Staaten stellten im Verlauf des Krieges mehr als 170 Schiffe dieser Klasse in Dienst. Mit Beginn des Krieges begann eines der großen Projekte der Massenproduktion, zu der auch der Bau dieser Zerstörer gehörte.

Die Vereinigten Staaten von Amerika

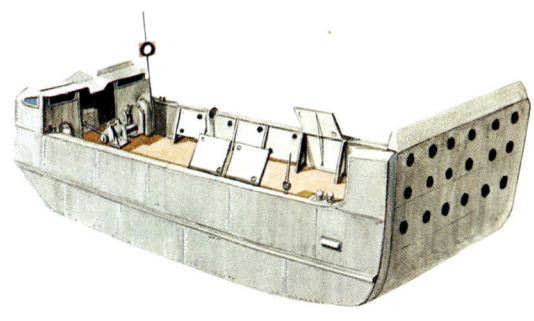

Die öffentliche Meinung in den USA war anfangs gegen eine Intervention im in Europa tobenden Konflikt. Aber mit dem japanischen Angriff auf Pearl Harbor befand sich auch Amerika im Kriegszustand. Am 7. Dezember 1941 wurde die US-Pazifikflotte zerstört, eine der beiden Flotten, die nach den Bestimmungen des »Two Oceans Bill« genannten Gesetzes aufgestellt worden waren. Dieses am 14. Juni 1940 verabschiedete Gesetz sah eine elfprozentige Vermehrung der Tonnage an Flugzeugträgern, Kreuzern und Unterseebooten sowie insgesamt 73 815 Tonnen für die Anschaffung oder den Bau von Hilfsfahrzeugen vor. Die Gesamttonnage der Flotte der Vereinigten Staaten sollte damit auf 1 697 319 Tonnen angehoben werden. Die Entwicklungen auf den europäischen Kriegsschauplätzen führten dazu, daß die Amerikaner zwei voneinander unabhängige Flotten aufstellten, eine für jedes der beiden Weltmeere; und das Senatskomitee für Marineangelegenheiten empfahl eine zusätzliche Aufstockung der Marinestreitkräfte um weitere 70 Prozent. Als dann der Krieg mit Japan und den europäischen Achsenmächten ausbrach, lief in den USA ein unerhörtes Programm zur Stärkung der Marinestreitkräfte. Am 9. September 1940 erhielt der Senatsvorschlag Gesetzeskraft, und man begann mit dem Bau der neuen Schiffe. Um die japanische Expansion im Pazifik im Griff zu behalten, konnte Amerika allerdings nur auf die wenigen Schiffe zählen, die das Unglück von Pearl Harbor im kampfbereiten Zustand überlebt hatten. Es waren dies 3 Flugzeugträger, 3 Kreuzer, 13 Zerstörer und 29 Unterseeboote.

LCM – »Landing, craft, mechanized«. Es konnte 100 Soldaten, oder einen Panzer, oder einen Lastwagen im Gewicht bis zu 16 t tragen. Geschwindigkeit 7,5 kn. Bewaffnet mit 2×8-mm-Maschinengewehren.

LST – »Landing ship tank«. Ein Landungsfahrzeug, das während der Operation an der Küste von Madagaskar zum Einsatz kam. Es konnte 22 Panzer (25 t) oder 33 Lastwagen (33 t) tragen.

Die »Boise« nahm im August 1942 an der Schlacht um Guadalcanal teil. Sie gehörte zu den leichten Kreuzern der Brooklyn-Klasse und erhielt in der Schlacht vor Kap Esperance schwere Beschädigungen.

Die »Elco«, ein U-Boot-Jäger, nach dem eine ganze Klasse von US-Schnellbooten benannt wurde, die sich vor allem zum Einsatz in Meerengen und Inselgruppen eignete.

Die »Gato«, ein U-Boot der gleichnamigen Klasse, mit der die Amerikaner ihre Unterseeboote standardisierten und so deren Massenproduktion ermöglichten. US-Unterseeboote wurden im Kampf gegen die Nachschubwege der Japaner eingesetzt.

»Pennsylvania« – Schlachtschiff

»Minneapolis« – Schwerer Kreuzer

»Mississippi« – Schlachtschiff

»Augusta« – Schwerer Kreuzer

»Maryland« – Schlachtschiff

»Chester« – Schwerer Kreuzer

»Nevada« – Schlachtschiff

»Portland« – Schwerer Kreuzer

»Savannah« – Leichter Kreuzer

»Pensacola« – Schwerer Kreuzer

»Atlanta« – Leichter Kreuzer

»Concord« – Schwerer Kreuzer

»Flush-Deck« – Zerstörer

Farragut-Klasse – Zerstörer

Porter-Klasse – Zerstörer

Sims-Klasse – Zerstörer

Mahan-Klasse – Zerstörer

Craven-Klasse – Zerstörer

R-Klasse – Küstenunterseeboote

O-Klasse – Küstenunterseeboote

PT 12 – U-Bootjäger

Die 1943 fertiggestellte »Iowa«, ein amerikanisches Schlachtschiff, das den Krieg überlebte. Sie führte als erstes Schiff auch Hubschrauber mit sich.

Die Marinefachleute in den USA waren von ganzem Herzen überzeugt, daß der Flugzeugträger das Schiff der Zukunft sei. Die ersten Schiffe dieses Typs erhielt man, indem man zwei ursprünglich als Schlachtkreuzer vorgesehenen Schiffe zu Flugzeugträgern umbaute. Es waren dies die »Saratoga« und die »Lexington«, die 79 bzw. 90 Flugzeuge trugen und eine Geschwindigkeit von 34 Knoten besaßen. Es kostete eine gewaltige Summe, diese Schiffe zu bauen, nämlich 45 Millionen Dollar, und noch einmal 15 Millionen Dollar wurden 1939 zu ihrer Modernisierung ausgegeben. Nachdem der Krieg begonnen hatte, machte das ausgedehnte Marineneubauprogramm wegen der umfassenden Verwendung von teilweise vorgefertigten Bauteilen schnelle Fortschritte. So war die amerikanische Rüstungsindustrie in der Lage, im Verlauf des Krieges 20 Flugzeugträger der Essex-Klasse (26 672 t), 9 leichte der Independence-Klasse (10 826 t), 19 Geleitträger der Bairoko-Commencement-Bay-Klasse (11 220 t), 50 der Casablanca-Klasse (7677 t) und 26 der Bogue-Klasse (9645 t) fertigzustellen. 26 der letzteren erhielt England als Leihgabe. Diese starke Flotte stoppte mit ihrer gewaltigen Schlagkraft schrittweise den japanischen Vormarsch im Pazifik. Die einzelnen Phasen dieser Niederlage kann man

in wenigen Namen zusammenfassen – Korallenmeer, Midway, die Marianeninseln und Leyte-Golf. Im Februar 1945 gehörten zu der vor den japanischen Küsten operierenden Flotte 11 schwere und 5 leichte Flugzeugträger mit mehr als 1200 Flugzeugen, 8 Schlachtschiffe, 17 Kreuzer und mehr als 80 Zerstörer. Statistiken zeigen, daß die Flugzeugträger der Pazifikflotte in jener Zeit 12 000 Flugzeuge, 168 Kampf- und Hilfsschiffe sowie 359 Handelsschiffe vernichteten. Niemals in der Geschichte hatte bisher ein einziger Kriegsschifftyp so viele Zerstörungen angerichtet. Als der Krieg zu Ende ging, bestand die Flotte der amerikanischen Flugzeugträger aus insgesamt 102 Schiffen.

Die »Idaho«, 1919 fertiggestellt, 1935 modernisiert, war eines der ältesten Schlachtschiffe in der amerikanischen Flotte.

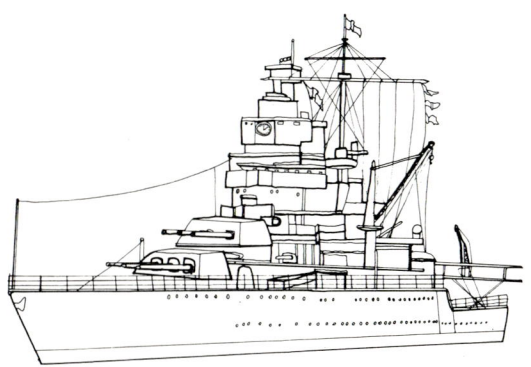

Die »Texas« gehörte zusammen mit der »New York« zu der ersten Klasse von Schlachtschiffen, die die Amerikaner 1914 in Dienst stellten. Im Verlauf einer 1926 durchgeführten Modernisierung wurden u. a. auch die Gittermasten entfernt.

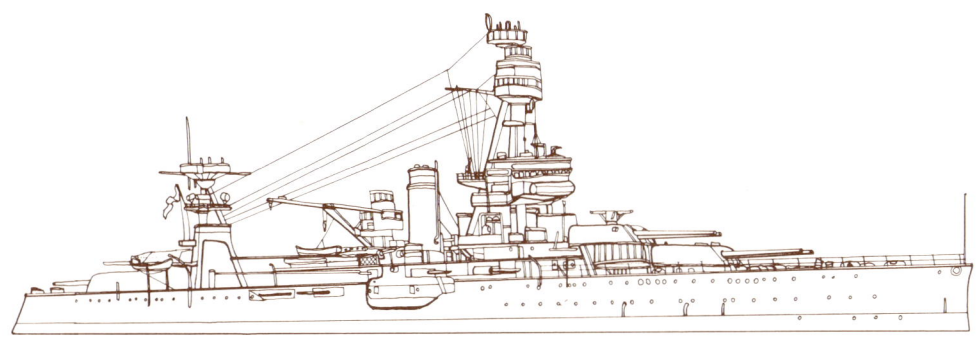

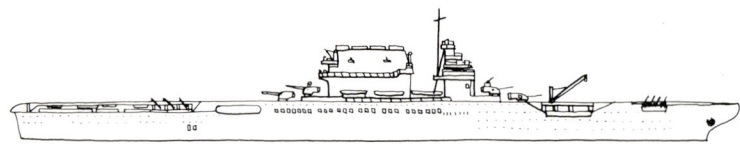

Die »Saratoga« wurde wie ihr Schwesterschiff »Lexington« 1916 auf Stapel gelegt; 1922 wurden die als Schlachtkreuzer begonnenen Schiffe als Flugzeugträger fertiggestellt.

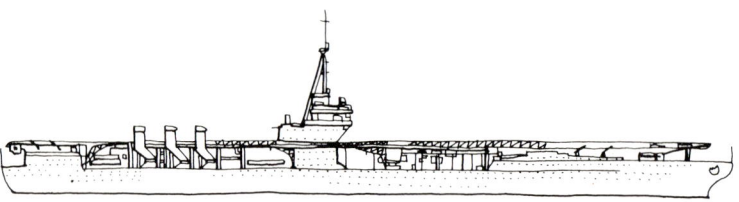

Die »Ranger« war 1934 das erste amerikanische als Flugzeugträger entworfene Schiff.

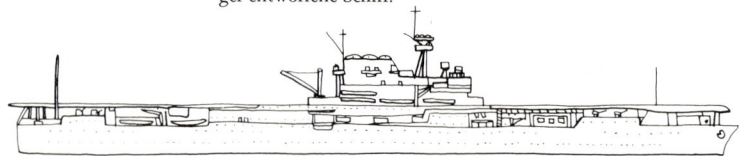

Die »Enterprise«, zur Zeit des Angriffs auf Pearl Harbor der neueste Flugzeugträger der US-Flotte.

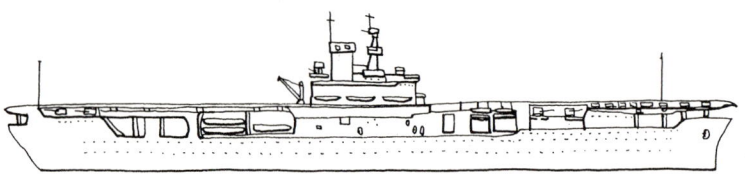

Die »Wasp« war einer der kleineren Flugzeugträger der amerikanischen Marine und wurde 1942 im Verlauf der Kämpfe um Guadalcanal versenkt.

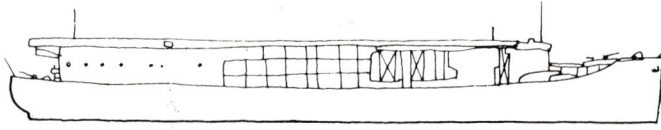

Die »Long Island«, ein aus einem Frachtschiff des Typs Standard C 3 umgebauter Geleitflugzeugträger.

Vor Kriegsausbruch hatte man mit dem Bau von 3 neuen Klassen von Kreuzern begonnen. Dabei trugen die 13 385 Tonnen großen, mit 20,3-cm-Geschützen bewaffneten Kreuzer des Baltimore-Typs bei den Seeschlachten die Hauptlast. Sie übertrafen an strategischer und taktischer Bedeutung selbst die Schlachtschiffe.

Zum Ende des Krieges gab es auch jede Menge Zerstörer, die zusammen mit den Torpedobooten die stattliche Anzahl von 745 Einheiten ausmachten.

Die U-Boot-Flotte der USA (welche schließlich zum Ende des Krieges aus 205 Schiffen bestand) fügte den japanischen Fracht- und Versorgungsschiffen großen Schaden zu.

Auch bei den Landungen in der Normandie, dem Beginn der Besetzung Europas und der schließlichen deutschen Niederlage, spielte die amerikanische Flottenstärke eine führende Rolle. In der Dämmerung des 6. Juni 1944 tauchten vor der Normandie 4000 Truppentransporter auf, die von 6 Schlachtschiffen und Dutzenden von Kreuzern und Zerstörern geschützt wurden; sie landeten im Zeitraum von 24 Stunden 250 000 Mann. Vorausgegangen war dieser gewaltigen Landungsunternehmung der Einsatz von 200 Minensuchern.

Diese »Operation Overlord« und die beiden auf Hiroshima und Nagasaki abgeworfenen Atombomben beendigten einen Krieg, in dessen verschiedenen Phasen 56 Nationen beteiligt waren und der den Tod von über 50 Millionen Menschen verursachte.

Das »Liberty-Schiff« war die amerikanische Lösung des Problems, die von U-Booten versenkten Handelsschiffe zu ersetzen. Die von der Kaiserwerft entwickelten Schiffe wurden aus vorfabrizierten Sektionen erbaut und konnten in 5 Tagen zusammengesetzt werden.

Frankreich

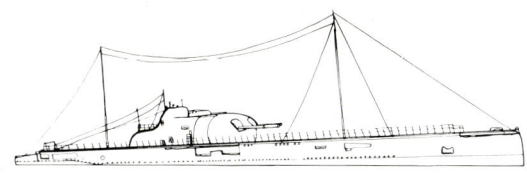

Die von 1927 bis 1934 erbaute »Surcouf« gehörte zur Klasse der französischen Unterseebootkreuzer. Das mit 2 starren 20,3-cm-Geschützen bewaffnete Schiff führte ein in einem kleinen Hangar untergebrachtes Aufklärungsflugzeug mit sich.

Am 3. September 1939, am Tage der Kriegserklärung, besaß die französische Marine nur zwei moderne Kriegsschiffe, es waren dies die »Dunkerque« und die »Strasbourg«, beides ausgezeichnete Schiffe des Schlachtschifftyps.

Fünf weitere Schlachtschiffe (»Courbet«, »Paris«, »Bretagne«, »Provence« und »Lorraine«) mit einer Wasserverdrängung von je 22 289 Tonnen stammten aus der Zeit des Ersten Weltkrieges. Sie waren zwischen 1910 und 1915 erbaut und in den dreißiger Jahren modernisiert worden. Außerdem besaß die französische Flotte mit der 21 796 Tonnen großen »Béarn« einen Flugzeugträger, der 1920 erbaut und 1935 modernisiert worden war. Sie gehörte zu den ersten Trägern mit einem völlig freien, 183 Meter langen und 27 Meter breiten Flugdeck, weil Schornstein, Mast und Brückenaufbauten auf einer aus der Steuerbordseite des Schiffes herausragenden Plattform standen. Zwei weitere Flugzeugträger waren noch im Bau, als der Krieg ausbrach; sie wurden aber nie fertiggestellt. Den unterschriebenen Vereinbarungen der Flottenkonferenz entsprechend durfte Frankreich erst 1936 mit dem Bau von 4 großen (35 000 t) Schiffen beginnen. Eines davon war die »Richelieu«, an der man die Arbeit einstellte, als Frankreich überrannt wurde. Die »Richelieu«, die 1939 vom Stapel lief, war 242 Meter lang und mit acht 38-cm-Geschützen und vielen kleineren Geschützen bestückt, trug 3 Flugzeuge und hatte eine Höchstgeschwindigkeit von 31,5 Knoten.

Die Seitenpanzerung der »Richelieu« besaß unter allen Kriegsschiffen in der Geschichte im Verhältnis zur Tonnage das größte Gewicht. Das Schiff wurde dann noch bei den letzten Seekriegsunternehmungen gegen Japan eingesetzt. Die französische Marine, einst, 1890, die erste bei der Einführung von Panzerkreuzern, hielt sich an die am 6. Februar 1922 auf der Flottenkonferenz abgesprochenen Einschränkungen. Auf dieser Konferenz in Washington war die Standard-Wasserverdrängung des neuen Kreuzer-Typs auf 10 160 Tonnen festgelegt worden. Um innerhalb dieser Grenzen bleiben

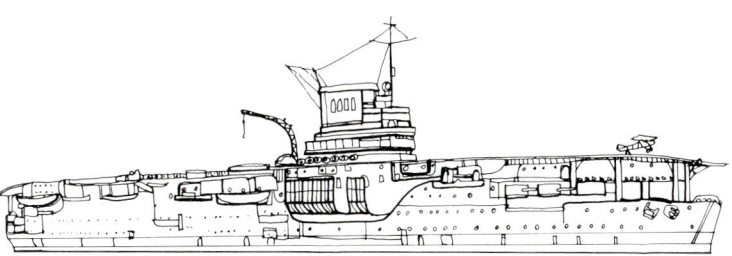

Die »Béarn« wurde 1923 durch die französische Marine von einem Schlachtschiff zu einem Flugzeugträger umgebaut und 1935 modernisiert. Schornstein, Mast und Brückenaufbauten standen auf einer an der Steuerbordseite herausragenden Plattform, so daß das Flugdeck vollkommen frei blieb.

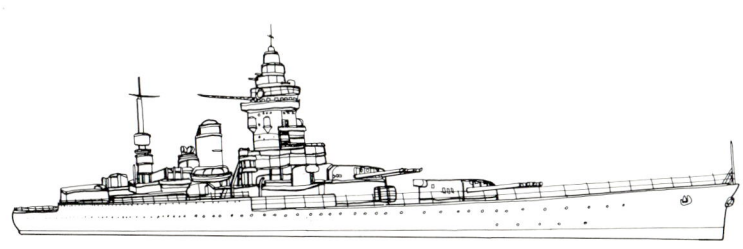

Die »Strasbourg«, ein Schlachtschiff der Dunkerque-Klasse, bei der zum erstenmal die großkalibrigen Geschütze wie auf der englischen »Nelson« in Vierlingstürmen angeordnet waren, was bedeutete, daß ihre Hauptbewaffnung auf das Vorschiff konzentriert war. Das Schiff wurde in Toulon von seiner Besatzung selbst versenkt.

Die 1942 in Dienst gestellte »Dunkerque« war die französische Antwort auf die deutschen Panzerschiffe. Das Schiff befand sich in Mers-el-Kebir, wo die französische Flotte Schutz gesucht hatte und nach dem Waffenstillstand von englischen Schiffen beschossen wurde. Am 27. November 1942 wurde das Schiff schließlich von seiner eigenen Besatzung in Toulon versenkt.

Oben: Die »Richelieu«. Als Frankreich fiel, befand sie sich noch in Brest im Bau. Von dort gelang es ihr, nach Dakar zu entkommen. Am 8 Juli 1940 wurde das Schiff von englischen Torpedoflugzeugen getroffen und sank. 1942 stieß das Schiff zur alliierten Flotte, wurde grundüberholt und bis zum Ende des Krieges im Stillen Ozean eingesetzt. 1960 wurde das Schiff aufgelegt.

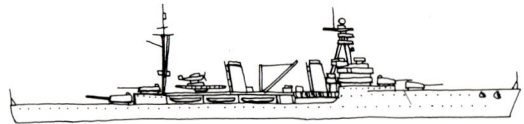

Die »Tourville« war ein 1928 fertiggestellter nach den Bestimmugen des Flottenabkommens von Washington konstruierter Kreuzer.

Die »Suffren«, ein 1930 fertiggestellter französischer Kreuzer.

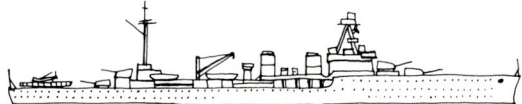

Die »Duguay-Trouin« wurde 1926 als französischer leichter Kreuzer in Dienst gestellt.

Die »La Galissonière« war 1935 fertiggestellt worden und wurde von ihrer Besatzung in Toulon versenkt.

zu können, verzichtete man bei den französischen Kreuzern auf einen Teil ihres Panzerschutzes. Typische Beispiele dieser Kompromißbauweise stellten die »Tourville« und später die Schiffe der Algérie-Klasse (1932) dar. Auf der Londoner Flottenkonferenz (1930) versuchte man diesem Mangel abzuhelfen, mit dem Erfolg, daß man zwischen schweren (die aber noch an die 9842-t-Beschränkung gebunden waren) und leichten Kreuzern unterschied, deren Geschützkaliber 15,5 cm nicht übersteigen durften. Zur letzteren Kategorie gehörten die Schiffe der La-Galissonière-Klasse (1933).

Über Einschränkungen im Zerstörerbau sind auf den Flottenkonferenzen keine Entschlüsse gefaßt worden. Als der Krieg ausbrach, besaß die französische Marine 59 Zerstörer, 8 von der Mogador-Klasse, sowie verschiedene Überlebende des Ersten Weltkrieges. Französische U-Boote, von denen 1939 86 Stück existierten, kamen nicht viel zum Einsatz, jedoch verdient der U-Kreuzer wegen seiner Konstruktion und seines Konzepts besondere Erwähnung. Der U-Boot-Kreuzer »Surcouf« war im Zweiten Weltkrieg denn auch eines der größten Unterseeboote überhaupt.

»Commandante Test« – Wasserflugzeugträger

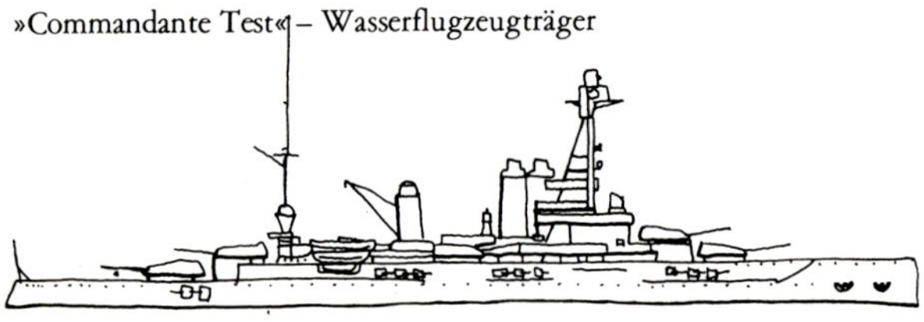

»Paris« – Schlachtschiff

»La Tour d'Auvergne« – Leichter Kreuzer

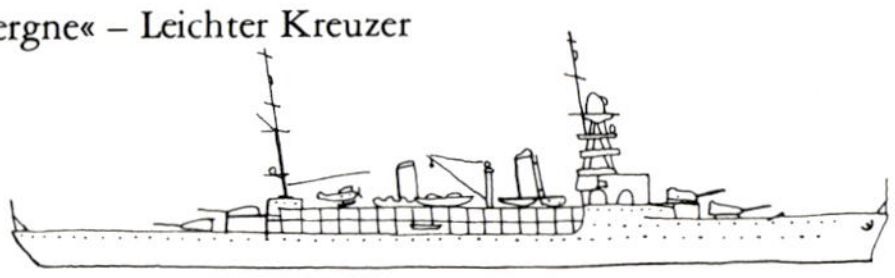

»Jeanne d'Arc« – Leichter Kreuzer

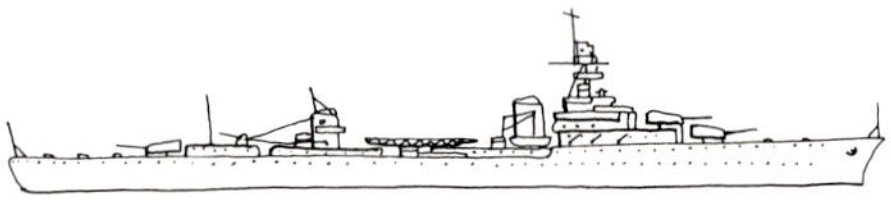

»Emile Bertin« – Leichter Kreuzer

»La Pomone« – Leichter Zerstörer

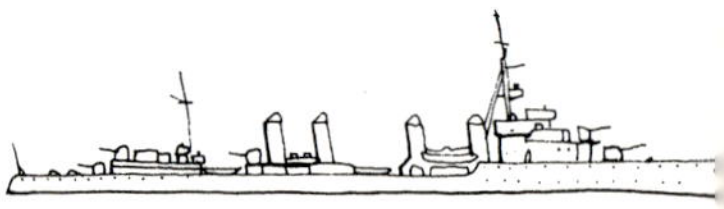

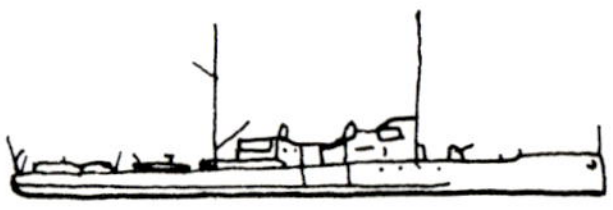

»Diligente« – Kanonenboot

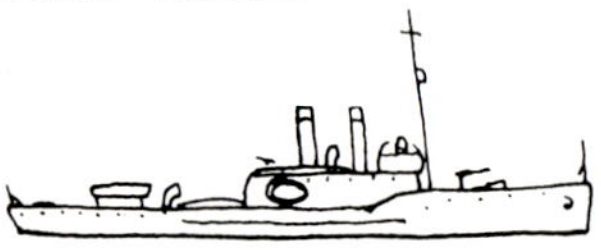

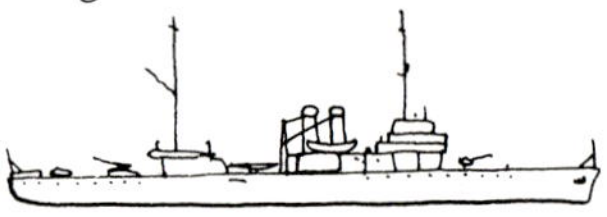

»Marne« – Kanonenboot

»Bougainville« – Kanonenboot

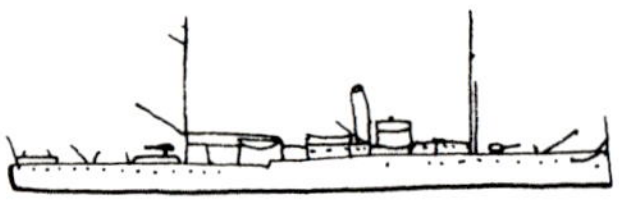

»Requin« – Hochsee-U-Boot

»Naiade« – Küsten-U-Boot

»Lion« – Zerstörer

CH.106 – U-Boot-Jäger

»Dubourdieu« – Kanonenboot

»Ancre« – Kanonenboot

»Granit« – Minensucher

»Argonaute« – Küsten-U-Boot

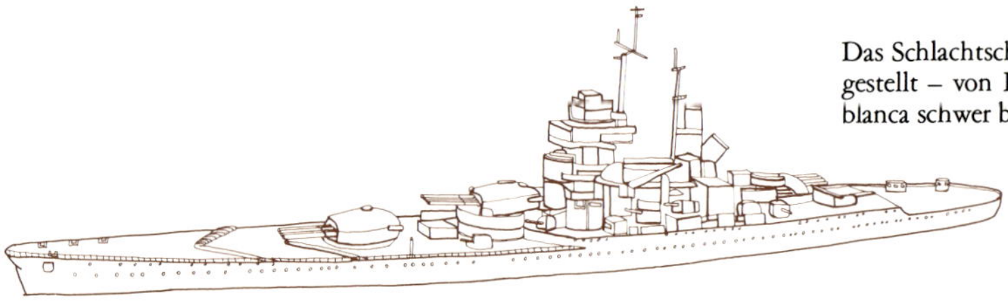

Das Schlachtschiff »Jean Bart« entkam 1940 – noch nicht fertiggestellt – von Brest und wurde am 9. November 1942 in Casablanca schwer beschädigt. Erst 1946 fertiggestellt.

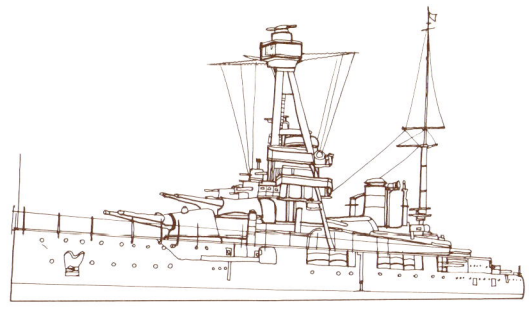

Die »Provence« wurde von ihrer Besatzung am 27. November 1942 in Toulon versenkt. Sie gehörte zu den Anfang des Krieges noch im Dienst befindlichen alten Dreadnoughts.

Abgesehen von einem zehnmonatigen Einsatz bis zum Ende des Frankreich-Feldzuges kam die französische Flotte nur wenig zum Zuge. Gut 9 Monate nach Kriegsbeginn unterschrieb Frankreich am 22. Juni 1940 den Waffenstillstand mit Deutschland und Italien. Dabei zerfiel die Einheit der Flotte. Einem Teil gelang es, englische Kanalhäfen zu erreichen und sich an der Evakuierung Dünkirchens zu beteiligen. Die meisten französischen Schiffe, denen es gelungen war zu entkommen, zogen sich nach dem bei Oran in Algerien gelegenen Stützpunkt Mers-el-Kebir zurück, während sich eine andere Gruppe nach Toulon absetzte. Die in dem algerischen Hafen befindlichen Schiffe wurden dort von englischen Schlachtschiffen und Torpedobombern angegriffen, wobei das 22 189 Tonnen große Schlachtschiff »Bretagne« versenkt und die Schlachtschiffe »Dunkerque« und »Provence«, letzteres ein Schwesterschiff der »Bretagne«, schwer beschädigt wurden. Diese Aktion am 3. Juli 1940 resultierte aus der Furcht der Engländer, daß die französischen Schiffe in die Hand der Deutschen fallen könnten. Aber die Toulon-Flotte, die insgesamt aus etwa 100 Schiffen bestand, zeigte ihre Vaterlandsliebe am 27. November 1942, als fast die gesamten Schiffe von ihren Besatzungen versenkt wurden; ein Verlust von etwa 218 984 Tonnen.

Die »Courbet« war der erste 1911 auf einer französischen Werft auf Kiel gelegte französische Dreadnought und wurde 1927 modernisiert. Als Frankreich besetzt wurde, übernahm sie die Royal Navy, wurde aber später an die freien Franzosen zurückgegeben.

Die Sowjetunion

Bei Kriegsausbruch war die russische Marine denen der anderen Großmächte technisch und an Kampfstärke unterlegen; sie beschränkte sich weitgehend auf den Küstenschutz. Dabei trafen Schiffe der Schwarzmeerflotte auf italienische Streitkräfte, die bei der Blockade von Sewastopol eingesetzt waren, und am 5. August 1942 versenkten die Italiener vor Theodosia den 6934 Tonnen großen Kreuzer »Krasni Krim«.

Im Juni 1941 setzte sich die russische Flotte hauptsächlich aus Schiffen zusammen, die wie die drei Schlachtschiffe der Pariskaia-Kommuna-Klasse mit zwölf 30,5-cm-Geschützen bewaffnet, 23 000 Tonnen groß, zwischen 1909 und 1914 erbaut und zwischen 1931 und 1937 modernisierte Schiffe waren.

Ein moderneres Schlachtschiff von 34 447 Tonnen, die »Treti International«, befand sich noch im Bau. Die Sowjetunion besaß mit der 1936 erbauten »Stalin« einen Flugzeugträger von 8858 Tonnen, auf dem 22 Flugzeuge untergebracht werden konnten. Die Kreuzerflotte zählte 5 große Schiffe, die »Orjonikidse« eingeschlossen, die aber niemals vom Stapel lief. Um sie nicht in die Hände der Deutschen fallen zu lassen, wurde sie auf den Helgen gesprengt. Zu den 6 kleineren Kreuzern gehörte auch die »Aurora«, ein 1896 erbautes Schiff, aber noch als Ausbildungsschiff im Dienst und einsatzfähig. Von modernerer Ausführung waren die Aufklärungskreuzer der Leningrad-Klasse, die die aufwendigeren 5905-Tonnen-Kreuzer ersetzten.

Die alte Zerstörerflotte aus der Zeit zwischen 1911 und 1927 wurde sorgfältig modernisiert und von Schiffen modernerer Bauart wie den 1575 Tonnen großen 33 Fahrzeugen der Gorki-Klasse verstärkt, die mit Wasserbomben und Einrichtungen zum Minenlegen ausgerüstet waren (100 Minen). Während des Krieges lieferten russische Werften die ausgezeichneten Zerstörer der Stremitelni-Klasse ab

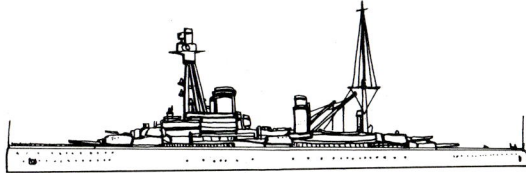

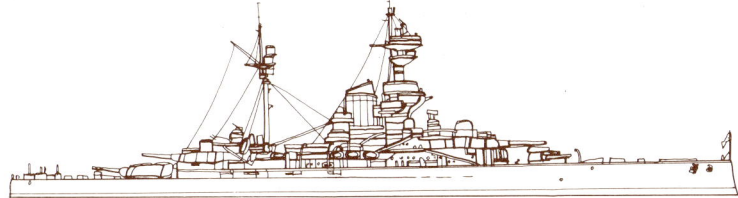

Die »Archangelsk«, das ehemalige englische Schlachtschiff »Royal Sovereign«, das 1944 nach den Abmachungen des Pacht- und Leihvertrages der sowjetischen Marine überlassen wurde.

(1400 t), aus der die 37 Knoten schnelle Gromki-Klasse (1860 t) mit vier 12,5-cm-Geschützen und sechs bis acht 53-cm-Torpedos hervorging.

Die Sowjetflotte spielte im Kriege keine große Rolle, da der Krieg gegen Rußland hauptsächlich auf dem Land ausgetragen wurde. Später führten politische und wirtschaftliche Überlegungen zu einem vollständigen Neuaufbau der russischen Flotte, die heute eine der modernsten der Welt ist.

Die »Marat« war die ehemalige 1911 vom Stapel gelaufene »Petropawlowsk«. Nachdem es im Krieg gegen Finnland eingesetzt worden war, wurde dieses alte Schlachtschiff im September 1941 im Hafen von Kronstadt von deutschen Bomben getroffen und sank. 1953 wurde das Schiff gehoben und anderswo versenkt.

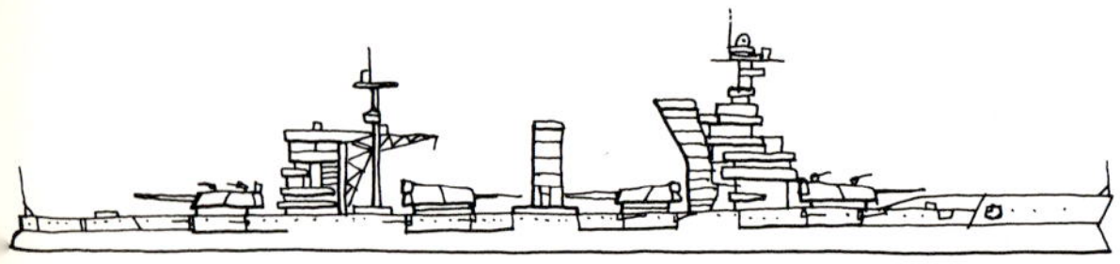

»Oktjabrskaja Revolutia« – Schlachtschiff

»Kirow« – Schwerer Kreuzer

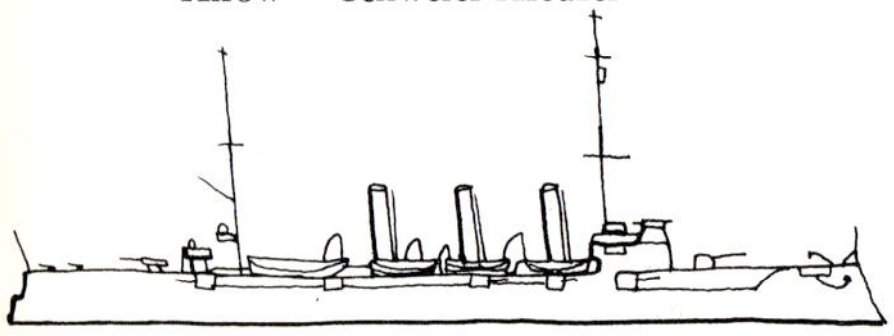

»Aurora« – Leichter Kreuzer

»Marti« – Minenkreuzer

Krasni-Kawkaz« – Schwerer Kreuzer

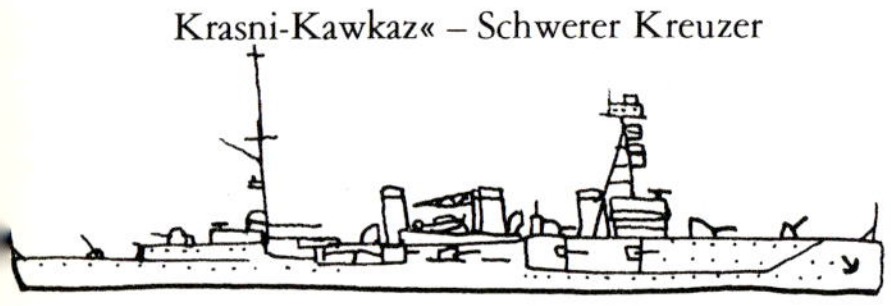

»Profintern« – Leichter Kreuzer

»Kommuna« – Unterseeboot Tender

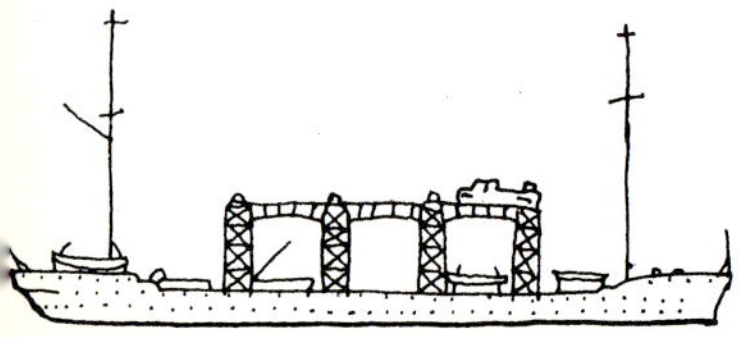

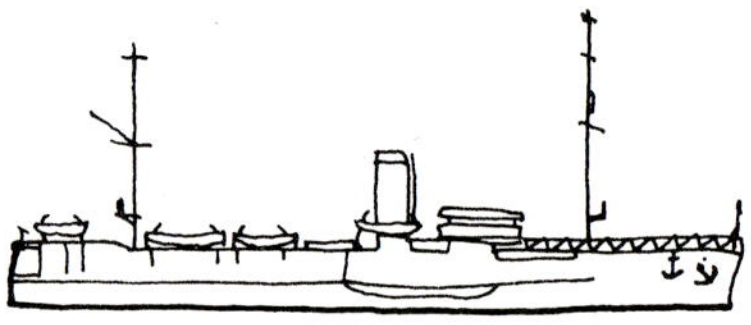

»25 Oktjabr« – Leichter Kreuzer

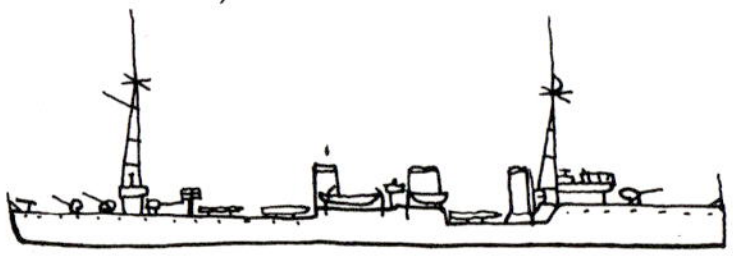

»Stalin« – Zerstörer

»Karl Marx« – Zerstörer

»Leningrad« – Zerstörer

»Taschkent« – Zerstörer

»Shtorm« – Torpedoboot

»9 Janvarja« – Minenleger

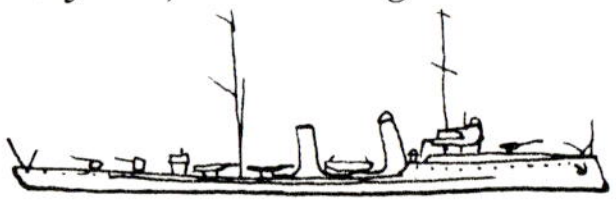

»Konstruktor« – Kanonenboot

»Alfater« – Kanonenboot

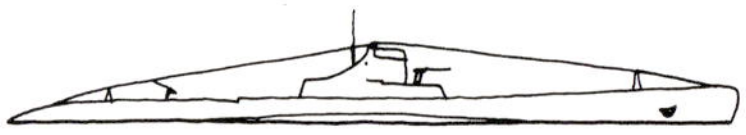

»Linj« – Küsten-U-Boot

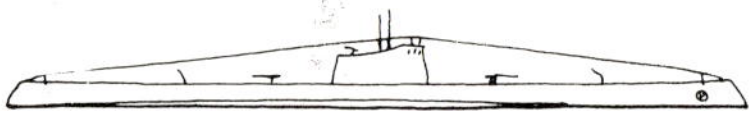

»Krasnoarmeisk« – Hochsee-U-Boot

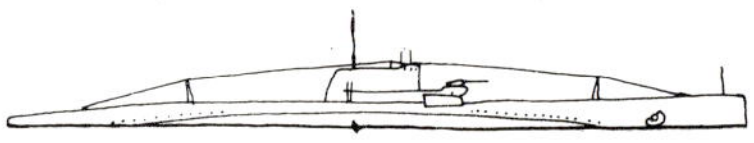

»Dekabrist« – Hochsee-U-Boot

»Kommunist« – Hochsee-U-Boot

»M-Klasse« – Küsten-U-Boot

Deutschland

In den Bestimmungen des Versailler Vertrages wurde die zukünftige Größe der deutschen Kriegsflotte mit 6 Kreuzern von der Größe des Washington-Typs, 6 leichten (5905 t) Kreuzern, 12 Zerstörern und 12 Torpedobooten festgelegt. Schlachtschiffe oder U-Boote zu bauen, blieb Deutschland verboten. Im Rahmen der auferlegten Bedingungen des Friedensvertrages wurde in Deutschland ab 1929 der Bau von Panzerschiffen, den sogenannten Taschenschlachtschiffen, in Angriff genommen. Schon das erste, die »Deutschland«, zeigte klar, welche Vorstellung man in bezug auf größere Kampfschiffe in einem eventuellen zukünftigen Krieg hatte. Die »Deutschland« besaß sechs 28-cm-Geschütze wie auch viele kleinere Waffen, darunter 8 Torpedorohre. Mit ihrer Geschwindigkeit von 28 Knoten konnte sie stärker bewaffneten Schiffen ebenso aus dem Wege gehen, wie sie schnelleren Schiffen an Bewaffnung überlegen war. Noch 2 weitere Schiffe der gleichen Klasse, 1934 (»Admiral Scheer«) und 1936 (»Admiral Graf Spee«) wurden in Dienst gestellt.

Nachdem Hitler an die Macht kam, gesellten sich zu diesen 3 Schiffen mit der »Scharnhorst« und der »Gneisenau« die ersten Schlachtschiffe (Schlachtkreuzer), die Deutschland nach dem Ersten Weltkrieg baute. Die Bewaffnung dieser beiden Schiffe folgte einem Prinzip, das von der deutschen Marine schon im Ersten Weltkrieg angewendet wurde. Sie waren zwar weniger stark bewaffnet als vergleichbare Schiffe anderer Marinen, dafür aber erheblich schneller (32 Kn.) Mit dem Stapellauf der »Bismarck« 1939 und später ihres Schwesterschiffes »Tirpitz« besaß die deutsche Kriegsflotte 7 moderne, gut bewaffnete Schiffe. Dennoch hatten die deutschen Überwasserstreitkräfte keine Chance ge-

Die »Gneisenau«, 1936 vom Stapel gelaufen, stellte zusammen mit ihrem Schwesterschiff »Scharnhorst« einen neuen Schlachtkreuzertyp dar. Am 1. Juli 1942 wurde die schwere Artillerie ausgebaut und das Schiff der norwegischen Küstenverteidigung zugeteilt. Den Plan, das stattliche Schiff neu auszurüsten, ließ man wegen der Kriegsereignisse fallen. Später benutzte man den Rumpf, um die Hafeneinfahrt von Gdingen zu sperren.

Die »Bismarck« war das stärkste Schlachtschiff ihrer Zeit und besaß u. a. ausgezeichnete Torpedoabwehr- und Flugabwehrwaffen. Das 1939 vom Stapel gelaufene Schiff wurde 1941 in Dienst gestellt. Am 18. Mai lief die »Bismarck« zum Angriff auf englische Konvois in den Nordatlantik. Als sie von Schiffen der englischen Home Fleet abgefangen wurde, gelang es ihr, den Schlachtkreuzer »Hood« zu versenken, wurde aber später selbst von Torpedoflugzeugen der »Ark Royal« getroffen. Die »Bismarck« wurde schließlich in den Kampf mit der »King George V« und »Rodney« verwickelt und von Torpedos des englischen Kreuzers »Dorsetshire« getroffen, bevor sie sank.

Das Panzerschiff »Admiral Graf Spee« lief 1934 vom Stapel und war eines der 3 berühmten deutschen »Taschenschlachtschiffe«. Während ihres Kreuzerkrieges traf sie am 13. Dezember 1939 im Südatlantik mit den englischen Kreuzern »Exeter«, »Ajax« und »Achilles« zusammen. Nachdem sie wegen Reparaturen den neutralen Hafen von Montevideo angelaufen hatte, wurde sie vor dem Hafen auf Befehl ihres Kommandanten Kapitän zur See Langsdorff von der Besatzung versenkt. Dieses als Gefecht vor dem La Plata bekannt gewordene Treffen zeigte die Grenzen der Panzerschiffe im Vergleich mit anderen Kriegsschiffen.

XXXI-G war die Typenbezeichnung der letzten Hochsee-U-Boote der U-Boot-Flotte von Admiral Dönitz. Der Rumpf wurde aus vorgefertigten Sektionen zusammengeschweißt. Mit Hilfe des Schnorchels konnten Boote dieses Typs getaucht mit ihren Dieselmotoren – anstatt mit Elektromotoren – fahren.

Klasse Z – Zerstörer

Klasse Ex G. – Torpedoboot

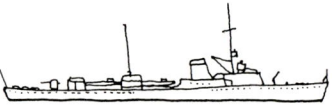

Klasse T – Torpedoboot

»Möve« – Torpedoboot

»Wolf« – Torpedoboot

Klasse M – Minensucher

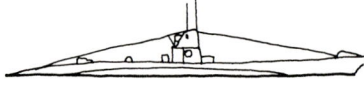

U-Klasse – Küstenunterseeboot

gen die vereinigten englischen und französischen Flotten, und ihr Einsatz besaß daher weitgehendst defensiven Charakter.

Zum Kreuzerprogramm des Dritten Reiches gehörte der Bau von 6 leichten Kreuzern (7677 t), die allerdings, schon auf den Helgen bombardiert, nie in den Dienst gestellt wurden. Den zwei 14 000 Tonnen großen schweren Kreuzern »Hipper« und »Blücher«, die 1937 vom Stapel liefen, folgten 3 Schiffe der etwa gleich großen Prinz-Eugen-Klasse, von der allerdings nur die 14 240 Tonnen große, mit acht 20,3-cm-Geschützen bewaffnete »Prinz Eugen« in Dienst gestellt wurde. Der Kreuzer »Lützow« wurde in unfertigem Zustand an Rußland verkauft. Unter den kleineren sollte man auch die »Emden« erwähnen, bei deren Bau das elektrische Schweißverfahren erstmalig angewendet wurde; 1925 erbaut, wurde sie 1934 modernisiert.

Sobald der Krieg ausbrach, konzentrierten sich die Deutschen auf den Unterseeboot-Bau. 1935 hatten Deutschland und England unabhängig von den auf verschiedenen Flottenkonferenzen getroffenen Abmachungen ein bilaterales Abkommen unterzeichnet. Einer der Punkte dieses Übereinkommens sah bei einer sich verschlechternden internationalen Situation vor, daß Deutschland eine U-Boot-Flotte in der Größenordnung der englischen aufbauen durfte. Im Verlauf der nächsten 4 Jahre produzierte der bereits hochentwickelte deutsche Kriegschiffbau 32 U-Boote mit 254 Tonnen, 25 mittlere mit 626 Tonnen Wasserverdrängung, sowie 984-Tonnen-U-Boote, von denen U 37–U 44 bei Kriegsausbruch fertiggestellt waren. Zu diesem Zeitpunkt waren nur wenige Boote einsatzbereit, während sich eine ganze Reihe noch im Bau befand. Eine der wichtigsten deutschen Neuerungen für den U-Boot-Krieg war der Einsatz von Versorgern, die die Angriffs-U-Boote mit Bunkeröl und Proviant versorgten und damit die langen und gefährlichen Reisen zu den Stützpunkten einschränkten.

Die U-Boot-Offensive machte einen außergewöhnlich wichtigen Teil der deutschen Gesamtstrategie aus. Der hohe technische Standard der Boote und ihrer Besatzungen wurde 1942 offensichtlich, als deutsche U-Boote bei ihren Angriffen (besonders im Atlantik) über 6 Millionen Tonnen alliierten Schiffsraum auf dem Wege nach England und Rußland versenkten. Im Verlauf des Krieges stellte

Der schwere Kreuzer »Lützow«, ursprünglich Panzerschiff »Deutschland«, war das erste einer Serie von Taschenschlachtschiffen, mit denen die Deutschen 1929 die Marineschiffbautechnik überraschten.

Deutschland 1105 U-Boote in Dienst, von denen 635 versenkt wurden. Im gleichen Maß, wie verbesserte Typen gebaut wurden, machte man die technisch veralteten zu Ausbildungsschiffen. Die bevorzugte Angriffstaktik bestand hauptsächlich in über Wasser vorgetragenen Torpedoangriffen mit anschließendem schnellen Tauchen.

Flugzeugträger betrachtete man mit einigen Zweifeln. Der einzige, die 1936 begonnene 28 800 Tonnen große »Graf Zeppelin«, lief 1938 vom Stapel, wurde nie in Dienst gestellt, sondern 1944 versenkt. Teile eines zweiten wurden noch vor dem Stapellauf wieder abgewrackt.

16 Zerstörer der Leberecht-Maas-Klasse (Z 1–Z 16, 2600 t, 5×12,7-cm-Geschütze; 8×53,3-Torpedorohre; 38 kn) bildeten zusammen mit den etwas größeren Schiffen Z 17 bis Z 22 (2800 t) am Vorabend des Krieges die deutsche Zerstörerstreitmacht, die mit insgesamt 22 Schiffen in der Lage war, den Kampf aufzunehmen.

Letzten Endes vereitelte die kräftemäßige Unterlegenheit der Marine die ursprünglich für September 1940 geplante Invasion Englands. Obwohl eine 1900 Schuten, 422 Schlepper, 994 Motorboote und 150 Truppentransporter umfassende Landungsflotte bereitgestellt worden war, wurde die Unternehmung niemals durchgeführt.

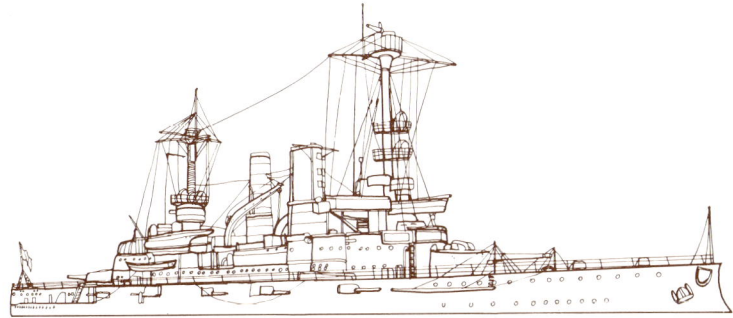

»Die Schlesien«, ein 1906 vom Stapel gelaufenes deutsches Linienschiff. Während des 2. Weltkrieges war sie als Ausbildungsschiff eingesetzt.

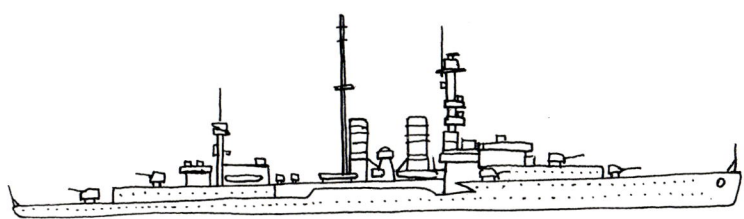

Die »Emden«, ein leichter Kreuzer aus dem Jahre 1925, der 1934 modernisiert wurde. Sie war das erste elektrisch geschweißte Schiff.

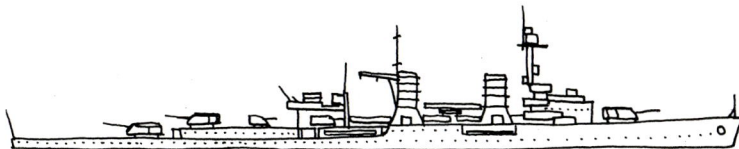

Die »Königsberg« war einer von drei leichten Kreuzern dieser Klasse. Die anderen waren die nach einem Minentreffer gesunkene »Karlsruhe« und die von RAF-Flugzeugen versenkte »Köln«.

Die »Leipzig«, ein leichter Kreuzer mit einem von 4 Dieseln mit 13 000 PS (9568 kW) angetriebenen Mittel-Verstellpropeller.

Die »Admiral Hipper«, ein 32 kn schneller schwerer Kreuzer.

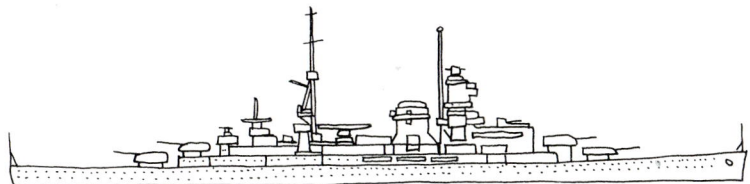

Unten: Die »Prinz Eugen« war der dritte schwere Kreuzer, der von Deutschland in Mißachtung des Versailler Vertrages gebaut wurde. Er war an zwei berühmten Episoden der Seekriegsgeschichte beteiligt. Einmal bei der Fahrt in den Nordatlantik mit der »Bismarck« und zum anderen beim Kanaldurchbruch von Brest zu deutschen Gewässern zusammen mit der »Scharnhorst« und der »Gneisenau«.

Die »Admiral Scheer«. Im Verlauf einer vom Oktober 1940 bis März 1941 dauernden Kreuzerfahrt über 46 000 Seemeilen versenkte sie 17 Frachtschiffe mit insgesamt 111 215 t. Im April 1945 wurde sie in ihrem Stützpunkt Kiel von englischen Flugzeugen bombardiert und kenterte.

Die »Scharnhorst« war die fortschrittlichste Version eines Schlachtkreuzers und wurde 1939 in Dienst gestellt. Lange Zeit operierte sie im Nordatlantik und durchbrach die englische Blockade des Kanals. Im Gefecht vor der Bäreninsel traf sie am 26. Dezember 1943 auf die »Duke of York«, wurde aus einer Entfernung von über 7 Seemeilen dreimal getroffen und sank schließlich nach wiederholten Angriffen englischer Zerstörer.

Die »Tirpitz« war 1941 einsatzbereit und das beste Beispiel ihres Typs. Nach anfänglicher Stationierung in der Ostsee und Teilnahme an verschiedenen Unternehmungen wurde sie im Altafjord in Nordnorwegen verankert. Nach Angriffen und Beschädigungen durch englische Kleinst-U-Boote war sie Ziel von wiederholten Bombenangriffen durch die RAF und einmal sogar durch sowjetische Bomber. Das Schlachtschiff wurde am 12. November 1944 von 6-t-Bomben der RAF versenkt.

Ein U-Boot des Typs II-B, der mit 16 Schiffen bei Kriegsausbruch der zahlenmäßig stärkste Typ war. Wegen ihrer begrenzten Reichweite und leichten Bewaffnung kamen diese Boote nur in der Nord- und Ostsee zum Einsatz. Trotz dieser Einschränkungen betrachtete die deutsche Marine das U-Boot als die entscheidende Waffe.

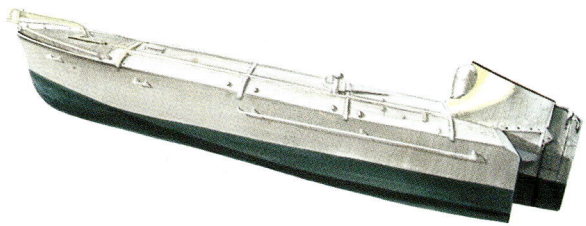

Italien

Als Mussolinis Regierung am 10. Juni 1940 Frankreich und England den Krieg erklärte, durfte man mit einiger Berechtigung Italiens Flotte als eine der modernsten und geübtesten in Europa ansehen. Die Schlachtschiffe »Littorio« und »Vittorio Veneto«, zu denen noch mit der »Roma« und »Impero« zwei weitere der gleichen Klasse kamen, gehörten zu den stärksten Kampfschiffen ihrer Zeit.

Unter den schweren und leichten Kreuzern war besonders die 1927 erbaute »Trento« erwähnenswert, ein schnelles und schlagkräftiges Schiff, obwohl zu teuer, um in großer Anzahl erbaut zu werden. Die »Bolzano«, ein Schiff der Washington-Klasse, erreichte eine Geschwindigkeit von 34 Knoten, und die 1939 auf Kiel gelegten Schiffe der Capitani-Romani-Klasse (3747 t) waren sogar noch schneller

Die »Duilio« lief 1913 vom Stapel und wurde 1937, zur selben Zeit, als die »Vittorio Veneto« erbaut wurde, modernisiert. Das Schiff gehörte 1940 zum Stützpunkt in Tarent. Dort wurde es während des am 7. September 1940 auf diesen Stützpunkt durchgeführten englischen Luftangriffs durch einen Torpedo an Bug und Steuerbordseite beschädigt. Nach verschiedenen Aufgaben als Konvoischutz wurde das Schiff nach dem Waffenstillstand nach Malta überführt. Während des Krieges lief sie viermal auf der Suche nach feindlichen Schiffen und siebenmal zum Konvoischutz aus.

Ein 1940 erbautes Barchino MTM. 5,4 m lang und 1,67 m breit. Das von einem Mann gefahrene 33 kn schnelle Boot trug eine 300 kg schwere Explosivladung.

Die »Olterra« war ein für die italienischen Einsätze vom Hafen von Algeciras aus zum Tender umgebauter Tanker. Die Besatzung bestand aus Kampfschwimmern, und geflutete Tanks hatten eine Verbindung zur Außenwelt, durch die die »pigs« ungehindert ein- und auslaufen konnten.

Ein Taschen-U-Boot des Typ CB. Es verdrängte zwischen 36 und 45 t, war 15 m lang und 3 m breit, bei einer Besatzung von 3 Mann. Zwei 45-cm-Torpedorohre waren an der Außenkante des Rumpfes angebracht.

Die »Roma« wurde im Juni 1942 in Dienst gestellt. Nach dem Waffenstillstand verließ sie am 9. September La Spezia in Richtung Malta, wurde aber während der Fahrt von zwei neuen, von deutschen Flugzeugen abgeworfenen drahtlos gelenkten Gleitbomben getroffen, so daß sie in zwei Hälften auseinanderbrach und mit großen Verlusten an Menschenleben sank.

Ein »pig« nach den Plänen von Teseo Tesei bestand aus dem Rumpf eines normalen 6,7 m langen 53,3-cm-Torpedos, auf dem rittlings 2 Männer saßen. Der Sprengkopf enthielt ungefähr 300 kg TNT. Die Geschwindigkeit betrug 2,5 bis 2,8 kn bei einer Ausdauer von 5 bis 6 Stunden, die größte Tauchtiefe 30 m.

und echte Hochsee-Aufklärungskreuzer. Sie waren in der Lage, 40 Knoten zu laufen und mit acht 13,5-cm- sowie acht 3,7-cm- und acht 2-cm-Geschützen bewaffnet; sie hatten außerdem acht 53-cm-Torpedorohre.

Das Fehlen von Flugzeugträgern und der daraus resultierende Mangel an wirksamem Schutz gegen Luftangriffe war zum großen Teil Ursache dafür, daß diese moderne Flotte unter offensichtlich nachteiligen Bedingungen kämpfen mußte. Daher entschied man sich auch nach der Schlacht vor Kap

Matapan – 28. März 1941 –, zwei Passagierdampfer zu Flugzeugträgern umzubauen, von denen der eine, die 32 533 Tonnen große »Roma«, in »Aquila« umbenannt wurde. Die »Aquila« ging allerdings nie in See, und auch der Plan, einen zweiten Passagierdampfer zu einem Träger umzubauen, wurde nie verwirklicht. Die italienische Marine besaß 61 Zerstörer, darunter als die modernsten die Schiffe der Soldati-Klasse mit 2460 Tonnen, vier 12-cm-Geschützen und 39 Knoten Geschwindigkeit.

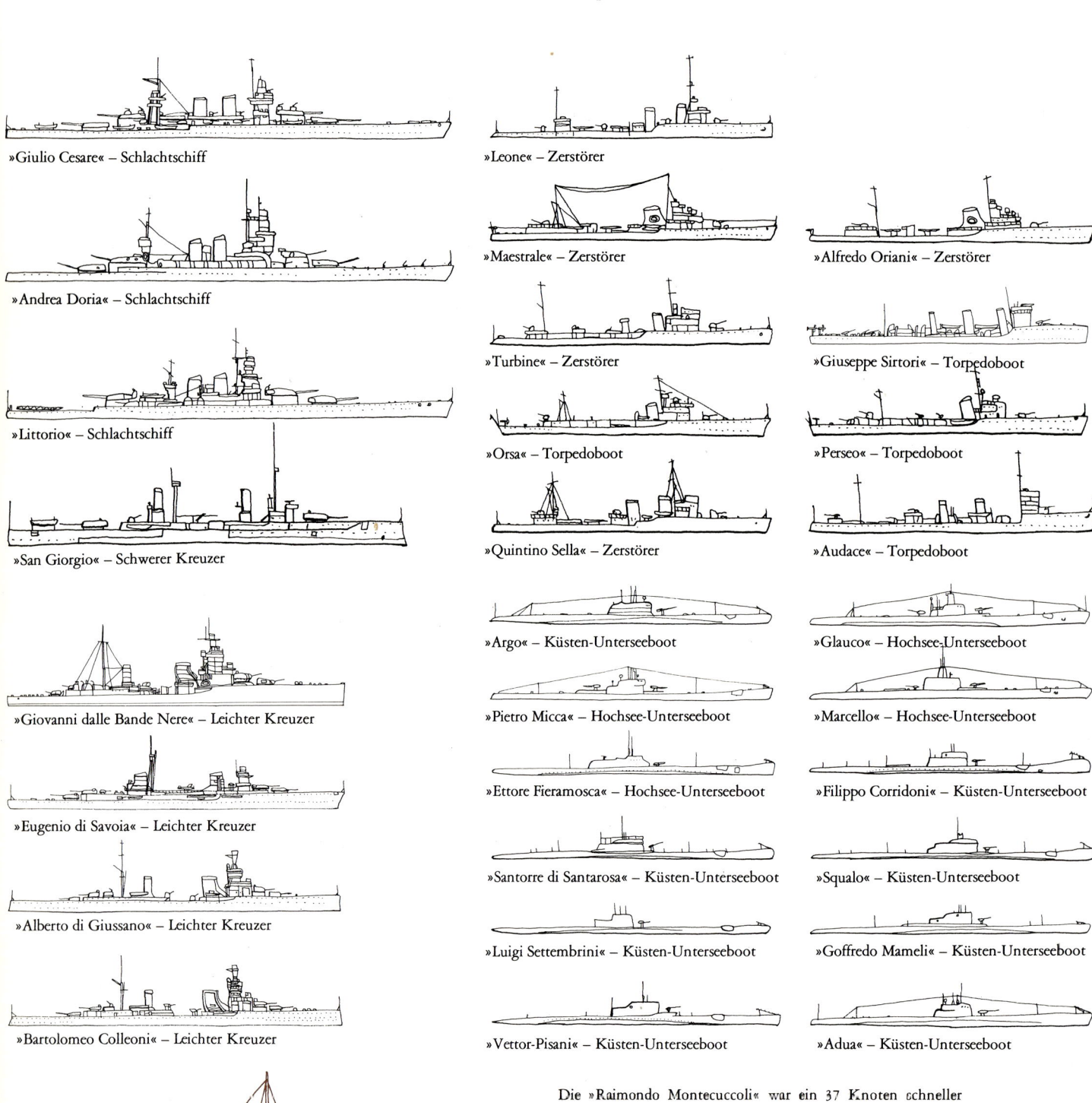

»Giulio Cesare« – Schlachtschiff

»Andrea Doria« – Schlachtschiff

»Littorio« – Schlachtschiff

»San Giorgio« – Schwerer Kreuzer

»Giovanni dalle Bande Nere« – Leichter Kreuzer

»Eugenio di Savoia« – Leichter Kreuzer

»Alberto di Giussano« – Leichter Kreuzer

»Bartolomeo Colleoni« – Leichter Kreuzer

»Leone« – Zerstörer

»Maestrale« – Zerstörer

»Turbine« – Zerstörer

»Orsa« – Torpedoboot

»Quintino Sella« – Zerstörer

»Argo« – Küsten-Unterseeboot

»Pietro Micca« – Hochsee-Unterseeboot

»Ettore Fieramosca« – Hochsee-Unterseeboot

»Santorre di Santarosa« – Küsten-Unterseeboot

»Luigi Settembrini« – Küsten-Unterseeboot

»Vettor-Pisani« – Küsten-Unterseeboot

»Alfredo Oriani« – Zerstörer

»Giuseppe Sirtori« – Torpedoboot

»Perseo« – Torpedoboot

»Audace« – Torpedoboot

»Glauco« – Hochsee-Unterseeboot

»Marcello« – Hochsee-Unterseeboot

»Filippo Corridoni« – Küsten-Unterseeboot

»Squalo« – Küsten-Unterseeboot

»Goffredo Mameli« – Küsten-Unterseeboot

»Adua« – Küsten-Unterseeboot

Die »Raimondo Montecuccoli« war ein 37 Knoten schneller leichter Kreuzer.

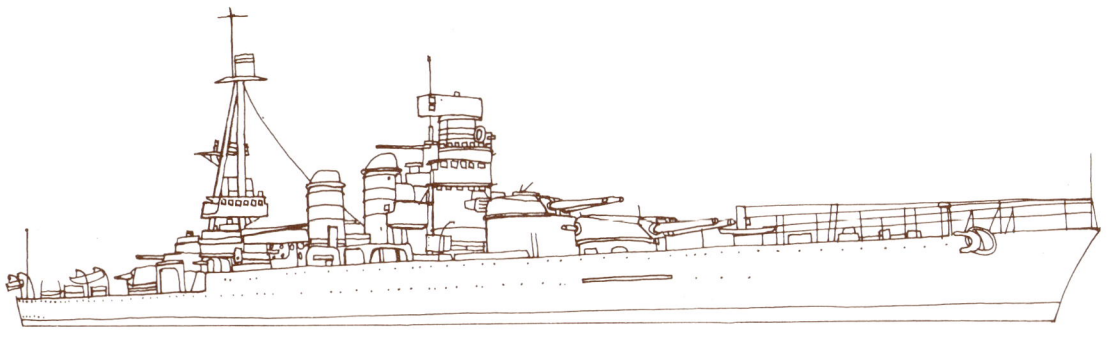

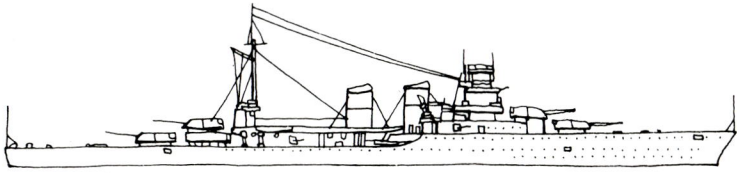

Zusätzlich zu den bereits vor 1926 vorhandenen U-Booten (4 Langreise- und 8 Mittelstrecken-U-Boote) wurden noch 10 Mittelstreckenboote mit 8 Torpedorohren und sechs 610-Tonnen-Küsten-U-Boote mit 6 Torpedorohren und einem 10-cm-Geschütz gebaut. Die Überwassergeschwindigkeit lag bei 14 Knoten, während sie getaucht 8,5 Knoten betrug. Außerdem wurden noch weitere 22 U-Boote in Dienst gestellt, und zwar drei 1378 Tonnen große Hochsee-U-Boote, ein Minenboot, 6 Mittelstrecken-U-Boote und 12 Küsten-Unterseeboote. Zusätzlich zu diesen vor 1939 erbauten Booten kamen dann noch 29 Küsten-U-Boote sowie 15 Hochsee-U-Boote dazu, von denen 3 als Minenleger vorgesehen waren. Schließlich wurden Ende 1939 noch 14 hochseefähige Unterwasserfahrzeuge und 1941 weitere 4 in Dienst gestellt. Die in den atlantischen Gewässern operierenden 32 italienischen U-Boote versenkten mehr als 100 Schiffe mit insgesamt 569 852 BRT. Als schwerwiegende Behinderung der italienischen Flotte erwies sich auch die ungenügende Ölversorgung, insbesondere da zu Beginn des Krieges nur eine Reserve von 1 968 500 Tonnen zur Verfügung stand, die kaum für ein Jahr ausreichte.

Die MAS-Boote und die »Barchini« sowie die »pigs« trugen ihre Angriffsunternehmungen bis in die Stützpunkte Maltas, Gibraltars und Alexandrias vor, ohne daß sie den Verlauf der Geschehnisse beeinflussen konnten. Wegen der politischen Entwicklung blieben die italienischen Schiffe beim Waffenstillstand davon verschont, beim Einlaufen in englische Häfen die Flagge streichen zu müssen.

Die »Conte di Cavour«, eines der großen, 1911 vom Stapel gelaufenen und zwischen 1933 und 1937 modernisierten Schlachtschiffe; Schwesterschiff der »Giulio Cesare«.

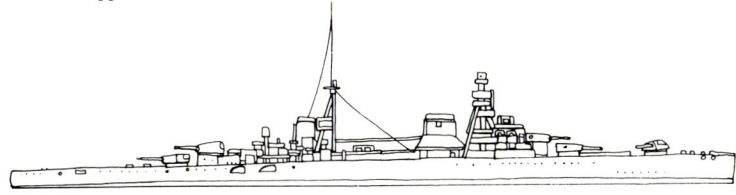

Die »Giuseppe Garibaldi«, ein leichter Kreuzer.

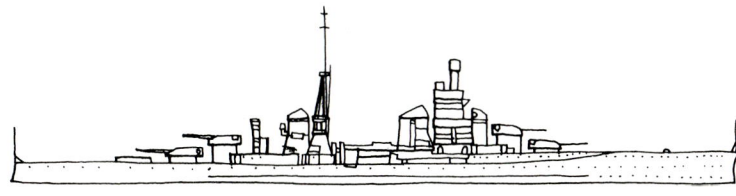

Die »Trento« wurde 1925 zur gleichen Zeit wie die »Trieste« erbaut.

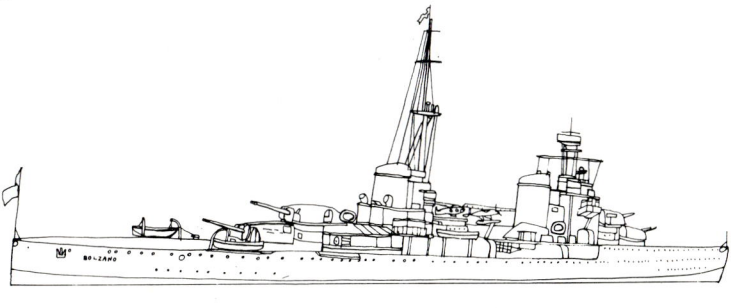

Die »Zara«, ein 1931 erbauter italienischer schwerer Kreuzer, gehörte zu einer Klasse von 4 Schiffen.

Die »Bolzano« bietet eines der besten Beispiele eines italienischen schweren Kreuzers.

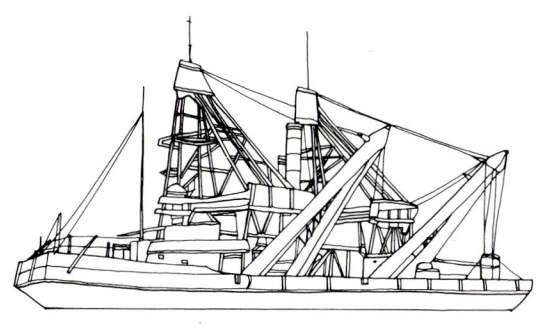

Die »Anteo«, ein italienischer Unterseeboot-Tender.

Die »Vittorio Veneto« gehörte zur selben Klasse wie die »Littorio« und wurde zwischen 1934 und 1940 auf den Vereinigten Adriawerften in Triest erbaut. Das Schiff nahm an der Schlacht vor Kap Matapan teil.

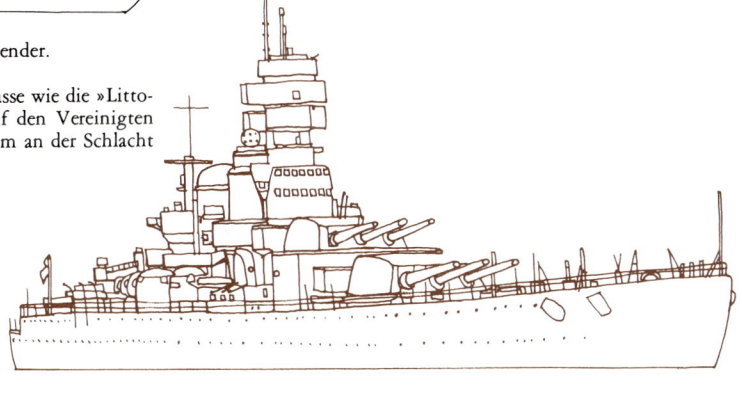

Japan

Der 7. Dezember 1941 wird als eines der entscheidenden Daten der Kriegsgeschichte in Erinnerung bleiben. Mit dem Überraschungsangriff auf den amerikanischen Stützpunkt Pearl Harbor erreichte der mit den chinesisch- und russisch-japanischen Kriegen begonnene Expansionsdrang Japans seinen Höhepunkt. Überzeugt von der Wichtigkeit einer strategischen Marineluftwaffe, widmeten die Japaner einen großen Teil ihrer industriellen Anstrengungen dem Bau von Flugzeugträgern. Schon 1922, kurz bevor die englische »Hermes II« vom Stapel lief, stellten sie mit der »Hosyo« das erste als Flugzeugträger geplante Schiff in Dienst. In den umfangreichen von ihnen entwickelten Kriegsplänen wurden Flugzeugmutterschiffen und Flugzeugträgern lebenswichtige Funktionen übertragen. Zehn Jahre später, nachdem sie den 25 589 Tonnen großen Schlachtkreuzer »Akagi« und das Schlachtschiff »Kaga« zu Flugzeugträgern umgebaut hatten, lief der mit 6988 Tonnen bis dahin kleinste Flugzeugträger »Ryuzyo« vom Stapel. Das Schiff hatte ein vollkommen freies Flugdeck, die Schornsteine an eine Seite gerückt. Kurz darauf erschienen in fernöstlichen Gewässern die »Soryu« und »Hiryu« mit einer Standardtonnage von 10 391 Tonnen. Als der Krieg in Europa ausbrach, befand sich die japanische Marineluftwaffe in voller Entwicklung, und seitdem die 13 779 Tonnen großen »Koryu«, »Shokaku« und »Zuikaku« zu den bereits in Dienst befindlichen gestoßen waren, war ihre Flugzeugträgerflotte der amerikanischen überlegen.

Bei Kriegsbeginn im Pazifik 1941 hatten die Japaner 8 Flugzeugträger im Dienst, denen noch 24 weitere folgten, und zwar 5 Flotten- und der Rest Geleitträger. Einige davon waren umgebaute Handelsschiffe.

Die »Yamashiro«, ein großes Schlachtschiff der Huso-Klasse, das 1917 fertiggestellt und 1932 erneuert wurde. Wegen ihrer geringen Geschwindigkeit wurde sie im Krieg nicht sehr oft eingesetzt. Einen letzten verzweifelten Angriff fuhr das Schiff in der Leyte-Schlacht und wurde am 25. Oktober 1944 im Gefecht in der Straße von Suriago von amerikanischen Torpedoflugzeugen versenkt.

Die »Yamato« war Japans größtes Schlachtschiff. Ihre 45,6-cm-Geschütze waren die schwersten, die je auf einem Kriegsschiff eingebaut wurden. Ihr letzter Einsatz kam 1945, als die Amerikaner Okinawa angriffen. Am 7. April wurde das Schiff von US-Flugzeugen angegriffen und von 12 Torpedos, 7 großen Bomben und mehreren 250-kg-Bomben getroffen. Eine davon explodierte im Munitionsdepot, worauf das gewaltige Schlachtschiff unterging.

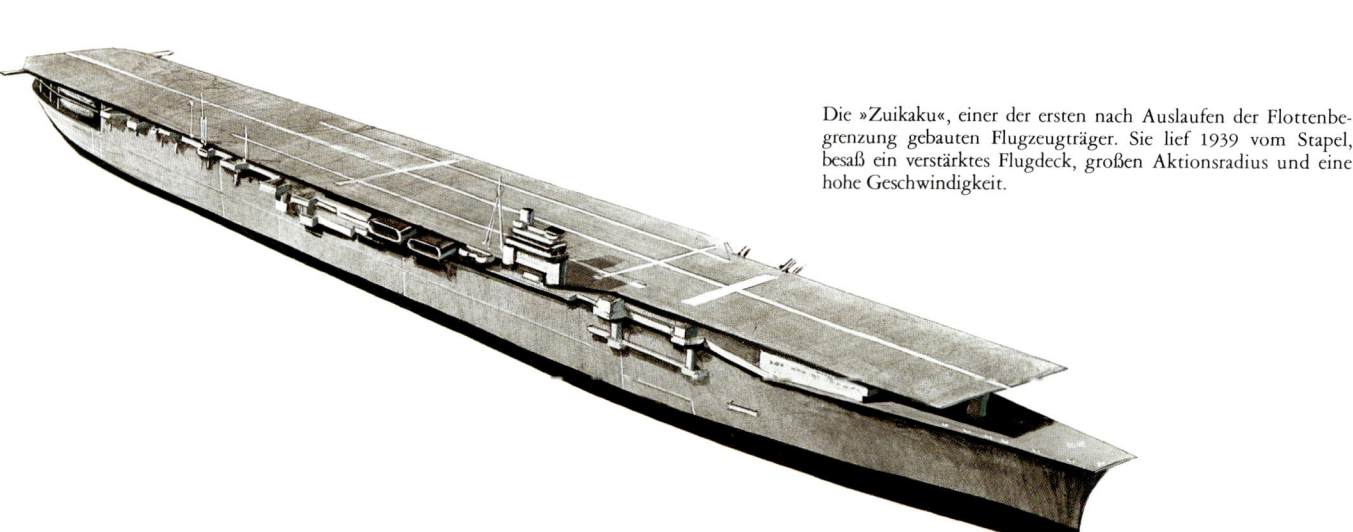

Die »Zuikaku«, einer der ersten nach Auslaufen der Flottenbegrenzung gebauten Flugzeugträger. Sie lief 1939 vom Stapel, besaß ein verstärktes Flugdeck, großen Aktionsradius und eine hohe Geschwindigkeit.

Die »Tyokai« gehörte zur Takeo-Klasse und war 1931 vom Stapel gelaufen. Sie besaß einen massiven Brückenaufbau und erhöht aufgestellte schwere Artillerie. Der besonders für Nachtgefechte ausgerüstete Kreuzer diente Admiral Mikawa in der Schlacht um Guadalcanal als Flaggschiff.

Der Schlachtkreuzer »Kirishima«, nach den gleichzeitig entstandenen englischen Schiffen der Lion-Klasse konstruiert, lief 1913 vom Stapel und wurde 1932 modernisiert. Am 13. November 1942 spielte sie eine wichtige Rolle in dem Nachtgefecht bei Guadalcanal. Nachdem das Schiff dabei unbeschädigt geblieben war, wurde es 2 Nächte später durch das Radar des US-Schlachtschiffes »Washington« geortet und von neun 40,6-cm- und ungefähr vierzig 12,7-cm-Granaten getroffen und versenkt.

Ein MAS T 14. Diese japanischen Motortorpedoboote (Schnellboote) wurden den MTB der Thorneycroft-Werft nachgebaut. Brennstoffknappheit in den späteren Phasen des Krieges verhinderte einen intensiven Einsatz dieser Fahrzeuge.

Die »Kagero«, das Typschiff der zuletzt zwischen 1937 und 1939 gebauten Zerstörer. Der Typ war so erfolgreich, daß bei späteren Klassen nur geringe Veränderungen notwendig waren.

KD 7. Die Pläne für diese Klasse von U-Booten gingen auf das Jahr 1937 zurück. 1942 wurden einige zum Transport eines 14 m langen Landungsfahrzeugs umgebaut. Die KD 7 hatte eine Seeausdauer von 75 Tagen.

I-400. Von diesen großen japanischen Hochsee-Unterseebooten wurden nur 6 in Dienst gestellt. Sie waren für die Unterbringung eines Flugzeugs eingerichtet (unten).

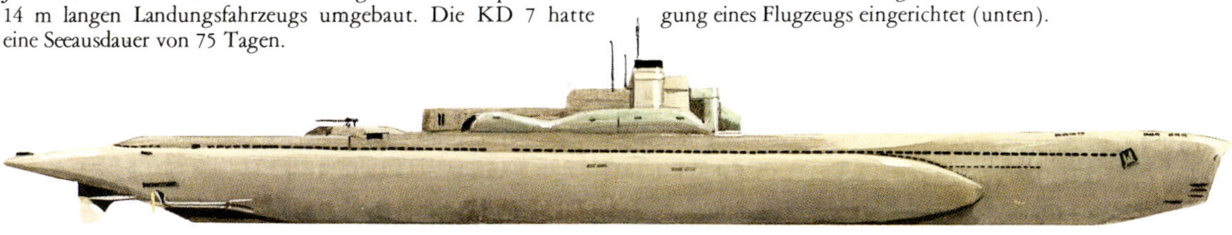

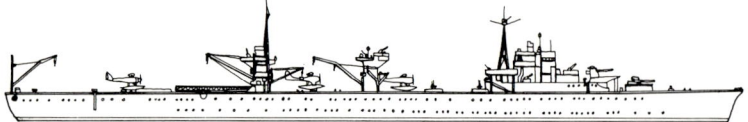

Die »Miduho«, ein für Hilfeleistung und Bergung von Wasserflugzeugen ausgerüsteter Wasserflugzeugträger.

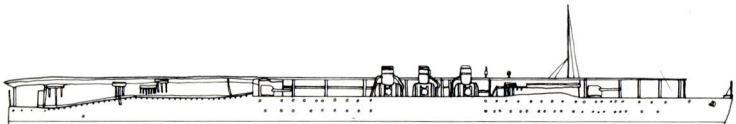

Die »Hosyo« war der erste, 1922 direkt von Baubeginn an als solcher konzipierte Flugzeugträger der Welt.

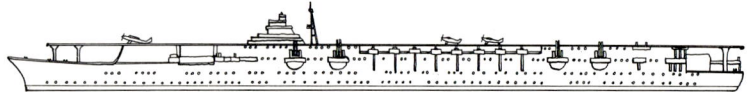

Die »Shokaku« wurde 1941 fertiggestellt und war einer der größten und modernsten japanischen Flugzeugträger.

Die »Ryuzyo« war der kleinste japanische Träger. Seine Schornsteine waren seitlich angebracht.

Nur wenn Japan mehr Flugzeugträger als die USA hatte, konnte es hoffen, gegen die amerikanische Marine bestehen zu können.

Aber gerade als der Flugzeugträger bewies, daß ihm die größte Bedeutung bei den Überwasserschiffen einer Flotte zukam, stellten die Japaner mit der »Yamato« und »Musashi« die beiden größten Schlachtschiffe der Welt in Dienst, die trotz ihrer eindrucksvollen Wasserverdrängung von 68 894 Tonnen mit einer Geschwindigkeit von 27,7 Knoten auch noch außergewöhnlich schnell waren. Unter den japanischen Schlachtschiffen befanden sich ebenfalls noch vier Schiffe der Kongo-Klasse mit 28 867 Tonnen, zwei gleichgroße Schiffe der Huso-Klasse, die 29 516 Tonnen großen »Ise« und »Hyuga«, sowie die »Nagato« und »Mutu« mit je 32 203 Tonnen.

Die Japaner hatten den in der Flottenkonferenz von Washington beschlossenen Einschränkungen zugestimmt und stellten nur schwere Kreuzer innerhalb der vorgegebenen Grenzen her. Die 1925

Die »Akagi« war ein zum Flugzeugträger umgebauter 42 000-t-Schlachtkreuzer. Sie nahm am 7. Dezember 1941 am Angriff auf Pearl Harbor teil.

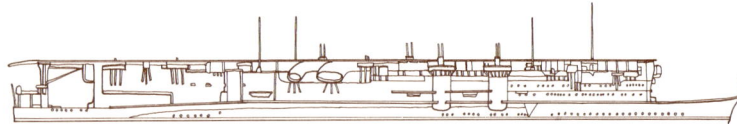

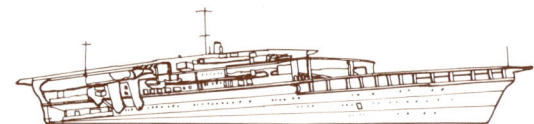

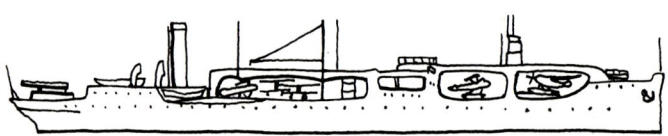

»Notoro« – Flugzeugmutterschiff ohne Flugdeck

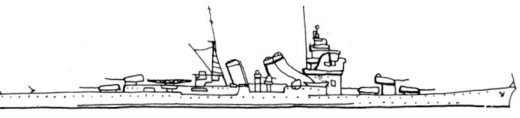

»Nachi« – Schwerer Kreuzer

»Nagara« – Leichter Kreuzer

»Tenryu« – Leichter Kreuzer

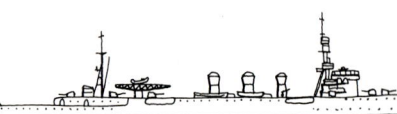

»Kuma« – Leichter Kreuzer

»Sawakaze« – Zerstörer

»Kamikaze« – Zerstörer

»Nenohi« – Zerstörer

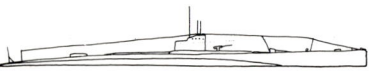

I. 51 – Hochsee-Unterseeboot

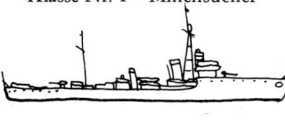

RO.51-Hochsee-U-Boot

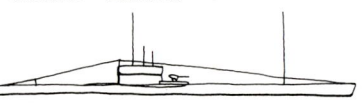

RO.60 – Hochsee-Unterseeboot

»Kasuga« – Küstenpanzerschiff

Klasse Nr. 1 – Minensucher

»Wakatake« – Torpedoboot

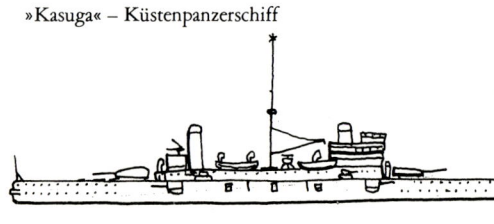

bzw. 1926 erbauten Schiffe der Kako- und Aoba-Klassen hatten nur sechs 20,3-cm-Geschütze, während die der Nachi- und Atago-Klasse später zehn besaßen. Der Londoner Vertrag von 1936 begrenzte die Wasserverdrängung der leichten Kreuzer auf 7874 Tonnen. Japan unterzeichnete auch diesen Vertrag und blieb mit den 8366-Tonnen-Kreuzern der Mogami-Klasse dicht an der Grenze. Die japanischen Kreuzer, darunter besonders die der Kako-Klasse mit ihren 6 Einzeltürmen (je 3 auf Vor- und Achterschiff) waren hartnäckige Gegner amerikanischer Kreuzer. An leichten Kreuzern stellten die Japaner allerdings nur 4 Schiffe der 6547 Tonnen großen Agano-Klasse mit je sechs 15,5-cm-Geschützen sowie die 8035 Tonnen große »Oyodo«, ebenfalls mit sechs 15,5-cm-Geschützen, in Dienst. Der 12 013 Tonnen große schwere Kreuzer »Mogami« war für 11 Wasserflugzeuge eingerichtet, während der bereits 1941 zum Torpedokreuzer mit vierzig 61-cm-Torpedorohren umgebaute leichte Kreuzer »Kitakami« 1944 noch einmal zum schnellen Truppentransporter umgebaut wurde.

Bei Kriegsausbruch besaß Japan eine Flotte von 112 Zerstörern, von denen einige der 1132-Tonnen- und 670-Tonnen-Fahrzeuge aus dem Ersten Weltkrieg stammten. Außerdem gab es 2 Schiffe der 2510 großen Kagero-Klasse, die eine Geschwindigkeit von fast 39 Knoten erreichten. Von diesem Typ wurden dann noch in der Folge 12 weitere Schiffe gebaut.

Die aus 66 Unterseebooten sowie aus Klein-U-Booten bestehende japanische Unterwasserflotte hatte keine Chance, nachhaltig in das Kriegsgeschehen einzugreifen.

Eine Besonderheit in der Auseinandersetzung zwischen Japanern und Amerikanern, an der sowohl Träger- wie auch Landflugzeuge beteiligt waren, bildete der Einsatz von japanischen Selbstmord-Piloten, den Kamikazes, die sich mit dem Flugzeug auf die feindlichen Schiffe stürzten. Diese Selbstmordunternehmungen waren eine Idee des Admirals Ohnishi. Kamikaze bedeutet »Göttlicher Wind« und ist der Ausdruck für den Sturm, der im Jahre 1281 die Flotte Kublai Khans zerstreute, als sie über die Straße von Tsuschima hinweg versuchte, in Japan zu landen. Anfangs wurden zu den Kamikaze-Einsätzen mit einer 250-kg-Bombe ausgerüstete Zero-Jäger benutzt. Später stellte man dafür besondere Bomben mit einer 1,8-Tonnen-Sprengladung her, die von einem Bomber abgeworfen wurden und im Gleitflug von einem Kamikazepiloten in das feindliche Ziel gesteuert wurden. Die Amerikaner nannten diese Bombe »baca«, was auf japanisch soviel wie »verrückt« heißt. Sie wurde 1944 entwickelt und war ausschließlich für die Selbstmordangriffe konstruiert worden. Von dieser Bombe, die erstmalig im Februar 1945 in der Schlacht um Iwo Jima eingesetzt wurde, sind mehr als 700 Stück gebaut worden.

Die »Kongo« war eines von 4 Schlachtschiffen dieser Klasse, die den Kern der japanischen Kriegsflotte bildeten. 1937 wurde sie modernisiert.

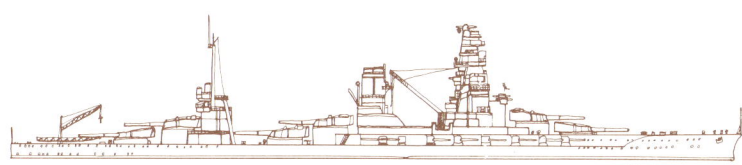

Die »Ise«, eines der ersten vollständig auf japanischen Werften gebauten Schlachtschiffe.

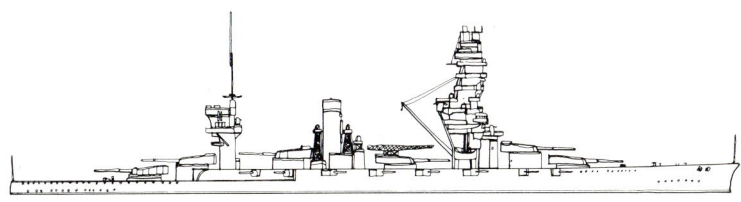

Die »Huso« wurde zusammen mit ihrem Schwesterschiff »Yamashiro« 1915 fertiggestellt. Dieses große japanische Schlachtschiff wurde in der Schlacht um Leyte versenkt.

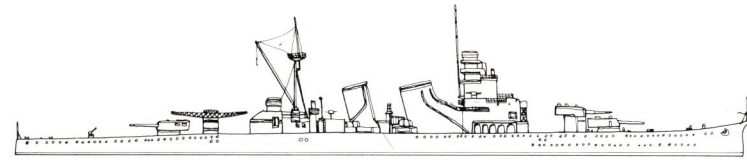

Die »Aoba«, ein japanischer schwerer Kreuzer, dessen Geschütze in klassischer Anordnung in Doppeltürmen aufgestellt waren.

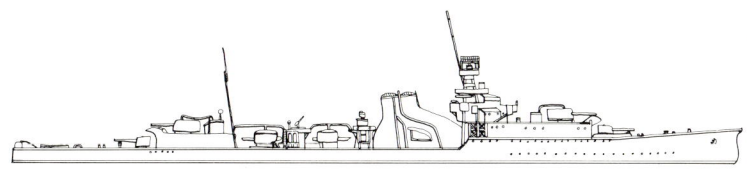

Die »Yubari«, ein 1923 fertiggestellter leichter Kreuzer mit leichter Seiten- und Deck-Panzerung.

Die »Nagato«, eines der stärksten japanischen Schlachtschiffe, wurde im April 1945 versenkt.

DER FLUGZEUGTRÄGER
Das Großkampfschiff von heute

Die »Enterprise« war, bis die neue und stärkere »Nimitz« in Dienst gestellt wurde, das größte Kriegsschiff und auch das größte atomgetriebene Schiff der Welt. Der mit einem Kostenaufwand von fast 450 Millionen Dollar erbaute Träger besitzt ein großes, im deutlichen Winkel zur Schiffsrichtung befindliches Flugdeck. Aufgrund des geringen Platzbedarfs des Atomantriebs kann das Schiff mehr Brennstoffreserven für die Flugzeuge mitnehmen. Die 8 Atomreaktoren gehören dem druckwassergekühlten Typ Westinghouse A 2w an und entwickeln eine Höchstleistung von 350 000 PS (257 600 kW). 2 Sea-Sparrow-Lenkwaffensysteme wurden 1968 und ein drittes 1971 eingebaut. Die Besatzung des Schiffes besteht aus 5500 Mann, davon 3100 für den Schiffsbetrieb und 2400 für die Wartung der Flugzeuge.

Der 18. Januar 1911 darf als Geburtsdatum des Flugzeugträgers angesehen werden. An diesem Tage landete der amerikanische Zivilpilot Eugene Ely mit seinem Flugzeug auf einer auf dem Vordeck des Panzerkreuzers »Pennsylvania« errichteten hölzernen Plattform, von der aus er später ebenfalls wieder startete. Diese Darbietung demonstrierte die Möglichkeit, auf Schiffen Flugzeuge mitzuführen.

Vorläufer des Flugzeugträgers war der Wasserflugzeugträger, ein Fahrzeug, das zur Anbordnahme der gelandeten Flugzeuge gewöhnlich mit einem Kran ausgerüstet war. Der Wasserflugzeugträger »Engadine« nahm 1916 an der Skagerrakschlacht teil. Nach dem 1. Weltkrieg widmete man der Planung und dem Bau von direkt als Flugzeugträger konzipierten Schiffen große Aufmerksamkeit, abgesehen von vielen in den Vereinigten Staaten, England und Japan durchgeführten Umbauten und Veränderungen. Der erste echte Flugzeugträger der Welt war die japanische »Hosyo«, die 1922 kurz vor der englischen »Hermes« in Dienst gestellt wurde. Mit zunehmend schwereren und schnelleren Flugzeugen entwickelte man wirksamere Bremseinrichtungen, um den Landevorgang an Deck zu erleichtern; ebenso wurden Hochdruck-Dampfkatapulte eingeführt und schließlich das Flugdeck im Winkel zur Längsschiffsrichtung angeordnet (eine englische Idee). Zwischen den Kriegen setzten nur die Vereinigten Staaten, England und Japan bei ihren weiträumigen Manövern Flugzeugträger ein. In den USA fand der Bau von Flugzeugträgern beispielsweise eine weitgehende Vereinfachung durch die im großen Stil eingeführte Vorfertigung von Einzelteilen. Während des 2. Weltkrieges baute die amerikanische Marine 22 Flugzeugträger von je 27 000 t, 9 kleinere von je 11 000 t, 19 Geleitträger von 11 400 t und 50 von jeweils 7800 t sowie 10 von je 9800 t, zu denen auch 26 der an England entliehenen Träger der Bogue-Klasse gehören.

Flugzeugträger und seit kurzem auch die Hubschrauberträger bilden einen Bestandteil der Flotten aller größeren Seemächte. Darüber hinaus sind viele nicht eigens als Flugzeugträger kon-

struierte Schiffe zur U-Boot-Bekämpfung und zu Rettungseinsätzen mit Hubschraubern ausgerüstet. So besitzen Schiffe wie der italienische Hubschrauberkreuzer »Vittorio Veneto«, die englische »Blake«, die französische »Jeanne d'Arc« und die russische »Moskwa« traditionelle Bewaffnung oder Lenkwaffen im Vorschiffsbereich und einen großen Hangar und Hubschrauberlandeplatz auf dem Achterschiff.

Nach dem 2. Weltkrieg waren die Vereinigten Staaten und England von der zukünftigen Bedeutung des Flugzeugträgers überzeugt und stellten immer größere und bessere Schiffe in Dienst, wie die 36 420 t große »Eagle« der Engländer und die »Forrestal« der Amerikaner, mit einem über 330 m langen Flugdeck und einer Wasserverdrängung von 59 650 t. Erst 1961 übertraf die 89 600 t große atomgetriebene »Enterprise«, ein wahres Schiffbauwunder unserer Zeit, diese Giganten der Meere. Inzwischen sind neue amerikanische Schiffe der 93 400 t großen Nimitz-Klasse entwickelt worden.

Die »Aquila« war der einzige für die italienische Marine gebaute Flugzeugträger, der aber niemals in Dienst gestellt wurde. Er entstand aus dem Umbau des 32 020 t großen Überseedampfers »Roma«.

Die »Formidable«, ein englischer Flugzeugträger mit gepanzertem Flugdeck. Mit dem Bau begann man 1937. Im März 1941 startete von ihrem Deck ein »Fairy Albacore« und torpedierte in dem Gefecht vor Kap Matapan den italienischen schweren Kreuzer »Pola«, der später zusammen mit 2 Schwesterschiffen »Zara« und »Fiume« und 2 Zerstörern von englischen Überwasserstreitkräften zusammengeschossen wurde und verlorenging.

Die »Essex«. – Länge über alles: 276 m; Breite 45 m; Geschwindigkeit 32 kn; Bewaffnung: 12×12,7-cm- und 72×4-cm-Geschütze; 82 Flugzeuge; 2900 Mann Besatzung. Wasserverdrängung 33 000 t.
Der Aufriß zeigt einen Querschnitt durch die »Essex«. Von oben nach unten: Der Flugzeugfahrstuhl, an den Seiten die 2-cm- und 4-cm-Geschütze und direkt darunter die Rettungsboote. Links außen befinden sich die Motoren für die Ventilation, die Flugzeugreparaturwerkstätten und die große Hauptinstandsetzungshalle, darunter Fahrstuhl-Werkstatt, Ersatzteillager und »Air Conditioning«-Raum. Im unteren Teil des Schiffes befinden sich die Kühlsysteme, die Dampfleitungen der Turbinen, die 4 großen Turbinen, eine Luftschleuse gegen Brände und der Doppelboden für den Flugzeugbrennstoff. In der Mitte des Aufrisses und an den Seiten des Schiffes befindet sich das Flugmotorenlager mit Werkstatt, Munitionsraum und Notbeleuchtungseinrichtungen.

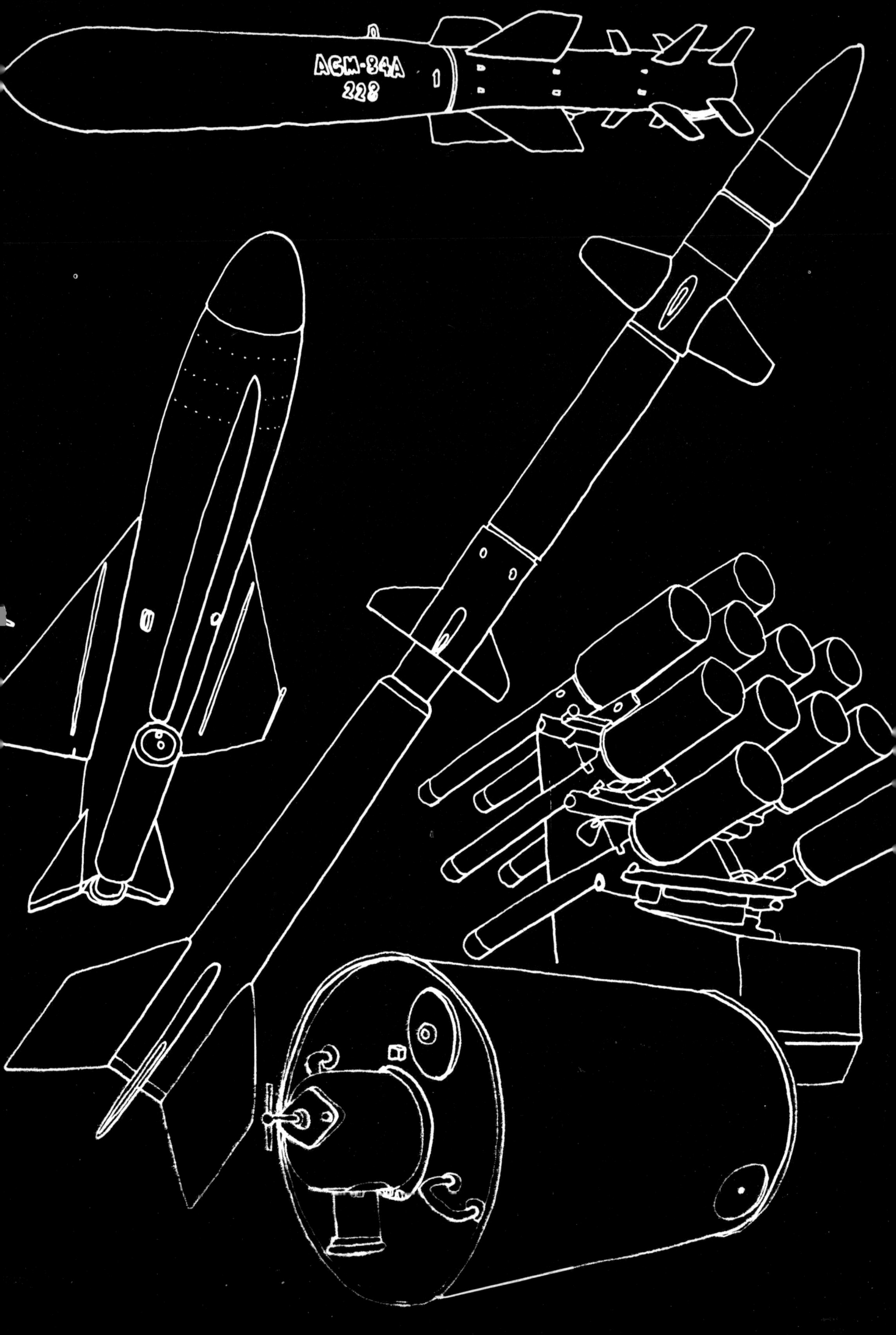

Seemächte heute

Die Entwicklung der weltweiten Marinestreitkräfte in der Nachkriegsperiode sind eng verbunden mit den Veränderungen der internationalen Lage und der daraus resultierenden Flottenpolitik. Die anhaltende Energiekrise und die Verringerung der Rohstoffreserven haben zwangsläufig in dem Maße Rückwirkungen auf allgemeine militärische Entwicklungen, wie eine neue Technologie Lösungen für neu entstehende Probleme sucht.

Den Bau großer Flugzeugträger haben nur die USA fortgesetzt, während sich andere Länder, darunter auch die UdSSR, auf den Bau von Mehrzweckschiffen konzentriert haben. So finden sich heute in den größeren Flotten der Welt Schiffe in der Größenordnung von 2500 bis 5000 Tonnen mit Einrichtungen für U-Boot-, Flugzeug- und Seezielbekämpfung. Zusammen mit schnellen Lenkwaffen-Zerstörern sind Tragflächen- sowie Hovercraft-Fahrzeuge mit beachtlicher Angriffsstärke geplant und gebaut worden.

Nur vier Länder, nämlich die USA, UdSSR, England und Frankreich haben Atom-Unterseeboote gebaut, während bei den kleineren Flotten die Anzahl der konventionellen Unterseeboote erheblich zugenommen hat.

Mit Nuklearantrieb sind sowohl Unterseeboote, einige große Flugzeugträger wie auch andere Kriegsschiffe ausgerüstet worden. Die UdSSR hat Atom-Eisbrecher gebaut, und Frankreich hat einen nuklearen Hubschrauberträger konstruiert. Aber immer noch dient die Gasturbine, oft zusammen mit

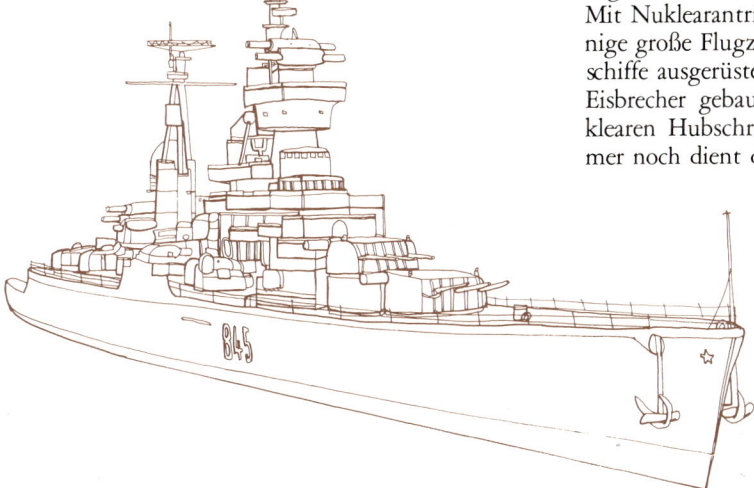

Die »Admiral Ushakow« ist ein nach dem Kriege entstandener konventioneller Kreuzer, der heute als Befehlsstelle eines Marinebefehlshabers dient.

dem Dieselmotor, als Grundlage konventionellen Antriebs und ist in der Lage, recht hohe Geschwindigkeiten zu erzielen. Gleichzeitig wird auch schon weitgehend Düsenantrieb mit dazwischenliegender Gasturbine verwendet. Diesen Antrieb findet man auf Schiffen bis zu einer Größe von 2000 Tonnen, die der amerikanischen Konstruktion eines Oberflächengleiters entsprechen.

Die »Foch« war der erste in Frankreich entworfene und gebaute Flugzeugträger. Der vom Typ her kleine Flottenträger ist mit automatischen 10-cm-Geschützen bewaffnet, die 60 Schuß in der Minute abgeben und gleichzeitig gegen 4 verschiedene Ziele eingesetzt werden können. Die Panzerung ist auf das Flugdeck und die Munitionskammern beschränkt. Das Schiff ist mit französischen Dampfkatapulten und einem Federbremsen-Decklandungssystem ausgerüstet.

Die »Midway« wurde zwischen 1966 und 1970 modernisiert, mit einem vergrößerten Flugdeck versehen und mit neuen Katapulten sowie modernen elektronischen Kontrollsystemen ausgerüstet. Die »Midway« ist einer der stärksten konventionell betriebenen Flottenträger.

Die »Constellation« gehört zur zweiten Serie der Kitty-Hawk-Klasse und war der erste zum Abschuß von Terrier-Raketen mit einer Doppelrampe ausgerüstete US-Flugzeugträger. Das Schiff hat vier fünfflügelige Schrauben.

Die »Kiew«. – Obwohl das Schiff gewöhnlich als Flugzeugträger beschrieben wird, ist es in Wirklichkeit eine Weiterentwicklung der Hubschrauber-Kreuzer der Moskwa-Klasse. Je nach Einsatz trägt das Schiff Hubschrauber oder Senkrechtstarter und ist stärker bewaffnet als amerikanische Träger.

Flugzeug- und Hubschrauberträger

1975 begann der zweite amerikanische Atom-Flugzeugträger »Chester Nimitz« mit seinen Erprobungen, während gleichzeitig die Arbeit an der »Dwight D. Eisenhower«, dem dritten Schiff der Klasse, unvermindert fortgesetzt und der Bau an der »Carl Winston«, dem letzten der Serie, begonnen wurde.
Um die gleiche Zeit bereitete die Sowjetunion den Stapellauf der »Kiew« vor, dem ersten großen Schiff für Senkrechtstarter und Hubschrauber, während der Bau ihres Schwesterschiffes »Minsk« auf einer Werft am Schwarzen Meer Fortschritte machte. England hat seinen letzten konventionellen Flugzeugträger

»Ark Royal« bisher im Dienst behalten. Der Bau eines neuen Schiffes, das als Mehrzweckschiff mit freiem Deck und Gasturbinenantrieb geplant wurde, ist vorgesehen. Der Entwurf für den Neubau von 2 weiteren Schiffen derselben Klasse wie die »Invincible« und den Umbau von 2 Kreuzern der alten Tiger-Klasse zu Hubschrauberträgern liegt vor. Das ganze Programm ist natürlich von Einschränkungen des Verteidigungshaushalts nicht unberührt geblieben.
Im Rahmen eines Generalprogramms zum Wiederaufbau und umfassender Verstärkung der französischen Streitkräfte plant die französische Marine, bis 1980 zwei Flugzeugträger und zwei Hubschrauberträger zum Einsatz zu bringen.

Die »Ark Royal«, der letzte von der englischen Marine in Dienst gestellte Flugzeugträger. Das militärische Bauprogramm sah für den Einsatz im Pazifik den Neubau von 4 großen Flugzeugträgern vor, denen noch eine Klasse von 3 größeren Schiffen folgen sollte. Wegen des Kriegsendes kam der Plan nicht zur Durchführung, so daß nur »Ark Royal« und »Eagle« fertiggestellt wurden. Nach sorgfältiger Modernisierung und nachdem sie mit hochentwickelter Elektronik ausgerüstet worden war, wurde die »Ark Royal« 1970 wieder in Dienst gestellt.

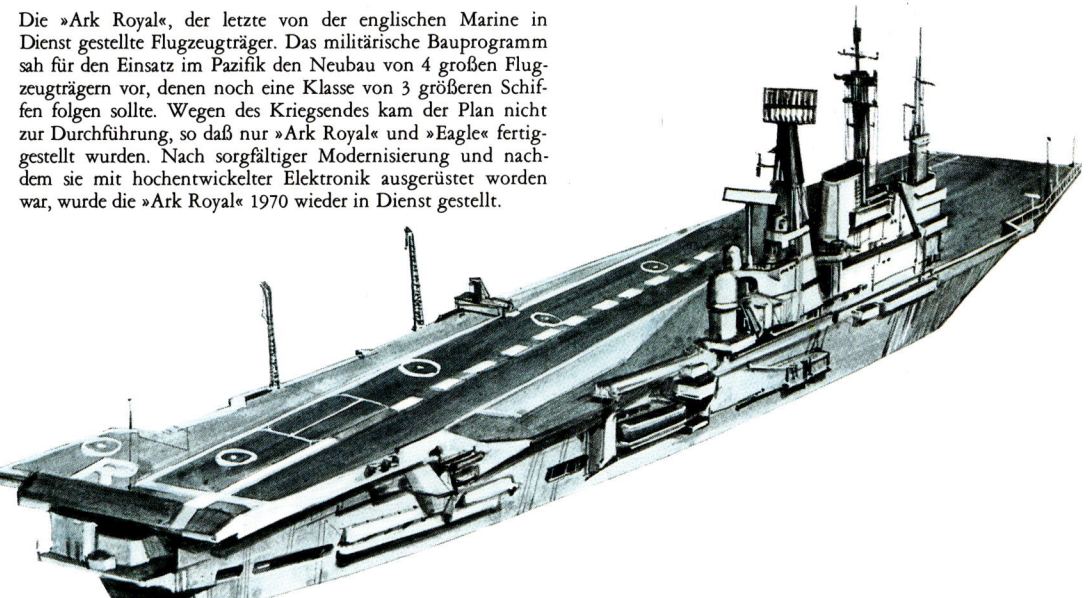

Obwohl die verschiedenen Marinestreitkräfte der Welt ihre eigenen Klassifikationsbezeichnungen haben, hat sich eine überall angewandte allgemeine Klassenbezeichnung herausgebildet. Danach sind die Schiffe in folgende Gruppen unterteilt: R = Flugzeugträger; B = Schlachtschiff; C = Kreuzer; D = Zerstörer und Führungsschiffe; F = Fregatten und Korvetten; S = Unterseeboote; M = Minensuch- und Minenjagdboote; N = Minenleger; P = Schnellboote; L = Landungsboote; AL = Versorgungsschiffe; A = Hilfsschiffe.

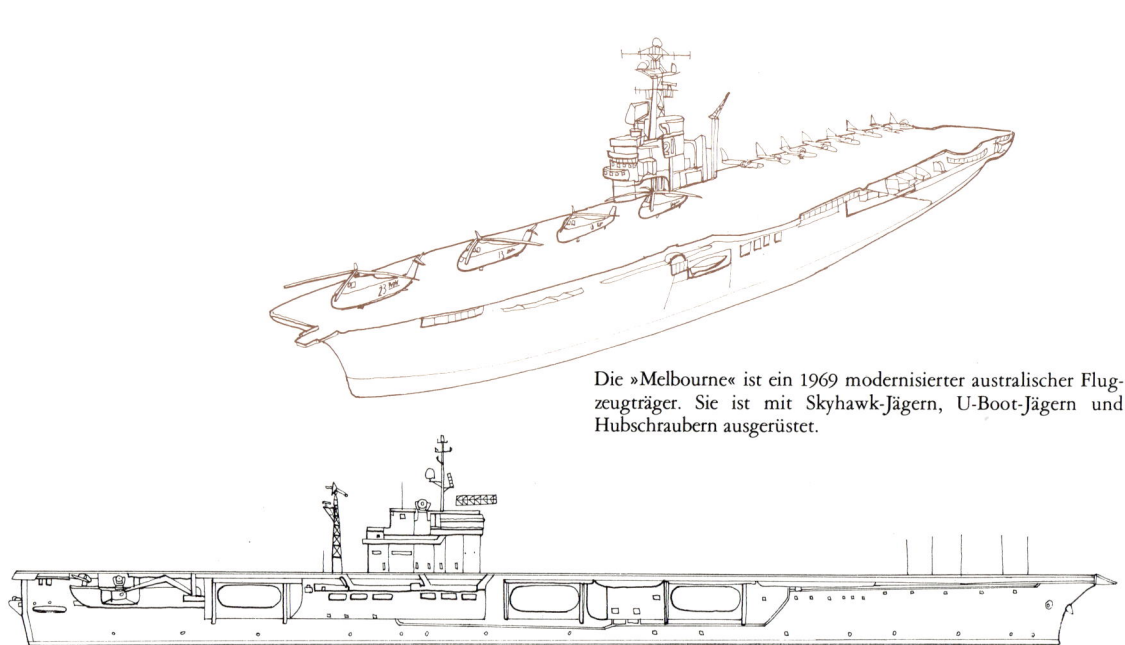

Die »Melbourne« ist ein 1969 modernisierter australischer Flugzeugträger. Sie ist mit Skyhawk-Jägern, U-Boot-Jägern und Hubschraubern ausgerüstet.

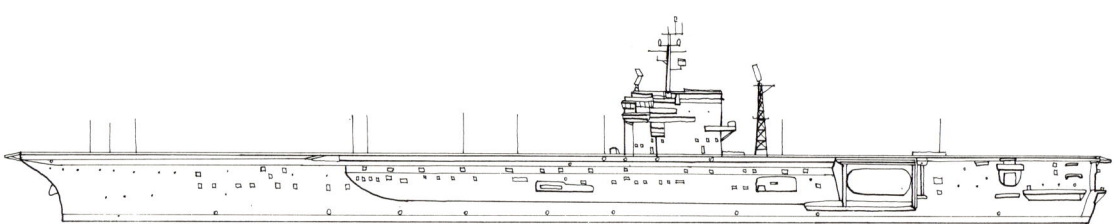

Die »America«, aus der Forrestal-Klasse entwickelt, ist ein Schwesterschiff der »Constellation« und der »Kitty Hawk«. Der Bau des mit einem vollständig automatischen Landesystem ausgerüsteten Schiffes hat ungefähr 230 Millionen Dollar gekostet.

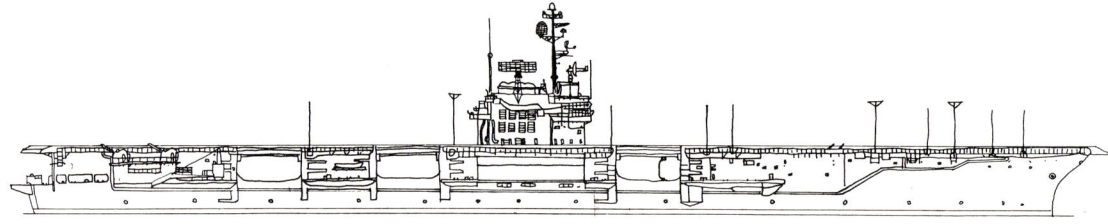

Die »John F. Kennedy«, der letzte in den USA gebaute Flugzeugträger mit konventionellem Antrieb und der natürliche Nachfolger der großen Nachkriegsträger. Außerdem war sie der erste mit einem Lenkwaffensystem ausgerüstete Träger.

Die »Forrestal« war das erste nach dem 2. Weltkrieg von der US-Marine gebaute größere Schiff. Das Landedeck ist schwer gepanzert.

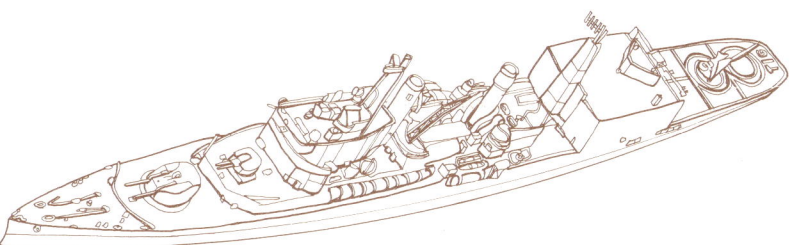

Kreuzer

Ebenso wie Schlachtschiffe haben auch Kreuzer eine geringere strategische und taktische Bedeutung als im 2. Weltkrieg. Ihre Aufgabe wird heute von kleineren Schiffen mit modernerer Bewaffnung übernommen. Dennoch machen auch die Kreuzer einen Teil der Marinestreitkräfte größerer Nationen aus und sind heute mit Raketen bewaffnet. 1959 lief in den USA als erste Überwassereinheit der Welt mit Nuklearantrieb und erstes von Beginn an ausschließlich mit Raketen bewaffnetes Schiff die »Long Beach« vom Stapel. Das 17 350 t große Schiff läßt sich mit den russischen 18 000-t-Kreuzern »Moskwa« und »Leningrad« vergleichen. Heute besteht die Tendenz, Geschütze durch Raketen verschiedener Größen zu ersetzen oder ältere Fahrzeuge zu Kommando- oder Ausbildungsschiffen umzuwandeln. Italien hat drei Lenkwaffen-Kreuzer von großer Wasserverdrängung gebaut und sie der gedachten Aufgabe entsprechend mit Luft- und U-Boot-Abwehrausrüstungen versehen.

Immer größere Bedeutung gewinnen Lenkwaffen, unter denen es je nach taktischem Einsatz Schiff-Luft, Schiff-Schiff und vom Schiff gegen U-Boote und umgekehrt vom U-Boot gegen Schiff oder auch Langstreckenausführung gibt. Für 31 der 41 in Dienst befindliche Lenkwaffenträger hat die US-Marine ein außergewöhnlich wirksames Schiff-Schiff-System entwickelt, das mit einer Poseidon-Rakete mit einer Vielzahl von zielsuchenden Sprengköpfen arbeitet.

Daneben finden auch weiterhin konventionelle Waffen Verwendung, meistens vollautomatisierte kleine und mittlere Kaliber. Auf diesem Gebiet gehören die italienischen Waffen zu den besten, und 7,6- und 12,7-cm-Ausführungen finden in verschiedenen Flotten der Welt Verwendung. Zur Luftverteidigung der meisten größeren Flugzeugträger und Mehrzweckschiffe gehören Senkrechtstarter zusammen mit Hubschraubern, die zunehmend für U-Boot-Jagd und Einsätze gegen andere Schiffe eingesetzt werden und mit Luft-Boden- und taktischen Lenkwaffen zur Vernichtung von Minen ausgerüstet werden können.

Die »Tiger« ist ein englischer Hubschrauberkreuzer mit 2 bis 4 Hubschraubern und stellt einen interessanten Schritt zu der Entwicklung eines Kreuzers mit vollkommen glattem Deck dar.

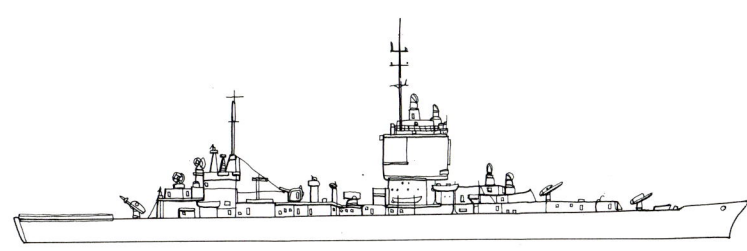

Die »Long Beach«, ein amerikanischer Lenkwaffenkreuzer und das erste US-Fahrzeug mit Nuklearantrieb. Als erster Kreuzer der Welt besteht seine Bewaffnung ausschließlich aus Raketen.

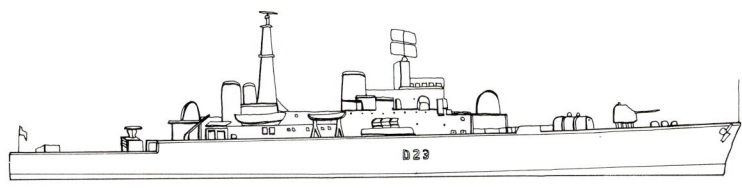

Die »Bristol«, ein leichter Raketenkreuzer der Royal Navy mit gutem Seeverhalten, schnell und weitgehend automatisiert.

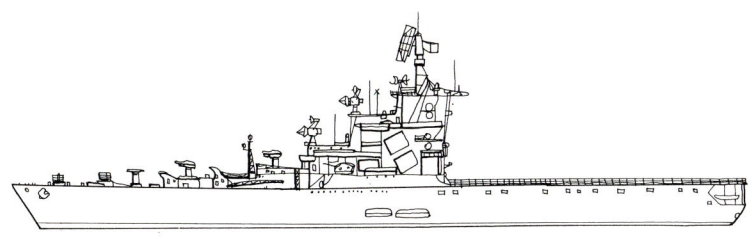

Die »Leningrad« ist das erste mit Lenkwaffen und Hubschraubern ausgerüstete sowjetische Schiff. Von ihren zwei Sonargeräten ist eines am Schiffsboden angebracht, während ein zweites geschleppt werden kann.

Die »Kresta« gehört zu einer russischen Klasse von Lenkwaffenkreuzern des Jahres 1970 und läßt die Anstrengungen erkennen, die von der UdSSR unternommen werden, ihre Marinestreitkräfte zu verstärken.

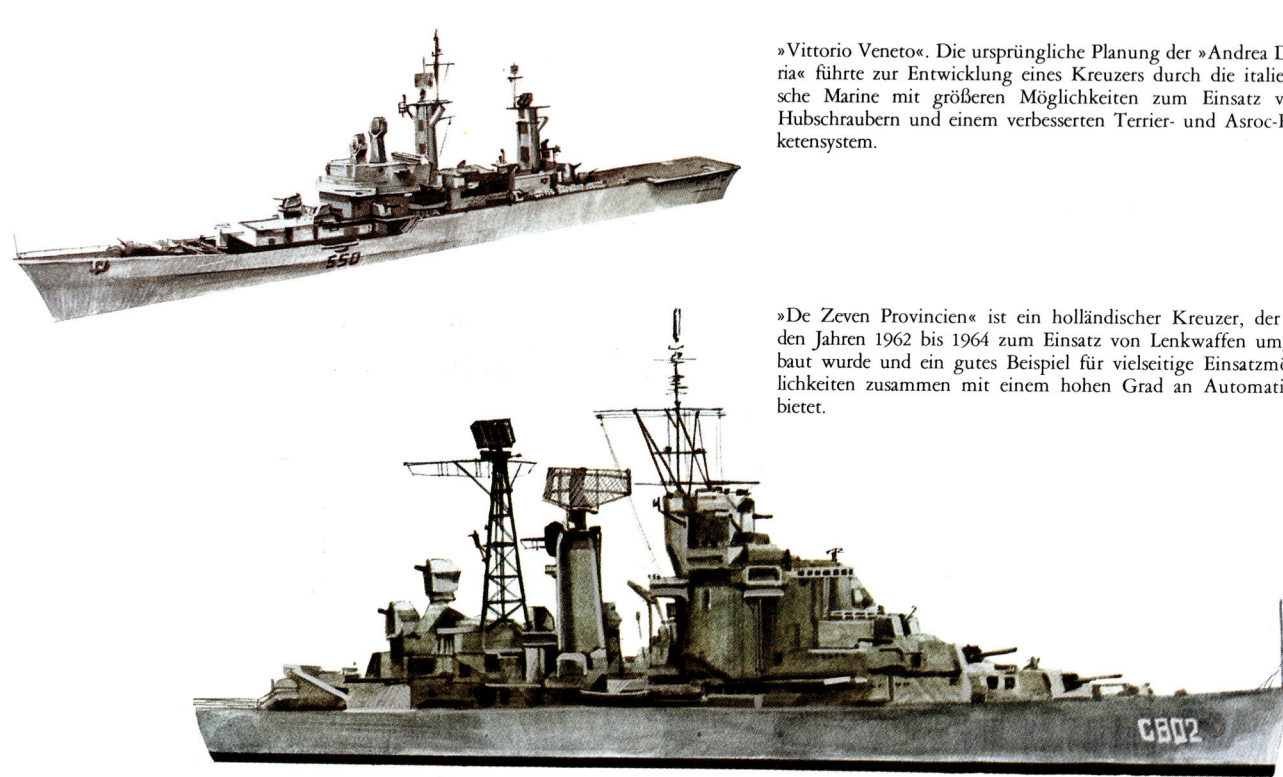

»Vittorio Veneto«. Die ursprüngliche Planung der »Andrea Doria« führte zur Entwicklung eines Kreuzers durch die italienische Marine mit größeren Möglichkeiten zum Einsatz von Hubschraubern und einem verbesserten Terrier- und Asroc-Raketensystem.

»De Zeven Provincien« ist ein holländischer Kreuzer, der in den Jahren 1962 bis 1964 zum Einsatz von Lenkwaffen umgebaut wurde und ein gutes Beispiel für vielseitige Einsatzmöglichkeiten zusammen mit einem hohen Grad an Automation bietet.

Schlachtschiffe

Das große Schlachtschiff der Weltkriege wurde durch den technischen Fortschritt überholt. Nur die USA haben noch 4 Schlachtschiffe der Iowa-Klasse mit je 57 950 t Wasserverdrängung in Reserve.

Die »New Jersey«, eines der letzten vier, 1967–1968 für den Einsatz im Vietnamkrieg wieder bewaffneten Schlachtschiffe der Iowa-Klasse. 1969 wurde dieses große Schiff wieder in der Reserveflotte eingemottet.

Eine hervorragende Bedeutung messen die USA der quantitativen und qualitativen Entwicklung ihrer Marineluftwaffe bei, und im Gefolge der ausgedehnten Erneuerung der amerikanischen Flotte ist der größte Teil der Kriegs- und Nachkriegsbauten fast vollständig in dem Maße außer Dienst gestellt worden, wie die Schlagkraft modernerer Kriegsschiffe einen höheren Standard erreicht hat.

Die Sowjetunion ist drauf und dran, den Einfluß der Westmächte auf allen Meeren in Frage zu stellen und benutzt die Stärke ihrer Marine als Mittel der Außenpolitik. In den vergangenen Jahrzehnten hat auch bei den großen konventionellen Mehrzweckschiffen und Atomunterseebooten eine intensive Weiterentwicklung stattgefunden.

Große Aufmerksamkeit widmet England heute den europäischen Gewässern und ist bemüht, die zur Verteidigung lebenswichtiger maritimer Verbindungen bestimmten Streitkräfte zu stärken und hat für Sondereinsätze Amphibienfahrzeuge entwickelt.

Aus Prestigegründen hat Frankreich eine strategische Abschreckungsstreitmacht aufgebaut, und es ist vorgesehen, die Modernisierung der französischen Flotte bis 1980 abzuschließen.

Die »Otwashni« ist ein russischer Lenkwaffenzerstörer, der 1964 in Erscheinung trat. Sie kann ebenso als Begleiter größerer Schiffe wie im Rahmen von Einsatzgruppen wie auch bei Luft- und U-Boot-Abwehreinsätzen verwendet werden. Sie gehört zu den ersten Schiffen, deren Maschinenantrieb hauptsächlich aus Gasturbinen besteht.

Rechts: Die »Hampshire« ist ein englischer leichter Kreuzer mit Lenkwaffen zur Luft- und U-Boot-Abwehr. Mit ihrer unter Deck befindlichen Hauptausrüstung kann sie selbst in radioaktiv verseuchten Gebieten eingesetzt werden. Das Schiff ist mit einer bestimmten Gasturbine ausgerüstet, die in der Royal Navy zum erstenmal verwendet wurde. Außerdem ist das Schiff mit einem Aufklärungshubschrauber und Kreiselstabilisatoren ausgerüstet.

Zerstörer

Diese heute auch als Flottenführer bekannten Schiffe haben schrittweise die taktischen und strategischen Aufgaben der Kreuzer und Schlachtschiffe übernommen. Mit unterschiedlicher Bewaffnung und vielseitigem Aufgabenbereich dienen die Zerstörer auch als Begleitschiffe der Flugzeugträger. Die atombetriebene »California« der US-Marine ist ein typisches Beispiel für einen modernen Zerstörer, der heute die veralteten Kreuzer ersetzt. Ihr Nuklearantrieb und ihre neuen Waffensysteme sind technologisch hoch entwickelt. Der Aktionsradius beträgt 700 000 Seemeilen. Das Schiff hat ein Lenkwaffensystem und eine leichte aber wirksame Bewaffnung von 12,7-cm-Geschützen mit einer Schußfolge von 20 in der Minute. Ebenso haben die UdSSR, England und Frankreich ihr Augenmerk auf solch stark bewaffnete Überwassereinheiten gelenkt, die fast alle mit Atomantrieb oder Gasturbinen ausgerüstet sind.

»California«. Nachdem der traditionelle Kreuzer praktisch überholt ist, wurden seine Aufgaben von dieser neuen Kategorie des mit einem sehr fortschrittlichen Operationssystem ausgerüsteten nuklearen Führungsschiffes übernommen. Die USA bauten die atomgetriebene »California« für vielseitige Einsatzmöglichkeiten, doch hauptsächlich zum Schutz der großen Flugzeugträger. Ihre 2 wassergekühlten Atomreaktoren ermöglichen dem Schiff einen Aktionsradius von 100 000 Seemeilen.

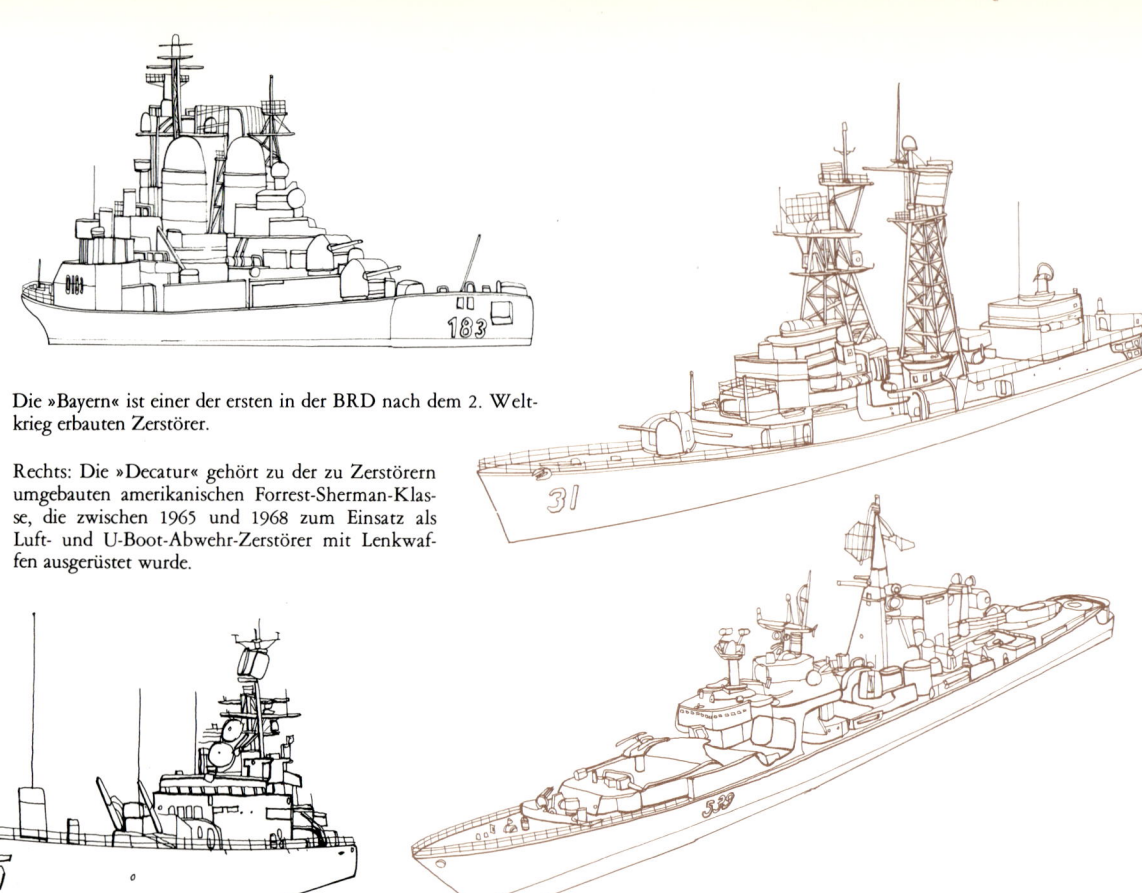

Die »Bayern« ist einer der ersten in der BRD nach dem 2. Weltkrieg erbauten Zerstörer.

Rechts: Die »Decatur« gehört zu der zu Zerstörern umgebauten amerikanischen Forrest-Sherman-Klasse, die zwischen 1965 und 1968 zum Einsatz als Luft- und U-Boot-Abwehr-Zerstörer mit Lenkwaffen ausgerüstet wurde.

Die »Bainbridge« lief am 15. Mai 1959 als erste Lenkwaffenfregatte mit Atomantrieb vom Stapel. Der Bau hat 163 Millionen Dollar gekostet.

Die »Nikolajew«, ein großer sowjetischer Kreuzer mit außergewöhnlicher Vielzweckbewaffnung und für lange Reisen mit größeren Schiffen vorgesehen.

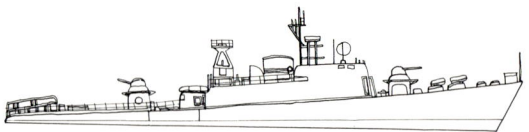

Oben: Eine Korvette der Hai-Klasse der DDR dient zur U-Boot-Bekämpfung.

Unten: Die »Sheffield«, ein Zerstörer der Royal Navy.

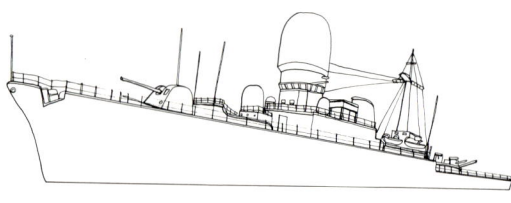

Die »Haruna«, eines der größten Schiffe in der modernen japanischen Marine, dient zur U-Boot-Jagd. Sie kann ebenfalls die Aufgaben eines Führungsschiffes übernehmen.

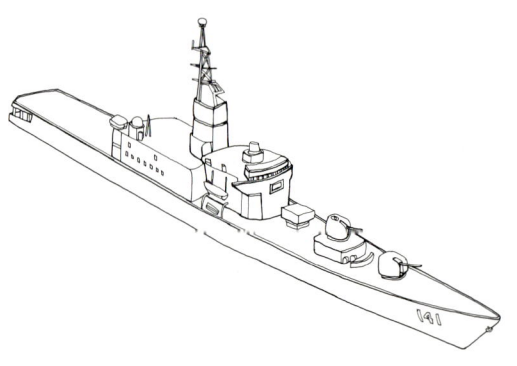

Seit dem Zweiten Weltkrieg hat die italienische Marine neue Schiffe mit einer Gesamtverdrängung von insgesamt 49 210 Tonnen erbaut.

Auch Japan hat seinen maritimen Einfluß wiederaufgebaut.

In den Seestreitkräften Kanadas, Australiens, Neuseelands, Norwegens und Dänemarks und auch in den modernisierten Flotten von Argentinien, Brasilien, der Bundesrepublik Deutschland, Spanien, Griechenland und der Türkei bestehen Entwicklungsprogramme, die die letzten Fortschritte sowohl bei den traditionellen Waffensystemen wie bei den Lenkwaffen berücksichtigen. Auch Italien hat mit neuen Geschützen und dem taktischen Bodenziel-Lenkwaffensystem Otomat, das von der Marine der Bundesrepublik Deutschland übernommen worden ist, seinen Beitrag zu neuen Waffensystemen geleistet.

Die heutigen Kampfschiffe unterscheiden sich von denen der Vergangenheit darin, daß sie ihre »strategischen« Angriffe viel weiter vortragen können, als es noch vor wenigen Jahren für möglich gehalten wurde. Erfolge von einzeln operierenden oder einer kleineren Gruppe von Schiffen sind heute viel

Fregatten und Korvetten

Im modernen Kriegsschiffbau herrscht die Tendenz, diese beiden Typen in einem zusammenzufassen, der sowohl als Begleitwie auch als Versorgungsschiff für größere Fahrzeuge dienen kann. Die Wasserverdrängung liegt zwischen 2500 und 4000 t. Außer hochentwickelten Schiffbaumaterialien und Technologien verwendet man bei ihrem Bau große vorgefertigte Bauteile. Die Bewaffnung besteht im allgemeinen aus einem Boden-Luft-Raketensystem. Allerdings sind einige sowjetische Schiffe dieses Typs ebenso mit einer reichhaltigen leichten konventionellen Bewaffnung ausgerüstet.

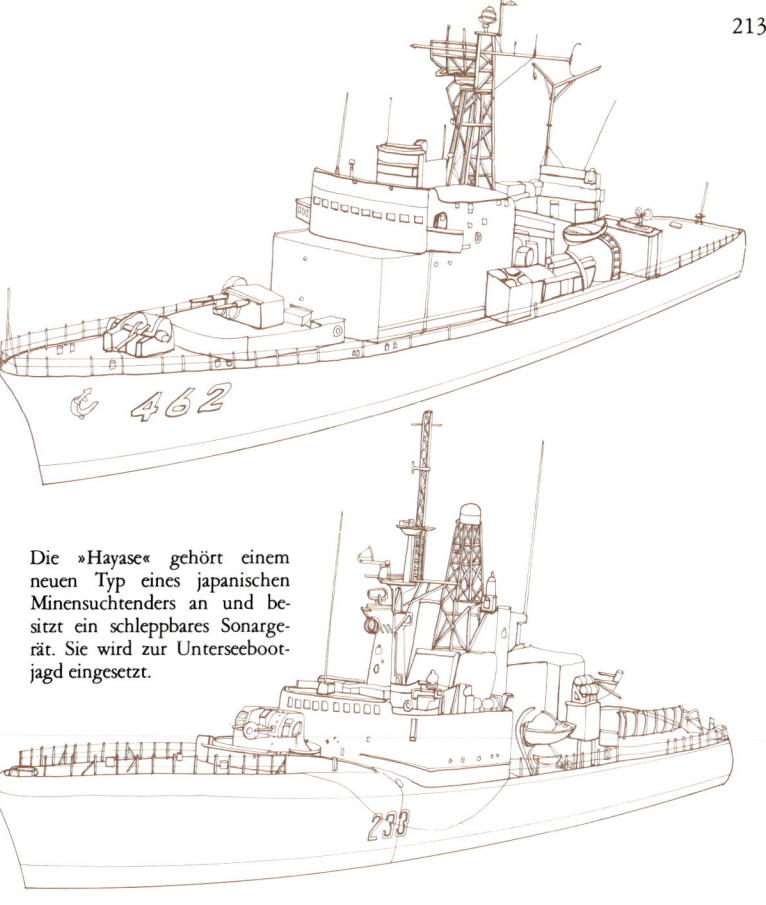

Die »Hayase« gehört einem neuen Typ eines japanischen Minensuchtenders an und besitzt ein schleppbares Sonargerät. Sie wird zur Unterseebootjagd eingesetzt.

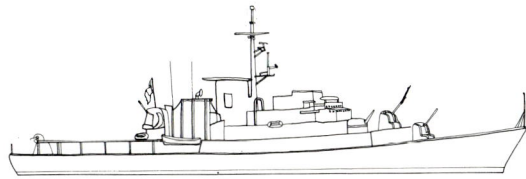

Die »Alpino«, eine italienische Fregatte.

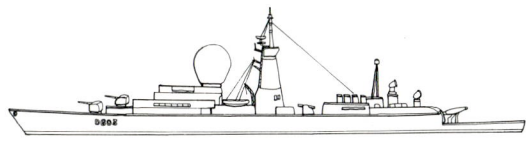

Die »Duquesne«, ein französischer Zerstörer.

Die »Fraser«, eine der ersten kanadischen Fregatten, die nach dem modernen Baukasten-Prinzip gefertigt wurde.

nachhaltiger als vor nicht allzulanger Zeit die kombinierten Luft- und Marineoperationen. Heute sind moderne Kampfschiffe mit Waffen ausgerüstet, die besonders für sie entwickelt wurden. Diese neuen Waffensysteme sind vollautomatisiert und benötigen nur ein Minimum an Bedienung. Dieser Fortschritt wurde nur möglich durch die Weiterentwicklung von Fernsteuereinrichtungen, Kleinschaltanlagen und der Elektronik. Eine der modernen Marinewaffen, die alle diese Charakteristika in sich vereint, ist die mit einem atomaren Sprengkopf ausgerüstete Mittelstreckenrakete, die weit vom Ziel entfernt sowohl von Überwasser-wie von Unterwasserschiffen abgeschossen werden kann. Unter den modernen maritimen Lenkwaffen befinden sich eine Vielzahl von Fernlenkwaffen für strategische Aufgaben wie Schiff-Schiff- und unter Wasser abgeschossenen Lenkwaffen, ebenso Kurzstrecken-Lenkwaffen für taktische Aufgaben, als da sind See-Luft-, U-Boot-Bekämpfungs- und auch von U-Booten abschießbare Raketen. Ebenso sind ganz neue Torpedos mit Verbrennungsmotoren und Preßluftantrieb mit automatischen Einrichtungen zur Kurskorrektur entwickelt

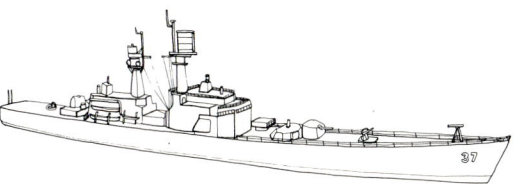

Die »South Carolina«, ein amerikanischer Lenkwaffenkreuzer.

Die »Robert E. Peary«, eine Fregatte der US-Marine

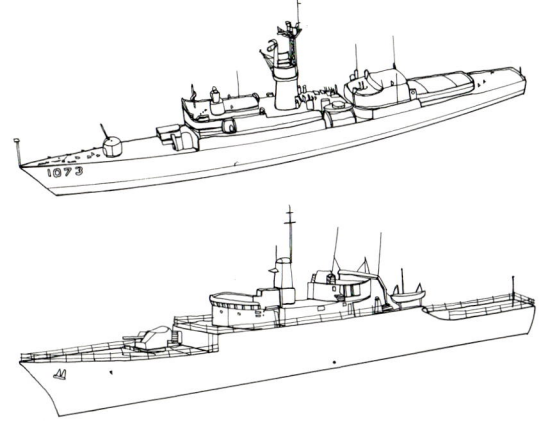

Die »Saam« wurde von der englischen Vosper-Werft für die kaiserlich-iranische Marine gebaut. Das mit italienischen Raketen ausgerüstete Schiff gehört zu den derzeit modernsten Fregatten.

Die »Roger de Lauria«, ein spanischer Zerstörer der Ensenada-Klasse, der 1967 zum Einsatz als U-Boot-Jäger modernisiert wurde. Das Schiff besitzt große Ähnlichkeit mit der amerikanischen Gearing-Klasse.

Die »Annapolis« ist ein kanadisches Unterseeboot-Jagdschiff, die die offizielle Bezeichnung einer Hubschrauberfregatte trägt.

Die »Baleares«, das modernste Schiff der spanischen Marine, beruht auf Plänen der US-Fahrzeuge der Brooke- und Knox-Klassen. Das Schiff ist mit einem dreidimensionalen Radargerät ausgerüstet.

worden. Dabei übertragen Mikrophone und Sonargeräte Korrekturen auf elektronischem Wege an den Kontrollmechanismus der Torpedos.

Schiffsartillerie besitzt nicht mehr die Bedeutung, die sie einstmals besessen hat, wird aber immer noch sowohl gegen Schiffs- wie auch Landziele eingesetzt. Für die moderne Artillerie ist ihre Kompaktheit und ihr leichtes Gewicht charakteristisch. Dabei sind die Geschütze mit kleineren Kalibern in der Lage, 80 bis 100 Schuß in der Minute abzugeben. Zum modernen maritimen Waffenarsenal gehören ebenso gegen Überwasserschiffe wie gegen Unterseeboote einsetzbare Minen (verankerte und auf dem Grund liegende Minen). Um diese Minen zur Explosion zu bringen, gibt es verschiedene Wege: einmal den direkten Kontakt (wenn sie von einem vorbeifahrenden Schiff berührt werden) oder Kontakt durch Fremdbeeinflussung (magnetisch, akustisch oder durch Druckwellen). Gegen U-Boote werden Wasserbomben von besonders dafür eingerichteten Schiffen abgerollt oder durch Werfer abgeschossen. Alle Waffeneinsätze eines Schiffes, besonders beim Abschuß und der automatischen

Die »Ardito«, ein aus der Impavido-Klasse weiterentwickelter italienischer Mehrzweckzerstörer, ausgerüstet zum Einsatz von Hubschraubern und Schiff-Luft- und Schiff-Schiff-Raketen.

Die »Tourville«. Der Aufgabenbereich dieses französischen Schiffes liegt ähnlich wie bei den Schiffen der Suffren-Klasse im Aufspüren und Bekämpfen von Unterwasserfahrzeugen. Sie kann Fahrzeuge dieser Art bis zu einer Tiefe von 20 000 m feststellen. Das mit Luft- und Bodenradar ausgerüstete Schiff ist zur taktischen Datenerfassung weitgehend automatisiert.

Die »Lupo« ist eine für verschiedene Aufgaben entworfene Fregatte und kann sowohl im Kampf gegen Überwasserschiffe, zur U-Boot-Jagd, als Konvoibegleiter und auch bei amphibischen Unternehmen eingesetzt werden. Sie ist mit Luft- und Bodenradar, Sonar zum Aufspüren von U-Booten und all den verschiedenen Waffen- und Artilleriesystemen ausgerüstet, die gewöhnlich mit einer elektronischen Feuerleitanlage gekoppelt sind.

Steuerung von Lenkwaffen wie auch das Einrichten, Zielen und Abfeuern der Schiffsartillerie werden in der Operationszentrale, die mit automatisch arbeitenden elektronischen Einrichtungen ausgerüstet ist, koordiniert. Dazu gehören ein Luftwarn-Radar, Schiffswarn-Radar und Instrumente, die in weniger als einer Sekunde erkennen können, ob ein geortetes Objekt ein feindliches Schiff oder Flugzeug ist, sowie den Grad der Gefahr, der von ihm ausgeht – und nicht zuletzt den genauen Standort. Andere zusätzlich von der Gefechtsoperationszentrale gelieferte Werte werden an die Zielerkennungszentrale weitergeleitet, die automatisch das zur Bekämpfung optimale Waffensystem auswählt und die ersten angenäherten Schußunterlagen liefert. Die Zielsucheinrichtung erkennt und identifiziert das Ziel durch das eigene Radargerät, errechnet die exakten Werte und gibt sie an die Waffensysteme weiter. Verringerung von Gewicht und Größe, technische Errungenschaften wie Kleinstbauelemente, Transistoren und eingebaute Schaltkreise erlaubten die Einrichtung von echten elektronischen Laboratorien an Bord der Schiffe.

Die »Peder Skram«, eine nach dänischen Plänen entstandene Fregatte mit Lenkwaffen zur U-Boot-Bekämpfung. Verstellpropeller machen das Schiff sehr manövrierfähig, dessen Maschine ebenso zentral gesteuert und überwacht werden kann wie die elektronischen Anlagen zur Luft- und Bodenüberwachung.

Die »Lynx«, eine englische dieselbetriebene Luftabwehrfregatte, vollgeschweißt und aus vorfabrizierten Teilen erbaut. Das Schiff besitzt radargesteuerte Artillerie und Seacat-Raketenbewaffnung.

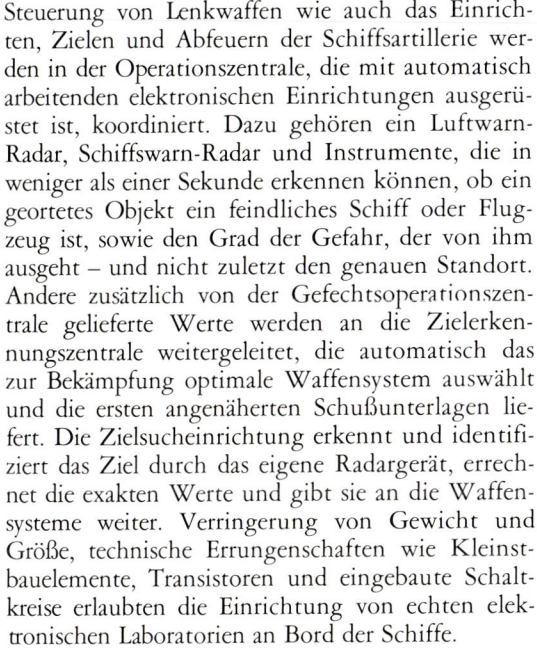

Die »Amatsukaze«, das einzige Lenkwaffenschiff der japanischen Marine. Sie ähnelt mit ihren einfachen Linien und den verkleinerten Aufbauten amerikanischen und westlichen Typen.

Die PR 72 ist ein mit Dieselmotoren oder einer auf 4 Wellen arbeitenden Gasturbine angetriebenes Schnellboot mit Verstellpropeller.

Eine Korvette. Die moderne Korvette gehört zu den Schiffen des Typs F und ist ein schnelles und bewegliches Fahrzeug mit Lenkwaffen zur U-Boot-Bekämpfung.

Die »Combattente II«, ein mit Raketen ausgerüstetes französisches Schnellboot.

Die »Reshef«, ein israelisches Raketen-Schnellboot und mit ihrem großen Aktionsradius und der Einsatzfähigkeit bei unterschiedlichsten Seegangbedingungen eines der besten leichten Überwasserfahrzeuge.

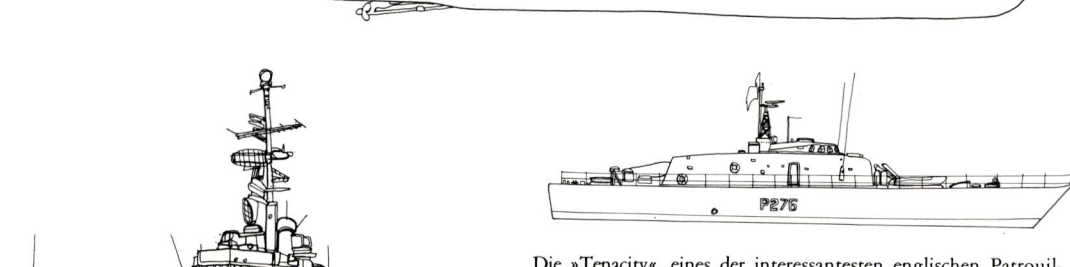

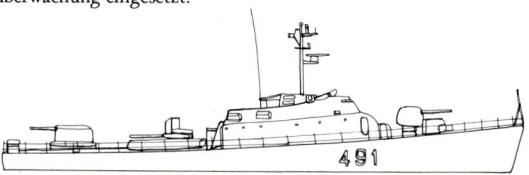

Die »Tenacity«, eines der interessantesten englischen Patrouillenboote, ist sowohl mit konventionellen wie mit Raketenwaffen ausgerüstet. Es wird zu Übungszwecken und zur Fischereiüberwachung eingesetzt.

Die »Jeanne d'Arc« gehört zu den Schiffen des Typs L und ist für einen doppelten Verwendungszweck erbaut worden. Während es in Friedenszeiten als Schulschiff benutzt wird, kann es im Notfall als Hubschrauberträger eingesetzt werden.

Die »Lampo«, ein nach deutschen Plänen erbautes Schnellboot, gehört zu den kleinen Fahrzeugen des Typs P.

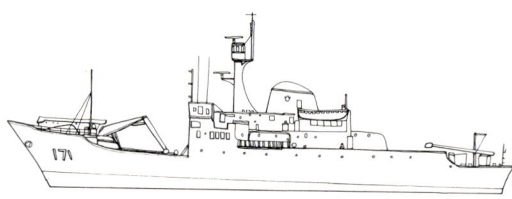

Die »Endeavour«, ein kanadisches Marineforschungsschiff, geplant und gebaut zur Erforschung von Möglichkeiten zur U-Boot-Bekämpfung. Für den Einsatz im Eis ist der Rumpf verstärkt.

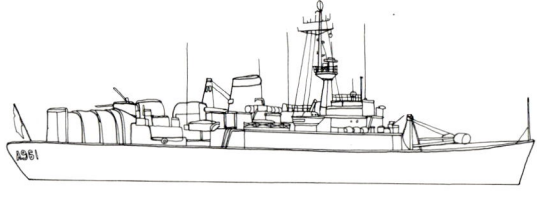

Die »Zinnia«, ein belgisches Schiff des Typs AL, entwickelt, um nach einer Nuklearexplosion in radioaktiv verseuchten Gegenden eingesetzt zu werden. Als Minensuchtender führt sie einen Hubschrauber an Bord.

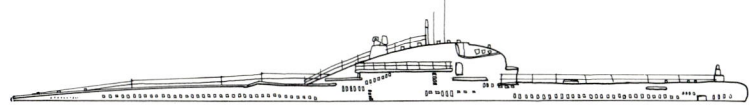

»Whiskey Long Bin« gehört zu einer russischen Klasse von Langstreckenraketen-U-Booten und stellt einen weiteren Versuch dar, ein bestmögliches Unterwasserschiff mit neuen Angriffswaffen herzustellen.

Unterseeboot der Zulu-V-Klasse sind russische Boote mit konventionellem Antrieb.

Konventionelle Unterseeboote

Trotz bemerkenswerter Fortschritte verlor das U-Boot mit Ende des 2. Weltkrieges zweifellos an Bedeutung. Die Entdeckung der Nuklearenergie führte dann zur Entwicklung des Atom-U-Bootes, während aber auch Schiffe mit konventionellem Antrieb weiterhin Bestandteil der wichtigsten Marinestreitkräfte dieser Erde blieben. Ein Unterseeboot ist ein Unterwasserfahrzeug, das im zeitlich begrenzten Tauchzustand operieren kann. In diesem Zustand hat es am meisten Nutzen aus der technischen Entwicklung gezogen. So arbeiten seine Elektromotoren fast geräuschlos, ebenso wie der Aktionsradius bei Unterwasserfahrt und die Tauchtiefe enorm vergrößert werden konnten. Die Bewaffnung ist vom Typ her konventionell, obwohl moderne Torpedos höchst raffinierte Waffen sind. Sie laufen mit einer Geschwindigkeit von bis zu 50 kn über eine Entfernung von 2 Seemeilen und weiter. Die Korrekturmöglichkeiten ihrer Laufbahn und ihre automatischen Zielsuch- und Kontrolleinrichtungen – magnetisch, thermisch auf Geräusche ansprechend und Sonar – haben die Bedeutung des Torpedos erhalten.

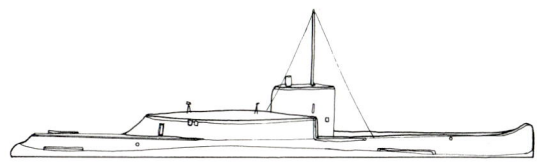

Die »Gymnote«, ein französisches Forschungsschiff zum Testen von Lenkwaffensystemen, das ursprünglich für Atomantrieb geplant war.

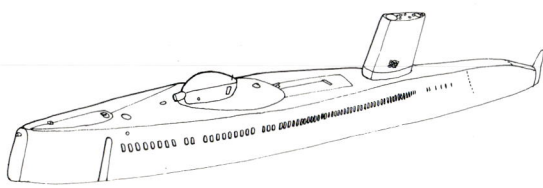

Die »Halibut«, ein amerikanisches Unterseeboot.

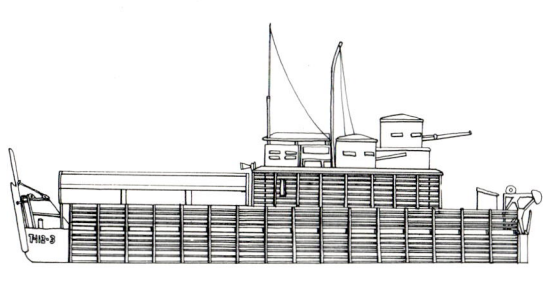

»Riverine Force« war eine Einheit, die die USA im Vietnamkrieg zum Einsatz im dortigen Labyrinth der Kanäle, Sümpfe und Flüsse aufgestellt hatten. Die Schiffe waren für den gedachten Zweck entsprechend veränderte Landungsfahrzeuge.

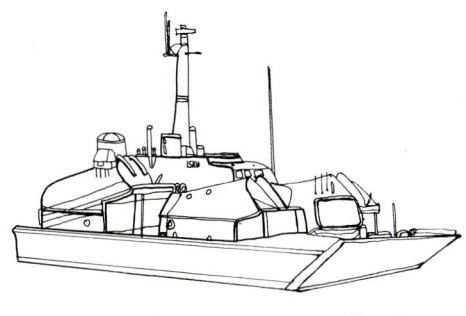

Die »Isku«, ein finnisches Versuchsschiff, außergewöhnlich schnell und in der Lage, auf flachem Wasser eingesetzt zu werden; es hat Raketenbewaffnung.

Hovercraft. Das Fahrzeug gehört zur Ausrüstung der Royal Marines (Marinelandetruppen) und wird bei Kommandounternehmungen zum Transport kleiner Truppenkontingente eingesetzt. Das Fahrzeug ist mit zwei leichten MG bewaffnet.

SA 805 – ein französisches Tragflächenschnellboot für den Kampfeinsatz.

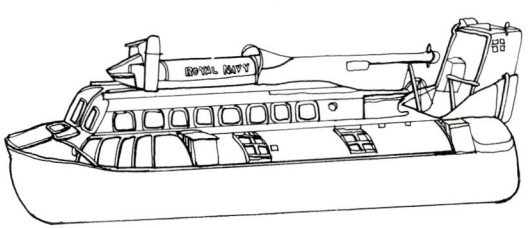

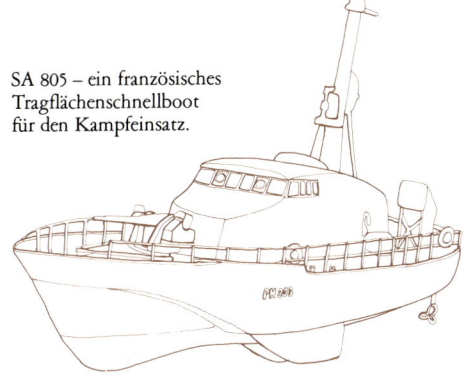

Die »Intrepid«, ein englisches mit Raketen bewaffnetes Angriffsschiff. Es kann 15 Panzer, 27 Motorfahrzeuge oder 700 Mann an Landetruppen wie auch einige Hubschrauber an Bord nehmen.

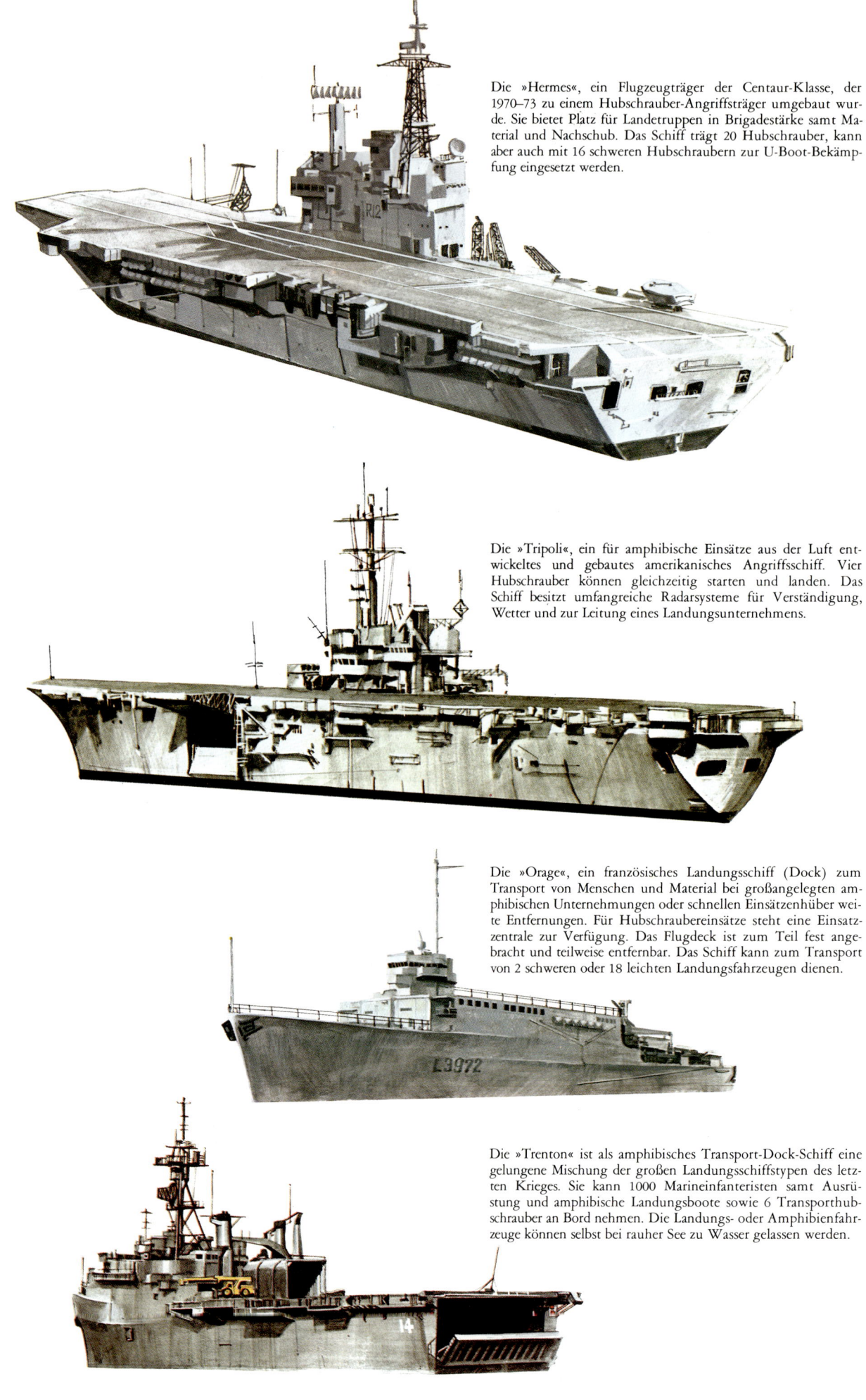

Die »Hermes«, ein Flugzeugträger der Centaur-Klasse, der 1970–73 zu einem Hubschrauber-Angriffsträger umgebaut wurde. Sie bietet Platz für Landetruppen in Brigadestärke samt Material und Nachschub. Das Schiff trägt 20 Hubschrauber, kann aber auch mit 16 schweren Hubschraubern zur U-Boot-Bekämpfung eingesetzt werden.

Die »Tripoli«, ein für amphibische Einsätze aus der Luft entwickeltes und gebautes amerikanisches Angriffsschiff. Vier Hubschrauber können gleichzeitig starten und landen. Das Schiff besitzt umfangreiche Radarsysteme für Verständigung, Wetter und zur Leitung eines Landungsunternehmens.

Die »Orage«, ein französisches Landungsschiff (Dock) zum Transport von Menschen und Material bei großangelegten amphibischen Unternehmungen oder schnellen Einsätzen über weite Entfernungen. Für Hubschraubereinsätze steht eine Einsatzzentrale zur Verfügung. Das Flugdeck ist zum Teil fest angebracht und teilweise entfernbar. Das Schiff kann zum Transport von 2 schweren oder 18 leichten Landungsfahrzeugen dienen.

Die »Trenton« ist als amphibisches Transport-Dock-Schiff eine gelungene Mischung der großen Landungsschiffstypen des letzten Krieges. Sie kann 1000 Marineinfanteristen samt Ausrüstung und amphibische Landungsboote sowie 6 Transporthubschrauber an Bord nehmen. Die Landungs- oder Amphibienfahrzeuge können selbst bei rauher See zu Wasser gelassen werden.

Die »Hayes«, eines der ersten amerikanischen ozeanographischen Forschungsschiffe mit Katamaran-Rumpf. Das bietet eine große Arbeitsplattform, gestattet, die Laboratorien entfernt von den Maschinen unterzubringen, und vereinfacht den Umgang mit der Forschungsausrüstung.

Dic P 420, cin italicnischcs Tragflächenkanonenboot mit sowohl traditioneller als auch Raketenbewaffnung. Der Rumpf ist aus einer besonderen Aluminiumlegierung hergestellt und in 5 wasserdichte Abteilungen unterteilt. Das Fahrzeug besitzt eine Wasserdüsen-Antriebseinrichtung für den Einsatz als Tragflächenboot und Radar zur Erkennung, Navigation und Feuerleitung.

Die »Kosmonaut Wladimir Komarow« ist ein von der sowjetischen Marine erbautes Schiff zur Erforschung der oberen Atmosphäre und zur Überwachung von Raumfahrzeugen.

Die »George Washington«, ein 1959 vom Stapel gelaufenes US-Raketen-U-Boot. Sie ist mit 16 Polaris-Abschußschächten ausgerüstet. Die Raketen können getaucht abgefeuert werden und 1500 Seemeilen entfernte Ziele erreichen.

Die »Triton«, das größte US-Atom-U-Boot und gleichzeitig das größte je gebaute Unterwasserfahrzeug. Die 2 Reaktoren arbeiten mit einer Füllung 2 Jahre. Die »Triton« ist mit einem Fernbereichsradar und elektronischen Einrichtungen zur Abschuß- und Flugkontrolle der Raketen ausgerüstet. Das 109 Millionen Dollar teure Schiff wird zur Aufklärung sowie zur Überwachung und im Zusammenwirken mit Angriffsflugzeugträgern eingesetzt.

Typ R · Flugzeug- und Hubschrauberträger

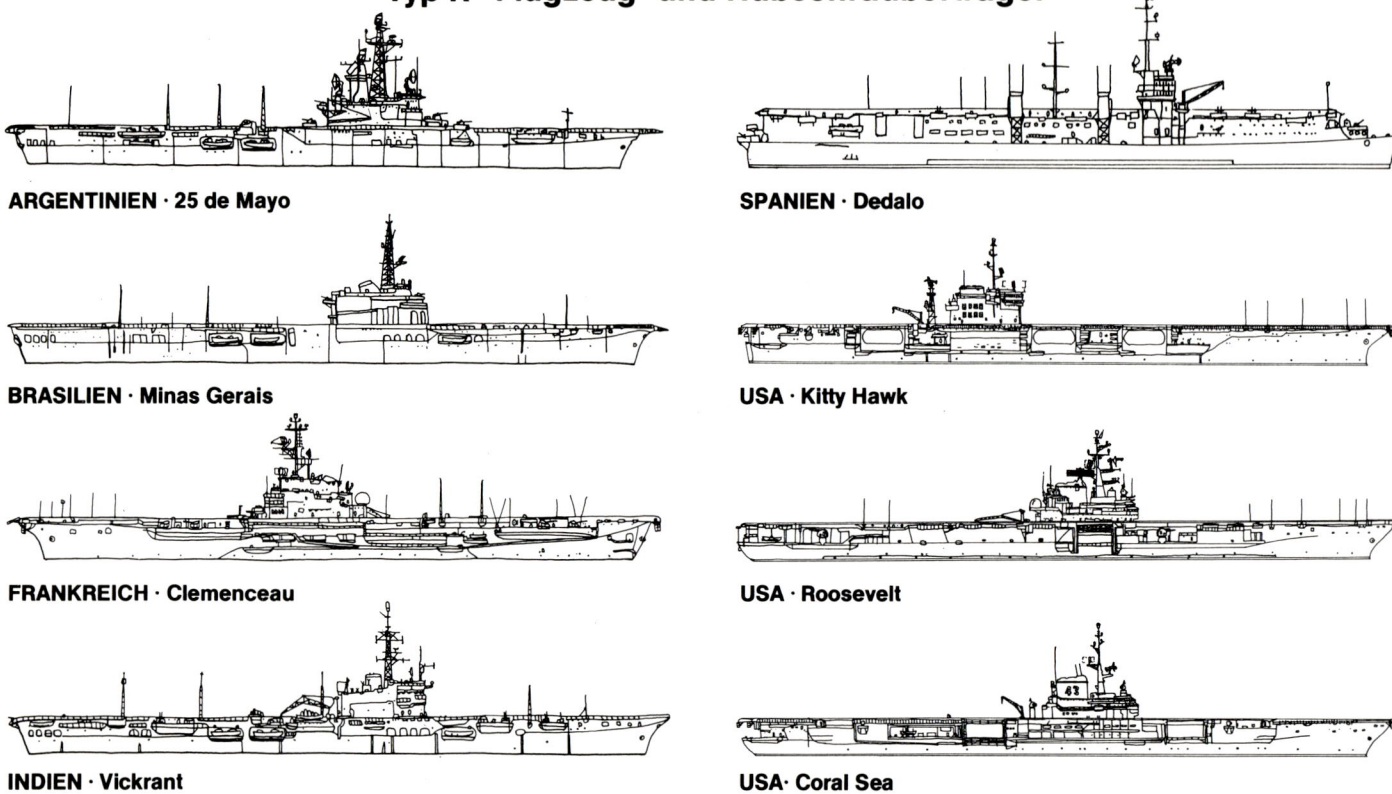

ARGENTINIEN · 25 de Mayo

SPANIEN · Dedalo

BRASILIEN · Minas Gerais

USA · Kitty Hawk

FRANKREICH · Clemenceau

USA · Roosevelt

INDIEN · Vickrant

USA· Coral Sea

TYP   C · Kreuzer

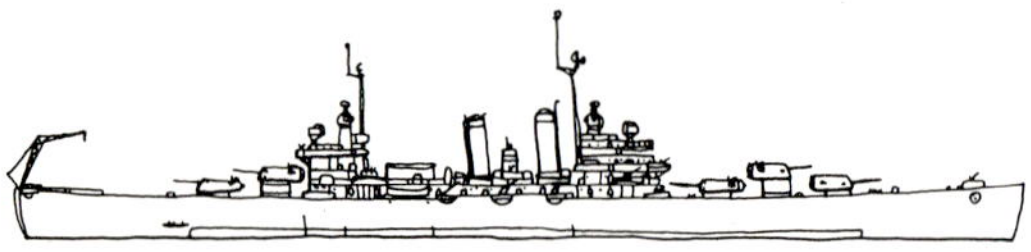

ARGENTINIEN · Belgrano

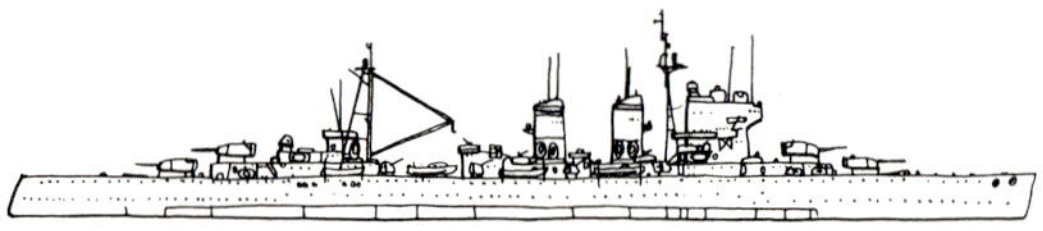

SPANIEN · Canarias

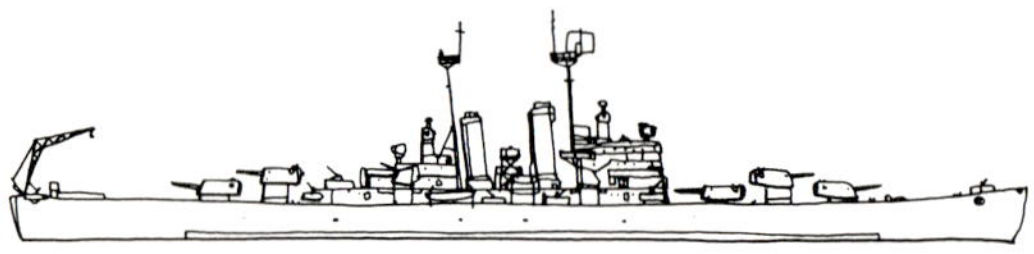

BRASILIEN · Tamandaré

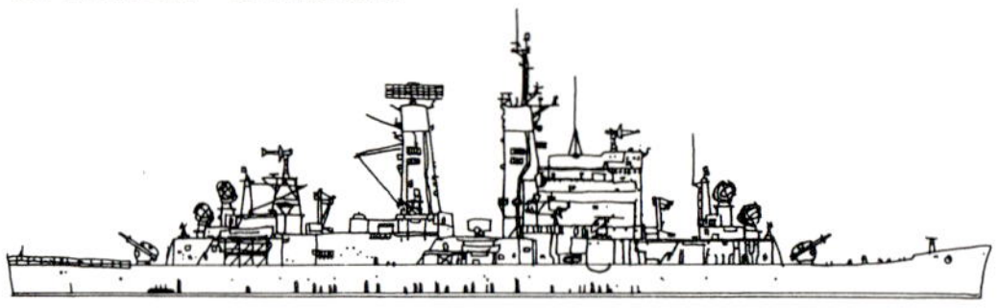

USA · Albany

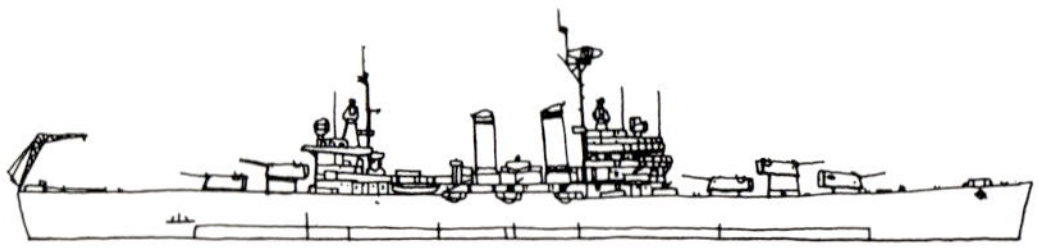

CHILE · Prat

UdSSR · Kirow

GROSSBRITANNiEN · Invincible

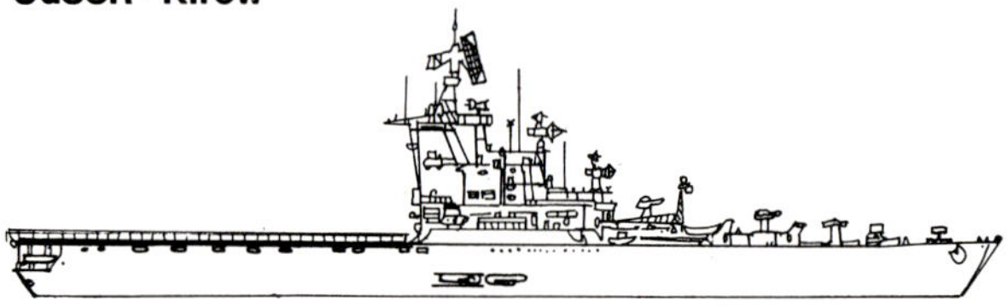

UdSSR · Moskwa

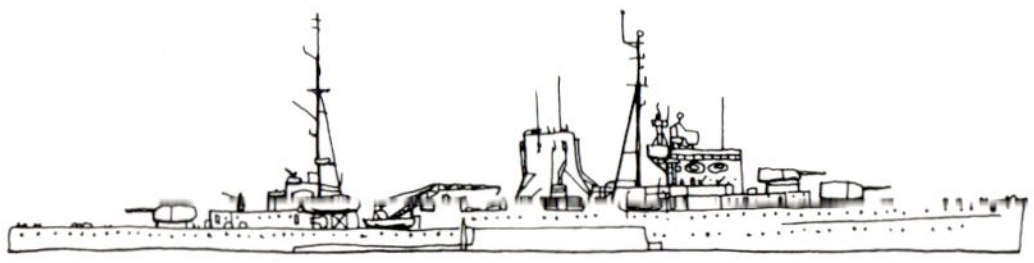

INDIEN · Delhi

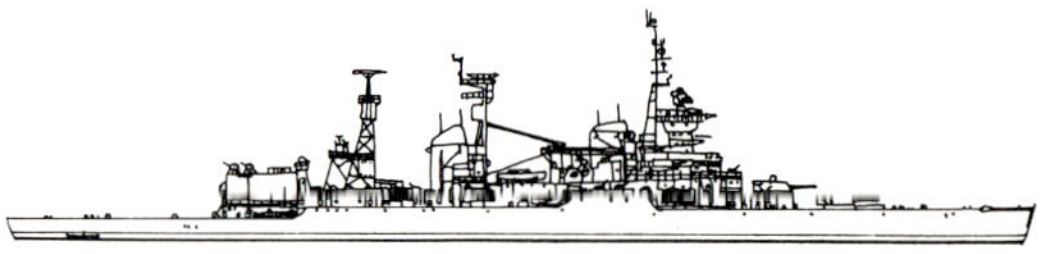

UdSSR · Admiral Senjawin

Typ D · Zerstörer und Geleitboote

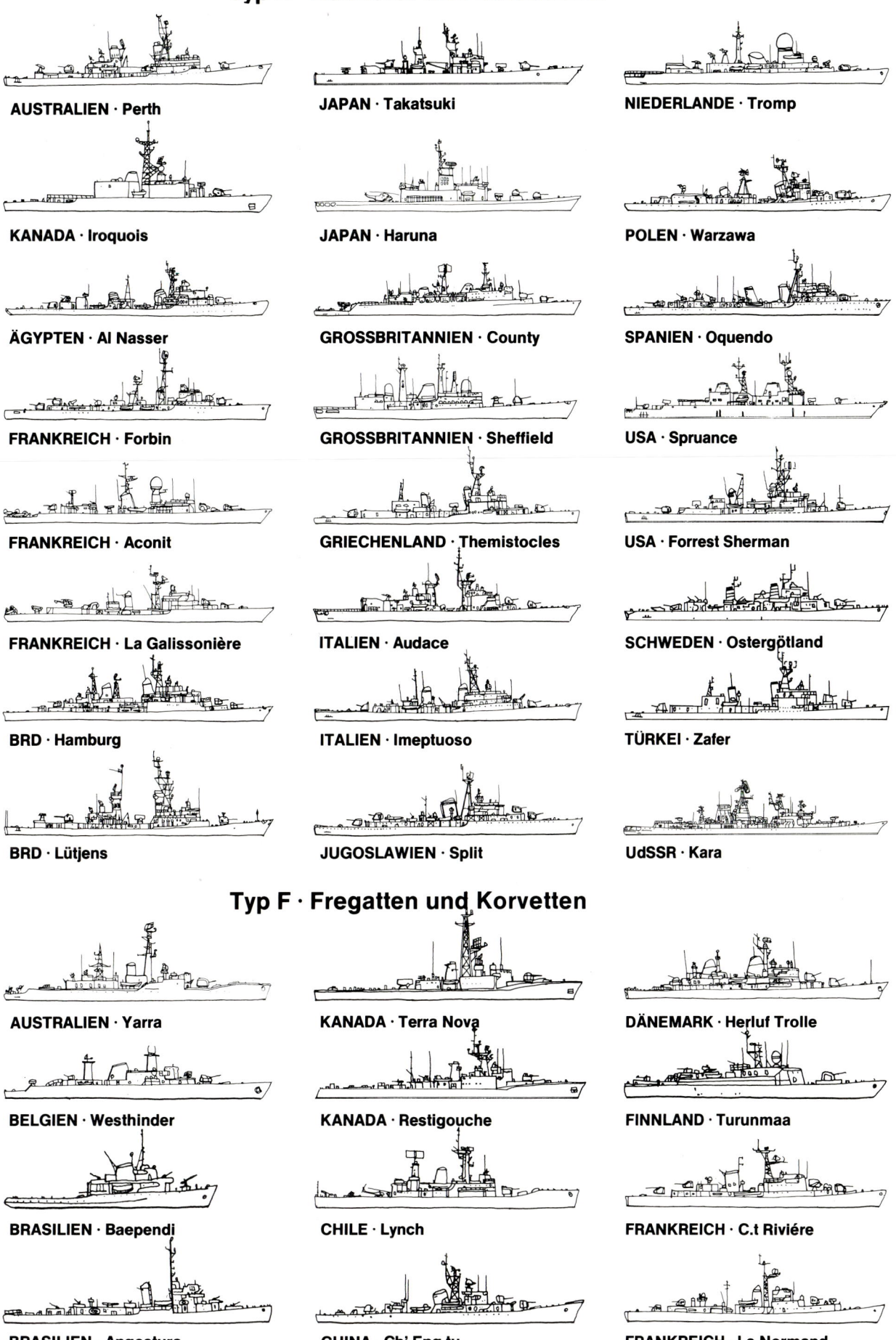

AUSTRALIEN · Perth

JAPAN · Takatsuki

NIEDERLANDE · Tromp

KANADA · Iroquois

JAPAN · Haruna

POLEN · Warzawa

ÄGYPTEN · Al Nasser

GROSSBRITANNIEN · County

SPANIEN · Oquendo

FRANKREICH · Forbin

GROSSBRITANNIEN · Sheffield

USA · Spruance

FRANKREICH · Aconit

GRIECHENLAND · Themistocles

USA · Forrest Sherman

FRANKREICH · La Galissonière

ITALIEN · Audace

SCHWEDEN · Ostergötland

BRD · Hamburg

ITALIEN · Imeptuoso

TÜRKEI · Zafer

BRD · Lütjens

JUGOSLAWIEN · Split

UdSSR · Kara

Typ F · Fregatten und Korvetten

AUSTRALIEN · Yarra

KANADA · Terra Nova

DÄNEMARK · Herluf Trolle

BELGIEN · Westhinder

KANADA · Restigouche

FINNLAND · Turunmaa

BRASILIEN · Baependi

CHILE · Lynch

FRANKREICH · C.t Riviére

BRASILIEN · Angostura

CHINA · Ch' Eng tu

FRANKREICH · Le Normand

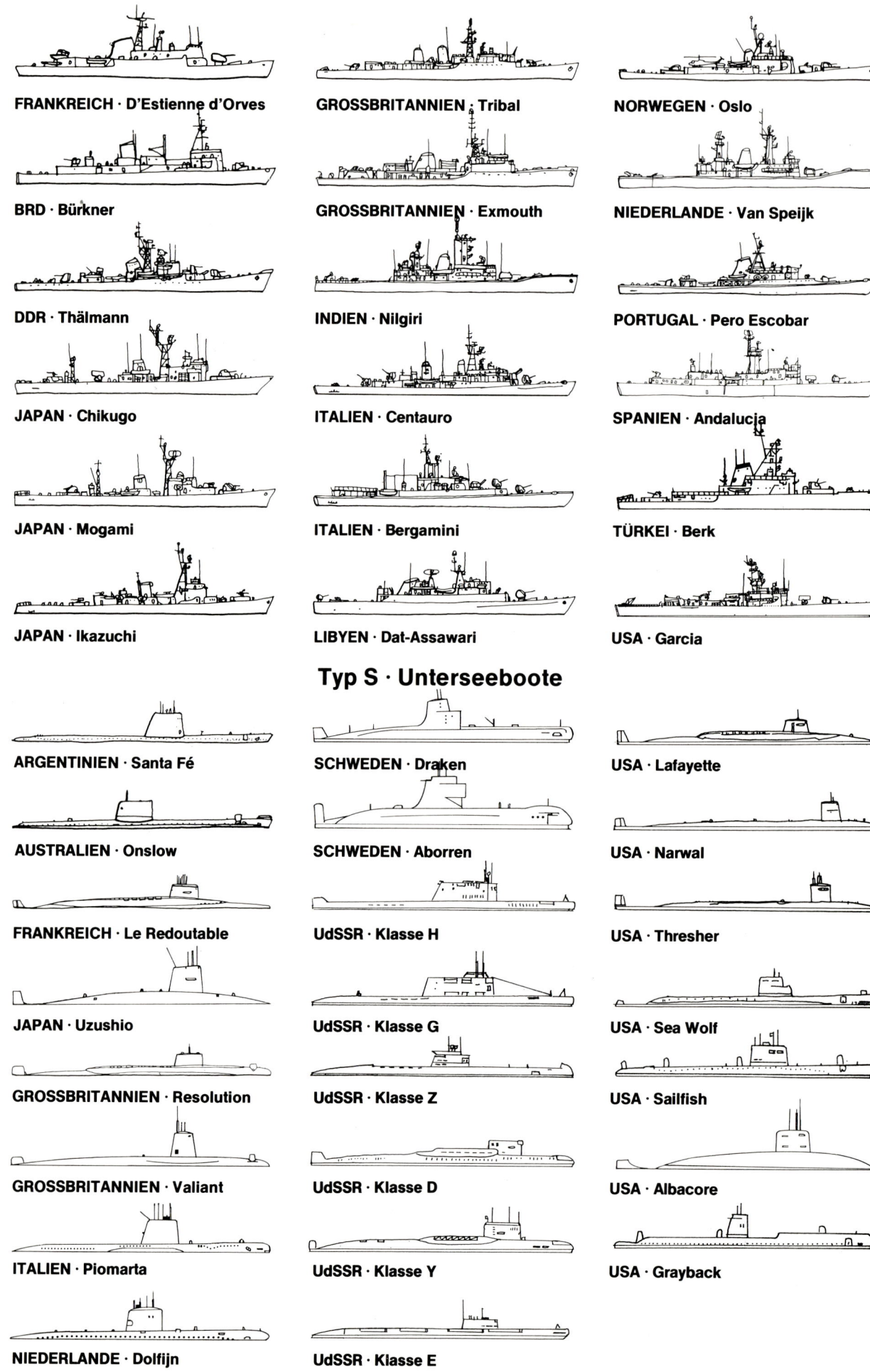

FRANKREICH · D'Estienne d'Orves

GROSSBRITANNIEN · Tribal

NORWEGEN · Oslo

BRD · Bürkner

GROSSBRITANNIEN · Exmouth

NIEDERLANDE · Van Speijk

DDR · Thälmann

INDIEN · Nilgiri

PORTUGAL · Pero Escobar

JAPAN · Chikugo

ITALIEN · Centauro

SPANIEN · Andalucia

JAPAN · Mogami

ITALIEN · Bergamini

TÜRKEI · Berk

JAPAN · Ikazuchi

LIBYEN · Dat-Assawari

USA · Garcia

Typ S · Unterseeboote

ARGENTINIEN · Santa Fé

SCHWEDEN · Draken

USA · Lafayette

AUSTRALIEN · Onslow

SCHWEDEN · Aborren

USA · Narwal

FRANKREICH · Le Redoutable

UdSSR · Klasse H

USA · Thresher

JAPAN · Uzushio

UdSSR · Klasse G

USA · Sea Wolf

GROSSBRITANNIEN · Resolution

UdSSR · Klasse Z

USA · Sailfish

GROSSBRITANNIEN · Valiant

UdSSR · Klasse D

USA · Albacore

ITALIEN · Piomarta

UdSSR · Klasse Y

USA · Grayback

NIEDERLANDE · Dolfijn

UdSSR · Klasse E

Typ L · Landungsfahrzeuge

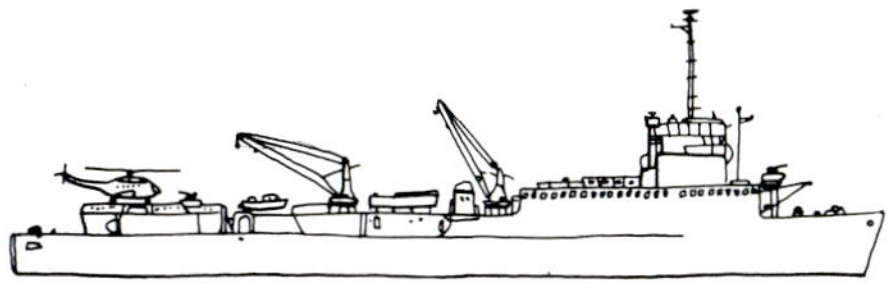

FRANKREICH · Ouragan

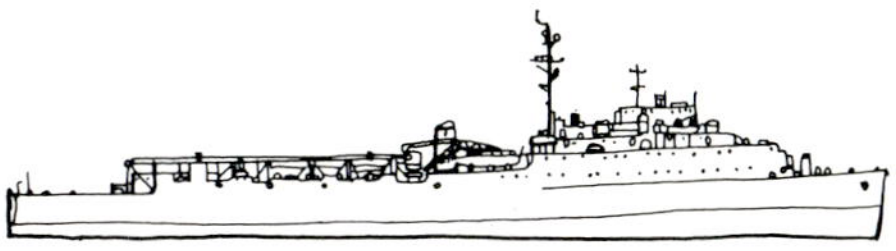

SPANIEN · Galicia

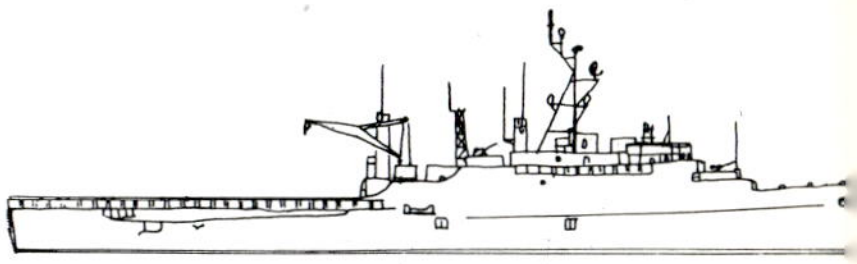

USA · Raleigh

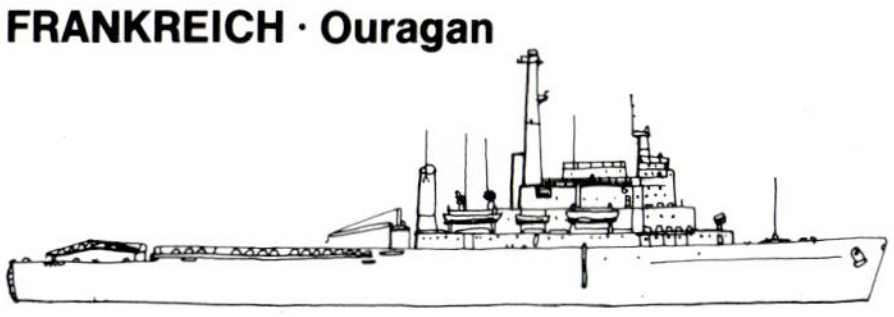

GROSSBRITANNIEN · Fearless

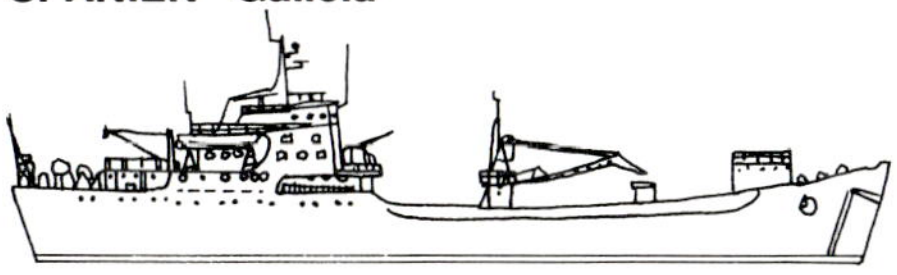

UdSSR · Alligator

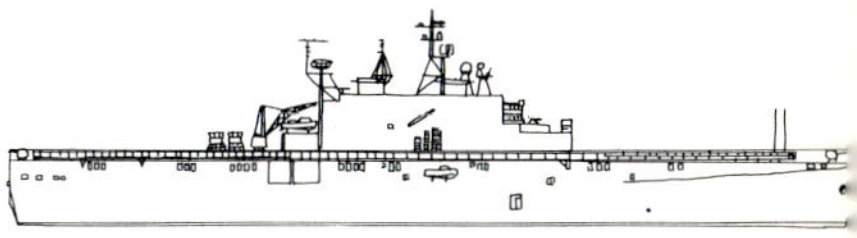

USA · Tarawa

ITALIEN · Bafile

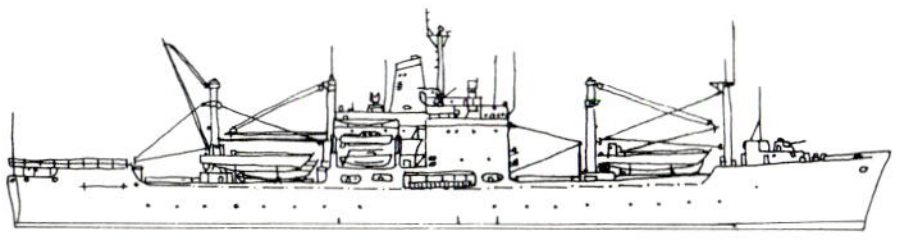

USA · Charleston

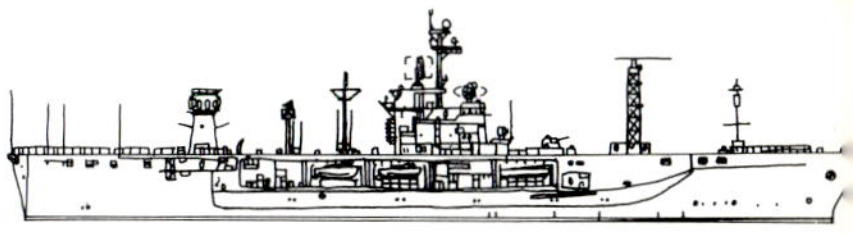

USA · Blue Ridge

Typ AL · Versorgungsschiffe

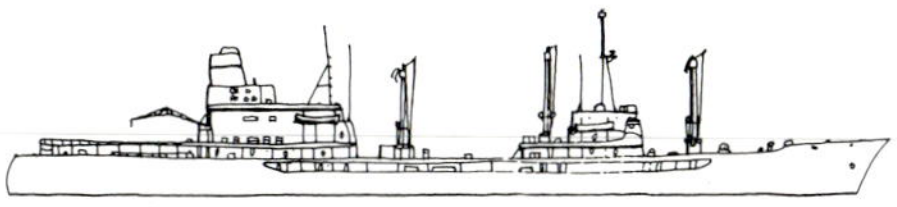

KANADA · Provider

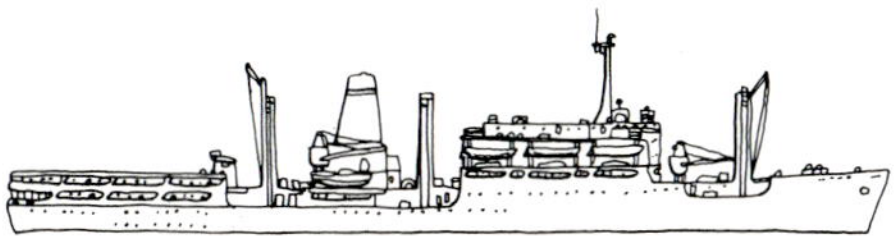

GROSSBRITANNIEN · Lyness

UdSSR · Don

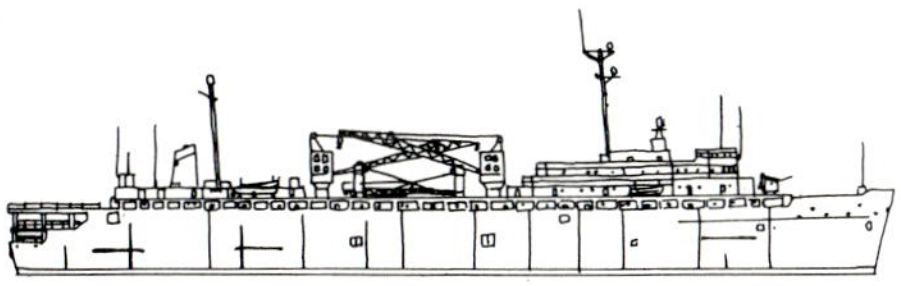

USA · Samuel Gompers

Typ P · Schnellboote

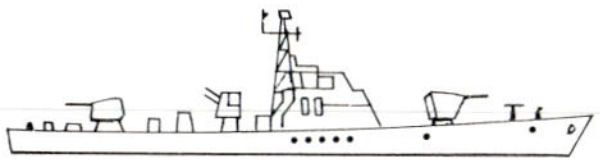

CHINA · Shanghai

FRANKREICH · Combattente

JAPAN · Hayabusa

ITALIEN · Freccia

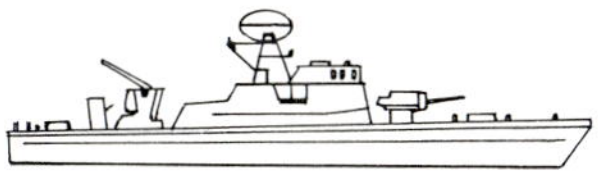

NORWEGEN · Storm

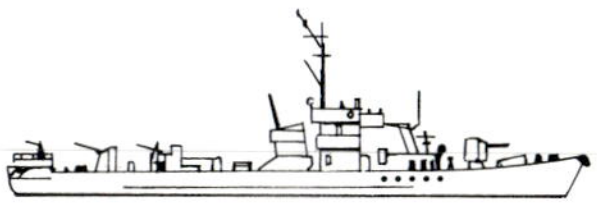

POLEN · Czinny

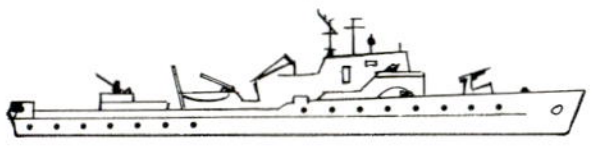

PORTUGAL · Azevia

BRD · Klasse 143

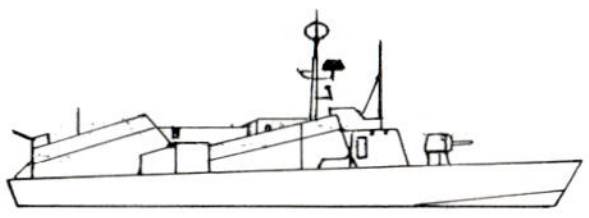

UdSSR · Osa

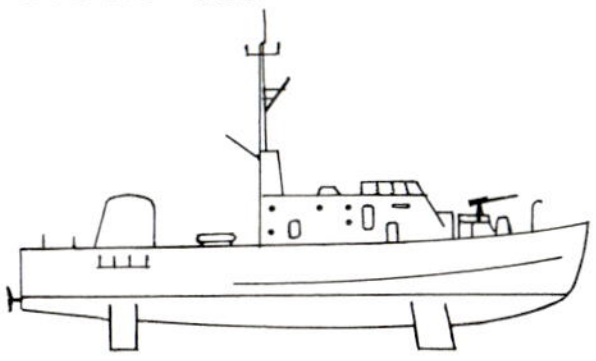

USA · High Point

Typ A · Hilfsschiffe

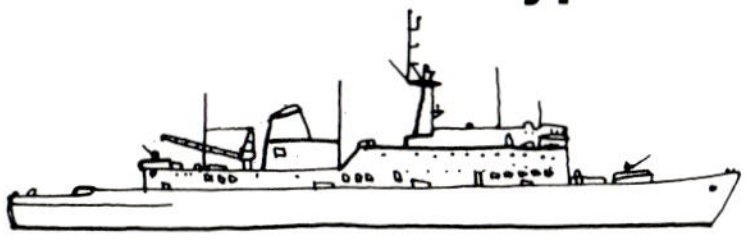

BELGIEN · Godetia

KANADA · Quadra

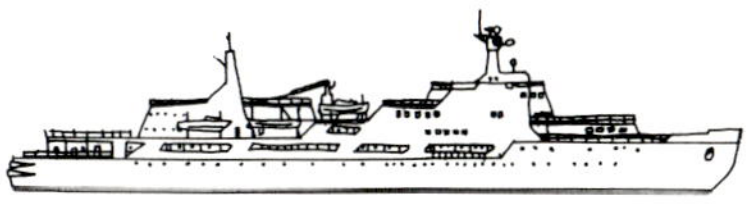

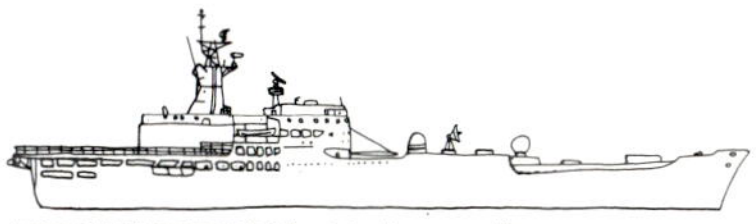

FRANKREICH · Poincaré

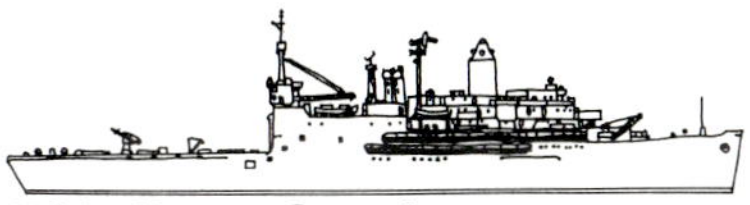

JAPAN · Katori

UdSSR · Chajma

UdSSR · Arktika

USA · Norton Sound

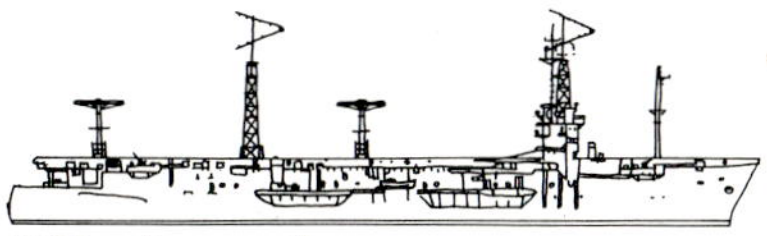

USA · Annapolis

Typ M · Minensucher

KANADA · Bay

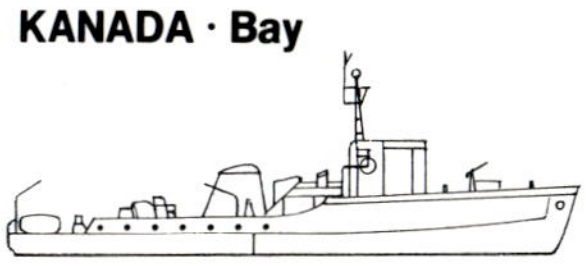

FRANKREICH · Mercure

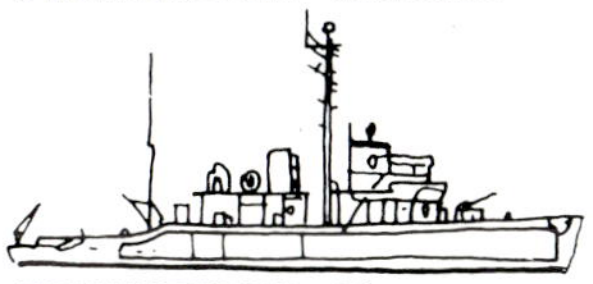

FRANKREICH · Alençon

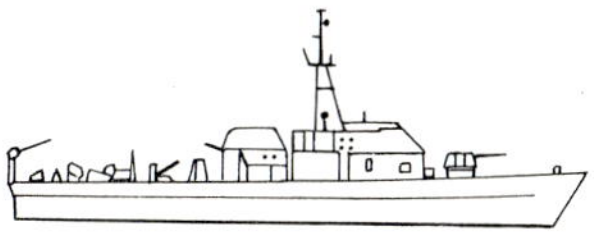

BRD · Niobe

Abenteuer von morgen

Zum Ende des Zweiten Weltkrieges war die Gesamttonnage der alliierten Handelsflotten größer als zu Beginn der Auseinandersetzungen. Dieser Umstand war der Schwerindustrie zu verdanken, die mit einer gewaltigen Anstrengung alle versenkten Schiffe ersetzte.

Während des Krieges waren die großen Überseedampfer zu Truppentransportern umgebaut worden. So konnte zum Beispiel die 83 673 Tonnen große »Queen Elizabeth« auf einer Reise mehr als 15 000 US-Soldaten befördern. Auch die »Queen Mary«, die »Île de France« sowie die »Nieuw Amsterdam« wurden als Truppentransporter eingesetzt.

Die auf 1945 folgenden 25 Jahre wurden für große Überseeschiffe zu goldenen Jahren. Mit dem Rückgang der Einwanderung, während der zwischen 1920 und 1930 eine enorme Anzahl von Menschen nach Amerika befördert wurde (1923 allein 257 600), überquerten aus Geschäftsgründen oder nur wegen ihres Vergnügens ungefähr noch 650 000 Menschen jährlich den Atlantik. Aber die schwimmenden Städte, so groß und luxuriös sie auch waren, hatten sich der Konkurrenz durch das Flugzeug zu stellen.

Obwohl mit der Energiekrise auch der Luftreiseverkehr zurückgegangen ist, sprechen die Zahlen für sich. 1948 standen 252 000 Flugpassagieren 501 000 auf Schiffen beförderte Reisende gegenüber. 1953 benutzten ungefähr 892 000 Passagiere Schiffe und 507 000 Flugzeuge. 1955 waren es etwa 964 000 Schiffsreisende gegenüber 652 000 Flugpassagieren und 1957 reisten ungefähr 1 036 000 mit Schiffen

Die »Manhattan« ist ein Esso-Tanker, der die berühmte Reise durch die Nordwest-Passage machte. Am 24. August 1969 verließ sie mit 54 Besatzungsmitgliedern und 72 Fachleuten, Wissenschaftlern und Reportern an Bord Philadelphia. Der Rumpf des mit einer 43 000-PS-Maschine (31 650 kW) ausgerüsteten Schiffes war verstärkt und der Bug mit einem Eisbrechersteven versehen worden. Am 19. September erreichte sie Prudhoe Bay an der Nordküste Alaskas. Die Fahrt führte über eine Strecke von 4500 Seemeilen, und an ihrem Gelingen hatten neben verschiedenen Eisbrechern und Hubschraubern 28 000 Männer Anteil.

Die »Queen Elizabeth« lief 1940 vom Stapel. Während des 2. Weltkrieges beförderte sie 811 324 US-Soldaten nach Europa. 1946 wurde sie in den Passagierdienst der Cunard Line auf der Route Shouthampton–New York übernommen. Bruttotonnage: 83 673 t; Länge: 315 m; Geschwindigkeit: 28,5 kn; 2240 Passagiere.

Die »Michelangelo« lief 1965 vom Stapel und war der größte nach dem Kriege gebaute italienische Schnelldampfer. Sie legte die Strecke Genua–New York in 7 Tagen zurück. Wasserverdrängung 41 330 t; Länge 276 m; Geschwindigkeit 26,5 kn; 2 Getriebeturbinen; 1800 Passagiere; Besatzung 720 Mann. Ihr Schwesterschiff, die »Raffaello« beendigte die letzte Überfahrt am 30. April 1975 und wurde dann außer Dienst gestellt.

und 968 000 mit Flugzeugen. Trotz aller Anstrengungen von Seiten der Reedereien, die Preise niedrig zu halten und für ein Maximum an Bequemlichkeit zu sorgen und obwohl man durch Verwendung von leichtem Aluminium und Kunststoffen im Bau die Geschwindigkeit vergrößern konnte, veränderte sich das Verhältnis immer weiter zugunsten der Flugzeuge.

1970 war die Tonnage der Passagierschiffe auf fünf Millionen Tonnen zusammengeschrumpft und lag damit nur noch etwas über eine Million Tonnen höher, als einstmals die Tonnage der größten Passagierflotte der Welt, nämlich die Englands, gewesen war. Um den Rückgang der Passagierfahrt auszugleichen, gingen die Reedereien dazu über, ihre Passagierschiffe verstärkt für Touristen-Kreuzfahrten einzusetzen. So wurden in den sechziger Jahren Urlaubs-Kreuzfahrten zum Mittelmeer, der Ostsee, nach Südafrika und Südamerika sehr beliebt. Viele dieser Schiffe besaßen nur eine Klasse, so daß alle Passagiere in den Genuß der gleichen Unterhaltungsmöglichkeiten kamen (darunter Sporthallen, Büchereien, Schwimmbäder, Filmvorführungen, Deckspiel und Landausflüge). Viele Gesellschaften bieten seitdem ein kombiniertes Kreuzfahrt-Programm mit Flugzeugen und Schiffen an, bei dem die Passagiere mit Flugzeugen zu dem wartenden Schiff und anschließend wieder mit Flugzeugen nach Hause gebracht werden.

Das Blaue Band				
Schiff	Jahr	Geschwindigkeit in Knoten	BRT	Land
Artic	1852	13,2	2 860	USA
Persia	1856	13,75	3 300	Großbritannien
Scotia	1872	15,2	3 871	Großbritannien
Servia	1881	17	7 400	Großbritannien
Umbria	1881	19	8 100	Großbritannien
City of Paris	1885	20	10 500	Großbritannien
Teutonic	1889	20,35	9 984	Großbritannien
Campania	1891	21,2	12 952	Großbritannien
Lucania	1893	22	13 000	Großbritannien
Kaiser Wilhelm d. Gr.	1895	22,5	14 300	Deutsches Reich
Deutschland	1897	23,3	16 500	Deutsches Reich
Kaiser Wilhelm II	1900	24	19 000	Deutsches Reich
Mauretania	1906	26	31 938	Großbritannien
Mauretania	1929	26,85	31 938	Großbritannien
Bremen	1929	27,83	51 656	Deutsches Reich
Europa	1930	27,91	49 746	Deutsches Reich
Bremen	1933	28,51	51 656	Deutsches Reich
Rex	1933	28,92	51 062	Italien
Normandie	1935	30,31	82 799	Frankreich
Queen Mary	1936	30,63	81 237	Großbritannien
Normandie	1937	30,99	82 799	Frankreich
Normandie	1937	31,2	82 779	Frankreich
Queen Mary	1938	31,69	81 237	Großbritannien
United States	1952	35,59	53 329	USA

Die »France« ist mit über 310 m Länge vom Bug zum Heck einer der längsten Überseedampfer der Welt. Sie kostete ungefähr 50 Milliarden alte Franc und legte die Strecke Le Havre–New York in weniger als 5 Tagen zurück. BRT 66 384; Geschwindigkeit 31 kn; 4 Dampfturbinen; 2044 Passagiere; Besatzung 1171 Mann.

Die »United States« lief 1952 für die United States Line vom Stapel. Seit 1952 hält das Schiff mit einer Überfahrtsdauer von 3 Tagen 10 Stunden und 40 Minuten von Le Havre nach New York das Blaue Band. Die Baukosten betrugen 72 Millionen Dollar. BRT 51 502; Länge 302 m; 4 Dampfturbinen; Geschwindigkeit über 30 kn; 2008 Passagiere; Besatzung 1100 Mann.

Der Übergang vom Segel- zum Dampfschiff, der in der zweiten Hälfte des letzten Jahrhunderts stattfand, findet sein historisches Gegenstück in den gegenwärtigen revolutionären Veränderungen, die in den Handelsflotten der Welt stattfinden. Diese immer noch nicht abgeschlossenen Veränderungen finden sowohl bei den Linienreedereien mit ihren festliegenden Fahrgebieten und Abfahrtszeiten statt wie auch bei der Trampschiffahrt, die ihre Ladungen auf vorher nicht festgelegten Reiserouten befördert. Die Welthandelsflotte, die ihre Größe zwischen 1948 und 1970 verdreifacht hat, stellte sich auf die neuen Anforderungen durch Unterteilung in drei grundlegende Aufgabenbereiche ein, nämlich auf die Stückgutschiffahrt, die Massengutschiffe und Tanker, sowie außerdem noch auf Spezialschiffe für bestimmte Transportaufgaben.

Stückgutdampfer laufen nach regelmäßigen Fahrplänen bestimmte Häfen an. Dabei nehmen sie oftmals einige Passagiere mit, doch höchstens zwölf, die in Erste-Klasse-Kabinen untergebracht werden. Der Massengutfrachter gewinnt zunehmend an Bedeutung, seitdem der traditionelle Trampdampfer diesem Spezialtyp weichen mußte, der auf der ganzen Welt zur Versorgung der Schwerindustrie mit Rohmaterial eingesetzt wird. Der Massengutfrachter hat große Laderäume ohne Zwischendecks. Anfang bestanden die Ladungen fast ausschließlich aus Mineralien, doch jetzt gibt es außer Erzschiffen

Die »Rotterdam«, 1959 vom Stapel gelaufen, ist das Flaggschiff der Holland–Amerika Linie und ist das erste Passagierschiff, das auf Schornsteine verzichtet. Sie besitzt 12 Decks und ist mit allen neuesten technischen Einrichtungen ausgestattet, darunter 3 Destillierapparaten zur Frischwasserherstellung. BRT 38 621; Länge 228 m; Geschwindigkeit 20,5 kn; 1369 Passagiere; Besatzung 776 Mann.

Die »Queen Elizabeth II« ist der letzte der berühmten Cunard-Überseeschnelldampfer. 57 084 BRT; 3 Schrauben. Das Schiff ist ebenfalls für Kreuzfahrten vorgesehen. In der ganzen Welt geht die Anzahl der großen Passagierdampfer zurück.

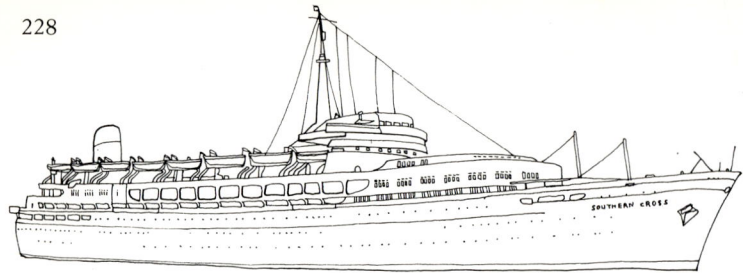

Die »Southern Cross«, das erste englische Passagierschiff, dessen Maschinen im Hinterschiff untergebracht waren. Sie lief 1954 vom Stapel und war für die Fahrt nach Australien und Neuseeland vorgesehen. 20 204 BRT; Geschwindigkeit 20 kn; 1160 Passagiere.

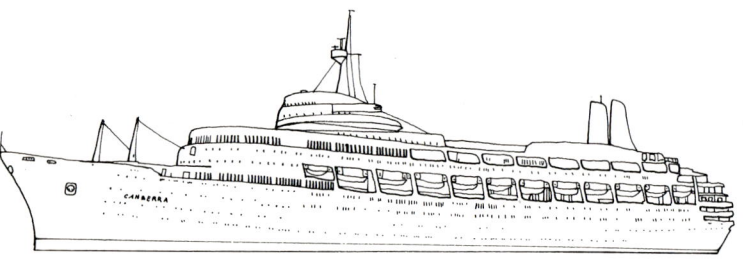

Die »Canberra« lief 1961 für die P. & O. Steam Navigation Company vom Stapel. 45 733 BRT; Geschwindigkeit 27,5 kn; 2186 Passagiere; Besatzung 938 Mann.

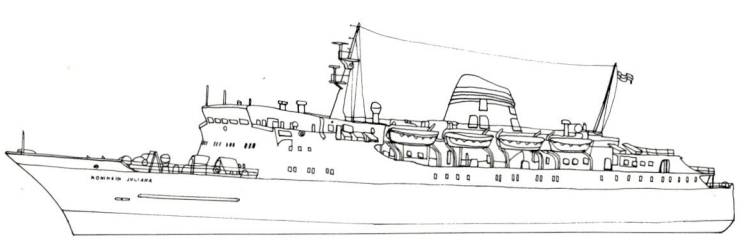

Die »Koningin Juliana«, ein mittelgroßes holländisches Passagierschiff. Auf Schiffen dieser Art arbeitet ein Dieselmotor wirtschaftlicher als die auf den Giganten der Meere üblichen Dampfturbinen.

und Erz-Öl-Schiffen auch solche, die für den Transport aller Arten von Massengütern wie Erz, Kohlen, Getreide, Mais, Bauxit, Aluminium, Phosphate, Schrott oder Zucker geeignet sind.

Zur Zeitersparnis bei den Lösch- und Ladearbeiten im Hafen sind alle möglichen Wege beschritten worden. Sie laufen aber alle darauf hinaus, die Ladung so zu verpacken, daß sie leichter bewegt werden kann; mit anderen Worten, man verschifft heute die Ladung auf Containerschiffen. Container sind einfache, auf der ganzen Welt in gleicher Standardgröße hergestellte Metallkisten, in der alle Ladungen je nach Art und Bestimmungshafen in Gruppen von vorher bestimmten Gewichten untergebracht werden.

Der Gebrauch von Containern und Paletten – ebenfalls eine Verschiffungsart, die das Stauen und Löschen erleichtert – hat den ganzen maritimen Frachtverkehr revolutioniert, da der Zeitaufwand und die Unkosten verringert und ohne Umladung der sogenannte »Haus-zu-Haus-Verkehr« eingeführt wurde.

Neuerdings hat man neben den Containerschiffen auch LASH-Schiffe entwickelt, die ohne Kaianlagen auskommen. Das LASH-Schiff oder »lighter above ship« besitzt anstatt eines Laderaumes den Freiraum, wo mit Containern beladene Leichter untergebracht werden. Ohne auf feste Liegeplätze angewiesen zu sein, löscht das LASH-Schiff seine Leichter direkt in Wasser und übernimmt in der gleichen Weise neue Leichter, bevor es seine Reise fortsetzt. Dadurch kann der Lösch- und Ladevorgang in wenigen Stunden durchgeführt werden.

Die »Leonardo da Vinci« wurde am 30. Juni 1960 in der Nordamerikafahrt als Flaggschiff der italienischen Passagierdampferflotte in Dienst gestellt. In der Illustration erkennt man von oben nach unten: Das Belvedere-Deck mit Kommandobrücke und Kartenraum; auf dem Sonnen-Deck die Unterkünfte des Kapitäns und der Offiziere; auf dem Lido-Deck das Schwimmbad, Sporthalle und die Kabinen der 1. Klasse; auf dem Promenaden-Deck die Salons der 1. Klasse, die Bars und das Schwimmbad der Touristen-Klasse; auf dem Lobby-Deck Unterkünfte für die Besatzung und den Speisesaal für die Touristen-Klasse. Auf 5 weiteren Decks befinden sich Kabinen der Touristenklasse und Mannschaftsunterkünfte, die Telefonzentrale, Feuerwache, Garagen, Kühlanlagen, Gepäckraum und die Auto-Luke. Das ganze Schiff war airconditioned und infrarotgeheizt. Ein eigenes Fernsehsystem vervollständigte die luxuriöse Einrichtung dieser echten schwimmenden Stadt. Höhe der Brücke 45 m; 33 340 BRT; Länge 232 m; Breite 28 m; Geschwindigkeit 23 kn.

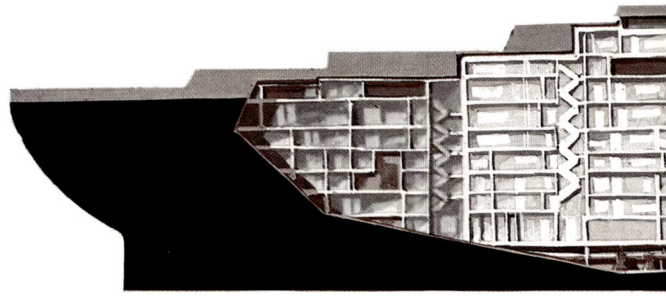

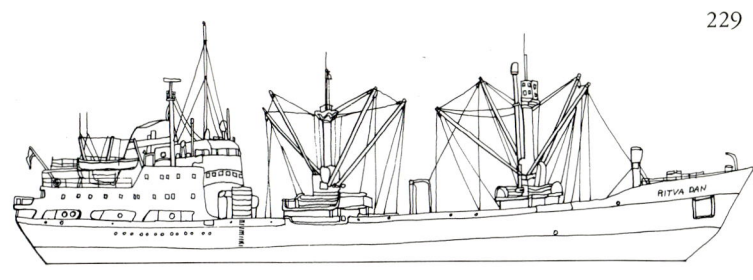

Die »Ritva Dan« ist ein dänisches Polarschiff. Die besondere Stevenform unterstützt die Fahrt durch das Eis.

Nach einem ähnlichen System arbeitet die »Seabee«, ein Fahrzeug, das aus einem Vorschiff mit Antriebsmaschine und einem langen Rumpf besteht, in den eine Reihe von Schuten mit eigenem Antrieb hineinfahren. Auch die »Seabee« spart Hafenausgaben und Zeit, nachdem das Schiff in den Hafen eingelaufen ist, weil die Schuten sofort ausgeschwommen werden können.

Die gute alte Fähre aus der Zeit von 1855 hat sich heute zu dem »Roll-on, roll-off«-Schiff gemausert, das selbst im Überseeverkehr Lastwagen und Container durch Öffnungen am Bug oder Heck übernimmt. Auch das hält die Kosten niedrig und hilft, im Hafen und Zoll Zeit zu sparen.

Ebenso sind Spezialschiffe für besondere Zwecke entwickelt worden, zu denen auch die LPG-Schiffe (Liquefied petroleum gas = Flüssiggas) gehören, die verflüssigte Gase wie Propan, Butan und Ammoniak laden und die LNG-Fahrzeuge (liquefied natural gas), die auch Naturgastanker genannt werden. Außerdem gibt es Zementtransporter, mit Kühleinrichtungen ausgerüstete Schiffe zum Transport von Bananen und anderen tropischen Früchten, Weintanker, Fahrzeuge für Trocken-oder Flüssigladungen, Schiffe zum Transport von Holz, Zellulose und flüssigem Schwefel ebenso wie Tanker für die verschiedenartigen Ölprodukte.

Der Tanker ist das Frachtschiff, das heute die Hauptlast trägt, um den Ölhunger der Welt zu befriedigen. Immer größer werden die Öltanker und erreichen heute schon eine Größe von über 500 000 Tonnen. Viele Werften (besonders in Japan, wo man sich auf den Bau von Öltankern spezialisiert

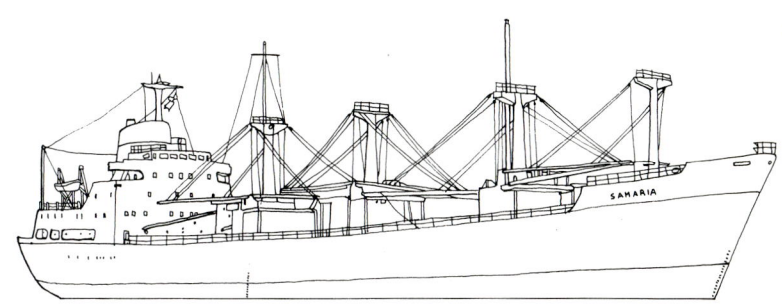

Die »Samaria«, ein Mehrzweckfrachter für Trockenladungen; dieses moderne 8858 BRT große Schiff hat beladen eine Wasserverdrängung von 12 795 t, eine Länge von 143 m, eine Breite von 18 m und eine Geschwindigkeit von 15 kn.

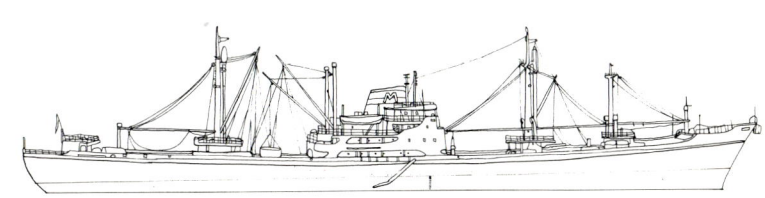

Dieses ältere Erzschiff besitzt einen verstärkten Rumpf und einen größeren Tiefgang, als bei anderen Schiffen üblich. Die Laderäume haben eine Trapezform mit Seitenwänden, die nach oben auseinandergehen, um den Gewichtsschwerpunkt der Ladung höher zu legen (besseres Seeverhalten) und um das Löschen zu erleichtern.

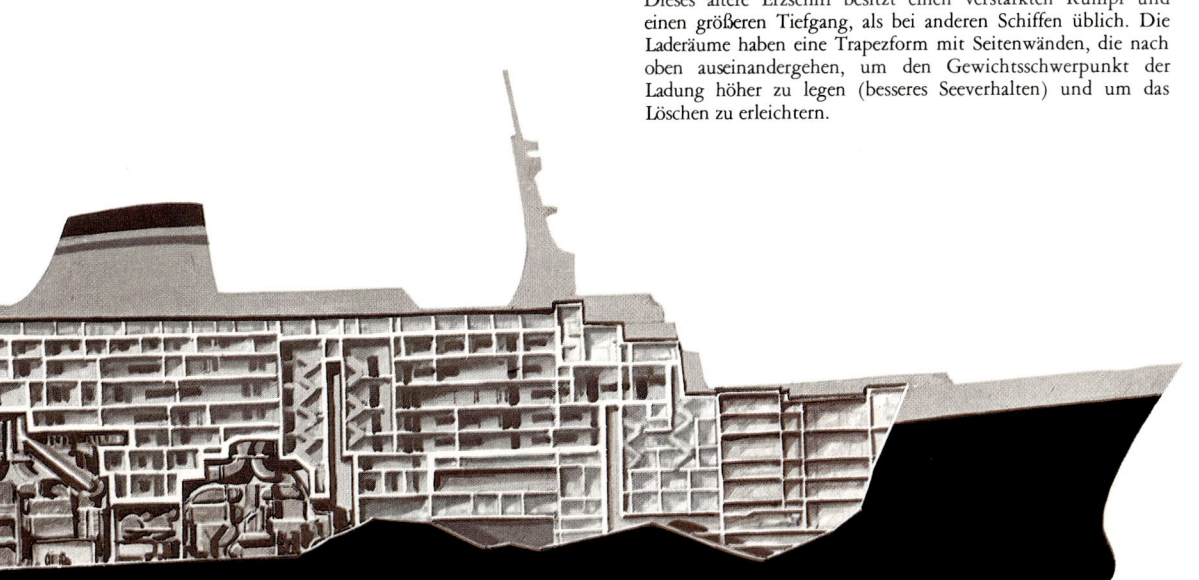

DAS LUFTKISSENFAHRZEUG

Das Fahren
auf der Luft

Das Hovercraft gleitet auf einem Luftpolster zwischen seinem Boden und der Oberfläche, über welche es sich hinwegbewegt. Im Verlauf der vergangenen 100 Jahre sind viele Versuche unternommen worden, dieses Prinzip auf Schiffe anzuwenden. Dabei sei nur auf die 1875 von dem Holländer William Froude durchgeführten Versuche verwiesen und auf Charles Gustave Patrice de Laval, der sich 1883 ein System patentieren ließ, bei dem mit Hilfe einer Anzahl Röhren ein Luftpolster zwischen Kiel und Wasseroberfläche erzielt wurde. Aber erst in den fünfziger Jahren verfiel der englische Elektronik-Ingenieur Christopher Cockerell auf die Idee, die Wirkung des Luftstromes auszunutzen, der zum Beispiel auf eine Platte gerichtet um deren Kante

herumführt und damit den bekannten Effekt eines größeren Luftwiderstands in Nähe der Erdoberfläche auszunutzen. Mit Unterstützung des englischen Versorgungsministeriums und des nationalen Komitees für Forschung und Entwicklung überquerte das erste Luftkissenfahrzeug (die 3,8 t schwere SR. N1) am 25. Juli 1959 den Englischen Kanal. Die Wirkung des Luftstromes wurde noch dadurch verbessert, daß man ihn leicht nach innen richtete. 1967 führte Cockerell schließlich die endgültige Form des Schubmechanismus ein, indem er das Luftkissen in einer Art Schürze aus neopren-bedecktem Nylon einfing. Mit diesem System lassen sich kleinere Fahrzeuge etwa 1,20 m und 156 t große Fahrzeuge sogar 1,8–2,5 m über den Boden (oder die Meeresoberfläche) anheben.

Die mit Gasturbinen betriebene Maschineneinrichtung besteht aus Luftschrauben oder Düsen und Gebläse, die das Luftkissen erst möglich machen. Ein »Hovercraft« ist ein echtes Amphibienfahrzeug; es kann sich über Land, See und Eis bewegen, Flüsse und Stromschnellen hinaufklettern und Sümpfe überwinden. Zur Vergrößerung seiner Stabilität über der Wasseroberfläche hat man ein Luftkissenfahrzeug entwickelt, das an jeder Seite des Rumpfes mit je einem feststehenden Kiel ausgerüstet ist, der ständig eingetaucht bleibt. Dieses Modell besitzt auch Schiffsschrauben und Ruder. Das neueste und am meisten verbreitete Modell ist die »air bubble« (Luftblase), die nur auf freiem Wasser eingesetzt wird. Zwischen den erwähnten Typen gibt es ebenfalls noch eine halbamphibische Version des Luftkissenfahrzeuges.

Moderne Methoden der Unterseeboot-Bekämpfung haben die Aufmerksamkeit der Marinefachleute ebenfalls auf das Luftkissenfahrzeug gelenkt, da es einem getauchten Unterseeboot schwerfällt, das Luftkissenfahrzeug wegen seiner hohen Geschwindigkeit zu orten. Ideal für Landungsunternehmen an der Küste sind amphibische Luftkissenfahrzeuge, und bewaffnete »Hovercrafts« werden bereits von der englischen und iranischen Marine eingesetzt, während die USA erfolgreiche Versuche mit einem Kampffahrzeug gemacht haben, das auf dem »Luftblasenfahrzeug« beruht und »surface-effect ship« genannt wird. Versuche mit einem Modell eines ungefähr 12 000 t wiegenden Schiffes dieses Typs werden an der D.-Taylor-Versuchsanlage in Washington unternommen.

Viele Marinestreitkräfte der Welt haben das Luftkissenfahrzeug wegen seiner Geschwindigkeit und seiner amphibischen Qualitäten übernommen.

Die SR.N/3 wurde 1964 von der Westland Company entwickelt und mit 4 starken Bristol-Siddeley-Turbinen ausgerüstet. Länge 23,5 m; Breite 9,3 m; Höhe über der Wasserlinie 10,3 m; Gewicht 37,5 t. Das Fahrzeug kann 150 Passagiere befördern.

Das größte von Westland gebaute Luftkissenfahrzeug der Welt wird zwischen Boulogne und Dover eingesetzt. Länge 69,5 m; Breite 25,2 m; Höhe über der Wasserlinie 12,4 m. 2 Rover-Turbinen und 4 Bristol-Motoren geben dem Fahrzeug eine Höchstgeschwindigkeit von 77 Knoten und eine Reichweite von 190 Seemeilen. Verdrängung 165 t.

Die »Descartes« ist ein französischer Naturgastanker mit einem Fassungsvermögen von 50 000 cbm. Sie gehört einem Typ an, der gewöhnlich mit der Abkürzung LNG (liquid natural gas) bezeichnet wird.

Die »Orotava Bridge«, ein Massengutfrachter mit großen Ladeluken und ohne Ladegeschirr. Mehr und mehr verzichten die Massengutfrachter auf das hergebrachte System der Trampschiffahrt und bedienen regelmäßige und einträglichere Linien.

Ein Kühlschiff hat Kühlluken für den Transport von tropischen Früchten oder, wie hier bei dem russischen Kühlschiff, tiefgefrorenen Fisch von den weltweit operierenden Fischfangflotten zu den heimatlichen Verbrauchermärkten. Von begrenzter Tonnage, doch ziemlich schnell, haben diese Schiffe thermisch isolierte Ladeluken, in denen die Kühl- und Umwälzanlage des Schiffes eine Temperatur bis minus 30° Celsius aufrechterhalten kann.

hat) haben Aufträge für den Bau noch größerer Schiffe, und Pläne für den Bau eines Tankers von 1 Million Tonnen liegen schon vor. Am 30. Juni 1978 betrug die Tonnage der Welttankerflotte ungefähr 330 Millionen Tonnen.

Aber immer noch dampft der Tramp von Hafen zu Hafen und ladet, wann und was er kann. Am Ende des Zweiten Weltkrieges stellte der Frachtdampfer den größten Teil der Frachtschiffe der Welt. Viele waren Schiffe, die während des Krieges als Versorger oder Truppentransporter erbaut wurden. Dazu gehörten auch die aus vorgefertigten Sektionen erbauten Liberty-Schiffe, die etwa 10 000 Tonnen verdrängten und 11 Knoten laufen konnten. Im Januar 1941 erhielten 40 amerikanische Werften den Auftrag zum Bau von Liberty-Schiffen. Im September waren bereits insgesamt 332 vom Stapel gelaufen. Im folgenden Jahr wurde die Anzahl der Werften verdoppelt, und 542 Liberty-Schiffe konnten in Dienst gestellt werden. 1942 vermehrte sich die Anzahl auf 1253. Das Liberty-Schiff wurde aus 9300 Einzelteilen zusammengesetzt, und da dies zum großen Teil vorfabrizierte Sektionen waren, konnte ein Schiff in 50 Tagen vom Stapel gelassen werden. Die Rekordzeit für den Bau eines Liberty-Schiffes betrug 4 Tage, 15 Stunden und 24 Minuten.

Später wurde noch das Victory-Schiff in das Bauprogramm aufgenommen, ein Turbinenschiff, das 16,5 Knoten laufen konnte und von denen 2892 Stück erbaut wurden. Nach dem Kriege wurden

Die »Konan«, ein japanisches Walfangboot mit einer Laufbrücke, über die der Harpunier schnell die Harpunenkanone erreichen kann, sobald Wale gesichtet werden.

viele »Liberties« und »Victories« als Trampdampfer eingesetzt. Heute hat der gewöhnliche Trampdampfer eine Bruttotonnage von etwa 5000 bis 8000 Tonnen.

1832 trat offiziell der Schlepper in Erscheinung, heute ein Motorschiff zum Schleppen oder Schieben von anderen Schiffen. Bei den Schleppern unterscheidet man vier verschiedene Kategorien. Zur ersten gehören die Ozeanschlepper, die bei Notfällen zur Bergung und Hilfeleistung eingesetzt werden, bis 90 Meter lang und über 1000 Tonnen groß sind sowie über einen großen Aktionsradius und große Manövrierfähigkeit verfügen. Küstenschlepper sind gewöhnlich zwischen 30 und 45 Meter lang, haben eine Schleppleistung bis zu 30 Tonnen (Pfahlzug) und erreichen eine Marschfahrt von 12 bis 15 Knoten. Dabei besitzen sie Maschinen, deren Stärke zwischen 1500 und 3000 PS (1100–2200 kW) liegt. Die beiden zahlreichsten und verschiedenartigsten Kategorien machen die Reede- und Hafenschlepper aus. Sie sind gewöhnlich bis 35 Meter lang mit einer Maschinenleistung, die 2000 PS (1470 kW) übersteigen kann.

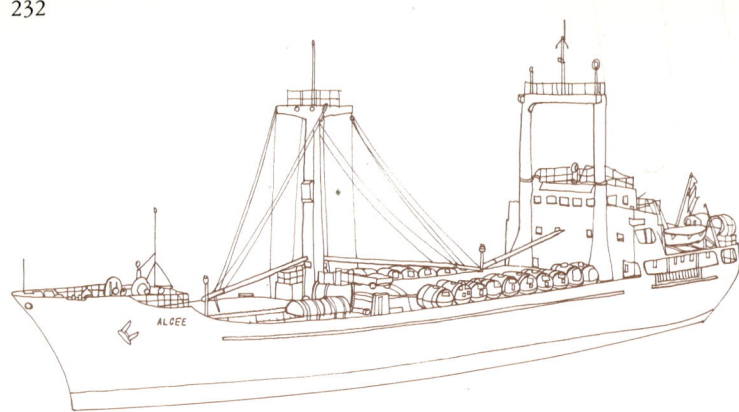

Die »Alcee«, ein kleiner Stückgutfrachter, der auch an Deck Ladung transportiert. Manche Frachtschiffe erfahren entsprechend der von ihnen beförderten Güter eine immer weitergehende Spezialisierung.

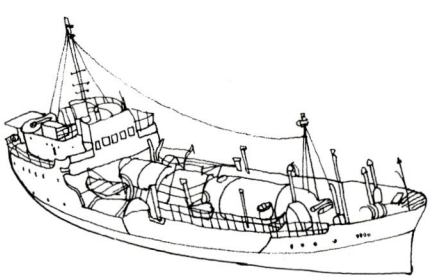

Die »Etna«, ein LNG-(liquid natural gas) Tanker. Ursprünglich war der Tanker für den Transport von Rohöl entworfen worden, wird aber heute zum Transport von Flüssigkeiten aller Art eingesetzt.

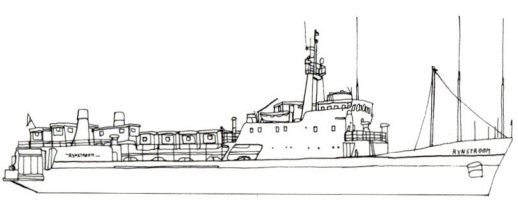

Die »Rynstroom«, ein kleines Containerschiff.

Die »Jules Verne«, ein Tanker, der verflüssigtes brennbares Gas befördert. Sie lief als erstes in Frankreich gebautes Schiff dieses Typs 1964 für GAZ Maritime, Paris, vom Stapel. Wasserverdrängung 21 940 t; Geschwindigkeit 17 kn; 7 zylindrische Gastanks mit einem Fassungsvermögen von 900 000 cbm. Heute gibt es eine große Anzahl von Flüssiggastankern, die sich in ihrem Erscheinungsbild aber erheblich unterscheiden.

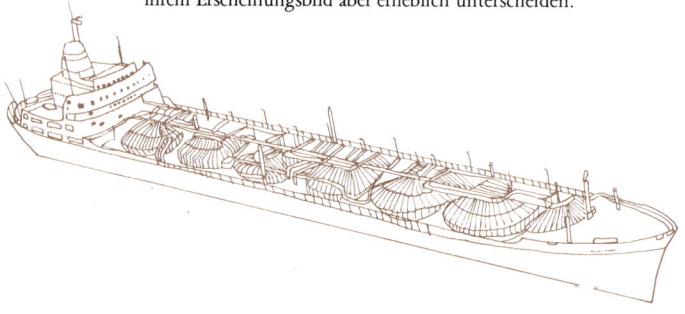

Die heutige Entwicklung führt auch zur Automatisierung des Hafenschleppers. Die Schlepper in New York, einem Hafen, der an seinen 450 Liegeplätzen etwa 25 000 Schiffe jährlich abfertigt, haben eine sehr dicht am Steven befindliche hohe Kommandobrücke und zur Erleichterung beim Drücken dicke Fender am Steven und an den Seiten.

Eisbrecher sind dafür entworfen worden, auf eisbedeckten Meeren, Seen und großen Flüssen Fahrrinnen offen zu halten. In Nord und Süd, in der Arktis und in der Antarktis gehören sie zu den wichtigsten Fahrzeugen. Der Eisbrecher ist ein stark gebautes Schiff mit einem großen Aktionsradius (die arktische Route zwischen der Beringstraße und dem russischen Hafen von Murmansk ist 3400 Seemeilen lang) und wird von mächtigen Diesel-Elektromotoren angetrieben. Ebenso kräftig müssen die Schrauben des Eisbrechers sein, um das Schiff durch das Eis zu drücken. Die Antriebspropeller besitzen drei breite, aus speziellen, höchst widerstandsfähigen Legierungen hergestellte Schraubenflügel. Schon 1930 gingen die Russen, große Spezialisten auf diesem Gebiet, nach dem Prinzip »Hinauffahren und Zerbrechen« vor, wie es bereits 1865 von Britneff empfohlen worden war. Die großen und starken Eisbrecher rutschen mit ihrem vorspringenden keilförmigen Steven auf das Eis hinauf und zerbrechen es durch das Eigengewicht des Schiffes. Bei einem anderen Eisbrechertyp schneidet ein einer Pflugschar ähnlicher Steven (1968 von dem Kanadier Scott E. Alexander eingeführt) seinen Weg durch die Eismassen.

Führend im Walfang waren zu verschiedenen Zeiten die Basken, die Holländer, Franzosen, Engländer und Nordamerikaner. Zum modernen Walfang gehört eine höchst verwickelte Organisation. Moderne 500 bis 900 Tonnen große Walfangboote mit sechszylindrischen Dieselmotoren von 2000 bis 3500 und mehr PS (1472–2576 kW) stützen sich auf über 20 000 Tonnen große Walkochereien. An Deck dieser Fabrikschiffe werden die Wale zerlegt, wobei das eßbare Fleisch sofort eingefroren und aus den fettigen Teilen in Spezialkesseln das Öl ausgekocht wird. Eine internationale Kommission überwacht den heute fast ausschließlich von Russen und Japanern ausgeübten Walfang, bei dem die Fangboote mit Ultraschallgeräten die Wale orten und aufschrecken, um sie danach leichter harpunieren zu können.

Heute ist die Spezialisierung in der Schiffahrt eine weltweite Erscheinung, und daher müssen wir unseren schnellen Überblick über die heute gebräuchlichen Typen notwendigerweise begrenzen.

Als Navigationshilfe dienen Feuerschiffe mit optischen Kennungen. Verschiedenartige Kabelleger überwachen und warten Lang- und Kurzstrecken-Unterwasserkabel für Telefon- und Telegraphenverbindungen. Zu erwähnen sind noch Reparaturschiffe, Schiffe zur Reinhaltung des Meeresgrundes und Kranschiffe für Bergungsarbeiten.

Zunehmend interessieren sich auf der Suche nach neuen Nahrungsquellen, Erdöllagern und Rohstoffquellen auch Gelehrte und Wissenschaftler für den Meeresboden. Öl wird heutzutage im Küstenvorfeld mit Hilfe von Bohrinseln aus dem Meeresboden gefördert. Der Meeresgrund selbst wird von Bathyscaphes erforscht, Fahrzeugen mit Eigenantrieb, die bis in große Tiefen tauchen können. Der Ausdruck »Bathyscaphe« wurde von Auguste Piccard geprägt, der auch die »Trieste« entwarf.

Bei ihrem ersten Tauchversuch im August 1953 erreichte die »Trieste« eine Tiefe von etwa 1100 Meter. Sieben Jahre später tauchte das inzwischen in den Besitz der US-Marine übergegangene Fahrzeug im Philippinengraben mit Auguste Piccards Sohn Jacques und Marineleutnant Don Walsh bis zu einer Tiefe von 11 000 Meter. Auch bei der Auffindung der Überreste des mysteriöserweise am 10. April 1963 untergegangenen Atom-U-Bootes »Thresher« war die »Trieste« beteiligt. Das erste echt bewegliche Bathyscaphe war Jacques Cousteaus »Soucoupe Plongeante«. Das 1959 vom Stapel gelaufene Fahrzeug konnte mit einer Besatzung von zwei Mann in einer Tiefe von ungefähr 300 Meter operieren. Beim Bau dieser zivilen Unterseeboote haben Stahl- und Aluminiumlegierungen (bei den amerikanischen Aluminaut) Verwendung gefunden, ein Werkstoff aus Acryl befindet sich noch im Versuchsstadium. Die Vereinigten Staaten, Frankreich, Japan, Sowjetunion und England, um nur einige der wichtigsten Staaten zu nennen, besitzen für militärischen, wissenschaftlichen und kommerziellen Einsatz Serien von Unterwasserschiffen in unterschiedlich fortgeschrittenen Baustufen. Und der Tag ist nicht mehr fern, bis das jetzige Bathyscaphe mit seinen weniger als 20 Tonnen Gewicht durch spezialisierte Schiffe von mehr als 100 Tonnen ersetzt wird.

Der moderne Fischkutter bietet nur einen entfernten Abglanz dieser farbigen Schiffe vergangener Zeiten mit ihren gemalten Segeln und verzierten Rümpfen. Moderne Fischereifahrzeuge sind hochspezialisierte Schiffe, die wie bei den skandinavischen und nordamerikanischen Fischereiflotten nur für bestimmte Arten von Fangtechniken gebaut

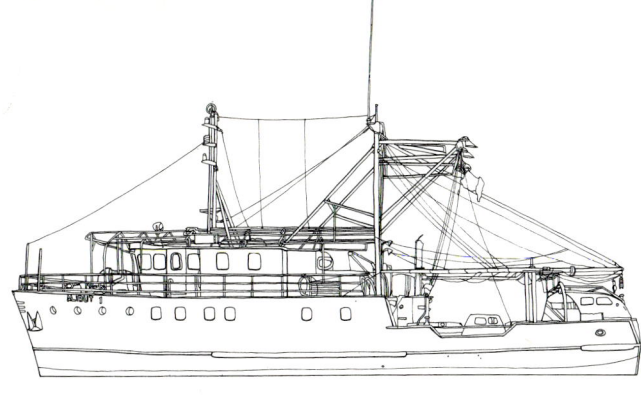

Die »Alibut I«, ein Krabbenkutter des Typs, der in Nordeuropa, den USA und Neuseeland zum industriellen Krabbenfang eingesetzt wird.

Die »Universe Ireland«, ein gigantischer 307 070 t großer Öltanker. In den vergangenen Jahren erfuhren Öltanker die weiteste Entwicklung aller frachtfahrenden Schiffe, und ihre Tonnage hat gewaltig zugenommen.

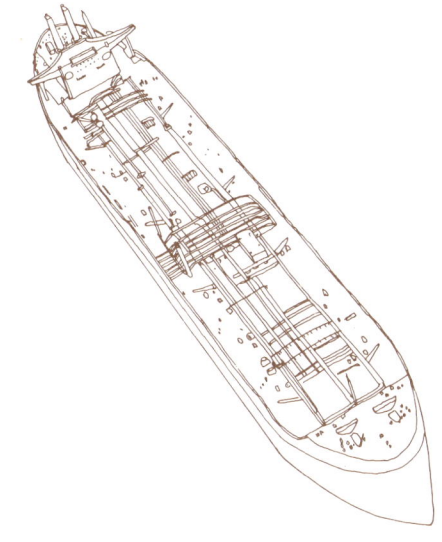

Die »Jacob«, ein kleines Hochseefischereifahrzeug der Nordsee, ist mit einem Dieselmotor ausgerüstet, der, was Stärke und Aktionsradius betrifft, für die Fischerei bestens geeignet ist.

Die »Eugene Dermott«, ein modernes französisches Schleppnetzfischerboot aus der Gegend vom Kap Finisterre.

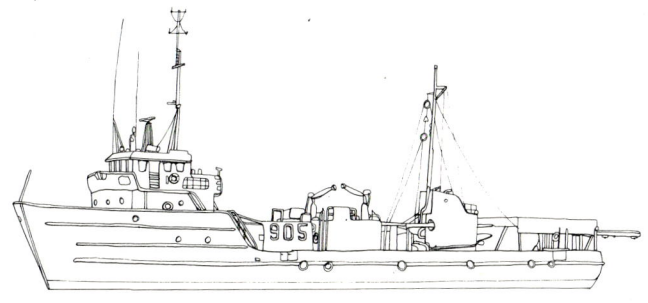

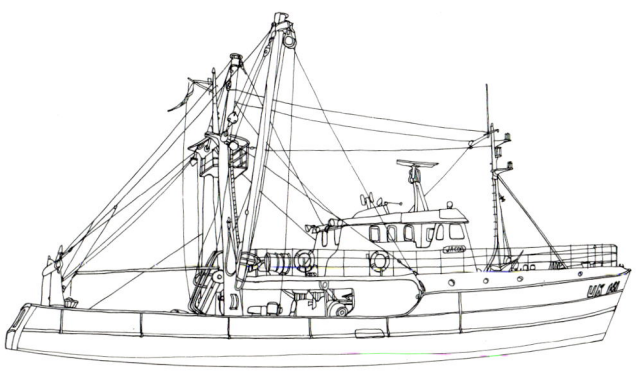

DAS ATOMGETRIEBENE SCHIFF

20 000 Meilen weit über die See

Der 14. Juni 1952 ist ein historisches Datum in der Marinegeschichte. Es war der Tag, an dem das erste Atomschiff seinen Betrieb aufnahm. Dank der unerschöpflichen Energie eines amerikanischen Marineoffiziers, des Captain Hyman C. Rickover, war es schließlich soweit. Nach dem Studium der Grundlagen der Atomenergie war er zu dem Schluß gekommen, daß ein durch einen kleinen Reaktor angetriebenes Unterseeboot fast unbegrenzt tauchen könnte, da es nicht wie Dieselmotoren Sauerstoff benötigt. Noch nicht 2 Jahre später lief die »Nautilus«, das erste mit Nuklearenergie betriebene Schiff, vom Stapel. 8 Monate später wurde sie in Dienst gestellt. Wasserverdrängung aufgetaucht 3470 t; getaucht 3975 t; Länge 98,6 m; größte Breite 8,4 m; Tiefgang 6,7 m; 2 durch einen Druckreaktor betriebene Dampfturbinen entwickeln 15 000 PS (11 041 kW); Geschwindigkeit: mehr als 20 kn; Besatzung 10 Offiziere und 95 Mannschaftsdienstgrade. Am 3. August 1958 um 23.15 Uhr erreichte die »Nautilus« nach einer denkwürdigen Tauchfahrt unter der arktischen Eiskappe 90° Nord und damit den Nordpol. Leiter dieser Unternehmung war Fregattenkapitän Anderson. Nachdem die »Nautilus« 91 324 sm zurückgelegt hatte, bekam sie 1959 ihre dritte Aufladung mit Uran. Erneut aufgeladen wurde sie nach Erreichen der 150 000-sm-Marke.

Der Ausdruck »Atom- oder Nuklear-Maschine« allein bedeutet gar nichts, und man macht einen großen Fehler, die Dinge zu sehr zu vereinfachen und das nuklear-betriebene Schiff einfach Atom-Schiff zu nennen. Die Nuklearenergie wird in der Kesselanlage wirksam, die Antriebsmaschine dagegen ist eine Dampfturbine oder ein Elektromotor. Der Atomreaktor hat einen in Zirkonium-Containern eingeschlossenen Nuklearkern in Form von angereichertem Uranium. Dosierung der Füllung des Reaktors durch zusätzliche Stäbe von Hafnium, einem Metall mit Charakteristika wie Zirkonium, kontrollieren den Spaltvorgang und die an das den spaltbaren Kern umgebende Kühlsystem abgegebene Wärme. Diese radioaktive Flüssigkeit wird in die Dampfkesselanlage gepumpt, die wiederum die Turbinen des Schiffes in Gang setzt. Sowohl Reaktor wie auch Kesselanlage sind von einem Schutzschild aus Blei umgeben, das von der ganzen Anlage das schwerste Stück darstellt. Immerhin ist es nicht so schwer wie die elektrischen Batterien eines konventionellen Unterseebootes.

Die »Lenin«, das erste Überwasserschiff mit Atomantrieb, wird von der russischen Marine als Eisbrecher eingesetzt.

Der BRD-Atomfrachter »Otto Hahn« wurde 1968 in Dienst gestellt und fuhr bis zu einer neuen Auffüllung seines Brennstoffes mit 20 kg Uran ohne Unterbrechung bis 1973. Der Längsriß zeigt mittschiffs den großen Nuklearreaktor, der die Turbinen mit den 10 000 PS (7360 kW) versorgte, die dem Schiff eine Geschwindigkeit von 16 kn verliehen. BRT 16 871 t, größte Länge 172 m; Breite 23 m; Tiefgang 9 m. Das Schiff war speziell für den Eisenerztransport ausgerüstet. 1979 wurde es außer Dienst gestellt.

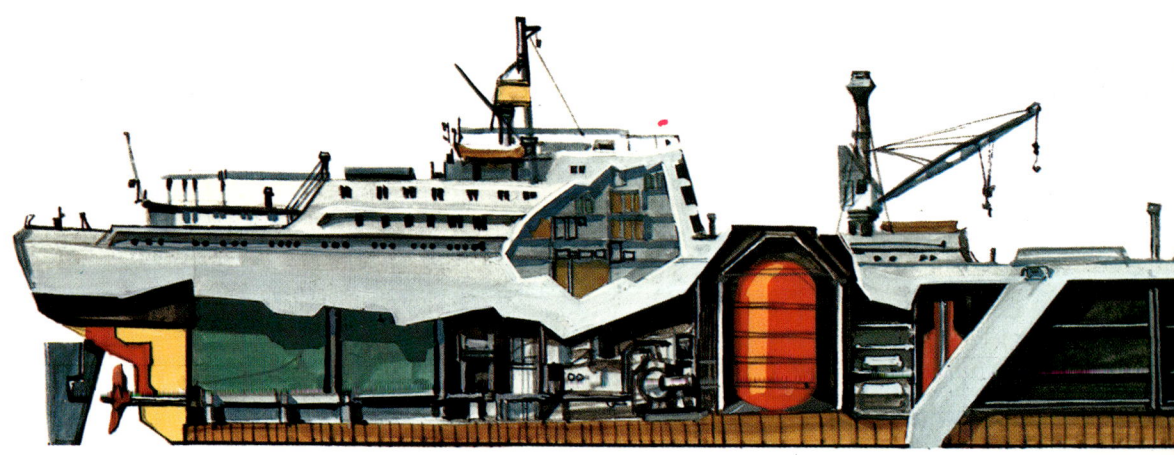

Lie Turbinen stehen direkt über der Antriebswelle und übertragen ihre Leistung auf sie durch ein Untersetzungsgetriebe. Der Reaktor erreicht seine kritische Phase an Land und kann über einen sehr langen Zeitraum in Betrieb bleiben. Dadurch erhält das Schiff einen Aktionsradius von über 100 000 sm. Da es keinen Sauerstoff benötigt, fallen auch keine Abgase an, und der Atomreaktor ist dadurch die ideale Antriebsanlage für Unterseeboote. Die neuesten Typen der Atom-U-Boote haben schon Spitzengeschwindigkeiten von 45 kn erreicht.

1962 lief das Atomfrachtschiff »Savannah« vom Stapel und wurde wegen der hohen Kosten von 1,5 Millionen Dollar pro Jahr 1967 wieder aufgelegt. Ein anderer Atomfrachter ist die deutsche »Otto Hahn«, und auch der russische Eisbrecher »Lenin« fährt mit Atomantrieb, um die arktischen Gewässer für die Handelsschiffahrt aufzuhalten. Auf der ganzen Welt werden heute atomare Vorhaben studiert. Seit 1966 zieht die italienische Marine den Bau eines 17 700 t großen Hilfsschiffes, der »Enrico Fermi« mit Atomantrieb unter Verwendung von angereichertem Uran in Erwägung.

Obwohl die Zukunft des Nuklear-Schiffes kaum begonnen hat, wird schon viel über Unterwassertransportmöglichkeiten geredet. So ist bereits dem »Genfer Komitee für friedliche Anwendung der Atomenergie« ein Vorschlag zum Bau eines atombetriebenen Frachtunterseebootes vorgelegt worden.

Dank der durch den Atomreaktor gelieferten großen Antriebskraft, der hohen Unterwassergeschwindigkeit, des großen Aktionsradius, der Leichtigkeit, mit der Tauchtiefen von über 200 m erreicht werden können, und der starken Bewaffnung mit Langstreckenraketen, ist das Atom-Unterseeboot heute das gefährlichste Kriegsschiff, das es gibt.

Die »Savannah« war das erste Handelsschiff der Welt mit Atomantrieb. Es wurde von der US-Atomenergie-Komission und der US-Schiffahrtsverwaltung in Auftrag gegeben, um die Möglichkeiten des friedlichen Einsatzes der Atomenergie und seiner vielseitigen Anwendungsmöglichkeiten zu demonstrieren. Nach einer Anzahl von Höflichkeitsbesuchen überall in der Welt wurde sie bis 1972 zwischen den USA und dem Mittelmeer eingesetzt. Wegen der hohen Betriebskosten wurde das Schiff dann außer Dienst gestellt. Am 21. Juli 1959 lief die »Savannah« auf der Werft der New York Shipbuilding Company in Camden vom Stapel und machte im August 1962 ihre Jungfernfahrt. BRT 13 890; Ladefähigkeit 9251 t; Länge 175,71 m; 60 Passagiere; 110 Mann Besatzung; ausgerüstet mit einem 2460 t wiegenden Babcock- und Wilcox-Reaktor; Geschwindigkeit 20,5 kn; Aktionsradius 336 000 sm entsprechend 16 000 Stunden Fahrt mit Höchstgeschwindigkeit, was bedeutet 700 Tage ohne zu bunkern.

Die »Ethan Allen«, eines der am besten ausgerüsteten Atomschiffe der US-Marine, gehört zur strategischen Abschreckungsstreitmacht der USA. Ihr 30 000 PS (22 000 kW) leistender Atomreaktor gibt dem Schiff einen Aktionsradius von 140 000 sm.

und ausgerüstet werden. Die Heringsboote an der Ostküste der USA erzeugen mit Hilfe von Preßluft und durchlöcherten Plastikrohren einen Wall aus Luftblasen, die Heringsschwärme am Entkommen hindern und die auf diese Weise leicht zu fangen sind. Praktiziert wird ebenfalls die Fischerei mit elektrischem Strom; dabei benutzen die Fischerboote eine Unterwasseranode, um den Fisch in ein elektrisches Feld zu ziehen und auf diese Weise zu betäuben. Die Fische werden dann mit Netzen eingekreist und mit Hilfe von Wassersaugpumpen an Bord gezogen. Auch von besonderen Fischfangfabriken aus werden Fischereifahrzeuge und besonders Hochseefischdampfer eingesetzt.

»Froster« dagegen arbeiten unabhängig. Es sind dies Fischdampfer von 500 bis 2000 Tonnen, deren Einsatz allerdings nur in nicht allzu großer Entfernung vom Heimathafen ertragreich ist. Sobald die Fische gefangen sind, werden sie gereinigt und eingefroren.

Moderne Technologie hat die Fischindustrie mit hochentwickelten Instrumenten ausgestattet. Aber auch die Betroffenheit über die Abnahme der Fischbestände in den Meeren nimmt zu. Bereits im Planungsstadium sind Unterwasser-Fischereifahrzeuge, die mit einem fallschirmartigen Netz ausgestattet sind, das das Schiff mit Hilfe von Echoloten direkt in den Fischschwarm hineinschleppt. Dabei würde der Fisch in seewassergefüllten Abteilungen aufbewahrt und am Leben erhalten werden.

Die weit in der Geschichte zurückliegende Entwicklung des Schiffes ist bisher noch nicht zum Abschluß gekommen. Tatsächlich bestehen noch viele Möglichkeiten eines weiteren Fortschritts. Handel, Abenteuerlust, wissenschaftliche Forschungen und der Wunsch, immer noch reichhaltigere Reserven der Meere aufzufinden, ziehen den Menschen nach wie vor auf das Meer.

Atomenergie findet ihre höchste und am weitesten fortgeschrittene Entwicklung in den großen Flottenflugzeugträgern, den Unterseebooten, den Lenkwaffenkreuzern und kleineren Begleitfahrzeugen wie Fregatten und Korvetten. Heute gibt es 170 Kriegsschiffe mit Atomantrieb in der Welt. 1962 wurde das Handelsschiff »Nuclear Ship Savannah« in Dienst gestellt und fünf Jahre später wegen seiner hohen Betriebskosten wieder stillgelegt.

Atomantrieb könnte zur Entwicklung kommerzieller Unterwasser-Öltanker und Passagierschiffe führen. Aber es bedarf noch vieler Forschungen und Versuche, bevor die Atomenergie Handelsschiffe auf den Stand von Kriegsschiffen bringen kann. Der Schritt zum Schiff der Zukunft ist bereits in den Planungen vollzogen worden, die sich mit schnellen Tragflächenbooten und Luftkissenfahrzeugen befassen.

Das Tragflächenboot hat vier aus dem Rumpf herausragende Flügel, die jeweils zu zwei an Bug und Heck traversal in offener V-Form unter dem Kiel angebracht sind. Bei der Dichtigkeit und dem Wi-

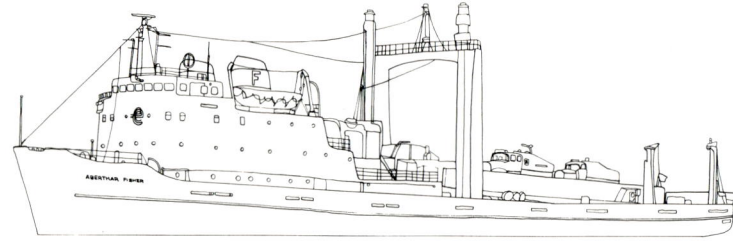

Die »Abertham Fisher« ist eine moderne englische Autofähre über den Englischen Kanal. Die außergewöhnliche Entwicklung maritimer Transportschiffe nach dem 2. Weltkrieg führte auch auf kleineren Schiffen zu einem rapiden technischen Fortschritt.

Die »Puebla«, ein typischer, mit vielen Ladebäumen ausgerüsteter Stückgutfrachter.

Dieses Rettungsboot ist für jedes Wetter und jede Art von See geeignet und wird für den Küstenrettungsdienst eingesetzt. Das unsinkbare Boot ist etwa 12 m lang, und seine 2 Motoren verleihen ihm eine Geschwindigkeit von 10 kn.

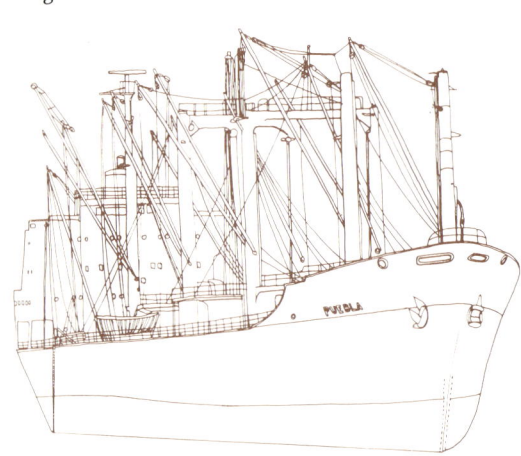

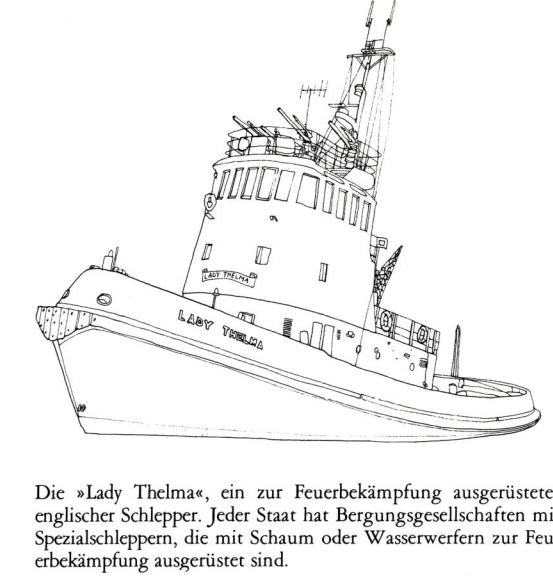

derstand des Wassers taucht bei hoher Fahrt durch hydrodynamischen Druck der Kiel des Tragflächenbootes völlig aus dem Wasser. Der keinen Wasserwiderstand findende Rumpf kann dabei Geschwindigkeiten von 140 km/h erreichen. Kürzlich in den Vereinigten Staaten durchgeführte Versuche haben zur Konstruktion von 1000 Tonnen großen Tragflächenbooten geführt, die in der Lage sind, mit einer Geschwindigkeit von 97 Knoten Hunderte von Passagieren zu befördern. Das würde bedeuten, daß man die Strecke New York–Le Havre in ungefähr 30 Stunden zurücklegen könnte, also in einem Drittel der Zeit, die der schnellste Überseedampfer benötigt.

Das Luftkissenfahrzeug oder »Hovercraft« wird durch Strahlen von Druckluft aus starken senkrecht wirkenden Turbinen vom Boden angehoben. Propeller mit konventionellen Antriebsmotoren bringen das Fahrzeug auf eine hohe Geschwindigkeit. Die Hovercrafts sind inzwischen bei den Streitkräften für schnelle Angriffs- und Truppenlandungseinsätze weit verbreitet. Es kann gut sein, daß das Passierschiff der Zukunft bis dahin sowohl über Land wie über See fahren kann. Ein 5000-Tonnen-Luftkissenboot, das die Küsten Kaliforniens mit Hawaii in 24 Stunden verbinden könnte, ist in den USA entworfen worden. Eingesetzt werden die Hovercrafts bisher als Passagierfähren über den Englischen Kanal wie auch in verschiedenen anderen Ländern.

Die »Lady Thelma«, ein zur Feuerbekämpfung ausgerüsteter englischer Schlepper. Jeder Staat hat Bergungsgesellschaften mit Spezialschleppern, die mit Schaum oder Wasserwerfern zur Feuerbekämpfung ausgerüstet sind.

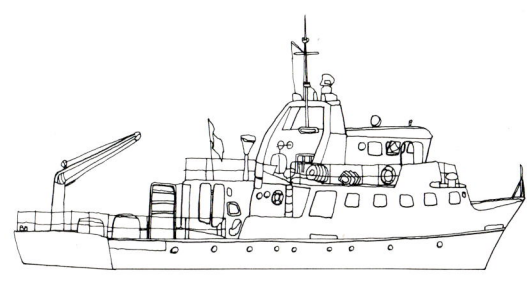

Die »Archêonaute«, ein französisches Schiff zur Erforschung und zum Schutz von archäologisch interessanten Unterwassergebieten. Das französische Gesetz sieht einen strengen Schutz aller im Meer gefundenen Dinge vor, die, von historischem oder künstlerischem Interesse, gesetzliches Eigentum des Staates sind.

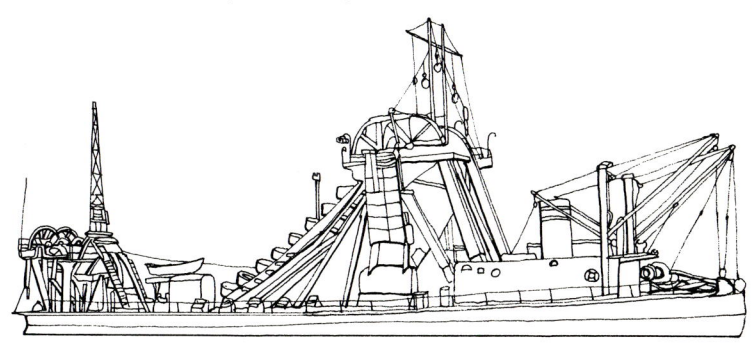

Die »Scarabeo II«, eine in Italien gebaute Bohrplattform für die Unterwasser-Ölsuche. Diese Plattformen können auch mit an Luftversorgung angeschlossene Taucherglocken für Tiefseetaucher ausgerüstet werden. Anders als die unten abgebildete »North Star« kann die »Scarabeo II« mit hohlen Röhren schwimmfähig gemacht werden, indem man Luft in die Röhren pumpt. In geringen Tiefen kann sie auch auf ihnen stehen.

Ein Eimerbagger mit einer Kette von rotierenden Eimern zum Baggern von Meeresboden oder Flüssen und Seen. Er kann entweder geschleppt werden oder hat eine eigene Antriebsanlage.

Dieses Boot zur Bekämpfung der Meeresverschmutzung ist ein besonders großes Schlauchboot, das in englischen Gewässern eingesetzt wird, um Ölverschmutzungen zu bekämpfen.

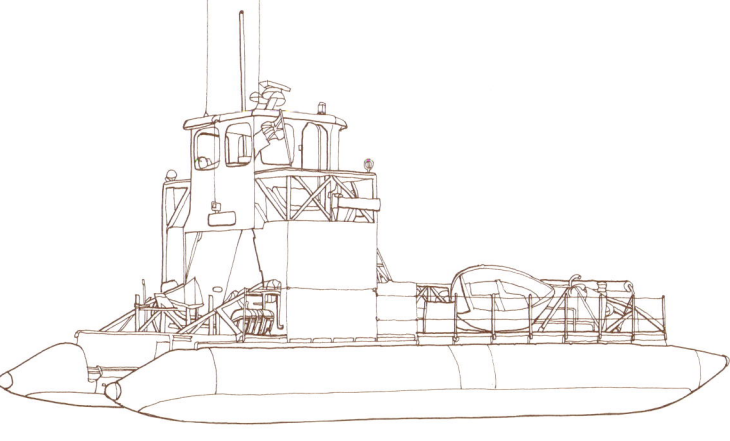

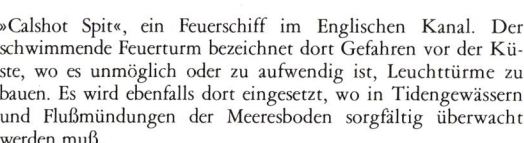

»Calshot Spit«, ein Feuerschiff im Englischen Kanal. Der schwimmende Feuerturm bezeichnet dort Gefahren vor der Küste, wo es unmöglich oder zu aufwendig ist, Leuchttürme zu bauen. Es wird ebenfalls dort eingesetzt, wo in Tidengewässern und Flußmündungen der Meeresboden sorgfältig überwacht werden muß.

Die »Ragna«, ein kleines Containerschiff mit 3 Laderäumen. Ohne großen Aufwand lassen sich Container vom Schiff auf Eisenbahn oder Lastwagen verladen und haben damit nicht nur den maritimen Transport verbessert, sondern auch eine grundlegende Veränderung der Hafeneinrichtungen erreicht.

Ein Kabelschiff ist besonders zum Legen, Aufnehmen und zur Reparatur von unterseeischen Verbindungskabeln eingerichtet. Besonders hergerichtete Laderäume gestatten Transport und Verlegen des Kabels, wobei komplizierte dynamometrische Winden einen gleichmäßigen Zug sicherstellen. Die erste unterseeische Kabelverbindung wurde 1857 zwischen der irischen Insel Valentia und der Trinity-Bucht in Neufundland über eine Entfernung von 2200 sm verlegt. 2 Schiffe, das 3691 t große Schraubenschiff »Agamemnon« und die große amerikanische Fregatte »Niagara« führten die Arbeit aus.

Dieser seefähige Bugsierschlepper ist außergewöhnlich stark und besitzt einen großen Aktionsradius und gute Manövriereigenschaften.

Die »Shearwarer« ist ein englisches Tragflächenschnellboot für den Schnellverkehr auf dem Englischen Kanal. Das Gleiten auf den Tragflächen geschieht aufgrund des Phänomens des Strömungswiderstandes.

Die »Surprise«, eine 1964 vom amerikanischen Yachtarchitekten Doug Petersen entworfene und 1966 bei N. Puccinelli's Cantiere Navale 71 in Castiglion della Pescaia (Italien) aus Mahagoniholz gebaute Sloop. Größte Länge 11,28 m; Breite 3,20 m; 1973–1974 legte der Italiener Ambrogio Fogar während seiner Einhand-Weltumsegelung 32 000 sm mit ihr zurück. Neben ihrer Besegelung und einer Selbststeueranlage war die »Surprise« ebenfalls mit einem kleinen 10-PS-Fairyman-Dieselmotor im Bug (7,36 kW) mit ölhydraulischer Übertragung ausgerüstet.

Das bedeutendste Ergebnis maritimer Technologie von 1960 bis zum heutigen Tage ist fraglos die Automatisierung. Umfangreiche elektronische Schaltanlagen steuern die wichtigsten, mit automatischer Kontrolle der Maschineneinrichtungen des Schiffes verbundenen Bewegungsabläufe. Das Bedienungspersonal der Maschine ist reduziert worden und besteht heute nur noch aus hochspezialisierten Offizieren, die die Arbeit der Anlage selbst überwachen.

Durch wissenschaftliche und praktische Notwendigkeiten geförderte ozeanographische Forschung fand nach dem Zweiten Weltkrieg einen ungeahnten Aufschwung, und heute erforscht man den Meeresgrund mit elektronischen Augen und Ohren. Die Erkundung des Meeresbodens wurde schließlich bei den vorhandenen Ernährungs- und Energieproblemen sowie der Wasserverschmutzung wichtiger als die Eroberung des Weltraumes. Vielseitig verwendbare Unterwasserlaboratorien hat man in fast 100 m Tiefe aufgestellt, und Unterwasserstädte sind schon lange keine Phantasiegebilde der Science-Fiction-Literatur mehr. Der Grund des Meeres birgt unter seinen reichen Schätzen Öl, Diamanten und Mineralien. Dabei wird die Erforschung des Meeres Werkstoffe, technische Möglichkeiten und schließlich auch die Lebensgewohnheiten des Menschen verändern. Das Meer wird ihm helfen, sein immer größeres Bedürfnis an Frischwasser zu sichern und ebenfalls seinen Bedarf

Die »Soucoupe Plongeante« ist das erste, von Jacques Cousteau erdachte, moderne ozeanographische Unterseeboot. Das Boot wiegt 3 t und kann mit 2 Menschen an Bord eine Tiefe von über 30 m erreichen. Das 1959 vom Stapel gelaufene Schiff besitzt eine ellipsoide Rumpfform von 2 m Breite und 1,6 m Höhe. Angetrieben wird das Fahrzeug durch einen 2-PS-Motor und gesteuert von 2 verstellbaren hydraulischen Düsen.

Die »John Biscoe«, ein speziell für die Erforschung der Polarmeere ausgerüstetes ozeanographisches Forschungsschiff, das Strömungen, Veränderungen der Meeresoberfläche, Seegang, Salzgehalt und Temperatur erkunden soll.

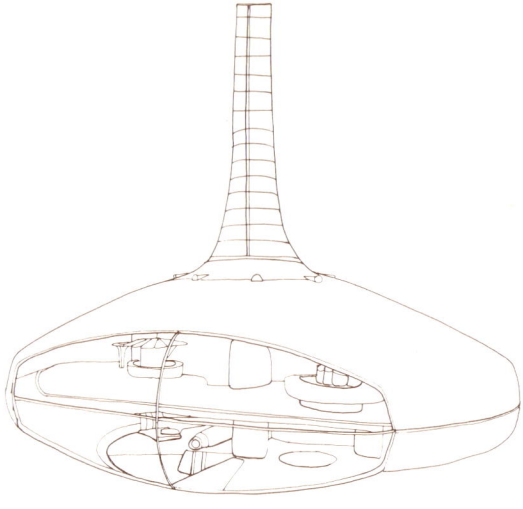

»Hotel Atlantis«. Einer der bevorzugten Träume der heutigen Welt ist der des »Homo aquaticus«, womit ein auf dem Meeresboden lebender Mensch bezeichnet werden soll. Möglicherweise wird das heute noch dem Bereich der Phantasie angehörende Unterwasserhotel der Zukunft wie das dargestellte aussehen.

an elektrischem Strom, wie es bereits in Frankreich in der »Meeresmaschinenanlage« am Rance-Fluß durch die Nutzbarmachung der Gezeiten praktiziert wird. Es dürfte ihn auch aus seinen reichen Bodenschätzen mit unübersehbaren Mengen an Gold, Nickel, Eisen, Pottasche, Mangan, Kobalt und Kupfer versorgen. Mit Hilfe des Fluorcarbons, der sensationellen Entdeckung des Holländers Dr. Klijstra, einer synthetischen Flüssigkeit, die Wasser ähnelt, aber dreißigmal mehr Sauerstoff speichern kann, sollte es dem Menschen möglich sein, in größere Tiefen hinabzusteigen. Schon jetzt kann das große, von Jacques Piccard, dem Sohn des am 25. März 1968 verstorbenen Wissenschaftlers, konstruierte und gebaute Bathyscaphe »Auguste Piccard« Passagiere 150 Meter tief auf den Grund des Genfer Sees befördern. Das »Morgen« kann schneller kommen als wir glauben. Immer noch hält das Schiff unvorstellbare Überraschungen für uns bereit, und immer hat der Mensch sein wahres Wesen und seine wahre Stärke im Umgang und in der Konfrontation mit der See gefunden. Ihr verdankt er sein Leben, sein Überleben und die Entwicklung seiner Zivilisation; und der See verdankt er in der Vergangenheit wie auch zukünftig das Gefühl brüderlicher Verbundenheit mit seinen Mitmenschen.

»Sealab II«, ein amerikanisches Unterwasserlaboratorium, das fest auf dem Meeresboden stehend seine Aufgaben erfüllt. Der innere Druck entspricht genau dem an der Oberfläche, um Unterwasserlebensbedinungen genau erforschen zu können.

Die »Aluminaut« ist ein amerikanisches, für den Einsatz in Tiefen von ca. 5000 m entworfenes Bathyscaphe. Der 1965 erbaute Rumpf ist aus einer Anzahl von Ringen aus Aluminiumlegierungen hergestellt. Geschwindigkeit 3 kn; Gewicht 80 t.

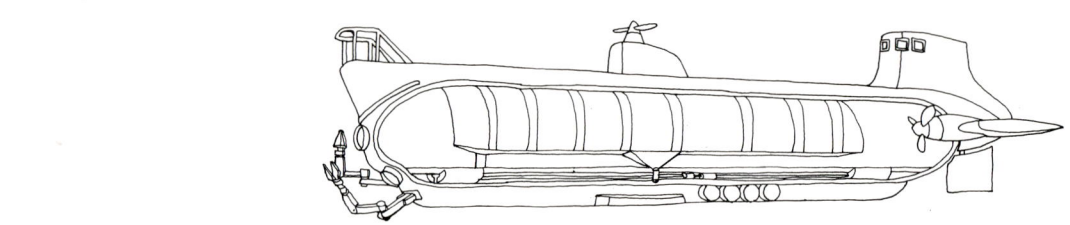

Die »Trieste 2« ist das von Jacques Piccard, Sohn des berühmten Schweizer Wissenschaftlers, erbaute Bathyscaphe, in dem er im Dezember 1959 vor der Insel Guam im Philippinengraben bis zu einer Tiefe von 11 000 m tauchte.

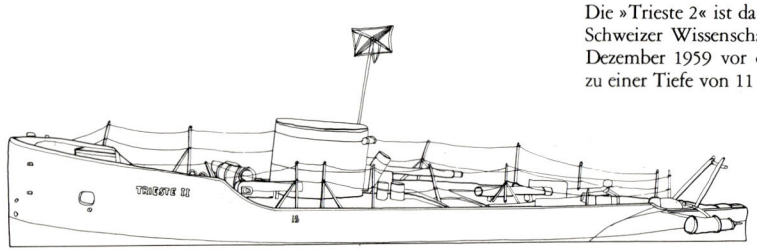

Anhang

Die großen Seefahrer

Im Kielwasser
von Christoph Kolumbus

Alonso Nino Ließ die zur Zeit des Kolumbus zwischen den Herrschern Spaniens und Portugals getroffene Vereinbarung unbeachtet und segelte im Jahre 1500 entlang der Küste von Maracaibo, von wo er eine wertvolle Perlenladung mit zurückbrachte.

Vicente Yanez Pinzon Nachdem er an Kolumbus erster Reise als Kapitän der »Niña« teilgenommen hatte, erreichte er 1500 das Kap San Roca an der Küste Brasiliens.

Diego De Lepe Im gleichen Jahr erreichte er das südlich von Kap San Roca gelegene Kap Saint Augustine.

Rodrigo de Bastidas Segelte vom Golf von Maracaibo zum Golf von Darien und führte damit die von Kolumbus auf seiner vierten und letzten Reise begonnene Erforschung zu Ende.

... von Vasco da Gama

Giovanni da Nova Entdeckte 1501 im Atlantik die Inseln Sankt Helena und Ascension.

Tristan da Cunha Entdeckte 1506 die kleine Insel im Südatlantik, die seinen Namen trägt.

Antonio d'Abreu Wurde von Alfonso d'Albuquerque ausgeschickt, um den Osten zu erforschen, und segelte 1511 von Malakka aus entlang der Küste von Sumatra und Java nach den Molukken.

Fernando Perez d'Andrade Erreichte 1517 mit einer großen Flotte Kanton.

Giovanni da Empoli Lief mit 4 Schiffen von Lissabon aus und erreichte 1503 die Malabarküste als Agent der florentinischen Firma von Gualtierotti und Frescobaldi. 1509 segelte er erneut mit einem Geschwader unter dem Kommando von Diego Mendéz de Vasconcéllos und nahm an der Eroberung von Goa und Malakka teil. 1518 gelangte er auf einer Reise von Lissabon nach Kanton.

... von Amerigo Vespucci

Nuno Manuel und *Christovam de Haro* Erreichten 1514 auf der Suche nach einer Durchfahrt nach Indien Bahia Blanca an der Küste Patagoniens.

Juan Diaz de Solis Übernahm nach dem Tod von Vespucci dessen Posten als »piloto mayor« und organisierte 1516 eine Expedition zur Mündung des Rio de la Plata. Bei der Erforschung des Flusses fand er in einer Auseinandersetzung mit Eingeborenen den Tod.

Sebastian Cabot Wurde nach Solis Tod der »piloto mayor« Karls V. Er stellte ein Geschwader von 3 Karracken und 2 Karavellen zusammen, das unter seiner Führung am 2. April 1526 von der spanischen Küste zur La-Plata-Mündung aufbrach. Er gelangte bis zur Einmündung des Parana-Flusses und des Rio de Uruguay flußaufwärts und gründete an den Ufern dieser beiden Flüsse Forts und Niederlassungen. Am 22. Juli 1530 kehrte er nach Spanien zurück und ging in den Hofdienst. Später trat er in den Dienst des Königs von England.

Pedro de Mendoza Ein Seefahrer und Soldat, der von Karl V. ausgesandt wurde, um mit Waffengewalt die von portugiesischen Überfällen heimgesuchte Region um den Rio de la Plata – im heutigen Argentinien – zu besetzen. Mit 12 Schiffen und 800 Mann erforschte er den La Plata samt Nebenfluß Parana, und gründete nicht weit vom Zusammenfluß beider Flüsse eine Stadt, die er Nuestra Señora de Buenos Aires nannte. Aufgerieben durch Krankheiten und anhaltende Überfälle von Eingeborenen, wobei er drei Viertel seiner Männer verlor, segelte Pedro de Mendoza mit den Resten seiner Flotte nach Spanien zurück.

... von Magellan

Alvarado de Saavedra Brach 1528 von Mexiko nach den Molukken und Neuguinea auf. Auf der durch Gegenwinde verzögerten Reise entdeckte er zufällig die östliche Inselgruppe der Karolinen und die Marshallinseln.

Ruy Lopez de Villalobos Verließ 1542 Mexiko und fand die bereits von Magellan entdeckten Saint-Lazarus-Inseln wieder, die er zu Ehren Philipps II. von Spanien Philippinen nannte.

Miguel Lopez de Legaspi Eroberer und Kolonisator der Philippinen, die er 1565 erreichte.

Andrea de Urdaneta Der Seefahrer, der im gleichen Jahr im Bereich des Nordostpassats die günstigste Route zwischen den spanischen Dominions in Amerika und Asien herausfand.

Alvaro de Mendana Entdeckte 1567, von Callao an der peruanischen Küste kommend, die Salomon-Inseln. Um diese zu besiedeln, kehrte er 1595 zurück und entdeckte auf dieser zweiten Reise die Marquesa-Inseln und die kleine Insel Santa Cruz, wo er an einer Krankheit starb.

Thomas Cavendish Lief 1586 von England aus, um Magellans Reise zu wiederholen. Dabei verfolgte er allerdings eine grundverschiedene Absicht und kehrte mit reicher Beute zurück, die er spanischen Schiffen und Häfen abgenommen hatte.

John Davis Einer der bedeutendsten Seefahrer des Elisabethanischen Zeitalters. 1592 entdeckte er zufällig östlich von Patagonien die Falkland-Inseln.

Jakob Mahu Ein holländischer Seefahrer, der 1598 durch einen Sturm bis zu den Süd-Shetland-Inseln vertrieben wurde und später Japan erreichte.

Oliver van Noort Der erste holländische Seefahrer, dessen Reisen 1598 die holländische Vorherrschaft im Pazifik begründete.

Pedro de Quiros Pilot auf Mendanas letzter Expedition. Im Dezember 1605 lief er auf der Suche nach dem legendären Südkontinent mit zwei Karracken aus und entdeckte die Gesellschaftsinseln. Bei der Vorbereitung einer zweiten Expedition starb er in Panama.

Luis Vaz de Torres Quiros Stellvertreter, der den Kurs seines Kapitäns zurückverfolgte und dabei die Südküste Neuguineas erreichte. Die Meeresstraße, die diese Insel vom australischen Kontinent trennt, erhielt seinen Namen.

Francesco Carletti Der einzige Seefahrer, der ohne staatliche oder private Unterstützung Mittelamerika erreichte und anschließend nach einer Fahrt entlang der Küsten Perus und Neuspaniens bis zu den Philippinen, Japan und Macao an der chinesischen Küste gelangte. Danach besuchte er Indien und segelte um das Kap der Guten Hoffnung wieder nach Europa. Er verließ Spanien 1594 und kehrte 1606 nach Italien zurück.

Die Erforschung der Küste von Nordamerika

John Cabot Begann mit Unterstützung Heinrichs VII. von England am 2. Mai 1497 in Bristol seine Reise, auf der er die Küste der Cape-Breton-Insel in Nordamerika erreichte und in das Mündungsgebiet des Sankt-Lorenz-Stromes einlief. Am 6. August des gleichen Jahres kehrte er nach England zurück.

Gaspare Cortereal Landete 1500 an der Ostküste Neufundlands. Ein Jahr später gelangte er zusammen mit seinem Bruder Miquel nach einer Fahrt entlang der Küste Labradors bis zum äußersten Kap von Grönland, blieb aber auf dieser Expedition verschollen.

Giovanni da Verrazzano Allein mit der »Delfina« (und einer Besatzung von 50 Mann sowie Ausrüstung für 8 Monate) trat er mit Unterstützung von Franz I. von Frankreich am 17. Januar 1524 an und erforschte die nordamerikanische Küste vom heutigen Georgia bis zum Kap Hatteras und Kap Cod. Ende Juli 1524 kehrte er nach Dieppe zurück. Am 17. März 1528 lief er nach den Bahamas und südlichen Antillen aus, wo er von Eingeborenen zu Tode gemartert wurde.

Die Nordwest-Passage

Nachdem es offensichtlich wurde, daß Amerika ein Erdteil für sich und kein Teil Asiens war, gingen Expeditionen daran, die vermutete Durchfahrt von der Neuen Welt nach Indien in dem Gebiet vom Golf von Darien bis zum hohen Norden zu suchen.

Juan Diaz de Solis, Vicente Yanez Pinzon und *Pedro de Ledesma* Segelten 1508 von Haiti zum Golf von Honduras und entlang der Küste von Yucatan.

Juan de la Cosa und *Diego de Nicuesa* Erreichten im gleichen Jahr die Küste von Veragua, dem heutigen Französisch-Guayana.

Sebastiano de Ocampo Der erste Mann, der Kuba umsegelte und damit 1508 dessen Inselgestalt nachwies.

Vasco Nuñez de Balboa Die letzte von Vespucci in seiner Eigenschaft als »piloto mayor« organisierte Expedition lief unter Balboas Kommando am 11. April 1513 aus und erreichte den Golf von Darien. Nachdem er einige Zeit damit verbrachte, das Land an der Mündung des Atrato-Flusses zu erschließen, überquerte Balboa die im Westen liegenden Berge und entdeckte dabei den Stillen Ozean, den er die Südsee nannte.

Diego de Velasquez Erreichte 1517 die Yucatan-Halbinsel und entdeckte dabei Spuren einer höheren Zivilisationsstufe. Bei einer Auseinandersetzung mit Eingeborenen wurde er ernsthaft verwundet und sah sich daher gezwungen, nach Kuba zurückzukehren.

Juan de Grijalva Entdeckte 1518 auf der Insel Cozumel vor Yucatan Spuren der Maya-Kultur. Er gelangte bis in die Gegend der heutigen Stadt Tampico, konnte aber auch nicht die langgesuchte Durchfahrt finden.

Juan Ponce de Leon Suchte ebenfalls vergeblich die Durchfahrt. 1513 fand er die zwischen den Bahamas und Kuba befindliche Halbinsel, die von ihm Pascua florida (Palmsonntag) genannt wurde. 1519 wurde er von Eingeborenen getötet.

Alonso Alvares de Pineda Lief 1519 von Jamaica aus und suchte an der gesamten Küste des Golfes von Mexiko vergeblich die vermutete (und nicht vorhandene) Passage.

Lucas Vasquez de Ayllon Versuchte ebenso erfolglos auf zwei Reisen 1520 und 1526 eine Durchfahrt zu finden und kam dabei nordwärts bis zum heutigen Georgia.

Estevam Gomez Gelangte 1524 an der Küste, an der heute einige der größten amerikanischen Städte liegen, weiter nordwärts als alle seine Vorgänger.

Jacques Cartier Ein früher französischer Seefahrer und Entdecker. Am 20. April 1534 lief er mit zwei 60 Tonnen großen Schiffen von St. Malo aus und kreuzte auf der Reise nach Labrador einen gewaltigen Golf, den er als Zufahrt zum Stillen Ozean ansah. Auf einer zweiten Reise, die am 19. Mai 1535 begann, wurde ihm klar, daß er in der vermeintlichen Zufahrt die breite Mündung eines Flusses vor sich hatte, der von ihm Saint Lawrence genannt wurde. Er folgte ihm flußaufwärts bis zu einem Eingeborenendorf (in der Sprache der Eingeborenen Canada), aus dem sich die Stadt Quebec entwickelte. Anschließend gelangte er bis zu der von ihm Mont Royal genannten hügeligen Gegend, wo später die unter dem Namen Montreal bekannte Stadt entstehen sollte. Im Juli 1535 kehrte er nach Frankreich zurück. 1541 trat er seine dritte und letzte Reise an. Jacques Cartier schuf die Grundlagen für das ausgedehnte französische Kolonialreich in Nordamerika.

Martin Frobisher Vertrat England im Wettstreit um die Entdeckung einer Durchfahrt zum Meer von Cathay. Frobisher lief mit zwei Karracken von der Themsemündung aus und erreichte am 7. Juni 1576 Grönland. Dort war er der erste, der mit Eskimos zusammentraf, die an der heute Baffinland genannten Küste lebten. In der Überzeugung, die sagenhafte Nordwest-Passage gefunden zu haben, unternahm Frobisher 1577 und 1578 weitere Reisen. Seine Fahrten waren es, die die Aufmerksamkeit Englands auf die Gebiete nordwestlich des Atlantiks richteten, die zusammen mit der Insel Neufundland den Grundstock zu Englands Kolonialreich in Nordamerika legten.

John Davis Bevor er seine Aufmerksamkeit dem Südatlantik zuwandte, segelte er 1585 nach Grönland und entlang der Küste des Baffinlandes, wo er glaubte, die langgesuchte Durchfahrt in der weiten Einfahrt zur Cumberland-Bucht gefunden zu haben. Im Verlauf von zwei folgenden Reisen (1586 und 1587) gelangte er weiter nordwärts und stieß auf einen Meeresarm, der sich später als echte Zufahrt zur Nordwest-Passage erweisen sollte.

Die Nordost-Passage

Wer sich nicht mit den portugiesischen Ansprüchen auf die Indienroute um Afrika auseinandersetzen oder mit den Spaniern in der Neuen Welt in Wettstreit treten wollte, dem blieb nur die Möglichkeit, die von Marco Polo eingehend beschriebenen Länder auf dem Wege nördlich um Europa und Asien herum zu erreichen. Als Sebastian Cabot Spanien verließ, um nach England zu gehen, führte er Pläne für eine Expedition nach Cathay über einen nördlichen Seeweg mit sich. In London gründete man die Muscovy Company, um die kommerziellen Möglichkeiten dieser neuen Passage zu ergründen, und unternahm vom 16. Jahrhundert an regelmäßig Expeditionen.

Hugh Willoughby und Richard Chancellor Liefen 1553 mit 3 Karracken von Deptford zu den nördlichen Küsten Skandinaviens aus. 2 Schiffe gingen im Eis vor der Küste verloren, wobei Willoughby den Tod fand. Chancellor dagegen erreichte das Weiße Meer und gelangte nach Moskau, wo er erste Handelsbeziehungen mit Rußland aufnahm.

Steven Burrough (auch Borough oder Borrows) Umsegelte im April 1556 das Nordkap, kam entlang der Kola-Halbinsel bis zu den Waigatsch-Inseln an der Einmündung der Kara-See. Dort traf er auf die ersten Samojeden, Eingeborene, deren einzige Nahrungsquelle die Rentiere darstellten. Als dann der harte Winter hereinbrach, beeilte sich Burrough, nach Hause zu kommen.

Arthur Pet und Charles Jackmann 1580 kam die Expedition dieser beiden Seefahrer bis Nowaja Semlja. Pet ging mit der ganzen Besatzung auf See verloren, während der von den ausgestandenen Strapazen erschöpfte Jackmann kurz nach seiner Heimkehr starb.

Willem Barents Mit der Leitung der berühmtesten und einer der unglücklichsten Expeditionen auf der Suche nach der Nordost-Passage betrauten die Holländer Willem Barents. 1594 erreichte Barents mit 4 von Amsterdamer Kaufleuten ausgerüsteten Schiffen 77° nördlicher Breite, wo ausgedehnte arktische Eisfelder ein weiteres Vordringen verhinderten. Seine 2. Expedition 1595 kam bis zur Straße von Kara; zur 3. liefen im Mai 1596 zwei Schiffe aus, die bis zu der von Barents entdeckten Bäreninsel und Spitzbergen gelangten. Nachdem die Schiffe sich getrennt hatten, wurde Barents – schon auf der Heimreise – vom winterlichen Eis überrascht und sah sich gezwungen, auf etwa 76° Nord 10 Monate lang in einer aus Treibholz erbauten Hütte zu überwintern. Da das Schiff vom Eis eingeschlossen blieb, traten die Überlebenden des arktischen Winters im nächsten Frühling im Mai die Heimreise in ihren Booten an. Auf der Reise starb der von Strapazen und Skorbut erschöpfte Barents. Heute ist das Meer vor der russischen und norwegischen Küste zwischen Spitzbergen und Novaja Semlja nach ihm benannt.

Die Erforschung der Meere

1605–1606 Im Dienste Spaniens entdeckte der portugiesische Seefahrer Queiros die Neuen Hebriden, in denen er das sagenhafte Terra Australis vor sich zu haben glaubte.

1607–1611 Im Verlauf von 3 aufeinander folgenden Expeditionen auf der Suche nach der Nordwest-Passage besuchte Henry Hudson Grönland, Spitzbergen und die Chesapeake-Bucht an der Küste Nordamerikas. Entlang der Labrador-Halbinsel kam er bis zu der großen Bucht, die heute seinen Namen trägt.

1608–1609 Diego de Prado und Torres durchfuhren entlang der Küste Neuguineas die Meeresstraße zwischen der Insel und Australien.

1616 Die holländischen Seefahrer Jacob Lemaire und Cornelius Schouten entdeckten Kap Hoorn und überquerten den Stillen Ozean, wobei sie an Tuamotu, Samoa und den Solomon-Inseln vorbeikamen.

1639–1643 Abel Tasman, nach dem Tasmanien benannt wurde, umschiffte Australien.

1683–1710 Der Engländer William Dampier umrundete Kap Hoorn, gelangte zur Küste Kaliforniens und überquerte später auf dem Weg nach Indien den Stillen Ozean. Er war ein ausgezeichneter Meeresforscher und Botaniker.

1698–1700 Der englische Astronom Edmund Halley unternahm eine Reise von England nach Sankt Helena, um die großräumigen Luft- und Gezeitenbewegungen zu studieren. Später gelangte er im Atlantik bis auf 52° Südbreite und führte Versuche mit dem Magnetkompaß durch.

1721–1724 Der Holländer Roggeven umsegelte die Welt und entdeckte die Osterinseln.

1728 Bering entdeckte im Verlauf der »Großen nordischen Expedition« die Meeresstraße zwischen Asien und Amerika, die später nach dem dänischen Seefahrer benannt wurde.

1764–1766 Der Engländer Byron umschiffte die Welt, wobei er bedeutende Beobachtungen über Salzgehalt und Dichte des Meeres anstellte.

1766–1779 Auf der Reise von Brasilien durch die Magellan-Straße entdeckte Louis Antoine de Bougainville im Stillen Ozean die Inseln Tahiti, Tehai, Lancier, Crocker, Melville und Samoa. In den folgenden Jahren befuhr er die Küsten Neuguineas und Neuenglands. Sein 1771 veröffentlichter Bericht »Voyage autour du monde« machte ihn berühmt.

1767–1772 Von der französischen Marine wurden wissenschaftliche Reisen unternommen, um den neuen Marinechronometer von Leroy und Berthoud zu erproben. Damit wurde das Zeitalter der modernen Navigation mit Chronometern eingeleitet.

1768–1779 Drei berühmte Reisen von James Cook waren die ersten echt wissenschaftlichen Expeditionen des Jahrhunderts. Während der Reisen dieses großen englischen Seefahrers, am 14. Februar 1779 von Eingeborenen auf Hawaii getötet, wurden alle naturwissenschaftlichen Themen sowie Winde und Strömungen studiert.

1773 Zur Erkundung und karthographischen Aufnahme der Küsten südlicher Länder unternahm der Franzose Marion-Dufresne eine Expedition. Er wurde auf Neuseeland von den Maoris getötet.

1785–1788 Der französische Seefahrer Jean François de Galaup Graf de la Perouse verließ 1785 Brest, um von der pazifischen Seite aus nach der Nordwest-Passage zu suchen, eine Aufgabe, die bereits von Cook auf der 3. Reise unternommen worden war. Die Expedition umrundete Kap Hoorn, berührte die Küste Alaskas und erreichte die Philippinen. Ein Jahr später gelangte La Perouse bis an die Küste Japans und segelte weiter bis zu dem heutigen Wladiwostock, wobei sie die nach ihm benannte Meeresstraße zwischen Sachalin und der nördlichsten japanischen Insel entdeckte. Im darauffolgenden Jahr kam die Expedition an die Küste Australiens, wo genaue Vermessungen und Beobachtungen unternommen wurden. Auf der Heimreise gingen La Perouse 2 Schiffe bei der Insel Vanikoro im Santa-Cruz-Archipel verloren.

1790 Der Dreimaster »La Solide« segelte unter dem Kommando des Kapitäns Etienne Marchand von Marseille zur pazifischen Küste Kanadas und weiter nach China. Die Reise bot ein Beispiel für »Geschwindigkeit und Präzision, ein Triumph wissenschaftlicher Navigation«.

1791–1793 Kapitän d'Entrecasteaux lief aus, um sich nach dem 3 Jahre zuvor verschwundenen La Perouse Ausschau zu halten. Die Expedition lief die Küste Tasmaniens an, wobei festgestellt wurde, daß es eine Insel ist, und kam in die Nähe des Santa-Cruz-Archipels, wo La Perouse gestrandet war. Am 21. Juli 1793 starb d'Entrecasteaux an Skorbut.

1791 Der Engländer George Vancouver setzte Cooks hydrographische Arbeit an der Küste Australiens mit den beiden Schiffen »Discovery« und »Chatham« fort, segelte dann auf der pazifischen Seite an der Küste Nordamerikas entlang und gründete die Stadt, die seinen Namen trägt.

1791–1795 Der Spanier Malaspina unternahm mit den Schiffen »Descubierta« und »Atrevida« eine Erkundungsfahrt entlang der Küste Südamerikas. Dabei legte er die exakte Route zu den Philippinen fest und stellte über den berühmten nach ihm benannten Gletscher Beobachtungen an.

1800–1803 20 Personen, darunter Botaniker, Zoologen, Astronomen und Mineralogen nahmen an einer von Nicolas Baudin geleiteten Expedition teil, die von Le Havre auslief, um die West- und Südküste Australiens zu erforschen. Dabei wurden wichtige Erkenntnisse über die Eingeborenen Australiens und Tasmaniens gewonnen. Baudin starb auf der Heimreise.

1800–1804 Während einer französischen wissenschaftlichen Expedition gelangen Francois Peron die ersten Temperaturmessungen in größeren Wassertiefen.

1803–1810 Die erste von David Porter geleitete militärisch-wissenschaftliche Expedition machte wichtige Fortschritte in der kartographischen Erfassung des Pazifischen Ozeans. Die Expedition benutzte anfangs die Galapagos- und dann die Marquesas-Inseln als Stützpunkt.

1803–1806 Zu dieser Zeit fand die Weltumsegelung einer russischen Expedition unter Leitung von Iwan F. Krusenstern (Adam Johann Kr.) statt, an der der Physiker J. C. Horner beteiligt war und auf der im Pazifik Temperaturmessungen in großer Wassertiefe vorgenommen wurden.

1806–1819 Der Kapitän der russischen Marine Wassilij Michailowitsch Golownin unternahm in dieser Zeit 2 Weltreisen. Er widmete sich der Erforschung des arktischen Ozeans und des nördlichen Pazifiks und wurde auf der 1. Reise von den Japanern gefangengenommen. Zuletzt Generalintendant des Seewesens.

1807–1822 Der Engländer William Scoresby jun., Wissenschaftler und Walfangkapitän, machte in den Gewässern um Grönland und Spitzbergen Beobachtungen über die Beschaffenheit der Polarmeere.

1816–1826 Der russische Seeoffizier Otto von Kotzebue unternahm in dieser Zeit 2 Weltumsegelungen, wobei er wichtige Erkenntnisse über die Oberflächenströmung auf hohen und niedrigen Breiten gewann. An der 1. Reise mit der Brigg »Rurik« nahm Adalbert von Chamisso teil.

1817 Louis de Freycinet nahm an der Baudin-Expediton als Schiffsoffizier teil und kommandierte die »Uranie« auf der er auf einer Reise Timor, Neuguinea, Guam, die Marianen und Hawaii besuchte und kartographierte und die ihn bis in die hohen eisigen südlichen Breiten brachte. Von der Reise brachte er eine Sammlung von bedeutenden wissenschaftlichen Funden zurück, darunter mehr als 400 unbekannte Pflanzen.

1819–1821 Umsegelung des antarktischen Kontinents durch eine russische Expedition unter Fabian G. von Bellingshausen.

1822–1825 Duperrey führte Freycinets Arbeit als Kapitän der »Coquille« fort, wobei er mehr als 50 000 sm im Pazifischen Ozean zurücklegte, ohne einen einzigen Mann zu verlieren. Seine Forschungsergebnisse veröffentlichte er in 7 Büchern und 4 Atlanten.

1826–1836 Dieses Jahrzehnt war gekennzeichnet durch die Reisen der unter dem Kommando von Captain Fitzroy stehenden »Beagle« an den Küsten von Patagonien, Chile und Peru. An Bord befand sich der junge Charles Darwin. Die Beobachtungen auf diesen Reisen lieferten dem später berühmten Naturforscher die Grundlagen zu seiner Theorie über die Entwicklung der Arten.

1826–1840 Jean Sebastien Dumont d'Urville unternahm mit der »Coquille« (später in »Astrolabe« umbenannt) 3 Weltumsegelungen. Dabei kartographierte er 2500 sm Küsten im Pazifik, stellte die Positionen von 150 neuen Inseln fest, führte ozeanographische Beobachtungen durch und fand bei dem Vanikoro-Atoll Überreste von La Perouses Schiffbruch. Auf seiner 3. Rückreise zum Atlantik entdeckte er das Adélieland. Dieser berühmte Seemann und Wissenschaftler starb 2 Jahre nach seiner Heimkehr bei einem der ersten Eisenbahnunglücke.

1838–1842 Eine berühmt gewordene amerikanische Expedition von 6 Schiffen wurde von Capt. Charles Wilkes geleitet. Unterstützt wurde er von dem bekannten Naturforscher J. D. Dana, der bedeutende Studien an den Crustacean durchführte. Die Unternehmung Wilkes erbrachte nicht nur eine reiche Ausbeute an Materialien über Gezeiten und Strömungen in der Antarktis sowie von der Westküste Nordamerikas, sondern auch mehr als 5000 Funde antarktischer Vegetation und vielfältige geologische und mineralogische Erkenntnisse.

1839–1843 Mit den beiden Schiffen »Erebus« und »Terror« untersuchte Sir James Clark Ross auf südlichen Breiten und in der Antarktis den Erdmagnetismus und die Temperatur in großen Meerestiefen. Außerdem sammelte er botanische und biologische Funde.

1872–1879 In dieser Zeit unternahm die englische Dampfkorvette »Challenger« im Atlantik, Pazifik und Indischen Ozean auf der berühmten nach ihr benannten Expedition ozeanographische Forschungen bis 40° südlicher Breite.

Kommandant war der Captain Georg Nares, während Professor Wyville Thompson Leiter des wissenschaftlichen Stabes war.

1874–1875 Mit der »Tuscarora« der US-Marine unternahm Capt. George E. Belken eine lange ozeanographische Forschungsreise in die Seegebiete östlich Japans und des nördlichen Pazifiks und benutzte zu seinen systematischen Lotungen Klaviersaitendraht.

1874–1876 Die Aufgabe der mit einer Korvette der deutschen Marine durchgeführten »Gazelle«-Expedition war die Erforschung meeresphysikalischer Zusammenhänge.

1877–1880 Anfang unter Alexander Agassiz und später unter der Leitung von John Elliot Pillsbury führte das ozeanographische Forschungsschiff »Blake« der US-Marine Beobachtungen und Forschungen in der Karibik, dem Golf von Mexiko und an der Küste Floridas durch.

1885–1922 Die Forschungsexpedition von Prinz Albert von Monaco erstreckte sich von den Kap Verdischen Inseln bis nach Spitzbergen und vom Mittelmeer bis zur Küste Neuenglands und Neufundlands. Die Ergebnisse dieser Unternehmungen sind im Ozeanographischen Museum in Monte Carlo zusammengetragen worden. Die Forschungsschiffe hießen »Hirondelle« I und II und »Princess Alice« I und II.

1886–1889 Unter dem Kommando des russischen Marineoffiziers und späteren Admirals S. O. Makarow umschiffte das russische Forschungsschiff »Vitiaz« die Erde und sammelte dabei Unterlagen über Meerestemperaturen und die jeweiligen Stärken von Strömungen und Gezeiten. Makarow trug zur Gründung der Internationalen Gesellschaft für Meeresforschung bei.

1888–1905 Wieder unter dem Kommando von Agassiz erhielt das US-Marineforschungsschiff »Albatross« von der amerikanischen Fischereikommission den Auftrag, im Pazifik sowohl im Seegebiet zwischen den Osterinseln und Callao in Peru und in der Beringsee wie auch in japanischen Gewässern und im Ochotskischen Meer Forschungen durchzuführen.

1889–1926 Zwei Schiffe der indischen Marine, die »Investigator« I und II führten sorgfältige biologische Untersuchungen im Arabischen Meer und im Golf von Bengalen durch.

1889 Der Entdecker des Planktons, Professor Victor Hensen, leitete die deutsche ozeanographische Expedition, die mit dem besonders dafür ausgerüsteten Schiff »National« den größten Teil ihrer Dauer im Atlantik zubrachte.

1893–1896 Fridtjof Nansen unternahm seine berühmte Reise mit der »Fram« und machte während der Drift durch die Eisfelder der Arktis wertvolle ozeanographische, magnetische, astronomische und meteorologische Beobachtungen.

1897–1899 Eine belgische Expedition verbrachte mit der »Belgica« erstmalig einen Winter in der Antarktis und führte westlich der Grahamstraße und südlich der Peter-I.-Insel biologische und physikalische Forschungen durch.

1898–1899 Die deutsche »Valdivia« war das erste Forschungsschiff, mit dem unter der wissenschaftlichen Leitung von Professor Carl Chun auf südlichen Breiten große Meerestiefen untersucht wurden. Die Forschungsaufgaben der Expedition erstreckten sich auf Meeresbiologie und physikalische Forschungen in der Antarktis, dem Atlantik und dem Indischen Ozean.

1899–1900 Das holländische Forschungsschiff »Siboga« war das letzte Schiff im 19. Jahrhundert, das in den Gewässern um die Antillen und Malaysia biologische und hydrographische Untersuchungen durchführte.

Die Marinemuseen der Welt

Argentinien
Museo Naval de la Nacion, Buenos Aires

Australien
Institute of Applied Sciences, Victoria

Belgien
Nationaal Scheepvaartmuseum, Antwerpen

Bundesrepublik Deutschland
Altonaer Museum, Hamburg
Museum für Hamburgische Geschichte, Hamburg
Kieler Schiffahrtsmuseum, Kiel
Deutsches Museum, München
Schiffahrtsmuseum Brake, Brake
Deutsches Schiffahrtsmuseum, Bremerhaven
Fockemuseum, Bremen

Dänemark
Orlogsmuseet, Kopenhagen
Handels og Sofartsmuseet, Helsingör
Wikingermuseet, Roskilde

Finnland
Alands Suofartsmuseum, Mariehamn

Frankreich
Musée de la Marine (Palais de Chaillot), Paris
Musée de la Marine, Bordeaux
Musée de la Marine, Marseille
Musée Naval, Rochefort-sur-Mer
Musée Naval, Toulon
Musée de la Mer, Biarritz
Musée de la Peche, Concarneau
Musée des Salorges, Nantes
Château-Musée, Dieppe
Musée du Château, Saint-Malo
Musée du long cours cap-hornier, Sainte Servan–Tour Solidor
Musée du Vieux-Granville, Granville
Musées du Havre, Le Havre
Musée du Vieux Honfleur, Honfleur
Musée la Faille, la Rochelle, (Ozeanographisch)
Musée Masséna, Nizza
Musée de la Marine, St. Tropez
Musée Place de Gaulle, Dünkirchen

Großbritannien
Art Gallery and Museum, Glasgow
City of Liverpool Museum, Liverpool
Pickering Maritime Museum, Hull
Museum of Science and Engineering, Newcastle-on-Tyne
National Maritime Museum, Greenwich, London
New Forest Maritime Museum, Buckler's Hard-Beaulieu, Hampshire
Royal Scottish Museum, Edinburgh
Science Museum, London
Sunderland Museum, Sunderland, Durham
Victory Museum, Portsmouth
Valhalla Maritime Museum, Scilly Isles, Cornwall
Whitby Museum, Whitby

Island
Nationalmuseum, Reykjavik

Israel
Maritime Museum, Haifa

Italien
Museo Civico Navale, Genua
Museo Nazionale della Scienza e della Tecnica, »Leonardo du Vinci«, Mailand
Museo del Mare, Triest
Museo Navale, La Spezia
Museo Storico Navale, Venedig

Japan
Transportation Museum (Koksu Hakubutsukan), Tokio

Jugoslawien
Marinemuseum der Akademie für Künste u. Wissenschaften, Dubrovnik

Kanada
The Maritime Museum, Vancouver
New Brunswick Museum, Saint John (New Brunswick)

Monaco
Musée Océanographique, Monte Carlo

Niederlande
Maritiem Museum Prins Hendrik, Rotterdam
Nederlandsch Historisch Scheepvaart Museum, Amsterdam
Rijksmuseum, Amsterdam

Norwegen
Bergens Sjofartmuseum, Bergen
Kon-Tiki Museet, Oslo
Hanseatiske Museum, Bergen
Norsk Sjofartsmuseum, Oslo
Norsk Folkemuseum, Oslo

Portugal
Museu da Marinha, Lissabon

Schweden
Sjöfartsmuseet, Göteborg
Marinmuseum, Karlskrona
Statens Sjöhistoriska Museet, Stockholm

Spanien
Museo Maritimo, Barcelona
Museo Naval, Madrid

UdSSR
Zentrales Marinemuseum, Leningrad

USA
Cabrillo Beach Marine Museum, San Pedro, California
Chesapeake Bay Maritime Museum, Navy Point, Maryland
Cohasset Maritime Museum, Cohasset Village, Massachusetts
Marine Museum, Bath. Maine
Marine Historical Association, Mystic Seaport, Connecticut
Maritime Museum, Philadelphia, Pennsylvania
Museum of the City of New York, New York
Museum of Science and Museum of Fine Arts, Boston, Massachusetts
Old Dartmouth Historical Society and Jonathan Bourne Whaeting Museum, New Bedford, Massachusetts
Penobscot Marine Museum, Searsport, Maine
Portsmouth Naval Shipyard Museum, Portsmouth, Virginia
South Street Seaport Museum, New York
Suffolk County Whaling Museum, Sag Harbor, Long Island, New York
The Mariners Museum, Newport News, Virginia
The Marine Museum, San Francisco, California
The Peabody Museum, Salem, Massachusetts
The Whaling Museum, Cold Spring Harbor, Long Island, New York
The Whaling Museum–Nantucket Historical Association, Nantucket, Massachusetts
Truxtun Decatur Naval Museum, Smithsonian Institution, Washington, D.C.
US Naval Academy Museum, Annapolis, Maryland
US Navy Memorial Museum, Washington, D.C.

Belgien

Nationaal Scheepvaartmuseum, Antwerpen

Besitzt eine gute Sammlung von Schiffsmodellen, darunter Ostindienfahrer, eine holländische Fregatte aus dem späten 18. Jh. und den Zweidecker »Caesar« aus dem Jahr 1806. Außerdem befindet sich dort (im Maßstab 1:4) Napoleons Prunkboot aus dem Jahre 1810, eine Galeasse des frühen 19. Jahrhundert, die belgische Kriegsbrigg »Duc de Brabant« und viele Bei-spiele von Segel- und Dampfschiffen des 19. und 20. Jahrhunderts. Außerdem besitzt das Museum eine Sammlung von einheimischen Fahrzeugen wie Pavilioenpoon, Garnalknots, Schokker, Steenschuit und verschiedene Lotsenboote. Eine hervorragende Sammlung von Seestücken in Öl- und Wasserfarben und Lithografien sowie eine bedeutende Bibliothek und ein mehrsprachiger Katalog runden die Sammlung ab.

Bundesrepublik Deutschland

Schiffahrtsmuseum Brake, Unterweser.

Dieses Museum ist der örtlichen Schiffahrtsgeschichte der kleineren Weserhäfen gewidmet und birgt eine Fülle von Modellen und Gemälden der in den Weserhäfen zwischen Bremerhaven und Bremen gebauten und beheimateten Segelschiffe.

Deutsches Schiffahrtsmuseum, Bremerhaven

Als zentrales Schiffahrtsmuseum mit überregionaler Bedeutung wurde 1975 in einmaliger Lage am Weserufer das Museum durch den deutschen Bundespräsidenten seiner Bestimmung übergeben. Es birgt in großzügiger Anordnung neben einer Vielzahl von Modellen, Gemälden, Seekarten Ausstellungsstücke jeder Art, die die jahrhundertealte deutsche Seegeltung betreffen.

Neben einer umfangreichen Bibliothek wird in einem eigens in dem Museum hergerichteten Raum in jahrelanger Arbeit die einzige je gefundene, 1962 bei Baggerarbeiten zur Erweiterung des Hafens von Bremen entdeckte Hansekogge restauriert. In dem angegliederten Museumshafen haben eine alte Bark (»Seute Deern«), ein Hochseeschlepper, Walfangboot, ein Schnellboot des 2. Weltkrieges sowie das erste deutsche Polarforschungsschiff ihren letzten Liegeplatz gefunden.

Fockemuseum, Bremen.

Dem Bremer Landesmuseum für Kunst- und Kulturgeschichte ist eine Schiffahrtsabteilung mit sehenswerten Modellen und Gemälden der Bremer Schiffahrtsgeschichte angegliedert.

Altonaer Museum, Hamburg

2 wichtige Abteilungen dieses Museums stellen die Entwicklung der Fischerei in der Nordsee, den Bau hölzerner Segelschiffe und den Fortschritt der Handelsschiffahrt auf der Unterelbe dar. Außer einer beachtlichen Anzahl von Schiffsmodellen findet man dort nautische Instrumente, Handwerkszeuge und Segelmachereizubehör. Im Archiv befindet sich eine reichhaltige photographische Sammlung und Baupläne und eine eindrucksvolle Bibliothek, sowohl historischen wie auch Werke technischen Inhalts. Eine getrennte Sammlung zeigt Zeichnungen von etwa 40 alten Segelschiffen. Das Museum veröffentlicht ein Jahrbuch und verkauft für jede Abteilung getrennte Kataloge.

Museum für Hamburgische Geschichte, Hamburg

Ein Großteil dieses Museums ist der örtlichen Schiffahrtsgeschichte gewidmet. Es befinden sich dort etwa 80 Schiffsmodelle, ein Viertel davon Schiffe des 18. und 19. Jh., sowie eine Anzahl Dampfschiffe. Außerdem enthält die Sammlung Gemälde und Fotografien.

Kieler Schiffahrtsmuseum, Kiel

Das Museum wurde 1978 in der alten, architektonisch erhaltenswerten Fischhalle eingerichtet. Die sehenswerte Sammlung von Modellen, Bildern, Dioramen und Schaustücken der örtlichen Schiffahrts-und Werftgeschichte wird weiter ausgebaut. Angegliedert ist eine im Aufbau befindliche Bibliothek.

Deutsches Museum, München

Vorhanden sind Sammlungen über verschiedene seemännische Gebiete mit zahlreichen Modellen aller Art. Nachbildung vom Zwischendeck eines Auswandererschiffes, Batteriedeck aus dem 17. Jh. Das deutsche Unterseeboot U 1 von 1906 mit 42 m Länge im Original. Augenblicklicher Stand der Hochsee-und Flußschiffahrt.

Dänemark

Handels og Søfartsmuseet, Helsingör

Dieses Museum im Schloß Kronborg besitzt bedeutende Dokumente über Dänemarks maritime Gegenwart und Vergangenheit. Zusammen mit hervorragenden zeitgenössischen Modellen hat das Museum eine interessante Sammlung von nautischen Instrumenten und Karten wie eine Abteilung, die dem Rettungswesen auf See sowie dem Schiffbau und der Küstenschiffahrt gewidmet ist. Das Museum besitzt außerdem eine umfangreiche Bibliothek und veröffentlicht neben einem Jahrbuch auch viele Bücher über Seefahrtsgeschichte.

Wikingemuseet, Roskilde

Diese Stadt ist wahrscheinlich mehr wegen ihrer Kathedrale bekannt, in der sich die Grabdenkmäler der dänischen Könige befinden. Das Museum der Stadt verwahrt aber die Überreste von fünf Wikingerschiffen, die zwischen 1000 und 1500 zur Verteidigung einer Zufahrt zum Roskildefjord gegen Piratenüberfälle eingesetzt wurden. Die Schiffe, darunter ein Knorre genanntes Hochseehandelsschiff, sowie zwei Langschiffe aus der Wikingerzeit, wurden 1962 geborgen.

Frankreich

Musée de la Marine, Paris

Das jetzt im Palais de Chaillot befindliche Museum war ursprünglich ein Teil des Louvre. In ihm wird alles aufbewahrt, das irgendwie Bezug auf Frankreichs große maritime Vergangenheit hat. Unter den interessantesten Stücken befinden sich Rekonstruktionen der »Santa Maria« des Kolumbus und des 120-Kanonen-Dreideckers »Ocean«. Andere Modelle zeigen die »Soleil Royal« von 1690 sowie die »Royal« und die »Louis XV.«. Ebenfalls aufbewahrt wird dort die Heckverzierung der »Réale« von 1700 mit ihren vielen, Pierre Puget aus Toulon zugeschriebenen hölzernen Statuetten. Hervorragend ist auch die Sammlung von Claude Joseph Vernets (1714–1789) Bildern, die Frankreichs Häfen zeigen. Außerdem befinden sich dort Modelle von Fregatten und Schebecken, unter denen das »Dampfboot« des Jouffroy d'Abban aus dem Jahre 1782 von besonderem Interesse ist, sowie die Fregatte »Le Murion«, auf der Napoleon aus Ägypten zurückkehrte und die berühmte »Belle Poule«, auf der die sterbliche Hülle das Kaisers von St. Helena zurückgebracht wurde. Fischerei-, Fracht- und Vergnügungsfahrzeuge sind ebenfalls vertreten. Das Museum veröffentlicht monatlich ein Magazin »Neptunia« und verkauft außer einem Katalog viele maritime Veröffentlichungen.

Großbritannien

Royal Scottish Museum, Edinburgh

Die technologische Abteilung des Museums enthält eine schöne Sammlung von Kriegs- und Handelsschiffsmodellen von der Römerzeit bis zum heutigen Tage. Unter anderem befinden sich dort gute Rekonstruktionen sowohl eines ältesten schottischen Kriegsschiffes, der »Yellow Carvel« (1480) wie auch des »Great Michel« (1511). Fast alle der gezeigten Schiffe sind getakelt. Unter den neueren sind die der »D'Bataviase Eeuw«, ein holländischer Ostindienfahrer aus dem Jahr 1719, ein Linienschiff

von 1794 und eine 3mastige Sloop des Jahres 1830 zu erwähnen. Außerdem befinden sich dort Modelle von Fischerei- und Küstenfahrzeugen.

Art Gallery and Museum, Glasgow

Die maritime Sammlung umfaßt Modelle von prähistorischen Einbäumen bis hin zu den großen Überseedampfern, Frachtschiffen und Kriegsschiffen unserer Zeit. Ein besonders interessanter Abschnitt ist den Segelschiffen des 18. und 19. Jh. gewidmet. Eines der wertvollsten Modelle ist das der nach authentischen Plänen der englischen Admiralität gebaute HMS »Oxford« von 1727. Modelle der Dampfschiffe reichen von dem Raddampfer »Comet« (1815) bis zur »Empress of Britain«, während die Kriegsschiffsmodelle den Zeitraum von 1866 bis 1942 umfassen. Außerdem befinden sich dort Modelle von auf dem Firth of Clyde eingesetzten Ausflugsdampfern.

New Forest Maritime Museum, Bucklers Hard-Beaulieu, Hampshire

Dieses Museum enthält hauptsächlich Erinnerungsstücke an die Werften in diesem Gebiet. Im Master Builders House wurden Pläne und Zeichnungen der meisten englischen Kriegsschiffe gesammelt, darunter die der »Agamemnon«, die Nelson führte, bevor er Admiral wurde. Es ist dies ein zwar kleines aber anziehendes Museum, das die Atmosphäre der alten Schiffbauindustrie vermittelt.

Pickering Maritime Museum, Hull

Eine reichhaltige Sammlung von Ausrüstungsgegenständen und Anschauungsmaterial arktischer Waljagd, darunter ein Furchenwal und ein Haiskelett.

National Maritime Museum, Greenwich, London

Eines der umfassendsten und interessantesten Marinemuseen der Welt. Es besitzt eine schöne Sammlung maritimer Schätze, darunter alle Arten von Gemälden und Altertümern auf diesem Gebiet und eine Reihe von Schiffsmodellen, die nach Plänen der Admiralität und solchen, die auf den Werften des 17. und 18. Jh. benutzt wurden, hergestellt sind. Unter anderem befinden sich dort kleine Modelle der königlichen Jachten des 17. und 18. Jh., Dampfer der Viktorianischen Zeit und englische und ausländische Handelsschiffe, angefangen von den Dreimastern des 17. Jh. bis hin zu den Klippern des 19. Jh. Eine bedeutende Anzahl kleinerer Schiffsmodelle wie Hoys, Cotres, Transporter für Marinetruppen und Feuerschiffe des 18. und 19. Jh. runden die Sammlung ab. Das Museum besitzt ebenfalls eine vollständige Sammlung von Plänen und Zeichnungen der Admiralität aller von Beginn des 18. Jh. bis 1837 in England gebauter Schiffe. Zu diesen etwa 4000 vollständigen Bauunterlagen kommen noch die Baupläne der vom 19. Jh. an bis zum Ende der Segelschiffszeit gebauten Handels und Küstenschiffe. Erwähnenswert ist auch die Sammlung von Galionsfiguren an Bord des in Greenwich im Trockendock liegenden Klippers »Cutty Sark«. Die Bibliothek des Museums enthält mehr als 10 000 Manuskripte, eine schöne Sammlung von Büchern über Navigation und ein vollständiges Archiv von historischen Schiffsfotografien.

Science Museum, London

Die Seefahrtsabteilung des Science Museums enthält eine bedeutende Sammlung zeitgenössischer Modelle von Kriegsschiffen des 17., 18 und 19. Jh. Eine besondere Abteilung zeigt Fahrzeuge mit Dampf- und Maschinenantrieb. Ebenfalls vorhanden ist eine Sammlung von Miniaturschiffen. Herausgegeben hat das Museum »Sailing Ship« (Teil I. u. II), »British Fishery Boats and Coastal Craft« und »Merchant Steamers and Motor-Ships«.

Museum of Science and Engineering, Newcastle upon-Tyne

Die Stadt Newcastle ist immer noch bekannt wegen ihrer Werften und ihr Museum gibt diese Tradition wieder. Unter den Ausstellungsstücken befindet sich das Originalmodell der »Turbinia«, jenes kleinen Bootes, das 1897 mit Charles Parsons Turbine ausgerüstet wurde und damit den allein auf die Kolbenmaschine abgestimmten Schiffsantrieb grundlegend veränderte. Der Besucher wird sicher auch an den Bauplänen der »Mauretania« interessiert sein, die an der Tyne erbaut wurde und 22 Jahre lang (1907–1929) das Blaue Band für die schnellste Atlantiküberquerung hielt.

Sunderland Museum, Sunderland

Besitzt eine Sammlung von Modellen der auf den Werften in Sunderland gebauten Schiffe, darunter Segelschiffe, Dampfer, Schlachtschiffe, Rettungs- und Lotsenboote etc. Außerdem befindet sich dort ein bemerkenswertes im Fluß Wear gefundenes prähistorisches Kanu und eine Sammlung von Plänen und Fotografien von Schiffen, die in dieser Region gebaut wurden.

Whitby Museum, Whitby

Zur Sammlung gehören etwa 120 Modelle von meist englischen Werften und Schiffen in den verschiedenen Baustadien. Darunter befinden sich einige interessante Arbeitsmodelle wie der Dampfer »Whitehall«, »Beemah«, »Normandy«, »Liverpool« und »Bagdale«, wie auch Modelle der »Golden Hind«, HMS »Endeavour« und »Resolution«, des Klippers »Cutty Sark« und des Auswandererschiffes »Columbus« aus dem Jahre 1832. Eine schöne Sammlung von Knochenschiffsmodellen, darunter Linienschiffe mit 50, 64, 74 und 100 Kanonen, sowie eine Anzahl von Modellen von Rettungsbooten, Kohlenfahrern und Neufundlandschonern vervollständigen die Ausstellungsstücke.

Schwimmende englische Museen

Abgesehen von der »Cutty Sark« in Greenwich kann auch der 1843 vom Stapel gelaufene von Isambard Kingdom Brunel erbaute und in Bristol liegende Schraubendampfer »Great Britain« besucht werden; auch das bedeutendste Erinnerungsstück von allen, Nelsons in Chatham vom Stapel gelaufene, jetzt in Portsmouth im Trockendock liegende, »Victory« kann besichtigt werden. An ihrem Mast weht immer noch die Flagge Nelsons, während die Geschichte dieses berühmtesten Linienschiffes des 18. Jh. auf einer in der Nähe befindlichen Werft erläutert wird, wo eine Panorama-Darstellung die Schlacht von Trafalgar aus der Sicht des Achterdecks eines der beteiligten Schiffe darstellt.

Italien

Museo Civico Navale, Genua

Dieses Museum ist in der aus dem 16. Jahrhundert stammenden Villa Doria untergebracht und besitzt eine schöne Sammlung von Unterlagen über die Geschichte des genuesischen Handels und der Kriegsunternehmungen.

Museo Storico Navale, Venedig

Zusammen mit dem aus dem Mittelalter stammenden Arsenal bietet das Marinemuseum von Venedig (untergebracht in einem alten Getreidespeicher an der Riva deglo Schiavoni) eine Dokumentation über die berühmten Schiffe der Republik, wie auch Konstruktionseinzelheiten von Gondeln und der »Bucentaur«.

Kanada

The Maritime Museum, Vancouver

Die Geschichte der Schiffahrt und des Schiffbaues in Kanada wird anhand von Modellen, Bauplänen und anderen Dokumenten über Segel- und Dampfschiffahrt erläutert. Das Museum gibt daneben auch einige technische Veröffentlichungen heraus.

The New Brunswick Museum-Marine Gallery, Saint John, New Brunswick

Die in diesem Museum erhaltenen Modelle, Bilder und maritimen Ausstellungsstücke beziehen sich auf die Schiffahrt der Küstenprovinzen und der Bay of Fundy, wobei ein großer Teil der Dokumentation die einheimischen Fischerboote betrifft. Unter anderem befinden sich dort hervorragende Modelle des Klippers »Star of the East«, des Dreimasters »Berteaux« und der »Josephine Troop«.

Niederlande

Rijksmuseum, Amsterdam

Es ist das große Nationalmuseum des Landes, dessen überseeische Besitzungen bis in das 20. Jh. bestanden. Im Besitz dieses Museums sind einige der besten Marinebilder der Welt. Unter den seltenen Austellungsstücken befindet sich das Wappen, das das Heck der »Royal Charles« verzierte, jenes gewaltigen Linienschiffes und Stolzes der englischen Marine, das im Jahre 1666 auf der Themse weggenommen und nach Holland geschleppt wurde.

Nederlandsch Historisch Scheepvaart Museum, Amsterdam

Besitzt etwa 300 Modelle von Kriegs- und Handelsschiffen sowie kleineren Fahrzeugen, von denen 200 unter Segel dargestellt sind. Es handelt sich fast ausschließlich um holländische Schiffe des 17., 18. und 19. Jh. Vorhanden sind ebenfalls etwa 90 Pläne von Schiffen des 18. und 19. Jh., eine große Bibliothek und eine schöne Sammlung von Bauplänen und historischen Fotografien, von denen sich im Museumskatalog gute Abbildungen befinden.

Maritiem Museum Prins Hendrik, Rotterdam

Besitzt eine bedeutende Sammlung von Segelschiffsmodellen des 17. bis 19. Jh., wobei das Hauptaugenmerk auf exotische Fahrzeuge des Fernen Ostens gerichtet ist. In den Archiven sind außer Gemälden, Zeichnungen, Drucken, Seekarten, Navigations- und Beobachtungsinstrumenten und dergleichen etwa 2000 Baupläne zusammengetragen worden.

Norwegen

Bergens Sjofartsmuseum, Bergen

Vorhanden sind Modelle von Rettungsbooten, Handelsschiffen und Fischereifahrzeugen sowie eine hervorragende Gemäldesammlung, Navigationsgeräte und Pläne und Zeichnungen norwegischer Boote und Kleinfahrzeuge. Das Museum veröffentlicht ein Jahrbuch und hat einen Katalog.

Hanseatiske Museum, Bergen

Bietet eine breite Zusammenfassung über Entstehung und Wachsen des Hanse-Bundes.

Kon Tiki Museet, Oslo

Dieses bedeutende Museum gehört zu den besten der Welt und beherbergt mit Nansens »Fram«, auf der der große Forscher und Seemann zu seiner von 1893 bis 1896 dauernden Fahrt durch das Nordmeer aufbrach, und dem Balsafloß »Kon Tiki«, mit dem Thor Heyerdahl 1947 den Pazifik von Südamerika nach Polynesien überquerte, zwei der berühmtesten Schiffe der Welt.

Norsk Sjofahrtsmuseum, Oslo

Das Museum besitzt Modelle von Ruderbooten, Segelbooten und Fahrzeugen mit Maschinen wie auch von Kuttern aller norwegischen Küstenstriche. Außerdem findet man dort Zeichnungen von Galeonen, Einzelheiten von Takelungen, Konstruktionspläne und historische Fotografien ebenso wie Abteilungen, die den Polarexpeditionen, Walfang, Leuchtfeuern, Rettungswesen usw. gewidmet sind. Das Museum veröffentlicht ein Jahrbuch und verkauft in verschiedenen Sprachen gedruckte Kataloge.

Norsk Folkemuseum, Oslo

In ihm werden drei Wikingerschiffe aufbewahrt (wahrscheinlich Grabschiffe). Es handelt sich dabei um das 1867 in der Nähe von Fredrikstad entdeckte, nicht fertiggestellte Tune-Schiff, dann das 21,35 m lange Gokstadschiff, das zwar seefähig, aber ebenfalls als Grabbeigabe benutzt wurde, und schließlich das 21,5 m lange und ungefähr 5 m breite Osebergschiff, das 1903 in der Nähe von Tönsberg gefunden wurde. Diese aus dem 9. Jh. stammenden Schiffe gehören zu den bedeutendsten maritimen Funden der Archäologie.

Portugal

Museu da Marinha, Lissabon

Es ist im Jeronimos-Kloster am Ufer des Tajo untergebracht und mit einer schönen Sammlung maritimer Objekte ausgestattet. Das Museum besitzt ein großes Planetarium und eine große Sammlung portugiesischer Schiffe, Baupläne und Modelle. Ein schönes, 1788 gebautes königliches Boot in ausgezeichnetem Erhaltungszustand und noch gebrauchsfähig befindet sich ebenfalls dort und wird von der kleinen Sloop »Santa Cruz« flankiert, mit der Gago Coutinho und Sacadura Cabral 1922 ihre Atlantiküberquerung durchführten.

Schweden

Sjöfartsmuseet, Göteborg

Die große Menge Material, die in dieser Sammlung zusammengetragen wurde, illustriert das Wachsen schwedischer Seegeltung vom Anbeginn bis in unsere Zeit, wie sie im Fischfang Leuchttürmen, Aufbau der Hafenorganisationen und der Ozeanographie repräsentiert wird. Außer einem umfangreichen Katalog veröffentlicht dieses Museum neben gelegentlichen Buchausgaben ein Jahrbuch.

Marinemuseum, Karlskrona

Marinestützpunkt von Karl XI. des Jahres 1679. Karlskrona bewahrt die Baupläne und Karten von Frederick Chapman, dem großen Schiffbauer aus England, der die schwedische Marine reorganisierte und Autor der »Architecture Navalis Mercatoria« war, einer bedeutenden Abhandlung über den Bau von Segelschiffen. In der Sammlung befinden sich auch einige schöne, von König Adolf Friederich bis 1752 gesammelte Modelle, wie auch eine schöne Sammlung von Galionsfiguren aus den Jahren 1781 bis 1828.

Statens Sjöhistoriska Museet, Stockholm

Die hier befindlichen Schiffsmodelle, Gemälde, Zeichnungen und Pläne großer Handelsschiffe bilden eine interessante und homogene Sammlung, die in einem sorgfältig gemachten Katalog beschrieben und im Jahrbuch des Museums sowie zahlreichen Spezialveröffentlichungen illustriert wird. In einem besonders dafür hergerichteten Bezirk kann man das große, 1628 von Henrik Hybertson erbaute und auf ihrer Jungfernfahrt gesunkene Kriegsschiff »Wasa« besuchen.

Spanien

Museo Maritimo, Barcelona

Die Ausstellungsstücke dieser Sammlung befinden sich in Räumen, in denen im Mittelalter die königliche Marine- und Artilleriezeugkammer untergebracht war. Heute werden dort hauptsächlich Erzeugnisse spanischer Werften gezeigt. Unter den Werftmodellen befindet sich ein wahrhaftig königliches Fahrzeug. Es stellt ein im 18. Jh. in Cartagena gebautes Linienschiff mit 74 Kanonen dar.

Museo Naval, Madrid

Die Sammlungen sind im spanischen Admiralitätsgebäude untergebracht und bestehen aus Modellschiffen, Gemälden und Porträts berühmter Befehlshaber. Ein aus dem 17. Jh. stammendes Banner des Generalkapitäns der Galeeren bedeckt eine ganze Wand eines der großen Räume des Museums.

UdSSR

Zentrales Marinemuseum, Leningrad

Das sowjetische Marine-Museum befindet sich in diesem Gebäude, dessen 70 m hoher Turm in einer Spitze endet und an ein Schiff erinnert. Im Museum befindet sich die Sammlung Peters des Großen, eines großen Liebhabers aller maritimen Dinge, außerdem ein schönes von dem Zaren benutztes Segelboot und der vollständige Rumpf eines Versuchsunterseebootes des 19. Jh. Der Kreuzer »Aurora«, der mit seinem Schuß die Bolschewistische Revolution einleitete, hat seinen Liegeplatz an der Newa und wird jedes Jahr von Tausenden von Menschen besucht.

USA

Marine Historical Association, Mystic Seaport, Connecticut

Hier befindet sich eine Sammlung amerikanischer Segel- und Dampfschiffe sowie ein Gloucesterschoner und Fischerboote und typisch örtliche Fahrzeuge. Das Museum besitzt auch Arbeiten des französischen Marinemalers Roux.

Old Dartmouth Historical Society und Jonathan Bourne Whaling Museum, New Bedford, Massachusetts

Bietet eine ausgezeichnete Sammlung über die Walfangaktivitäten Neuenglands. Man findet dort Modelle von Walbooten, Fischfangausrüstungen, Lote, Scrimshaws und andere von den Walfängern selbst hergestellte oder gesammelte Objekte. Unter den Modellen befinden sich ein englischer Kutter sowie ein als Schoner getakelter Klipper. Ein großer Raum enthält ein in halber natürlicher Größe hergestelltes Modell des Walfängers »Laconda«. Das Museum veröffentlichte einige technische Werke.

The Mariners Museum, Newport News, Virginia

Dieses Museum besitzt in der ganzen Welt zusammengetragenes bedeutendes maritimes Material verschiedenster Art und ein Archiv der interessantesten fotografischen Sammlungen über dieses Gebiet. Ausgestellt sind weiterhin Gemälde, Drucke, kleine Modelle und schöne Indianerkanus. Außerdem gibt das Museum einige technische Werke und einen Katalog heraus.

The Peabody Museum, Salem, Massachusetts

Die Sammlung dieses Museums umfassen hauptsächlich die Segelschiffe von Salem und Neuengland im allgemeinen. Weiter befinden sich dort Modelle von Kuttern und Handelsschiffen zusammen mit Walfangausrüstungen, nautischen Instrumenten und Karten, Bauplänen und Werken des französischen Marinemalers Roux. Das Museum gibt gelegentlich Veröffentlichungen und »The American Neptune«

heraus, eine vierteljährlich erscheinende Zeitschrift über maritime Geschichte.

The Maritime Museum, San Francisco, Kalifornien

Die Sammlungen dieses Museums behandeln hauptsächlich Tradition und Geschichte der modernen Seefahrt, besonders des pazifischen Raumes. Es befinden sich dort vollständige und perfekt mit Segeln ausgerüstete Modelle großer Rahsegler, darunter das in Hamburg gebaute Fünfmast-Vollschiff »Preußen«. Vorhanden sind weiter Gemälde, Navigationsinstrumente, Drucke und Baupläne sowie eine ausgezeichnete Bibliothek und eine umfangreiche Sammlung von Fotografien. In der Nähe des Museums ist der vollständig restaurierte eiserne Dreimaster »Balklutha« in der Bucht von San Francisco verankert. Veröffentlicht wird von dem Museum das Magazin »Sea Letters«.

Penobscot Marine Museum, Searsport, Maine

Es enthält eine kleine aber hervorragende Sammlung von Seestücken des Malers Roux und anderen, sowie Modelle und Pläne von an der Küste Maines gebräuchlichen Fahrzeugen.

Truxtun Decatur Naval Museum, Smithsonian Institution, Washington, D.C.

Die Seefahrtsabteilung besitzt eine große Sammlung amerikanischer Schiffsmodelle, darunter kleine Boote, Fischereischoner, Lotsenboote und Klipper, und außerdem eine schöne Auswahl von Plänen und Handelsschiffsentwürfen. Ein sehr ausführlicher Katalog, »The National Watercraft Collection«, zeigt einen umfassenden Überblick über die Sammlungen dieses Museums, zu denen auch Modelle der ersten Wikingerschiffe an der amerikanischen Küste und eine Rekonstruktion von Kolumbus' »Santa Maria« gehören.

United States Naval Academy Museum, Annapolis, Maryland

In dem Museum befinden sich mehr als 20 000 Einzelstücke, die für die Geschichte der US-Marine von Bedeutung sind, darunter die Rogers-Sammlung von Admiralitätsmodellen. Außerdem steht dort der Tisch des amerikanischen Schlachtschiffes »Missouri«, an dem zum Ende des 2. Weltkrieges Japans Kapitulation unterzeichnet wurde, sowie eine gute Sammlung von Galionsfiguren. In der Krypta der Kapelle der Akademie ist John Paul Jones, der Seeheld der Amerikanischen Revolution bestattet.

United States Navy Memorial Museum, Washington, D.C.

Dieses Museum war einstmal das Lagerhaus der Verschlußstücke von Hinterladergeschützen und beherbergt heute eine große Sammlung nautischer Modelle und Ausstellungsstücke, die den Ablauf der Entwicklung in der amerikanischen Marine von ihrer Gründung bis zum heutigen Tag erläutern. Ein Diorama stellt den Kampf von John Paul Jones mit der englischen Fregatte »Serapis« dar. Ein weiteres Ausstellungsstück ist das im Bürgerkrieg eingesetzte Unterseeboot »Turtle«.

Amerikanische schwimmende Museen

In einer Umgebung, die in ihrem Aussehen an die Tage früherer amerikanischer Fischereiaktivitäten erinnert, kann man in Mystic Seaport in Connecticut den Walfänger »Charles Morgan« und sieben andere Schiffe betrachten.

Im Hafen von Plymouth befindet sich die Rekonstruktion der »Mayflower«, mit der Kapitän Alan Villiers und 33 Freiwillige die im 17. Jh. stattgefundene Reise der Pilgerväter nachvollzogen.

Drei vollkommen wiederhergestellte Segelschiffe hat Jamestown in Virginia aufzuweisen. Es sind die »Susan Constant«, die »Godspeed« und die »Discovery«, die die ersten ständigen Siedler im Jahre 1607 nach Amerika brachten. In Boston befindet sich die berühmte 1794 erbaute Fregatte »Constitution«. Andere berühmte Schiffe der Vergangenheit finden sich in Baltimore, darunter die »Constellation« aus der gleichen Zeit wie die »Old Ironsides« (wie die »Constitution« auch genannt wurde) und die Brigg »Niagara«, die in dem ruhmreichen Gefecht auf dem Eriesee am 10. September 1813 unter dem Kommando von Oliver Hazard-Perry stand. Amerika erhält auch moderne Schiffe, darunter das 45 000-t-Schlachtschiff »Massachusetts« an einem Liegeplatz der State Pier in Norfolk, Virginia, dann die »North Carolina«, ein anderes bedeutendes Schiff des 2. Weltkriegs, die heute in Wilmington liegt und das 1914 vom Stapel gelaufene Schlachtschiff »Texas« in Houston Ship Canal; und schließlich die Reste des am 7. Dezember 1941 bei Pearl Harbor versenkten Schlachtschiffes »Arizona«.

Die letzten großen noch schwimmenden Segelschiffe

Land	Name	Typ	BRT oder Wasserverdrängung	Jahr u. Ort des Stapellaufs	letzte Reise	Aufgabe
ÄGYPTEN	El Faroukieh	Dreimastbark	930	1874 Glasgow	1929	stationäres Schulschiff
ARGENTINIEN	Libertad	Vollschiff	3.765	1956 Rio Santiago	noch i. Fahrt	Schulschiff
	Presidente Sarmiento	Vollschiff	2.860	1897 Birkenhead	1961	Museumsschiff
BELGIEN	Mercator	Schoner	770	1932 Leith	1963	Schulschiff
BRASILIEN	Albatros	Dreimastschoner	100	1920 USA	noch i. Fahrt	Schulschiff
	Almirante Saldanha	Viermast-Toppsegelschoner	3.189	1933 Barrow	1964	abgetakelt als M.S. für ozeanographische Forschung genutzt
	Custodio de Mello	Schoner	–	– USA	–	Schulschiff
BRD	Gorch Fock	Dreimastbark	1.760	1958 Hamburg	noch i. Fahrt	Schulschiff
	Nordwind	Ketsch	112	1944 Bremen	noch i. Fahrt	Schulschiff
	Passat	Viermastbark	3.182	1911 Hamburg	1957	Museumsschiff
	Schulschiff Deutschland	Vollschiff	1.257	1927 Bremerhaven	1944	stationäres Schulschiff
	Seute Deern	Dreimastbark	767	1919 Gulfport	1944	Museumsschiff u. Restaurant
	Seute Deern II	Ketsch	425	1939 Svendborg	noch i. Fahrt	Schulschiff
BULGARIEN	Assen	Schoner	240	1912 –	noch i. Fahrt	Schulschiff
	Burgas	Schoner	240	– –	noch i. Fahrt	Schulschiff
	Kamcia	Schoner	240	– –	noch i. Fahrt	Schulschiff
CHILE	Esmeralda	Viermastschoner	3.500	1952 Cadiz	noch i. Fahrt	Schulschiff
	General Baquedano	Vollschiff	2.500	1898 England	1951	Schulschiff
DÄNEMARK	Arken	Zweimast-Toppsegelschoner	120	1908 Brittany	1939	stationäres Schulschiff
	Danmark	Vollschiff	790	1932 Dänemark	noch i. Fahrt	Schulschiff
	Georg Stage	Vollschiff	298	1935 Frederikshavn	–	Schulschiff
	Jylland	Dreimaster	2.450	1862 Kopenhagen	1892	schwimmendes Museum
	Lilla Dan	Galiot	95	1950 Svendborg	noch i. Fahrt	Schulschiff
DDR	Wilhelm Pieck	Brigantine	290	1950 Warnemünde	noch i. Fahrt	Schulschiff
DOMINIK. REPUBLIK	Duarte	Schoner	170	1943 –	noch i. Fahrt	Schulschiff
	Patria	Viermaster	3.077	1931 Kiel	noch i. Fahrt	Schulschiff
FINNLAND	Pommern	Viermastbark	2.376	1903 Glasgow	1939	Museumsschiff
	Suomen Joutsen	Vollschiff	2.266	1902 St. Nazaire	1955	stationäres Schulschiff
FRANKREICH	Duchesse Anna	Vollschiff	1.260	Geestemünde	1939	Wohnschiff
	La Belle Poule	Zweimast-Toppsegelschoner	227	1932 Fécamp	noch i. Fahrt	Schulschiff
	Le Dauphin	Ketsch	–	1954 –	–	Schulschiff
	Le Mutin	Schoner	–	– –	–	
	L'Etoile	Zweimast-Toppsegelschoner	227	1932 Fécamp	noch i. Fahrt	Schulschiff
	La Zélée	–	–	– –	noch i. Fahrt	Schulschiff
GRIECHENLAND	Eugene Eugenides	Dreimast-Toppsegelschoner	636	1929 Dumbarton	noch i. Fahrt	Schulschiff
GROSSBRITANNIEN	Cutty Sark	Vollschiff	963	1869 Dumbarton	1922	schwimmendes Museum
	Malcolm Miller	Dreimast-Toppsegelschoner	281	1968 Aberdeen	noch i. Fahrt	Schulschiff
	Prince Louis II	Dreimastschoner	160	1944 Svendborg	noch i. Fahrt	Schulschiff
	Victory	Linienschiff 1. Ordnung		1765 Chatham	1813	Museum
	Sir Winston Churchill	Dreimast-Toppsegelschoner	281	1966 Hessle	noch i. Fahrt	Schulschiff
	Worcester	Linienschiff 1. Ordnung	5.480	–	–	als stationäres Schulschiff erbaut, noch in Betrieb
INDONESIEN	Dawarutji	Barkentine	886	1953 Hamburg	noch i. Fahrt	Schulschiff
ITALIEN	Amerigo Vespucci	Vollschiff	3.550	1931 Castellammare	noch i. Fahrt	Schulschiff
	Ebe	Ketsch	100	1924 –	noch i. Fahrt	Schulschiff
	Giorgio Cini	Barkentine	562	1896 Nantes	noch i. Fahrt	Schulschiff
	Palinuro	Barkentine	858	1934 Nantes	noch i. Fahrt	Schulschiff
	San Giorgio	Dreimastschoner	90		–	–
JAPAN	Kaiwo Maru	Viermastbark	2.286	1930 Kobe	noch i. Fahrt	Schulschiff
	Meji Maru	Vollschiff	1.038	1874 Glasgow	1897	Museumsschiff
	Nippon Maru	Viermastbark	2.286	1930 Kobe	noch i. Fahrt	Schulschiff
	Unyo Maru	Dreimastbark	448	1909 Japan	um 1930	Museumsschiff
JUGOSLAWIEN	Jadran	Dreimast-Toppsegelschoner	700	1931 Kiel	noch i. Fahrt	Schulschiff
	Villa Velebita	Brigantine	257	1908 Kiel	–	Schulschiff
KANADA	Bluenose II	Zweimast-Gaffelschoner	285	1963 Kanada	noch i. Fahrt	Schulschiff
	Harelda	Dreimastschoner	30	– –	noch i. Fahrt	Schulschiff
	St. Lawrence II	Brigantine	34	1953 Kanada	noch i. Fahrt	Schulschiff
KULUMBIEN	La Atrevida	Ketsch			noch i. Fahrt	Schulschiff
NIEDERLANDE	Albatros	Schoner	93	1920 Holland	noch i. Fahrt	Schulschiff
	Pollux	Dreimastbark	747	1940 Amsterdam	–	als stationäres Schulschiff gebaut
	Urania	Ketsch	38	1928 Haarlem	noch i. Fahrt	Schulschiff

Die letzten großen noch schwimmenden Segelschiffe

Land	Name	Typ	BRT oder Wasser-verdrängung	Jahr u. Ort des Stapellaufs	letzte Reise	Aufgabe
NORWEGEN	Christina Radich	Vollschiff	696	1937 Sandefjord	noch i. Fahrt	Schulschiff
	Sorlandet	Vollschiff	568	1927 Kristiansand	noch i. Fahrt	Schulschiff
	Statsraad Lehmkuhl	Dreimastbark	1.701	1914 Bremerhaven	noch i. Fahrt	Schulschiff
PANAMA	Wandia	Dreimastschoner	–	– –	1966	aufgelegt
POLEN	Dar Pomorza	Vollschiff	1.561	1909 Hamburg	noch i. Fahrt	Schulschiff
	Henryk Rutkowski	Ketsch	70	1944 Deutschland	noch i. Fahrt	Schulschiff
	Iskra	Dreimast-Gaffelschoner	500	1917 Holland	noch i. Fahrt	Schulschiff
	Janek Krasicki	Zweimast-Gaffelschoner	70	1945 Newg Warpno	noch i. Fahrt	Schulschiff
	Lwow	Vollschiff	1.200	1869 Birkenhead	1929	stationäres Schulschiff
	Marius Zaruski	Ketsch	71	1939 –	noch i. Fahrt	Schulschiff
	Zawisza Czarny II	Dreimast-Stagsegelschoner	164	1952 Gdingen	noch i. Fahrt	Schulschiff
	Mloda Gwardia	Dreimastschoner	120	1939	noch i. Fahrt	Schulschiff
	Zwe Morza	Zweimast-Gaffelschoner	70	1945 Dziwnow	noch i. Fahrt	Schulschiff
PORTUGAL	F. de Gloria	Vollschiff	1.600	1857 Indien	–	Schulschiff
	Sagres II	Dreimastbark	1.869	1937 Hamburg	noch i. Fahrt	Schulschiff
	Santo Andre	Dreimastbark	3.067	1896 Bremerhaven	1962	Depotschiff
RUMÄNIEN	Mircea	Dreimastbark	1.760	1938 Hamburg	noch i. Fahrt	Schulschiff
SCHWEDEN	Af Chapman	Vollschiff	1.425	1888 Whitehaven	1937	Jugendherberge
	Albatros	Viermast-Motorschoner	1.049	1942 Schweden	noch i. Fahrt	Schulschiff
	Elida	Ketsch	80	– Schweden	noch i. Fahrt	–
	Falken	Zweimast-Gaffelschoner	220	1946 Schweden	noch i. Fahrt	Schulschiff
	Gerda	Brigg	234	1869 Gävle	1931	Museumsschiff
	Gladan	Zweimast-Gaffelschoner	220	1947 Schweden	noch i. Fahrt	Schulschiff
	Jarramas	Vollschiff	350	1900 Karlskrona	1946	Museumsschiff
	Lys	Ketsch	–	– Schweden	noch i. Fahrt	Schulschiff
	Naiaden	Dreimaster	350	1897 Karlskrona	1939	Museumsschiff
	Viking	Viermastbark	2.952	1906 Kopenhagen	1947	stationäres Schulschiff
SPANIEN	Baleares	Brigantine	607	1919 Majorka	–	Schulschiff
	Cruz del Sur	Dreimastschoner	220	1945 Spanien	noch i. Fahrt	Schulschiff
	Estrella Polar	Schoner	144	1939 Dänemark	noch i. Fahrt	Schulschiff
	Galatea	Dreimastbark	2.800	1896 Glasgow	noch i. Fahrt	Schulschiff
	Juan Sebastian d'Elcano	Viermast-Toppsegelschoner	3.750	1927 Cadiz	noch i. Fahrt	Schulschiff
UdSSR	Krusenstern	Viermastbark	3.545	1926 Wesermünde	noch i. Fahrt	Schulschiff
	Sedow	Viermastbark	3.476	1921 Kiel	noch i. Fahrt	Schulschiff
	Johnsen	Dreimaster	1.510	1933 Hamburg	noch i. Fahrt	Schulschiff
	Towarisch	Dreimastbark	1.392	1933 Hamburg	noch i. Fahrt	Schulschiff
	Alpha	Barkentine	322	1948 Finnland	noch i. Fahrt	Schulschiff
	Kapella	Barkentine	322	1948 Finnland	noch i. Fahrt	Schulschiff
	Junga	Brigantine	300	1948 Finnland	noch i. Fahrt	Schulschiff
	Kodor	Dreimastschoner	339	1951 Finnland	noch i. Fahrt	Schulschiff
	Sekstan	Barkentine	322	1948 Finnland	noch i. Fahrt	Schulschiff
	Tropic	Barkentine	322	1948 Finnland	noch i. Fahrt	Schulschiff
	Vega	Brigantine	300	1948 Finnland	noch i. Fahrt	Schulschiff
	Zenith	Brigantine	300	1948 Finnland	noch i. Fahrt	Schulschiff
	Praktika	Schoner	300	1948 Finnland	noch i. Fahrt	Schulschiff
	Utscheba	Schoner	300	1948 Finnland	noch i. Fahrt	Schulschiff
	Zariza	Schoner	300	1948 Finnland	noch i. Fahrt	Schulschiff
	Ex-Christoforo-Colombo	Vollschiff	2.787	1928 Castellammare	noch i. Fahrt	Schulschiff
URUGUAY	Aspirante	Dreimastschoner	250	1919 –	–	Schulschiff
USA	Balclutha	Vollschiff	1.689	1886 Glasgow	1933	Museumsschiff
	Black Pearl	Brigantine	27	1951 Wickford	noch i. Fahrt	Schulschiff
	Brilliant	Schoner	30	1932 USA	noch i. Fahrt	Schulschiff
	Charles W. Morgan	Vollschiff	313	1841 New Bedorf	1921	Museumsschiff
	Eagle	Dreimastbark	1.809	1936 Hamburg	noch i. Fahrt	Schulschiff
	Emery Rice	Dreimaster	1.261	1876 USA	1944	Museumsschiff
	Falls of Clyde	Vollschiff	1.741	1878 Glasgow	1922	Museumsschiff
	Freedom	Dreimastschoner	100	1931 USA	noch i. Fahrt	Schulschiff
	Joseph Conrad	Vollschiff	203	1882 Kopenhagen	1945	Museumsschiff
	L.A. Dunton	Dreimastschoner	–	–	–	Museumsschiff
	Mariner	Yawl	30	1950 USA	noch i. Fahrt	Schulschiff
	Royono	Yawl	30	1936 USA	noch i. Fahrt	Schulschiff
	Peking	Viermastbark	3.100	1911 Hamburg	1932	Museumsschiff

Schulschiffe

Im Zeitalter der Segelschiffe lernten die Seeleute ihr Handwerk an Bord. Seit Einführung des Dampfantriebs hat der technische Fortschritt bis in unsere Zeit jedoch radikale Veränderungen in der Berufsausbildung gebracht, die heutzutage in Schulen an Land beginnt und dann auf Schulschiffen fortgesetzt wird. Dabei wird Segelschiffserfahrung immer noch als ein wichtiger Teil der Ausbildung angesehen.

Fast alle großen Flotten der Welt benutzen zu Ausbildungszwecken noch Segelschiffe. Trotz seiner langen Segelschiffstradition bildet England dabei die einzige Ausnahme. Die sowjetische Marine dagegen, die niemals ein eigenes Schulschiff gebaut hat, besitzt heute einige der besten Ausbildungsschiffe der Welt. Sie machten nach dem 2. Weltkrieg einen Teil der Reparationsleistungen aus, wie die »Towarisch« (die alte deutsche »Gorch Fock«), die italienische »Colombo«, die Viermastbark »Krusenstern« (exdeutsche »Padua«) und die Viermastbark »Sedow« (exdeutsche »Kommodore Johnsen«).

»Libertad« – Argentinien. Ein 1956 vom Stapel gelaufenes, 3765 BRT großes Vollschiff. Länge 94,2 m; Geschwindigkeit mit Maschinenantrieb 13,5 kn. Ausgerüstet mit 1×7,6-cm- und 4×4-cm-Fla-Geschützen.

»Dar Pomorza« – Polen (ex »Prinz Eitel Friederich«). Ein 1909 vom Stapel gelaufenes 1561 BRT großes Vollschiff. Länge 74 m. Mit einer Hilfsmaschine ausgerüstet.

»Amerigo Vespucci« – Italien. 1931 vom Stapel gelaufen. Eiserne, 3550 BRT große, vollgetakelte Fregatte. Länge 83 m; Segelfläche 2100 qm; Geschwindigkeit unter Maschinenkraft 10,5 kn.

»Gorch Fock« – BRD. Eine 1958 vom Stapel gelaufene Bark von 1760 BRT. Länge 81,3 m; Segelfläche 1964 qm; Geschwindigkeit unter Maschinenkraft 10 kn.

»Sagres« – Portugal. Dahinter verbirgt sich das 1937 vom Stapel gelaufene, 1869 BRT große ehemalige deutsche Schulschiff »Horst Wessel«.

»Juan Sebastian d'Elcano« – Spanien. 1927 vom Stapel gelaufener 3750 BRT großer Viermast-Toppsegelschoner. Länge 94,1 m. Geschwindigkeit unter Maschinenkraft ungefähr 9 kn.

»Esmeralda« – Chile. Ein 1952 vom Stapel gelaufener 3500 BRT großer Viermastschoner; Länge 94 m; Geschwindigkeit unter Maschinenkraft 12 kn.

»Almirante Saldanha« – Brasilien. Ein 1933 vom Stapel gelaufener 3189 BRT großer Viermast-Toppsegelschoner. Länge 94 m; Geschwindigkeit unter Maschinenantrieb 11 kn; mit 4×10,2-cm-Geschützen ausgerüstet.

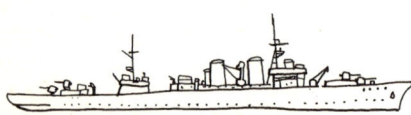

»Oka« – Sowjetunion. Eine 1896 vom Stapel gelaufene und 1937 modernisierte ehemalige kaiserliche Yacht von 5980 BRT. Länge 124 m. Umgebaut z. Ausbildungsschiff (Minenleger).

»Alvsnabben« – Schweden. Vom Stapel gelaufen 1943. Wasserverdrängung 4250 t; Länge 102 m. Bewaffnung 2×15,2-cm-Geschütze und weitere Bewaffnung. Geschwindigkeit 14 kn.

»Deutschland« – BRD. Ein 1960 vom Stapel gelaufenes, 4880 BRT großes Ausbildungsschiff. Länge 138 m; Bewaffnung 4×10-cm-Geschütze und 4 Torpedorohre. Geschwindigkeit 22 kn.

Yachten

Der Ausdruck Yacht leitet sich aus dem holländischen Jacht her, worunter man ein Schiff zum Jagen verstand. Ursprünglich setzte man das holländische Jachtschiff zur Verfolgung von Piraten ein. Das Yachtsegeln als sportliche Betätigung dürfte mit der »Mary«, einer typischen holländischen Yacht von etwa 100 t, begonnen haben, die Amsterdam von der Ostindischen Company als Geschenk für König Karl II. von England kaufte. Nach der »Mary« folgte ein Jahr später (1661) noch die kleinere kuttergetakelte »Bezan«. Als Karl II. seinen Thron wiedererlangte, verlor er keine Zeit, seiner Passion zur See nachzugehen und seine Schiffbauer zu beschäftigen. War er einer Yacht überdrüssig, übergab er sie der Royal Navy als Fahrzeug für die Küstenwache. Eine seiner Yachten, die 25 Tonnen große »Jamie« war es auch, die die erste Regatta der Geschichte gewinnen konnte. 1662 gewann sie ein Rennen gegen die in Holland gebaute Yacht des Herzogs von York, einem Bruder des Königs.

Andere Liebhaber von Yachten waren Peter der Große von Rußland und Ludwig der XIV. von Frankreich. Aristokraten und begüterte Männer begründeten die ersten »Yachtclubs«, zu denen auch die 1775 vom Herzog von Cumberland gegründete »Cumberland Fleet« gehörte. Der erste nautische Klub war der 1720 in Cork ins Leben gerufene »Water Club«. Die nautische Einrichtung aber, die zum Modell aller Yachtclubs der Welt wurde, war das 1812 in Cowes auf der Insel Wight gegründete »Royal Yacht Squadron«, aus dem später der »Royal Yacht Club« hervorging.

Nachdem der amerikanische Schoner »America« 1851 eine Regatta um die Insel Wight gewonnen hatte, begann man der Konstruktion von Vergnügungsyachten mehr Aufmerksamkeit zuzuwenden. Dabei benutzte man den Rumpf des amerikanischen Schoners als Modell für neue und schnellere Fahrzeuge, während seine Takelung bestimmend für die Segelführung einer ganzen Epoche wurde. Obwohl der Yachtsport immer noch ein Sport reicher Leute blieb, verbreitete er sich bald in den Vereinigten Staaten, im Mittelmeer, der Ostsee, Australien und Neuseeland.

Mit Einführung des Dampfantriebs rüstete man auch Yachten mit Hilfsmaschinen aus. Recht populäre Sportfahrzeuge wurden die Kutter. Der berühmteste Kutter war die 1890 von G. L. Watson für den zukünftigen König Eduard VII. von England entworfene »Britannia«. Die »Britannia« wurde dann von Georg V. übernommen und nahm an 624 Regatten teil, wobei das Schiff 360 Preise gewinnen konnte. Als Georg V. starb, versenkte man den königlichen Kutter 1936 vor Cowes. Das Ende der »Britannia« kennzeichnete auch das Ende des Kutters als Regattaboot, insbesondere wie sich neue Typen – Sloops, Ketsch und Yawl – zunehmender Beliebtheit unter den Sportseglern erfreuten. Besonders in den USA, Frankreich und Italien fanden bald auch Motorboote große Verbreitung.

Seine heutige Struktur erhielt der Yachtsport mit der Einführung verschiedener Bootsklassen bei den Rennyachten. Moderne Segelboote besitzen eine sehr fortschrittliche Konstruktion sowie eine ausgefeilte Takelung. Zu den aufwendigsten Sportbooten gehören die Boote der internationalen 12-Meter-Klasse, die heute die Rennen um den America Cup unter sich austragen.

Die Segelei findet ebenso wie das Motorbootfahren als Sport eine immer größere Verbreitung. Dabei bedient man sich neuer Werkstoffe wie Fiberglass für die Rümpfe und synthetische Fasern für die Herstellung von Segeln. Steigender Beliebtheit erfreuen sich auch die Katamarane mit ihren Doppelrümpfen, sowie Trimarane. Heute gibt es international beschickte Hochseeregatten, von denen einige eine noch vor wenigen Jahrzehnten unvorstellbare Bedeutung und Interesse gewonnen haben.

Einer besonderen Erwähnung bedürfen die Einhandregatten. Sie erfordern großen Mut und eine bis ins kleinste gehende technische Vorbereitung. Vorläufer der Einhand-Segelei war J. M. Crenston. 1849 segelte er von New Bedford, Massachusetts mit dem 12 m langen Kutter »Tocca« nach San Francisco. Nachfolger waren Johnson, B. Gilboy und der berühmteste Einhandsegler seiner Zeit, Joshua Slocum. Im Alter von 51 Jahren unternahm Slocum als erster Mensch mit der etwa 11 m langen »Spray« die erste Einhandweltumsegelung. Sein einziges Navigationsinstrument war ein alter Blechwecker. Heute unterstützt die Zeitung »London Observer« eine Einhandtransatlantikregatta. Bei der Einhandsegelei werden fast ausschließlich für den besonderen Zweck hergerichtete Serienboote benutzt, von Sportleuten, die damit die große Tradition der Segelschiffe am Leben erhalten.

Eine holländische Yacht aus dem 17. Jh. Die schnelle »Yacht« war ein kleines, elegantes und leicht zu handhabendes Fahrzeug mit geringer Segelfläche und anhebbaren Seitenschwertern. Der Schiffstyp wurde in Holland entwickelt und anfangs als Handelssegler in den heimischen Gewässern auf den Kanälen und vor der Küste benutzt, bevor man ihn später zu einem Luxusfahrzeug umwandelte.

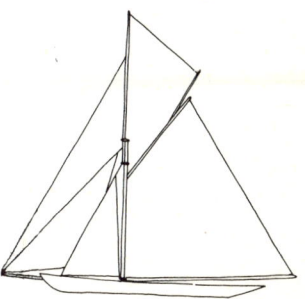

»Britannia« – Die englische königliche Yacht, die 1890 für den zukünftigen König Eduard VII. erbaut wurde.

»Shamrock IV« – Sie gehörte dem berühmten englischen Tee-Magnaten Sir William Lipton, dem englischen Mitbewerber im Rennen um den »America Cup« 1920.

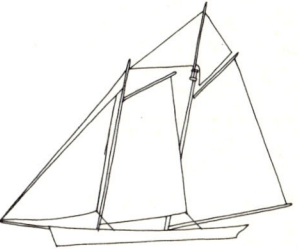

»America« – War ein 1851 für Commodore Stevens, den Gründer des New Yorker Yachtclubs, erbauter amerikanischer Schoner, der an dem von englischen Sportsleuten organisierten sogenannten »The One Hundred Guniea Cup« um die Insel Wight teilnehmen sollte. Die »America« gewann das Rennen, das heute immer noch von der internationalen 12-Meter-Klasse ausgetragen und als das bedeutendste Yachtrennen der Welt angesehen wird.

»Britannia« – Die 1954 erbaute Staatsyacht der englischen königlichen Familie.

»Romantica« – Eine amerikanische Motoryacht mit allem Komfort und den erstklassigen See-Eigenschaften eines kleinen Kreuzfahrtenschiffes.

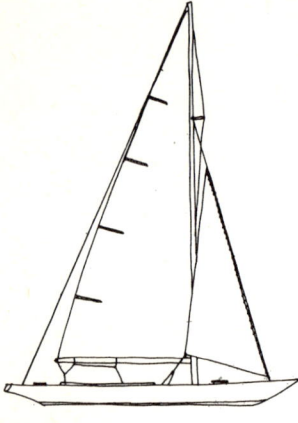

Die internationale 12-Meter-Klasse. – Zu ihnen gehören die modernen Regatta-Yachten, die heutzutage das Rennen um den »America-Cup« austragen.

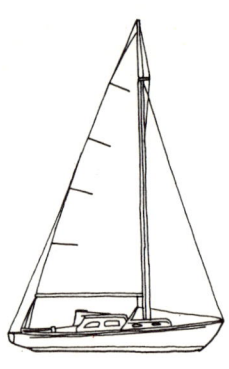

Triton – Tourenyacht mit Kabine.

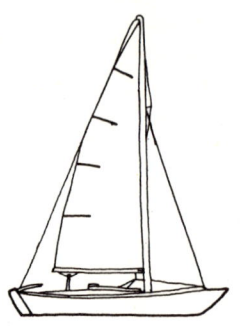

Folkboot – Ein schwedischer Bootstyp für Touren- und Regattasegelei.

Ketsch – Eine Touren- und Regattayacht, die ihren Namen nach der Takelung und dem hinter dem Besanmast aufgestellten Ruder erhalten hat.

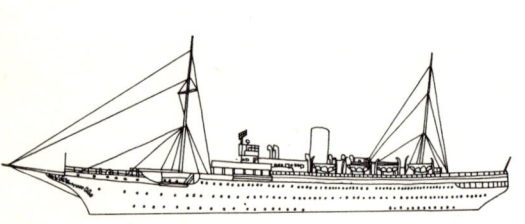

»Victoria and Albert« – Die 1899 erbaute englische Königsyacht. Sie erinnert an die letzten großen Segelschiffe.

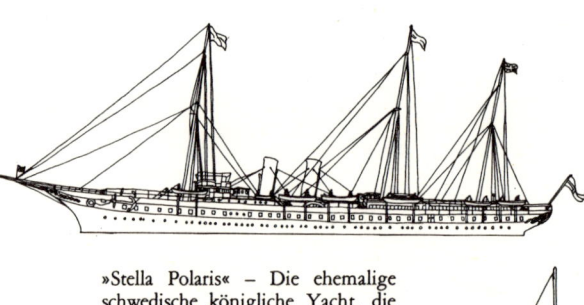

»Stella Polaris« – Die ehemalige schwedische königliche Yacht, die heute als Kreuzfahrtschiff auf den nördlichen Meeren eingesetzt wird.

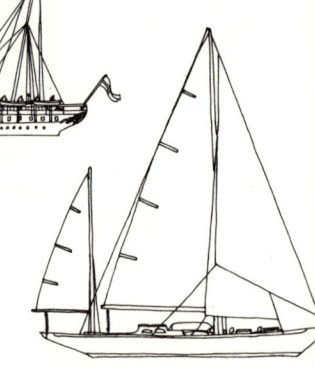

Yawl – Eine Touren- und Regattayacht wie die Ketsch, nur ist das Ruder hier zwischen den Masten angebracht.

Die Einhandsegler

»Spray« – Joshua Slocum war der erste Mensch, der allein um die Welt segelte. Sein Boot, die »Spray«, war eine 11 m lange Yawl.

»Islander« – Dieses 10,5 m lange Vergnügungsfahrzeug war das erste seiner Art, das zweimal die Welt umsegelte, und zwar 1921 1925 und 1932–1937 nur mit dem Amerikaner Harry Pidgeon an Bord. Die Fahrt führte von Los Angeles über die Torresstraße zum Kap der Guten Hoffnung und durch den Panamakanal zurück nach Los Angeles.

»Lehg II« – Dieses Fahrzeug war das erste Vergnügungsfahrzeug, das mit dem Argentinier Vito Dumas an Bord eine Weltumsegelung via Kap Hoorn durchführte.

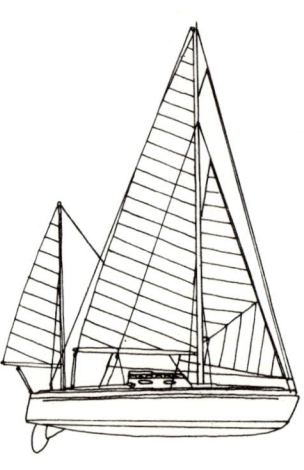

»Trekka« – Mit dieser kleinen, nur 6,25 m langen Yawl segelte John Guzzwell, einer der jüngsten Einhandsegler, 1956–1959 von Victoria – San Francisco – Honolulu – Samoa – Neuseeland – Sydney – Durban – Panama – Galapagos – Hawaii – Vancouver. In Neuseeland hatte er die Reise für 2 Jahre unterbrochen.

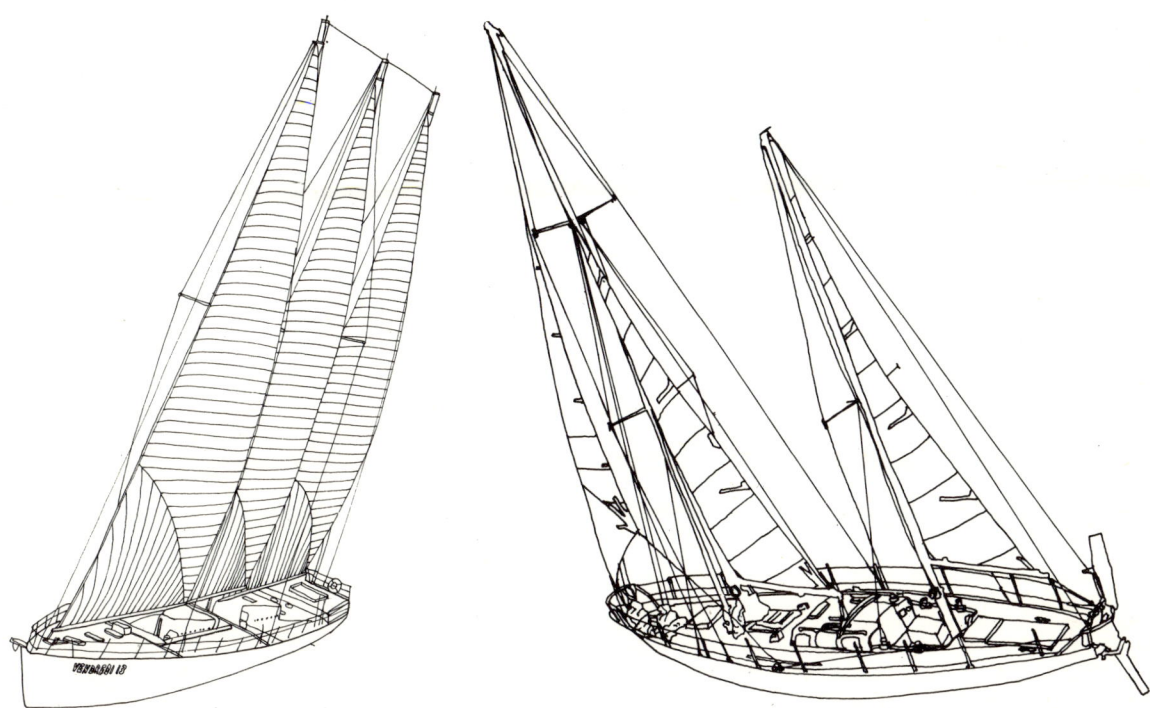

»Vendredi 13« – Das Boot ist eine der größten, je von einem Mann gesegelten Yachten. Bei der vierten Ostar (Observer Single-handed Transatlantic Race) wurde Jean Yves Terlain mit diesem ungewöhnlichen Dreimastschoner, der mit insgesamt 360 qm Segelfläche an 3 mit Bäumen versehenen Stagsegeln getakelt war, Zweiter. Das 1972 aus Fiberglass erbaute Boot ist 39,1 m lang und 5,8 m breit. Tiefgang 3,5 m; Länge der Masten 25 m.

»Gipsy Moth IV« – Mit dieser 17 m langen Ketsch segelte Sir Francis Chichester 1966–1967 von Plymouth aus – via Kap der Guten Hoffnung nach Australien und zurück um Kap Hoorn – um die Welt, mit einem einzigen Aufenthalt in Sydney.

»Manureva I« – Diese größte Rennyacht wurde von Michel Bigoin für das Observer Einhand-Atlantikrennen gebaut. 1976 wurde das Schiff unter seinem ursprünglichen Namen »Club Méditerranée« von dem Franzosen Alain Colas gesegelt, der das Rennen 1974 gewonnen hatte. Die Maße der Yacht waren im Vergleich zu denen der »Cutty Sark« (in Klammern): Länge 75,5 m (64,7 m); Breite 11 m (11 m); Tiefgang 6,6 m (6,4 m); Wasserverdrängung 180 t (960 t); Segelfläche 1240 qm (1250 qm); Geschwindigkeit ± 20 kn (± 15 kn); Besatzung 1 (55).

Olympische Klassen

Segeln als olympische Disziplin wurde erstmals 1908 bei den Olympischen Spielen in London durchgeführt. Der Begriff »olympische Klasse« definiert den an den jeweiligen Olympischen Spielen teilnehmenden Bootstyp. Ausgewählt wird er von der »International Yacht Racing Union« (IYRU) – sie ist dem Internationalen Olympischen Komitee angeschlossen. Das Vorschlagsrecht zur Auswahl hat das jeweilige Land, das die Olympischen Spiele ausrichtet. Entsprechend der Entwicklung vom Verdränger zum modernen Gleiter war auch die wechselvolle Auswahl des Bootstyps zur olympischen Klasse. Von 1948 bis 1968 wurde bei den olympischen Segelwettfahrten in fünf Olympia-Klassen um Medaillen gekämpft. Ab 1972 sind es sechs Klassen. Hier ist ihr »Steckbrief«.

Die Jahreszahlen in Klammern bedeuten das Datum der Zulassung als olympische Klasse. Demnach ist das Starboot die älteste olympische Klasse (1932) überhaupt, was um so faszinierender ist, weil dieses knickspantgebaute Kielboot bereits 1911 entworfen wurde. Es verlor zwar für die Olympischen Spiele 1976 seinen Status als Olympia-Klasse, gewann ihn aber für 1980 wieder.

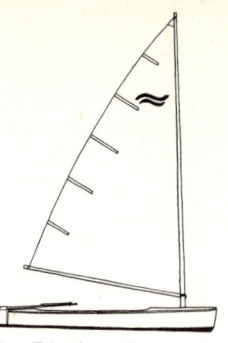

Finn-Dinghy – Einmann-Regattajolle; Konstrukteur: Richard Sarby (1952); Klassenzeichen: eine Doppelwelle; LüA: 4,50 m, Breite: 1,51 m, Gewicht: 145 kg, Segelfläche: 10 qm.

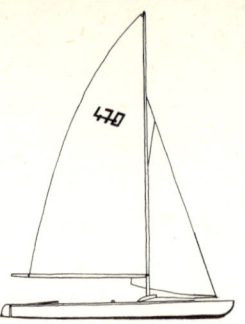

470er – Zweimann-Regattajolle; Konstrukteur: André Cornu (1976); Klassenzeichen: 470; LüA: 4,70 m, Breite: 1,64 m, Gewicht: 110 kg, Segelfläche: 12,70 qm.

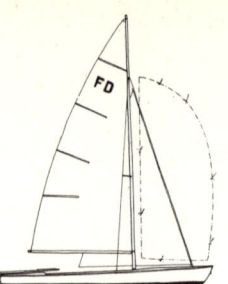

Flying Dutchman – Zweimann-Regattajolle; Konstrukteur: Uus van Essen (1960); Klassenzeichen: F D; LüA: 6,05 m, Breite: 1,80 m, Gewicht: 160 kg, Segelfläche: 15 qm.

Starboot – Zweimann-Kielboot; Konstrukteur: William Gardner (1932–1972, 1980); Klassenzeichen: ein Stern; LüA: 6,92 m, Breite: 1,73 m, Gewicht: 750 kg, Segelfläche: 26,13 qm.

Soling – Dreimann-Kielboot; Konstrukteur: Jan Linge (1972); Klassenzeichen: der griechische Buchstabe Omega; LüA: 8,15 m, Breite: 1,90 m, Gewicht: 1000 kg, Segelfläche: 21,70 qm.

Tornado – Zweimann-Schwertkatamaran; Konstrukteur: Rodney March und R. White (1976); Klassenzeichen: ein stilisiertes T; LüA: 6,10 m, Breite: 3,05 m, Gewicht: 165 kg, Segelfläche: 21,80 qm.

Internationale Klassen

Den Status einer internationalen Klasse erhalten Schwert- und Kielboote, wenn sie in mindestens 5 Ländern und auf 2 Kontinenten verbreitet sind. Ihre Wahl erfolgt durch die »International Yacht Racing Union«. Aus der Gruppe der internationalen Klassen werden die olympischen Klassen bestimmt. Internationalen und olympischen Status als nationale deutsche Klassen erreichten – und verloren – bisher nur die Olympia-Jolle und das 12-m²-Einheits-Scharpie. Hier eine Auswahl aus der Gruppe der internationalen Klassen.

Drachen – Dreimann-Kielboot, 1948 bis 1972 auch olympische Klasse; Konstrukteur: Johann Anker; Klassenzeichen: ein D; LüA: 8,90 m, Breite: 1,96 m, Gewicht: 1700 kg, Segelfläche: 26,60 qm.

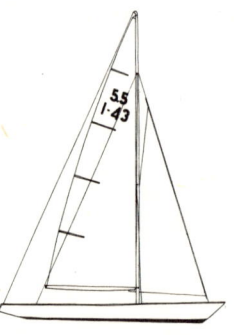

5,5-m-R-Yacht – Dreimann-Kielboot, 1952 bis 1968 auch olympische Klasse; Konstrukteur: Nicholson; Klassenzeichen: 5.5; LüA: 9,50 m, Breite: 1,90 m, Gewicht: 1800 kg, Segelfläche: 28,80 qm.

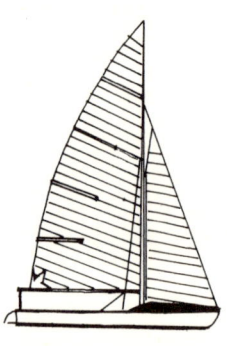

505er – Zweimann-Regattajolle, internationale Klasse ab 1955; Konstrukteur: John Westell; Klassenzeichen: 5₀5; LüA: 5,05 m, Breite 1,88 m, Gewicht: 135 kg, Segelfläche: 16,3 qm.

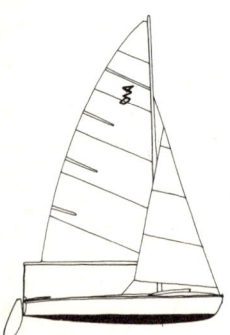

420er – Zweimann-Regattajolle, internationale Klasse ab 1960; Konstrukteur: Christian Maury; Klassenzeichen: die Zahl 420 schräg untereinander; LüA: 4,20 m, Breite: 1,64 m, Gewicht: 95 kg, Segelfläche: 10,25 qm.

Fireball – Zweimann-Regattajolle, internationale Klasse ab 1962; Konstrukteur: Peter Milne; Klassenzeichen: ein roter Ball; LüA: 4,93 m, Breite: 1,36 m, Gewicht: 79–100 kg, Segelfläche: 11,40 qm.

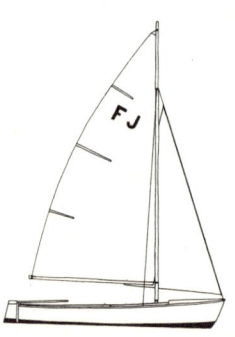

Flying Junior – Zweimann-Regattajolle für jüngere Segler, internationale Klasse ab 1956; Konstrukteur: Uus van Essen; Klassenzeichen: F J; LüA: 4,03 m, Breite: 1,55 m, Gewicht: 90,00 kg, Segelfläche: 9,30 qm.

Snipe – Zweimann-Knickspantjolle, internationale Klasse ab 1932; Konstrukteur: William Crosby; Klassenzeichen: eine Schnepfe; LüA: 4,72 m, Breite: 1,52 m, Gewicht: 182 kg, Segelfläche: 10,70 qm.

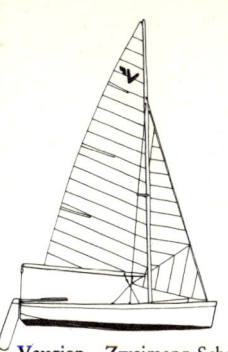

Vaurien – Zweimann-Schwertjolle, 1952 entworfen, aber erst 1962 von der IYRU als internationale Klasse anerkannt; Konstrukteur: J. J. Herbulot; Klassenzeichen: ein großes V mit einem stilisierten kleinen Flügel; LüA: 4,08 m, Breite: 1,47 m, Gewicht: 95 kg, Segelfläche: 8,10 qm.

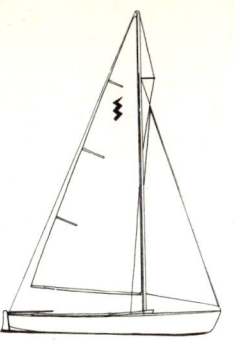

Lightning – Dreimann-Knickspantjolle, internationale Klasse ab 1939; Konstrukteur: Olin Stephens; Klassenzeichen: ein stilisierter Blitz; LüA: 5,79 m, Breite: 1,98 m, Gewicht: 325 kg, Segelfläche: 16,50 qm.

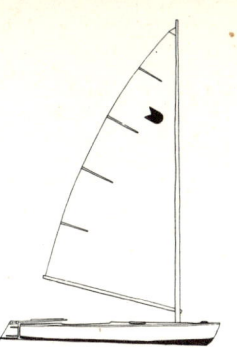

OK-Jolle – Knickspant-Einhandjolle, internationale Klasse ab 1974; Konstrukteur: Alex und Knud Olsen; Klassenzeichen: eine stilisierte Vereinigung der Buchstaben O (Olsen) und K (Knud); LüA: 4,00 m, Breite: 1,42 m, Gewicht: 85 kg, Segelfläche: 8,25 qm.

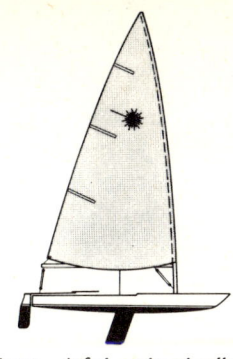

Laser – einfache, sehr schnelle Einhandjolle mit Steckschwert, größte internationale Verbreitung aller Jollen, internationale Klasse ab 1974; Konstrukteur: Bruce Kirby; Klassenzeichen: ein stilisierter Laserstrahl; LüA: 4,23 m, Breite: 1,37 m, Gewicht: 56,7 kg, Segelfläche: 7,06 qm.

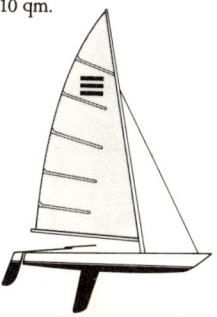

Contender – sehr sportliche Einhandjolle mit Trapezeinrichtung, internationale Klasse ab 1968; Konstrukteur: Bob Miller; Klassenzeichen: drei waagerecht übereinanderliegende Balken; LüA: 4,88 m, Breite: 1,44 m, Gewicht: 104 kg, Segelfläche: 10,70 qm.

Optimist – Jüngstenjolle mit Steckschwert, internationale Klasse ab 1972; Konstrukteur: Clark Mills; Klassenzeichen: ein Kreis, der von einem I durchbrochen wird; LüA: 2,30 m, Breite: 1,13 m, Gewicht: 50 kg, Segelfläche: 3,30 qm.

Nationale Klassen

Es sind dies Jollen und Kielboote, die nur innerhalb eines Landes den nationalen Status haben. In der Bundesrepublik Deutschland verfügt der Deutsche Segler Verband (DSV) über die Anerkennung eines Bootstyps als nationale Klasse, wobei maßgeblich ist, daß eine Klassenvereinigung bestehen muß, daß eine Mindestanzahl von Booten dieses Typs registriert ist und daß einheitliche Bauvorschriften vorliegen. Um als internationale Klasse anerkannt zu werden, muß eine nationale Klasse in mehreren Ländern vertreten sein. Hier einige Typen der deutschen nationalen Klassen.

Dyas – Zweimann-Kielboot; Konstrukteur: Helmut Stöberl; Klassenzeichen: ein geschlitztes, schrägliegendes Dreieck; LüA: 7,15 m, Breite: 1,95 m, Gewicht: 580 kg, Segelfläche: 22 qm.

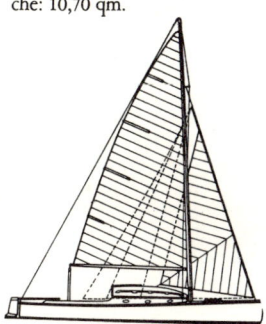

20-qm-Jollenkreuzer – ein größeres Schwertboot mit Kajüte und Kojen, wird bei Wettfahrten mit drei Mann gesegelt; Konstrukteur des ersten Jollenkreuzers: Harry Wustrau; Klassenzeichen: ein R; LüA max.: 7,75 m, Breite max.: 2,40 m, Gewicht: ca. 1000 kg, Segelfläche: 20 qm.

Kiel-Zugvogel – Zweimann-Kielboot in Knickspantbauweise; Konstrukteur Ernst Lehfeld; Klassenzeichen: ein stilisierter Zugvogel mit einem Ball darunter; LüA: 5,80 m, Breite: 1,88 m, Gewicht: 380 kg, Segelfläche: 17,00 qm.

Korsar – Zweimann-Gleitjolle; Konstrukteur: Ernst Lehfeld; Klassenzeichen: ein stilisiertes Krummschwert; LüA: 5,00 m, Breite: 1,70 m, Gewicht: 120 kg, Segelfläche: 11,50 qm.

Conger – sportliche Wanderjolle mit kleiner Kajüte; Klassenzeichen: zwei übereinandergestellte C; LüA: 5,30 m, Breite: 1,80 m, Gewicht: 230 kg, Segelfläche: 12,00 qm.

Schwert-Zugvogel – Zweimann-Regatta- und Wanderjolle; Konstrukteur: Ernst Lehfeld; Klassenzeichen: ein stilisierter Zugvogel; LüA: 5,80 m, Breite: 1,88 m, Gewicht: 250 kg, Segelfläche: 15 qm.

12-qm-Scharpie – gaffelgetakelte Zweimann-Jolle in Knickspantbauweise, 1928 entworfen, 1956 olympische Klasse; Konstrukteur: H. Kröger; Klassenzeichen: eine rote Zwölf; LüA: 5,99 m, Breite: 1,42 m, Gewicht: ca. 300 kg, Segelfläche: 12 qm.

Pirat – Zweimann-Schwertjolle in Knickspantbauweise, ursprünglich Jugendboot; Konstrukteur: Carl Martens; Klassenzeichen: ein rotes Enterbeil; LüA: 5,00 m Breite: 1,60 m, Gewicht: 170 kg, Segelfläche: 10 qm.

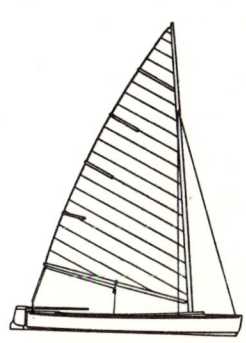

Olympia-Jolle – Rundspant-Einhandjolle, 1936 für die Olympischen Spiele entworfen; Konstrukteur: H. Stauch; Segelzeichen: ein roter Ring; LüA: 5,00 m, Breite: 1,66 m, Gewicht: 175 kg, Segelfläche: 11 qm.

Gebräuchliche Fachausdrücke

A →»Alpha« 1. Buchstabe des Alphabets, der im Internationalen Signal-Code durch einen senkrecht blau-weiß geteilten Doppelstander dargestellt wird. Allein gesetzt, bedeutet das Signal: »Schiff auf Meilenfahrt.« (Geschwindigkeitsprüfung).

Abdrift Generell die vom Wind oder Strömung verursachte Abweichung eines Fahrzeugs vom Kurs. Im besonderen die Distanz, die ein Schiff in einem bestimmten Zeitraum durch Einwirkung des Stromes oder Windes von einem vorgegebenen Kurs über den Grund vertreibt. Als Abdriftswinkel bezeichnet man den Winkel zwischen der gedachten Verlängerung der Längsrichtung eines Schiffes und dem tatsächlich über den Grund zurückgelegten Kurs.

abfallen Nennt man bei einem Segelschiff oder Segelboot den Vorgang, wenn das Schiff, gewollt oder ungewollt, mit oder ohne Hilfe des Ruders oder der Segel weiter in die Richtung des herrschenden Windes, also zur Leeseite dreht. Ein Fahrzeug besitzt die Tendenz, abzufallen, wenn der Schwerpunkt der durch den Wind hervorgerufenen Kräfte zu weit vorne liegt oder wenn die aerodynamische Wirkung der Vorsegel größer als die des Großsegels ist.

abfallen heißt auch: Ein Segelmanöver, bei dem ein »beim Wind« oder »hoch am Winde« segelndes Schiff durch entsprechende Ruderlage weiter »vor den Wind« gebracht wird.

abhalten Den Kurs des Schiffes so weit ändern, um vom Lande oder einem sonstigen Hindernis freizukommen.

ablandig Der Wind ist ablandig, wenn er vom Land in Richtung See weht.

ablaufen Das Zuwasserlassen eines neuerbauten Schiffes von der Helling.

abmallen Die Herstellung von Plänen einzelner Teile eines bestimmten Fahrzeugs in natürlicher Größe.

abmustern Beendigung des Arbeitsverhältnisses eines Besatzungsmitgliedes.

abschlagen Segel von der Rah herabnehmen.

abtakeln Takelage eines Schiffes entfernen.

abwettern Das »Abreiten« eines Sturms in der günstigsten Lage, die ein Schiff einnehmen kann.

abwracken Das Abbrechen oder Verschrotten eines Schiffes.

achteraus, zurück Kommando zum Zurückgehen der Schiffsschraube.

achterlich An Bord eines Schiffes befindet sich ein Gegenstand achterlicher von einem anderen, wenn er sich in bezug auf das Heck hinter diesem anderen befindet, (aft=achtern).

achtern hinten; in Verbindung mit anderen Begriffen wie achteraus, achterlich, Achtersteven usw.

Alidade Der bewegliche Schenkel an einem Sextanten, Oktanten oder anderen nautischen Instrumenten.

Almanach (Nautisches Jahrbuch); Nautische Almanache werden immer ein Jahr im voraus veröffentlicht und enthalten unter anderem auf Tabellen die jeweils nur für ein Jahr gültigen Berechnungsunterlagen für die astronomischen Orte bestimmter Gestirne.

»Alpha« → A

Amplitude Der Ausschlagwinkel bei der Rollbewegung eines Schiffes.

anheuern Das Annehmen von Besatzungsmitgliedern im Gegenteil zu abmustern.

Anker Besteht aus Metall, meistens Stahl, und besitzt 2 oder mehr Arme, die sich in den Meeresgrund hineingraben und dadurch einen bestimmten Liegeplatz sicherstellen, mit dem das Schiff durch ein Ankertau (früher) und heute durch die Ankerkette verbunden ist. Der Anker besteht aus einem Schaft mit einem Auge am oberen Ende, in dem der Röhring (Ring zum befestigen der Kette) sitzt, und den in einem Winkel von etwa 50° abstehenden Armen am unteren Ende des Schaftes, die in gebogenen oder abgeflachten, Flunken genannten Spitzen enden. Diese Flunken stellen sicher, daß der Anker im Grund Halt findet. Am Röhring ist die Ankerkette oder das Ankertau mit einem großen, Ankerschäkel genannten Ring befestigt. Bei älteren Stockankern lief unter dem Auge der Ankerstock rechtwinklig in der Art durch den Schaft, daß von oben oder unten betrachtet, Ankerstock und Arme ein Kreuz bildeten. Eisen ersetzte später diesen ursprünglichen Stock aus kräftigem Eichenholz; heute werden allerdings fast ausschließlich stocklose Anker verschiedener Bauarten verwendet.

Wenn ein Fahrzeug ankert, sagt man, es geht vor Anker oder läßt Anker fallen. Aufgenommen wird der Anker, indem er aus dem Grund gehievt wird. Das Vorhieven des Ankers, bis zum Ankerbalken (den Cat-Head), nennt man fischen, während »katten« bedeutet, den Anker in horizontaler Richtung auf der Back in den dafür vorgesehenen Lagern (Blockhölzern = Billboards) abzusetzen und zu sichern.

Ankerbalken Kranbalken auf alten hölzernen Schiffen zum Andecknehmen des Ankers.

Ankerplatz, Ankergrund Ein vor Wind und Wellen gesichertes Meeresgebiet mit ausreichender Tiefe und reinem Boden, in dem der Anker Halt findet und das einem Fahrzeug einen sicheren Liegeplatz bietet.

Ankerspill Einrichtung zum Hieven des Ankers, bei der die Kette über eine zum Ein- und Auskuppeln eingerichtete Trommel eingeholt wird. Diese Trommel ist mit Aushöhlungen, den sogenannten Nüssen, versehen, die den einzelnen Kettengliedern den nötigen Halt geben. Auch nach dem Prinzip der Gangspills arbeitende Einrichtung.

Ankerkette → Kette

Ankerschäkel → Anker

Ankerstock → Anker

Ankertau In früheren Zeiten Trosse zum Befestigen des Ankers.

anlüften Man versteht darunter das Anheben eines Gewichtes.

anschlagen Etwas befestigen, wie etwa Taue miteinander, Ankertau oder -kette an den Anker, oder Segel an ein Stag, Baum, Rah oder Mast. Klüver werden an Stagen angeschlagen, während moderne dreieckige Bermuda-Segel mit Metall-Ösen in am Mast befestigten Führungen laufen. Das gleiche System wird auch bei den an der Unterkante der Segel befestigten Bäumen angewendet, während Gaffelsegel an eine Reihe von Mastringen angeschlagen werden. Rahsegel schlägt man an Jack-Stagen (auf der Rah befestigte eiserne Stangen) an der Vorkante der Rah an, während das Lateinersegel angeschnürt (angereiht) wird.

»auf dem Kopf liegend« Bezeichnung für ein Schiff, das aus verschiedenen Gründen, wie ungleichmäßige Beladung, Leckagen usw., vorne einen größeren Tiefgang als hinten hat. Umgekehrt sagt man, wenn ein Schiff hinten einen größeren Tiefgang hat, es liegt im Gatt.

auffieren oder ausfieren Das Nachreichen einer Leine oder Trosse von Bord eines Schiffes.

aufgeben Ein Gegenstand wird aufgegeben, wenn man ihn als verloren ansieht. So wird ein Anker aufgegeben, wenn er unklar kommt und zusammen mit einem Teil der Kette gekappt wird. (abandon ship = das Schiff aufgeben.)

aufkommen Der Begriff hat eine mehrfache Bedeutung. So sagt man, ein Schiff kommt auf, wenn es sich auf Flüssen oder Tidengewässern dem Hafen nähert. Vom »Aufkommen« spricht man auch, wenn ein schnelleres Schiff sich einem langsameren nähert. Ebenso kommt Wind, Regen sowie überhaupt ein anderes Wetter auf. Als Ruderkommando versteht man unter Aufkommen, das Ruderrad oder die Ruderpinne an seiner von der Mittschiffslinie abweichenden Ruderlage wieder in die Mittschiffslinie zurückzudrehen oder zu bewegen. Aufkommen kann auch in bezug auf Tauwerk ein gewolltes Nachgeben (lose geben) bedeuten.

auflegen Ein Schiff auflegen bedeutet, es auf eine längere Liegezeit vorzubereiten, während der es außer Dienst gestellt wird. Dazu gehört, daß man während dieses Zeitraums Takelung sowie innere und äußere Ausrüstung ganz oder teilweise entfernt. Wenn Vergnügungsfahrzeuge oder Sportboote am Ende der Saison aufgelegt werden, so bedeutet es, daß das Boot an Land gesetzt und der Mast entfernt wird, die Segel verstaut und Decks, Rumpf sowie Takelung gesäubert (um einer Korrosion vorzubeugen) und alle Taue aufgeschossen und verstaut werden. Im besonderen Fall wird, falls vorhanden, die Hilfsmaschine überholt.

aufquellen Bei einem hölzernen Boot, das längere Zeit nicht benutzt wurde, ist es notwendig, es einige Zeit ins Wasser zu legen, damit die Planken aufquellen können und es wasserdicht wird.

aufschwimmen Ein Fahrzeug, das eine Grundberührung hat, wieder zum Schwimmen bringen, also »flottmachen«. Wie dieses bewerkstelligt wird, hängt von den vorhandenen Mitteln, der Beschaffenheit des Grundes, dem Seegang, sowie von dem Typ und der Größe des Fahrzeugs und den erlittenen Beschädigungen usw. ab.

Auge Kann eine fest oder beweglich an Deck oder anderen Gegenständen verankerte Tauschlinge wie auch ein Ring an Bolzen oder Schrauben sein. Die Augen dienen zur Befestigung von Blöcken oder Tauwerk.

Augspleiß Wenn das Ende eines Taues oder eines Drahtes durch Zurückbiegen mit sich selbst verspleißt wird, so daß man ein Auge erhält, spricht man von einem Augspleiß.

ausfieren → auffieren

Ausrüsten Die Phase im Dasein eines Schiffes, die dem Stapellauf folgt (Schiff liegt in der Ausrüstung am Ausrüstungskai u. ä.) und während der die Maschinen eingebaut und der Innenbau sowie die Malerarbeiten vorgenommen werden. Die Ausrüstung geht gewöhnlich an einem Liegeplatz in Nähe der notwendigen Lagerhallen und Werkstätten vor sich. Zur Ausrüstung eines Segelschiffes gehört auch das Einsetzen und Takeln der Masten etc.

Ausrüstung Reisebedarf eines Schiffes an Lebensmitteln, Getränken, Brennstoff und Reserveteilen.

Ausrüstungskai Liegeplatz, an dem ein Schiff vor der Indienststellung ausgerüstet wird.

Außenbordmotor Motor, dessen Antriebswelle nicht durch die Außenhaut des Schiffes läuft.

Außenklüverstampfstag Ist ein Stag, das vom äußeren Ende des Klüverbaums zum Stampfstock verläuft und so den Klüverbaum auf die gleiche Weise abstagt wie das Wasserstag den Bugspriet.

ausstecken Das kontrollierte, langsame Ausfieren oder Auffieren einer Trosse.

B – »Bravo« Der 2. Buchstabe des Alphabets, der im Internationalen Signal-Code durch einen vollkommen roten Doppelstander dargestellt wird. Wenn der Doppelstander allein als Signal gesetzt wird, bedeutet er: »Ich lade oder lösche gefährliche Güter«; er wird auch als Tagsignal von beladenen Tankern gesetzt. Wenn während einer Regatta eine Yacht dieses Signal vorheißt, bedeutet es: »Ich beabsichtige, einen Protest einzulegen.«

Back Der vordere erhöhte Aufbau am Bug des Schiffes. Auf älteren Segelschiffen reichte er vom Steven bis zum Vormast und ermöglichte ein leichteres und trockeneres Arbeiten an den Vorsegeln. In Zeiten, die noch weiter zurückliegen, hatte das hoch über dem Hauptdeck emporragende Backdeck als Kampfdeck für die mitgeführten Soldaten Bedeutung. (Daher noch der in der englischen Sprache gebräuchliche Ausdruck forecastle für die Back.)

back Ein Schiff kommt back, wenn der Wind die Segel von vorn gegen den Mast drückt, was durch plötzliche Winddrehung, Kursänderung oder »Backbrassen« verursacht werden kann.

Backbord Die in Fahrtrichtung linke Seite eines Fahrzeugs.

backbrassen Darunter versteht man das Drehen der Rahsegel gegen den Wind, so daß der Wind von vorne einfällt.

Backdeck Vorderes erhöhtes Deck eines Schiffes (→ Back).

Bagienrah Bagienrah heißt die unterste Rah am dritten Mast einer Viermastbarke oder eines Vollschiffes, an der nicht in jedem Fall ein Segel gefahren wird.

Bake An Land oder auf Untiefen aufgestellte Seezeichen, um einem Fahrzeug die sichere Durchfahrt durch Untiefen etc. zu ermöglichen. Baken erfüllen damit den gleichen Zweck wie Bojen und haben als Navigationshilfen entsprechend geformte und kolorierte Toppzeichen, sind aber im Gegensatz zu den schwimmenden Bojen fest in den Grund eingelassen.

Balanceruder Zur Verringerung der auftretenden Kräfte ausbalanciertes Steuerruder.

Ballastkiel Anstatt den notwendigen Ballast im Boot selbst zu fahren, wird bei modernen Yachten am unteren Ende eines Kiels Blei in Form einer Zigarre als Ballast gefahren.

Bark An zwei Masten mit Rahsegeln, am dritten Mast (Besan) mit Schratsegeln getakelt.

Barkasse Ursprünglich ein etwa 10 Meter langes Boot mit Spiegelheck, das mit Hilfe von 8 oder 10 Riemen bewegt wurde; heute versteht man allerdings darunter ein ziemlich großes Motorboot für den Arbeitseinsatz auf Flüssen und in Häfen oder auch ein großes Motorrettungsboot oder Beiboot eines Handelsschiffes.

Bauch Die Kurve eines straffen, windgefüllten Segels; auch die Kurve vom Deck bis zur Wasserlinie eines Schiffes. Bei einem abgerundeten Schiffsboden spricht man ebenfalls vom Bauch eines Schiffes.

Baum Eine Holz- oder Metallspiere von unterschiedlichem Querschnitt, an der ein Segel mit seinem Unter- oder Fußliek befestigt ist oder mit Hilfe von Ösen auf einer auf dem Baum angebrachten Schiene entlangläuft. Der Baum ist waagerecht an der Hinterkante des Mastfußes beweglich befestigt, während an dem anderen Ende des Baumes die Schoten und mit Hilfe eines Grummets oder Schäkel ein Baumhanger

zum Auftoppen des Baumes befestigt sind. Der Baum kann auch mit einem Lümmel (eiserner Bolzen) drehbar am Mast befestigt sein.

Baumhanger Am äußeren Ende des Baumes befestigter Draht oder Tauwerk zum Halten des Baumes oder eines Ladebaumes.

Baumstützen Darauf wird der Baum (Besanbaum, Bäume bei der Schonertakelung) im Hafen bei festgemachten Segeln gelagert. Auf Yachten haben diese Baumstützen vielfach die Form eines »X« und können sowohl an Deck wie auch am Baum fest angebracht sein.

Beaufort-Skala Eine Tabelle der Windgeschwindigkeiten, die nach dem Namen des englischen Admirals Sir Francis Beaufort (1774–1857) benannt ist, der sie zuerst eingeführt hat, und die 1874 von dem International Meteorological Committee übernommen wurde. Sie reicht von 0 (Windstille) bis Stärke 12 (Orkan).

Befähigungszeugnis Alle Seefahrt betreibenden Nationen haben Richtlinien für die Ausgabe von Befähigungszeugnissen nach vorgenommenen Prüfungen der Kandidaten. Nur mit diese Weise qualifizierte Offiziere dürfen an verantwortlichen Positionen eingesetzt werden. Diese Befähigungszeugnisse werden auch »Patente« genannt – »Kapitänspatent«, »Ingenieurspatent« usw.

Beiboot So nennt man alle kleineren an Bord mitgeführten Boote, angefangen vom Arbeitsboot über Schlauchboot einer Yacht bis hin zum Rettungsboot.

beidrehen 1. Bei einem Rahsegelschiff bedeutet es: in den Wind drehen, die Fahrt aus dem Schiff bringen. Dadurch kommen die Rahsegel gegen den Wind zu stehen und bewirken, daß das Schiff schließlich alle Vorausfahrt verliert.
2. Man spricht außerdem vom Beidrehen eines Schiffes (Segelschiff, Dampfer usw.), wenn es wegen der herrschenden Wetterverhältnisse gezwungen ist, eine Lage einzunehmen, die eine bei Beibehaltung des Kurses gegebene Gefährdung so weit wie möglich ausschließt.

beigedreht liegen Bedeutet, daß sich ein Segelschiff ohne Vorausfahrt zu machen auf der Stelle verhält.

»beim Winde« Beim Winde segeln bedeutet soweit wie möglich in die Richtung, aus der der Wind weht, zu segeln.

Beisegel Ein schmaler Leinwandstreifen, der noch hinter dem Achterliek eines Schonersegels gesetzt wird und auf Schiffen mit Schonertakelung die Aufgabe eines Leesegels erfüllt.

bekleiden Darunter versteht man, einen Gegenstand zu umwickeln oder abzudecken. Ein Seil bekleiden beinhaltet den abschließenden Vorgang, nachdem es getakelt und zusammengedreht ist. Man beginnt damit, dünnes Tauwerk zwischen die einzelnen an den Enden mit Garn zusammengehaltenen Kardeele zu legen (takeln), die dann mit Streifen geteerten Segeltuchs umwickelt werden. Schließlich wird das Ganze fest mit dünnem Tauwerk oder Garn (Schiemannsgarn) umwickelt. Das Tau, der Draht oder die Trosse ist damit getakelt und bekleidet.

Bekleidung (zum Schutz gegen Verschleiß) Ein in genügender Dicke aus Tauwerk hergestellter Kragen um den Ankerring, wenn der Anker an einem Tau anstatt an einer Kette befestigt ist, dient als Schutz des Ankertaus gegen Scheuern durch den Ankerring. Ähnliche – in diesem Fall Tausendfüßler genannte – Schutzvorrichtungen gegen ein Durchscheuern der Segel findet man an Wanten, Pardunen und an Stagen.

belegen Ein Tau ohne Knoten an einer geeigneten Vorrichtung wie etwa den Belegnägeln (belaying-pins) zu befestigen. Letztere waren gedrehte und polierte Holz- oder Metallnägel, die in die sogenannten Nagelbänke an der Ver-

schanzung und um die Masten eingelassen waren. Auch das Verknoten (Belegen) von Festmacheleinen auf den Pollern, um ein Schiff längsseits zu halten. Festmacheleinen lassen sich durch das Überhaken einer Bucht über den landseitigen Poller und gleichzeitigen Belegen der Tauenden an Bord eines Schiffes ohne Landhilfe lösen. Man nennt diese Art der Befestigung: »Eine Leine ist klar zum Slippen«. Eine andere Art des Belegens besteht darin, daß an Land durch einen Ring geführte Auge einer Festmacheleine mit einem kräftigen Balken oder einem entsprechenden Stück Eisen zu sichern. Eine solche Verbindung ist bei straffer Leine kaum zu lösen, sowie die Spannung aber nachläßt, läßt sich der Balken ohne Schwierigkeiten entfernen. Das belegte Ende eines Taues ist der Teil, der im Gegensatz zum holenden Teil (oder seemännisch Part) irgendwo befestigt ist.

Bermuda-Segel Ein heute von Renn- und Tourenyachten fast ausnahmslos gefahrenes dreieckiges Großsegel.

Besanbaum Spiere an der unteren Kante des Besansegels.

Besan-(mast) Der hinterste Mast eines drei- und mehrmastigen Segelschiffes. Auf zweimastigen Segelschiffen gibt es nur auf Ketschen und ketschähnlichen Fahrzeugen einen Besanmast. Auf einer Brigg und zweimastigen Schonern wird der hintere Mast Großmast genannt. Alle am Besanmast gesetzten Segel und das Laufende Gut erhalten neben ihrer näheren Bezeichnung das Beiwort »Besan-«. So heißt es Besanstagsegel, Besangaffeltoppsegel, Besanstengestagsegelfall, Besanschot usw.

Besansegel Das Gaffelsegel am hintersten Mast eines Rahschiffes.

Beschläge Drei- oder viereckige Verstärkungen aus Segeltuch (zeitweilig aus Holz oder Metall, wie an der Piek eines Gaffelsegels) an den Ecken oder Kanten eines Segels.

Besegelung Unter Besegelung eines Schiffes versteht man die Anzahl aller gesetzten Segel und die Art, wie sie geführt werden. Segelbergen oder Segel wegnehmen bedeutet, die Segelfläche durch Festmachen eines oder mehrerer Segel zu verringern.

Bewuchs Unter dem Bewuchs eines Schiffes versteht man Seegras und andere pflanzliche Organismen, hauptsächlich jedoch Muscheln, die unter der Wasserlinie am Schiffsrumpf leben. Das normale Bekämpfungsmittel ist ein den Bewuchs hemmender Anstrich des Schiffsbodens mit Farben, die Kupfer und andere Giftstoffe enthalten. In tropischen Gewässern kann eine Stalaktiten ähnliche Kalkablagerung unter der Wasserlinie die Geschwindigkeit eines Schiffes erheblich beeinträchtigen, so daß es nötig ist, regelmäßig in einem Trocken- oder Schwimmdock eine Bodensäuberung vorzunehmen.

Bilge Der untere Teil eines Laderaumes, der unter der Abdeckung der »Bodenwrangen«, einer Versteifung der Außenhaut im Bereich des Schiffsbodens, liegt. Alles Wasser, das keine andere Abflußmöglichkeit hat, sammelt sich hier. Daher sollten die Bilgen selbst auf kleinen Booten ständig trockengehalten werden. Größere Schiffe pumpen die Bilgen durch ein Rohrleitungssystem leer (lenzen).

Blenden Abdichtungen aus Holz oder Metall für die lichtdurchlässigen Öffnungen von Oberlichtern und Bullaugen auf Schiffen.

Block Bestandteil eines Flaschenzugs oder seemännisch »Talje«. Der Block besteht aus einem Gehäuse aus Holz oder Metall, das der Blockscheibe, über die das Tau oder der bewegliche Draht einer Talje läuft, den nötigen Halt gibt. Der Block wird mit einem Tau oder Draht, einem sogenannten Stropp, befestigt oder »angeschlagen«, wie der Seemann sagt. Heutzutage ist der Haltestropp größtenteils durch einen metallenen Schäkel ersetzt worden. Entsprechend der gewünschten Kraftübertragung gibt es 2- oder auch mehrscheibige Blöcke. Unter den Blöcken gibt es für besondere Aufgaben eine Vielzahl von Sonderausführungen. Wenn bei einer Talje ein Block gegen den anderen stößt und die Talje dadurch nicht weiter durchgeholt werden kann, obwohl die Arbeit noch nicht beendet ist, sagt man »sie ist zu Blocks«. In diesem Fall muß die Talje wieder auseinandergezogen, oder seemännisch fachgerecht ausgedrückt »überholt« werden.

Blockholz Eine Einrichtung auf Schiffen, die noch einen Stockanker benutzen. Durch das Blockholz erhält der befestigte Anker seinen Halt.

Bodenhölzer Traditionelle Bauelemente beim Bootsbau, und zwar die kurzen Querspanten unter den Ruderbänken, die die unteren Plankengänge verstärken.

Bodenwrangen Querschiffs angebrachte Bodenverstärkung.

Boje Schwimmendes, am Grunde verankertes Seezeichen aus Holz, Kork, Eisen oder Gummi, das hauptsächlich als Navigationshilfe auf Seewasserstraßen üblich ist. Bojen können konische, sphärische oder zylindrische Formen haben, die ebenso wie ihr Anstrich international festgelegt sind, um auf besondere Hindernisse hinzuweisen und Angaben über den zu steuernden Kurs zu geben. Solche Bojen können auch besondere Lichter und Hinweiszeichen zeigen. Darüber hinaus gibt es noch Festmachebojen zum Vertäuen (Vermooren) der Schiffe.

Bolero →Stagsegel.

Bombenketsch Im letzten Viertel des 17. Jh. von den Franzosen entwickelter Kriegsschifftyp mit einem rahgetakelten, fast mittschiffs aufgestellten Großmast sowie einen mit Besan- oder Lateinersegel getakelten Besanmast im hinteren Teil des Schiffes. Auf dem ausreichend freien Vorschiff vor dem Großmast konnte sehr schwere Artillerie aufgestellt werden, darunter Mörser mit einem Kaliber von 33 cm, die in der Lage waren, stärkste Küstenbefestigungen zu zerstören.

Bonaventuramast Hinterster, kleiner, mit Lateinersegel getakelter Mast großer Karracken und Galeonen.

Boot Kleines Fahrzeug, das sowohl durch Motor, Besegelung oder Riemen bewegt werden kann. Die Unterscheidung zwischen Boot und Schiff ist hauptsächlich eine Frage der Größe. Auch gedeckte Yachten, Fischerboote und andere kleine Fahrzeuge werden gewöhnlich dieser Kategorie zugerechnet.

Bootshaken Eine kräftige hölzerne Stange mit 1 oder 2 Haken an ihrem Ende, die zum Festhalten eines Bootes oder zum Festhalten oder Aufnehmen der verschiedenartigsten Gegenstände gedacht ist.

Bootsmann Auf einem Handelsschiff ein Unteroffizier des Deckbetriebs, der die Aufsicht über die im Deckbereich durchzuführenden Arbeiten hat. In vergangenen Zeiten wurden die notwendigen Segelmanöver nach Pfeifensignalen mit der sogenannten Bootsmannspfeife durchgeführt. Diese Pfeifensignale mit unterschiedlicher Bedeutung sind heute noch auf Kriegsschiffen gebräuchlich.

Bootsmannsstuhl Eine mit Tauwerk befestigte aufheißbare kurze Planke, die bei Arbeiten im Mast oder anderen exponierten Stellen als Sitz dient.

Bootssteuerer Person, die das Kommando über ein Ruderboot und dabei besonders über ein Schiffsboot hat.

Bordwand Nennt man die über die Wasserlinie herausragenden Seiten eines Schiffsrumpfes.

Bramlangsaling →Langsaling.

Bramsegel An der zweiten Mastverlängerung geführte Rahsegel.

Bramstenge Der von Deck aus gesehen dritte Teil eines mehrteiligen Mastes. Alles zu dieser Stenge führende Stehende und Laufende Gut wird zur näheren Unterscheidung ebenso wie Rahen und Besegelung nach der Bramstenge des jeweiligen Mastes benannt, z. B. Voroberbramsegel, Großbramstag, Kreuzbramrah usw.

Brasse Auf einem Rahschiff von den Nocken der Rahen an Deck führendes Tau zum Bewegen der Rah in horizontaler Richtung. Die Brasse erhält ihren Namen nach der zugehörigen Rah, wie z. B. Vorroyalrah-Brasse, Großbramrah-Brasse etc. Beim Segeln vor dem Wind werden die Rahen »vierkant« gebraßt, so daß sie rechtwinklig zur Längsrichtung des Schiffes stehen. »Backbrassen« bedeutet, die Rahen mit ihren Segeln gegen den Wind zu drehen, um so die Fahrt aus dem Schiff zu bringen. Unter »Rundbrassen« versteht man, eine auf ein gleichnamiges Kommando durchgeführte Veränderung der Segelstellung beim Wendemanöver (»Überstaggehen«).

brassen Darunter versteht man das Drehen der Rahen um den Mast als Achse. Das Brassen geschieht entweder mit der Hand oder seit Einführung der Brasswinden zum Ende des 19. Jh. mit den handbetriebenen Brasswinden. Auf großen Segelschiffen werden die Unterrahen (bis hinauf zu den Marsrahen) noch anschließend mit den »Strecker« genannten Taljen in die gewünschte Stellung gebracht.

Brasswinden Mechanische Einrichtung zum Drehen der Rahen mittels der Brassen. Eine dem englischen Kapitän Jarvis zugeschriebene, im 19. Jh. erstmalig eingeführte Arbeitserleichterung, die hauptsächlich auf großen deutschen Rahschiffen Verwendung fand.

»Bravo« →B.

Breitfock Das unterste an einer Rah geführte Segel des ersten Mastes.

Brigantine →Brigg.

Brigg Zweimastiges, an beiden Masten mit Rahen getakeltes Segelschiff. Ähnlich getakelt, nur mit einem großen Schonersegel und ohne Rahen am Großmast, ist die in ihren verschiedenen Abarten auch Schonerbrigg und Hermaphroditbrigg genannte Brigantine.

Brise Bezeichnung für die in der Beaufordskala festgelegten leichten oder mäßigen Windgeschwindigkeiten. In Küstennähe spricht man von der je nach Sonneneinwirkung verschieden stark auftretenden Brise auch als Morgen- und Abendbrise. (Von Land nach See und umgekehrt auftretende zeitlich begrenzte Winde.)

Brücke Decksaufbau, in dem die Navigationseinrichtungen untergebracht sind und von dem aus ein Schiff gesteuert und manövriert wird. Je nach Typ des Schiffes kann die in Ruder-, Kartenhaus und Funkstation unterteilte Kommandobrücke, zu der auch noch die Räume des Kapitäns, des Lotsen und der Schiffsoffiziere gehören, unterschiedlich angeordnet sein. Die Kommandobrücke reicht meist über die ganze Breite des Schiffes, hat ein freies Gesichtsfeld und ist mit Navigationseinrichtungen wie Kreiselkompaß, Echolot, Radar, Funkpeiler und Signaleinrichtungen ausgerüstet.

Bucht In sich verdrehtes Tauwerk oder Drähte formen Buchten, die auch Grundlage eines jeden Knotens sind.

Bug Vorderteil des Schiffes.

Buganker Die auf einem Schiff auf jeder Seite des Bugs zum sofortigen Gebrauch bereitgehaltenen Hauptanker.

Bugform Die von Fall zu Fall unterschiedliche, zum Steven hin spitz zulaufende Vorschiffsform eines Schiffes.

Bugspriet Ein etwa im Winkel von 20° zur Wasseroberfläche über den Bug hinausragender Mast, der noch durch den Klüverbaum verlängert werden kann (auf modernen Segelschiffen bestehen Bugspriet und Klüverbaum meist aus einem Stück, das aus Stahl gefertigt ist.) Waagerecht wird der Bugspriet durch Bugstagen und senkrecht durch Wasserstagen und Vorstagen gehalten. Einen zusätzlichen Halt des Bugspriets gewährt der ebenfalls durch die Wasserstagen gehaltene Stampfstock.

Bukdelen Ursprünglich aus Buchenholz hergestellter Bodenbelag in den Laderäumen der Frachtschiffe.

Bulin (Buleine) In der Takelung auf altertümlichen Segelschiffen (bis zum 19. Jh.) übliches Tauwerk, um die Seitenlieken eines Segels besonders beim Segeln hoch am Wind nach vorne steif zu holen und Halt zu geben, um so ein Ineinanderfallen der ehemals meist bauchigen Segel zu verhindern.

Bullaugen →Seitenpforten.

Bulcarrier Frachtschiffe für den Transport von Massengütern.

C — »Charlie« 3. Buchstabe des Alphabets, der im Internationalen Signal-Code als blauweiß, rot-weiß, blau quergestreifte viereckige Flagge dargestellt wird. Als einzeln geheißtes Signal bedeutet die Flagge: »Bejahung – Verstanden«.

Charter Ein rechtswirksamer Mietvertrag zwischen dem Eigner eines Schiffes und einem Vertragspartner (Person, AG usw.) über das ganze Schiff oder einen Teil davon für eine bestimmte Zeit, oder besondere Dienstleistungen zu vorher abgesprochenen Bedingungen. Obwohl die Charter seit altersher in der Frachtschiffahrt üblich ist, findet diese Art des Vertrages auch zunehmend in bezug auf Yachten Anwendung.

check Ein auch im deutschen seemännischen Sprachgebrauch üblicher Ausdruck, der nicht nur das Festhalten einer auslaufenden Leine bedeutet, sondern auch ein langsames und kontrolliertes Mitfieren von Tauwerk (Festmacherleinen, Schoten usw.) bedeuten kann.

Chronometer Die Möglichkeit einer genauen Zeitmessung auf See gehört zu den wesentlichen Grundlagen der Navigation, da ohne genaue Zeitbestimmung keine genaue Berechnung der geographischen Länge vorgenommen werden kann. Mit Erfindung eines genauen und verläßlichen Marinechronometers durch John Harrison in der Mitte des 18. Jh. wurde die Sicherheit der Navigation erheblich verbessert und erst die Voraussetzungen zu den großen Forschungsreisen geschaffen.

Cockpit Auch im deutschen Sprachgebrauch üblicher Ausdruck für die durch Spritzsegel oder Wellenbrecher geschützte Decköffnung auf Yachten, die auf Rennyachten die Steueranlage enthält, und wo die wichtigsten zur Bedienung der Segel notwendigen Taue zusammenlaufen. Von dem gewöhnlich zum Selbstlenzen eingerichteten Cockpit führt der Zugang zu der Kabine.

coil Bezeichnet das in Kreisen (Buchten) auf engstem Raum – je nachdem in welcher Richtung es geschlagen ist – aufgedrehte (aufgeschossene) Tauwerk. Sinn des »klar zum Laufen« Aufschießens ist es, das Tauwerk immer zum sofortigen Gebrauch bereit zu haben. Im kommerziellen Sinne bedeutet der auch im deutschen seemännischen Sprachgebrauch übliche Begriff »coil« eine Taulänge von 113 Faden = 678 Fuß oder 206,65 m.

D — »Delta« Der 4. Buchstabe des Alphabets, der im Internationalen Signal-Code durch eine gelb-blau-gelbe viereckige Flagge dargestellt wird. Allein geheißt hat sie die Bedeutung:

»Halten sie sich frei von mir, ich manövriere unter Schwierigkeiten.«

Dacron Markenname einer amerikanischen Kunstfaser auf Polyesterbasis, die heutzutage für die Herstellung von Segeln und Tauwerk und besonders für Schoten und Fallen Verwendung findet.

Danforth-Anker Typenbezeichnung für einen 1939 erstmals hergestellten, stocklosen Anker mit beweglichen dreieckigen Flunken.

Davit Leichter Kran an Bord eines Schiffes zum Hinunterlassen und Aufheißen der Rettungsboote.

Deck Die Decks eines Passagierschiffes sind vielfach von oben nach unten numeriert. Auf Frachtschiffen dagegen sind die einzelnen Decks mehr mit (zum Teil aus der englischen Sprache entlehnten) Namen bezeichnet. So nennt man Oberdeck das oberste von vorn nach hinten durchlaufende Deck. Je nach Art der Vermessung folgen dann Shelterdeck (Schutzdeck), 1., 2. und eventuell 3. Zwischendeck und schließlich das Hauptdeck. Gebräuchlich sind auch noch Bezeichnungen, die einen Hinweis auf die Bauart des Schiffes geben, z. B. Quarterdeck = Quarterdecker, Shelterdeck = Shelterdecker usw. Auf dem Oberdeck findet man außer der Begrenzung durch die Verschanzung die Lukenöffnungen, Kräne und Winden wie auch die *Decksaufbauten.* Getragen wurden die Decks querschiffs durch die Decksbalken und längsschiffs durch die sogenannten Stringer. Die auf allen Decks verstaute Ladung muß immer gegen ein Verrutschen gesichert werden. Um die Belastungsfähigkeit und Stärke der Decks zu erhöhen, wie auch das Ablaufen überkommenden Wassers zu erleichtern, besitzen sie meistens eine leichte Wölbung.

Decksbalken Im Schiffsbau jene Balken, die zum Halt des Decks eine Seite mit der anderen verbinden. In einem Plan, der das Schiff von oben zeigt, sind die Decksbalken quer zur Längsachse übereinander eingezeichnet. Wo die Decksbalken durch Luken oder andere Öffnungen unterbrochen sind, spricht man von »halfbeam« oder Halbbalken. Die Oberkante der Decksbalken ist so gefaßt, daß sich Deckshäuser und Aufbauten den Linien des Schiffes anpassen.

Decksbelag Einer der tragenden Teile im Spantenwerk altertümlicher hölzerner Schiffe. Man unterscheidet verschiedene Beläge: 1. den Bodenbelag oder Bukdeelen, die die Beplankung des Bodens schützen, 2. ein oder zwei zur Verstärkung eingezogene Decks und 3. schließlich das Oberdeck, welches an der Unterseite von den Decksbalken gehalten wird.

»Delta« → D

Deviation Kompaßablenkung.

Diagonalbauweise Methode beim Holzschiffbau, bei der auf eine innere Beplankung diagonal eine äußere Beplankung angebracht wird. Mitunter verlegt man zur zusätzlichen Verstärkung noch eine weitere Plankenlage in entgegengesetzter Richtung (Eisverstärkung).

Dingi, Jolle Kleines Beiboot von Yachten. Als Jollen werden auch kleinere einmastige Segelboote verschiedener Bauart bezeichnet, die meistens einen Schwertkiel besitzen und in Regattaausführungen in verschiedene Klassen unterteilt sind.

Distanz → Strecke.

Dock Künstliches Hafenbecken, in dem die Schiffe nach beendeter Reise entladen und wieder neu beladen werden. Außerdem können sie dort neu ausrüsten und kleinere Reparaturen vornehmen. Für größere Reparaturen, insbesondere am Unterwasserschiff, ist dagegen ein Trockendock vorgesehen. Man versteht darunter ein kleines Becken, das mit dem »Docktor« zum Hafenbecken verschlossen ist, und nachdem es

ein Schiff aufgenommen hat, leergepumpt werden kann. Dem gleichen Zweck dienen auch Schwimmdocks, deren Eigenauftrieb beim Leerpumpen geeignet ist, Schiffe anzuheben.

Dollbord Die oberste Planke bei einem offenen Boot.

Dollen In das Dollbord eines Bootes eingelassene Zapfen, die als Rudergabeln dienen.

Doppelungen Die Segeltuchverstärkungen an den besonders gefährdeten Stellen eines Segels, die der größten Beanspruchung ausgesetzt sind.

Draggen → Grapnel-Anker

Drehbassen Kleine bewegliche Schiffskanonen.

Drehkreis 1. Der Umfang eines Kreises, um den ein vor Anker liegendes Schiff schwoit. Der Anker bildet dabei den Mittelpunkt, während der Radius je nach ausgesteckter Kettenlänge verändert werden kann.
2. Unter Drehkreis versteht man auch den Umfang eines Kreises, den ein mit der Maschine vorausgehendes Schiff mit ganz übergelegtem Ruder (hart Backbord oder hart Steuerbord) benötigt.

Dreibeinmast Eine Einrichtung aus kräftigen Holzbalken oder Eisenrohren, die zum Heben schwerer Gewichte benutzt wird.

dumpen Das Schrägstellen einer Rah oder eines Ladebaumes, mundartlich auch das Außenbordswerfen von Gegenständen.

Duraluminium Eine leichte industrielle Aluminiumlegierung, die aus Kupfer, Magnesium, Silikon und Mangan besteht. Diese Legierung wird zunehmend im Schiffbau gebraucht. Neben der Verwendung bei der Konstruktion einer begrenzten Anzahl von Rennyachten hat sich das »Leichtaluminium«, wie Duraluminium auch genannt wird, bei der Herstellung von Masten und Bäumen als Holzersatz bewährt, wenn es gegen Korrosion geschützt wird.

Durchgehen des Ankers So bezeichnet man den Vorgang, wenn der Anker nicht mehr hält und das Schiff aufgrund der Einwirkung des Windes oder des Stromes oder weil nicht genügend Kette gesteckt worden ist (so nennt man das Wegfieren der Ankerkette), ins Treiben kommt.

Durchhängen. Darunter versteht man die Tendenz des Kiels, in der Mitte durchzuhängen. Es ist der entgegengesetzte Vorgang wie das Abfallen von Vor- und Achtersteven bei einem alten Schiff.

E – »Echo« Der 5. Buchstabe des Alphabets, der im Internationalen Signal-Code durch eine quergestreifte blau-rote viereckige Flagge dargestellt wird. Als Einzelsignal geheißt, bedeutet sie »Ich richte meinen Kurs nach Steuerbord«.

Echolot Heute weitverbreitete (selbst auf Yachten) Apparate verschiedener Bauarten zur Wassertiefenmessung. Es sind aus Sender und Empfänger bestehende Ultraschallinstrumente, bei denen ein vom Sender ausgestrahlter kurzer Impuls vom Grunde oder irgendeinem Unterwasserhindernis reflektiert und vom Empfänger wieder aufgefangen wird. Die Laufzeit wird gemessen und durch einen Lichtimpuls auf einer rotierenden Scheibe mit Tiefenangaben wiedergegeben. Bei anderen Systemen löst der vom Grunde reflektierte Impuls die Tiefenkennzeichnung auf einem besonders präparierten und weiterlaufenden Papier aus, so daß auf diese Weise die Beschaffenheit des Grundes jederzeit zu verfolgen ist. Sonderentwicklungen der Echolote sind auf Fischereifahrzeugen installierte sogenannte »Fischlupen«, mit deren Hilfe Fischschwärme geortet werden können.

einfieren → wegfieren.

Einhandsegler Sportsegler, die mit ihren Booten allein größere Reisen unternehmen. Seit dem 2. Weltkrieg ist das Einhandsegeln groß in Mode gekommen, wobei recht beachtliche Lei-

stungen vollbracht wurden. Unter anderem sind »Rund um die Welt« und Transpazifik-Einhandregatten organisiert worden. Die bekannteste Einhandregatta ist jedoch das seit 1960 von der Londoner Zeitung »Observer« alle 4 Jahre veranstaltete Rennen über den Atlantik.

entern Auf ein anderes Schiff übersteigen. Der Bedeutung des Wortes entspricht das Übersteigen auf ein Schiff in feindseliger Absicht.

Eselshaupt Eine runde oder halbrunde Plattform auf Rahschiffen an der Spitze des Untermastes, die den Marsstänge Halt gibt. Auf modernen Schiffen wird oftmals eine damit vergleichbare Platte an den Mast genietet oder geschweißt und dient als Plattform für ein Radargerät oder eine Funkpeilantenne.

Etmal Die von Mittag zu Mittag zurückgelegte Strecke eines Schiffes.

F – »Foxtrott« Der 6. Buchstabe des Alphabets, der im Internationalen Signal-Code durch eine viereckige weiße Flagge dargestellt wird, in deren Mitte sich ein auf der Spitze stehendes rotes Viereck befindet, dessen Spitzen die Außenränder der Flagge berühren. Allein geheißt bedeutet das Signal: »Ich bin manövrierunfähig, treten Sie mit mir in Verbindung«.

Faden Ein sechs Fuß entsprechendes Längenmaß (1,82 m).

Fahrt Die Bewegung, die ein Fahrzeug durch seinen Antrieb (Maschine oder Segel) erhält und die je nach Aufhören der Antriebskraft noch geraume Zeit beibehält. Ein Fahrzeug macht gute Fahrt oder nimmt Fahrt auf, wenn es schneller wird; es verliert Fahrt, wenn es langsamer wird. Vorausfahrt ist die vorausgerichtete Bewegung, Rückwärtsfahrt nennt man die umgekehrte Bewegung. Als geringste Fahrtstufe wird die Fahrt angesehen, bei der ein Schiff noch seine Steuerfähigkeit behält.

Fall Bezeichnung für ein Tau oder eine Talje, mit dem ein Segel oder eine Rah oder auch andere Gegenstände an Bord eines Schiffes heruntergefiert werden. Wie auch dem Namen zu entnehmen ist, gehört das Fall zum »Laufenden Gut« einer Takelage. Fallen erhalten ihren Namen nach dem Segel, dem sie zugeordnet sind. So gibt es Klüver- und Vorsegelfallen, Großsegelfallen (bei der Schonertakelage), Marsfallen (auf Rahschiffen – hier ist die heißbare Rah gemeint) und beim Gaffelsegel das Piek- und Klaufall.

Fallreep Eine an der Seite eines Schiffes zum Herablassen eingerichtete Leiter, wenn das Schiff vor Anker liegt oder beidreht, um den Zugang von längsseitigen Booten zu erleichtern.

Fangleine Die Leine zum Festmachen am Bug eines offenen Bootes. Leinen zur Sicherung eines Ruderblattes werden ebenfalls als Fangleinen bezeichnet.

Felukke Zweimastiges Segelfahrzeug des Mittelmeeres mit Lateinertakelung, das als Frachtschiff und im 18. und frühen 19. Jh. Verwendung als Kriegs- und Kaperschiff fand.

Fender Ausdruck für alles, was geeignet ist, den Stoß eines Schiffes beim Anlegen an einer Pier oder an einem anderen Schiff aufzufangen oder abzumildern. Man unterschiedet dabei zwischen fest angebrachten Fendern, die in Form eines umlaufenden Bandes aus Tauwerk oder Gummi bestehen können, und beweglichen, die an der Stelle, wo der Stoß zu erwarten ist, an der Seite herabgelassen werden. Letztere können aus altem Tauwerk, gefüllten Korkfendern, aus Gummi, Plastik oder anderen Materialien bestehen. Oftmals sind sie nichts anderes als alte Autoreifen, die zwar nicht sehr schön aussehen, aber zweckmäßig sind und sehr wenig kosten.

Ferro-Zement Wurde im Bootsbau zuerst von dem Italiener P. L. Nervo verwendet. Die Technik besteht darin, eine dünne Zementschicht auf einem sehr feinmaschigen Metallrahmen aufzutragen. Selbst beim Bau größerer Segel- und Motoryachten ist sie mit Erfolg angewendet worden.

Festmacherring Ein auf einem Kai festverankerter Ring zum Vertäuen einer Festmachetrosse.

Fiberglass Ein glasverstärkter Kunststoff, der heute beim Bau von Schiffsrümpfen kleinerer Fahrzeuge und Yachten sowie auch bei ihrem Zubehör weit verbreitet ist.

Fiedelblock Block mit zwei Blockscheiben verschiedener Breiten und verschiedener Durchmesser. Er kann daher 2 Taue unterschiedlicher Abmessungen aufnehmen und wird bevorzugt auf beschränktem Raum verwendet.

fieren Ein Seil zu fieren bedeutet, mit dem Seil nachzugeben (lose zu geben).

Fischlupe Sonderform eines Echolotes zum Aufspüren von Fischschwärmen.

Flaggenknopf Eine runde hölzerne Kappe am Ende des Flaggenstocks.

Flaggenstock Eine Stange im hinteren Teil des Schiffes, an dem die Landesflagge gesetzt wird.

Fleute Angeblich 1595 in Hoorn von den Holländern entwickeltes rundbauchiges dreimastiges Schiff.

Flögel Kleiner Wimpel oder Segeltuchstreifen, der nicht ausfranst und als Wetterfahne am Mastknopf die scheinbare Windrichtung anzeigt, also eine Resultante aus dem über Wasser herrschenden Wind und dem Fahrtwind.

Flotte Als Flotte bezeichnet man einem gemeinsamen Kommando unterstellte Kriegsschiffe, die eine bestimmte Aufgabe haben, z. B. Atlantikflotte, Pazifikflotte, Heimatflotte (home fleet) und Hochseeflotte. In der Handelsmarine bezeichnet man damit sowohl die Schiffe unter einer gemeinsamen Landflagge wie auch Schiffe einzelner Reedereien oder Fahrzeuge mit gleichen Aufgabenbereichen wie Tanker- oder Fischereiflotte.

flottmachen Die Schwimmfähigkeit eines am Grunde festgekommenen oder trockengefallenen Schiffes oder Bootes wiederherstellen.

Flottille → Geschwader.

Fluten Wenn an Bord eines Schiffes ein Feuer ausbricht, ist es möglich, dieses durch »Fluten« unter Kontrolle zu bringen. Man pumpt dabei durch mit einem sogenannten Flutventilen verbundenes Rohrleitungssystem Seewasser in den Raum, in dem der Brandherd liegt. Bestimmte Räume können auch geflutet werden, wenn das Schiff durch ein Leck Schlagseite erhalten hat. Man beabsichtigt dadurch das im Schiff befindliche Wasser auszugleichen, um so die Stabilität wiederherzustellen.

Fock, Vorsegel Auf Rahschiffen nennt man das untere Rahsegel am Vormast Fock; Vorsegel heißt das auf Schonern hinter dem Vormast gesetzte Gaffel- oder auch Spitzsegel; bei Kuttern und anderen kleinen Segelfahrzeugen wird das Vorsegel dagegen an einem vom Mast zum Steven verlaufenden Stag gesetzt. Auf diesen Schiffen hat es eine dreieckige Form und wird ebenfalls Fock (Stagfock) genannt.

»Foxtrott« → F.

Freibord Als Freibord eines Schiffes bezeichnet man die Höhe des Decks von der Lademarke an gerechnet. Die Höhe des Unterschieds zwischen der Leichtladelinie und der Lademarke, bis zu der ein Schiff beladen werden darf, bezeichnete man auf alten Holzschiffen als »Lebendes Werk«. Man verstand darunter im Gegensatz zu dem »Toten Werk« – also dem Teil des Rumpfes, der ständig schwimmenden unter Wasser bedeckt bleibt – die Fläche der Außenhaut, die sich je nach Beladungszustand mal über und mal unter der Wasseroberfläche befand.

Funkpeiler Einrichtung zum Feststellen des Schiffsortes mit Hilfe ungerichteter elektromagnetischer Wellen, die von verschiedenen Landstationen ausgesendet werden.

Fuß Die Bezeichnung für das unterste Ende eines Gegenstandes. So spricht man vom Mastfuß.

Fußliek Das Tau, mit dem die untere Kante eines Segels eingefaßt ist. Unter einem Fußpferd versteht man dagegen ein unter der Rah gespanntes Tau (oder Draht), das den Füßen der Seeleute bei der Arbeit auf der Rah den nötigen Halt gibt.

Fußpferd → Fußliek.

G – »Golf« Der 7. Buchstabe des Alphabets wird im Internationalen Signal-Code durch eine senkrecht gelb-blau-gelb-blau gestreifte viereckige Flagge dargestellt. Allein geheißt hat sie die Bedeutung: »Ich benötige einen Lotsen.«

Gaffel Eine am dickeren Ende mit einer sog. »Klau« versehene Spiere, mit deren Hilfe sie an der Hinterseite eines Mastes befestigt wird. Die Gaffel wird mit dem Klaufall am Mastende und dem Piekfall am äußeren Ende geheißt. Zwischen Gaffel und Baum wird ein Gaffelsegel in der Form eines unregelmäßigen Vierecks gesetzt und mit dem Oberliek an der Gaffel, dem Mastliek am Mast und mit Schot und Hals (hintere und vordere Ecke am unteren Ende des Segels) am Baum befestigt. Über der Gaffel findet man dann noch ein meist dreieckiges Gaffeltoppsegel (es kommt auch eine unregelmäßige Vierreckform vor). Diese Art der Takelung war bezeichnend für Schoner und den Besanmast auf Rahschiffen und wurde von den berühmten Rennyachten des 19. Jh. übernommen, bis sie in unserer Zeit durch die Bermudatakelung ersetzt wurde.

Galeere Bis zum 19. Jh. angetroffenes, ursprünglich im Mittelmeer entwickeltes Ruderkriegsschiff.

Galeone Von Galeere, im Gegensatz zur Karracke schlankes mehrmastiges Segelschiff mit in den Rumpf eingezogenem Vorkastell.

Galionsfigur Geschnitzte hölzerne Figur, die den Steven hölzerner Schiffe verziert und gewöhnlich in Bezug zum Schiffsnamen steht.

Gammon Darunter verstand man auf alten Schiffen den nach unten gerichteten Lasching aus dickem Tauwerk am Fuß des Bugspriets.

Gangspill Einrichtung an Bord von Schiffen für vielfältige Aufgaben wie Ankerhieven, Hieven und Fieren von Rettungsbooten, Ladung usw. Das Gangspill ist sowohl als Handwinde wie auch als elektrische oder Motorwinde gebräuchlich und wird auch mit Dampf oder hydraulisch betrieben. Der für den Arbeitsvorgang vorgesehene Teil des Gangspills besteht aus einem senkrecht auf einer drehbaren Achse befestigten faßartigen Körper, um den die zu hievende Bucht eines Taues oder Drahtes herumgelegt wird. Mit Hilfe von Handspaken, die in eigens dafür vorgesehenen Öffnungen des Drehkranzes hineinpassen, kann das Gangspill mit Muskelkraft bewegt werden. Ein Gangspill dieser Art wird gegen ein Zurücklaufen durch auf dem Drehkörper befestigte Pallen gesichert, die beim Zurücklaufen gegen hervorstehende Nuten des Fundaments stoßen.

Gangway; Landgang Die mit Stufen versehene und durch Geländer oder Handläufer gesicherte Verbindung zwischen einem Schiff und dem Land, um der Besatzung und Passagieren ein sicheres Anlandgehen und Anbordkommen zu gewährleisten.

Garn Fibern natürlichen oder synthetischen Ursprungs, die zusammengedreht die Kardeele eines Seiles bilden. Wenn die Garne mit dem Alter ihre Belastbarkeit einbüßen, werden sie

mitunter auseinandergezupft und als Werg zum Kalfatern der Plankennähte benutzt.

Gatje-Öse Darunter versteht man die im Regelfall durch rostfreie Ringe verstärkten Löcher in Segeln. So besitzen zum Beispiel einige Gaffelsegel keine Reffbändsel, sondern Augen, die beim Reffen zum Durchstecken der Zeisinge dienen.

Gear Ein aus dem englischen Sprachgebrauch übernommener Sammelbegriff für alle Arbeitseinrichtungen eines Schiffes wie Besegelung, Lade- und Löscheinrichtungen und die Ruderanlage usw.

Geitaue An Rahsegeln von den unteren Ecken zur Rah laufendes Tauwerk oder dünne Drähte zum Aufholen (Aufgeien) der Segel, damit sie anschließend an der Rah festgemacht werden können. Alle übrigen Taue, die dazu dienen, die Segel zu den Rahen aufzuholen, nennt man Gordinge.

Genickstag Das auf einem Schoner vom Großmast zur Saling des Vormastes führende Stag (auf mehrmastigen Schonern entsprechende Stagen zwischen den anderen Masten).

Genua Großes Vorsegel, das auf modernen Rennyachten größer als das Großsegel ist. Es ist ein ziemlich flaches Segel mit einem Unterliek, das normalerweise 1,8 m länger ist als die Basis des Bugdreiecks, oder anders ausgedrückt, des Dreiecks, das durch Verdeck, Mast und Vorstag gebildet wird. Die Genuas haben verschiedene Zuschnitte und Stärken, um allen Wetterbedingungen gerecht zu werden.

Gerippe eines Schiffes Besteht aus den gesamten tragenden Holz- oder Eisenkonstruktionsteilen, die die äußere Beplankung oder Platten tragen. Im wesentlichen besteht das Gerippe eines Schiffes aus Spanten, Stringern, Decksbalken und nicht zuletzt der Kiel- und Stevenkonstruktionen. Durch das Gerippe wird dem Schiff vom Konstrukteur die äußere Form vorgezeichnet, und es ist als notwendiger Widerstand gegen örtliche Beanspruchung und zur Festigkeit des gesamten Schiffes mit der wichtigste Teil des ganzen Rumpfes.

Geschwader Eine unter einem gemeinsamen Befehl stehende Gruppe von gleichartigen Kriegsschiffen, z. B. Schnellboote, Minensuchboote, Zerstörer usw. Während früher in der deutschen Marine Gruppen kleinerer Kriegsschiffe als Flottillen und die der größeren Kriegsschiffe wie Kreuzer, Linien- oder Schlachtschiffe als Geschwader bezeichnet wurden, ist heute in der deutschen Marine nur noch der Begriff Geschwader gebräuchlich. So spricht man zum Beispiel vom 1. Landungsgeschwader, 2. Minensuchgeschwader oder 3. Schnellbootgeschwader.

Gillung Die Kurve an der Unterkante und den Seiten eines Rahsegels.

Glasen Einst an Bord in Abstand einer halben Stunde übliche Zeitangabe, deren Anzahl Schläge die Wachablösung regelten. Geglast wurde auch in Gefahrensituationen und bei Notfällen. Heute ist das Glasen durch die Bordlautsprechanlage und die Schiffssirene (bei Notfällen) weitgehend ersetzt worden.

Glattdeck Bei Rennyachten ein freies Oberdeck ohne Aufbauten. Der Ausdruck wurde von den großen Segelschiffen des 19. Jh. übernommen, deren freies Deck zur besseren Bearbeitung ihrer Besegelung fast vollkommen den Elementen ausgesetzt war.

»Golf« → G.

goosewing Die englische Bezeichnung für eine bestimmte Art der Segelstellung von schonergetakelten Schiffen beim Segeln vor dem Winde. Dabei wird das Segel des einen Mastes nach der einen Seite, das Segel des anderen Mastes nach der anderen Seite des Schiffes abgebäumt.

Gording Laufendes Tauwerk, mit dem ein Rahsegel zur Rah aufgeholt wird.

Grapnel-Anker oder Draggen Auf kleinen Schiffen gebräuchlicher drei- oder vierarmiger Anker ohne Ankerstock. In den Tagen segelnder Kriegsschiffe benutzte man ihn auch, um feindliche Schiffe damit festzuhalten, um so ein Entern zu ermöglichen. Es war eine weitverbreitete Methode, als Entern noch eine beliebte Taktik der Seekriegführung war. Die dabei benutzten Anker wurden auch als Enterhaken bezeichnet.

Gräting Hölzerner oder metallener Rost, der benutzt wird, um Decksöffnungen abzudichten und gleichzeitig Licht- und Luftdurchlässigkeit zu wahren. Ähnliche hölzerne Grätings finden auch Verwendung beim Bau von Bug- und Heckbrettern für offenen Booten und bilden zeitweilig auch den Bodenbelag in den Cockpits größerer Yachten.

Großmast Auf dreimastigen Schiffen ist es der mittlere und höchste Mast. Auf zweimastigen Fahrzeugen hängt der Standort des Mastes vom Typ des Fahrzeugs ab. So ist zum Beispiel auf Briggs und Schonern der hintere Mast der Großmast, während man auf einer Ketsch den vordersten Mast als Großmast bezeichnet. Wanten und Stagen, die den Mast abstützen, werden nach dem jeweiligen Mast benannt (ebenso wie die Segel). Auch die Mars-, Bram- und die Royalstengen werden nach den Masten benannt, denen sie zugehören.

Großsegel Wird am Großmast gesetzt. Auf Rahschiffen versteht man darunter das unterste und größte Rahsegel des Großmastes.

Grummet Ein Ring oder eine Schlinge aus einem mit sich selbst verspleißten Tau.

Gürtelbänder (Doppellungen) – Nennt man die auf große Segel genähten Segeltuchstreifen, die eine übermäßige Dehnung oder Ausbuchtung der Segel verhindern sollen.

H – »Hotel« Der 8. Buchstabe des Alphabets, der im Internationalen Signal-Code durch die senkrecht gestreifte weißrote viereckige Flagge dargestellt wird. Der weiße Streifen befindet sich dabei auf der inneren Seite. Allein geheißt bedeutet die Flagge: »Ich habe Lotsen an Bord.«

Hahnepot Eine Vorrichtung, bei der ein dickeres Tau oder ein Draht in einem Auge, Block oder Schäkel endet, von dem aus wiederum dünneres Tauwerk in verschiedene Richtungen läuft. Durch diese dünneren Taue werden die an den jeweiligen Endpunkten auftretenden Kräfte auf das dickere Tau übertragen. In der Praxis wendet man diese Art der Kräfteverteilung bei der Takelung einer Baumgaffel, von Sonnensegeln und Schleppeinrichtungen an.

Halbdeck Erhöhung des Hinterschiffes.

Hall-Anker Besonderer Typ eines stocklosen Ankers.

Hals Der Hals eines Segels ist die mastseitige untere Ecke eines Schonersegels oder die untere Ecke an der Luvseite eines Rahsegels. Verständlicher spricht man mitunter beim Hals eines Segels auch von seiner Luvklaue. Ebenfalls wird auch das am Hals eines Segels befindliche Tau als Hals bezeichnet.

»Halsen« heißt das vom »Hals« abgeleitete Tätigkeitswort für eine Kursänderung, bei der das Schiff vor dem Winde dreht, bis er von der anderen Seite wieder einkommt. Das »Halsen« wird notwendig, wenn ein rahgetakeltes Segelschiff wegen der herrschenden Windverhältnisse (Sturm oder ganz leichte Winde) nicht gegen den Wind auf einen anderen Kurs gehen kann. Wenn zwei Fahrzeuge sich auf verschiedenen Halsen passieren, versteht man darunter, daß sie sich auf parallelen aber entgegengesetzten Kursen begegnen, die Halsen ihrer Segel an verschiedenen Seiten stehen, sie also auf verschiedenen Halsen segeln. (B. B. oder ST. B. Halsen)

handig Ein Adjektiv, das man gut manövrierenden oder für den vorgesehenen Zweck gut zu gebrauchenden Schiffen beiordnet. Man spricht – englisch »handy« – dann von einem »handigen« Schiff. Vom »handigen Wetter« spricht man, wenn vom Wetter keine Beeinträchtigung der Schiffahrt ausgeht.

Hängematten Bahnen aus Segeltuch oder aus geflochtenem Tauwerk, die an Bord von Kriegsschiffen als Schlafstellen für Mannschaften benutzt werden. In den Tagen der segelnden Kriegsschiffe rollten die Besatzungen jeden Morgen ihre Hängematten zusammen und verstauten sie zwischen den über den Verschanzungen angebrachten Hängemattennetzen, wo sie einen zusätzlichen Schutz gegen feindliches Musketenfeuer bildeten.

hängen (eines Schiffes) Das Abfallen von Vor- und Achterschiff eines alten Schiffes, das aufgrund der Ermüdung eines alten Holzkiels und der Schiffsverbände durch die Beanspruchung der See eintreten kann.

Hartbrot, Schiffszwieback Grundnahrungsmittel in Segelschiffstagen. Unter feuchten oder tropischen Wetterbedingungen pflegten sich in ihm sehr schnell Rüsselkäfer (der Seemann sagt Maden) zu bilden. Deswegen warf man das Hartbrot aber nicht fort, sondern überbackte es noch einmal und schlug dann auf dem Tisch oder einem harten Gegenstand die Käfer heraus. Diese Prozedur wurde gewöhnlich im Dunkeln vorgenommen, um sich den Anblick der herausfallenden Maden zu ersparen. Zur Unterscheidung vom Hartbrot-hardtack bezeichnete man normales Brot als Weichbrot-softtack.

Heck Der hinterste Teil eines Fahrzeugs, etwa bis zu dem Punkt, wo die meist parallel verlaufenden Bordwände beginnen. Von ihm aus wurden in der Segelschiffszeit die Schiffe geführt. Der Stevenbalken bildet den Achtersteven, der zusammen mit dem Heckbalken das Ruder hält. Unter der Phrase »vom Heck zum Steven« versteht man die ganze Länge eines Fahrzeugs.

Heckbalken Darunter versteht man die über dem Achtersteven angebrachten Querbalken, der auf kleinen Booten aus einem Stück bestehen kann. Die durch Heckbalken gebildete Heckform bezeichnet man als Spiegelheck, mit dem die Seitenplanken eines Schiffes mit Kniehölzern verbunden sind. Die unterschiedliche Form der durch Querbalken gebildeten Heckpartie bedingt auch eine unterschiedliche Anbringung des Ruders, das sowohl den Heckspiegel im sogenannten Ruderbalken (dem zweiten von unten) durchstoßen als auch, wie bei skandinavischen Schonern zu beobachten, außen angebracht sein kann.

Heckgalerie Eine Art Heckbalkon auf älteren Segelschiffen, insbesondere auf Kriegsschiffen.

Heckrahmen Die Einführung des Schraubenantriebs bedeutete, daß der alte hölzerne Achtersteven in Schrauben- und Rudersteven geteilt wurde, so daß sich die Schraube in dem dadurch entstandenen Zwischenraum, dem sogenannten Schraubenloch, ungehindert drehen konnte. Die beiden Steven nennt man zusammen mit den sie tragenden Konstruktionselementen den Heckrahmen.

Heckreeling Die meist verzierte Reeling am Heck eines Fahrzeugs.

Heckverzierung Besonders bei Segelschiffen früherer Zeiten befanden sich am Heck reich geschnitzte, oft vergoldete Verzierungen.

heißen Irgend etwas hochziehen. Man heißt z. B. Signalflaggen oder einen Ankerball.

Heliograph Signalinstrument, bei dem die Sonnenstrahlen mit Hilfe von Spiegeln so reflektiert werden, daß es möglich wird, auf diese Weise optische Signale im Morsealphabet zu übermitteln. Diese Signalübertragung wird zeitweilig von Kriegsschiffen praktiziert, wenn sie auf kürzere Entfernungen die Funkstille nicht durchbrechen wollen.

Hieve Eine beim Laden oder Löschen am Kran oder Ladebaum hängende Last.

hieven Mit mechanischer Hilfe Tauwerk, Draht oder Ketten einziehen. Teithieven bedeutet, ein Tau oder Draht so straff wie möglich durchholen, und es ist eine Verballhornung des engl. taut (tight). Angewendet wird diese Ausdrucksform beim Durchholen der Festmacheleinen sowie der Wanten und Stagen, die den Mast halten.

holen Ist der Ausdruck für das Durchziehen eines Taues mit der Hand im Gegensatz zum hieven, wo das Durchziehen mit mechanischen Mitteln geschieht. Auch die mit Segelmanövern verbundenen Bezeichnungen verwenden oftmals das Wort »holen«. So spricht man zum Beispiel vom »Dichtholen« der Schoten. Aber auch andere Tätigkeiten im seemännischen Bereich werden mit dem Ausdruck »holen« belegt. So »holt« man ein Schiff aus dem Wasser eine Slipanlage herauf, wobei dann allerdings kräftige elektrische oder Dampfwinden in Tätigkeit treten.

»Holende Part« Nennt man das Tauende einer Talje oder Schot, an der gezogen wird.

Hölzer Die verschiedenen Bestandteile, aus denen ein hölzernes Schiff erbaut wird, faßt man unter dem Sammelbegriff »seine Hölzer« zusammen. Im Besonderen versteht man darunter sein Spantenwerk.

Holznagel Hölzerne Bolzen, mit denen die Beplankung eines hölzernen Schiffes auf den tragenden hölzernen Spanten befestigt wird.

»Hotel« → H.

Hummergatt Öffnung im Heck der Fleuten zum Durchführen der Ruderpinne.

Hundewache Heute versteht man unter der Hundewache die Wache zwischen 00.00 Uhr und 04.00 Uhr. Im alten englischen Wachsystem an Bord eines Schiffes bedeutete es sowohl der um 2 Stunden verlängerte Rhythmus der Nachmittagswache (von 16.00 bis 18.00 Uhr – 1. Hundewache) als auch der um 2 Stunden vorgezogene Rhythmus der Abendwache (von 18.00 bis 20.00 Uhr – 2. Hundewache). Dieses System wurde eingeführt, um einen täglichen Wechsel in den Wachen zu gewährleisten.

I – »India« Der 9. Buchstabe des Alphabets, der im Internationalen Signal-Code durch eine viereckige gelbe Flagge mit einem schwarzen Punkt in der Mitte dargestellt wird. Allein geheißt bedeutet sie: »Ich richte meinen Kurs nach Backbord.«

Internationaler Code Darunter versteht man den Signal-Code, der alle Sichtzeichen, Kommunikation über Radiotelephonie oder Telegraphie von Schiff zu Schiff und vom Schiff zum Land regelt und der international verbindlich ist.

Internationales Signalbuch Handbuch für den internationalen Signalverkehr mit Signalflaggen.

J – »Juliet« Der 10. Buchstabe des Alphabets, der im Internationalen Signal-Code durch eine viereckige, horizontal blau-weiß-blau gestreifte Flagge dargestellt wird. Allein geheißt bedeutet sie: »Ich beabsichtige eine Nachricht mittels Semaphor zu übermitteln«.

Jacht Größeres holländisches, an drei Masten mit Rahen getakeltes Schiff (nicht zu verwechseln mit den modernen Segelyachten → Yacht

Jack-Stag Ein eiserner Handläufer auf der Rah, an dem einmal das Rahsegel befestigt wird und der zum anderen dem auf der Rah arbeitenden Seemann den nötigen Halt gibt.

Jiggermast, Besan Auf einem kleineren Fahrzeugtyp ein zum Wegnehmen eingerichteter zusätzlicher Mast. Die Besegelung eines solchen Mastes besteht gewöhnlich aus einem Schoner- oder Sprietsegel, dessen Fall aus einer an der Mastspitze angebrachten Talje besteht.

Joch Das Joch einer Stenge besteht aus einem ovalen Ring (aus Eisen oder Hartholz), in dem der Fuß einer Stenge auf der Marssaling eines Untermastes befestigt wird. Ein ähnlicher, Eselshaupt genannter Ring hält den Topp des Untermastes mit der Stenge zusammen. Die einzelnen Teile eines Mastes (Untermast und Stengen) haben also eine dreifache Sicherung: Das Eselshaupt, die Quer- und Längssaling und das Joch.

Jolle → Dingi.

Jungfern Kräftige Hartholzscheiben, die von 2 oder (meist) 3 Löchern durchbohrt sind. Durch diese Löcher wird ein Taljereep (das holende Tauwerk einer Talje) geschoren und verbindet so 2 dieser Scheiben zu einer Talje, mit der früher Pardunen (Stützdrähte) eines Mastes auf älteren Schiffen strammgezogen (seemännisch: steifgeholt) wurden. Heute benutzt man für den gleichen Zweck Spannschrauben, obwohl Jungfern auf älteren Fischerbooten noch immer Verwendung finden.

K – »Kilo« Der 11. Buchstabe des Alphabets, der im Internationalen Signal-Code durch eine viereckige gelb-blau senkrecht gestreifte Flagge dargestellt wird, bei der sich die gelbe Hälfte auf der Innenseite befindet. Allein geheißt hat sie die Bedeutung »Sie sollten Ihr Fahrzeug sofort aufstoppen.«

Kabel (hier Ankerkabel) Das am Schiffsanker befestigte Ankertau oder die Ankerkette. Eine Kabellänge beträgt ein Zehntel einer nautischen Meile oder etwa 183 m.

Kabelschlag Besondere Herstellungsart des Tauwerks, das gewöhnlich aus 3, Kardeelen genannten, Einzelteilen gedreht wird, welche wiederum jeweils aus drei in entgegengesetzter Richtung geschlagenen Einzelsträngen bestehen. Im Kabelschlag hergestelltes Tauwerk hat den Vorteil, nicht zu vertörnen (in sich verdrehen) und wird oft als Festmacherleine oder Lotleine verwendet.

Kabine Entsprechend für Besatzung oder Passagiere eingerichteter Wohnraum an Bord von Schiffen.

Kabinenkreuzer Gewöhnlich werden mit dem Ausdruck kleine bis mittelgroße Motoryachten bezeichnet, die vorzugsweise für Binnengewässer gedacht sind. Die Bezeichnung sagt aus, daß die Boote vollkommen gedeckt sind und ein Deckshaus besitzen. Unter Deck liegen je nach Größe die Unterkunftsräume für 2 bis 6 Personen mit Kojen, Kombüse und Waschräumen.

kalfatern Das Abdichten der Planken- und Decksnähte mit Werg und Pech, um sie auf diese Weise wasserundurchlässig zu machen. Auf hölzernen Schiffen ging das Kalfatern folgendermaßen vor sich: Mit Hilfe besonderer Kalfateisen wurde der Werg mit hölzernen Hämmern in die Nähte hineingetrieben. Darauf wurde die noch verbliebene offene Nahtstelle zwischen den Planken mit kochendem Pech ausgegossen, um sowohl Planken wie Werg vor dem Verrotten zu bewahren und den Rumpf im guten Zustand zu erhalten. Auch die Decksnähte, bei denen man heute anstatt des Pechs vielfach Gummi und andere Werkstoffe verwendet, pflegte man früher auf diese Weise zu kalfatern.

Kamel Nautisches Meßinstrument der Araber.

Karavelle Mehrmastiges portugiesisches Segelschiff, ursprünglich mit Lateinersegel getakelt.

kardanische Aufhängung Vorrichtung, die verhindern soll, daß Präzisionsinstrumente wie Kompaß, Barometer oder Chronometer beim Rollen, Stampfen und Schlingern des Schiffes bei schlechtem Wetter in Mitleidenschaft gezo-

gen werden. Zeitweilig werden auch die Öfen auf Yachten auf diese Art und Weise befestigt.

Kardeel Schaft eines Taues oder Drahtes. Ein Kardeel besteht aus einer Anzahl Garnen, die in der gleichen Richtung gedreht werden wie die Kardeele, aus denen ein Seil besteht.

kareenen Instandsetzungsarbeiten wie das Säubern des Bodens, Reinigen der Plankennähte und das Kalfatern werden als Kareenen bezeichnet. Dazu legt man ein Fahrzeug so weit auf die Seite (entweder bei Ebbe oder mechanisch durch an die Untermasten angeschlagene Taljen), bis der Boden auftaucht, und ohne Eindocken Überholungs- und Reparaturarbeiten ausgeführt werden können.

Karracke Mehrmastiges altes Segelschiff.

katten Unter katten des Ankers versteht man das Vorheißen des Ankers, bis er senkrecht unter dem Ankerbalken hängt. Diese auch im internationalen Sprachgebrauch Catheads genannten Ankerbalken ragen auf beiden Seiten des Bugs über die Bordwand hinaus. Mit Hilfe des Kattblocks, dem untersten mit einem Haken versehenen Block einer am Ankerbalken befestigten Talje, wird der Anker im Röhring genannten Ankerring aufgefangen.

Katzenloch Auf deutschen Segelschiffen gebräuchlicher Ausdruck für einen Durchstieg von den Wanten zur Mars.

Kausch In ein Auge eingespleißte hölzerne oder metallene Ringe, die bei einem Tau den Augspleiß vor Abnutzung schützen sollen.

Kedgeanker oder Warpanker Ein kleiner auf Yachten gebräuchlicher Anker, der auf größeren Schiffen auch zusammen mit dem Hauptanker benutzt wird.

kentern So weit überholen, bis das Schiff kieloben schwimmt. Bei Dingis kann dieses bei nicht ausreichendem Schwertkiel passieren, und das Wiederaufrichten gehört zu den normalen und nicht allzu schwierigen Vorgängen bei der Sportsegelei.

Ketsch Heute eine Typbezeichnung zeitgenössischer Renn- und Tourenyachten mit zwei Masten. Dabei befindet sich der Großmast vorne und der Besanmast etwas vor dem Achtersteven. Getakelt sind diese Yachten mit Bermudabesegelung und Klüvern. Die historischen Ketschen waren kleine, zweimastige Küstenfahrzeuge mit einer Vielzahl von unterschiedlichen Besegelungen, wobei Schoner- und Rahsegel sowohl einzeln als auch zusammen vorkamen.

Kette Ketten finden in der Seefahrt Verwendung als Ankerketten für Schiffe, zum Verankern von Bojen, Pierköpfen, Feuerschiffen usw. Auf älteren Rahschiffen war die Verwendung von Ketten auch im Stehenden Gut üblich, wurde dann aber durch Stahl und verzinkte Eisendrähte ersetzt. Bei schweren Ketten wie Ankerketten finden Steg-Glieder Verwendung, das sind Kettenglieder mit einem zur Verstärkung eingezogenen eisernen Steg.

Kettenglied Einzelteil einer Kette. Bei den Kettengliedern unterscheidet man längliche und ovale Kettenglieder und solche, die zur Verstärkung mit einem Stag versehen sind. Das Endglied einer Ankerkette, in das der Anker mit dem Ankerschäkel eingeschäkelt wird, hat immer eine runde Form.

Kettenkasten Ein unter Deck liegender Raum im Bug des Schiffes, in dem die eingehievte Ankerkette untergebracht wird.

Kettenlänge Das ist die Länge der Ankerkette, mit der ein Schiff vor Anker liegt, also die Distanz zwischen dem Anker und der Ankerklüse, durch die die mit dem Anker verbundene Kette zum Ankerspill läuft. Es sind dies kurze Rohre, die auf beiden Seiten des Stevens das Backdeck durchschneiden.

Kettenstopper Vor den Ankerklüsen angebrachte Einrichtung aus Metall, durch die die Ankerketten hindurchführen. Durch das Zusammendrehen der beweglichen Backen des Kettenstoppers oder anderer mechanischer Bremsvorrichtungen kann die Kette sicher gehalten werden. Die Stopper dienen zur Entlastung der Ankerwinde und können die Kette und damit auch den Anker ohne die Benutzung der Ankerwinde in seiner Lage halten.

Kiel Der Hauptbalken – das Rückgrat – eines Fahrzeuges, der im Schiffsboden Vor- und Achtersteven miteinander verbindet und den Spanten den notwendigen Halt gibt. Wenn es die Schiffslänge erlaubt, wird auf hölzernen Schiffen der Kiel aus einem Stück gefertigt, sonst aus mehreren Stücken nach bestimmten unterschiedlichen Systemen zusammengefügt. Der gewöhnliche Yachtkiel ist dagegen ein falscher Kiel, der am echten Kiel befestigt ist und ihn nach unten verlängert. Der Sinn eines solchen Kiels ist, die Stabilität zu gewährleisten und einem Vertreiben durch Vergrößerung des Lateralwiderstands entgegenzuwirken. Yachtkiele besitzen die verschiedensten Formen, wie am Flossenkiel zu sehen, und werden sowohl einzeln (in der Rumpfmitte) wie auch doppelt angebracht. Sind sie an ihrem unteren Ende noch mit Ballast beschwert, spricht man von »Ballastkielen«.

Eine ähnliche Einrichtung, die den gleichen Zweck erfüllen soll, ist der bewegliche Kiel der Jollen, der sogenannte Schwertkiel, der in das Innere des Bootes in den besonders dafür vorgesehenen Schwertkasten hochgezogen und durch einen Schlitz wieder heruntergelassen werden kann. Sogenannte Kielschwerter sind ähnliche Vorrichtungen an großen Yachten, bei denen auf diese Weise die Kielfläche vergrößert werden kann.

Kielgang (Bodenbeplankung) Die widerstandsfähigen untersten Plankenlagen eines Schiffes.

Kielholen Eine in der alten Segelmarine oft durchgeführte Bestrafung. Dabei ließ man den Missetäter auf der einen Seite des Schiffes von der Rah ins Wasser fallen, zog ihn unter dem Kiel hindurch und holte ihn auf der anderen Seite wieder auf.

Kielschwein (Innenkiel) Obere Verstärkung des Kiels, gleichzeitig Schutz vor Stoß und Beschädigungen.

»Kilo« → K.

Kimming (Lukenkimming) Der erhöhte Rand um eine Lukenöffnung, der als Sicherung gegen Seeschlag dient und bei Ladungsarbeiten die Lukenöffnung sichert.

»killen lassen« (der Segel) Ein Manöver, das einmal bezwecken kann, den Winddruck aus den Segeln und damit die Fahrt aus dem Schiff zu nehmen. Läßt man nur die Obersegel killen, bedeutet es, daß man aus verschiedenen Gründen so hoch wie möglich am Winde zu segeln beabsichtigt. Das Kommando »Royals killen lassen« wird von dem Kapitän oder dem verantwortlichen Schiffsoffizier als Ruderkommando verstanden.

Klampe Ein an Deck oder anderen geeigneten Plätzen angebrachter Haken mit 2 horizontalen Armen, an dem Tauwerk oder auch Draht ohne es zu verknoten festgemacht (belegt) werden kann. Klampen werden besonders zum Festmachen von Schoten und Fallen benutzt.

Klappläufer Nennt man eine einfache Hebevorrichtung, bei der ein Tau durch einen im Mast befindlichen Block geschoren ist. Eine einfache Talje nennt man dagegen ein durch einen festen und einen losen Block geschorenes Tau.

klar Ein Tau oder eine Kette ist »klar«, wenn es oder sie frei auslaufen kann, klarieren nennt man das Klarmachen verdrehten Tauwerks oder einer vertörnten Kette. Klarieren (Aus- und Ein-) wird auch die zollamtliche Abfertigung beim Ein- oder Auslaufen genannt. Wenn sich ein Schiff von irgendeinem Hindernis freimanövriert, spricht man vom »Klarfahren« ebenso wie bei einem Seemann, dem es gelingt, im Dienstbetrieb nicht unangenehm aufzufallen.

Klasse Gibt die Unterteilung an, der die Yachten und Jollen entsprechend ihrer Größe, Takelung und Bauart zugeordnet werden. Allgemein gesprochen gibt sie auch einen Hinweis auf den Typ, dem ein Schiff zugerechnet wird, wie zum Beispiel Schoner, Klipper, Fregatte, Bark usw. Bei Kriegsschiffen ist es dagegen üblich bei den verschiedenen Typen wie Schlachtschiffen, Kreuzern und Zerstörern die Klasse mit dem Namen des ersten auf Stapel gelegten Schiffes einer gleichartigen Serie auch nach gemeinsamen Namensmerkmalen zu benennen, wie zum Beispiel im 2. Weltkrieg die Royal-Navy-Zerstörer der »Tribal-Klasse« (Stammesklasse) HMS »Ashanti«, »Afridi«, »Zulu« und andere.

Klau oder Klaue Nennt man bei einem Gaffelsegel das am Mast zum Auf- und Niederholen beweglich angebrachte Ende der Gaffel, die mit dem »Klaufall« vorgeheißt wird. Das äußere Ende heißt Piek und entsprechend »Piekfall«.

Klinkerbauweise Methode des Holzschiffbaus, bei der jeweils die obere Planke die untere Planke überlappt.

Klüver nennt man die an Vorstagen gesetzten Segel (an den Stagen der anderen Masten gefahrene Segel heißen Stagsegel und erhalten ihren Namen nach jeweiligen Masten und den Rahen, zu denen sie laufen), so wird der Jager an dem zur Vorroyal laufenden Jagerleiter (oder Vorroyalstag), der Außenklüver am Außenklüverleiter und der zur Saling zwischen Mars- und Bramsegel laufenden Innenklüverleiter gesetzt. Ebenfalls zur Saling verläuft das am Bugspriet befestigte Vorstengestag, an dem das am weitesten innenbefindliche Vorstengstagsegel gefahren wird. Mitunter wurde an älteren Schiffen allerdings auch noch an dem von der Mars zum Steven oder Bugspriet führenden Stag ein Vorstagsegel gefahren. Die Segel selbst haben eine dreieckige Form.
Piek nennt man die obere Ecke des Segels, wo das Fall angebracht ist, von den beiden unteren Ecken heißt die vordere Hals, während die hintere, wo auch die Schot des Segels befestigt wird, das Schothorn ist. Die »Hypotenuse«, also die längere, mitunter durch einen Draht verstärkte Vorderkante, mit der das Segel mit Hilfe der Legel (oder Stagsegelläufer) am Stag befestigt wird, heißt Stagliek. Die Hinterkante nennt man entsprechend Achterliek und die Unterkante des Segels Fußliek.
Klüver werden aus verschiedenen Materialien in unterschiedlichen Zuschnitten und Größen hergestellt und können in Form und Aussehen variieren. Am Schothorn (wie man auch die Schotspitze eines Stagsegels nennt) werden zwei Schoten, die für jede Schiffsseite, befestigt. Klüver werden zusätzlich zu den Großsegeln (auf Schonern und Yachten) oder den Rahsegeln gesetzt und haben neben ihrer ziehenden Wirkung die Aufgabe, der Tendenz des Fahrzeugs, in den Wind zu drehen, oder anders – seiner natürlichen Luvgierigkeit - entgegenzuwirken. Auf modernen Yachten haben die Klüver entsprechend ihres Aussehens und des Materials, aus dem sie hergestellt sind, recht unterschiedliche, meist aus dem Englischen übernommene Bezeichnungen. So gibt es den »Bolero«, »Drifter«, die »Genua«, »Reacher«, »Spanker«, »Tall-Boy«, »Yankee« usw.

Klüverbaum Der Klüverbaum ist eine hölzerne Spiere, die den Bugspriet verlängert und zu der die Innen- und Außenklüverstagen laufen, während sie nach unten durch das Stampfstag gehalten wird. Eine höchst seltene Einrichtung war

der Jagerbaum, eine zusätzliche Verlängerung des Klüverbaums, zu dem der Jagerleiter (eine andere Bezeichnung für das Royalstag), lief.

Kniehölzer Ausdruck, mit dem im Schiffbau hölzerne oder auch eiserne Verbindungen bezeichnet werden, die die Decksbalken mit den Spanten zusammenhalten.

Knorre Ursprünglich seefähiges Frachtschiff der Wikinger.

Knoten Die Maßeinheit, mit der die Schiffsgeschwindigkeit gemessen wird. Sie entspricht der Anzahl Seemeilen, die in einer Stunde zurückgelegt werden. Wenn man also davon spricht, daß ein Fahrzeug sechs Knoten läuft, so bedeutet es, daß es in einer Stunde sechs Seemeilen zurücklegt (→ Logge).

Kogge Mittelalterliches nordeuropäisches Handelsschiff.

Koje In seiner Form zwar unterschiedliches, aber im Gegensatz zur Hängematte immer fest angebrachtes Bett an Bord eines Schiffes.

Kolderstock Hebelarm auf der Ruderpinne.

Kombüse Küche an Bord eines Schiffes.

Kommandoturm Der Ausdruck wird heute ausschließlich bei Unterseebooten verwendet, wobei eine Verwandtschaft mit dem englischen Wort conning tower, das die gleiche Bedeutung besitzt, zu erkennen ist. Das englische »to con« ist dabei ein altes Wort für »steuern«. Da auf den frühen gepanzerten Kriegsschiffen des 19. und 20. Jh. die Kommandobrücke, von der ja das Schiff gesteuert wurde, oftmals die Form eines Turms hatte, bürgerte sich der auch im Englischen heute ausschließlich bei U-Booten verwendete Begriff conning tower ein.

Kompaß Gehört auf allen Schiffen zur Grundausrüstung der Navigationsinstrumente. Am Kompaß ist jederzeit in bezug auf die Koordinaten der Erde, unabhängig vom Kurs eines Schiffes, die genaue Richtung abzulesen. Unter den Kompassen gibt es eine Vielzahl von verschiedenen Ausführungen und Modellen, die aber mit Ausnahme des Kreiselkompasses alle den magnetischen Einflüssen der Erde und des Schiffes unterliegen.

Kompaßhaus Aus Holz oder nicht magnetischem Metall bestehender Unterbau des kardanisch aufgehängten Steuerkompasses eines Schiffes.

Koppelung Addition der Distanzen auf verschiedenen Kursen zur Ermittlung des Schiffsortes.

Korvette Kleineres rahgetakeltes dreimastiges Segelschiff des 18. und 19. Jh. Im 2. Weltkrieg wurde die Bezeichnung wieder aufgegriffen. Diese Typenbezeichnung erhielten ausschließlich zum Konvoischutz und zur U-Boot-Jagd ausgerüstete und eingesetzte Fahrzeuge, die kleiner als Fregatten waren.

Kran Hebeeinrichtung, die sowohl an Land wie an Bord eines Schiffes zum Heben jeder Art von Lasten Verwendung findet. Die Kräne können fest stehen und einen großen Ausleger haben, sie können auch auf dem Kai an Schienen beweglich aufgestellt sein, damit jederzeit ihr Standort verändert werden kann. Früher wurden für das Andecksetzen von Stockankern ebenfalls kleine Kräne verwendet.

krängen Sich nach der Seite neigen (vom Schiff).

Kravelbauweise Darunter versteht man im Holzschiffbau eine Bautechnik, bei der die Planken der Außenhaut gegeneinanderstoßen.

Kreiselkompaß Ein von dem Deutschen Anschütz erstmalig eingeführter, unter Verwertung der von Foucault entdeckten Kreiselgesetze arbeitender Richtungsanzeiger.

Kreuzknoten Der gebräuchlichste Knoten, um 2 Tauenden miteinander zu verbinden.

Kreuzstab Altes Instrument zum Messen der Gestirnenhöhe.

Kurs Der Kurs eines Schiffes ist die nach Graden oder Strichen der Kompaßrose bezeichnete Richtung, in der das Schiff fährt. Wenn ein Schiff also den Kurs ändert, ändert es seine Fahrtrichtung.

Küstenschiff (Kümo) Kleineres in der Küstenfahrt eingesetztes Handelsschiff. Die meisten Länder bemühen sich, die Küstenfahrt zwischen ihren eigenen Häfen auf Schiffe eigener Flagge zu beschränken. Die Küstenfahrt ist in fast allen Seehandel treibenden Ländern Gegenstand internationaler Abmachungen.

Kutter Ursprünglich ein kleineres einmastiges Segelfahrzeug mit Gaffelsegel, das im 18. und 19. Jh. vorzugsweise von Zöllnern und Lotsen benutzt wurde. In mehrfacher Beziehung, besonders aber wegen ihrer Geschwindigkeit und Seefähigkeit, gelten die Kutter als die Vorfahren moderner Renn- und Tourenyachten. In der Marine versteht man unter Kutter ein größeres Ruderfahrzeug, das auch gesegelt werden kann.

L – »Lima« Der 12. Buchstabe des Alphabets, der im Internationalen Signal-Code durch eine viereckige, in vier Feldern schwarz-gelb gewürfelte Flagge dargestellt wird, wobei das obere äußere Viertel schwarz und das untere von gelber Farbe ist. Allein geheißt bedeutet sie: »Stoppen Sie, ich habe etwas Wichtiges mitzuteilen.«

Ladebaum Einrichtung zum Laden und Löschen der Ladung. Der Ladebaum ist mit seinem unteren Ende am Mast oder einem besonderen Fundament angebracht und wird durch je nach Bedarf verstellbare Taue oder Drähte gehalten. Taljen am oberen Ende des Baumes sorgen für die seitliche Beweglichkeit.

Lademarke Die Lademarke eines Schiffes ist an den Seiten angebracht und zeigt die Marke, bis zu der ein beladenes Schiff eintauchen darf. Die Höhe der Lademarke richtet sich nach den Klimazonen und den verschiedenen Ozeanen, die das Schiff befährt, und ist abhängig von der Jahreszeit. Es ist einleuchtend, daß die Winterlademarke für den Nordatlantik ein geringeres Eintauchen des Schiffes und damit eine kleinere beförderte Ladungsmenge gestattet als die tropische Sommerlademarke des gleichen Schiffes.

Laderaum → Luke

Lager Der Halt für einen Baum oder eine Spiere. Ein Lager kann sowohl ein Ring oder ein Träger an einem Mast, wie auch ein Stützbalken sein.

Landesflagge An Bord eines Handelsschiffes wird am Heck, oder wenn sich das Schiff auf See befindet auch an der Gaffel, zwischen Sonnenauf- und Sonnenuntergang die Handelsflagge gesetzt. Die Schiffe vieler Länder führen als besondere Varianten der Landesflaggen, die, zum Unterschied der von Kriegsschiffen gezeigten Kriegsflaggen, Handelsflaggen genannt werden.

Landgang → Gangway

Langboot → Kutter

Langsaling Sind die längsschiffs auf den Backen liegenden hölzernen oder eisernen Träger, die den Quersalingen und den Marsen den nötigen Halt geben. Man unterscheidet zwischen Bram- und Marslansaling.

Lasching Tau- oder Drahtenden, wie auch Ketten, die an Bord eines Schiffes dazu benutzt werden, bewegliche Gegenstände zu sichern. Laschings können mit Federn, Spannschrauben oder Haken versehen sein. Verstärkung aus Tau oder Eisen um Mast und Rah.

Länge Gibt das Maß eines Schiffes in der Längsachse an. Die »Länge über Alles« ist die Länge der Außenkante zwischen den beiden äußersten Punkten des Rumpfes. Die Länge in der Wasserlinie ist ebenfalls eine besondere Maßeinheit und gibt die Länge in der Wasserlinie beim beladenen Schiff an. Eine dritte Länge, die bei der Schiffsvermessung eine Rolle spielt, ist die Länge zwischen den Perpendikeln. Sie gibt die Entfernung an zwischen den senkrecht an den Innenkanten von Vor- und Achtersteven durch die Ebene der Wasserlinie verlaufenden gedachten Linien.

Lateinersegel Im Mittelmeer entwickeltes dreieckiges Segel, bei dem das obere Liek (Kante) an einer langen Rah befestigt wird.

Lateinertakelung Die Takelung eines Schiffes mit Lateinersegeln.

laufen Wenn ein Schiff in Bewegung ist, sagt man auch »es läuft«. Für das Laufen mit achterlichem Wind benutzt man den Ausdruck: »Das Schiff läuft vor dem Wind«. Für andere Windrichtungen bei der Vorwärtsbewegung gibt es entsprechende Ausdrücke wie »raumen Wind«, »beim Wind« usw. Ein Fahrzeug kann auch vor dem Sturm oder anderen Gefahren »davon-, in einen Hafen oder einfach in Sicherheit laufen«. Das Laufen eines Schiffes bedeutet auch seine ununterbrochene Fahrt oder Bewegung durchs Wasser, die in Tagesdistanzen, den sogenannten Etmalen, gemessen wird.

Laufendes Gut Alle beweglichen, zur Segelführung notwendigen Taue und Drähte (→ Takelage).

Laufender Pahlstek Ein besonderer Knoten, der der Beanspruchung durch Zug widersteht, aber leicht gelöst werden kann, wenn die Belastung nachläßt.

Läufer Ringe aus Holz, Metall oder anderen Materialien, mit denen Segel an Stagen aufheißbar befestigt werden. Heute sind sie weitgehend durch metallene Bügel ersetzt worden.

Lebendes Werk Der unter Wasser befindliche Teil eines Schiffsrumpfes.

Lecksegel Darunter versteht man eine Persenning oder ein größeres Segeltuch, das außenbords vor einem Leck so angebracht wird, daß es durch den Wasserdruck gegen die Bordwand gepreßt wird und das Eindringen von Wasser weitgehend verhindert.

Lee (Leeseite) Der Ausdruck bezeichnet die dem Wind abgekehrte Seite eines Fahrzeugs. »Lee« und die dem Wind zugekehrte als »Luv« bezeichnete Seite haben besondere Bedeutung für die Ausweich- und Regattaregeln, wenn ein Fahrzeug den Kurs eines anderen kreuzte.

leech Nennen die Engländer die dem Wind abgekehrte Kante eines Segels. Bei Gaffel- und Stagsegeln ist es immer das äußere, also das vom Mast oder Stag entfernte Liek eines Segels. Bei Rahsegeln ändert sich naturgemäß die Seite mit der Windrichtung.

Leesegel An besonderen Spieren außerhalb der Rahen geführte viereckige Schönwettersegel, mit denen man die Geschwindigkeit eines Schiffes vergrößern wollte.

Legel (auch Lögel) Metallringe oder Ösen aus Tauwerk oder Draht zum Befestigen der Segel.

Leichter Eine flachbodige stählerne Schute mit oder ohne Eigenantrieb, die ebenso für alle möglichen Aufgaben im Hafen und zum Ladungstransport, wie auch als Bunker- und Wasserboot und als Fahrzeug zur Aufnahme von Schmutz, Öl und Abfällen geeignet ist.

Leine Dünnes Tau.

lenzen 1. Das Laufen vor einem Sturm oder Unwetter vor Topp und Takel, also wenn keine Segel mehr getragen werden können. 2. Das Auspumpen des in die Bilgen oder andere Schiffsräume eingedrungenen Wassers.

Liegeplatz Der Liegeplatz eines Schiffes ist dort, wo es zum Laden oder Löschen oder zur Übernahme von Passagieren verankert oder festgemacht ist.

Liek An den Kanten des Segels zur Verstärkung eingenähtes Tauwerk. Man unterscheidet

zwischen Rah- oder Oberliek an der Oberkante, dem Unter- oder Fußliek an der Unterkante und den Seitenlieken eines Segels. Bei Schonersegeln spricht man auch vom Mast- und Achterliek.

Linien Ein Wort mit ausgesprochen vielseitiger Bedeutung in verschiedenen maritimen Bereichen. So spricht man anstatt von einer Schiffahrtsgesellschaft, zu der neben Besatzungen und Schiffen auch Landeinrichtungen und die angebotenen Dienste, eben die Linien gehören, auch von einer Schiffahrtslinie.

Unter Schlachtlinie verstand man in Kampfformation gegliederte Kriegsschiffe, wie sie erstmalig zum Ende des 17. Jh. eingeführt wurde. Dabei fuhren die Schiffe in gleicher Anordnung und steuerten den gleichen Kurs. Man unterschied dabei das Fahren in Kiellinie hinter dem Flaggschiff, in Dwarslinie, nebeneinander, oder auch in der einen oder anderen Art gestaffelt.

Von größerer Bedeutung ist der Gebrauch des Wortes im Schiffbau, da die Linien eines Schiffrumpfes, wie etwa die Unterwasserlinien und die geschwungenen Linien am Vor- und Achterschiff, bestimmend für seine Form sind.

Locker oder Verschlußraum Besonders abgetrennte, verschließbare Lade- und Aufbewahrungsräume für wertvolle Ladung und Ausrüstung. Auf kleineren Booten spricht man von Lockern in bezug auf Abstellräume und Kästen im Cockpit oder unter der Koje in der Kabine sowie anderen geeigneten Plätzen.

Logbuch → Logge

Logge Ein Instrument zur Geschwindigkeitsmessung eines Schiffes. Ursprünglich maß man die Geschwindigkeit eines Schiffes mit einem über Bord geworfenen Stückchen Holz (dem Logscheit), das sich am Ende einer in bestimmten Abständen mit Knoten versehenen Leine befand (daher der Ausdruck Knoten). Die Anzahl der Knoten, die mit der Leine in einem bestimmten Zeitraum über das Heck auslief, gab dabei die Geschwindigkeit des Schiffes an. Diese Art der Logge entwickelte sich dann mit der Zeit zu mehr oder weniger zweckentsprechenden Einrichtung bis hin zu einem Propeller, dessen durch das vorbeifließende Wasser verursachte Drehung über die Logleine zu einer Meßuhr an Bord des Schiffes übertragen wird. Von den periodisch mit der alten Logleine gemessenen und in einem besonderen Buch aufgezeichneten Werten rührt der Begriff *Logbuch* her, das heute als Schiffstagebuch ein wichtiges Dokument darstellt, in dem alle Routinemessungen und Einzelheiten im Schiffsbetrieb sowie Kurse und Ortsbestimmungen festgehalten werden. Entsprechende Tagebücher sind auch für Maschinenbetrieb und Funkverkehr vorgesehen.

Loggersegel → Luggersegel.

Lose Die über den Bedarf hinausgehende Länge eines Taues, Drahtes oder einer Kette. Um ein Seil oder eine Kette zu belasten, muß man daher erst die »Lose« einholen oder herausnehmen. Entgegengesetzt gibt man »Lose« in ein Seil oder eine Kette, wenn es oder sie nicht länger belastet werden soll.

Lot Instrument zur Feststellung der Wassertiefe. Ein am Ende einer Leine befestigtes Lotgewicht dient dazu, die Wassertiefe (die man mit Hilfe der Länge der ausgestreckten Leine mißt) und die Beschaffenheit des Grundes festzustellen (Sand, Schlick usw.), von dem Proben an dem Talg haften bleiben, mit dem eine Aushöhlung des Lotgewichts gefüllt ist. Den Talg nennt man Lotspeise.

Lotse Ursprünglich verstand man unter einem Lotsen einen verantwortlichen Seemann, der sowohl an der Küste wie auch auf Überseereisen die Verantwortung über das Steuern und den einzuschlagenden Kurs trug. Inzwischen hat sich die Bedeutung des Wortes insoweit verändert, als man heute darunter einen erfahrenen Seemann versteht, der zwar selbst als Kapitän

gefahren ist und das Kapitänspatent auf große Fahrt besitzen muß, der aber zusätzlich eine besondere Kenntnis der örtlichen Häfen, Flüsse, Durchfahrten und Untiefen besitzt, die ihn befähigt, die Schiffe sicher hindurchzuführen.

Lotsenleiter Eine bewegliche, aus Tauwerk hergestellte, mit hölzernen oder metallenen Sprossen versehene leichte Leiter, die über die Seiten des Schiffes gehängt werden kann, um das Betreten eines Schiffes auf See zu erleichtern.

Luggersegel (auch Loggersegel gebräuchlich) Ein viereckiges, wie ein Schonersegel wirkendes, an einer schrägen Rah hängendes Segel, das nicht am Mast befestigt ist.

Luke Der Raum eines Schiffes, in dem die Ladung verstaut wird. Scheerstöcke heißen dagegen die herausnehmbaren Querträger einer Lukenöffnung, die als Halt für die Lukendeckel dienen.

Lukenöffnung Im Deck eines Fahrzeugs befindliche Öffnung, die das Laden oder Löschen der Güter aus dem Laderaum ermöglicht. Die Lukenöffnungen werden nach verschiedenen Methoden abgedichtet. Während früher allgemein hölzerne »Lukendeckel« und eine zusätzliche Abdeckung durch 2 bis 3 Segeltuchpersennige üblich war, findet man heute fast nur noch mechanisch zu öffnende große eiserne Lukenverschlüsse verschiedener Bauart. Auch kleinere Decksöffnungen, die als Zugänge zu den Mannschafts- und Passagierräumen dienen, bezeichnet man als Luken. Verschlossen werden diese im allgemeinen mit »Schotten« genannten Türen.

Lümmel Das eiserne Horn am Ende eines Baumes, mit dem er senkrecht und waagerecht beweglich am Mast befestigt wird.

Luv (Luvseite) Die dem Wind zugekehrte Seite eines Schiffes. Bei Rahsegeln kann sich die Luvseite verändern, doch bei Schoner- oder Stagsegeln ist es stets die Mast oder Stag zugekehrte Seite. Anluven bedeutet sinngemäß eine Drehung des Schiffes gegen den Wind.

luvgierig Nennt man ein Boot oder Schiff, welches das Bestreben hat, in den Wind zu drehen und nicht ohne äußere Einwirkung (Ruderlage, Veränderung der Segelstellung) abfällt.

Luvruder Bezeichnung einer bestimmten Ruderlage, die notwendig ist, um ein Schiff auf Kurs zu halten.

M – »Mike« Der 13. Buchstabe des Alphabets, der im Internationalen Signal-Code durch eine viereckige blaue Flagge mit weißem Andreaskreuz dargestellt wird. Allein geheißt bedeutet sie: »Ich habe einen Arzt an Bord.«

Manntaue Mit Segeltuch bekleidete als Handläufer benutzte Drähte oder Taue. Die Bezeichnung wird aber auch für alle möglichen zur Sicherung eines Menschen vorgesehenen Taue verwendet. So heißen bei schlechtem Wetter an Deck gespannte und zur Sicherheit der Menschen auf Deckslast angebrachte Taue ebenso Manntaue wie die zwischen den Davids der Rettungsboote und außenbords an den Lotsenleitern angebrachten Halteaue.

Marina Moderner Name für Yachthäfen mit Möglichkeiten zur Versorgung mit Brennstoff und Lebensmitteln, Slipanlagen und allen Wartungs- und Reparatureinrichtungen.

Marlspieker → spleißen.

Marleine Dünnes, aus zwei Strängen lose zusammengedrehtes Tauwerk. Es wird für so verschiedene Zwecke wie das Abgrenzen von einzelnen Ladungspartien sowie Sichern von Schäkeln und Gordingen benutzt.

Marslangsaling → Langsaling.

Marssegel Darunter versteht man auf Rahschiffen die an den Marsstengen unmittelbar über dem Großsegel bzw. der Fock oder der Bagien an der Marsstenge geführten Segel. Als sie aufgrund ihrer Größe zu unhandlich wurden, teilte man sie später in Unter- und Obermarssegel. Auf Toppsegel- und Rahschonern entspricht das an einer Rah geführte Toppsegel dem Marssegel der Barken und Vollschiffe, während man unter einem Gaffelsegel das kleine drei- oder viereckige, über dem Groß- oder Vorsegel von Schonern geführte Segel versteht.

Marsstenge Der vom Deck aus gesehene zweite Teil eines Mastes, der nach dem jeweiligen Mast benannt wird. z. B. Vor-, Groß- oder Kreuzmarsstenge.

Mast Die entweder aus einem Stück gefertigte oder auch aus mehreren Stücken zusammengesetzte senkrechte Stange auf Segelschiffen, an der die segeltragenden Rahen oder Bäume befestigt sind. Auf Schiffen mit Maschinenantrieb geben sie den Ladebäumen den nötigen Halt und tragen Signal- und Navigationseinrichtungen (Funk- und Radarantennen usw.). Auf Segelschiffen bezeichnet man die einzelnen Teile des Mastes folgendermaßen: Der Mastfuß steht im Mastschuh auf dem Kielschwein. Darauf folgt der Untermast, der in der Öffnung, wo er das Deck durchstößt, vom Mastkragen gehalten wird. Das Stück von der Mars bis zur Spitze des Untermastes nennt man Topp, der vom Eselshaupt gekrönt wird. Alles dies wird als Untermast bezeichnet (natürlich mit der näheren Bezeichnung ob Vor-, Groß-, Kreuz- oder Besanmast). Mit den gleichen bezeichnenden Beinamen folgen dann die Stengen, die man von unten gesehen in Marsstenge, Bramstenge und Royalstenge unterteilt. Diese Stengen werden jeweils durch eine Anordnung von Lang- und Dwarssaling, Backen und Eselshaupt bei der Marsstenge sowie Lang- und Dwarssaling, Backen und Ausricker bei der Bramstenge gehalten. Ihre senkrechten Querabstützungen erhalten die Masten durch die Wanten, während sie in Längsschiffrichtung ihren Halt durch Pardunen und Stagen erhalten. Auch diese Einzelheiten des Stehenden Gutes erhalten ihre besondere Bezeichnung nach den jeweiligen Masten.

Mastband Ein Metallband um den Mast, das verschiedene Aufgaben erfüllen kann. Auf Yachten und am Besanmast von Rahschiffen dient es einmal als Halt für das Lümmellager des Großsegel- oder Besanbaumes, andererseits auch als Halt für Belegnägel. Auf altertümlichen Schiffen wurden die vielfach in ihrer Gesamtlänge aus mehreren einzelnen Stücken zusammengesetzten Untermasten durch Mastbänder gehalten. Später dienten sie als Halt für das Rack der fest angebrachten Unterrahen.

Mastkoker Eine meist aus Metall hergestellte Einrichtung in der Mittschiffslinie des Schiffes zum Halten des Mastes, die aus Gründen der Festigkeit bevorzugt auf Decksbalken befestigt wird. Dabei verhindert ein Paar Bolzen, mit dem der Fuß des Mastes drehbar gelagert wird, gleichzeitig das Herausrutschen. Diese Methode, einen Mast aufzurichten, ist besonders für Binnenschiffe zweckmäßig, die ständig gezwungen sind, ihre Masten bei der Durchfahrt unter Brücken umzuklappen.

Mastkragen Der kräftige Halt eines Mastes an der Stelle, wo er durch das Deck geführt wird.

Mastschuh Der kräftige, mit einer Führung versehene, auf dem Kielschwein angebrachte Holzblock, in dem der Mastfuß gelagert ist.

Mastwangenhölzer Seitlich am Mast zum Halt der Querhölzer der Saling oder der Mars angebrachte Wangen, über die ebenfalls Wanten und Stagen laufen.

Meile Man unterscheidet die Seemeile von der Landmeile, deren Länge sich von Land zu Land unterscheidet. Die auch geographische Meile genannte – in England, Irland, Argentinien und noch anderen Ländern gebräuchliche – Seemeile beträgt den 16. Teil eines Grades des größten Erdumfangs, und ist 6080 Fuß oder genau 1853,18 m lang. Die in den Vereinigten Staaten

übliche nautische Meile unterscheidet sich mit 6080,27 Fuß oder 1853,248 m etwas davon. Von den meisten Ländern wird jedoch ein auf der Internationalen Hydrographischen Konferenz von 1929 festgelegtes Maß von 6076,103 Fuß oder 1852 m verwendet.

»Mike« → M

Mißweisung Deviation, Abweichung der Magnetnadel.

Mondsegel Selten noch über den Skysegeln gesetzte Segel auf einem Rahschiff.

Moorings Alle schiffsseitigen und landseitigen Einrichtungen zum Vermooren eines Schiffes. Den Raum, den ein vermootes Schiff am Kai einnimmt, bezeichnet man als seinen Liegeplatz.

N – »November« Der 14. Buchstabe des Alphabets, der im Internationalen Signal-Code durch eine viereckige blau-weiß karierte Flagge mit 16 Feldern dargestellt wird, wobei in der oberen Reihe die einzelnen Felder von außen gesehen in der Reihenfolge weiß-blau-weiß-blau angeordnet sind. Allein geheißt bedeutet die Flagge: »Nein – Verneinend.«

Nagelbank Kräftiges, fest im Deck verankertes Gerüst, auf größeren Schiffen auch vor und an beiden Seiten des Mastes, das zum Festsetzen eines großen Teiles des Laufenden Gutes dient. Natürlich gehört zu einer Nagelbank die notwendige Ausstattung mit Belegnägeln und Blöcken.

Nebelhorn Einrichtung, um Nebelsignale abgeben zu können, die verschiedene Bedeutung besitzen. Auf moderneren Schiffen erfüllt die Dampfpfeife oder das Typhon diese Aufgabe, für die auf Segelschiffen ein mit der Hand betriebenes Drucklufthorn vorgesehen war. Der Ausdruck »Horn« ist von den Segelschiffen der Antike übernommen worden, wo man ein Kuhhorn mit abgeschnittenem Ende benutzte.

Niedergang Die Leitern oder Treppen (auch Treppenhaus), die auf einem Schiff die verschiedenen Decks verbinden.

Niet Ein Metallbolzen, der an beiden Seiten zusammengepreßt (genietet) werden kann und mit dem im heißen Zustand die Stahlplatten eines Schiffes zusammengeheftet werden. Heutzutage ist diese Art Schiffe zu bauen weitgehend durch Verschweißen der Platten ersetzt worden.

Nock Die obere äußere Ecke eines Gaffelsegels. Mit zusätzlicher Bezeichnung des betreffenden Gegenstandes spricht man auch von einer Rahnock, der Brückennock usw.

»November« → N

Notbesegelung Ausdruck für eine zeitweilige Besegelung und Takelung, die an Stelle beschädigter Takelage eingerichtet wird. Sinngemäß entspricht sie einem Notmast oder Notruder, auf den oder das man zurückgreift, wenn er oder es durch Überbeanspruchung oder Wettereinflüsse beschädigt oder verlorengegangen ist.

O – »Oskar« der 15. Buchstabe des Alphabets, der im Internationalen Signal-Code durch eine viereckige diagonal in gelb-rote Felder geteilte Flagge dargestellt wird. Die obere Hälfte ist rot, wobei die Teilung von Innen oben nach Außen verläuft. Allein geheißt bedeutet die Flagge: »Mann über Bord.«

Oberlicht (Skylight) An Deck oder auf Aufbauten angebrachte verschließbare Luft- und Lichtöffnungen in einem Holz- oder Metallrahmen. Altertümliche Skylights sind solide konstruiert und durch Metallstäbe (meist Messing) verstärkt.

Ohrhölzer Im seemännischen Sprachgebrauch üblicher Ausdruck für die zwei Pfosten, die sich auf älteren hölzernen Schiffen neben dem Steven befinden und durch die der Bugspriet hindurchläuft.

Ölhaut, Ölzeug Wasserdichte Kleidung aus Gummi oder Kunststoff, wie sie von Seeleuten bei schlechtem Wetter an Deck getragen wird. Der Name leitet sich von der ursprünglich aus Stoff hergestellten Bekleidung her, die, um sie wasserdicht zu machen, mit Leinsaatöl behandelt wurde.

ösen In ein Fahrzeug eingedrungenes Wasser über die Seiten ausschöpfen. Dazu benutzt man ein »Ösfat«, eine große hölzerne oder Plastikschaufel mit Handgriff.

»Oskar« → O

P – »Papa« Der 16. Buchstabe des Alphabets, der im Internationalen Signal-Code durch eine viereckige blaue Flagge mit einem weißen Karo in der Mitte dargestellt wird. Allein geheißt bedeutet die Flagge: 1. »Das Schiff beabsichtigt, innerhalb der nächsten 24 Stunden auszulaufen.« 2. »Ihre Laternen sind verlöscht oder brennen schlecht.«

Pallen Eiserne Stopper, die an den hervorstehenden Nocken am unteren Drehkranz eines Gangspills einrasten und so ein Zurücklaufen verhindern.

Pardune Nach den Seiten und nach hinten gerichtete Versteifung aus Tauwerk oder Draht, um den Mast gegen den nach vorne gerichteten Druck der Segel abzusichern. Sie erhalten ihren Namen nach dem Mast, und auf Rahschiffen, je nach der Höhe der Anbringung, auch nach den entsprechenden Rahen.

Patent → Befähigungszeugnis

Pferd Auf Rahschiffen versteht man unter einem Pferd, öfter auch Fußpferd genannt, eine unter der Rah entlanglaufende Tau- oder Drahttrosse, die den Füßen der auf der Rah oder die Segel bearbeitenden Seeleuten den nötigen Halt gibt. An der Rah werden sie mit kurzen Haltetauen gehalten, deren Länge so eingerichtet ist, daß die auf den Fußpferden stehenden Seeleute mit ihrem Oberkörper auf der Rah ruhen und dadurch beide Hände zum Arbeiten frei haben.

Pflock Abdichtung für ein in den Boden eines offenen Bootes gebohrtes Loch, durch das bei einem auf Strand gezogenen oder sonst aus dem Wasser genommenen Boot etwa eingedrungenes Wasser abfließen kann.

Piek Das obere Ende einer Gaffel oder eines Gaffelsegels. Das obere Ende des dreieckigen Bermudasegels wird ebenfalls so genannt. → Klüver

Piekfall Zum Heißen einer Gaffel an ihrem äußersten Ende angebrachtes Tau.

Pinasse, (englisch) Kleines Segelschiff.

Pinaßschiff, (holländisch) Segelschiff wie die Fleute, nur mit abgeplattetem Heck.

Pinne Im Kopf eines Ruders eingelassene Holz- oder Metallstange, mit deren Hilfe das Ruder mit der Hand oder mechanisch genügend weit übergelegt werden kann, um das Schiff auf dem gewünschten Kurs zu steuern.

Plankengang Unter Plankengang versteht man eine einzelne Plankenreihe am Rumpf eines Schiffes. Die oberste Reihe heißt Scheergang, während die untere Kielplanke genannt wird.

Poller Kleine, gewöhnlich im Deck verankerte Pfosten aus Holz oder Metallen wie Stahl, Gußeisen, Messing oder Aluminium zum »Belegen«, also zum Halten der Festmachleinen. Auch kräftige hölzerne oder eiserne, oftmals mit pilzähnlichen Köpfen versehene Pfosten auf der Kaimauer oder Pier zum befestigen der Haltetaue (»Festmachen«) eines Schiffes.

Poop (Poopdeck) Das hintere Ende eines Schiffes oder genauer, ein besonderes Deck am hinteren Teil eines Schiffes.

Position Unter Position eines Fahrzeugs versteht man seinen Standort oder seine Lage im Vergleich zu einem anderen bekannten Ort oder Punkt. Der Ausdruck findet besonders bei Kriegsschiffen im Zusammenhang mit ihrer Marschformation Verwendung. So sagt man auch, daß ein bestimmtes Schiff seine Position vor oder hinter oder auch querab eines anderen einnehmen soll.

Prahm Kleines viereckiges, bootsähnliches Fahrzeug, das als Arbeitsboot auf Handelsschiffen mitgeführt wird.

Preventer Zur Sicherung eines Taues oder Drahtes zusätzlich geschorener Draht. So gibt es zum Beispiel eine Preventerbrasse, Preventerschoot und beim Ladegeschirr eines Frachtschiffes Preventergeien.

Preventerstagen → Pardune

Q – »Quebec« Der 17. Buchstabe des Alphabets, der im Internationalen Signal-Code durch eine viereckige gelbe Flagge bezeichnet wird. Allein geheißt bedeutet sie: »Keine ansteckenden Krankheiten an Bord, erbitte freien Verkehr (free pratique).«

Quarterdeck Das erhöhte Deck eines Segelschiffes, das vom Heck bis zu seinem Besanmast reicht und in dem die Offizierskabinen untergebracht sind. Das Quarterdeck entspricht in etwa dem Poopdeck.

querab Seitwärts im rechten Winkel zu einem Schiff.

Quer-Saling (in der Takelung) Hölzerne oder eiserne Arme, die horizontal seitwärts vom Mast abstehen. Auf Rahschiffen befindet sich diese Quersaling am Fuß der Bramstenge und der Spreizlatten, die zur Führung der Royal- und Brampardunen dienen. Das beschriebene Detail der Takelung dient hauptsächlich zur Verstärkung der senkrechten Stabilität der Stengen eines Mastes. Auf modernen Segelbooten erfüllen in der oberen Hälfte oder im oberen Drittel angebrachte kurze Querhölzer ähnliche Aufgaben und sollen außerdem die Wanten vom Mast frei halten (am Bugspriet). Steht rechtwinklig zum Bugspriet und gibt zusammen mit den darübergeführten Klüverstagen dem Klüverbaum einen besseren Halt.

querschlagen Wenn ein vor dem Winde segelndes Fahrzeug durch Unaufmerksamkeit oder auch durch Einfluß der Wind- und Seeverhältnisse quer zu Wind und Wellen zu liegen kommt, nennt man diesen Vorgang »querschlagen«.

R – »Romeo« Der 18. Buchstabe des Alphabets, der im Internationalen Signal-Code durch eine viereckige rote Flagge mit gelbem Kreuz gekennzeichnet wird. Allein geheißt bedeutet sie: »Das Schiff macht keine Fahrt, sie können mich überholen.«

Rackband Eigentlich bewegliche Verbindung zwischen Rah und Mast, jedoch auch ein mit Hartholzstücken versehenes Tau an der Klaue der Gaffel oder eines Baumes, das den Mast umschließt und damit ohne übermäßige Reibung die ungehinderte Beweglichkeit der Gaffel oder eines Baumes ermöglicht. Auf alten Rahschiffen verwendete man das gleiche System, um die Rahen beweglich am Mast zu halten.

Radar Ein mit elektromagnetischen Wellen arbeitendes Gerät, mit dessen Hilfe auch bei unsichtigem Wetter Entfernungen zur Küste und festen Gegenständen wie Schiffe und Bojen gemessen und in einer kartenähnlichen Darstellung auf dem Schirm einer Bildröhre sichtbar gemacht werden.

Rah Eine aus einem oder mehreren Stücken Holz oder aus Stahl hergestellte Spiere in zylindrischer Form, die an den Rahnocken genann-

ten Enden konisch zuläuft. Die Rahen werden mit Fallen geheißt und auf Rahschiffen an der Vorderseite der Masten frei beweglich an den sogenannten Racks gehalten. An die Rahen wird die Besegelung angeschlagen und mit Hilfe der an den Rahnocken befindlichen Brassen in die gewünschte Richtung gebracht. Die Segel erhalten ihre Bezeichnung nach den zugehörigen Masten und den Rahen, an denen sie gesetzt werden, z. B. Kreuzroyalrah – Kreuzroyalsegel; Voroberbramrah – Voroberbramsegel. Eine Ausnahme bildet die unterste Rah sowie das unterste Rahsegel am Kreuzmast, die Bagienrah bzw. Bagien(segel) genannt wird. Fahrzeuge des 16. und 17. Jh. führten unter dem Bugspriet eine Rah, an der das Sprietsegel gesetzt wurde. Neben den zur Besegelung gehörigen Blöcken und Laufenden Gut wie Schoten, Geitaue und Gordinge, können bei Lösch- und Ladearbeiten zusätzlich Blöcke und Drähte (sogenannte Seitenspanner) angeschlagen werden. (Mittelspanner, die direkt über den Lukenöffnungen stehen, verlaufen zwischen den Masten). Zum fest angebrachten Zubehör der Rahen gehören die Fußpferde, auf denen die Seeleute bei ihrer Arbeit auf der Rah stehen.

rahgetakelt Rahgetakelte Schiffe nennt man Segelschiffe, deren Hauptbesegelung an hölzernen oder eisernen Rahen genannten Querspieren der Masten geführt wird.

Rahliek Die obere Segeleinfassung eines Rahsegels, die mit Hilfe der Reihleine an den Jackstagen befestigt wird.

Rahsegel quer zum Schiff an einem Rundholz (Rah) angebrachtes Segel.

Raketenapparat Eine Vorrichtung, die von der Handpistole bis zu einem mörserähnlichen Schußapparat reicht. Mit dem Raketenapparat wird eine Rakete abgeschossen, die eine Wurfleine mitzieht, an der ein dickeres Tau vom Land zum Schiff herübergeholt werden kann. Mit dieser Leinenverbindung ist es dann möglich, eine dickere Rettungs- oder Schlepptrosse nachzuziehen, Menschen oder Versorgungsgüter zu übernehmen oder eine Rettungsaktion einzuleiten.

Rauchsignal Besteht aus einer geringen Menge Karbid, das bei Kontakt mit Wasser entflammt und eine große Menge Rauch entwickelt. In Seenotfällen hilft es den Rettern, die Schiffbrüchigen aufzufinden und ihnen Hilfe zu leisten. Rauchsignale gehören daher auch zur Ausrüstung von Schwimmwesten, Rettungsflößen und Rettungsbooten.

»Raumer Wind« Im deutschen seemännischen Sprachgebrauch unterscheidet man zwischen »raumen Wind«, wenn der Wind achterlicher als quer kommt (raumschots) und »beim Wind«, wenn der Wind vorderlicher als quer einkommt.

rechtsdrehen und rückdrehen (des Windes) Vom Rechtsdrehen des Windes spricht man, wenn der Wind im Uhrzeigersinn seine Richtung ändert. Unter Rückdrehen versteht man die umgekehrte Richtungsänderung des Windes.

Reeling Einfassung von offenen Decks. Sie kann sowohl aus einem reinen Metall- oder Holzgeländer bestehen, wie auch aus senkrecht stehenden Stützen, die durch Tauwerk, Draht oder Ketten miteinander verbunden sind.

reffen Darunter versteht man die Verkleinerung der Segelfläche, so daß der Wind eine geringere Ansatzmöglichkeit findet. Rahsegel refft man an der Oberseite, indem man sie näher an die Rah heranholt. Gaffelsegel werden an der Unterseite, also am Baum gerefft, ebenfalls an der Unterseite refft man auch Stagsegel und Klüver. Lateinersegel dagegen werden wieder an ihrer langen Rah gerefft. Die Größe der zu reffenden Segelfläche wird durch die fest angebrachten Reffbändsel bestimmt, kurzen Tauenden, die bei einem Bermudasegel in den Reffaugen oft in Paaren angebracht sind. Reffaugen sind Öffnungen in den als Doppellungen zur Verstärkung auf den »Bauch« des Segels aufgenähten Segeltuchstreifen. In diesem Fall fiert man das Segel beim Reffen ein und rollt das gereffte Stück um den Baum, wo es mit Reffbändseln gesichert wird, die wie beim Gaffelsegel durch Lägel ans Liek laufen.

Reffliek Auf dem Segel befestigtes Tau, mit dem das gereffte Segel an der Rah befestigt wird.

Register Alle Schiffe werden in dem Land, dessen Flagge sie führen, von einer besonderen Behörde, der sogenannten Registerbehörde, in einem Register erfaßt. Diese Behörde erteilt auch den Fahrterlaubnisschein, ohne den kein Handelsschiff fahren darf.

Reihbändsel Dünnes Tauwerk zum Anreihen, das heißt zum Anbinden eines Segels an einen Baum, Rah oder Stag.

Renner (Runner) Löschdraht, mit dem Ladung mittels eines Ladebaumes bewegt wird.

Rennyacht Ausschließlich zum Regattasegeln konstruiertes Segelboot.

Rettungsboot Alle Handelsschiffe und Rennyachten, sowohl Passagierschiffe wie Frachtschiffe, sind gesetzlich gehalten, ausreichend Rettungsboote für Passagiere und Besatzungen mit sich zu führen. Sie müssen in unbeschädigtem Zustand, unsinkbar mit Riemen, Mast und Segeln ausgerüstet sein. Auf moderneren Schiffen haben die Rettungsboote vielfach einen Motor.

Rettungsleinen Eine auf Renn- und Tourenyachten bei schlechtem Wetter übliche Sicherheitseinrichtung zur gefahrlosen Durchführung normaler Bootsmanöver an Deck. Die Rettungs- oder Sicherheitsleine besteht aus einem Gürtel mit zwei Schulterhalftern aus Leder oder Kunstfasern, die mit einer kräftigen Leine verbunden sind, an deren anderem Ende sich ein Karabinerhaken befindet. Diesen Haken wird man an einer geeigneten Stelle der Takelung oder auch am Boot selbst in einer Art befestigen, daß der Träger sich ungehindert an Deck bewegen kann. Sollte er über Bord gewaschen werden, wird er mit Hilfe der Leinen wieder an Bord geholt.

Rettungsfloß War ursprünglich nur ein Floß aus leicht schwimmbarem Material, das im Wasser schwimmenden Personen zur unmittelbaren Hilfe dienen sollte. Heutzutage sind die Rettungsflöße oder Rettungsinseln, wie sie auch genannt werden, aus Gummi mit einer Vorrichtung zum Selbstaufblasen, die in Tätigkeit tritt, sobald das Floß ins Wasser geworfen wird. Darüber hinaus sind sie vielfach mit einer Schutzabdeckung versehen.

Riemen Rundholz zum Bewegen eines Ruderbootes.

Riemen hoch Eine besonders von Kriegsschiffsbeibooten wie Kuttern usw. geübte Höflichkeitsbezeugung gegenüber kommandierenden Offizieren. Dabei werden die Riemen auf das Kommando »Riemen hoch« auf eine Weise senkrecht hoch gestellt daß die Riemenblätter parallel zum Kiel des Bootes ausgerichtet sind.

Röhring Ring am Ankerstock oder Ankerschaft, in dem die Ankerkette mit dem Ankerschäkel befestigt wird.

Rollen Die seitliche Hin- und Herbewegung eines Schiffes.

Rollperiode In Sekunden angegebene Zeitdauer einer von einem Nullpunkt ausgehenden vollen Rollbewegung eines Schiffes. Die Zeitdauer der Rollbewegung gibt Aufschluß über die Stabilitätsverhältnisse eines Schiffes.

»Romeo« → R

Roof Ein Deckshaus auf Segelschiffen, das jedoch nicht so lang und so breit ist wie das Deck, das es überragt.

Royalstenge Das oberste Stück eines vierteiligen Mastes von einem Rahschiff. Durch den Hinweis Vor-, Groß-, Kreuz- oder Besanmast wird sowohl die Zugehörigkeit der Royalstenge zum jeweiligen Mast gekennzeichnet wie auch das entsprechende Stehende oder Laufende Gut sowie Rahen und Segel. Über den Royal-Segeln werden mitunter noch Sky-Segel und vereinzelt auch noch Mondscheinsegel (Moon-Rakers) gesetzt.

Ruder Sammelbegriff für alle zum Steuern des Schiffes notwendigen mechanischen Einrichtungen.

Ruderanlage Die technische Einrichtung, die nötig ist, um die Drehung des Ruderrades auf das Ruderblatt zu übertragen, wenn das Ruderlegen aufgrund der Größe des Ruderblattes oder aus anderen Gründen nicht direkt mit der Hand erfolgt.

Ruderlage Stellung des Ruderblattes, um das Steuern eines bestimmten Kurses zu gewährleisten oder eine Kursänderung herbeizuführen.

Ruderketten Seile oder Ketten, welche die Bewegung einer Ruderpinne oder die Drehung eines Ruderrades auf das Ruder übertragen und damit das Ruderblatt in die gewünschte Richtung legen.

Ruderösen Eisenbänder, die sowohl am Ruderblatt wie am Achtersteven als Halterung für die Fingerlinge angebracht sein können.

Ruderpinne Hebelarm zum Bewegen des Steuerruders.

Ruderrad Der Steuermechanismus eines Schiffes. »Hart Ruder« geben bedeutet, das Ruderrad soweit wie möglich nach einer näher zu bezeichnenden Seite zu drehen. Um bei manchen Segelschiffen Kurs steuern zu können, muß das Ruderrad oftmals nach einer bestimmten Seite überliegen. Wenn das Schiff bei mittschiffs gedrehtem Ruderrad die Tendenz zeigt, gegen den Wind zu drehen, sagt man, das Schiff ist luvgierig, im umgekehrten Fall spricht man von der Leegierigkeit des Schiffes.

Ruderschloß Nennt man die Bolzen, die am Hintersteven oder Ruder eines Schiffes in den Ruderösen hängen und damit die freie Beweglichkeit des Ruders gewährleisten.

Rumpf Ein Schiffskörper ohne Masten, Takelage, Aufbauten und anderem Zubehör. Die Linien des Unterwasserschiffes sind ausschlaggebend für Qualität und Verhalten eines Schiffsrumpfes, also für Antrieb, Quer- und Längsstabilität, Widerstandsvermögen, das Verhalten in schwerer See und mögliche Geschwindigkeit.

Rüstbänke → Rüsten

Rüsteisen Flache meist aus Stahl oder Bronze hergestellte Metallverstärkungen, die sowohl an Deck wie an der Außenhaut zum Halt der Wanten angebracht sein können. Die daran befestigten Wanten werden im allgemeinen mit Spannschrauben steifgesetzt.

Rüsten Auf großen Segelschiffen dienten die Rüsten dem gleichen Zweck wie heute die Rüsteisen auf Yachten und anderen kleinen Fahrzeugen. Als Rüstbänke bezeichnet man die aus der Bordwand hervorragenden meist hölzernen Plattformen, die den Wanten und Pardunen Halt geben. Durch diese Befestigungsart vergrößert man den Winkel zwischen Mast und den haltgebenden Pardunen, wodurch die ganze Takelage eine größere Stabilität erhält.

S – »Sierra« Der 19. Buchstabe des Alphabets, der im Internationalen Signal-Code durch eine viereckige weiße Flagge mit einem blauen Karo in der Mitte dargestellt wird. Allein geheißt bedeutet sie: »Meine Maschine geht voll zurück.«

Saling Ausspreizung an den Masten, auf denen auf größeren Segelschiffen Plattformen ruhen. Man unterscheidet Quer- und Längssaling.

Sambuke Arabisches Segelfahrzeug im Roten Meer.

Samsonpfosten Starker eiserner oder hölzerner Pfahlmast zum Halten eines Ladebaumes.

Schäkel Ein U-förmiges Metallglied, das an der einen Seite offen und mit Bohrungen versehen ist, durch die ein Bolzen hindurchgeführt werden kann, um die Öffnung zu verschließen. Große Schäkel benutzt man, um einzelne Kettenlängen miteinander zu verbinden. Kleine Schäkel finden sowohl auf Yachten wie auf Schiffen aller Typen Verwendung. Das entsprechende Tätigkeitswort heißt schäkeln.

Schamfieling Holz- oder Eisenstücke, die über beanspruchten Stellen einer Rah oder eines Mastes angebracht werden. Ähnliche Vorrichtungen aus Holz oder Leder findet man auch am Stehenden Gut als Schutz gegen Reibung (Schamfielen).

Schauerkleid Wetterschutz aus Segeltuch an der Reeling oder der Brücke, der die Besatzung gegen überkommendes Spritzwasser schützt.

scheeren Scheeren heißt ein Tau durch ein Loch oder eine Öffnung hindurchstecken. Eine Talje scheeren bedeutet also, zwei Blöcke mit einem hindurchgesteckten Tau so zu verbinden, daß sie benutzt werden kann.

Scheergang Der oberste durchlaufende Plattengang an den Seiten eines Fahrzeugs.

Scheerstock In die Lukenöffnungen einsetzbare, hölzerne oder metallene Balken zur Verbesserung der Querstabilität, die gleichzeitig zum Halten der Lukenabdeckung dienen.

Scheibe (Blockscheibe) Darunter versteht man das Rad eines Blocks.

Scheuerleiste Über die Außenhaut eines Schiffes hinausragende, vielfach mit Eisen beschlagene Leiste.

Schiemannsgarn Lose gedrehtes, geteertes dünnes Tauwerk.

Schiff Heute Sammelausdruck für größere Segelfahrzeuge und Fahrzeuge mit und ohne Maschinenantrieb. Strenggenommen versteht man unter einem Schiff ein Vollschiff (an 3 oder mehr Masten mit Rahen getakeltes Segelschiff). Mit Verschwinden der großen Segelschiffe hat der Begriff jedoch eine mehr verallgemeinernde Bedeutung erfahren. Als Tätigkeitswort verwendet, erscheint es im Wort »verschiffen«, was bedeutet, Ladungen mit einem Schiff vom »Verschiffungsort« zum »Bestimmungsort« zu befördern. In der niederdeutschen Sprache findet es noch in dem Wort »schippern« im Sinne von »zur See fahren« Verwendung.

Schiffbauer Im Schiffbau beschäftigter gelernter Handwerker.

Schiffsausrüstung Dazu gehört alles, was ein Schiff zur Durchführung einer Reise benötigt, insbesondere Proviant, Wasser, Bunker, Ersatzteile usw.

Schiffspapiere Dazu gehören alle Dokumente und Zertifikate, die an Bord mitgeführt werden müssen, insbesondere Tagebücher, Fahrterlaubnisschein, Prüfzeugnisse für Kompasse, Lampen, Ladegeschirr und nautische Geräte usw. und die Musterrolle mit den Angaben über die Besatzung. Eine besondere Art von Dokumenten, die mitgeführt werden müssen, nicht zu den Schiffspapieren gehören, sind die Ladungspapiere wie Manifeste und solche, die Auskunft über Art und zu beachtende Vorschriften der Ladung geben.

Schiffsverbände Das tragende Gerüst und die dem Zusammenhalt eines Schiffes dienenden Konstruktionsteile.

Schiffszwieback → Hartbrot

Schlag Der Schlag eines Taues gibt den Hinweis, in welche Richtung die Kardeelen, Stränge oder auch Garne gedreht sind. So spricht man vom Kabel-Schlag, Trossen-Schlag usw.

Schlingern (seemännisch »Stampfen«) Eine der sechs möglichen Bewegungen, denen ein Schiff bei bewegter See unterliegt, und zwar einen vertikalen Ausschlag des Schiffes gegenüber der horizontalen Ebene, bei der abwechselnd Bug und Heck ins Wasser tauchen.

Schlotholz Bolzen (aus Holz oder Eisen), mit dem das untere Ende einer Stenge oder eines Bugsprits gesichert wird.

Schoner Ein mit Gaffelsegeln oder Spitzsegeln (Bermudasegeln) getakeltes Fahrzeug mit zwei oder mehr Masten. Bei einem zweimastigen Schoner heißt im Gegensatz zur Ketsch der zweite Mast Großmast. Ein Toppsegelschoner führt außer den Schonersegeln entweder an der Stenge des Vormastes oder an der Stenge des Vor- und Großmastes Rahtoppsegel. Bei mehrmastigen Schonern kommen in bezug auf die Takelung mit Rah- und Schonersegeln noch verschiedene Zwischenformen vor.

Schonertakelung Ein Begriff, der für nicht mit Rahen getakelte Segelschiffe angewendet wird. Dazu gehören sowohl die Gaffel- und Bermudatakelung wie auch solche, bei denen die Segel in Längsachse des Schiffes an am Mast befestigten Bäumen gesetzt werden.

Schot Tau oder Draht, das am unteren, Schothorn genannten Ende eines Segels befestigt und der Windrichtung entsprechend benutzt wird. Die Schot gehört daher zum Laufenden Gut. Unter Durchholen der Schot versteht man die Schot so stramm wie irgend möglich durchzusetzen und dann zu belegen. Das stramme Durchholen der Schot ist von besonderer Wichtigkeit, wenn das Schiff »beim Winde« (man sagt auch »am Winde«) segelt.

Schotenklemmen Gehören heute zur Ausrüstung der Yachten und haben die Belegklampen weitgehend ersetzt. Die Schotenklemmen sind so konstruiert, daß sie entweder die Schot halten, bis eine Sperre gelöst wird, oder sie werden durch Pallen gesichert, die nur das Durchholen in eine Richtung erlauben, dagegen ein Zurücklaufen verhindern.

Schott Zwischenwand zur Unterteilung des Schiffsrumpfes.

Schratsegel Dreiecksegel zwischen den Masten.

Schraubensteven Der Hintersteven eines Schiffes mit Schraubenantrieb, in dem die Schraube mit der Schwanzwelle gelagert ist.

Schwertkiel Ein aus einer metallenen Platte bestehender, aus dem im Rumpf befindlichen Schwertkasten herablaßbarer Kiel.

Schwimmdock Absenkbarer Hohlkörper zum Aufnehmen von Schiffen, um an diesen notwendige Unterwasserreparaturen vornehmen zu können.

Schwimmweste Aus dem Rettungsring entwickelt wurde die Rettungs- oder Schwimmweste, die wie der erstere aus Kork bestand und so eingerichtet war, daß sie bei vorschriftsmäßigem Sitz Kopf und Brust eines Menschen über Wasser hielt. Die meisten modernen Schwimmwesten gehören einem Typ an, der sich im Wasser selbst aufbläst.

Seele Die »Seele« eines Taues ist der aus pflanzlichen oder synthetischen Fasern gefertigte Strang, um den die übrigen kleinen Stränge gewunden (seemännisch: geschlagen) werden. Die »Seele« gibt einem Tau (wie auch einem Draht) die runde Form und hält es geschmeidig. Die Seele eines Drahtes ist immer aus fettgetränktem Hanf- oder Manilastrang hergestellt.

Seemeile 1 Internationale Seemeile = 1852 m.

Seenotsignale Als Kennzeichen für ein Schiff, das sich in Seenot befindet oder aus anderen Gründen Hilfe benötigt, gelten bestimmte Signale, wie u. a. die Buchstabenflaggen »NC« des Internationalen Signal-Codes oder die verkehrtherum geheißte Nationalflagge.

Seerechtliche Gesetze Gesetzessammlung, die alle rechtlichen Vorschriften und Bestimmungen enthält, die die Seefahrt betreffen. Seerechtliche Gesetze sind dadurch charakterisiert, daß sie einmal besonders sachbezogen sind, zum anderen öffentliches und privates Recht miteinander verschmelzen und internationale Gültigkeit besitzen.

Seewetterbericht Von den Küstenfunkstellen (Norddeich Radio, Kiel Radio) und vom Rundfunk ausgestrahlte Wettermeldungen und Vorhersagen der meteorologischen Ämter. Diese Meldungen sollen die Schiffahrt über die herrschenden Wetterbedingungen unterrichten und insbesondere vor bevorstehenden Stürmen und Wetterverschlechterungen warnen.

Segelhandschuh Lederner Schutz des Daumens und des Handballens beim Segelnähen, mit dessen Hilfe die dreieckige Segelnadel durch das Segeltuch gedrückt wird.

Segelnadel Eine dicke dreieckige Nadel, die beim Segelnähen mit dem Ballen einer Hand durch das Segeltuch gestochen wird.

Seil Technisch gesprochen Tauwerk mit mehr als einem Zoll Umfang. Es kann sowohl aus Naturfasern wie Hanf, Manila (Fasern wilder Bananen) oder Kokosfasern wie auch aus Stahl- oder galvanisierten Eisendrähten hergestellt werden. Heutzutage werden auch weitgehend synthetische Fasern wie Nylon oder Dacron zur Herstellung von Seilen verwendet.

Seitenpforten, Bullaugen Öffnungen in der Bordwand eines Schiffes. Dazu gehörten die Kanonenpforten der segelnden Kriegsschiffe. Heute dienen Seitenpforten über der Wasserlinie zur Übernahme von Passagieren und Fracht und sind mit wasserdichten Türen verschlossen. Bullaugen nennt man die runden Öffnungen in den Aufbauten und Bordwänden eines Schiffes, die der Luftzufuhr und der Beleuchtung der Kabinen dienen. Es sind dicke in Messing oder Eisen gefaßte Glasscheiben, die mit Schrauben und oftmals auch mit eisernen Blenden als Schutz gegen schlechtes Wetter verschlossen werden können.

Selbststeuereinrichtung (Selbststeuerer) Abgesehen von modernen Selbststeuereinrichtungen, die heute aus der Handelsschiffahrt nicht fortzudenken sind, versteht man vereinfacht ausgedrückt darunter ein über dem Heck einer Yacht angebrachten Flügel oder Windfahne, der selbständig oder mit Hilfe eines elektrischen Motors entweder direkt oder durch ein System von Stangen und Leitungen auf das Ruder des Fahrzeugs wirkt. Ist der gewünschte Kurs abgesetzt, wird die Anlage an das Ruder angeschlossen. Jede Änderung der Windrichtung wird von der Windfahne registriert und an das Ruder weitergeleitet, das jede automatisch auf die veränderten Bedingungen einstellen wird, um das Fahrzeug auf Kurs zu halten. Alle Einhandsegler sind mit Selbststeueranlagen ausgerüstet, die erst die Möglichkeit geben, in Ruhe zu schlafen, Essen vorzubereiten und sich anderen Aufgaben auf oder unter Deck widmen zu können, ohne ständig den Kurs berichtigen zu müssen. Auch Sir Francis Chichester bediente sich solch einer Einrichtung, die er selbst entwarf und die als Miranda-Selbststeueranlage seitdem ständig verbessert und weiterentwickelt wurde. Tatsächlich ist die Anlage gar nicht so neu, denn schon in der Segelschiffszeit setzten die Fischerboote zum selben Zweck auf dem Ruder einen kleinen Mast, um das Fahrzeug auch auf Kurs zu halten, wenn die ganze Besatzung mit der Verarbeitung der gefangenen Fische beschäftigt war.

Shelterdeck In den deutschen Sprachgebrauch übernommener Begriff für Schutzdeck, einem leichteren, über dem Hauptdeck eines Schiffes befindlichen Deck. Der zwischen Shelterdeck und Hauptdeck befindliche Schiffsraum ist nicht mit in die Bruttotonnage einbezogen.

Semaphor → Optische Signaleinrichtung

separieren Verschiedene Ladungspartien von einander trennen.

»Sierra« → S

Signalbuch → Internationales Signalbuch.

Signalflaggen Zum Signalaustausch vorgesehene Flaggen, die heute hauptsächlich beim Signalverkehr zwischen Kriegsschiffen Verwendung finden. Der Signalaustausch auf internationaler Ebene wird durch den im Internationalen Signal-Buch festgelegten Internationalen Code geregelt.

Skipper Bezeichnung für den Führer einer Yacht. Im Gegensatz dazu bezeichnet man den Führer eines kleinen Handels- oder Fischereifahrzeugs als Schiffer.

Skullen Bedeutet das Rudern eines kleinen Bootes mit einem Paar Riemen. Wriggen nennt man dagegen das Vorwärtsbewegen eines Bootes mit einem Riemen. Dabei wird der Riemen am Heck in drehende Bewegung versetzt und sorgt so mit dem Blatt für den nötigen Schub.

Skysegel Das oberste, noch über der Royalsegeln gesetzte Segel eines Rahschiffes (nur in Ausnahmefällen wurden darüber noch sogenannte Moon-Rakers=Mondscheinsegel gesetzt). Sie erhalten ihre Bezeichnung nach dem jeweiligen Mast, an dem sie gesetzt werden, z. B. Großskysegel.

Slippen Ein Seil oder eine Trosse absichtlich loswerfen (von einem Poller, Haken usw.).

Slop Kleineres dreimastiges Rahsegelschiff.

Sonnensegel Eine Abdeckung aus Leinwand, um das Deck vor Regen oder Sonne zu schützen.

Spaken Rundhölzer zum Bewegen des Gangspills.

Spannschraube Eine eiserne Vorrichtung, mit dem das Stehende Gut nach Belieben durchgeholt und steifgesetzt werden kann. Die Spannschraube, die die Jungfern auf alten hölzernen Segelschiffen ersetzte, besteht aus einem zylindrischen Hohlkörper aus nichtrostendem Stahl oder chromplatierter Bronze mit an beiden Seiten eingeschnittenem Gewinde, in die zwei Augbolzen eingeschraubt werden. Die mit Rechts- und Linksgewinde versehenen Bolzen passen in den zylindrischen Hohlkörper und besitzen an ihrem Ende einen Ring. Dadurch, daß der Hohlkörper nur in der einen oder anderen Richtung gedreht wird, kann die Länge der Spannschraube verändert und dadurch die Spannung des Stehenden Gutes wie erforderlich verstärkt oder verringert werden.

Spannseil Tau oder Draht oder auch ein System von Tauen, das die Takelung unter Spannung hält.

Spanten Hölzerne oder eiserne Rippen, die dem Rumpf eines Schiffes seine Form geben. Auf großen hölzernen Schiffen wurden sie aus mehreren Einzelstücken zusammengesetzt.

Speigatten In der Verschanzung befindliche Öffnungen zum Abließen des übergekommenen Wassers.

Spiere Unter Spieren eines Schiffes versteht man die Gesamtheit aller Rahen, Bäume und Gaffeln, die jede allein für sich auch als Spiere bezeichnet werden können. Sie wird in diesem Fall nicht als Bestandteil der Takelung angesehen. Als Bestandteil der Takelung bezeichnet man auf Klippern und altertümlichen Schiffen jene Verlängerungen der Rahen als Spieren, an denen die Leesegel gesetzt wurden (Leesegelspie-

ren). In der modernen Schiffahrt (insbesondere auf Kriegsschiffen) hat sich der Begriff als Backspiere erhalten. Man versteht darunter vom Rumpf abklappbare Bäume, an denen bei vor Anker liegenden Schiffen die Beiboote festmachen können.

Spiker Spitzes Holz- oder Metallwerkzeug, das zum Auseinanderdrücken der einzelnen Kardeele beim Spleißen benutzt wird.

Spinnaker Ein großes, leichtes, meist aus Kunstfasern hergestelltes Vorsegel. Ursprünglich wurde es nur gesetzt, wenn das Boot vor dem Winde lief, neue synthetische Materialien und moderne Segelschnitte haben es jedoch möglich gemacht, den Spinnaker auch beim Segeln hoch am Winde zu setzen.

spleißen Bedeutet das Zusammenfügen zweier Seile durch das Verweben der einzelnen Stränge (Kardeele). Die einzelnen Kardeele werden dabei mit einem Fid (bei Tauwerk) oder mit einem Marlspieker (bei Drähten) auseinandergedrückt. Je nach Art und Länge des Spleißes unterscheidet man, abgesehen von vielen Unterarten, Aug-, Kurz- oder Langspleiße.

Spreitzlatten Schmale hölzerne oder Plastiklatten, die in die Segel eingelassen werden, um ihre Zugkraft durch flachere Konturen zu vergrößern.

Spriet (Sprietgaffel-Sprietbaum) Ein gaffelähnlicher Baum, der bei einer Frühform des heutigen Schonersegels (Sprietsegel genannt) vom Mastfuß zur äußersten Spitze des Segels (Piek) reichte und das Segel hält. Klar zu unterscheiden ist dieses Sprietsegel von den auf Schiffen des 16., 17. und 18. Jh. unter dem Bugspriet an einer Rah gesetzten Sprietsegeln.

Spring Darunter versteht man bei einem festgemachten Schiff die vom Bug und Heck in eine der Vor- und Achtertrossen entgegengesetzte Richtung zeigende Trosse.

Sprung Der beim Betrachten eines Fahrzeugs von der Seite ins Auge fallende gekrümmte Decksverlauf zwischen Bug und Heck wird Sprung genannt. Ist keine Kurve erkennbar, so spricht man von einem geraden Sprung.

Stabilisatoren Einrichtungen am Rumpf eines Fahrzeugs, durch deren Drehung Amplitude und Periode der Rollbewegung erheblich eingeschränkt werden kann. Die Stabilisatoren reichen nicht über Kiel und Bordwand eines Schiffes hinaus.

Stag Allgemein gesprochen versteht man darunter jeden Halt eines Mastes, einer Stenge oder Spiere. Im besonderen Sinne bezeichnet man die von den Masten nach vorne gerichteten Absteifungen als Stagen (im Gegensatz zu den querschiffs sichernden Wanten und den nach schräg hinten gerichteten, Pardunen genannten tragenden Absteifungen). Während das eine Ende der Stagen am Mast befestigt ist, führt das andere Ende zum Deck oder zu dem davorstehenden Mast, Steven, Bugspriet oder auch Klüverbaum. Die Stagen selbst bestehen meist aus Eisendraht und werden nach dem Mast und dem Abschnitt benannt, an dem sie befestigt sind.

Stagläufer Hölzerne oder metallene Ringe, Ösen oder Schnapphaken, mit denen die Lieken der Vor- oder Stagsegel an ein Stag gehakt werden. Auch die Großsegel auf modernen Yachten sind mit Legeln genannten Stagläufen versehen, wenn sie nicht in am Mast befestigten Metallschienen oder einer Rolle laufen, in der die Segel befestigt werden.

Stagsegel Diese Segel sind nach den Stagen benannt, an die sie angeschlagen sind. So befindet sich das Vorstagsegel unterhalb der Klüver, da es am zum Steven führenden Vorstag geführt wird. Auf Touren- und Rennyachten wird es heutzutage beim Segeln vor dem Winde hinter dem Spinnaker gesetzt und ist in diesem Fall als »Bolero« bekannt. Besonders bei Einhandseglern sind anstatt eines Spinnakers doppelte Stagsegel beliebt. Abgesehen davon, daß sie trotz ihrer größeren Segelfläche einfach zu handhaben sind, läßt sich mit ihnen eine Art Selbststeuerung erzielen, wenn die Schoten zur Ruderpinne geführt werden.

Stampfstag Ein Tau oder Draht, das oder der zum Halt des Klüverbaums über den Stampfstock nach hinten verläuft. (vgl. Wasserstag)

Stampfstock Eine kleine, auf größeren Segelschiffen im rechten Winkel unter dem Bugspriet angebrachte Spiere, um dem Bugspriet und Klüverbaum zusätzlich mit den Stagen eine größere Festigkeit zu geben.

Stapellauf Das Zuwasserlassen eines neuerbauten Schiffes.

Stapelschlitten Das kräftige Gerüst und die Stützen, die den Rumpf eines Schiffes während des Stapellaufs halten und mit ihm die Helling bis ins Wasser hinabgleiten. Kleinere und leichtere Ausführungen werden auch zum Halt der Schiffe im Trockendock und bei Yachten verwendet.

Stauholz Alle Arten von Holzbalken, Brettern und Latten wie auch Matten und anderes geeignetes Material, mit dem der Boden des Laderaumes ausgelegt wird, um die darauf gestaute Ladung vor Beschädigungen, insbesondere durch Nässe (Schweißwasser bei Klimaveränderungen), zu schützen.

Stehendes Gut Im Gegensatz zum »Laufenden Gut« festangebrachtes Tauwerk oder Drähte.

Steigung Der Winkel, den der Burgspriet zur Horizontalen einnimmt.

Stenge Aufgesetzte Verlängerungen des Mastes. Man unterscheidet auf großen Segelschiffen von oben: Royalstenge, Bramstenge und Marsstenge.

Steuerbord Die rechte Seite eines Fahrzeugs. Der Ausdruck Steuerbord bezeichnete ursprünglich die Seite eines Fahrzeugs, an der sich vor Einführung des Heckruders das Ruder oder der Steuerriemen befand.

Steven Der vorderste oder hinterste Teil (Achtersteven) eines Fahrzeugs. Auf hölzernen Schiffen besteht der Steven als wesentliches Konstruktionselement aus dem Stevenbalken, der mit dem Kiel äußerlich durch die Stevenbänder (eisernen Laschings) verbunden ist, während die Außenbeplankung durch Winkeleisen gehalten wird. Im Verlauf der Jahrhunderte haben sich Form und Konstruktion vom Rammsteven der Galeeren zur Tropfenform und vom runden fülligen Steven zum scharfen und ausladenden Steven verändert.

Stopper Bedeutet einmal eine Reiseunterbrechung aus verschiedenartigsten Gründen. Zum anderen versteht man darunter ein kurzes Tau- oder Kettenende, das zum Abstoppen einer Trosse verwendet wird. Mitunter besitzen die Tau- oder Kettenstopper an ihrem einen Ende einen Haken oder Schäkel, der an einem Augbolzen eingehakt oder befestigt wird, während man das freie Ende des Stoppers zum Abstoppen der Trosse benutzt.

stranden Man spricht vom Stranden, wenn ein Schiff durch fehlerhafte Navigation oder wetterbedingt auf Strand geworfen wird oder nach einer Grundberührung bei fallendem Wasser »hoch und trocken« auf dem Grund sitzen bleibt.

Strecke, Distanz Bei einem Fahrzeug mit Maschinenantrieb bedeutet seine Dampfstrecke die Distanz, die es bei einer bestimmten Geschwindigkeit ohne nachzubunkern zurücklegen kann.

Strecker Bezeichnung für die Brassen der Unter- u. Marsrahen.

streichen Unter streichen versteht man, etwas einzufieren oder wegzunehmen. So bedeutet ein Segel zu streichen, es zu fieren, so daß es nicht mehr zieht. Eine ganz andere Bedeutung hat da-

gegen das Streichen der Flagge, was im Seekrieg als Zeichen der Aufgabe gewertet wird und die Übernahme eines Schiffes von anderer Seite zur Folge hat.

Stringer Sind beim Schiffbau in Längsrichtung verlaufenden Träger zum Halten des Decks sowie rechtwinklig zu den Spanten verlaufende Längsversteifungen und wichtige Konstruktionselemente.

Stundenglas Sand- oder Wasseruhr, die in vergangenen Zeiten zur Bestimmung der Wachdauer benutzt wurde.

Sturmsegel Kleine Segel aus widerstandsfähiger Leinwand, die bei schlechtem Wetter als letzte Segel geführt werden, wie Marssegel, Trysegel, Sturmstagsegel und eine Sturmfock. Letzteres Segel wird besonders auf Renn- und Tourenyachten gesetzt, wenn schlechtes Wetter die Boote zum Beidrehen zwingt.

Stützen An den Kanten freier Decks befindliche Stützen, die oftmals abzubauen und zum Halt der Sonnensegel gedacht sind. Auch die Reeling eines Schiffes besteht vielfach nur aus mit Draht oder Ketten verbundenen Stützen.

Südwester Eine wasserdichte Kopfbedeckung aus Gummi oder ursprünglich aus öltränkter Leinwand, die bei schlechtem Wetter getragen wird.

T – »Tango« Der 20. Buchstabe des Alphabets, der im Internationalen Signal-Code durch eine viereckige, gleichmäßig senkrecht von innen nach außen rot-weiß-blau gestreifte Flagge dargestellt wird. Allein geheißt bedeutet sie: »Überholen sie mich nicht.«

Takelage Umfaßt alles Tauwerk, sei es aus Hanf oder Kunstfasern, sowie alle Drähte, die zum Halt der Masten und Rahen eines Segelschiffes angebracht sind, sowie das Laufende Gut (bewegliche Taue oder Drähte) mit dem die Segel bearbeitet werden. In diesem Sinne gehört das Tauwerk der Stengen zur oberen Takelage und das Tauwerk des Untermastes zur unteren Takelage. Unabhängig davon besteht ein grundsätzlicher Unterschied zwischen Laufendem und Stehendem Gut. Alles zum Brassen, Heißen, Fieren oder Wegnehmen sowie zum Durchholen oder Reffen benutzte Tauwerk gehört zum Laufenden Gut. Dazu rechnet man die Schoten zum Trimmen der Segel, die Fallen zum Aufheißen sowie die Brassen an den Rahen, die Geitaue, Preventer usw. Zum Stehenden Gut gehören anderseits alle Taue und Drähte (gewöhnlich), die zum Halt der Masten dienen wie Wanten, Stagen und Pardunen.

Takelgarn Dünnes Tauwerk oder Garn, das benutzt wird, ein Tauende fest zu umwickeln, um es vor Ausfransen oder Aufdrehen zu sichern. Takelgarn besteht gewöhnlich aus geteertem Segelgarn.

Takel-Talje Eine aus Blöcken und Tauwerk bestehende Einrichtung zum Hieven, z. B. bei Fallen oder Ladebäumen usw.

takeln Das Aufrichten der Masten mit dazugehörigem »Laufenden« und »Stehenden Gut«.

Takelung Darunter versteht man die vielerlei unterschiedlichen Arten der Besegelung.

taljen aufwinden

Taljereeps Kürzere Taue, die besonders zum »steifhalten« (strammen, durchsetzen) der Jungfernblöcke an den unteren Enden der Wanten benutzt werden.

Tallboy Ein sehr leichtes Kunstfaserstagsegel, das hinter dem Spinnaker gesetzt wird, um den Zug der Segel zu erhöhen und gleichzeitig die Stampfbewegung des vor dem Winde laufenden Bootes zu dämpfen.

Tau-Dichtung So nennt man einen Ring aus öltränktem Tauwerk oder Lappen um die Schraubenwelle, wo sie aus dem Hintersteven

eines Schiffes austritt. Sie soll ein Eindringen von Wasser in den Wellentunnel verhindern.

Teer Ein Holz- oder Kohlendistillat, das seit frühesten Zeiten benutzt wurde, um Holz, Textilien und Tauwerk vor Verrotten zu schützen.

Tender Ein kleines, als Fähre oder Begleitfahrzeug eingesetztes Schiff.

Tide Regelmäßige Bewegungsänderung der See.

Tidenhub Wasserstandsunterschied zwischen Ebbe und Flut

Tier Eine Reihe von Fässern, Ballen, Säcken usw. Abgeleitet vom englischen »tear.«

Topp Spitze eines Mastes. Beim Untermast oder der Marsstenge das Stück zwischen der Mars- oder Bramsaling und dem Eselshaupt. Das Tätigkeitswort toppen oder auftoppen bezeichnet das Aufholen eines Ladebaumes oder einer Spiere. Das Auftoppen einer Rah bedeutet dagegen das einseitige Aufholen, wobei die Rah um das Rack theoretisch bis in die Senkrechte gedreht werden kann. Die Notwendigkeit, eine Rah aufzutoppen, kann durch Arbeiten in der Takelage oder durch Platzmangel bedingt sein, wenn bei den Lösch- und Ladearbeiten in den Häfen Kräne eingesetzt werden. Das Auftoppen der Rahen geschieht mit einer – Dumper genannten – Talje.

Tonnage Sammelbegriff für je nach Land und Vermessungssystem unterschiedlichen Maßeinheit. Mit dem Begriff Tonnage wird das Verhältnis zwischen dem Rauminhalt und dem Ladevermögen eines Schiffes ausgedrückt.

Toppgeschirr Sammelbezeichnung für die gesamte über Deck befindliche Ausrüstung eines Schiffes wie Masten, Rahen und Segel, Stehendes und Laufendes Gut.

Toppsegel engl. Marssegel, sonst oberes Segel.

Toppsgast Bezeichnung eines Seemannes, der für die anfallenden laufenden Arbeiten in der Takelage eines bestimmten Mastes von einem Segelschiff zuständig ist.

Törn Unter dem Törn eines Seils versteht man eine Schlinge um eine Klampe oder einen Poller. Das dazugehörige Tätigkeitswort heißt törnen im Sinn von drehen. So törnt man eine Schraubenwelle, Maschine usw. Als Hilfsmittel wird dazu als Hebelarm eine sogenannte Törnstange aufgesetzt.

Totholz Der (oder die) zwischen Kiel und Hintersteven außerhalb des eigentlichen Rumpfes liegende(n) Balken.

Tragflächenboot Der Name aller Konstruktionsformen eines besonderen Typs von Fahrzeugen, die mit offenen, V-förmigen Tragflächen oder Flügeln ausgerüstet sind, welche sich unter dem Bug oder Hinterschiff befinden. Der bei der Beschleunigung auftretende Widerstand des Wassers gegen die Tragflächen genügt, um den Rumpf aus dem Wasser herauszuheben und das Fahrzeug auf den Flügeln oder Tragflächen gleiten zu lassen, die allerdings nur einen hydrodynamischen Widerstand und kein hydrostatisches Gleichgewicht erzeugen.

trimmen Unter dem Trimmen eines Bootes versteht man, daß es die optimalen Segeleigenschaften erhält, insbesondere daß die Schwerpunkte richtig gelagert sind, sowie Stabilität und Schwimmfähigkeit erhalten bleiben und es dem Ruder gehorcht. Von einem Fahrzeug mit ständiger Schlagseite sagt man, daß es nicht richtig getrimmt ist. Die Segel zu trimmen bedeutet, daß Rahen und Schoten so gebraßt bzw. durchgeholt oder gefiert werden, daß die größtmögliche Ausnutzung des Windes gewährleistet ist, und man mit dem Fahrzeug unter den gegebenen Bedingungen die bestmöglichen Ergebnisse erzielt. Jedes Fahrzeug benötigt für besondere Wetterbedingungen einen besonderen Trimm.

Trompete Bezeichnung eines Knotens, mit dem ein Tau, ohne daß man es durchschneidet, verkürzt wird. Dabei unterscheidet man zwischen der kurzen und langen Trompete.

Trosse Bezeichnung für starke Taue oder Drähte, die sowohl Festmacheleinen, Schleppleinen oder auch Ankertaue sein können. Man spricht bei der Herstellung der Trossen vom Trossenschlag, wenn die einzelnen Kardelen (Stränge) links herum geschlagen (gedreht) sind.

Trysegel 1. Ein kleines Sturmsegel, das auf altertümlichen Rahschiffen an einer Spiere hinter dem Vor- und Großmast, dem sogenannten Trysegelmast, angeschlagen wurde.
2. Auf Schiffen mit Schonertakelung versteht man unter einem Trysegel ein kleines Gaffelsegel ohne Baum oder ein am Großmast gesetztes kleines dreieckiges Segel.

U – »Uniform« Der 21. Buchstabe des Alphabets, der im Internationalen Signal-Code durch eine in je 2 weiße und 2 rote Felder unterteilte Flagge dargestellt wird. Dabei ist das obere Viertel an der Innenkante der Flagge rot und das untere weiß. Allein geheißt hat sie die Bedeutung: »Sie steuern einen gefährlichen Kurs«.

Überfall Unter dem Überfall des Bugs versteht man den Winkel, den seine äußere Form zur Wasseroberfläche bildet. So spricht man von Fahrzeugen mit überfallenden Steven (im Gegensatz zu solchen mit geraden Steven).

Überholen Das Überholen eines Schiffes wird bewirkt durch einseitigen Winddruck auf Tagelung und Besegelung. Ist das Schiff nicht mehr in der Lage, sich selbst aufzurichten, so kann es schließlich kentern.

überstaggehen (wenden) Das Schiff gegen die Windrichtung drehen, um den Wind von der anderen Seite zu nehmen, (auf den anderen Bug gehen).

Umschlagen (eines Baumes) Vom Umschlagen oder Überschlagen eines Baumes spricht man, wenn er auf einem vor dem Winde segelnden Fahrzeug von einer Seite zur anderen überholt. Dieses Umschlagen kann sowohl ein beabsichtigtes Manöver sein, wie auch durch Unachtsamkeit des Rudergängers bei plötzlicher Winddrehung verursacht werden. Im letzteren Falle kann es zum Verlust des Mastes bei dem betroffenen Fahrzeug führen.

»Uniform« → U

unklar Ketten, Tauwerk, Anker usw. sind unklar, wenn sie sich so weit miteinander verknotet, verdreht oder verhakt haben, daß sie ohne äußere Hilfe nicht auseinandergebracht (klariert) werden können.

Unterliek → Fußliek.

V – »Victor« Der 22. Buchstabe des Alphabets, der im Internationalen Signal-Code durch eine viereckige weiße Flagge mit rotem Kreuz (St.-Patrick-Kreuz) dargestellt wird. Allein geheißt hat sie die Bedeutung: »Ich benötige Hilfe«.

Verankerungen In neuerer Zeit ist es üblich, große tiefgehende Schiffe, insbesondere Tanker, weit vor der Küste zu beladen und entlöschen. Zu diesem Zweck hat man beschwerte Caissons aus Zement oder Stahl als Verankerungen für große Festmachebojen versenkt, an denen wiederum die Schiffe mit Ketten oder starken Leinen festmachen können. Heute führen ganze Rohrleitungssysteme zum Beladen der Tanker über diese Verankerungen zu den Bojen. Die gleiche Art der Verankerung ist aber auch bei Fahrwassertonnen sowie bei Untiefen- oder Wrackbezeichnungen gebräuchlich.

Verdrängung Die Verdrängung eines Fahrzeuges beruht auf dem archimedischen Prinzip, wo-

nach das Gewicht des durch den Rumpf verdrängten Wassers seinem eigenen Gewicht entspricht. In Ländern mit metrischen Maßeinheiten wird die Verdrängung in Tonnen von je 1000 kg angegeben; die alte englische Maßeinheit für die Verdrängung eines Schiffes – wie auch für sein Ladevermögen – waren die sogenannten »long tons« von je 2240 lbs, was annähernd 1016 metrischen Tonnen entspricht.

vermooren (vermurren) Vermooren bedeutet, ein Schiff an einem bestimmten Liegeplatz im Hafen oder auf Reede in einer Art festzumachen oder zu verankern, daß es weder Wind noch Strom bewegen können. Man vermoort ein Schiff, indem man es hinter mehrere Anker legt oder die Ankerketten an Festmachetonnen schäkelt. Möglich ist auch eine Kombination beider Methoden sowie das Vertäuen mit geeigneten Trossen an einem Kai oder längsseits eines bereits vermoorten Schiffes.

Verschanzung Die über die Decksebene nach oben fortgesetzte Seitenbeplankung zum Schutz der an Deck arbeitenden Besatzung nennt man Verschanzung. Besonders hoch waren die Verschanzungen der alten Linienschiffe, auf die noch als Schutz gegen feindliches Musketenfeuer die Hängematten der Seeleute gestaut wurden.

verspleißen → spleißen

»Victor« → V

Vollschiff Ein drei- oder mehrmastiges Segelschiff, das an allen Masten mit Rahen getakelt ist.

Vorläufer Dünneres Tau, das benutzt wird, um eine für das Gangspill zu dicke Trosse einzuhieven.

Vorleine Wird ein Schiff im Hafen an der Kaimauer festgemacht, bezeichnet man (unabhängig, ob es sich um Drähte oder Taue handelt), die vorne ausgebrachten Festmacher als Vorleinen.

Vormast Auf Schiffen mit 3 und mehr Masten wird der dem Steven nächste Mast immer als Vormast bezeichnet, wie es fast immer auch bei zweimastigen Fahrzeugen der Fall ist. Nur bei Schiffen, bei denen der vordere Mast erheblich größer ist, wie etwa bei Ketschen, Yawls und einigen anderen Typen, spricht man in diesem Fall vom Großmast und vom zweiten kleineren als dem Besanmast.

Vorpiek Der Raum, der in der äußersten Spitze des Vorschiffes noch vor dem Kettenkasten liegt. Die Vorpiek wird meistens als Trimmtank zur Veränderung der Lage des Schiffes im Wasser oder als Frischwassertank benutzt.

Vorsegel → Fock

Vor Topp und Takel Bezeichnet das Segeln bei Sturm ausschließlich vor Masten und Takelung ohne gesetzte Segel.

W – »Whiskey« Der 23. Buchstabe des Alphabets, der im Internationalen Signal-Code durch eine viereckige weiße Flagge mit breitem blauen Rand und einem roten Karo in der Mitte dargestellt wird. Allein geheißt hat sie die Bedeutung: »Ich benötige ärztliche Hilfe.«

Wabel (Wirbel) Zwei durch einen Bolzen miteinander verbundene Ringe, die dadurch gegeneinander drehbar sind. Bei Ankerketten verhindern sie ein Vertörnen (Verdrehen), wenn das Schiff längere Zeit um seinen Anker schwoit (dreht).

Wache Der in der 24stündigen Schiffsroutine ständig wechselnde Zeitraum, in dem der Seemann für bestimmte Aufgaben im Schiffsbetrieb eingesetzt wird. Das Gegenteil der mit Pflichten ausgefüllten Wachzeit nennt man Freiwache.

Walbord Im Bootsbau auf den Seiten befindliche Planken zur Verstärkung der Außenbeplankung.

Wallschiene Eine unter dem Dollbord angebrachte Scheuerleiste. Auf kleineren Schiffen wie Yachten erfüllt sie auch die Aufgabe eines Fenders.

Wangen Auf den Mast aufgesetzte hölzerne oder metallene Wangen, die ein Abgleiten der darüber belegten Wanten verhindern sollen.

Want-Befestigungen Winkel oder Schienen aus Metall, die auf kleineren Booten die Aufgabe der Rüsteisen (Rüsten) zum Halten der Wanten übernehmen.

Wanten Wesentlicher Bestandteil des Stehenden Gutes, da die Wanten den Halt der Masten in der Querschiffsrichtung gewährleisten. Ihren Namen erhalten sie nach dem betreffenden Masten, wobei nach Untermasten und Stengen unterschieden wird, z. B. Vormastwant, Großmarsstengewant, Kreuzbramstengewant usw.

Warpleine Eine leichte Trosse, mit der ein Schiff verholt werden kann. In der Segelschiffszeit, als noch keine Schlepper zur Verfügung standen, benutzte man die Warpleine zusammen mit dem Warpanker, um ein Schiff nach See zu verholen (zu warpen). Eine andere Methode war, die Leine an einer Tonne oder an Land zu befestigen und daran das Schiff aus dem Hafen zu ziehen. Moderne beim Festmachen benutzte Warpleinen haben etwa 12 bis 30 cm Umfang und sind im Trossenschlag geschlagene Drähte oder Hanf- sowie Herkulestauwerk. (Tauwerk, bei dem Hanf und Stahldraht ineinander verflochten ist.)

Wasserdüsenantrieb Das System eines durch Außen- oder Innenbordmotoren bewirkten Düsenantriebs, wobei von vorne oder von unterhalb des Bootes durch den Motor Wasser angesaugt und anschließend wieder unter hohem Druck nach hinten ausgestoßen wird.

Wassergraben Die äußerste der Decksplanken, die oftmals zum besseren Ablaufen des Wassers ausgehöhlt ist.

Wasserlinie Die Linie an der Bordwand, bis zu der ein Schiff je nach Beladungszustand eintaucht.

Wassersegel Ein drei- oder viereckiges Segel, das mitunter unter den untersten Leesegeln und, wie der Name sagt, dicht über der Wasserfläche geführt wird.

Wasserstag Ein Stag, das zwischen Steven und Ende des Bugspriets angebracht ist und das der aufwärts gerichteten Kraft an den Stagen der Vorstenge gesetzten Segel entgegenwirkt.

Webeleinen Geteertes Tauwerk sowie gelegentlich auch Holz- oder Metallatten, die in kurzen Zwischenräumen horizontal an die Wanten gebunden werden und auf diese Weise eine Leiter bilden, auf der die Seeleute schnell die Masten erklettern können.

wegfieren Herablassen von Gegenständen. So spricht man vom Wegfieren einer Rah, eines Segels, eines Bootes usw.

Wellenbrecher Planken oder Eisenplatten auf dem Backdeck, um die Decks vor überkommenden Brechern zu schützen.

Wellentunnel Seitdem Eisen und Stahl im Schiffbau eingeführt worden sind, befindet sich die Schraubenwelle in einem vom Maschinenraum durch die hinteren Räume des Schiffes laufenden Wellentunnel.

wenden Nennt man den Vorgang, wenn ein Schiff mit dem Steven durch den Wind gedreht wird, um den Wind von der anderen Seite einzubekommen (über Stag gehen). Mit einem Schiff zu wenden bedeutet also das Gegenteil des → Halsens.

Werg Der zum Kalfatern der Nähte eines hölzernen Schiffes benutzte Hanf.

Werpblock (auch Snatchblock) Ein besonderer, einscheibiger Block, der auf einer Seite zum Hineinlegen des Seils geöffnet werden kann.

Damit erspart man sich besonders bei beidseitig befestigtem Tauwerk das Durchscheeren.

Wetterschiff Ein Schiff, dessen Aufgabe es ist, auf einer bestimmten Position das Wettergeschehen zu überwachen. Der Einsatz der Wetterschiffe wird bei den verschiedenen Nationen von unterschiedlichen Behörden gelenkt (z. B. Deutschland: Ministerium für Landwirtschaft und Forsten; Vereinigte Staaten: Coast Guard). Die Funktionen von Wetterschiffen erfüllen im Verlauf ihrer Reise auch eine große Anzahl von Handelsschiffen.
Ein großer Teil der Funktionen eines Wetterschiffes ist inzwischen von Wettersatelliten übernommen worden.

Whip (Peitsche) Auch im deutschen seemännischen Sprachgebrauch so bezeichnete Sonderform einer Lasttalje. Dabei ist das durch einen einzelnen Block führende Tau mit einem Ende an Deck fest belegt, während das andere Ende mit der Last verbunden ist. Die durch einen Leitblock im Mast führende holende Part (das Tau, an dem die Zugkraft angesetzt wird) ist am Block selbst befestigt.

»Whiskey« → W

Winde Ursprünglich ein kleines, durch Hanteln gedrehtes Spill, wie es noch heute auf Touren- und Rennyachten mit der Hand bedient wird, um Fallen und Schoten zu hieven. Man unterscheidet dabei 2 verschiedene Typen, einmal die »Gangspill-Winde« mit vertikaler Achse und die »Kaffeemühlen-Winde« mit horizontaler Achse. Auf Frachtschiffen und anderen größeren Fahrzeugen benutzt man große, mit Dampf, Öldruck oder elektrisch betriebene Winden zum Laden und Löschen der Ladung.

Windenhantel Abnehmbare oder gegen ein Zurücklaufen zu sichernde Hanteln der heute noch an Bord von Yachten und größeren Segelbooten zu findenden Handwinden.

Windgeschwindigkeit Die nach der Beaufort-Skala in verschiedene Stärken eingeteilte Geschwindigkeit des Windes.

Wirkungszentrum Der Punkt, an dem die aerodynamisch wirkenden Kräfte des Windes beim Segel eines Schiffes oder einer Yacht konzentrisch zusammenlaufen.

Wischer Ein an einem langen Stiel befestigtes geeignetes Material (Lappen, Schaffell), um damit nach jedem abgefeuerten Schuß das Kanonenrohr zu reinigen.

Wriggen Fortbewegung eines Bootes mit schraubenartiger Bewegung eines Riemens.

X – »Xray« Der 24. Buchstabe des Alphabets, der im Internationalen Signal-Code durch eine viereckige weiße Flagge mit einem blauen Kreuz dargestellt wird. Allein geheißt hat sie die Bedeutung: »Unterlassen Sie Ihr Verhalten und beachten Sie meine Signale.«

Y – »Yankee« Der 25. Buchstabe des Alphabets, der im Internationalen Signal-Code durch eine viereckige gelbe Flagge mit 6 von außen nach innen verlaufenden roten Streifen versehen ist. Allein geheißt hat sie die Bedeutung: »Ich befördere Post.«

Yacht → Jacht→ Rennyacht (siehe auch S. 250f.)

Yachtstander Kleiner Wimpel an der Spitze des Mastes von Yachten und Booten mit Farben und Wappen des Segelklubs, dem das Boot angehört. Unabhängig davon dient der Wimpel auch als Wetterfahne und zeigt die Windrichtung an.

Z – »Zulu« Der 26. Buchstabe des Alphabets, der im Internationalen Signal-Code durch eine in 4 Dreiecke geteilte viereckige Flagge dargestellt wird (innen schwarz, oben gelb, außen blau und unten rot), deren Spitzen in der Mitte zusammentreffen. Sie ist für die Verbindung mit dem Land reserviert, wobei sie in verschiedenen Häfen unterschiedliche Bedeutung haben kann.

Zepter Metallene Gabeln im Dollbord eines Ruderbootes, die als Halt für die Riemen dienen.

Zeisinge Kurze, an der Rah befestigte Tauenden, mit denen die auf der Rah vertauten Segel festgemacht und gesichert werden.

Zimmermannsstek Knoten zum Befestigen bestimmter Lasten (Holz, Balken usw.), der sich auf Zug zusammenzieht.

Britische Marinestreitkräfte bei Ausbruch des 2. Weltkrieges

17 Schlachtschiffe	241	Zerstörer und Torpedoboote
7 Flugzeugträger	56	Unterseeboote
15 Schwere Kreuzer	1 692 302	Gesamttonnage
73 Leichte Kreuzer		

Die britische Seite: Die wichtigsten in diesem Buch erwähnten Schiffsklassen

Seite	Klasse	Werft	Datum: a. St./f./u.	Verdrängung (voll ausgerüstet)	Länge ü. A. Meter	Breite Meter	Tiefgang (mittl.) Meter
	Schlachtschiffe						
180	**Resolution** (5 Schiffe)	Palmers	1913/1916/1930	33 000	187	31	9,4
178	**Revenge**	Vickers	1913/1916/1937				
180	**Ramillies**	Beardmore	1913/1917/1927				
180	**Repulse** (2 Schiffe)	John Brown	1915/1916/1936	37 400	242	31	9,6
176	**Renown**	Fairfield	1915/1916/1939				
175	**Hood**	John Brown	1916/1918/1920	46 200	262	32	8,7
176	**Nelson** (2 Schiffe)	Amstrong	1922/1927	38 000	216	32	9
178	**Rodney**	Cammell Laird	1922/1927				
176	**Queen Elizabeth** (5 Schiffe)	Portsmouth Dockyard	1912/1915/1940	36 000	195	32	9,7
175	**Warspite**	Devonport Dockyard	1912/1915/1938	35 000			
180	**Valiant**	Fairfield	1913/1916/1939	36 000			
180	**Malaya**	Elswick	1913/1916/1929	35 100			
178	**King George V** (4 Schiffe)	Vickers	1937/1940	45 000	227	31	11
175	**Prince of Wales**	Cammell Laird	1937/1941				
177	**Duke of York**	John Brown	1937/1941				
	Flugzeugträger						
181	**Argus** (ex-**Conte Rosso**)	Beardmore	1914/1918/1937	14 450	172	21	6
177	**Eagle**	Amstrong Whitworth	1913/1924/1932	26 400	203	32	8
177	**Courageous** (2 Schiffe)	Armstrong	1915/1917/1930	26 500	240	25	8

Abkürzungen:
Datum: a.St. = auf Stapel/f. = fertiggestellt/u. = umgebaut; Bar = Barbette; Batt = Batterie; D = Deck; Fla = Flugabwehr; Fl-D = Flugdeck; (Geschw.) u. W. = Geschwindigkeit unter Wasser; KB = Kommandobrücke; Länge ü. A. = Länge über Alles; ...lfg = ...läufig; MG = Maschinengewehre, fest eingebaut; MG/ML = mehr- läufige Maschinengewehre, fest eingebaut; Pf = Pfünder; PS = Pferdestärke*; T = Tonnen/Tonnage; Tm = Turm; Tm-B = Turm-Basis; TR = Torpedorohr; UA = Unterseeboot-Abwehr; WBW = Wasserbombenwerfer; WL = Wasserlinie. * Zur Umrechnung auf die neue SI-Einheit gilt die Formel: 1 PS ≈ 0,74 kW.

Bewaffnung	Panzerung	Maschinenanlage	Geschwin-digkeit (Knoten)	Aktions-radius (Seemeilen)	Besat-zung	Seite
8/381 mm 12/152 mm 8/102 mm Fla 4/3 Pf 1/12 Pf 5 MG 10 Lewis-MG 1 Katapult 1 Flugzeug	Vertikal max. 330 mm Horizontal D 102 mm KB 279 mm Tm-B 330 mm Batt 152 mm Außenwülste unter Wasserlinie (WL)	4 Parsons-Getriebeturbinen 18 Babcock oder Yarrow-Ölkessel 40 000 PS 4 Schrauben Bunkervorrat 3230 T	22	4200	1009 1146	180 178 180
6/381 mm 12/102 mm 8/114 mm Fla 4/3 Pf 1/12 Pf 5 MG 8 TR 1 Katapult 4 Flugzeuge	Vertikal max. 229 mm Horizontal D 76 mm KB 254 mm Tm 279 mm Außenwülste unter WL	4 Parsons-Curtis-Getriebeturbinen 8 Admiralty-Ölkessel 42 Babcock & Wilcox-Kessel 112 000 PS 4 Schrauben Bunkervorrat 4250 T	29	3600	1181 1205	180
8/381 mm 12/140 mm 8/102 mm Fla 4/3 Pf 5 MG 10 Lewis-MG 4/533 mm TR 1 Flugzeug	Vertikal max. 305 mm Horizontal 2 D 38–76 mm KB 305 mm Tm 381 mm Bar 305 mm Außenwülste unter WL	4 Brown-Curtis-Getriebeturbinen 24 Yarrow-Ölkessel 150 000 PS 4 Schrauben Bunkervorrat 4000 T	31	4000	1341 1400	175
9/406 mm 12/152 mm 6/120 mm Fla 4/3 Pf 1/12 Pf 5 MG 2/533 mm TR 1 Katapult 2 Flugzeuge	Vertikal max. 355 mm Horizontal D 159 mm Tm 406 mm Bar 381 mm Panzerschotten unter WL	2 Brown-Curtis-Getriebeturbinen 8 Admiralty-Ölkessel 46 000 PS 2 Schrauben Bunkervorrat 4000 T	23	5000	1314 1361	176 178
8/381 mm 8/152 mm 4/3 Pf 5 MG 10 Lewis-MG 1 Katapult 4 Flugzeuge	Vertikal max. 330 mm Horizontal D 76 mm KB 356 mm Tm-B 279 mm Batt 152 mm Außenwülste	4 Parsons-Getriebeturbinen 8 Admiralty-Ölkessel 82 000 PS 4 Schrauben Bunkervorrat 3800 T	25	4400 5000	1124 1184	176 175 180 180
10/356 mm 16/133 Fla 6 mm Fla 1 Katapult 4 Flugzeuge	Vertikal max. 356 mm Horizontal D 159 mm Tm-B 406 mm Mehrfachpanzerschotten	4 Parsons-Getriebeturbinen 8 Admiralty-Ölkessel 152 000 PS 4 Schrauben Bunkervorrat 3900 T	29	6300	1600	178 175 177
18 MG 1 Katapult 14 Flugzeuge		Parsons-Turbinen 12 Yarrow-Ölkessel 20 000 PS 4 Schrauben Bunkervorrat 2000 T	20	4000	373	181
9/152 mm 4/102 mm Fla 13 MG 21 Flugzeuge		Brown-Curtis-Turbinen 32 Yarrow-Kessel 50 000 PS 4 Schrauben Bunkervorrat 3750 T	24	4200	750	177
16/120 mm 4/3 Pf 24/40 mm Fla 18 MG 2 Katapulte 48 Flugzeuge	Vertikal max. 76 mm Horizontal Fl-D 76 mm Außenwülste unter WL	4 Parsons-Getriebeturbinen 18 Yarrow-Ölkessel 90 000 PS 4 Schrauben Bunkervorrat 3940 T	30,5	3200	750 1216	177

TECHNISCHE DATEN

Seite	Klasse	Werft	Datum: a. St./f./u.	Verdrängung (voll ausgerüstet)	Länge ü. A. Meter	Breite Meter	Tiefgang (mittl.) Meter
177	**Hermes**	Amstrong Whitworth	1918/1923/1933	12900	182	21	6,4
203	**Formidable** (Illustrious-Klasse, 6 Schiffe)	Harland & Wolff	1937/1940	23 000	230	29	7,3
179	**Indomitable**	Vickers-Amstrong	1937/1940				
181	**Furious**	Armstrong Whitworth	1915/1917/1925	22 450	240	28	7,6
	Schwere Kreuzer						
181	**London** (4 Schiffe)	Portsmouth Dockyard	1925/1929	9850	193	20	5,2
181	**York** (2 Schiffe)	Palmers	1927/1930	8250 (standard)	175	17	5,2
181	**Kent** (5 Schiffe)	Chatham Dockyard	1924/1928	10 000	192	21	5
	Leichte Kreuzer						
181	**Caledon** (3 Schiffe)	Cammell Laird	1916/1917	4180	137	13	4,3
181	**Ceres** (4 Schiffe)	John Brown	1916/1917	4290	137	13	4,3
181	**Hawkins** (3 Schiffe)	Chatham Dockyard	1916/1919	9800	184	20	5,3
181	**Dauntless** (8 Schiffe)	Palmers	1918/1922	4850	144	15	5
181	**Emerald** (2 Schiffe)	Armstrong	1910/1920	7550	174	17	6
181	**Adventure** (Minenleger)	Devonport Dockyard	1922/1924	6740	159	18	6

Bewaffnung	Panzerung	Maschinenanlage	Geschwindigkeit (Knoten)	Aktionsradius (Seemeilen)	Besatzung	Seite
6/140 mm 3/102 mm Fla 4/47 mm 8/40 mm Fla 14 Fla-MG 20 Flugzeuge	**Vertikal** max. 76 mm **Horizontal** Fl-D 25 mm Außenwülste unter der WL	2 Parsons-Getriebeturbinen 12 Yarrow-Ölkessel 40 000 PS 2 Schrauben Bunkervorrat 2000 T	25	3000	664	177
16/114 mm Mehrzweck-Fla 32/40 mm Fla 32/4lfg Fla-MG 2 Katapulte 40 Flugzeuge		3 Parsons-Getriebeturbinen 6 Yarrow-Ölkessel 110 000 PS 3 Schrauben Bunkervorrat 4500 T	30,5	4000	1600	203 179
10/140 mm 2/102 mm Fla 4/47 mm 24/40 mm 8lfg Fla 14 MG 33 Flugzeuge	**Vertikal** max. 76 mm **Horizontal** D 76 mm Außenwülste	Brown-Curtis-Getriebeturbinen 18 Yarrow-Ölkessel 90 000 PS 4 Schrauben Bunkervorrat 4010 T	30	3200	750 1200	181
8/203 mm 8/102 mm Fla 4/3 Pf 4/40 mm Fla 14 MG 8/533 mm TR 1 Katapult 1 Flugzeug	**Horizontal** D 76 mm Panzerschotten unter WL	4 Parsons-Getriebeturbinen 8 Admiralty-Kessel 80 000 PS 4 Schrauben Bunkervorrat 3200 T	32,2	10 000	650	181
6/203 mm 8/102 mm 4/3 Pf 8/40 mm 6 Fla-MG 6/533 mm TR 1 Katapult 1 Flugzeug	**Vertikal** max. 76 mm **Horizontal** D 51 mm KB 76 mm Tm-B 51 mm Wülste	Parsons-Getriebeturbine 8 Admiralty-Kessel 80 000 PS 4 Schrauben Bunkervorrat 1900 T	32,5	10 000	650 600	181
8/203 mm 8/102 mm Fla 4/47 mm 20 Fla-MG 1 Katapult 3 Flugzeuge	**Vertikal** max. 91 mm **Horizontal** D 76 mm Wülste	Parsons-Turbinen 8 Admiralty-Überhitzerkessel 80 000 PS 4 Schrauben Bunkervorrat 3400 T	32	10 000	680	181
5/152 mm 2/76 mm 4/47 mm 2/40 mm Fla 9 Fla-MG 8/533 mm TR	**Vertikal** max. 76 mm **Horizontal** D 25 mm KB 52 mm	Parsons-Getriebeturbinen 8 Yarrow-Kessel 40 000 PS 2 Schrauben Bunkervorrat 935 T	29	2000	400 437	181
5/152 mm 2/76 mm 4/3 Pf 2/40 mm Fla 9 Fla-MG 8/533 mm TR	**Vertikal** max. 76 mm **Horizontal** D 25 mm KB 52 mm	Brown-Curtis-Getriebeturbinen 8 Yarrow-Kessel 40 000 PS 2 Schrauben Bunkervorrat 950 T	29	2000	400 437	181
9/152 mm 4/102 mm Fla 4/3 Pf 8/40 mm Fla 12 Fla-MG 4/533 mm TR 1 Katapult 2 Flugzeuge	**Vertikal** max. 76 mm **Horizontal** D 38 mm KB 76 mm Außenwülste unter WL	4 Parsons-Turbinen 8 Yarrow-Kessel 55 000 PS 4 Schrauben Bunkervorrat 2600 T	29,5	5400	712 750	181
6/152 mm 3/102 mm 4/3 Pf 4/40 mm 8 Fla-MG 12/533 mm TR	**Vertikal** max. 76 mm **Horizontal** D 25 mm KB 152 mm	2 Brown-Curtis-Getriebeturbinen 6 Yarrow-Dünnrohr-Kessel 40 000 PS 2 Schrauben Bunkervorrat 1050 T	29	2300	450 469	181
7/152 mm 5/102 mm 4/3 Pf 2/40 mm Fla 10 Fla-MG 16/533 mm TR 1 Katapult 1 Flugzeug	**Vertikal** max. 76 mm **Horizontal** D 25 mm KB 152 mm	4 Brown-Curtis-Getriebeturbinen 8 Yarrow-Dünnrohrkessel 80 000 PS 4 Schrauben Bunkervorrat 1746 T	33	3800	572	181 181

TECHNISCHE DATEN

Seite	Klasse	Werft	Datum: a. St./f./u.	Verdrängung (voll ausgerüstet)	Länge ü. A. Meter	Breite Meter	Tiefgang (mittl.) Meter
181	**Southampton** (8 Schiffe)	John Brown	1934/1937	9100	178	19	5,2
181	**Dido** (10 Schiffe)	Cammell Laird	1937/1940	5450	154	16	4,3
181	**Neptune** (Leander-Klasse, 5 Schiffe)	Portsmouth Dockyard	1931/1934	7175	169	17	4,9
181	**Arethusa** (4 Schiffe)	Chatham Dockyard	1933/1935	5220	152	15,5	4,2
181	**Fiji** (13 Schiffe)	John Brown	1938/1939	8000	168	19	5
	Zerstörer						
181	**Vanoc** (Admiralty-V-Klasse, 12 Schiffe)	John Brown	1916/1917	1090	95	9	3,4
181	**Acasta**	John Brown	1928/1930	1350	98	10	2,5
181	**Beagle** (8 Schiffe)	John Brown	1929/1931	1360	98	10	2,5
181	**Exmouth**	Portsmouth Dockyard	1933/1934	1475	105	10	2,7
181	**Greyhound** (8 Schiffe)	Vickers-Armstrong	1934/1936	1335	98	10	2,6
181	**Jervis** (Javelin-Klasse, 24 Schiffe)	Hawthorn Leslie	1937/1939	1695	106	11	2,9
	Begleitfahrzeuge						
181	**Belmont** (14 Schiffe, ex-**Saterlee** USN)	Verschiedene Werften der USA	1916/1921	1190 (standard)	94	9	2,7

Bewaffnung	Panzerung	Maschinenanlage	Geschwindigkeit (Knoten)	Aktionsradius (Seemeilen)	Besatzung	Seite
12/152 mm 8/102 mm 4/3 Pf 16/40 mm 8 lfg Fla 6/533 mm TR 1 Katapult 3 Flugzeuge	**Vertikal** max. 127 mm **Horizontal** D 51 mm KB 102 mm Tm 50 mm	Parsons-Getriebeturbinen 8 Admiralty-Kessel 75 000 PS 4 Schrauben Bunkervorrat 1970 T	32,5	–	700	181
10/133 mm 16/40 mm 8lfg Fla 6/533 mm TR 1 Katapult 1 Flugzeug	**Vertikal** max. 76 mm **Horizontal** D 51 mm	Parsons-Getriebeturbinen 4 Yarrow-Ölkessel 62 000 PS 4 Schrauben	32,3	–	–	181
8/152 mm 8/102 mm 4/3 Pf 12/4lfg Fla-MG 8/533 mm TR 1 Katapult 2 Flugzeuge	**Vertikal** max. 102 mm **Horizontal** D 50 mm KB 102 mm	Parsons-Getriebeturbinen 4 Admiralty-Kessel 72 000 PS 4 Schrauben Bunkervorrat 1800 T	32,5	12 000	550	181
6/152 mm 8/102 mm Fla 2/3 Pf 8/4lfg Fla-MG 6/533 mm TR 1 Katapult 1 Flugzeug	**Vertikal** max. 51 mm **Horizontal** D 51 mm KB 102 mm	Parsons-Getriebeturbinen 4 Admiralty-Kessel 64 000 PS 4 Schrauben Bunkervorrat 1200 T	32,5	12 000	450	181
12/152 mm 8/102 mm Fla 16/40 mm 8lfg Fla 6/533 mm TR 1 Katapult 3 Flugzeuge	**Vertikal** max. 53 mm **Horizontal** D 51 mm Tm-B 102 mm	4 Clydebank-Turbinen 4 Yarrow-Ölkessel 80 000 PS 4 Schrauben Bunkervorrat 2000 T	33	12 000	580	181
4/102 mm 1/2 Pf 6 Fla-MG 6/533 mm TR 20 Minen		Brown-Curtis-Getriebeturbinen 3 Yarrow-Kessel 27 000 PS 2 Schrauben Bunkervorrat 370 T	34	4000	182 134	181
4/120 mm 2/40 mm Fla 5 Fla-MG 8/533 mm TR		Brown-Curtis-Hochdruckturbinen 3 Admiralty-Kessel 34 000 PS 2 Schrauben Bunkervorrat 380 T	35	5000	138	181
4/120 mm 2/40 mm Fla 5 Fla-MG 8/533 mm TR		Brown-Curtis-Hochdruckturbinen 3 Admiralty-Kessel 34 000 PS 2 Schrauben Bunkervorrat 380 T	35	5000	139	181
5/120 mm 8/40 mm Fla 8/533 mm TR		Parsons-Getriebeturbinen 4 Admiralty-Kessel 38 000 PS 2 Schrauben Bunkervorrat 490 T	36	6000	175	181
4/120 mm 8/40 mm Fla 8/533 mm TR		Parsons-Getriebeturbinen 3 Admiralty-Kessel 34 000 PS 2 Schrauben Bunkervorrat 480 T	35,5	6000	145	181
6/120 mm 4/40 mm Fla 8 Fla-MG 10/533 mm TR		Parsons-Getriebeturbinen 2 Admiralty-Kessel 40 000 PS 2 Schrauben Bunkervorrat 500 T	36	6000	183	181
4/102 mm 1/76 mm Fla 12/533 mm TR		2 Curtis-Turbinen 4 White-Ölkessel 26 000 PS 2 Schrauben Bunkervorrat 375 T	35	5000	122	181

TECHNISCHE DATEN

Seite	Klasse	Werft	Datum: a.St./f./u.	Verdrängung (voll ausgerüstet)	Länge ü.A. Meter	Breite Meter	Tiefgang (mittl.) Meter
179	**Minensucher** **Bangor** (20 Schiffe)	Harland & Wolff	1939/1940	817	75	10	2,2
181	**Unterseeboote** **Oberon** (3 Schiffe)	Chatham Dockyard	1924/1927	1311/1831	82	8,5	4
181	**Thames** (3 Schiffe)	Vickers-Armstrong	1931/1932	1850/2723	99	8,5	4,2
181	**Porpoise** (6 Schiffe)	Vickers-Armstrong	1931/1933	1500/2053	83	8	4,6
181	**Triton** (15 Schiffe)	Vickers-Armstrong	1937/1938	1095/1579	81	8	3,6
181	**Vorpostenboote** **Foxglove** (Flower-Klasse, 3 Schiffe)	Barclay, Curle	1914/1915	1165	80	10	3,6
181	**Falmouth** (3 Schiffe)	Devonport Dockyard	1929/1932	1060	81	10,4	2,7
181	**Depotschiff** **Cyclops**	Laing	1905	11 300	145	17	6,4
179	**Torpedoboote** **M.T.B.** (13 BPB-Typ)	British Power Boats	1936/1938	18	18	4,3	0,8
181	**M.T.B. 102** (2 Vosper-Typ)	Vosper	1937/1938	28	20	4,8	1
179	**Spezialangriffs-fahrzeuge** Midget submarine (Klasse „X")	Varley Marine	1940/1943		16	1,7	1,5
179	**Chariot**			1,7	7,6		

Bewaffnung	Panzerung	Maschinenanlage	Geschwin-digkeit (Knoten)	Aktions-radius (Seemeilen)	Besat-zung	Seite
1/102 mm 1/102 mm Fla 5 Fla-MG 4/7,7 mm MG		Parsons-Dreifach-Expansionsmaschine 2 Yarrow-Ölkessel 1770 PS 2 Schrauben Bunkervorrat 220 T	16,5		80	179
1/102 mm 2 Fla-MG 8/533 mm TR		Dieselmotor 2950 PS Elektromotoren 1350 PS Bunkervorrat 200 T	u. W. 9 15,5		54	181
1/102 mm 2 MG 6/533 mm TR		Dieselmotor 10 000 PS Elektromotoren 2500 PS Bunkervorrat 224 T	u. W. 10 22,5		60	181
1/102 mm 2 Fla-MG 6/533 mm TR 120 Minen		Dieselmotor 3300 PS Elektromotoren 1630 PS Bunkervorrat 136 T	u. W. 8,75 15		54	181
1/102 2 Fla-MG 10/533 mm TR		Dieselmotor 2500 PS Elektromotoren 1450 PS	u. W. 9 15,3		53	181
2/102 mm 4/47 mm 12/40 mm Fla 12 MG		1 Dreifach-Expansionsmaschine 2-Zylinder-Kessel (Kohle) 2000 PS 1 Schraube Bunkervorrat 200 T	16,5	2000	98	181
1/102 mm 1/102 mm Fla 2/47 mm 8 Fla-MG		2 Parsons-Reaktionsturbinen 2 Admiralty-Ölkessel 2000 PS 2 Schrauben Bunkervorrat 275 T	16,5	2000	100	181
2/102 mm		Dreifach-Expansionsmaschine 3-Zylinder-Kessel (Kohle) 3500 PS 2 Schrauben Bunkervorrat 1,595 T Kohlen	13		266	181
2/456 mm TR 8 Fla-MG		3 Napier-Sealion-Maschinen 1500 PS 3 Schrauben	35	500	7	179
2/533 mm TR 2/20 mm Fla-MG		3 Isotta-Fraschini-Maschinen 3000 PS 3 Schrauben	48	450	10	181
2 außen angebrachte auslösbare Explosivladungen		Unterwasser-Dieselmotor getaucht, Elektromotoren mit Batterieantrieb	u. W. 4 7	1200	3	179
320 kg TNT im Torpedokopf		Elektromotoren mit Batterieantrieb	3,5	20	2	179

US-Seestreitkräfte bei Ausbruch des 2. Weltkrieges

15 Schlachtschiffe	220 Zerstörer und Torpedoboote
7 Flugzeugträger	100 Unterseeboote
18 Schwere Kreuzer	1 344 870 Gesamttonnage
18 Leichte Kreuzer	

US-Seestreitkräfte bei Ende des 2. Weltkrieges

21 Schlachtschiffe	745 Zerstörer und Torpedoboote
102 Flugzeugträger	205 Unterseeboote
26 Schwere Kreuzer	— Gesamttonnage
45 Leichte Kreuzer	

Die amerikanische Seite: Die wichtigsten in diesem Buch erwähnten Schiffsklassen

Seite	Klasse	Werft	Datum: a. St./f./u.	Verdrängung (voll ausgerüstet)	Länge ü.A. Meter	Breite Meter	Tiefgang (mittl.) Meter
	Schlachtschiffe						
182	**Arkansas**	New York Shipbuilding	1910/1912/1927	29 000	170	32,3	9,7
185	**Texas** (2 Schiffe)	Newport News	1911/1914/1927	30 000	175	32,3	9,6
184	**Nevada** (2 Schiffe)	Fore River	1912/1916/1929	34 000	178	33	9,9
184	**Pennsylvania** (2 Schiffe)	Newport News	1913/1916/1931	36 500	185	32,4	10,2
184	**Mississippi** (New-Mexico-Klasse, 3 Schiffe)	Newport News	1915/1917/1932	35 100	191	32,4	10,4
185	**Idaho**	New York Shipbuilding	1915/1919/1935				
182	**California** (2 Schiffe)	Mare Island Navy Yard	1916/1921/1943	35 190	190	29,7	10,7
184	**Maryland** (3 Schiffe)	Newport News	1917/1921	33 590	190	29,7	10,7

Abkürzungen:
Datum: **a.St.** = auf Stapel/**f.** = fertiggestellt/**u.** = umgebaut; **Bar** = Barbette; **Batt** = Batterie; **D** = Deck; **Fla** = Flugabwehr; **Fl-D** = Flugdeck; **(Geschw.) u. W.** = Geschwindigkeit unter Wasser; **KB** = Kommandobrücke; **Länge ü. A.** = Länge über Alles; **. . . lfg** = . . . läufig; **MG** = Maschinengewehre, fest eingebaut; **MG/ML** = mehr-läufige Maschinengewehre, fest eingebaut; **Pf** = Pfünder; **PS** = Pferdestärke*; **T** = Tonnen/Tonnage; **Tm** = Turm; **Tm-B** = Turm-Basis; **TR** = Torpedorohr; **UA** = Unterseeboot-Abwehr; **WBW** = Wasserbombenwerfer; **WL** = Wasserlinie.
* Zur Umrechnung auf die neue SI-Einheit gilt die Formel: 1 PS ≈ 0,74 kW.

Bewaffnung	Panzerung	Maschinenanlage	Geschwin-digkeit (Knoten)	Aktions-radius (Seemeilen)	Besat-zung	Seite
12/305 mm 16/127 mm 10/76 mm 36/40 mm 8/76 mm Fla 4/3 Pf Salutkanonen 4/40 mm Fla-MG 1 Katapult 3 Flugzeuge	**Vertikal** max. 279 mm **Horizontal** D 76 mm KB 305 mm Tm 305 mm Bar 279 mm Batt 165 mm Wülste unter der WL	4 Parsons-Turbinen 4 White-Forster-Ölkessel 28 000 PS 4 Schrauben Bunkervorrat 5100 T	20,5 19,2 (später)	8000	1330	182
10/356 mm 6/127 mm 8/76 mm Fla 36/40 mm 30/20 mm 4/3 Pf Salutkanonen 8/40 mm Fla-MG 1 Katapult 3 Flugzeuge	**Vertikal** max. 305 mm **Horizontal** D 95 mm KB 305 mm Bar 305 mm Batt 152 mm	Vertikale 4-Zylinder-Dreifach-Expansionsmaschine 6 Bureau-Express-Ölkessel 28 100 PS 2 Schrauben Bunkervorrat 5200 T	21	9000	1314	185
10/356 mm 16/127 mm 36/40 mm 38/20 mm 8/127 mm Fla 4/6 Pf 8/40 mm Fla-MG 2 Katapulte 3 Flugzeuge	**Vertikal** max. 343 mm **Horizontal** 2 D 76–51 mm KB 406 mm Tm 457–406 mm Bar 342 mm Außenwülste unter WL	Parsons-Turbinen mit Untersetzungsgetriebe 6 Bureau-Express-Ölkessel 26 500 PS 2 Schrauben Bunkervorrat 2000 T	20,5	10 000	1301	184
12/356 mm 16/127 mm 45/40 mm 12/127 mm 8/127 mm Fla 50/20 mm 4/3 Pf Salutkanonen 8/40 mm Fla 2 Katapulte 3 Flugzeuge	**Vertikal** max. 356 mm **Horizontal** 2 D 102–51 mm KB 406 mm Tm 457 Bar 356 mm Außenwülste unter WL	Curtis-Turbinen Westinghouse-Getriebeturbinen 1 Bureau-Express-Ölkessel 5 White-Forster-Kessel 31 500 PS 4 Schrauben Bunkervorrat 2322 T	21	8000	1358	184
12/356 mm 10/127 mm 56/40 mm 8/127 mm Fla 4/6 Pf 15/20 mm 12/40 mm Fla-MG 2 Katapulte 3 Flugzeuge	**Vertikal** max. 356 mm **Horizontal** 2 D 102–51 mm KB 406 mm Tm 457 Bar 356 mm Außenwülste unter WL	Westinghouse-Turbinen 6 Bureau-Express-Ölkessel 40 000 PS 4 Schrauben Bunkervorrat 2200 T	21,5	9000	1323	184 185
12/356 mm 16/127 mm 8/127 mm Fla 4/6 Pf Salutkanonen 30/20 mm 56/40 mm 11/40 mm Fla-MG 2 Katapulte 3 Flugzeuge	**Vertikal** max. 356 mm **Horizontal** 2 D 127 mm KB 406 mm Tm 457 Bar 356 mm Außenwülste unter WL	General-Electric-Turbo-elektrischer Antrieb 8 Bureau-Express-Kessel 26 800 PS 4 Schrauben Bunkervorrat 3328 T (max.)	21	10 000	1480	182
8/406 mm 16/127 mm 32/40 mm 37/20 mm 8/127 mm Fla 11/40 mm Fla 2 Katapulte 3 Flugzeuge	**Vertikal** max. 406 mm **Horizontal** 2 D 102–51 mm KB 406 mm Tm 457 Bar 406 mm Vielzahl Panzerschotten unter WL	General-Electric-Turbo-elektrischer Antrieb 8 Babcock & Wilcox-Ölkessel 27 300 PS 4 Schrauben Bunkervorrat 4000 T (max.)	21	8000	1407	184

TECHNISCHE DATEN

Seite	Klasse	Werft	Datum: a.St./f./u.	Verdrängung (voll ausgerüstet)	Länge ü.A. Meter	Breite Meter	Tiefgang (mittl.) Meter
185	**Iowa** (2 Schiffe)	New York Navy Yard	1940/1943	57 500	271	33	11
182	**Missouri**	New York Navy Yard	1944				
	Flugzeugträger						
186	**Saratoga** (2 Schiffe) Ursprünglich als Schlachtschiff von 35 000 T konzipiert. 1922 umgebaut.	New York Shipbuilding	1920/1927	40 000	271	32,2	7,4
182	**Lexington**	Fore River	1921/1927		271	32,4	7,4
186	**Ranger**	Newport News	1931/1934	14 500	234	24,5	6
186	**Enterprise** (Yorktown-Klasse, 4 Schiffe)	Newport News	1934/1938	19 900	247	25,4	6,6
186	**Wasp**	Bethlehem Shipbuilding	1936/1940	14 700	225	33,5	6
186	**Long Island**	Sun Shipbuilding	1939/1942	12 800	194	21,3	6,6
	Schwere Kreuzer						
184	**Chester** (Northampton-Klasse, 6 Schiffe)	New York Shipbuilding	1928/1930	9200	183	20,1	5
184	**Augusta**	Newport News	1928/1931				
184	**Portland** (2 Schiffe)	Bethlehem Shipbuilding	1930/1933	9800 (standard)	186	20,1	5,3
184	**Pensacola** (2 Schiffe)	New York Navy Yard	1926/1930	9100	178	20	5
184	**Minneapolis** (7 Schiffe)	Philadelphia Navy Yard	1931/1934	9950	179	19	6

Bewaffnung	Panzerung	Maschinenanlage	Geschwindigkeit (Knoten)	Aktionsradius (Seemeilen)	Besatzung	Seite
9/406 mm 20/127 mm 64/40 mm 49/20 mm 2 Katapulte 4 Flugzeuge	**Vertikal** max. 310 mm **Horizontal** D 142 mm Tm 496 mm Bar 439 mm KB 445 mm Vielzahl Panzerschotten unter WL	Getriebeturbinen 8 Babcock & Wilcox-Ölkessel 212 000 PS 4 Schrauben Bunkervorrat 7250 T	33	15 000	2900	185 186
8/203 mm 12/127 mm Fla 4/6 Pf Salutkanonen 8/40 mm Fla-MG 1 Katapult 79 Flugzeuge *(Saratoga)* 90 Flugzeuge *(Lexington)*	**Vertikal** max. 152 mm **Horizontal** Fl-D 76 mm Außenwülste unter WL	General-Electric turbo-elektrischer Antrieb 16 White-Forster-Kessel *(Saratoga)* 16 Yarrow-Kessel *(Lexington)* 180 000 PS 4 Schrauben Bunkervorrat 5400/7000 T	33,3	12 000	1401 1899 3300	182 182
8/127 mm Fla 40/40 mm 8lfg Fla 72-120 Flugzeuge		Getriebeturbinen (Hochdruck-Curtis; Niederdruck-Parsons) 6 Babcock-Wilcox-Kessel 53 000 PS 2 Schrauben	29,2		1016 1788	186
8/127 mm Fla 16/127 mm Fla 16 MG 83-100 Flugzeuge	**Vertikal** max. 152 mm **Horizontal** max. 76 mm Außenwülste unter WL	4 Parsons-Getriebeturbinen 9 Babcock & Wilcox-Kessel 120 000 PS 4 Schrauben Bunkervorrat 3500 T	34	8000	2072	186
wie *Enterprise*	wie *Enterprise*	4 Parsons-Getriebeturbinen 6 Yarrow-Kessel 55 000 PS 2 Schrauben	30	6000	1600	186
8/127 mm Fla 16/27 mm Fla 16 Fla-MG 30 Flugzeuge	**Vertikal** max. 125 mm **Horizontal** max. 56 mm	Getriebeturbinen 4 Yarrow-Ölkessel 85 000 PS Bunkervorrat 4500 T	28	6500	980	186
9/203 mm 4/127 mm Fla 2/3 Pf 8/40 mm Fla 2 Katapulte 4 Flugzeuge	**Vertikal** max. 76 mm **Horizontal** 2 D 51–25 mm Tm 63 mm Bar 38 mm	Parsons-Getriebeturbinen 8 White-Forster-Kessel 107 000 PS 4 Schrauben Bunkervorrat 1500 T	32,7	13 000	611	184 184
9/203 mm 8/127 mm Fla 2/3 Pf 10/40 mm Fla 2 Katapulte 4 Flugzeuge	**Vertikal** max. 102 mm **Horizontal** 2 D 51 mm Tm 76 mm	Parsons-Getriebeturbinen 4 Yarrow-Ölkessel 107 000 PS 4 Schrauben Bunkervorrat 1500 T	32,7	14 000	551	184
10/203 mm 4/127 mm 2/3 Pf 4/40 mm Fla 2 Katapulte 4 Flugzeuge	**Vertikal** max. 76 mm **Horizontal** 2 D 51/25 mm Tm 63 mm Bar 38 mm	4 Parsons-Getriebeturbinen 8 White-Forster-Kessel 107 000 PS 4 Schrauben Bunkervorrat 1500 T	32,7	13 000	710	184
9/203 mm 8/127 mm 2/3 Pf 8/40 mm Fla 2 Katapulte 4 Flugzeuge	**Vertikal** max. 127 mm **Horizontal** 2 D 76–51 mm Tm-B 152–76 mm KB 203 mm	Westinghouse-Getriebeturbinen 8 Babcock & Wilcox-Kessel 107 000 PS 4 Schrauben Bunkervorrat 1650 T	32,7	14 000	551	184

TECHNISCHE DATEN

Seite	Klasse	Werft	Datum: a. St./f./u.	Verdrängung (voll ausgerüstet)	Länge ü. A. Meter	Breite Meter	Tiefgang (mittl.) Meter
184	**Concord** (Omaha-Klasse, 10 Schiffe)	William Cramp	1920/1923	7050	169	17	4
	Leichte Kreuzer						
184	**Savannah** (Brooklyn-Klasse, 9 Schiffe)	New York Shipbuilding	1934/1938	9475	183	18,8	5,8
183	**Boise** (gleiche Klasse)	Newport News	1935/1939				
184	**Atlanta** (4 Schiffe)	Federal Shipbuilding, Kearny	1939/1941	6000	161	16,6	5
	Zerstörer						
184	Glattdeck (153 Schiffe)	Verschiedene	1918/1919/1921	1020/1090	95	9	2,7
184	**Farragut** (8 Schiffe)	Bethlehem Shipbuilding	1932/1934	1365	104	10,4	2,6
184	**Porter** (8 Schiffe)	New York Shipbuilding	1934/1937	1850	113	11,3	3
184	**Mahan** (16 Schiffe)	United Dry Docks	1934/1936	1450	102	10,6	3
184	**Henley** (Craven-Klasse, 22 Schiffe)	Mare Island Navy Yard	1935/1938	1500	102	10,6	3
184	**Sims** (12 Schiffe)	Bath Iron Works	1937/1939	1570	102	10,6	3
182	**Fletcher** (115 Schiffe)	Bath Iron Works	1940/1942	2050	114	12	5,4
	Unterseeboote						
184	Klasse **O** (7 Schiffe)	Puget Sound Navy Yard	1917/1918	480/624	53	5,5	4,4
184	Klasse **R** (18 Schiffe)	Fore River Union Iron Works	1917/1918	530/680	57	5,5	4,4

Bewaffnung	Panzerung	Maschinenanlage	Geschwindigkeit (Knoten)	Aktionsradius (Seemeilen)	Besatzung	Seite
10/152 mm 4/76 mm Fla 2/3 Pf 8/40 mm Fla 6/533 mm TR 2 Katapulte 4 Flugzeuge 30 Minen	**Vertikal** max. 76 mm **Horizontal** max. 38 mm	Westinghouse-Turbinen mit Untersetzungsgetriebe 12 White-Forster-Ölkessel 90 000 PS 4 Schrauben Bunkervorrat 2000 T	34,7	10 000	458 560	184
15/152 mm 8/127 mm Fla 4/3 Pf 5/40 mm Fla 2 Katapulte 4-8 Flugzeuge	**Vertikal** max. 76 mm **Horizontal** 2 D 51–76 mm KB 203 mm Tm-B 127 mm Innenwülste unter WL	Parsons-Getriebeturbinen 12 Babcock & Wilcox-Ölkessel 100 000 PS 4 Schrauben Bunkervorrat 2100 T	32,7	13 000	540 868	184 183
16/127 mm Fla 12/27 mm Fla 6/533 mm TR 1 Katapult 2-3 Flugzeuge	**Vertikal** max. 76 mm **Horizontal** D 55–75 mm	Curtis-Getriebcturbinen 6 Babcock & Wilcox-Ölkessel 75 000 PS 4 Schrauben Bunkervorrat 1600 T	37	10 000	532	184
4/102 oder 127 mm 1/76 mm Fla 12/533 mm TR		Westinghouse-Parsons- oder Curtis-Getriebeturbinen 4 Yarrow- oder White-Forster-Ölkessel 26 000 PS 2 Schrauben Bunkervorrat 370 T	35	5000	122	184
5/127 mm Fla 4/40 mm Fla 8/533 mm TR		Parsons-Getriebeturbinen 4 Yarrow-Ölkessel 42 800 PS 2 Schrauben Bunkervorrat 400 T	36,5	6000	162 188	184
8/127 mm Fla 8/1 Pf 2 MG 8/533 mm TR		Parsons-Getriebeturbinen 4 Babcock & Wilcox-Ölkessel 50 000 PS 2 Schrauben Bunkervorrat 300 T	37	8000	175	184
5/127 mm Fla 4 Fla-MG 12/533 mm TR		Curtis-Getriebeturbinen 4 Express-Ölkessel 42 800 PS 2 Schrauben Bunkervorrat 400 T	36,5	6000	172	184
4/127 mm Fla 4 Fla-MG 16/533 mm TR		Parsons-Getriebeturbinen 4 Ölkessel 42 800 PS 2 Schrauben Bunkervorrat 400 T	36,5	6000	172	184
5/127 mm 4/40 mm Fla 8 MG 12/533 mm TR		Parsons-Getriebeturbinen 4 Ölkessel 44 000 PS 2 Schrauben Bunkervorrat 400 T	36,5	6000	166	184
5/127 mm Fla 10/40 mm 10/20 mm MG 10/533 mm TR						182
1/76 mm Fla 4/475 mm TR		2 Nelseco-Dieselmotoren 880 PS 2/740-PS-Elektromotoren 2 Schrauben Bunkervorrat 78 T	u. W. 11 14,5	3000 3500	30	184
1/76 mm Fla 4/457 mm TR		2 Nelseco-Dieselmotoren 880 PS 2/934-PS-Elektromotoren 2 Schrauben Bunkervorrat 56 T	u. W. 10,5 13,6	3500	31	184

Seite 286

TECHNISCHE DATEN

Seite	Klasse	Werft	Datum: a.St./f./u.	Verdrängung (voll ausgerüstet)	Länge ü.A. Meter	Breite Meter	Tiefgang (mittl.) Meter
183	Gato (Flottentyp 75 Schiffe)	Electric Boat und andere	1939/1940	1525/2400	94	8,2	4,2
183	**Landungs-fahrzeuge** L.S.T. (Landing ship tank)	Verschiedene	1941/1943	7600	76	6,3	4,6
183	L.C.M. (Landing craft mechanized)	Verschiedene	1941/1943	18	35	3,2	2
183	**Motortorpedo-boote** Elco	Higgins	1942/1943	38	24	6,3	1,5
184	P.T. 12 (44 Schiffe)	Electric Boat	1940	32	22	6,65	1,2

Französische Seestreitkräfte bei Ausbruch des 2. Weltkrieges

8 Schlachtschiffe
1 Flugzeugträger
7 Schwere Kreuzer
11 Leichte Kreuzer

71 Zerstörer und Torpedoboote
78 Unterseeboote
564 108 Gesamttonnage

Die französische Seite: Die wichtigsten in diesem Buch erwähnten Schiffsklassen.

Seite	Klasse	Werft	Datum: a.St./f./u.	Verdrängung (voll ausgerüstet)	Länge ü.A. Meter	Breite Meter	Tiefgang (mittl.) Meter
189 188	**Schlachtschiffe** Courbet (2 Schiffe) Paris	Lorient, Marinewerft La Seyne	1910/1913/1927 1911/1914/1929	25 850	168	28,2	10
189	Provence	Lorient, Marinewerft	1912/1915/1933	22 189 (standard)	166	27	9,8
187 187	Dunkerque (2 Schiffe) Strasbourg	Brest, Marinewerft Penhoët	1932/1938 1936	26 500	214	31	8,6

Bewaffnung	Panzerung	Maschinenanlage	Geschwindigkeit (Knoten)	Aktionsradius (Seemeilen)	Besatzung	Seite
1/76 mm Fla 2 Fla-MG 10/533 mm TR		GM-Dieselmotoren 6500 PS	u. W. 14 21	16 000	65	183
2 Nebelwerfer 2/102 mm 4/40 mm Fla 6/20 mm Fla-MG 12 Panzer von 25 T oder 18 Panzer von 18 T oder 33 Lkw von 3 T 217 Soldaten oder L.C.M.		White-Turbinen 4 Ölkessel 40 000 PS 2 Schrauben Bunkervorrat 450 T	12	6000	98	183
2/8 mm MG 100 Soldaten oder 1 Panzer von 18 T oder 1 Lkw von 16 T		MAN-Dieselmotoren 1600 PS 2 Schrauben	7,5		6	183
1/20 mm Fla 4/12,7 mm MG 8 Wasserbomben 2/533 mm TR		Nelseco-Dieselmotoren 2 Schrauben	40		14	183
4 MG 4/456 mm TR WBW		3 Packard-V12-Motoren 4050 PS	40	3000		184

Abkürzungen:
Datum: a. St. = auf Stapel/**f.** = fertiggestellt/**u.** = umgebaut; **Bar** = Barbette; **Batt** = Batterie; **D** = Deck; **Fla** = Flugabwehr; **Fl-D** = Flugdeck; **(Geschw.) u. W.** = Geschwindigkeit unter Wasser; **KB** = Kommandobrücke; **Länge ü. A.** = Länge über Alles; **. . . lfg** = . . . läufig; **MG** = Maschinengewehre, fest eingebaut; **MG/ML** = mehr-

läufige Maschinengewehre, fest eingebaut; **Pf** = Pfünder; **PS** = Pferdestärke*; **T** = Tonnen/Tonnage; **Tm** = Turm; **Tm-B** = Turm-Basis; **TR** = Torpedorohr; **UA** = Unterseeboot-Abwehr; **WBW** = Wasserbombenwerfer; **WL** = Wasserlinie.
* Zur Umrechnung auf die neue SI-Einheit gilt die Formel: 1 PS ≈ 0,74 kW.

Bewaffnung	Panzerung	Maschinenanlage	Geschwindigkeit (Knoten)	Aktionsradius (Seemeilen)	Besatzung	Seite
12/305 mm 22/138 mm 7/75 mm Fla 2/47 mm Fla 4/450 mm TR	**Vertikal** max. 270 mm **Horizontal** D 30–45–75 mm KB 300 mm Tm-B 300 mm Bar 180 mm	Parsons-Turbinen 24 Belleville-Kessel gemischtgefeuert 43 000 PS 4 Schrauben Bunkervorrat 3000 T (Kohle und Öl)	20	8400	1118 1070	189 188
10/340 mm 14/138 mm 8/75 mm Fla 7/47 mm Fla 1 Katapult 4 Flugzeuge	**Vertikal** max. 270 mm **Horizontal** 3 D 30–45–75 mm KB 314 mm Tm-B 400 mm Bar 180 mm	Parsons-Turbinen 6 Indret-Ölkessel 29 000 PS 4 Schrauben Bunkervorrat 2600 T	20	9000	1135	189
8/330 mm 16/130 mm Fla 8/37 mm Fla 32/13,5 mm 4lfg Fla-MG 1 Katapult 4 Flugzeuge	**Vertikal** max. 280 mm **Horizontal** 2 D 125–50 mm KB 356 mm Tm-B 356 mm Innenwülste 33 mm	Parsons-Getriebeturbinen 6 Indret-Ölkessel 100 000 PS 4 Schrauben	31,5	7500	1381 1431	187 187

TECHNISCHE DATEN

Seite	Klasse	Werft	Datum: a.St./f./u.	Verdrängung (voll ausgerüstet)	Länge ü.A. Meter	Breite Meter	Tiefgang (mittl.) Meter
187	**Richelieu** (4 Schiffe)	Brest, Marinewerft	1935/1940	35 000	242	33	8,2
188	**Jean Bart**	Penhoët	1937				
187	**Flugzeugträger** **Béarn**	La Seyne	1914/1920/1935	25 000	182 Fl-D 183	32,2	9,3
188	**Wasserflugzeug-** **träger** **Commandant Teste**	Ch. de la Gironde	1929/1932	11 500	167	21,8	7
188	**Schwere Kreuzer** **Tourville** (2 Schiffe)	Lorient, Marinewerft	1925/1928	11 900	191	19	6,3
188	**Suffren** (4 Schiffe)	Brest, Marinewerft	1926/1930	10 000	196	20	6
188	**Leichte Kreuzer** **Duguay-Trouin** (3 Schiffe)	Brest, Marinewerft	1922/1926	9350	181	17,5	5,3
188	**Jeanne d'Arc**	Penhoët	1928/1931	6496 (standard)	170	17,5	5
188	**Emile Bertin**	Penhoët	1931/1934	5886	177	15,8	5,4
188	**La Galissonière** (6 Schiffe)	Brest, Marinewerft	1931/1935	9120	179	17,5	5,2
188	**La Tour d'Auvergne**	Lorient, Marinewerft	1928/1931	4773	153	15,6	5,8

Bewaffnung	Panzerung	Maschinenanlage	Geschwin-digkeit (Knoten)	Aktions-radius (Seemeilen)	Besat-zung	Seite
8/381 mm 15/152 mm 10/100 mm Fla 12/37 mm Fla 20/37 mm Fla 2 Katapulte 4 Flugzeuge	**Vertikal** max. 400 mm **Horizontal** 2 D 200 mm Innenwülste	Parsons-Getriebeturbinen 6 Indret-Ölkessel 1 Babcock-Hilfskessel 150 000 PS 4 Schrauben	31,5		1500	187 188
8/155 mm 6/100 mm Fla 8/37 mm Fla 4/550 mm TR 40 Flugzeuge	**Vertikal** max. 83 mm **Horizontal** 3 D 25–70–25 mm Geschützschilde 70 mm	2 Turbinen für die Innenschrauben 2 Kolbenmaschinen für die anderen Schrauben 12 Du-Temple-Normande-Dünnrohrkessel 37 000 PS 4 Schrauben Bunkervorrat 2160 T	21,5	6000	875	187
12/100 mm 8/3 Pf 12 Fla-MG 4 Katapulte 26 Flugzeuge	**Vertikal** max. 50 mm **Horizontal** D 36 mm	2 Schneider-Zoelly-Turbinen 4 Yarrow-Loire-Kessel (gemischt gefeuert) 21 000 PS 2 Schrauben Bunkervorrat 1010 T	20,5	6000	648 686	188
8/203 mm 8/75 mm Fla 8/37 mm Fla 12 Fla-MG 6/550 mm TR 1 Katapult 2 Flugzeuge	praktisch keine	4 Rateau-Chantiers-Getriebeturbinen 9 Guyot-Ölkessel 120 000 PS 4 Schrauben Bunkervorrat 1800 T	33,7	5000	605	188
8/203 mm 8/90 mm Fla 8/75 mm Fla 8/37 mm Fla 12 Fla-MG 6/533 mm TR 2 Katapulte 2 Flugzeuge	**Vertikal** max. 60 mm Innenwülste unter WL	3 Rateau-Chantiers-Getriebeturbinen 9 Guyot-Kessel (gemischt gefeuert) 90 000 PS 3 Schrauben Bunkervorrat 1800 T	32,5	5000	605	188
8/155 mm 4/75 mm 2/3 Pf Salutkanonen 4 Fla-MG 12/550 mm TR 1 Katapult 2 Flugzeuge		4 Parsons-Getriebeturbinen 8 Guyot-Ölkessel 102 000 PS 4 Schrauben Bunkervorrat 1500 T	33	4500	578	188
8/155 mm 4/75 mm 4/37 mm Fla 12 Fla-MG 2/550 mm TR 1 Katapult 2 Flugzeuge	**Horizontal** D 76 mm	Parsons-Getriebeturbinen 4 Penhoët-Ölkessel 32 500 PS 2 Schrauben Bunkervorrat 1400 T	26	5000	506	188
9/152 mm 4/90 mm Fla 8/37 mm Fla 6/550 mm TR 1 Katapult 2 Flugzeuge 200 Minen	**Horizontal** D 50 mm	Parsons-Getriebeturbinen 6 Penhoët-Ölkessel 4 Schrauben Bunkervorrat 1400 T	34	6000	567	188
9/152 mm 8/90 mm 8/13 mm Fla-MG 4/550 mm TR 1 Katapult 3 Flugzeuge	**Vertikal** max. 120mm **Horizontal** D 68 mm KB 95 mm Tm-B 140 mm	2 Rateau-Chantiers-Getriebeturbinen 4 Indret-Dünnrohrkessel 84 000 PS 2 Schrauben Bunkervorrat 1500 T	31	6000	540 608	188
4/138 mm 4/75 mm Fla 2/37 mm Fla 12 Fla-MG 200 Minen		2 Bréguet-Getriebeturbinen 4 Dünnrohrkessel 57 000 PS 2 Schrauben Bunkervorrat 200 T	30		397	188

TECHNISCHE DATEN

Seite	Klasse	Werft	Datum: a.St./f./u.	Verdrängung (voll ausgerüstet)	Länge ü.A. Meter	Breite Meter	Tiefgang (mittl.) Meter
	Zerstörer						
188	**Lion** (Guépard-Klasse, 6 Schiffe)	Ch. France	1926/1931	3080	130	11,8	3,6
	Torpedoboote						
188	**La Pomone** (12 Schiffe)	Ch. de la Loire	1933/1936	700	81	8	2,8
	Unterseeboote						
188	**Requin** (9 Schiffe)	Cherbourg	1922/1926	974/1441	79	7	5,4
187	**Surcouf**	Cherbourg	1927/1929/1934	2880/4300	110	9	7,2
188	**Naïade** (Sirène-Klasse, 10 Schiffe)	Ch. de la Loire	1923/1927	548/744	66	6,5	4,5
188	**Argonaute** (Diane-Klasse, 22 Schiffe)	Schneider-Creusot	1927/1932	565/800	63	6,4	4,2
	Vorpostenboote						
188	**Bougainville** (8 Schiffe)	Ch. de la Gironde	1929/1932	2156	104	12,7	4,5
188	**Marne** (2 Schiffe)	Lorient, Marinewerft	1916/1917	601	78	8,4	3,4
187	**Ancre** (2 Schiffe)	Lorient, Marinewerft	1917/1918	604	78	8,4	3,2
188	**Dubourdieu** (2 Schiffe)	Brest, Marienwerft	1918/1920	453 (standard)	65	6,6	3,1
188	**Diligente** (3 Schiffe)	Brest, Marinewerft	1916/1917	315	66	7	2,8
	U-Boot-Jäger						
188	**CH. 106** (3 Schiffe)	Nounand	1919/1920	128	43	5,2	2
	Minensuchboote						
188	**Granit** (2 Schiffe)	Lorient, Marinewerft	1918/1919	354	56	7,5	1,9

Bewaffnung	Panzerung	Maschinenanlage	Geschwin-digkeit (Knoten)	Aktions-radius (Seemeilen)	Besat-zung	Seite
5/138 mm 4/37 mm Fla 4 Fla-MG 6/550 mm TR ausgerüstet zum Minenlegen		Zoelly-Fives-Lille-Turbinen 6 Indret-Kessel 64 000 PS 2 Schrauben Bunkervorrat 600 T	36	3000	209 238	188
2/750 mm 2/37 mm Fla 4 Fla-MG 2/550 mm TR		Parsons- oder Rateau-Bretagne-Getriebeturbinen 2 Ölkessel 22 000 PS 2 Schrauben Bunkervorrat 90 T	34,5	1800	92 170	188
1/100 mm 2 Fla-MG 10/550 mm TR		Sulzer-Dieselmotoren (oder Schneider-Carel) 2900 PS Elektromotoren 1800 PS	u. W. 10 16	7000	54	188
2,203 mm 2/37 mm Fla 4 Fla-MG 10/550 mm TR 4/450 mm TR 1 Wasserflugzeug		Sulzer-Dieselmotoren 7600 PS Elektromotoren 3400 PS 2 Schrauben	u. W. 10 18	12 000	109 150	187
1/75 mm 2 Fla-MG 7/550 mm TR		Sulzer- oder Vickers-Normand-Dieselmotoren 1300/1250/1200 PS Schneider-Carel-Elektromotoren 1000 PS	u. W. 7,5 14	2000	40	188
1/75 mm Fla 1 Fla-MG 7/550 mm TR 2/450 mm TR		Schneider-Sulzer-Dieselmotoren 1350 PS Elektromotoren 1000 PS	u. W. 9 14	3000	43 48	188
3/138 mm 4/37 mm Fla 6 Fla-MG 1 Wasserflugzeug 50 Minen		Schneider-Burmeister-Diesel-motoren 3200 PS 2 Schrauben Bunkervorrat 280 T	15,5	9000	135	188
4/100 mm 2/65 mm 1/47 mm		2 Getriebeturbinen 2 Guyot-Kessel 5000 PS 2 Schrauben Bunkervorrat 145 T	21	4000	103	188
4/100 mm 6/47 mm Fla 2/65 mm		2 Getriebeturbinen 2 Du-Temple-Kessel 5000 PS 2 Schrauben Bunkervorrat 142 T	20	4000	107	188
1/138 mm 1/100 mm		2 Bréguet-Turbinen 2 Guyot-Kessel 2000 PS 2 Schrauben Bunkervorrat 143 T	17	2000	74	188
2/100 mm		Sulzer-Dieselmotoren 900 PS 2 Schrauben Bunkervorrat 30 T	14,5	3000	57	188
1/75 mm 2 Fla-MG Wasserbomben		Dreifach-Expansionsmaschine 2 Normand-Kessel 1300 PS Bunkervorrat 28 T Kohlen	16,5		31	188
1/65 mm		Dreifach-Expansionsmaschine 550 PS 2 Schrauben Bunkervorrat 90 T Kohlen	12,5		63	188

292

Sowjetische Seestreitkräfte bei Ausbruch des 2. Weltkrieges

8 Schlachtschiffe
— Flugzeugträger
4 Schwere Kreuzer
4 Leichte Kreuzer

46 Zerstörer und Torpedoboote
156 Unterseeboote
270 489 Gesamttonnage

Die sowjetische Seite: Die wichtigsten in diesem Buch erwähnten Schiffsklassen

Seite	Klasse	Werft	Datum: a.St./f./u.	Verdrängung (voll ausgerüstet)	Länge ü.A. Meter	Breite Meter	Tiefgang (mittl.) Meter
	Schlachtschiffe						
189	**Archangelsk** (Sovereign-Klasse, von England geliehen)	Portsmouth Dockyard	1914/1916	33 500	189	31	9,4
190	**Marat** (Pariskaja-Kommuna-Klasse, 3 Schiffe)	Baltische Werft	1909/1914	26 000	189	26,5	8,4
190	**Oktjabrskaja Revolutia** (gleiche Klasse)	Galernu	1909/1914/1933				
	Schwere Kreuzer						
190	**Krasni-Kavkaz**	Nikolajew	1913/1932	8030	158	15,4	6,2
190	**Kirow** (3 Schiffe)	Baltische Werft	1936	10 000	193	18	6,4
	Leichte Kreuzer						
190	**Aurora**	Baltische Werft	1896/1903//1917	5662	127	16,8	6,5
190	**Profintern**	Böker, Reval	1915/1917	6600	159	15,3	5,6
190	**25 Oktjabrja**	Baltische Werft	1875/1936	4250	87	14,6	6,7
190	**Marti**	Burmeister, Schweden	1893/1896/1936	4600	124	15,4	6,7

Abkürzungen:
Datum: a.St. = auf Stapel/**f.** = fertiggestellt/**u.** = umgebaut; **Bar** = Barbette; **Batt** = Batterie; **D** = Deck; **Fla** = Flugabwehr; **Fl-D** = Flugdeck; **(Geschw.) u. W.** = Geschwindigkeit unter Wasser; **KB** = Kommandobrücke; **Länge ü. A.** = Länge über Alles; ...**lfg** = ...läufig; **MG** = Maschinengewehre, fest eingebaut; **MG/ML** = mehr-läufige Maschinengewehre, fest eingebaut; **Pf** = Pfünder; **PS** = Pferdestärke*; **T** = Tonnen/Tonnage; **Tm** = Turm; **Tm-B** = Turm-Basis; **TR** = Torpedorohr; **UA** = Unterseeboot-Abwehr; **WBW** = Wasserbombenwerfer; **WL** = Wasserlinie. * Zur Umrechnung auf die neue SI-Einheit gilt die Formel: 1 PS ≈ 0,74 kW.

Bewaffnung	Panzerung	Maschinenanlage	Geschwin-digkeit (Knoten)	Aktions-radius (Seemeilen)	Besat-zung	Seite
8/381 mm 12/152 mm 8/102 mm 4/3 Pf 2/40 mm 8lfg Fla-MG 2/20 mm 4lfg 10 Fla-MG 1 Katapult 1 Flugzeug 4/533 TR	**Vertikal** max. 330 mm **Horizontal** D 102 mm KB 279 mm Tm-B 330 mm Batt 152 mm Außenwülste unter WL	Parsons-Turbinen 18 Babcock-Ölkessel 40 000 PS 4 Schrauben Bunkervorrat 3230 T	22	4200	1010 1146	189
12/305 mm 16/120 mm 6/75 mm 8 Fla-MG 4/450 mm TR 1 Flugzeug	**Vertikal** max. 225 mm **Horizontal** D 75 mm KB 250 mm Tm 305 mm Bar 203 mm Tm-B 152 mm	Parsons-Turbinen 25 Yarrow-Kessel (gemischt gefeuert) 42 000 PS 4 Schrauben Bunkervorrat 3000 T	23	4000	1125 1230	190 190
4/180 mm 8/127 mm Fla 4/102 mm Fla 4/37 mm Fla 5 Fla-MG 12/533 mm TR 100 Minen 1 Katapult 1 Flugzeug 4 WBW		Parsons-Turbinen 14 Yarrow-Kessel 55 000 PS 4 Schrauben Bunkervorrat 1230 T	30	3700	624	190
6/180 mm 4/102 mm Fla 4/37 mm Fla 4 Fla-MG 6/533 mm TR 1 Katapult 2 Flugzeuge 60 Minen	**Vertikal** max. 76 mm **Horizontal** D 60 mm KB 76 mm Tm-B 76 mm	Getriebeturbinen und Dieselmotoren 100 000 PS 4 Schrauben	35		624	190
10/130 mm 4/75 mm 2/75 mm Fla 2/47 mm 4 Fla-MG 125 Minen	**Horizontal** max. 76 mm KB 152 mm Bar 76 mm	Dreifach-Expansionsmaschine 24 Belleville-Kessel 11 600 PS 3 Schrauben Bunkervorrat 960 T Kohlen	17	2000	598	190
15/130 mm 8/102 mm Fla 6/75 mm Fla 10 Fla-MG 12/533 mm TR 100 Minen 2 Flugzeuge		Parsons-Turbinen 12 Yarrow-Kessel (gemischt gefeuert) 55 000 PS 4 Schrauben Bunkervorrat 1230 T	29	3700	630	190
2/75 mm Fla 2/75 mm 4 Fla-MG 500 Minen		Dreifach-Expansionsmaschine 12 Kohlengefeuerte Kessel 4500 PS 2 Schrauben Bunkervorrat 950 T	11	5900	262	190
4/130 mm 3/75 mm Fla 250 Minen		Parsons-Getriebeturbinen 2 Schrauben	25	4500	198	190

TECHNISCHE DATEN

Seite	Klasse	Werft	Datum: a.St./f./u.	Verdrängung (voll ausgerüstet)	Länge ü.A. Meter	Breite Meter	Tiefgang (mittl.) Meter
	Zerstörer						
190	**Leningrad** (18 Schiffe)	Baltische Werft	1935/1938	3500	134	13,7	3,7
190	**Taschkent**	Odero-Terni-Orlando	1936/1939	2895	132	13	3,7
190	**Stalin**	Leningrader Metallwerke	1914/1915	1280	96	9,3	3
190	**Karl Marx** (2 Schiffe)	Böker, Reval	1912/1917	1354	105	9,5	3
	Torpedoboote						
190	**Shtorm** (18 Schiffe)	Baltische Werft	1932/1935	740	72	7,3	3
	Vorpostenboote						
190	**Konstruktor**	Sandwiken-Helsinki	1906	750	75	8,2	2,4
190	**Alfater** (Markin-Klasse, 3 Schiffe)	Langes Werft, Riga	1911	710	73	7,2	2,2
	Unterseeboote						
190	**Krasnoarmeyetz** (Bolschewik-Klasse, 2 Schiffe)	Nobel & Lessner, Reval	1914/1917/1936	650/780	68	4,8	3,8
190	**Dekabrist** 22 Schiffe)	Baltische Werft	1931	896/1318	73	7	4,9
190	**Kommunist** (Metallist-Klasse, 4 Schiffe)		1916/1924	375/467	47	4,6	3,6
190	**Linj** (46 Schiffe)	Baltische Werft	1938	600/735	60	6,8	4,6
190	**Klasse M** (50 Schiffe)	Baltische Werft		200/350	35	4	3
	Minenleger						
190	**Deviatoye Yanvarya** (ex-**Wolga** 1905)	Schwarze-Meer-Werft	1906/1909	1711	65	11,9	4,8
	Unterseeboot-tender						
190	**Kommuna**	Kiew	1913/1917/	2400	68	10,2	3,6

Bewaffnung	Panzerung	Maschinenanlage	Geschwin-digkeit (Knoten)	Aktions-radius (Seemeilen)	Besat-zung	Seite
5/130 mm 2/75 mm Fla 4/37 mm Fla 8/22 mm MG 6/533 mm TR zum Minenlegen ausgerüstet		Getriebeturbinen 4 Ölkessel 90 000 PS 2 Schrauben Bunkervorrat 450 T	36	3500	146	190
6/130 mm 6/45 mm Fla 6 Fla-MG 9/533 mm TR 4 WBW		Turbinen 95 000 PS 2 Schrauben	39		176	190
4/102 mm 1/75 mm 1/37 mm Fla 2 Fla-MG 9/450 mm TR 60 Minen		Turbinen 4 Thornycroft-Kessel 30 000 PS 2 Schrauben Bunkervorrat 400 T	30	2800	160	190
5/100 mm 1/75 mm Fla 1/37 mm Fla 2 Fla-MG 6/450 mm TR 60 Minen		Parsons-Turbinen 4 Normand-Kessel 32 700 PS 2 Schrauben Bunkervorrat 450 T	28	2000	167 180	190
2/100 mm 2/37 mm Fla 2 Fla-MG 3/450 mm TR 40 Minen 2 WBW		Getriebeturbinen 13 200 PS 2 Schrauben	29		72	190
3/75 mm 2/47 mm Fla 2 Fla-MG 2/450 mm TR 40 Minen		Dreifach-Expansionsmaschine 7300 PS 2 Schrauben Bunkervorrat 215 T	25	700	101	190
3/100 mm 1/1 Pf 2 Fla-MG 2/450 mm TR 16 Minen		Dreifach-Expansionsmaschine 6200 PS 2 Schrauben Bunkervorrat 135 T	25	700	88 100	190
2/75 mm 1/37 mm Fla 4/450 mm TR 8 Minen		Dieselmotor 1200 PS Elektromotoren 900 PS 2 Schrauben Bunkervorrat 40 T	u. W. 8 10	3000	33	190
1/102 mm Fla 1/37 mm Fla 8/533 mm TR 8 Minen		Dieselmotor 2500 PS Elektromotoren 1200 PS 2 Schrauben Bunkervorrat 78 T	u. W. 8 15	7000	44	190
1/6 Pf 1 Fla-MG 4/450 mm TR		Dieselmotor 500 PS Elektromotoren 320 PS 2 Schrauben Bunkervorrat 60 T	u. W. 8 12	1500	28	190
2/1 Pf 4/533 mm TR 45 Minen		Dieselmotor 750 PS Elektromotoren 600 PS 2 Schrauben	u. W. 8 18	2500	38	190
1/37 mm Fla 2/450 mm TR		Dieselmotor 500 PS Elektromotoren 320 PS 2 Schrauben	u. W. 8,5 13	1600	42	190
2/75 mm 2/75 mm Fla 1/47 mm Fla 2 Fla-MG 236 Minen		Babcock-Kessel 200 PS 2 Schrauben Bunkervorrat 160 T Kohle	10	3200	190	190
2/75 mm Fla 8 Fla-MG		Dieselmotor 1200 PS 2 Schrauben Bunkervorrat 800 T	10	3600	135	190

Deutsche Seestreitkräfte bei Ausbruch des 2. Weltkrieges

4	Schlachtschiffe (+2 Linienschiffe)	42	Zerstörer und Torpedoboote
—	Flugzeugträger	56	Unterseeboote
6	Schwere Kreuzer (3 bis 1940 Pz-Schiffe)	225 000	Gesamttonnage
6	Leichte Kreuzer		

Die deutsche Seite: Die wichtigsten in diesem Buch erwähnten Schiffsklassen

Seite	Klasse	Werft	Datum: a.St./f./u.	Verdrängung (voll ausgerüstet)	Länge ü.A. Meter	Breite Meter	Tiefgang (mittl.) Meter
	Schlachtschiffe						
194	**Scharnhorst** (2 Schiffe)	Wilhelmshaven	1934/1938	31850 (standard)	235	30	9,9
191	**Gneisenau**	Deutsche Werke, Kiel	1934/1938				
191	**Bismarck** (1940) (2 Schiffe)	Blohm & Voss	1935/1940	41 700 (standard)	251	36	10,2
194	**Tirpitz** (1941)	Wilhelmshaven	1936/1941	42 900 (standard)	251	36	11,3
193	**Schlesien** (2 Schiffe)	Schichau, Danzig	1904/1908 1936	13 200	128	22,2	7,7
	Schwere Kreuzer (bis 1940 Panzerschiffe)						
192	**Lützow** (Ex-Deutschland) (3 Schiffe)	Deutsche Werft Kiel	1929/1933	11 700	188	20,7	5
194	**Admiral Scheer**	Wilhelmshaven	1931/1934	12 100			
191	**Admiral Graf Spee**	Wilhelmshaven	1932/1936	12 100			
193	**Admiral Hipper** (2 Schiffe)	Blohm & Voss	1935/1939	12 000 (standard)	203	21,3	4,7
194	**Prinz Eugen** (1940)	Germania-Werft, Kiel	1940	14 420	208	21,6	4,5
	Leichte Kreuzer						
193	**Emden**	Wilhelmshaven	1921/1925/1934	5600 (standard)	156	14,3	5,8
193	**Königsberg** (3 Schiffe)	Wilhelmshaven	1926/1929	6000 (standard)	174	15,2	5,4

Abkürzungen:
Datum: a.St. = auf Stapel/**f.** = fertiggestellt/**u.** = umgebaut; **Bar** = Barbette; **Batt** = Batterie; **D** = Deck; **Fla** = Flugabwehr; **Fl-D** = Flugdeck; **(Geschw.) u. W.** = Geschwindigkeit unter Wasser; **KB** = Kommandobrücke; **Länge ü. A.** = Länge über Alles; **...lfg** = ...läufig; **MG** = Maschinengewehre, fest eingebaut; **MG/ML** = mehr-

läufige Maschinengewehre, fest eingebaut; **Pf** = Pfünder; **PS** = Pferdestärke*; **T** = Tonnen/Tonnage; **Tm** = Turm; **Tm-B** = Turm-Basis; **TR** = Torpedorohr; **UA** = Unterseeboot-Abwehr; **WBW** = Wasserbombenwerfer; **WL** = Wasserlinie.
* Zur Umrechnung auf die neue SI-Einheit gilt die Formel: 1 PS ≈ 0,74 kW.

Bewaffnung	Panzerung	Maschinenanlage	Geschwindigkeit (Knoten)	Aktionsradius (Seemeilen)	Besatzung	Seite
9/280 mm 12/150 mm 14/105 mm Fla 16/37 mm Fla 28/20 mm Fla 2 Katapulte 4 Flugzeuge	**Vertikal** max. 350 mm **Horizontal** D 56 mm Tm 360/200/150 mm KB 350/200 mm	3 Getriebeturbinen + Dieselmotoren 12 Wagner-Hochdruck-Kessel 165 000 PS 3 Schrauben Bunkervorrat 6300 T	32	10 000	1900	194 191
8/380 mm 12/150 mm 16/105 mm 16/37 mm Fla 16/20 mm Fla 2 Katapulte (Doppelkatapult) 6 Flugzeuge	**Vertikal** max. 320 mm **Horizontal** D 50/60 mm Tm 360 mm Bar 340 mm KB 350/200 mm	3 Getriebeturbinen 12 Wagner-Kessel 150 000 PS 3 Schrauben Bunkervorrat 7900 T	30,1	9300	2902	191
8/380 mm 12/150 mm 16/105 mm Fla 16/37 mm Fla 16/20 mm Fla-MG/ML 2/533 mm – Vierlingstorpedorohre 4 Wasserflugzeuge Typ Ar 196 2 Katapulte	wie *Bismarck*	3 Getriebeturbinen 12 Wagner-Kessel 144 000 PS 3 Schrauben Bunkervorrat 8700 T	30,8	9000	2370	194
4/260 mm 10/150 mm 4/88 mm 10/40 mm 22/20 mm 4 Fla-MG	**Vertikal** max. 240 mm **Horizontal** D 67 mm KB 300 mm Tm-B 280 mm	3 3-Zylinder-Dreifach-Expansions-maschinen 8 Ölkessel 4 kohlegefeuerte Kessel 17 000 PS 3 Schrauben Bunkervorrat 1130 T Öl 436 T Kohle	16	5900	725	193
6/280 mm 8/150 mm 6/105 mm Fla 8/37 mm Fla 8/20 mm Fla 10 Fla-MG 8/533 mm TR 1 Katapult 2 Flugzeuge	**Vertikal** max. 60 mm **Horizontal** D 40 mm Tm 140 mm Bar 100 mm KB 150 mm	8 MAN-Dieselmotoren 54 000 PS 2 Schrauben Bunkervorrat 1200 T	26	10 000	965 1150	192 194 191
8/203 mm 12/105 mm Fla 12/37 mm Fla 28/20 mm Fla 12/533 mm TR 1 Katapult 3 Flugzeuge	**Vertikal** max. 120 mm	3 Getriebeturbinen 8 Hochdruck-Kessel 132 000 PS 3 Schrauben	32 34 32		980 1600	193 194
8/150 mm 3/88 mm Fla 4 Fla-MG 4/500 mm TR	**Vertikal** max. 101 mm **Horizontal** Tm 50 mm KB 76 mm	Getriebeturbinen 10 Schulz-Thornycroft-Kessel 46 500 PS 1260 T Bunkervorrat 1260 T	29	5200	630	193
9/150 mm 6/88 mm Fla 8/37 mm Fla 4 Fla-MG 12/533 mm TR 1 Katapult 2 Flugzeuge	**Vertikal** max. 101 mm **Horizontal** Tm 50 mm KB 76 mm	Getriebeturbinen 6 Marine-Kessel 65 000 PS 2 Dieselmotoren 2000 PS 2 Schrauben Bunkervorrat 1200 T Öl 300 T Dieselöl	32	9800	592	193

TECHNISCHE DATEN

Seite	Klasse	Werft	Datum: a. St./f./u.	Verdrängung (voll ausgerüstet)	Länge ü. A. Meter	Breite Meter	Tiefgang (mittl.) Meter
193	**Leipzig** (2 Schiffe)	Wilhelmshaven	1928/1931	6000 (standard)	177	16,3	4,8
192	**Zerstörer** Klasse **Z** (22 Schiffe)	Deutsche Werke, Kiel	1934/1939	2232	114	11,3	2,8
192	**Torpedoboote** Klasse **Ex G** (4 Schiffe)	Krupp, Kiel	1911/1912	760	75	7,5	3,2
192	**Möwe** (6 Schiffe)	Wilhelmshaven	1925/1926	960	85	8,4	2,8
192	**Wolf** (6 Schiffe)	Wilhelmshaven	1927/1929	800 (standard)	89	8,6	2,6
192	Klasse **T** (8 Schiffe von T.1 bis T.2)	Wilhelmshaven	1936/1939	900	81	8,6	1,9
192	**Unterseeboote** Klasse **U** Typ II (24 Schiffe)	Deutsche Werke, Kiel	1935/1936	250/330	42	4	3,8
191	Typ **XX1-C** (40 Schiffe)	Deutsche Werke, Kiel	1937/1940	1600/1800	86	5	4,3
192	**Minensucher** Klasse **M** (19 Schiffe)	Deutsche Werke, Kiel	1917/1920	525	56	7,4	2,2

Bewaffnung	Panzerung	Maschinenanlage	Geschwin-digkeit (Knoten)	Aktions-radius (Seemeilen)	Besat-zung	Seite
9/150 mm 6/88 mm Fla 8/37 mm Fla 4 Fla-MG 12/533 mm TR 1 Katapult 2 Flugzeuge		Getriebeturbinen 6 Marine-Kessel 60 000 PS 4 MAN-Dieselmotoren 12 000 PS 3 Schrauben Bunkervorrat 1205 T Öl 378 T Dieselöl	32	7000	632	193
5/127 mm 4/37 mm Fla 8/533 mm TR		Getriebeturbinen 3 Ölkessel 70 000 PS	38		283	192
1/105 mm 2 Fla-MG 3/533 mm TR 1/500 mm TR		2 Krupp-Germania-Turbinen 3 Schultz-Thornycroft-Ölkessel 16 000 PS 2 Schrauben Bunkervorrat 173 T	25	1055	85	192
3/105 mm 2 Fla-MG 6/533 mm TR		Getriebeturbinen 3 Schultz-Thornycroft-Kessel 24 000 PS 2 Schrauben Bunkervorrat 321 T	33	2000	120	192
3/105 mm 2/37 mm Fla 6/533 mm TR		Getriebeturbinen 3 Schultz-Thornycroft-Ölkessel 25 000 PS 2 Schrauben Bunkervorrat 338 T	34		125	192
1/105 mm 2/37 mm Fla 6/533 mm TR		Getriebeturbinen 3 Schultz-Thornycroft-Ölkessel 24 000 PS 2 Schrauben Bunkervorrat 345 T	36		86	192
1/20 mm Fla 3/533 mm TR		Dieselmotor 700 PS Elektromotoren 1300 PS	u. W. 7 13	1800	23	192
4/30 mm Fla 18/533 mm TR		Dieselmotor 1800 PS Elektromotoren 2300 PS Bunkervorrat 100 T	u. W. 9,8 16	11,150	57	191
1/105 mm 1 Fla-MG		2 Dreifach-Expansionsmaschinen 2 Kessel (Kohlen) 1850 PS 2 Schrauben Bunkervorrat 160 T Kohlen	16	2000	51	192

Italienische Seestreitkräfte bei Ausbruch des 2. Weltkrieges

6 Schlachtschiffe	160 Zerstörer und Torpedoboote
— Flugzeugträger	100 Unterseeboote
8 Schwere Kreuzer	672 750 Gesamttonnage
14 Leichte Kreuzer	

Die italienische Seite: Die wichtigsten in diesem Buch erwähnten Schiffsklassen

Seite	Klasse	Werft	Datum: a.St./f./u.	Verdrängung (voll ausgerüstet)	Länge ü.A. Meter	Breite Meter	Tiefgang (mittl.) Meter
	Schlachtschiffe						
197	**Conte di Cavour** (2 Schiffe)	La Spezia	1911/1915/1937	29 100	186	28	10,4
196	**Giulio Cesare**	Ansaldo, Genua	1911/1937				
195	**Duilio** (2 Schiffe)	Castellammare	1912/1915/1940	29 000	187	28	10,4
196	**Andrea Doria**	La Spezia, Triest	1912/1916/1940				
197	**Vittorio Veneto** (4 Schiffe)	CRDA San Marco, Triest	1934/1940	45 752	238	32,4	10,5
196	**Littorio**	Ansaldo, Genua	1934/1940	43 835			
195	**Roma**	CRDA San Marco, Triest	1938/1942	44 050			
	Flugzeugträger						
202	**Aquila** (Ex-Schlachtschiff **Roma** 32 533 t; umgebaut, aber niemals in Dienst gestellt	Ansaldo, Genua	1941	27 800	232	30	7,3
	Schwere Kreuzer						
196	**San Giorgio**	Castellammare	1905/1910	9232	141	21	6,9
197	**Trento** (3 Schiffe)	Orlando, Livorno	1925/1929	10 000	197	20,6	5,4
197	**Bolzano**	Ansaldo, Genua	1930/1933				
197	**Zara** (4 Schiffe)	Odero-Terni-Orlando	1929/1931	10 000	183	20,6	5,9
	Leichte Kreuzer						
196	**A. da Gussano** (Condottieri-Klasse, 5 Schiffe)	Ansaldo, Genua	1928/1931	5069	169	15,5	4,3
196	**B. Colleoni**	Ansaldo, Genua	1928/1931				
196	**Giovanni dalle Bande Nere**	Castellammare	1928/1931				

Abkürzungen:
Datum: a.St. = auf Stapel/**f.** = fertiggestellt/**u.** = umgebaut; **Bar** = Barbette; **Batt** = Batterie; **D** = Deck; **Fla** = Flugabwehr; **Fl-D** = Flugdeck; **(Geschw.) u. W.** = Geschwindigkeit unter Wasser; **KB** = Kommandobrücke; **Länge ü. A.** = Länge über Alles; ... **lfg** = ... läufig; **MG** = Maschinengewehre, fest eingebaut; **MG/ML** = mehr-

läufige Maschinengewehre, fest eingebaut; **Pf** = Pfünder; **PS** = Pferdestärke*; **T** = Tonnen/Tonnage; **Tm** = Turm; **Tm-B** = Turm-Basis; **TR** = Torpedorohr; **UA** = Unterseeboot-Abwehr; **WBW** = Wasserbombenwerfer; **WL** = Wasserlinie.
* Zur Umrechnung auf die neue SI-Einheit gilt die Formel: 1 PS ≈ 0,74 kW.

Bewaffnung	Panzerung	Maschinenanlage	Geschwin-digkeit (Knoten)	Aktions-radius (Seemeilen)	Besat-zung	Seite
10/320 mm 12/120 mm 8/100 mm Fla 8/37 mm Fla 12/20 mm Fla 36 Fla-MG	**Vertikal** max. 250 mm **Horizontal** D 80–20 mm Tm-B 280 mm KB 260 mm	2 Belluzzo-Getriebeturbinen 8 Yarrow-Ölkessel 93 000 PS 2 Schrauben Bunkervorrat 2500 T	28	3100	1198 1240	197 196
10/320 mm 12/135 mm 10/90 mm Fla 19/37 mm Fla 12/20 mm Fla 39 MG 4 Flugzeuge 2 Katapulte	**Vertikal** max. 250 mm **Horizontal** D 80 mm Tm 280 mm KB 260 mm Bar 290 mm	2 Belluzzo-Getriebeturbinen 8 Yarrow-Ölkessel 87 000 PS 2 Schrauben Bunkervorrat 2550 T	27	3390	1500	195 196
9/381 mm 12/152 mm 4/120 mm 12/90 mm 20/37 mm Fla 30/20 mm Fla 40 MG 1 Katapult 3 Flugzeuge	**Vertikal** max. 350 mm **Horizontal** D 100 mm 2 Tm-B 350–135 mm Bar 100 mm KB 260 mm 130 mm	4 Belluzzo-Getriebeturbinen 8 Yarrow-Ölkessel 140 000 PS 4 Schrauben Bunkervorrat 4000 T	30	4580	1920	197 196 195
8/135 mm 12/65 mm Fla 132/20 mm Fla 2 Katapulte 51 Flugzeuge		4 Belluzzo-Getriebeturbinen 8 Yarrow-Ölkessel 140 000 PS 4 Schrauben Bunkervorrat 4200 T	30	5500	1400	202
4/254 mm 8/190 mm 8/100 mm Fla 11 Fla-MG	**Vertikal** max. 203 mm **Horizontal** D 44 mm KB 248 mm Tm-B 203 mm	2 4-Zylinder-Dreifach-Expansions-maschinen 8 Yarrow-Ölkessel 18 000 PS 2 Schrauben Bunkervorrat 4000 T	22	6300	726 860	196
8/203 mm 12/100 mm Fla 16 Fla-MG 8/533 mm TR 1 Katapult 2 Flugzeuge	**Vertikal** max. 75 mm **Horizontal** D 50 mm	4 Parsons-Getriebeturbinen 12 Yarrow-Ölkessel 150 000 PS 4 Schrauben Bunkervorrat 3000 T	35		723	197 197
8/203 mm 12/100 mm Fla 16 Fla-MG 1 Katapult 2 Flugzeuge	**Vertikal** max. 150 mm **Horizontal** D 70 mm	2 Parsons-Getriebeturbinen 8 Yarrow-Ölkessel 95 000 PS 2 Schrauben Bunkervorrat 2200 T	32	3200	705	197
8/152 mm 6/100 mm Fla 16 Fla-MG 4/533 mm TR 1 Katapult 2 Flugzeuge		2 Belluzzo-Getriebeturbinen 6 Kessel 95 000 PS 2 Schrauben Bunkervorrat 1000 T	37	2500	500	196 196 196

TECHNISCHE DATEN

Seite	Klasse	Werft	Datum: a.St./f./u.	Verdrängung (voll ausgerüstet)	Länge ü.A. Meter	Breite Meter	Tiefgang (mittl.) Meter
196	Eugenio di Savoia (Condottieri-Klasse D Typ, 2 Schiffe)	Ansaldo, Genua	1932/1936	7283	186	17,5	5
197	Giuseppe Garibaldi (2 Schiffe)	CRDA, Triest	1933/1937	9000	187	18,6	5,2
196	Raimondo Montecuccoli (2 Schiffe)	Ansaldo, Genua	1931/1935	8000	182	16,5	5
	Zerstörer						
196	Leone (3 Schiffe)	Ansaldo, Genua	1921/1924	2283	113	10,4	2,7
196	Q. Sella (4 Schiffe)	Pattison, Neapel	1922/1926	935	85	8,6	2,6
196	Turbine (8 Schiffe)	Orlando, Genua	1925/1927	1092	94	9,2	2,9
196	Maestrale (Grecale-Klasse 4 Schiffe)	Ancona	1931/1934	1449	107	10,2	3
196	A. Oriani (4 Schiffe)	Orlando, Livorno	1935/1937	1950	107	10,2	3,4
	Torpedeboote						
196	Audace	Yarrow, Glasgow	1913/1916	1000	88	8,4	1,9
196	G. Sirtori (11 Schiffe)	Odero, Sestri	1916/1917	670	73	7,3	2,45
196	Perseo (Spica-Klasse, 30 Schiffe)	Quarnaro, Fiume	1934/1936	642	82	8,2	2,2
196	Orsa (4 Schiffe)	Palermo	1936/1938	855	89	9,5	2,4
	Unterseeboote						
196	E. Fieramosca	Tosi, Tarent	1926/1931	1340/1760	82	8,4	4,9

Bewaffnung	Panzerung	Maschinenanlage	Geschwindigkeit (Knoten)	Aktionsradius (Seemeilen)	Besatzung	Seite
8/152 mm 6/100 mm Fla 16 Fla-MG 6/533 mm TR 1 Katapult 3 Flugzeuge zum Minenlegen eingerichtet	**Vertikal** max. 150 mm **Horizontal** D 70 mm Tm 250 mm KB 240 mm	2 Belluzzo-Getriebeturbinen 6 Ölkessel 110 000 PS 2 Schrauben Bunkervorrat 1200 T	36,5		551	196
10/152 mm 8/100 mm Fla 16 Fla-MG 6/533 mm TR 2 WBW 2 Katapulte 4 Flugzeuge zum Minenlegen eingerichtet	**Horizontal** D 70 mm Tm 250 mm KB 240 mm	Parsons-Getriebeturbinen 8 Ölkessel 100 000 PS 2 Schrauben Bunkervorrat 1200 T	35		600	197
8/152 mm 6/100 mm 16 Fla-MG 4/533 mm TR 2 WBW 1 Katapult 3 Flugzeuge zum Minenlegen eingerichtet		Belluzo-Getriebeturbinen 6 Ölkessel 106 000 PS 2 Schrauben Bunkervorrat 500/1200 T	37		522	196
8/120 mm 6 Fla-MG (2/40 mm) 4/533 mm TR 60/100 Minen		2 Parsons-Turbinen 4 Yarrow-Ölkessel 40 000 PS 2 Schrauben Bunkervorrat 400 T	34		118	196
4/120 mm 4/40 mm Fla-MG 4/533 mm TR zum Minenlegen eingerichtet		2 Parsons-Turbinen 3 Ölkessel 36 000 PS 2 Schrauben	35	2750	120	196
4/120 mm 4 Fla-MG 6/533 mm TR zum Minenlegen eingerichtet		2 Parsons-Turbinen 3 Ölkessel 40 000 PS 2 Schrauben Bunkervorrat 270 T	36		142	196
4/120 mm 2/120 mm Werfer 12 Fla-MG 6/533 mm TR zum Minenlegen eingerichtet		2 Parsons-Turbinen 3 Ölkessel 44 000 PS 2 Schrauben Bunkervorrat 250 T	38		153	196
4/120 mm 2/120 mm Werfer 10 Fla-MG 6/533 mm TR 2 WBW zum Minenlegen eingerichtet		2 Parsons-Turbinen 3 Ölkessel 48 000 PS 2 Schrauben Bunkervorrat 250 T	39		157	196
7/102 mm 4/450 mm TR 2/40 mm Fla 4 MG		2 Curtis-Turbinen 3 Yarrow-Ölkessel 22 000 PS 2 Schrauben Bunkervorrat 252 T	31	2180	113	196
6/102 mm 6 Fla-MG (2/40 mm) 4/450 mm TR		2 Tosi-Turbinen 4 Ölkessel 15 000 PS 2 Schrauben Bunkervorrat 150 T	30	1700	100	196
3/100 mm 8 Fla-MG (2/13 mm) 4/450 mm TR 2 WBW zum Minenlegen eingerichtet		2 Tosi-Turbinen 2 Ölkessel 19 000 PS 2 Schrauben	34		94	196
2/100 mm 8 Fla-MG 4/450 mm TR 6 WBW zum Minenlegen eingerichtet		2 Turbinen 2 Ölkessel 16 000 PS 2 Schrauben	28			196
1/120 mm 4/13 mm Fla-MG 8/533 mm TR		2 Tosi-Dieselmotoren 5500 PS Elektromotoren 2000 PS	u. W. 10 19		64	196

TECHNISCHE DATEN

Seite	Klasse	Werft	Datum: a.St./f./u.	Verdrängung (voll ausgerüstet)	Länge ü.A. Meter	Breite Meter	Tiefgang (mittl.) Meter
196	**Glauco** (2 Schiffe)	Monfalcone	1931/1935	863/1167	73	7,2	4,5
196	**Pietro Micca**	Tosi, Tarent	1931/1935	1371/1883	90	7,7	5,3
196	**Marcello** (9 Schiffe)	Monfalcone	1937/1938	941/1300	73	7,2	4,7
196	**G. Mameli** (4 Schiffe)	Tosi, Tarent	1925/1929	770/994	65	6,5	4,1
196	**V. Pisani** (4 Schiffe)	Monfalcone	1925/1929	791/1040	68	5,7	4,2
196	**F. Corridoni** (2 Schiffe)	Tosi, Tarent	1927/1931	803/1051	72	6,2	4,7
196	**S. di Santarosa** (4 Schiffe)	Orlando, La Spezia	1928/1930	805/1078	70	7,2	4,8
196	**Squalo** (4 Schiffe)	Monfalcone	1928/1930	810/1077	70	7,2	4,8
196	**L. Settembrini** (2 Schiffe)	Tosi, Tarent	1928/1932	797/1134	69	7,7	3,9
196	**Argo** (2 Schiffe)	Monfalcone	1935/1937	689/901	63	6,9	4
196	**Adua** (Perla-Klasse, 16 Schiffe)	Monfalcone	1936/1937	615/855	60	6,5	4,4
197	**U-Boot-Tender** Anteo	Smulders, Holland	1911/1913	1243	50	24	2
195	**Besondere Angriffsfahrzeuge** Bemannter Torpedo (Pig)		1935	1300 kg	6,7		0,533
195	**MTM** (Modifiziertes Touristen-Motorboot)	Cattaneo Applicazione Cantieri Baglietto	1941	1400 kg	5,4	1,7	
195	Klein-U-Boot (Klasse **CB**)			36/45	15	3	

Bewaffnung	Panzerung	Maschinenanlage	Geschwin-digkeit (Knoten)	Aktions-radius (Seemeilen)	Besat-zung	Seite
2/100 mm 2/13 mm Fla-MG 8/533 mm TR		2 Fiat-Dieselmotoren 3000 PS Elektormotoren 1400 PS 2 Schrauben	u. W. 8,5 17		48	196
2/120 mm 4/13 mm Fla-MG 6/533 mm TR zum Minenlegen eingerichtet		2 Tosi-Dieselmotoren 3000 PS Elektromotoren 1300 PS 2 Schrauben	u. W. 8,5 15,5		66	196
2/100 4/13 mm Fla-MG 8/533 mm TR		2 Sulzer CRDA-Dieselmotoren 3000 PS Elektromotoren 1300 PS 2 Schrauben	u. W. 8,5 17		68	196
1/102 mm 2/13 mm Fla-MG 6/533 mm TR		2 Tosi-Dieselmotoren 3000 PS Elektromotoren 1000 PS 2 Schrauben	u. W. 9 17		46	196
1/102 mm 2/13 mm Fla-MG 6/533 mm TR		2 Tosi-Dieselmotoren 3000 PS Elektromotoren 1300 PS 2 Schrauben	u. W. 9 17,5		46	196
1/102 mm 2/13 mm Fla-MG 4/533 mm TR 2 Minenschächte 24 Minen		2 Tosi-Dieselmotoren 1500 PS Elektromotoren 1000 PS 2 Schrauben	u. W. 8 14		47	196
1/102 mm 3/13 mm Fla-MG 8/533 mm TR		2 Fiat-Dieselmotoren 3000 PS Elektromotoren 1300 PS 2 Schrauben	u. W. 9 17,5		48	196
1/102 mm 2/13 mm Fla-MG 8/533 mm TR		2 Fiat-Dieselmotoren 3000 PS Elektromotoren 1400 PS 2 Schrauben	u. W. 9 16,5		48	196
1/102 mm 2/13 mm Fla-MG 8/533 mm TR		2 Tosi-Dieselmotoren 3000 PS Elektromotoren 1400 PS 2 Schrauben	u. W. 9 17,5	9000	48	196
1/100 mm 2 Fla-MG 6/533 mm TR		2 Fiat-Dieselmotoren 1350 PS Elektromotoren 800 PS 2 Schrauben	u. W. 8 14,8			196
1/100 mm 2 Fla-MG 6/533 mm TR		2 Fiat-Dieselmotoren 1350 PS Elektromotoren 800 PS 2 Schrauben	u. W. 8,5 14			196
		2-Zylinder-Dreifach- Expansionsmaschine 720 PS Kessel (Kohlen)	8			197
Ablösbarer Gefechtskopf mit 300 kg TNT		Gleichstromgenerator 1–6 PS 150 Amp./Std. – 60 Volt-Batterien	2,8	5/6 Std.		195
Gefechtskopf mit 300 kg TNT		Innenbords-, Außenbord- Antriebsanlage	32			195
2/450 TR außen angebracht						195

Japanische Seestreitkräfte bei Ausbruch des 2. Weltkrieges

10 Schlachtschiffe	134 Zerstörer und Torpedoboote
8 Flugzeugträger	66 Unterseeboote
18 Schwere Kreuzer	1 015 975 Gesamttonnage
20 Leichte Kreuzer	

Die japanische Seite: Die wichtigsten in diesem Buch erwähnten Schiffsklassen

Seite	Klasse	Werft	Datum: a.St./f./u.	Verdrängung (voll ausgerüstet)	Länge ü.A. Meter	Breite Meter	Tiefgang (mittl.) Meter
	Schlachtschiffe						
201	**Kongo** (4 Schiffe)	Vickers	1911/1913	36 600	222	31	9,6
199	**Kirishima**	Mitsubishi, Nagasaki	1913/1915				
201	**Fuso** (2 Schiffe)	Kure	1914/1915	39 150	213	33	9,7
198	**Yamashiro**	Yokosuka					
201	**Ise** (2 Schiffe; 1943 zum Flugzeugträger umgebaut. Ausgerüstet mit 2 Katapulten und 22 Flugzeugen)	Kawasaki, Kobe	1915/1917/1937	42 700	216	33,8	9,8
201	**Nagato** (2 Schiffe)	Kure	1917/1920/1936	46 350	225	34,6	9,5
198	**Yamato** (2 Schiffe)	Kure	1940/1941	72 800	263	39	10,9
	Flugzeugträger						
200	**Hosyo**	Asano, Tsurumi	1919/1922/1935	7470	163	14,7	4,6
200	**Akagi**	Kure	1920/1927/1937	26 900	233	28	6,5
200	**Ryuzyo**	Yokosuka	1929/1933	7100	172	18,2	4,4
200	**Shokaku** (2 Schiffe)	Kawasaki, Kobe	1939/1941	14 000	210	20,8	5
198	**Zuikaku**	Kawasaki, Kobe	1938/1940	14 000	217	24,8	5,5

Abkürzungen:
Datum: a.St. = auf Stapel/**f.** = fertiggestellt/**u.** = umgebaut; **Bar** = Barbette; **Batt** = Batterie; **D** = Deck; **Fla** = Flugabwehr; **Fl-D** = Flugdeck; **(Geschw.) u. W.** = Geschwindigkeit unter Wasser; **KB** = Kommandobrücke; **Länge ü. A.** = Länge über Alles; ... **lfg** = ...läufig; **MG** = Maschinengewehre, fest eingebaut; **MG/ML** = mehrläufige Maschinengewehre, fest eingebaut; **Pf** = Pfünder; **PS** = Pferdestärke*; **T** = Tonnen/Tonnage; **Tm** = Turm; **Tm-B** = Turm-Basis; **TR** = Torpedorohr; **UA** = Unterseeboot-Abwehr; **WBW** = Wasserbombenwerfer; **WL** = Wasserlinie. * Zur Umrechnung auf die neue SI-Einheit gilt die Formel: 1 PS ≈ 0,74 kW.

Bewaffnung	Panzerung	Maschinenanlage	Geschwindigkeit (Knoten)	Aktionsradius (Seemeilen)	Besatzung	Seite
8/356 mm 16/152 mm 8/127 mm 7 Fla-MG 4/533 mm TR 1 Katapult 3 Flugzeuge	**Vertikal** max. 203 mm **Horizontal** D 70 mm KB 254 mm Tm 229 mm Bar 254 mm Batt 152 mm Außenwülste unter WL	4 Kanpon-Turbinen 10 Kanpon-Ölkessel 136 000 PS 4 Schrauben Bunkervorrat 4500 T	30,3	10 000	980 1437	201 199
12/356 mm 16/152 mm 8/127 mm Fla 26 Fla-MG 2/533 mm TR 1 Katapult 3 Flugzeuge	**Vertikal** max. 305 mm **Horizontal** 2 D 51–32 mm KB 305 mm Tm-B 305 mm Batt 152 mm	4 Kanpon-Turbinen 24 Kanpon-Ölkessel 75 000 PS 4 Schrauben Bunkervorrat 5100 T	24,7	11 800	1243 1400	201 198
12/356 mm 18/140 mm 8/127 mm Fla 7 Fla-MG 4/533 mm TR 1 Katapult 3 Flugzeuge	**Vertikal** max. 305 mm **Horizontal** 2 D 63–32 mm KB 305 mm Tm-B 305 mm Batt 152 mm	4 Kanpon-Turbinen 24 Kanpon-Ölkessel 45 000 PS 4 Schrauben Bunkervorrat 5100 T	25,3	8500	1376	210
8/406 mm 20/140 mm 8/127 mm 7 Fla-MG 6/533 mm TR 1 Katapult 3 Flugzeuge	**Vertikal** max. 330 mm **Horizontal** D 180 mm KB 305 mm Tm-B 356 mm Außenwülste unter WL	4 Kanpon-Turbinen 21 Kanpon-Kessel 82 000 PS 4 Schrauben Bunkervorrat 5600 T	23	8600	1370	201
9/460 mm 6/155 mm 24/127 mm 150/25 mm Fla 2 Katapulte 6 Flugzeuge	**Vertikal** max. 410 mm **Horizontal** D 200 mm KB 500 mm Tm-B 650/550 mm Außenwülste unter WL	4 Kanpon-Turbinen 12 Kanpon-Ölkessel 150 000 PS 4 Schrauben Bunkervorrat 6300 T	27	7200	2500	198
4/140 mm 2/76 mm 2 MG Fla-MG 26 Flugzeuge	Außenwülste unter WL	2 Kanpon-Getriebeturbinen 8 Kanpon-Ölkessel 30 000 PS 2 Schrauben Bunkervorrat 550 T	25	5500	550	200
10/203 mm 12/120 mm 22 Fla-MG 1 Katapult 60 Flugzeuge	**Horizontal** Fl-D 135 mm	2 Kanpon-Getriebeturbinen 19 Kanpon-Kessel (gemischt gefeuert) 131 200 PS 4 Schrauben Bunkervorrat 6000 T	28,5	9000	875	200
12/127 mm Fla 24 Fla-MG 40 Flugzeuge		Kanpon-Getriebeturbinen 8 Kanpon-Ölkessel 40 000 PS 2 Schrauben Bunkervorrat 500 T	24	5000	530	200
12/127 mm Fla 24 Fla-MG 40 Flugzeuge		Kanpon-Getriebeturbinen 8 Ölkessel 60 000 PS 4 Schrauben Bunkervorrat 5300 T	30	6000	650	200
10/203 mm 12/120 mm Fla 22 Fla-MG 80 Flugzeuge	**Vertikal** max. 120 mm **Horizontal** Fl-D 250 mm Außenwülste unter WL	Brown-Curtis-Getriebeturbinen 12 Kanpon-Ölkessel 91 000 PS 4 Schrauben Bunkervorrat 5600 T	26	6000	800	198

TECHNISCHE DATEN

Seite	Klasse	Werft	Datum: a. St./f./u.	Verdrängung (voll ausgerüstet)	Länge ü. A. Meter	Breite Meter	Tiefgang (mittl.) Meter
200	**Wasser-flugzeugträger** **Notoro** Vom Tanker umgebaut	Kawasaki, Kobe	1919/1920	14 050	144	17,7	8
200	**Mizuho**	Kawasaki, Kobe	1937/1939	9000	176	18,8	5,8
200	**Küstenpanzer-schiffe** **Kasuga**	Ansaldo, Genua	1902/1904	7080	109	18,9	7,3
201	**Schwere Kreuzer** **Aoba** (Kako-Klasse , 4 Schiffe)	Mitsubishi, Nagasaki	1924/1927/1939	7100 (standard)	181	15,5	4,5
200	**Nati** (4 Schiffe)	Kure	1924/1928/1936	10 000	195	19	5
199	**Tyokai** (Atago-Klasse, 4 Schiffe)	Mitsubishi, Nagasaki	1928/1932	9850 (standard)	198	19	5
200	**Leichte Kreuzer** **Tenryu** (2 Schiffe)	Yokosuka	1917/1919/1937	3230	143	12,4	4
200	**Kuma** (5 Schiffe)	Sasebo	1919/1921/1927	5100 (standard)	163	14,4	4,8
200	**Nagara** (Natori-Klasse, 6 Schiffe)	Sasebo	1920/1922	5170 (standard)	163	14,4	4,8
201	**Yubari** (Nagara-Klasse, 6 Schiffe)	Sasebo	1922/1923	2890 (standard)	133	12	3,6

Bewaffnung	Panzerung	Maschinenanlage	Geschwin-digkeit (Knoten)	Aktions-radius (Seemeilen)	Besat-zung	Seite
2/120 mm 2/76 mm Fla 16 Flugzeuge		Kolbenmaschinen Ölkessel 5850 PS 2 Schrauben Bunkervorrat 1000 T	12		155	200
6/127 mm Fla		Getriebeturbinen 15 000 PS 2 Schrauben	20		130	200
1/254 mm 2/203 mm 14/152 mm 4/76 mm 1/76 mm Fla 2/37 mm Fla 4/456 mm TR	**Vertikal** max. 152 mm **Horizontal** D 40 mm KB 150 mm Tm 150 mm	2 vertikale 3-Zylinder-Dreifach-Expansionsmaschinen 12 Kanpon-Kessel 13 500 PS 2 Schrauben Bunkervorrat 1200 T	20	9000	600	200
6/203 mm 4/120 mm Fla 10 Fla-MG 12/533 mm TR 1 Katapult 2 Flugzeuge	**Vertikal** max. 51 mm **Horizontal** D 51 mm Tm 37 mm Außenwülste unter WL	Getriebeturbinen 10 Kanpon-Ölkessel 2 Kessel (gemischt gefeuert) 95 000 PS 4 Schrauben Bunkervorrat 2250 T	33	12 000	604 625	201
10/203 mm 8/120 mm Fla 8/40 mm Fla 2 MG 8/533 mm TR 2 Katapulte 4 Flugzeuge	**Vertikal** max. 102 mm **Horizontal** D 45 mm Tm 76 mm Außenwülste unter WL	Getriebeturbinen 12 Kanpon-Ölkessel 100 000 PS 2 Schrauben Bunkervorrat 2000 T	33	14 000	692 773	200
10/203 mm 4/120 mm Fla 8/47 mm Fla 4 MG 8/533 mm TR 2 Katapulte 4 Flugzeuge	**Vertikal** max. 102 mm **Horizontal** D 76 mm Tm 76 mm dreifache Ausbiegungen	Getriebeturbinen 12 Kanpon-Ölkessel 100 000 PS 4 Schrauben Bunkervorrat 4000 T	33	14 000	773	199
4/140 mm 1/76 mm 2 MG 6/533 mm TR 34 Minen	**Vertikal** max. 50 mm	Parsons-Turbinen 10 Kanpon-Kessel 51 000 PS 3 Schrauben Bunkervorrat 900 T	33	6000	330	200
7/140 mm 2/76 mm 6 MG 8/533 mm TR 1 Katapult 1 Flugzeug 80 Minen	**Vertikal** max. 51 mm **Horizontal** D 51 mm KB 51 mm	Parsons- oder Curtis-Getriebeturbinen 10 Kanpon-Ölkessel 2 Kessel (gemischt gefeuert) 70 000 PS 4 Schrauben Bunkervorrat 1500 T	33	9000	440	200
wie Kuma-Klasse	wie Kuma-Klasse	Parsons- oder Curtis-Getriebeturbinen 8 Kanpon-Ölkessel 4 Kessel (kohlegefeuert) 70 000 PS 4 Schrauben Bunkervorrat 1500 T	33	9000	440	200
6/140 mm 1/76 mm Fla 2 MG 4/533 mm TR 2 Minenschächte 34 Minen	**Vertikal** max. 51 mm	Getriebeturbinen 8 Kanpon-Ölkessel 57 000 PS 3 Schrauben Bunkervorrat 820 T	33	7500	328 360	201

TECHNISCHE DATEN

Seite	Klasse	Werft	Datum: a.St./f./u.	Verdrängung (voll ausgerüstet)	Länge ü.A. Meter	Breite Meter	Tiefgang (mittl.) Meter
	Zerstörer						
200	**Sawakaze** (Akikaze-Klasse, 15 Schiffe)	Mitsubishi, Nagasaki	1918/1920	1215	103	8,9	2,9
200	**Kamikaze** (9 Schiffe)	Mitsubishi, Nagasaki	1921/1922	1270	98	9,1	2,9
200	**Nenohi** (Hatuharu-Klasse, 7 Schiffe)	Uraga	1931/1933	1368 (standard)	103	9,9	2,7
199	**Kagero** (12 Schiffe)	Maiduru	1937/1940	2000	109	10,2	2,7
	Torpedoboote						
200	**Wakatake** (7 Schiffe)	Kawasaki, Kobe	1921/1922	820	84	8,1	2,5
	Unterseeboote						
200	**RO. 51** (3 Schiffe)	Mitsubishi, Kobe	1918/1920	893/1082	71	7,2	3,8
200	**RO. 60** (Mitsubishi-Klasse, 7 Schiffe)	Mitsubishi, Kobe	1921/1923	988/1300	76	7,4	3,8
200	**I. 51** (2 Schiffe)	Kure	1921/1924	1390/2000	91	8,8	4,6
	Minensucher						
200	Klasse **Nr. 1**	Harima-Schiffbau	1922/1923	615	72	8	2,3

Bewaffnung	Panzerung	Maschinenanlage	Geschwin-digkeit (Knoten)	Aktions-radius (Seemeilen)	Besat-zung	Seite
4/120 mm 2/37 mm Fla 6/533 mm TR zum Minenlegen eingerichtet		4 Parsons-Turbinen 4 Kanpon-Ölkessel 38 500 PS 2 Schrauben Bunkervorrat 315 T	34	4000	148	200
4/120 mm 2/37 mm Fla 6/533 mm TR		4 Parsons-Turbinen 4 Kanpon-Ölkessel 38 500 PS 4 Schrauben Bunkervorrat 350 T	34	4000	148	200
5/127 mm 2 Fla-MG 6/533 mm TR		Parsons-Getriebeturbinen 3 Kanpon-Ölkessel 37 000 PS 2 Schrauben Bunkervorrat 400 T	34		200	200
6/127 mm 2 Fla-MG 8/533 mm TR		Getriebeturbinen 3 Kanpon-Ölkessel 45 000 PS 2 Schrauben Bunkervorrat 400 T	36		200	199
3/120 mm 2 Fla-MG 4/533 mm TR		Parsons-Turbinen 3 Kanpon-Kessel 21 500 PS 2 Schrauben	31,5	3000	115	200
1/76 mm 1 Fla-MG 6/476 mm TR		Vickers-Dieselmotoren 2400 PS Elektromotoren 1200 PS Bunkervorrat 65 T	u. W. 10,5 17	7500	48	200
1/76 mm Fla 1 Fla-MG 6/533 mm TR		Vickers-Dieselmotoren 2400 PS Elektromotoren 1800 PS Bunkervorrat 75 T	u. W. 10 16	11 000	47	200
1/120 mm 1 Fla-MG 8/533 mm TR		Sulzer-Dieselmotoren 5200 PS Elektromotoren 1800 PS Bunkervorrat 100 T	u. W. 9,5 17	10 000	60	200
2/120 mm 1/76 mm Fla 2 WBW		Dreifach-Expansionsmaschine 3 Kanpon-Kessel (Kohlen) 4000 PS 2 Schrauben Bunkervorrat 60 T	20		87	200

Die heutigen Seestreitkräfte. Die wichtigsten in diesem Buch erwähnten Schiffsklassen

Schiffe der Kategorie R = Flugzeugträger	Schiffe der Kategorie AL = Versorger	
Schiffe der Kategorie B = Schlachtschiffe	Schiffe der Kategorie A = Hilfsschiffe	
Schiffe der Kategorie C = Lenkwaffenkreuzer	Schiffe der Kategorie M = Minensucher	
Schiffe der Kategorie D = Zerstörer	Schiffe der Kategorie P = Schnellboote	
Schiffe der Kategorie F = Fregatten und Korvetten	Schiffe der Kategorie L = Fahrzeuge der amphibischen	
Schiffe der Kategorie S = Unterseeboote und Unterwasserfahrzeuge	Streitkräfte	

Seite	Land	Schiffsname	Werft	Datum a. St./Stl./i. D./u.	Verdrängung (voll ausgerüstet)	Länge ü. A. Meter
		Schiffe der Kategorie R: Flugzeugträger				
220	Argentinien	**25th De Mayo** (1 Schiff)	Cammell Laird	1942/43/45 1955/58	19 896	213
208	Australien	**Melbourne** (1 Schiff)	Vickers-Armstrong	1943/45/45 1957/72	20 000	214
220	Brasilien	**Minas Gerais** (1 Schiff)	Swan Hunter	1942/44/45 1957/60	19 890	212
206	Frankreich	**Foch**	Chantiers de l'Atlantique	1957/60/63	32 780	265
220		**Clemenceau**	Brest	1955/57/61		
216		**Jeanne d'Arc** (1 Schiff, Hubschrauberträger)	Brest	1960/61/64	12 380	182
207	Großbritannien	**Ark Royal** (1 Schiff) ex-**Irresistible**	Cammell Laird	1943/50/55 1964/65	50 786	258
218		**Hermes** Hubschrauberträger	Vickers-Armstrong	1944/53/59	28 700	227
220	Indien	**Vickrant** (1 Schiff) ex-**Hercules**	Vickers-Armstrong	1943/45/61 1957/61	19 550	213
207	Sowjetunion	**Kiew** (1 Schiff)	Nikolajew	1971/73/76	40 000	282
220	Spanien	**Dedalo** (1 Schiff, Hubschrauberträger)	New York Shipbuilding	1942/43/43	16 416	190

Abkürzungen:
Datum: a.St. = auf Stapel/**Stl.** = Stapellauf/**i.D.** = in Dienst gestellt/ **u** = umgebaut; **AR** = Atomreaktor; **BAS** = Basis-Abwehrraketen-System; **DE** = Diesel-elektrischer Antrieb; **DM** = Dieselmotor; **E** = Elektromotor; **Fla** = Flugabwehr; **Fl-D** = Flugdeck; **Gas-T** = Gasturbine; **(Geschw.) u. W.** = Geschwindigkeit unter Wasser; **GT** = Getriebeturbine; **K** = Kessel; **Länge**

ü. A. = Länge über Alles; . . . **lfg** = . . . läufig; **LLA** = Lenkwaffen-Launcher* (Abschußrampe); **MG** = Maschinengewehr; **RLA** = Raketenwerfer (Rocket launcher); **TE** = Turbo-elektrischer Antrieb; **T** = Tonnage; **TR** = Torpedo-rohr; **UA** = Unterseeboot-Abwehr; **4-lfg.** = 4-läufig oder 4-Rohr; **WB** = Wasserbombe; **WBW** = Wasserbombenwerfer.
*Für den Ausdruck „Launcher" auch „Starter" gebräuchlich.

Breite Meter	Tiefgang Meter	Hauptbewaffnung	Maschinenanlage	Geschwin-digkeit (Knoten)	Aktions-radius (Seemeilen)	Besat-zung	Seite
20,4 Fl-D 40,7	7,6	9/40 mm Fla 14 Hubschrauber	2 K – 2 GT 40 000 PS Bunkervorrat (Öl) 3300 T	24	12 000	1500	220
24,4 Fl-D 23	7,3	12/40 mm Fla 8 Skyhawk-Flugzeuge 10 Wessex-Hubschrauber 1 Katapult	4 K – 2 GT 42 000 PS Bunkervorrat (Öl) 3200 T	23	12 000	1070 1335	208
24,4 Fl-D 37	7,5	10/40 mm 2/47 mm Fla 20 Flugzeuge 1 Katapult	4 K – 2 GT 40 000 PS Bunkervorrat (Öl) 3200 T	24	12 000	1000 1300	220
31,7 Fl-D 51,2	7,5	8/100 mm 40 Flugzeuge 2 Katapulte	6 K – 4 GT 126 000 PS 2 Schrauben Bunkervorrat (Öl) 3720 T	32	7500	2239	206 220
24	7,3	4/100 mm Fla 4 Exocet – LLA 8 Hubschrauber 700 Mann Marinelandetruppen	4 K – 2 GT 40 000 PS Bunkervorrat 1360 T	26,5	6000	809	216
34,3 Fl-D 50,2	10,9	Ausgerüstet mit Seacat – LLA 30 Flugzeuge 6 Hubschrauber 2 Katapulte	8 K – 4 GT 152 000 PS Bunkervorrat (Öl) 5500 T	31,5		2380	207
27,4 Fl-D 48,8	8,5	2 Vierlings-Seacat-Launcher 20 Hubschrauber 750 Mann Landungstruppen	4 K – 2 GT 76 000 PS Bunkervorrat (Öl) 3900 T Dieselöl 320 T	28		980	218
39 Fl-D 24,4	7,3	4 MG 15/40 mm Fla 22 Flugzeuge	4 K – 2 GT 100 000 PS Bunkervorrat (Öl) 3200 T	24,5	12 000	1343	220
61	–	2 Zwillings-SAN-3-LLA 4 SAN-4-LLA 4/76 mm 2 12-Rohr-MBO-2500A-Launcher 50 Flugzeuge incl. 25 Hubschrauber		30			207
21,8 Fl-D 33,2	7,2	26/40 mm 20 Hubschrauber	8 K – 4 GT 100 000 PS Bunkervorrat (Öl) 1800 T	32	7200	1112	220

TECHNISCHE DATEN

Seite	Land	Schiffsname	Werft	Datum a. St./Stl./i. D./u.	Verdrängung (voll ausgerüstet)	Länge ü. A. Meter
203	USA	**Essex** (außer Dienst)	Newport News	1939/40/43	40 600	271
202		**Enterprise** (1 Schiff)	Newport News	1958/60/61	89 600	341
208		**America** (3 Schiffe)	Newport News	1961/64/65	80 800	319
220		**Kitty Hawk**	New York Shipbuilding	1956/60/61	80 800	324
206		**Constellation**	New York Navy Yard	1957/60/62	80 800	327
208		**J. F. Kennedy** (1 Schiff)	Newport News	1964/66/68	87 000	319
208		**Forrestal** (4 Schiffe)	Newport News	1952/54/55	78 000	317
206		**Midway** (3 Schiffe)	Newport News	1943/45/45	64 000	298
220		**Roosevelt**	New York Navy Yard	1943/45/45	62 472	297
220		**Coral Sea**	Newport News	1944/46/47	63 400	
Schiffe der Kategorie B: Schlachtschiffe						
210	USA	**New Jersey** (Iowa-Klasse, 4 Schiffe)	Philadelphia Navy Yard	1940/42/43	59 000	270
Schiffe der Kategorie C: Kreuzer						
220	Argentinien	**Belgrano** (2 Schiffe; ex-USN Brooklyn-Klasse)	Camden, New York	1935/38/39	13 645	185
220	Brasilien	**Tamandaré** (1 Schiff; ex-USN St. Louis-Klasse)	Newport News	1936/38/39	13 500	186
220	Chile	**Prat** (1 Schiff; ex-**Nashville**, Brooklyn-Klasse)	New York Shipbuilding	1935/37/38 1957/58	13 500	185
220	Großbritannien	**Invincible** (3 Schiffe)	Vickers	1974/75	20 000	207
209		**Tiger** (2 Schiffe)	John Brown	1941/45/59	12 080	169
220	Indien	**Delhi** (1 Schiff; ex-**Achilles**, Leander-Klasse)	Cammell Laird	1931/32/33 1955	9740	166
210	Italien	**Vittorio Veneto** (1 Schiff; Lenkwaffenkreuzer, Doria-Klasse)	Castellammare	1965/67/69	8850	180
210	Niederlande	**De Zeven Provincien** (1 Schiff)	Rotterdamse Droogdok	1949/50/53	11 850	190
220	Spanien	**Canarias**	Ferrol	1928/31/36	13 969	194
209	UdSSR	**Leningrad** (2 Schiffe; Lenkwaffenkreuzer und Hubschrauberträger)	Nikolajew	1965/67/69	18 000	197
220		**Moskwa**	Nikolajew	1965/67/68		

Breite Meter	Tiefgang Meter	Hauptbewaffnung	Maschinenanlage	Geschwindigkeit (Knoten)	Aktionsradius (Seemeilen)	Besatzung	Seite
31 Fl-D 59,7	9,4	100 Flugzeuge 2 Katapulte 8/127 mm	8 K – 4 GT 150 000 PS 4 Schrauben Bunkervorrat (Öl) 6000 T	30	18 000	3230	203
40,5 Fl-D 78,5	10,8	2 BAS-Launcher mit Sea-Sparrow-Lenkwaffen 90 Flugzeuge 4 Katapulte	8 AR – 4 GT 300 000 PS	35	400 000	3100 5500	202
39,6 Fl-D 76	10,9	2 Zwilling-Terrier-Launcher 90 Flugzeuge 4 Katapulte	8 K – 4 GT 280 000 PS Bunkervorrat (Öl) 7800 T	35	8000	2795 4950	208 220
38,5							206
39,6 Fl-D 76,9	10,9	3 BAS-Launcher mit Sea-Sparrow-Lenkwaffen 90 Flugzeuge 4 Katapulte	8 K – 4 GT 280 000 PS Bunkervorrat 7800 T	33	8000	2795 4950	208
38,5 Fl-D 76,8	11,3	2 BAS-Launcher mit Sea-Sparrow-Lenkwaffen 4/127 mm 4 Katapulte 90 Flugzeuge	8 K – 4 GT 260 000 PS Bunkervorrat (Öl) 7800 T	33	8000	4940	208
36,9 Fl-D 72,5	10,9	4/127 mm 75 Flugzeuge 2 Katapulte	12 K – 4 GT 213 000 PS	33	15 000	2710 4500	206
36,9 Fl-D 72,5	10,8	3 Katapulte 4/127 mm Fla 80 Flugzeuge	12 K – 4 GT 212 000 PS	33	15 000	2615 4400	220 220
32,9	10,6	9/406 mm 20/127 mm 2 Hubschrauber	8 K – 4 GT 212 000 PS	33	15 000	1612	210
20,7	7,3	15/152 mm 8/127 mm 2 Zwillings 40 mm 4/47 mm Salutkanonen 2 Hubschrauber 2 Vierlings-Seacat-Launcher	8 K – 4 GT 100 000 PS Bunkervorrat (Öl) 2200 T	25	7600	1200	220
21	7,3	15/152 mm 8/127 mm 28/40 mm 8/20 mm Fla 1 Hubschrauber	8 K – 4 GT 100 000 PS Bunkervorrat (Öl) 2100 T	29	14 500	975	220
21	7,3	15/152 mm 8/127 mm 28/40 mm 24/20 mm 2 Hubschrauber	8 K – 4 GT 100 000 PS Bunkervorrat (Öl) 2100 T	32,5	14 500	888 975	220
25,6	7,3	1 Zwillings-Sea Dart-LLA 9 Hubschrauber 6 Flugzeuge	4 Olympus – GT 112 000 PS	30	–	1200	220
19,5	6,4	2/152 mm 2 Zwillings 76 mm 2 Vierlings-Seacat-LLA 4 Hubschrauber	4 K – 4 GT 80 000 PS Bunkervorrat (Öl) 1850 T	31,5	4000	885	209
16,8	6,1	6/152 mm 8/102 mm 14/40 mm	4 K – 4 GT 75 000 PS Bunkervorrat (Öl) 1800 T	23	7000	800	220
19,4	6	1 Zwillings-Aster-LLA 8/76 mm 2 UA-TR 9 Hubschrauber	4 K – 2 GT 73 000 PS Bunkervorrat (Öl) 1200 T	32	6000	530	210
17,3	6,7	1 Zwillings-Terrier-LLA 4/152 mm 6/57 mm Fla 4/40 mm Fla	4 K – 2 GT 85 000 PS	32		940	210
19,5	6,5	8/203 mm 8/120 mm 12/37 mm 3/20 mm	8 K – 2 GT 90 000 PS Bunkervorrat (Öl) 2794 T	31	8000	1000	220
35 Fl-D 90	7,6	2 Zwillings-SAN-3-LLA 1 UA-Zwillings-LLA 4/57 mm 2/533 mm TR 18 Hubschrauber	4 K – 2 GT 30 100 000 PS		7000	800	209 220

TECHNISCHE DATEN

Seite	Land	Schiffsname	Werft	Datum a. St./Stl./i. D./u.	Verdrängung (voll ausgerüstet)	Länge ü. A. Meter
220	UdSSR	**Admiral Senyawin** (Sverdlow-Klasse, 13 Schiffe)	Komsom Amur	1952/54	19 600	210
205		**Admiral Ushakow** (gleiche Klasse)	Nikolajew	1951/52/54	19 600	210
220		**Kirow** (2 Schiffe)	Leningrad	1936/37/40	9060	191
209		**Kresta**-Klasse (10 Schiffe)	Nikolajew		7500	158
209	USA	**Long Beach** (1 Schiff) Lenkwaffenkreuzer	Bethlehem Shipbuilding	1957/59/61	17 350	220
220		**Albany** (2 Schiffe; Lenkwaffenkreuzer)	Bethlehem Shipbuilding	1944/45/46	17 800	205
	Schiffe der Kategorie D: Zerstörer					
221	Ägypten	**Al Zaffer** (4 Schiffe) ex-**Al Nasser**	UdSSR	1949/51/52	3500	121
221	Australien	**Perth** (3 Schiffe)	Defoe Shipbuilding	1962/63/65 1972/74	4618	132
212	BRD	**Bayern**	Stülken, Hamburg	1962/62/65	4400	134
221		**Hamburg** (Klasse 101 A, 4 Schiffe)	Stülken, Hamburg	1958/60/64	4400	134
221		**Lütjens** (Klasse 103 A, 3 Schiffe)	Bath Iron Works	1966/67/69	4700	134
214	Frankreich	**Tourville** (3 Schiffe)	Lorient	1970/72/73	5745	153
221		**Aconit** (1 Schiff)	Lorient	1967/70/73	3800	127
221		**La Galissonière** (1 Schiff)	Lorient	1958/60/61	3750	133
221		**Forbin** (4 Schiffe)	Brest	1954/55/58	3750	128

Breite Meter	Tiefgang Meter	Hauptbewaffnung	Maschinenanlage	Geschwindigkeit (Knoten)	Aktionsradius (Seemeilen)	Besatzung	Seite
22	7,5	6/152 mm 2 Zwillings-SAN-4-Launcher 12/100 mm 16/37 mm 8 Hubschrauber	6 K – 2 GT 150 000 PS Bunkervorrat (Öl) 4000 T	34	8000	1000	220
22	7,5	12/152 mm 12/100 mm 32/37 mm 10/533 mm TR 150 Minen	6 K – 2 GT 150 000 PS Bunkervorrat (Öl) 4000 T	34	8700	1000	205
18	6,3	9/180 mm 8/100 mm 27/37 mm 180 Minen	6 K – 2 GT + DM 110 000 PS Bunkervorrat (Öl) 1280 T	34	3500	734	220
17	6	1 Flugzeug 4 SAN-3-LLA 8 SSN-10-LLA 4/57 mm 8/30 mm 2/12 lfg MBU-2500A-Launcher 2/6lfg · WBW 10/533 mm TR	4 K – 4 GT 100 000 PS	33	5000	500	209
22,3	8,8	1 Zwillings-Talos-LLA 2 Zwillings-Terrier-LLA 2/127 mm 1/8lfg Asroc-Launcher 6 UA-TR 1 Hubschrauber	2 Westinghouse-AR 2 GT 80 000 PS	35	–	1000	209
21,6	8,2	2 Zwillings-Talos-LLA 2 Zwillings-Tartar-LLA 2/127 mm 1/8lfg Asroc-Launcher 6 UA-TR 2 Hubschrauber	4 K – 4 GT 120 000 PS Bunkervorrat (Öl) 1500 T	33	9000	1000	220
11,8	4,5	4/130 mm 2/76 mm 8/37 mm 4/57 mm 10/533 mm TR 2 UA-WBW 2 UA MBU 2500 80 Minen	3 K – 2 GT 60 000 PS	35	4000	260	221
14,3	6,1	1 Einzel-Tartar-Launcher 2/127 mm 6 UA-TR 2 UA-Ikara Launcher	4 K – 2 GT 70 000 PS Bunkervorrat (Öl) 900 T	35	6000	333	221
13,4	5,2	4/100 mm 8/40 mm Fla 5/533 mm TR	4 K – 2 GT 68 000 PS	35,8	6000	280	212
13,4	5,2	2 UA-Werfer 1 WBW 4 MM 38 Exocet-LLA					221
14,5	4,6	1 Einzel-Tartar-LLA 2/127 mm 1 Asroc-Launcher 5 UA-TR WBW	4 K – 2 GT 70 000 PS Bunkervorrat (Öl) 900 T	35	4500	340	221
15,3	5,7	6 MM 38 Exocet-LLA 1 Zwillings-Crotale-SAM-LLA 1 UA-Malafon-LLA 3/100 mm Fla 2 Hubschrauber	4 K – 2 GT 54 400 PS	31	5000	303	214
13,4	5,8	2/100 mm Fla 4 MM 38 Exocet-Lenkwaffen 1 UA-Malafon-LLA 1 Vierlings-305 m-UA-Werfer 2 UA-TR 4 MM 33-Lenkwaffen	2 K – 1 GT 28 650 PS	27	5000	215	221
12,7	5,5	2/100 mm Fla 1 UA-Malafon-LLA 1 RLA 6 UA-TR 1 Hubschrauber	4 K – 2 GT 63 000 PS Bunkervorrat (Öl) 725 T	34	5000	333	221
12,7	5,4	4/127 mm 6/57 mm 2/20 mm 6/550 mm UA-TR 1 UA-TR	4 K – 2 GT 63 000 PS Bunkervorrat (Öl) 800 T	34	5000	274	221

TECHNISCHE DATEN

Seite	Land	Schiffsname	Werft	Datum a.St./Stl./i.D./u.	Verdrängung (voll ausgerüstet)	Länge ü. A. Meter
221	Griechenland	**Themistokles** (4 Schiffe)	Bath Iron Works	1944/45/71	3550	119
221	Großbritannien	County-Klasse (7 Schiffe)	Cammell Laird und andere	1959/60/62	6200	159
211		**Hampshire** (gleiche Klasse) Auch als leichte Kreuzer geführt.	John Brown	1959/61/63		
221		**Sheffield** (6 Schiffe)	Vickers	1970/71/74	3675	125
214	Italien	**Ardito** (2 Schiffe)	Castellammare	1968/71/73	4400	137
221		**Audace**	Riva Trigoso	1968/71/72		
221		**Impetuoso** (2 Schiffe)	Riva Trigoso	1959/62/64	3851	131
212	Japan	**Haruna** (4 Schiffe) Hubschrauberträger zur U-Boot-Bekämpfung	Mitsubishi, Nagasaki	1970/72/73	4700	153
215		**Amatsukaze** (1 Schiff)	Mitsubishi, Nagasaki	1962/63/65	4000	131
221		**Takatsuki** (4 Schiffe)	Ishikawajima, Tokio	1964/66/67	4000	136
221	Jugoslawien	**Split** (1 Schiff)	Brodograd, Rijeka	1939/40/58	3000	120
221	Kanada	**Iroquois** (4 Schiffe)	Marine, Sorel	1969/70/72	4200	130
221	Niederlande	**Tromp** (2 Schiffe)	Schelde, Vlissingen	1971/73/76	5400	138
221	Polen	**Warzawa** (1 Schiff) ex-sowjetisch **Kotlin**	UdSSR	1958	3885	127
221	Schweden	**Ostergotland** (4 Schiffe) Fregatten, auch als leichte Kreuzer eingestuft	Götaverken, Göteborg	1955/56/58 1962/64	2600	112
214	Spanien	**Roger de Lauria** (2 Schiffe)	Ferrol	1951/58/69	3785	119
221		**Oquendo** (1 Schiff)	Ferrol	1951/56/61	3005	116

Breite Meter	Tiefgang Meter	Hauptbewaffnung	Maschinenanlage	Geschwindigkeit (Knoten)	Aktionsradius (Seemeilen)	Besatzung	Seite
12,4	5,8	6/127 mm 1 Asroc-Launcher 6 VA-TR	4 K – 2 GT 60 000 PS Bunkervorrat (Öl) 650 T	34	4800	269	221
16,5	6,1	1 Zwillings-Seaslug-LLA 2 Vierlings-Seacat-LLA 4 Exocet-LLA 4/114 mm 1 Hubschrauber	2 K – 2 GT – 4 Gas-T 60 000 PS Bunkervorrat (Öl) 600 T	32,5	3500	471	221 211
14,3	6,7	1 Zwillings-Seadart-LLA 1/114 mm 2/20 mm 1 Hubschrauber	2 K – 2 GT 54 000 + 8200 PS	30	4500	280	221
14,3	4,6	1 Tartar-LLA 2/127 mm 4/76 mm 6 UA-TR 2 Hubschrauber	4 K – 2 GT 73 000 PS	33	–	395	214 221
13,6	4,5	1 Tartar-LLA 4/127 mm 16/40 mm 6 UA-TR 1 UA-Werfer 4 Hubschrauber	4 K – 2 GT 65 000 PS Bunkervorrat (Öl) 650 T	34	3450	344	221
17,5	5,1	2/127 mm 1 Asroc-Launcher 6 UA-TR 3 Hubschrauber	2 K – 2 GT 70 000 PS	32	7000	364	212
13,4	4,2	1 Tartar-LLA 4/76 mm 1 Asroc-Launcher 6 UA-TR	2 K – 2 GT 60 000 PS Bunkervorrat (Öl) 900 T	33	7000	290	215
13,4	4,4	2/127 mm 1 Asroc-Launcher 6 UA-TR 3 Hubschrauber	2 K – 2 GT 60 000 PS Bunkervorrat (Öl) 900 T	32	7000	270	221
11,1	3,8	4/127 mm 12/40 mm 5/533 mm TR 2 Squids-UA 6 WBW 2 WB-Raketen 40 Minen	2 K – 2 GT 50 000 PS Bunkervorrat (Öl) 590 T	31	–	240	221
15,2	4,4	1/127 mm 2 Sea-Sparrow-LLA 6 UA-TR 1 Mk-10-Limbo-Werfer 2 Hubschrauber	2 + 2 K – 2 GT 50 000 + 7400 PS	29	4500	245	221
14,8	4,6	1 Tartar-LLA 1/8lfg Seacat-LLA 2/120 mm 6 UA-TR 1 Hubschrauber	2 + 2 Gas-T 44 000 + 10 000 PS	30	4000	306	221
12,9	4,9	1 Zwillings-Goa-LLA 2/130 mm 4/47 mm 4/30 mm 5/533 mm TR 2/12lfg MBU	4 K – 2 GT 80 000 PS Bunkervorrat (Öl) 300 T	36	5500	285	221
11,2	3,7	4/120 mm 4/40 mm Fla 1 Vierlings-Seacat-LLA 6/533 mm TR 1 Squid-UA 60 Minen	2 K – 2 GT 40 000 PS Bunkervorrat (Öl) 330 T	35	2200	244	221
13	5,6	6/127 mm 2/533 mm TR 6 UA-TR 1 Hubschrauber	3 K – 2 GT 60 000 PS Bunkervorrat (Öl) 673 T	30	4500	318	214
11,1	3,8	4/120 mm 6/40 mm 2 Hedgehogs-UA 2 Mk 4-TR	3 K – 2 GT 60 000 PS Bunkervorrat (Öl) 659 T	32,4	5000	250	221

TECHNISCHE DATEN

Seite	Land	Schiffsname	Werft	Datum a. St./Stl./i. D./u.	Verdrängung (voll ausgerüstet)	Länge ü. A. Meter
221	Türkei	**Zafer** (1 Schiff)	Vereinigter Schiffsbau	1944/44/45	3320	115
212	UdSSR	**Nikolajew** (4 Schiffe)	Nikolajew	1969/71/73	9500	174
221		**Kara** (gleiche Klasse) Fregatten, auch als leichte Kreuzer eingestuft	Nikolajew	1969/71/73		
211		**Otrazhnij** (Kashin-Klasse 19 Schiffe) Fregatten, auch als Zerstörer eingestuft.	Leningrad	1961/68/70	5200	147
211	USA	**California** (2 Schiffe)	Newport News	1970/71/74	10 150	182
213		**South Carolina**				
212		**Bainbridge** (1 Schiff)	Bethlehem Shipbuilding	1959/61/62	8580	173
221		**Spruance** (30 Schiffe)	Litton Ship Systems, Mississippi	1972/73/75	7800	171
212		**Decatur** (4 Schiffe)	Bethlehem Shipbuilding	1954/55/67	4450	128
221		**Forrest Sherman** (14 Schiffe)	Bath Iron Works	1953/55/55	4050	128

Schiffe der Kategorie F: Fregatten und Korvetten

Seite	Land	Schiffsname	Werft	Datum a. St./Stl./i. D./u.	Verdrängung (voll ausgerüstet)	Länge ü. A. Meter
221	Australien	**Yarra** (Yarra-Klasse, 6 Schiffe) Fregatten	Williamstown Naval Dockyard	1957/58/61	2700	113
221	Belgien	**Westhinder** (E-71-Klasse, 4 Schiffe)	Cockerill, Hoboken	1974/75/78	1828	97
221	Brasilien	**Angostura** (10 Schiffe) Korvette-Minenleger	Holland	1955/56	911	56
221	Chile	**Lynch** (Britische Leander-Klasse, 2 Schiffe)	Yarrow, Glasgow	1971/72/75	2962	113
221	China	**Ch' Eng Tu** (Sowj. Riga-Klasse, 4 Schiffe) Korvette	Hutang, Schanghai	1955/57/60	1600	91

ZERSTÖRER · FREGATTEN UND KORVETTEN

Breite Meter	Tiefgang Meter	Hauptbewaffnung	Maschinenanlage	Geschwindigkeit (Knoten)	Aktionsradius (Seemeilen)	Besatzung	Seite
12,4	5,8	6/127 mm 2 Hedgehogs-UA 2 Drillings-UA-TR 2 Mk 25-UA-TR	4 K – 2 GT 60 000 PS Bunkervorrat (Öl) 650 T	34	4600	275	221
18,3	6,2	8 SS 10-LLA 2 SAN-3-LLA 2 SAN-4-LLA 4/76 mm 8/30 mm 2 WBW 10/533 mm TR 1 Hubschrauber	K + Gas-T. 120 000 PS 2 Schrauben	33	–	686	212 221
15,9	5,8	2 Zwillings-SAN-1-LLA 4/76 mm 5/533 mm TR 2 MBU 2500A-Launcher 2 WBW	4 Gas-T. 95 000 PS 2 Schrauben	35	–	535	211
18,6	9,6	2 Tartar-LLA 2/127 mm 1 Asroc-Launcher 6 UA-TR	2 AR – 2 GT 140 000 PS	35	–	540	211 213
17,6	7,9	2 Terrier-SAM-LLA 4/76 mm 1 Asroc-Launcher 6 UA-TR	2 AR – 2 GT 100 000 PS	35	150 000	450	212
17,6	8,8	2/127 mm 1/8lfg Sea-Sparrow-LLA 1/8lfg Asroc-Launcher 2 UA-TR 2 Hubschrauber	4 Gas-T. 80 000 PS 2 Schrauben	30	6000	250	221
13,8	6,1	1 Einzel-Tartar-SAM-LLA 1/127 mm 1 Asroc-Launcher 4 UA-TR	4 K – 2 GT 70 000 PS	33		335	212
13,8	6,1	3/127 mm 4/76 mm 2 Hedgehogs 6 UA-TR 1/8lfg Asroc-Launcher	4 K – 2 GT 70 000 PS	33	–	292	221
12,5	5,3	2/114 mm 1 Vierlings-Seacat-LLA 1 Ikara-UA-Launcher 1/3lfg Limbo-UA-Werfer	2 K – 2 GT 34 000 PS Bunkervorrat (Öl) 400 T	30	4500	250	221
11,8	5,3	1/100 mm 1/8lfg Sea-Sparrow-LLA 4 Exocet-LLA 2/40 mm 2 RLA 6 UA-RLA 1 Hubschrauber	2 DM – 1 Gas-T. 33 500 PS 2 Schrauben Bunkervorrat (Öl) 190 T	28	3000	160	221
9,6	3,5	1/76 mm 4/20 mm Fla	3 DM 2160 PS Bunkervorrat (Öl) 135 T	16	–	60	221
13,1	5,5	2/114 mm 4 Exocet-LLA 1 Vierlings-Seacat-LLA 2/20 mm 1 Hubschrauber	2 K – 2 GT 30 000 PS	30	4500	263	221
10,2	3	1 SSN-2-LLA 3/100 mm 4/37 mm 3/533 mm TR 4 WBW 50 Minen	2 K – 2 GT 25 000 PS	28	2500	150	221

TECHNISCHE DATEN

Seite	Land	Schiffsname	Werft	Datum a. St./Stl./i. D./u.	Verdrängung (voll ausgerüstet)	Länge ü. A. Meter
215	Dänemark	**Peder Skram** (2 Schiffe)	Helsingör	1965/65/66	2720	113
221		**Herluf Trolle** Fregatte				
222	DDR	**Thälmann** (Sowj. Riga-Klasse, 2 Schiffe)	UdSSR	1954/56	1600	98
221	Finnland	**Turunmaa** (2 Schiffe) Korvette	Helsinki	1967/67/68	770	74
221	Frankreich	**Commandant Rivière** (9 Schiffe) Fregatte	Lorient	1957/58/62	2250	103
221		**Le Normand** (14 Schiffe) Fregatte	F. Ch. de la Medit	1953/54/56	1702	100
222		**D'Estienne d'Orves** (14 Schiffe) Korvette	Lorient	1972/73/75	1170	80
222	Großbritannien	**Tribal** (7 Schiffe)	Yarrow, Scotstown	1958/59/61	2700	110
222		**Exmouth** (Blackwood-Klasse, 6 Schiffe)	White, Cowes	1952/53/56	1456	95
215		**Lynx** (Leopard-Klasse, 3 Schiffe)	John Brown	1953/55/57	2520	104
222	Indien	**Nilgiri** (6 Schiffe) Fregatte	Bombay	1967/68/71	2800	113
213	Iran	**Saam** (4 Schiffe) Fregatte	Vosper Thornycroft, Woolston	1967/68/71	1290	95
215	Italien	**Lupo** (4 Schiffe) Fregatte	Riva Trigoso	1975/79	2500	106
213		**Alpino** (2 Schiffe) Fregatte	Riva Trigoso	1963/67/68	2689	113
222		**Bergamini** (4 Schiffe) Fregatte	CRDA, Triest	1959/60/62	1650	96
222		**Centauro** (4 Schiffe) Fregatte	Ansaldo, Livorno	1952/54/57	2250	103
221	Kanada	Verbesserte **Restigouche**-Klasse (14 Schiffe)	Vickers, Montreal	1953/54/58/73	3000	113
221		**Terra Nova** (gleiche Klasse)	Vickers, Montreal	1953/54/58/68	2880	
213		**Fraser** (St. Laurent-Klasse, 6 Schiffe)	Yarrows, British Columbia	1951/53/57/66	2800	112

Breite Meter	Tiefgang Meter	Hauptbewaffnung	Maschinenanlage	Geschwindigkeit (Knoten)	Aktionsradius (Seemeilen)	Besatzung	Seite
12	3,6	4/127 mm 4/40 mm 2 WBW 1 Sea Sparrow-LLA	2 DM – 2 Gas-T 44 000 + 4800 PS	30	–	112	215 221
9,5	3	3/100 mm 4/37 mm 2/533 mm TR 4 WBW 50 Minen	2 K – 2 GT 25 000 Bunkervorrat (Öl) 300 T	28	–	–	222
7,8	2,6	1/120 mm 2/40 mm 2/30 mm 2 WBW	3 DM – 1 Gas-T 22 000 + 3900 PS Bunkervorrat (Öl) 300 T	33	–	70	221
11,5	3,8	1 Vierlings-UA-Werfer 2/30 mm 4 Exocet-LLA 6 TR 1 Hubschrauber	4 DM 16 000 PS 2 Schrauben Bunkervorrat (Öl) 210 T	25	4500	215	221
10,3	3,4	6/57 mm 2/20 mm 12 UA-TR 1/6lfg Werfer 2 WBW 1 WB-Rakete	2 K – 2 GT 20 000 PS Bunkervorrat (Öl) 310 T	27	4500	205	221
10,3	2,8	2/20 mm Fla 1/100 mm 2 MM-38-Lenkwaffen 4 UA-TR 1 RLA	2 DM 11 000 PS	24	4500	62	222
12,9	5,3	2 Vierlings-Seacat-LLA 2/114 mm 1/3lfg UA-Limbo-Werfer 1 Hubschrauber	2 K – 1 GT + 1 Gas-T 20 000 + 7500 PS Bunkervorrat (Öl) 400 T	28	4500	–	222
10,1	4,7	2/40 mm 2/3lfg UA-Limbo-Werfer	2 K – 1 GT 25 000 PS Bunkervorrat (Öl) 275 T	27,8	4000	275	222
12,2	4,9	4/114 mm 1/40 mm 1/3lfg UA-Squid-Werfer	8 DM 14 400 PS 2 Schrauben Bunkervorrat (Öl) 230 T	24	4500	235	215
13,1	5,5	2/40 mm 2/114 mm 2 Vierlings-Seacat-LLA 1/3lfg UA-Limbo-Werfer 1 Hubschrauber	2 K – 2 GT 30 000 PS	30	–	–	222
10,4	3,4	1/114 mm 1 Fünfling-Seakiller-LLA 1 Drilling-Seacat-LLA 1/3lfg UA-Limbo-Werfer	2 DM + 2 Gas-T 46 400 + 3800 PS	40	5000	125	213
12	3,7	1/127 mm 8 Otomat-Lenkwaffen 1/8lfg Sea-Sparrow-LLA 6 UA-TR 1 Hubschrauber	2 DM + 2 Gas-T 50 000 + 7800 PS	33	–	–	215
13,3	3,9	6/76 mm 1 WBW 6 UA-TR 1 Hubschrauber	4 DM – 2 Gas-T 31 800 + 15 000 PS Bunkervorrat (Öl) 275 T	29	–	254	213
11,3	3,2	2/76 mm 1 WBW 6 UA-TR 1 Hubschrauber	4 DM 15 000 PS	24	4000	160	222
12	3,8	3/76 mm 1 WBW 6 UA-TR	2 K – 2 GT 22 000 PS Bunkervorrat (Öl) 400 T	25	3660	255	222
12,8	4,4	2/76 mm 1 Mk 10 Limbo-UA-Launcher 2 Drillings-UA-TR 2/76 mm 1/8lfg Sea-Sparrow-LLA 1 Asroc-Launcher	2 K – 2 GT 30 000 PS	28	4750	246	221 221
12,8	4	2/76 mm 1 Mk 10 Limbo-UA-Launcher 6 UA-TR 1 Hubschrauber	2 K – 2 GT 30 000 PS	28,5	4570	250	213

TECHNISCHE DATEN

Seite	Land	Schiffsname	Werft	Datum a. St./Stl./i. D./u.	Verdrängung (voll ausgerüstet)	Länge ü. A. Meter
222	Japan	**Chikugo** (12 Schiffe) Fregatte	Mitsui, Tamano	1968/70/70	1750	93
222		**Mogami**-Klasse (Isuzu-Klasse, 4 Schiffe) Fregatte	Mitsui, Tamano	1960/61/61	1700	94
222		**Ikazuchi** (2 Schiffe) Fregatte	Kawasaki, Kobe	1954/55/56	1300	88
222	Libyen	**Dat-Assawari** (1 Schiff) Fregatte	Vosper Thornycroft, Woolston	1968/69/73	1625	101
222	Niederlande	**Van Speijk**-Klasse (6 Schiffe) Fregatte	Amsterdam	1963/65	2850	113
222	Norwegen	**Oslo**-Klasse (5 Schiffe) Fregatte	Marinens Hovedverft Horten	1963/64/66	1745	97
214	Spanien	**Baleares** (Andalucia-Klasse, 5 Schiffe)	Bazan, Cartagena	1968/70/73	4177	136
222		**Andalucia**	Bazan, Cartagena	1969/71/74		
222	Türkei	**Berk** (2 Schiffe)	Gölcük-Marinewerft	1967/71/73	1950	95
213	USA	**R.E.Peary** (Knox-Klasse, 46 Schiffe)	Todd. Seattle	1966/66/69	4100	134
222		Garcia (10 Schiffe)	Bethlehem Shipbuilding	1962/63/64	3490	127

Schiffe der Kategorie S: Unterseeboote und Unterwasserfahrzeuge.

Seite	Land	Schiffsname	Werft	Datum a. St./Stl./i. D./u.	Verdrängung (voll ausgerüstet)	Länge ü. A. Meter
222	Argentinien	**Santa Fè** (USN Balao-Klasse, 2 Schiffe)	General Dynamics	1944/44/45 1972	1840/2425	94
222	Australien	**Onslow** (6 Schiffe)	Scotts' Shipbuilding, Greenock	1967/68/70	1610/2196	90
217	Frankreich	**Gymnote** (1 Schiff)	Cherbourg	1963/64/66	3000/3250	84
222		**Le Redoutable** (5 Schiffe) Atomantrieb	Cherbourg	1964/67/71	7500/9000	128
222	Großbritannien	**Resolution** (4 Schiffe)	Vickers, Barrow	1964/67/68	7500/8400	130
222		**Valiant** (5 Schiffe) Atomantrieb	Vickers, Barrow	1962/63/66	3500/4500	87
222	Italien	**Piomarta** (2 Schiffe) ex-**Trigger**	General Dynamics	1949/51/52	1970/2700	87
222	Japan	**Uzushio** (8 Schiffe)	Kawasaki, Kobe	1968/70/71	1850	72

FREGATTEN UND KORVETTEN · U-BOOTE UND UNTERWASSERFAHRZEUGE

Breite Meter	Tiefgang Meter	Hauptbewaffnung	Maschinenanlage	Geschwin-digkeit (Knoten)	Aktions-radius (Seemeilen)	Besat-zung	Seite
10,8	3,5	2/76 mm 2/40 mm 1/8lfg Asroc-Launcher 6/533 mm TR	4 DM 16 000 PS 2 Schrauben	25	–	165	222
10,4	3,5	4/76 mm 4/533 mm UA-TR 1 RLA 2 WB-Raketen	4 DM 16 000 PS 2 Schrauben	25	–	180	222
8,7	3,1	2/76 mm 2/40 mm 1 Hedgehog-UA 8 K-Geschütze 2 WB-Raketen	2 DM 12 000 PS	25	6500	160	222
11	3,4	1/114 mm 2/40 mm 2 Drillings-Seacat-LLA 1 WBW	2 DM – 2 Gas-T 26 000 PS	37	5700	–	222
12,5	4,2	2/114 mm 2 Vierlings-Seacat-LLA 1 Limbo-Werfer 1 Hubschrauber	2 K – 2 GT 30 000 PS	28,5	4500	254	222
11,3	5,3	4/76 mm 2 UA-Terne-Launcher Penguin- oder Sea-Sparrow-LLA 1 Hubschrauber	2 K – 1 GT 20 000 PS	25	4500	151	222
14,3	7,9	1 Standard-LLA 1/127 mm 1/8lfg Asroc-Launcher 6 UA-TR	2 K – 1 GT 35 000 PS	28	4000	256	214 222
11,8	5,5	4/76 mm 6 UA-TR 1 RLA 1 WBW 1 Hubschrauber	4 DM 24 000 PS 2 Schrauben	25	–	–	222
14,3	7,6	1/127 mm 1/8 lfg Sea-Sparrow-LLA 1/8lfg Asroc-Launcher 4 UA-TR 2 Hubschrauber	2 K – 1 GT 35 000 PS	27	4000	245	213
13,4	7,3	2/127 mm 1/8lfg Asroc-Launcher 2 Drillings-UA-TR 1 Hubschrauber	2 K – 1 GT 35 000 PS	27	–	247	222
8,2	5,2	10/533 mm TR	3 DM – 4800 PS 2 E – 5400 PS	u. W. 15 18	12 000	82 84	222
8,1	5,5	8/533 mm TR	2 DM 3600 PS Bunkervorrat (Öl) 300 T	u. W. 16 18	12 000	–	222
10,6	7,6	4 MSBS-Rohre	4 DM/2 E 2600 PS	u. W. 10 11	–	78	217
10,6	10	16 Polaris-Raketen 4/550 mm TR	1 AR/2 GT – 15 000 PS 1 E 1 DM	u. W. 19 25	–	135	222
10,1	9,1	16 Polaris-Raketen 6/533 mm TR	1 AR/1 GT – 1 DE 20 000 PS	u. W. 25 20	–	141	222
10,1	8,2	6/533 mm TR	1 AR/1 GT 20 000 PS	u. W. 30	–	103	222
8,3	6,2	8/533 mm TR	3 DM – 4500 PS 2 E – 5600 PS	u. W. 18 20	14 000	83	222
9,9	7,4	6/533 mm TR	2 DM – 3400 PS 1 E – 7200 PS	u. W. 20 12	–	80	222

TECHNISCHE DATEN

Seite	Land	Schiffsname	Werft	Datum a. St./Stl./i. D./u.	Verdrängung (voll ausgerüstet)	Länge ü. A. Meter
222	Niederlande	**Dolfijn** (2 Schiffe)	Rotterdamse Droogdok	1954/59/60	1140/1494	78
222	Schweden	**Draken** (6 Schiffe)	Kockums	1957/60/62	835/1100	69
222		**Abborren** (3 Schiffe)	Kockums	1944/45/62 1964	430/460	50
222	UdSSR	Klasse **D** (8 Schiffe) Atomantrieb	UdSSR	1972/75	8000/9000	130
222		Klasse **Y** (30 Schiffe)	UdSSR	1967/72	8000/9000	130
222		Klasse **E** (25 Schiffe) Atomantrieb	UdSSR	1960/64	5000/5600	118
222		Klasse **H** (9 Schiffe) Atomantrieb	UdSSR	1959/64	3700/4100	116
222		Klasse **G** (6 Schiffe)	UdSSR	1962	1250/1700	83
222		Klasse **Z** (20 Schiffe)	UdSSR	1951/55	2100/2700	90
217		**Long Bin** (Klasse **W**, 120 Schiffe)	UdSSR	1962	1300/1800	83
217		Klasse **ZV** (2 Schiffe)	UdSSR	1954/58	2150/2750	90
222	USA	**Lafayette** (31 Schiffe)	General Dynamics	1961/62/63	6650/7320	130
235		**Ethan Allan** (5 Schiffe)	General Dynamics	1959/60/61	6900/7900	125
222		**Narwal** (1 Schiff)	General Dynamics	1966/67/69	4450/5350	96
222		**Tresher** (6 Schiffe) Atomantrieb	Ingalls Shipbuilding	1960/62/64	3526/4310	85
217		**Halibut** (1 Schiff)	Mare Island Navy Shipyard	1957/59/60	3845/5000	107
222		**Sea Wolf** (1 Schiff) Atomantrieb	General Dynamics	1953/55/57	3720/4280	102
219		**G. Washington** (5 Schiffe) Atomantrieb	General Dynamics	1957/59/59	5900/6700	116
219		**Triton** (1 Schiff) Atomantrieb	General Dynamics	1956/58/59	5940/7780	136
222		**Sailfish** (2 Schiffe)	Portsmouth Dockyard	1954/55/56	2625/3168	107
222		**Albacore** (1 Schiff)	Portsmouth Dockyard	1952/53/53	1517/1847	64
222		**Grayback** (1 Schiff)	Mare Island Navy Shipyard	1957/58/69	2671/3652	102
	Schiffe der Kategorie AL: Versorgungsschiffe					
216	Belgien	**Zinnia** (1 Schiff)	Cockerill, Hoboken	1966/67/68	2435	100
223	Großbritannien	**Lyness** (3 Schiffe)	Swan Hunter	1965/66/66	16 500	159
223	Kanada	**Provider** (1 Schiff) Ersetzt durch **Preserver** und **Protecteur**	Davie Shipbuilding	1961/62/63	24 000	168

U-BOOTE UND UNTERWASSERSCHIFFE · VERSORGUNGSSCHIFFE

Breite Meter	Tiefgang Meter	Hauptbewaffnung	Maschinenanlage	Geschwindigkeit (Knoten)	Aktionsradius (Seemeilen)	Besatzung	Seite
7,8	4,8	8/533 mm TR	3 DM – 3100 PS 2 E – 4200 PS	u. W. 16 19	–	64	222
5,1	5,3	4/533 mm TR	DE – 1900 PS	u. W. 17 20	–	36	222
4,3	3,8	4/533 mm TR	2 DM – 1500 PS 1 E – 750 PS	u. W. 9 14	–	23	222
10,6	10	12 SSN-8-ballistische Raketen 8/533 mm TR	1 AR – 2 GT 24 000 PS	u. W. 25	–	120	222
10,6	10	16 SSN-6-ballistische Raketen 8/533 mm TR	1 AR – 2 GT 24 000 PS	u. W. 22 30	–	120	222
8,6	8	6 SSN-3-Raketen 8 SSN-3/E2-Raketen 6/533 mm TR 4/406 mm TR	1 AR – 1 GT 22 500 PS	u. W. 20 25	–	100	222
8,6	7,5	3 SSN-Raketen 6/533 mm TR 2/450 mm TR	1 AR – 2 GT 22 500 PS	u. W. 20 25	–	90	220
8,5	4,7	4 SSN-3-Raketen 4/533 mm TR	2 DM – 4000 PS 2 E – 2500 PS	u. W. 15 17	–	86	222
7,3	5,8	2 SSN-4-Raketen 10/533 mm TR 40 Minen	2 DM – 10 000 PS 2 E – 3500 PS	u. W. 15 18	13 000	85	222
6,4	4,8	6/533 mm TR 4 SSN-3-Raketen 40 Minen	2 DM – 4000 PS 2 E – 2800 PS	u. W. 15 17	13 000		217
7,3	5,8	2 SSN-4-Raketen 10/533 mm TR	2 DM – 10 000 PS 2 E – 3500 PS	u. W. 15 18	25 000		217
10	19,6	16 Poseidon-Raketen 4/533 mm TR	1 AR 1 GT – 30 000 PS	u. W. 20 30	200 000	147	222
10	9,4	16 Polaris-Raketen 4/533 mm TR	1 AR 1 GT – 30 000 PS	u. W. 20 30	140 000	139	235
11,5	7,9	4/533 mm TR Subroc-Raketen	1 AR 2 GT – 3400 PS	u. W. 20 30	–	107	222
9,7	8,8	4/533 mm TR Subroc-Raketen	1 AR 1 GT – 30 000 PS	u. W. 20 30	60 000	–	222
8,9	6,5	6/533 mm TR	1 AR 2 GT – 7000 PS	u. W. 15 18	–	97	217
8,5	6,7	6/533 mm TR	1 AR 2 GT – 16 700 PS	u. W. 19 20	70 000	105	222
10	8,8	16 Polaris-Raketen 6/533 mm TR	1 AR 1 GT – 30 000 PS	u. W. 20 30	140 000	140	219
11,3	7,3	6/533 mm TR	2 AR 2 GT – 34 000 PS	u. W. 22 27	–	172	219
8,8	5,5	6/533 mm TR	4 DM – 6000 PS 4 E – 8200 PS	u. W. 14 19,5	–	95	222
8,3	5,6		2 DM – 2 E 15 000 PS	u. W. 25 35	–	52	222
9	5,8	8/533 mm TR	3 DM – 4500 PS 2 E – 5600 PS	u. W. 15 18	–	87 67 (Soldat.)	222
14	3,6	3/40 mm 1 Hubschrauber	2 DM 5000 PS Bunkervorrat (Öl) 500 T	18	4400 10 000	125	216
21,9	7,8	2/40 mm Hubschrauber-Landedeck	1 DM 12 000 PS	17	–	105	223
23,2	9	2/76 mm 3 Hubschrauber	2 K – 1 GT 21 000 PS Bunkervorrat (Öl) 1200 T	20	7500	227	223

TECHNISCHE DATEN

Seite	Land	Schiffsname	Werft	Datum a. St./Stl./i. D./u.	Verdrängung (voll ausgerüstet)	Länge ü. A. Meter
223	UdSSR	Don-Klasse (6 Schiffe)	UdSSR	1959/61	9500	141
223	USA	Samuel Gompers (4 Schiffe)	Puget Sound Navy Yard	1964/66/67	21 600	196
	Schiffe der Kategorie A: Hilfsschiffe.					
223	Frankreich	Poincaré (1 Schiff)	CRDA	1960	24 000	180
223	Japan	Katori (1 Schiff)	Ishikawajima Harima, Tokio	1967/68/69	4000	128
216	Kanada	Endeavour (1 Schiff)	Farrows, British Columbia	1962/63/65	1564	77
223		Quadra (2 Schiffe)	Burrard, British Columbia	1965/66/67	5600	123
219	UdSSR	Kosmonaut Wladimir Komarow	UdSSR	1967/68	17 500	156
223		Chajma (2 Schiffe)	UdSSR	1956	5000	145
223		Arktika (1 Schiff)	UdSSR	1961	25 000	160
223	USA	Norton Sound (1 Schiff)	Los Angeles Shipbuilding	1942/43/44	15 092	165
214		Annapolis	Todd, Tacoma	1962/64	11 373	172
219		Hayes (1 Schiff)	Todd, Seattle	1968/70/72	3080	75
	Schiffe der Kategorie M: Minensucher					
223	BRD	Niobe (10 Schiffe)	Krögerwerft, Rendsburg	1956/57/58	180	38
223	Frankreich	Alencon (14 Schiffe)	USA	1955/56	780	50
223		Mercure (1 Schiff)	CMN, Cherbourg	1955/57/58	400	45
223	Kanada	Bay (1 Schiff)	USA	1968/70/71	510	47
	Schiffe der Kategorie P: Schnellboote und leichte Angriffsfahrzeuge.					
223	China	Schanghai (220 Schiffe)	UdSSR	1974/75	130	
223	BRD	Klasse 143	Lürssen	1973/76	380	57
217	Finnland	Isku (1 Schiff)		1969/70	115	26
216	Frankreich	La Combattante	CMN, Cherbourg	1962/64	202	45
216		P. R. 72	SFCN	1970/74	420	57
217		S. A. 805	SNIAS	1971/74	78	–

HILFSSCHIFFE · MINENSUCHER · SCHNELLBOOTE

Breite Meter	Tiefgang Meter	Hauptbewaffnung	Maschinenanlage	Geschwindigkeit (Knoten)	Aktionsradius (Seemeilen)	Besatzung	Seite
19,2	7,3	4/100 mm 8/57 mm 1 Hubschrauber	4 DM 14 000 PS 2 Schrauben	20	–	–	223
26	9	1/127 mm 1 Sea-Sparrow-LLA	DE 20 000 PS	19	–	1806	223
22,2	9,5	1 Hubschrauber 1/20 mm Fla	2 K – 1 GT 8000 PS	14	11 800	305	223
15	4,3	4/76 mm 6 UA-TR 1 RLA 2 Hubschrauber	K – 2 GT 20 000 PS	25	7000	460	223
12,8	4,6	1 Hubschrauber	2 DE – 2960 PS 2 Schrauben	16	10 000	58	216
18,2	6,4	1 Hubschrauber	2 K – 2 TE 7500 PS	18	8400	96	223
21	9	Schiff zur Erforschung der Erdatmosphäre	2 DM 24 000 PS	22	–	162	219
17	6	1 Hubschrauber	DM 18 000 PS	18	–	108	223
25	8,8	8 Hubschrauber	1 AR – GT 26 000 PS	25	–	126	223
21,5	7,2	1/127 mm 1 Sea-Sparrow-LLA	4 K – 2 GT 12 000 PS	19	–	292	223
23	9,3	8/76 mm Fla	4 K – 2 GT 16 000 PS	18	–	710	214
24,4	5,8	Ozeanographisches Forschungsschiff	2 DM 5400 PS	15	–	74	219
7,8	2	1/40 mm Fla	2 DM 2000 PS	14	740	22	223
10,7	3,2	1/40 mm Fla	2 DM 1600 PS	14	3000	56	223
8,3	4	2/20 mm Fla	2 DM 4000 PS	15	3000	48	223
9	2,5	1/20 mm Fla	1 DM 1800 PS	15	3000	59	223
–	–	4/37 mm 2/25 mm 2 TR 1/57 mm	4 DM 4800 PS	28	–	–	223
7,6	2,5	4 Exocet-LLA 2/76 mm 2 UA-TR	4 DM 16 000 PS	38	1300	40	223
8,7	2	4 SSN-2-Launcher 2/30 mm	4 DM 4800 PS	25	–	17	217
7,4	2,5	1/30 mm Fla 1 Vierlings-SS-11-LLA	2 DM 3200 PS	23	2000	25	216
8,5	2,5	4 Exocet-LLA 2/35 mm Fla 1/57 mm	4 DM 18 000 PS	37,5	–	64	216
–	–	2 Exocet-LLA 2/30 mm	4 DM 16 000 PS	47	–	7	217

TECHNISCHE DATEN

Seite	Land	Schiffsname	Werft	Datum a. St./Stl./i. D./u.	Verdrängung (voll ausgerüstet)	Länge ü. A. Meter
216	Großbritannien	**Tenacity**	Vosper Thornycroft	1968/69	220	44
216	Israel	**Reshef**	Haifa	1972/73	415	58
223	Italien	**Freccia**	Riva Trigoso	1963/65	205	46
216		**Lampo**	Arsenale MM, Tarent	1957/60/63	196	43
219		**P. 420**	Oto Melara, La Spezia	1973/74	62,5	22
223	Japan	**Hayabusa**	Mitsubishi, Nagasaki	1956/57	380	58
212	Norwegen	**Hai**	Båtservois, Mandal	1958/66	82	25
223		**Storm**	Bergens MV	1962/69	125	37
223	Polen	**Czujny**	UdSSR	1957/60	370	51
223	Portugal	**Azevia** (4 Schiffe)	Arsenal do Alfeite	1951/52	275	41

Schiffe der Kategorie L: Fahrzeuge zur amphibischen Kriegführung

Seite	Land	Schiffsname	Werft	Datum a. St./Stl./i. D./u.	Verdrängung (voll ausgerüstet)	Länge ü. A. Meter
218	Frankreich	**Orage** (2 Schiffe)	Brest	1966/67/68	8500	149
223		**Ouragan**	Brest	1962/63/65		
223	Großbritannien	**Fearless** (2 Schiffe)	Harland & Wolff	1962/63/65	12 500	159
217		**Intrepid**	John Brown	1962/64/66		
223	Spanien	**Galicia** (1 Schiff) ex-**San Marcos**	Philadelphia Navy Yard	1944/45	9375	139
223	UdSSR	**Alligator** (10 Schiffe)	UdSSR	1964/66	5800	114
223		**Osa**	UdSSR	1969/70	200	40
218	USA	**Tripoli** (Iwo Jima-Klasse, 7 Schiffe)	Ingalls Shipbuilding, Mississippi	1964/65/66	18 300	183
223		**Tarawa** (5 Schiffe)	Ingalls Shipbuilding, Mississippi	1971/73/75	39300	250
223		**Blue Ridge** (2 Schiffe)	Philadelphia Navy Yard	1965/69/70	19 290	189
223		**Charleston** (5 Schiffe)	Newport News	1966/67/68	20 700	177
223		**Raleigh** (2 Schiffe)	New York Navy Shipyard	1960/62/62	13 900	158
218		**Trenton** (12 Schiffe)	Lockheed Shipbuilding, Trenton	1966/68/70	16 900	174

Breite Meter	Tiefgang Meter	Hauptbewaffnung	Maschinenanlage	Geschwin- digkeit (Knoten)	Aktions- radius (Seemeilen)	Besat- zung	Seite
8	2,4	2 MG	2 DM – 3 Gas-T 12 750 PS	39	2500	32	216
7,6	2,4	7 Gabriel-Lenkwaffen 2/76 mm 2 TR	4 DM 10 700 PS	32	1500	45	216
7,2	1,5	3/40 mm 2/533 mm TR	2 DM – 1 Gas-T 11 700 PS	40	–	36	223
6,3	1,5	3/40 mm 2/40 mm 2/533 mm TR	2 DM – 1 Gas-T 11 700 PS	39	–	36	216
7	–	1/76 mm 2 Sea Killer-Lenkwaffen	4 DM – Gas-T 19 000 PS	50	400-1200	10	219
7,8	2,1	2/40 mm 1 a/s Hedgehog-UA-Werfer 2 Y-Geschütze, 2 WB-Raketen	2 DM – 1 Gas-T 5000 + 4000 PS	26	2000	75	223
7,5	2	1/40 mm Fla 1/20 mm 4/533 mm TR	2 DM 6200 PS	45	450	18	212
6,2	1,5	6 Penguin-Lenkwaffen 1/76 mm 1/40 mm	2 DM 7200 PS	33	600	28	223
6	2,7	1/85 mm 2/37 mm 4/25 mm Fla-MG	2 DM	24	–	39	223
6,5	2,6	2/20 mm Fla	2 DM 2400 PS	17	3584	30	223
21,5	4,7	6/30 mm 2/120 mm 4 Hubschrauber	2 DM 8640 PS	17	4000	239	218 223
24,4	6,1	4 Seacat-LLA 2/40 mm 5 Huschrauber 4 Landungsfahrzeuge 700 Mann Marinelandetruppen	2 K – 2 GT 22 000 PS	22	5000	580	223 217
22	5	12/40 mm Fla 8/40 mm 3 Hubschrauber 3/18 Landungsfahrzeuge	2 K – 2 GT 7000 PS	15	8000	265	223
15,6	3,5	2/57 mm Fla Landungsfahrzeuge	DM 8000 PS	16	6000	–	223
7	2	4/30 mm 4 SS-N 2A-LLA	3 DM 15 000 PS	35	800	25	223
25,6	7,6	4/76 mm Fla 2 Sea-Sparrow-LLA 24 Hubschrauber 2000 Mann Marinelandetruppen	4 K – 1 GT 28 000 PS	22	–	528	218
32,3	8,4	3/127 mm 2 Sea-Sparrow-LLA 6/20 mm Fla 8 VTOL-Harrier-Flugzeuge 20 Hubschrauber	2 K – 2 GT 140 000 PS	25	10 000	1825	223
25,2	8,2	2 Sea-Sparrow-LLA 4/76 mm 3 Hubschrauber	2 K – 2 GT 22 000 PS	20	–	720	223
25	8,5	8/76 mm Hubschrauberlandedeck Landungsfahrzeuge 300 Mann Marinelandetruppen	2 K – 1 GT 22 000 PS	20	–	334	223
25,6	6,4	8/76 mm 6 Hubschrauber Landungsfahrzeuge 1000 Mann Marinelandetruppen	2 K – 2 GT 24 000 PS	23	–	490	223
25,6	7	8/76 mm Fla 6 Hubschrauber Landungsfahrzeuge	2 K – 2 GT 24 000 PS	20	–	490	218

Register

Kursiv gedruckte Wörter beziehen sich auf Schiffsnamen. Wo es sich um verschiedene Schiffe handelt, die – zeitlich gestaffelt – den gleichen Namen tragen, ist bei einem Wechsel zwischen die Registerziffern ein Strichpunkt (;) gestellt. Kursiv gesetzte Ziffern verweisen auf Abbildungen.